中国对非援助编年研究
(1956-2015)

On the Chronicle of China Aid to Africa (1956-2015)

胡美 著

国家社科基金后期资助项目
出版说明

　　后期资助项目是国家社科基金设立的一类重要项目，旨在鼓励广大社科研究者潜心治学，支持基础研究多出优秀成果。它是经过严格评审，从接近完成的科研成果中遴选立项的。为扩大后期资助项目的影响，更好地推动学术发展，促进成果转化，全国哲学社会科学规划办公室按照"统一设计、统一标识、统一版式、形成系列"的总体要求，组织出版国家社科基金后期资助项目成果。

全国哲学社会科学规划办公室

序

　　中国对非援助是中非关系的重要组成部分,它对于促进中非关系的发展,推动中非双方的经济发展,都发挥了积极的作用。正因为如此,随着近十几年来中非关系的快速发展,国内外学者日益关注中国援非问题,并且做了大量的研究。

　　西方学者大多戴着有色眼镜看待中国援非,从而给中国援非涂上了负面的色彩。这种状况近来有所改变。西方一些有识之士开始比较客观评价中国援非,比如,美国约翰·霍普金斯大学教授黛博拉·布罗蒂加姆的著作《龙的礼物——中国在非洲的真实故事》,对于中国援非做了比较客观的评价。但是从总体上看,西方对于中国援非的研究和评价还程度不同地带有冷战思维。非洲学者对于中国援非见智见仁,有相当一部分学者受到西方舆论的影响,对于中国援非也有一些误解。面对国际社会的研究现状,中国学界有责任对中国援非做出全面、深入的研究,并且在此基础上,对中国援非给予客观、正确的评价。只有这样才能以正视听,让世人真正了解中国援非的实质和意义。

　　近年来国内学术界对中国援非的研究逐步升温,然而,纵观国内研究现状,研究尚处于起步阶段,研究的关注点较多聚焦于近年来中国援非对非洲大陆经济发展的作用、批驳西方学者散布的"资源掠夺论"和"新殖民主义论"等,对于中国援非的历史、中国援非政策的变化、中国援非的本质等问题的研究还是偏少。最近,十分欣喜地阅读了胡美博士撰写的《中国对非援助编年研究(1956—2015)》,读后感触良多。深感这是国内学界在中国援非研究领域的又一力作。

　　本著作有以下明显的特点:

　　第一,研究覆盖了中国援非历史的全过程。

　　作者对于中国援非的研究时段,设于1956—2015年。众所周知,

1956年是中非建交元年，而2015年则是本书截稿的前一年，总共60年。换言之，作者把研究的时段拓宽到最大极限。这是我迄今看到的对于中国援非历史最长时段的研究。在以前的研究中，有学者截取某一时段，如对于"文革"之前中国援非政策的研究①，更多的是对进入21世纪后中国援非的研究。相比之下，胡美的研究时段涵盖了中国援非的几乎全过程，因此可以全面呈现中国援非的历史进程，梳理中国援非政策的变化和走向，从而更加清楚中国援非的历史内涵和历史价值。

第二，研究细分了中国援非历史的各时段。

由于作者的研究视角涵盖了至今为止的中国援非历史的全过程，因此就获得了对于中国援非历史的不同阶段进行细化的可能性。与以往学术界划分为两个阶段、三个阶段或者四个阶段不同②，作者把中国援非历史划分成九个阶段，并且每一时段作为一章阐述。我们这里暂且不讨论各种划分方法的合理性，但是可以肯定的是，把中国援非历史进行更小时段的划分和研究，更加容易勾画出中国援非的历史发展脉络以及在各个时期的细小变化。比如，由于众所周知的原因，以往的研究对于中国文化大革命期间的中国援非往往予以忽略或者一笔带过，从而使这个时期的中国援非历史显得模糊。本书把1971—1976年专门划为一个时段，并且以"文革中起伏的对非援助"为题，进行了专门的阐述，使"文革"时期中国援非的历史变得清晰。毫无疑问，与以前的同类研究相比，作者对中国援非历史的时段细分，在一定意义上进入更加微观的层次，从而有利于推动中国援非历史的研究逐步向微观研究的方向发展。

第三，对中国援非政策做了更加深入的剖析。

作者对于中国援非政策做了比较深入的剖析：其一，从内因看，中国援非政策深受中国传统文化（比如团结互助、平等观和义利观等）的

---

① 张浚：《不附加条件的援助：中国对非援助政策的形成1956—1965》，见《外交评论》2010年第5期；蒋华杰：《国际冷战、革命外交与对外援助——中国对非政策形成的再考察》，见《外交评论》2016年第5期。

② 张宏明把中国援非分为两个阶段；李小云、武晋把中国援非历史划分为三个阶段；张海冰划分为四个阶段。见张宏明：《中国对非援助政策的沿革及其在中非关系中的作用》，《亚非纵横》2006年第9期；李小云、武晋：《中国援非的经验与面临的挑战》，《中国农业大学学报》2009年第6期；张海冰：《中国对非发展援助的阶段性特征分析》，《上海商学院学报》2011年第5期。

熏陶与辐射，这一观点不但揭示了中国对非援助赖以存在的深厚和内在的历史基础，而且预示了这一政策强大的生命力。其二，从外因看，中国援非政策与时俱进，能够为满足非洲发展的需要而进行适时调整和完善。十分明显，内因与外因的相互渗透，历史与现实的有机结合，使中国援非政策超越了当下南北经济关系的模式，成为一种崭新的国际经济关系。

第四，创新编年史撰写方法。

尤其值得一提的是，作者采用编年史的形式。众所周知，编年史是中国传统史学的编撰方式，其优点是给人以明确的时间观念，比较容易反映出史事发生和发展的时代背景；缺点是不易集中反映同一历史事件前后的联系。作者为了避免编年史的不足，采用细分时间段和增加理论阐述的方法，即根据中国援非进程中不同形势和特点，把中国援非的60年细分为9个阶段，并且在各个阶段都专门增加了理论阐述的内容，剖析各个阶段面临的形势和具有的特点。此外在全书专设"绪论"，论述中国对非援助的精神实质与本书的核心思想，便于读者对中国对非援助有一个宏观的总体把握。作者在编写方法上的创新，对于避免传统编年史写作体例的缺陷，产生了一定作用。

胡美博士对于中国援非的研究已有数年，因此具有一定的学术积累。本书既是对以前研究的总结，也是在原有研究基础上的提高。希望她能坚持这一课题的研究，并且继续看到新的研究成果。

总之，胡美博士的研究成果不失为一部有质量的著作，我愿意向学界推荐。

舒运国
于上海师范大学非洲研究中心
2017年1月9日

目 录

绪 论 ·· 1
 一、中国对非援助60年：从历史步入现实 ······················· 1
 二、60年中国对非援助的若干特性 ································· 4
 三、中国对非援助研究及其资料撷取 ······························ 11
 四、中国对非援助编年：基于中国对非援助的资料整理 ······ 17

第一章　在革命中起步的中国对非援助（1956—1962）·········· 25
 第一节　非洲民族解放运动与中国对非援助的起步 ··········· 25
  一、中非间的早期交往 ·· 25
  二、这一时期中国对非援助的特点 ································ 26
 第二节　编　年 ·· 31

第二章　中国对非援助的初步成形（1963—1970）················· 55
 第一节　中国对外援助原则的初定与中国对非援助的勃兴 ··· 55
  一、中国对非援助的格局与品位 ··································· 55
  二、中国对非援助的新发展 ·· 58
 第二节　编　年 ·· 60

第三章　在"文化大革命"中起伏的中国对非援助（1971—1976）··· 95
 第一节　"文革"激情的激荡与中国对非援助的高峰 ·········· 95
  一、接替"台湾农耕队"的工作 ···································· 95
  二、全国援外工作会议与中国对非援助的政策调整 ········· 97
  三、抓援外、促国内 ··· 98

第二节　编　年 ·· 100

第四章　在痛苦中反思的中国对非援助（1977—1982） ·········· 155
　　第一节　中国对外援助的反思与痛定思痛 ···················· 155
　　　　一、一个时代的结束与中国对外援助的反思 ············ 155
　　　　二、对外援助对外交关系的推动 ·························· 156
　　　　三、援助项目情况 ··· 157
　　第二节　编　年 ·· 159

第五章　在改革中探索的中国对非援助（1983—1990） ·········· 209
　　第一节　与改革开放协奏的中国对外援助改革 ··············· 209
　　　　一、援非新方式的探索 ····································· 209
　　　　二、中国总理再踏非洲路与"四项原则" ················· 210
　　　　三、新援外方式的萌芽及发展 ···························· 211
　　第二节　编　年 ·· 213

第六章　在合作中不断开创的中国对非援助新局面（1991—1999） ··· 268
　　第一节　合作的发现与中非合作新时代的创造性拓进 ········ 268
　　　　一、非洲：新的合作伙伴 ·································· 268
　　　　二、市场化因素与中国援非模式新探索 ··················· 269
　　　　三、新的援非模式在非洲的推广 ·························· 271
　　第二节　编　年 ·· 273

第七章　中非合作论坛与中非合作时代的开启（2000—2005） ··· 315
　　第一节　在合作中大踏步前进的中国援非 ····················· 315
　　　　一、中非合作论坛的启航 ·································· 315
　　　　二、第一届、第二届中非合作论坛与中非合作的探索步履 ··· 317
　　第二节　编　年 ·· 321

第八章　中非合作论坛北京峰会后中非合作的全面提升（2006—2012） ··· 383
　　第一节　北京峰会后中非合作的深入推进 ····················· 383
　　　　一、第三、四、五届中非合作论坛与中非的推进 ········· 383
　　　　二、峰会以来中非合作的全面提升 ························ 385

第二节　编　年 …………………………………………… 388

第九章　新时期的中国对非援助（2013—2015）………… 563
　　第一节　新时期中国对非援助前进的新步伐 …………… 563
　　　　一、习近平访问非洲与中非合作新蓝图的铺开 ……… 563
　　　　二、新时期中国对非援助新进展 ……………………… 565
　　　　三、埃博拉疫情时期中国对非援助 …………………… 568
　　第二节　编　年 …………………………………………… 569

参考文献 ……………………………………………………… 656
后　记 ………………………………………………………… 666

绪　论

一、中国对非援助60年：从历史步入现实

援助在非洲的政治和社会中扮演着极为特殊的角色，非洲学者并不讳言："我们生活在援助的文化里。"① 近年来，随着中国影响力的扩展，中国对非洲的援助日益引起外部世界的关注和重视。至今，除斯威士兰外，中国向所有的非洲国家都提供过援助。作为非洲传统的"新兴援助者"，中国已经向非洲连续提供了60年的援助，在非洲的国际援助中扮演了重要而特殊的角色。美国威廉与玛丽学院（College of William & Mary）2013年公布的援助数据库（AidData）显示，2000—2011年间，中国共向50个非洲国家提供了1673个项目。② 另一组数据则估计，2013—2015年间，中国的对外援助额度将达200亿美元，大约为三年前的两倍。③ 2013年，中国对外援助的预算总额为63亿美元，占GDP的0.07%。④ 2010—2012年，中国共向121个国家提供了144亿美元的援助，其中非洲的受援对象共有51个。⑤ 根据2011年中国对外援助白皮书的数据，对非援助大约占中国对外援助的一半。中国的对外援助在国际对外援助中日益具有了举足轻重的地位。2015年，中国的援助额度大致与法国的援

---

① 〔赞比亚〕丹比萨·莫约：《援助的死亡》，王涛、杨惠译，世界知识出版社2010年，第21页。

② http://aiddata.org/

③ "China aid to Africa needs Transparency", *Global Times*, Jan 29, 2013.

④ Cheng Zhiming and Russell Smyth, "Wy Give hit Away When You Need it Yourself? Understanding Public Support for Foreign Aid in China," MPRA Paper No. 59052, October 2014, http://mpra.ub.uni-muenchen.de/59052/

⑤ 中华人民共和国国务院新闻办公室：《中国的对外援助（2014）》，人民出版社2014年，第1页。

助额度相当。①

这一连串重要信息都在提示近年来中国对非援助的迅速扩展，铺天盖地的数字似乎给人这样的错觉，中国作为一个援助者是近几年才空降到非洲，然而，早在创造这些数字之前半个世纪，中国就已开启了对非援助和中非合作的征程，中国不仅是非洲的新伙伴，而且是老朋友。在非洲的民族解放运动风起云涌的时代，中国通过援助参与了众多非洲国家的民族自立之路。在早期，囿于国力的局限，中国所给予的支持与帮助规模不如其他国家大，这种援助与支持不是决定性的，然而，它却让非洲国家在寻求民族自立的过程中不感到孤独，始终有支持的声音相伴随。对在水深火热中浴血奋战的非洲国家来说，这种精神鼓舞绝非无足轻重，埃及抗侵略时期的驻华大使加拉卜在谈到中国的援助时毫不讳言中国的重要性，称来自中国的援助"在提高埃及人民反对罪恶的侵略者的时期和巩固中埃两国友好关系上起了巨大作用"②。

进入20世纪80年代，中国和非洲都进入了渴慕发展的重要历史阶段。这一时期，非洲国家严重依赖外援，"他们需要外国的财政支持只是为了维持运转"。③ 作为一个来自南方世界的发展合作伙伴，中国的援助出发点与西方的理念有着较大的差异，它并不奉援助资金为圭臬，而是坚持通过合作保持发展的节奏，走出了迥异于传统外援的步履。伴随着这一节奏，中国对非援助内涵在实践中不断拓展，逐渐地向促进双方共同发展相关的举措转变，合作成为这些举措中最富想象空间和拓展能力的新手段。中国在援助与合作中强调以"市场为基础"，充分地利用非洲国家在发展上所具有的本土资源，通过合作的方式让这些优势因素进入发展领域，同时重点关注发展中的突出问题，为非洲的发展提供了全新的机遇。中国的合作和援助的模式深受非洲国家欢迎，作为一个后发现代化南方国家，中国低起点的发展恰恰为有着同样起点的非洲国家提供了更为现实而鲜活的发展样本和经验。为此，有非洲国家领导人如是说："比较起其他国家来，我们能够从中国的发展中学到更多。中国以积

---

① N. Kitano & Y. Harada, "Estimating China's Foreign Aid 2001–2013", JICA-RI Working Paper No. 78, 2014.

② 艾周昌、沐涛：《中非关系史》，华东师范大学出版社1995年，第231页。

③ 〔英〕乔纳森·格伦尼：《良药还是砒霜？援助并非多多益善——非洲援助之惑》，周玉峰译，民主与建设出版社2015年，第127页。

贫积弱和欠发达为起点,超越世界上众多的其他发展中国家脱颖而出成为世界经济的重要引擎,非洲与中国有着很多相似的地方,如庞大的人口数量和贫弱的发展基础等等……这让非洲人相信,依循中国的发展道路,他们也有希望走向成功。"①

从中国的角度来说,非洲不再是一个等待援助的受援对象,而是一个发展道路上的同行者和发展伙伴。作为一个有着庞大人口规模的发展中国家,中国今天的发展成就不是孤军奋战的结果,而是中国和发展道路上的无数合作伙伴携手前行的共同结果,非洲就是这类伙伴中的重要成员。基于此,中非援助关系走出了传统援助关系中"输灌"和"恩赐"的模式。从心理定位上,中非从援助者的优越感和受援者的卑微感中解放出来,转而成为平等的发展伙伴。

这种合作因奉行优势互补和你帮我助让合作双方的劣势得以弥补,而优势充分激发释放。非洲本土经济学家研究发现,"为了继续保持高速增长,中国需要燃料,而非洲刚好有燃料。但对非洲来说,它是为了生存。在近期,非洲正得到它所需要的——确实有助于发展的高效资本和为非洲的就业提供无法估算的增长"②。在援助所关注的领域和提供的方式上,中国与西方国家大相径庭。正如卢旺达前总统卡加梅所言:"中国在非洲的投资带来了私营部门的发展,而西方国家的投资绝大部分只是为了攫取非洲的资源","中国给予非洲所需要的:政府和公司所需要的投资和资金,中国投资于基础设施,修路筑桥"。③ 不同的介入方式也带来了截然不同的发展机遇和发展进程。到2000年,当合作成为世界性的潮流之时,中非之间建立一个平台性的合作机制渐趋成熟,通过其他类似平台获益的非洲国家极力推动这一机制的建立,因此,在世纪之交中非共同建设了这一属于新时代的新的合作平台——中非合作论坛,在中非援助与合作关系中扮演着基础性的作用。经过六届会议经验的累积,中非合作论坛已经成为许多必然增长的决定性因素。④ 中非合作论坛日益成为中非合作和中非谋求共同发展的核心舞台,也成为中非未来谋求

---

① *New York Times*, 5 Nov., 2006.
② 〔赞比亚〕丹比萨·莫约:《援助的死亡》,王涛、杨惠译,世界知识出版社2010年,第80页。
③ *Reuters*, 12 Oct, 2009.
④ Ian Taylor, *The Forum on China-Africa Cooperation*, Routledge, 2010, p.101.

共同发展、创造发展机遇的高端平台。通过一系列的富于发展创意和高效的合作互动之举,中国在非洲发展中的积极角色不仅得到非洲国家的赞同,也日益得到了世界的认可。非洲经济学家丹比萨·莫约(Dambisa Moyo)在《纽约时代周刊》上发表文章称:"北京是非洲所享有的福利。"① 经济学家甚至认为非洲正在迎来全新的发展机遇,并鼓励非洲国家应抓住此轮"中国机遇"。

到 20 世纪末 21 世纪初,新兴大国的异军突起正在重新塑造和整合国际经济地图,发展中国家的群体性崛起正在冲击着西方主导的国际体系,也改写着非洲在世界体系中的地位和作用。这一国际形势的深刻调整和变革让置身其中的非洲明显感觉到这种异动。与外部世界所预料的不同,这种新兴的、指向中非共同发展的合作因其良好的效果而广受非洲国家的欢迎。此后,中国在非洲新兴的援助与合作手段引起了其他发展中国家的关注与效仿,这种合作发展的模式正在世界范围内迅速复制和繁殖,成为南方世界谋求内部发展的一个特殊杠杆和一种合作新模态。这些效仿的新兴经济体国家迅速加入到这场对非合作发展的南方发展运动当中来,带领非洲走入一个新的发展阶段。非洲开发银行首席经济学家、副行长姆苏利·恩库比表示:"作为新兴的合作伙伴,随着南方国家在对非合作中扮演日益重要和关键的角色,非洲发展的前景正在迅速发生变化。"② 就是这样的互助和合作,让曾一度对非洲悲观失望到极致的西方世界也认为非洲发生了惊人的变化。2000 年,西方《经济学人》杂志封面上赫然评价非洲为"了无希望的大陆"。③ 到了 2011 年,同样是《经济学人》杂志,却改口称"正在崛起中的非洲充满着发展的动力和希望"④。作为一片充满希望和前景的大陆,非洲重新回到西方世界对外合作发展的视野当中。

二、60 年中国对非援助的若干特性

中国对非援助所走过的 60 年是一部中非交往的壮丽诗篇,这段历史

---

① Dambisa Moyo, "Beijing, a Boon for Africa", *The New York Times*, June 27, 2012.
② Richard Schiere, Leonce Ndikumana and Peter Walkenhorst ed., *China and Africa: An Emerging Partnership for Development?* African Development Bank Group 2011, p. iii.
③ "Hopeless Africa", *The Economist*, May 11th, 2000.
④ "The Hopeful Continent: Africa Rising", *The Economist*, Dec 3rd, 2011.

有着深厚的传统文化滋养,在长期的援助实践中锤炼出一套深刻的观念体系。随着中国援非的深入,这些理念在援助的诸多重要领域和项目中都有展示,它突破和超越了传统援助理论中的若干要素,包含着诸多为中非共同敬守和尊崇的原则和理念。这些深入中国援非实践60年之久的精神要素,伴随着中非半个世纪的历史沉浮而经受了历史的淘洗,伴随着中国的援助政策的变迁而得以承继和延传,成为中国援非中的经典原则和理念。这些原则和理念装点和修饰了半个世纪的中非关系,让中非友谊在历经半个世纪后依然质不变、色不褪。这种理念不再是在调和传统理念基础上的小修小补,而是基于南方国家的特性建构起来的南南交往的行为规范和互动规则。具体说来,这种交往理念和互动规范是在遵循以下规则和特征的前提下建构起来的。

第一,中国对非援助是中国传统文化土壤上生长出来的行为规范和外交准则。

文化是国际关系中的重要软因素,其对外交政策的制订和推进起到重要的作用。作为中国外交的重要组成部分,中国援非也深受中国传统文化的熏陶与辐射。近十几年来,西方人在不断地探索中国援非获得非洲人认可的原因所在,但往往效果不佳,长期隐匿在中国援非政策中的文化因素也成为西方无法效仿中国援非政策和效果的密钥所在。概言之,这种影响主要体现在以下几个方面:

其一,团结互助夯实中国援非的基础。中国和非洲国家都是南方世界的发展中国家,在国际体系中同处弱者地位,中国选择了处于殖民主义水深火热和政治经济发展水平尚低的非洲作为援助对象,这主要是基于中国认为,无论援助伙伴的力量强弱与地位高低,人多就能构成大力量,也因此成为中国试图通过援助发展与非洲关系的最朴素最简单的初衷。无论是对于中国来说,还是对于非洲而言,发展都是一个艰巨的历史命题,不是靠单个的力量所能完成,因此,联合、互助是弱小民族遇到强大对手和难以完成的历史任务时所表现出来的一种智慧,通过集体的力量而非个人的力量完成不可能完成的任务。

无论是团结还是互助都是中非双方共同恪守的文化原则,因而也成就了中国援非中双方对这一原则的恪守与坚持。在坦桑尼亚尼雷尔国际会议中心的讲话中,习近平总书记引用了非洲的谚语:"河有源泉水才深。"① 这表明,中非两大民族都是强调不断为双方的关系增添力量源泉的民族。李克强总理在非盟发表演讲时,用"蜘蛛合力,足以网住狮子"这句埃塞俄比亚谚语,表明团结不仅是中国文化所崇尚的原则,也是非洲文明中的重要思想。这种文化信念上的相似增加了中非合作中的相互认同。从中国援助非洲的第一笔资金来看,中国人民并不是因为力量的强大、国家的强盛而选择援助非洲,相反,它坚信,中非都是受压迫受奴役的民族,在民族解放斗争的过程中,团结起来就可以取得斗争的胜利。从援助的数额来看,中国的援助并不是特别多,对于一场战争来说,中国力量的加入让非洲人民感受到了来自遥远东方的坚定支持,这种精神上的鼓舞胜于物质上的支持。因而,在提供第一笔援助之时,中国凭借的不是援助数量的多少,也不是国力的强盛,而是相信中国的援手可以增加非洲人民争取民族独立的力量。在中非的互动交往中,中国也有机会依托非洲的肩膀站在更高的发展起点上。虽然说,在援助中,依托非洲的优势来发展自己并非其初衷,但客观上却让中国具有了借助非洲优势发展条件的可能。

其二,义利观练就了中国援非的利益原则。中国的传统文化是追求和崇尚财富的,但这种追求是有限度的,其标准就是中国文化中的"道",所谓"君子爱财、取之有道"。在改革开放之前的几十年里,中国强调援助的无偿性,不求任何回报。然而,主观上的不求回报并非客观上没有任何回报。在坚持无偿援助非洲国家十多年后的1971年,在非洲等国家的大力支持下,中国恢复了在联合国的合法席位。因此,不求回报却意外获得了非洲国家更加坚定而恒久的支持,这种支持不是用援助所花费的金钱所能交换来的。改革开放后,中国援非的利益原则由强调援助不求任何回报调整为中非双方的互利双赢,中国的利益诉求调整到与非洲利益平等的层面上来。互利双赢不仅意味着强调非洲在其中的所得,与此同时中国开始强调自身的利益。中国文化强调,"君子爱财,取之有道",讲的就是主张获得财富,但要求注意获得这些财富的方式与途径,必须符合中国人所讲的"道"。在援非中,中国并不主张所有的援助都无偿给予,而是主张"互利共赢",在中国所提供的援助所能带来的"利"和"赢"面前,中国所讲求的"道"在于"互"和"共",

---

① 《习近平在坦桑尼亚尼雷尔国际会议中心的演讲》(全文),2013年3月25日,http://news.xinhuanet.com/world/2013-03/25/c_124501703_2.htm

即让双方都拥有利益和共同分享所赢之利。

其三,文化敬重培育着中国援非的平等观。中国传统文化中有着一种敬畏谦卑的文化情怀。孟子有言:"夫物之不齐,物之情也。"世界上事物之间的差异是世界的本来面貌,应该尊重这些不同国家的不同情况。平等是中国外交的基本原则,在新中国成立后不久便贯彻到中国的外交方针当中来。早在1958年,毛泽东就曾表示,小国不是可以随意欺侮的对象,国家的大小只是形式问题,"大国、小国应该平等相待"①。平等成为中国外交最基本的原则。具体到实践之中,中非坚持在援助中是平等的兄弟关系。对于这一关系的定位,中国领导人曾在多个场合表达和强调过。胡锦涛2007年2月在南非比勒陀利亚大学的演讲中强调:"过去、现在、将来,中国人民都是非洲人民平等互信、真诚相待的好朋友,互利互惠、合作共赢的好伙伴,患难与共、情同手足的好兄弟。"② 对于中非之间平等关系的定位,不仅展示在"好朋友"、"好伙伴"和"好兄弟"等辈分的平等上,而且还体现在修饰的定语上,无论是"平等互信",还是"互利互惠、合作共赢",还是"患难与共",展示的都是中非双方的共同利益和共同诉求,是建立在平等基础上的互利互惠。

平等和敬重不光挂在口头,而且践行在援非实践中,渗透到中国对非援助的日常工作和交流当中,这种原则只有受援对象可以在受援实践中真切地感受和体会到。中国在1961年底向马里派出第一批农业专家,他们在工作实践中就展示了与法国专家截然不同的风范。为专家做饭的是一位曾服务于法国专家的老厨师。他看到法国专家住在别墅,从来不下地,尊称他们为"老板";看到中国专家住宿条件较差,房间内没有空调,每天跟农民一样汗流浃背地在地里劳动,收工回来两腿沾满泥水,从不认为他们是"老板"。由于中国专家与他们此前见到的西方专家不一样,因而也引起了当地人对中国专家的误解,加上西方媒体对中国的歪曲报道,一开始,当地人以为中国专家这样甘愿吃苦是因为在国内没有工作,到马里来找饭吃的。了解真相后,马里人民真正认识到中国专

---

① 《大国小国应该平等相待》,1958年8月16日,中华人民共和国外交部、中共中央文献研究室编:《毛泽东外交文选》,中央文献出版社、世界知识出版社1995年,第334页。
② 《胡锦涛在南非比勒陀利亚大学发表重要演讲》,2007年2月7日,http://news.xinhuanet.com/world/2007-02/07content_5711406.htm

家是与西方专家完全不一样的新型专家。①

第二,中国的对非援助是以非洲国家的发展期待为出发点,围绕着非洲发展而不断调适和革新援助举措的发展之举。

援助者的发展召唤是援助的起点和缘起。援助者的发展召唤不是伴随着援助而天然产生的,援助者的召唤与其自身的发展经历和发展模式有着特殊的联系。与非洲国家一样,中国具有相同的反帝反殖民历史,取得独立后双方有着共同的发展追求,相同的南方国家的身份给了中国和非洲相似的发展环境,它们更能够理解和克服双方文化差异而产生的障碍,能够更多地实现发展视域上的融合和沟通。非洲发展银行的首席经济学家努博(Mthuli Ncube)在突尼斯表示,中国援助非洲的模式"是一个有吸引力的新模式",中国在非洲的基础设施领域采取的新的援助模式,正向传统的援助模式发出挑战。在他看来,目前联合国千年计划等发展非洲的方案都有机会通过仿效中国援助非洲的模式而得以实现,他特别强调,千年发展目标的实现不能纯粹通过援助实现,而必须通过内生增长。② 中国的援助强调非洲国家建立适合自己的政治制度,探索适合非洲国家国情的发展道路。

在中国的对非援助中,一直尊奉和敬守援助者和受援者平等互动的原则,因而,受援对象的发展需求有机会参与到援助决策当中来。在中国方面看来,一些具有明确的发展战略的非洲国家,有能力认定自己的发展需求,进而通盘考虑各个援助国在自己的发展战略中的位置,从而引导各个援助国在本国的发展过程中发挥积极的作用。③ 这种援助关系打破了传统援助中援受的主客二元对立,着重考察援助者和受援者在援助关系中的平等关系,既引领援助聚焦于援助者,而且还聚焦于受援者。这种特性让非洲在援助中拥有发言权和自主性,不让其丧失发展的立场和方向。非洲的发展需求往往要超出援助所召唤的范围和力度,援助者的发展召唤与非洲的发展需求并不一定重合,这种差异的存在为"唤起"非洲国家的发展潜能提供了契机。这种潜能的迸发和释放不仅能激发非洲国家高效地利用援助,而且能够激发起潜藏在社会深层的发展潜

---

① 江翔:《中国在非洲十七年》,上海辞书出版社2007年,第25页。
② Deborha Brautigam, Assessing China's Growing Role, Realism, Information and Engagement, 1 November, 2011, http://allafrica.com/stories/201111021389.html?page=4
③ 周弘:《中国援外60年》,社会科学文献出版社2013年,第166页。

质和能量,产生超越援助的发展效应。

对于非洲国家来说,援助者中国的发展召唤之所以能够获得他们的认同并产生建立援助关系的兴趣,就在于非洲国家内在的发展愿望,即发展期待,也就是受援者在进行援助活动之前,非洲国家的发展规划中已形成了的关于对未来发展的方向性意见与见解,这些见解来源于非洲发展的历史、经验和当前的外部发展语境对其发展规划产生的影响。援助者的发展召唤与受援对象的发展期待相呼应,构成了非洲在中非援助关系中获得发展的根本动力。国际发展领域的官员和学者早已开始呼吁让援受双方增强交流,让援助更加符合受援对象的内在需求。前世界银行行长詹姆斯·沃尔夫森(James Wolfensohn)呼吁世界银行倾听贫穷者的声音。① 学者则呼吁在援助中,非洲应自主选择适合自己的制度。② 中非援助关系中,非洲发展期待的参与就给了非洲一个主动选择的机会。

第三,中国对非援助中的发展观超越了传统的南北观念,被赋予南南谋求共同发展的特质。

在发展中世界的发展被"发现"前,西方世界已经有了漫长的发展历史和辉煌的发展历程。而发展中世界的发展问题直到第二次世界大战结束后,才被提上议事日程,得到世界各国的广泛关注。从"欠发达"诞生的第一天起,它就与发达国家的发展援助联系在一起,在过去的几十年间,发达国家也在为改变"欠发达"国家和地区的状况而坚持不懈地给予各种形式的援助。基于这一发展概念而建立起来的发展援助,为受援国家设定了具体的发展目标和方案,这一目标和方案与西方曾经走过的道路亦步亦趋,历经数个世纪却依然一成不变。由于发展所带来的物质能量的差异,发展的话语权掌握在某些方面领先的西方人手中。广大的第三世界国家尚处于发展的探索阶段,并未形成体系完备的发展理念,发展思想处在从"中心"向"外围"辐射的状态。由于西方在话语上的绝对优势,发展学家们发现,无论怎么给发展和现代化下定义,它们都会成为"西方化的伪装"③。因此,发展中世界的"发展"附着了发

---

① World Bank, *Voice of the Poor*, http://web.worldbank.org/WBSITE/EXTERNAL/TOPICS/EXTPOVERTY/0,contentMDK:20622514~menuPK:336998~pagePK:148956~piPK:216618~theSitePK:336992,00.html

② 〔美〕霍华德·威亚尔达:《非西方发展理论——地区模式与全球趋势》,董正华等译,北京大学出版社2006年,第94页。

③ 〔法〕戈登:《现代化和发展的神话》,《国外社会科学》,1990年第5期。

达世界向外散播意识形态的色彩。

西方援助中所定义的发展与这些国家所走过的发展轨迹息息相关，在一定意义上说，自身的发展轨迹深刻影响了这些国家对发展的理解和定义。作为援助者，中国自身的发展历程也在影响其对发展的理解。然而，中国与传统的西方援助者却有着某种明显的不同，这些不同也造就了中国看待非洲发展的不同的角度和立场，从而给出了截然不同的发展概念。

作为以发展为当前要务的南方国家，中国凭借自己的历史经验在非洲国家的发展问题上有独特的理解，并坚持将这种独到的见解贯彻到援助政策和实践当中，让中国援非具有了不同于南北援助的基础。非洲的发展不一定要走西方曾经走过的老路，其发展道路应该在自身历史和文化特性的基础上孕育，在自身各种发展优势条件的浇灌下培育出来的花朵。作为外部干预的援助，无论其力度如何大、技艺如何巧妙都只能在内在体系的外围产生影响，而无法替代内在体系自身的运动规律。以国际对非农业援助为例，当前的国际援助是以"硬"技术引进为主，以技术专家为主。这种技术援助隐含一个假设，即非洲农业技术太原始，效率低下，发展非洲农业只需要把现代技术引入即可。但是，从一些非洲国家的情况来看，他们的周边国家有发达的农业技术（比中国的还现代化，完全是西方大农场技术），其国内商业化农场也有先进技术，问题是他们的农户没有采用先进技术的激励。技术固然重要，但更重要的是，非洲没有吸收、消化、储存和改进这些技术的经济和社会条件及微观体质。因此，这种发展模式是"异地试验田"，虽能生根却无法开花。① 这样虎头蛇尾的国际援助在非洲极为常见，其根本的一个原因在于没有从根本上了解和认识非洲的农业文化。中国则主张在尊重非洲国家的耕作文化的基础上探索和发展非洲特色的农业发展之路。

中国并不是发展程度很高的国家，却可能为具有相似发展起点的非洲提供平行分享的发展经验机会。中国所具有的发展程度更能为非洲国家提供解决其发展中各种困难和问题方案，较之有着一百多年工业积累的西方国家而言，中国所具有的技术基础和所走过的发展道路更符合今天非洲国家的现状，中国的经验更贴近非洲的现状。援助既是中国和非

---

① 周德翼、常瑞甫等：《中非农业合作模式创新研究》，中国农业科学技术出版社2011年，第3页。

洲实现资源共享的过程、共同探索同一发展水平上的发展之途的过程，也是中非在发展中共享发展经验和发展成果的过程。西方的农业大都是集约化的机械化的高科技农业，这类农业具有投入大、技术基础要求高的特点。在非洲，很少有农业企业具有这样的规模和实力。相比之下，中国的小农生产则具有独特的优势。通过精耕细作、定期轮作，提高小片土地的产量，达到单产的提高。在资金不足而劳动力充足的非洲，这类农业具有发挥其影响的空间。

中国所谈的发展不仅仅是非洲的发展，而是通过援助给双方带来的共同发展和未来实现发展的机会。发展机会带来的是自我能力增长和自我成长的前景，而这却是西方援助所缺少的。我们可以从一组数据看出过去几十年国际援助的功效。从总体上来看，非洲的贫困率在降低，中非、东非、南非和西非的极端贫困人口率从 1990 年的 56.5% 降至 2010 年的 48.5%。然而，经济增长率赶不上人口增长率，因此，非洲的极端贫困人口不降反增，从 2.897 亿增至 4.138 亿。① 中国试图通过援助实现联合自强，增强双方的经济发展能力实现发展。无论是中国还是非洲，发展仍是当前历史阶段最为重要的历史使命，这是这一历史阶段的南方国家所担负的特殊责任。改革开放以后，中国通过合作谋求中非共同发展，让中非优势互补，共同获益。② 这种面向发展的援助与合作，其所具有的效应开始超越在本国所具有的能量，释放大于原能量的更高能量。"发展中世界的新兴国家已经成为社会和经济政策创新的源泉，是其他发展中国家贸易和投资的重要对象，也日益成为发展中世界的发展合作伙伴。"③ 南南合作所具有的这种影响力和辐射力已经引起了联合国的关注。UNDP（联合国开发计划署，United Nations Development Programme）召集合作伙伴，包括政府、公民社会和跨国公司，来关注和共享这些经验。

三、中国对非援助研究及其资料撷取

中国对外援助，特别是对非援助，近年来日益吸引了国际学术界的关注和国际发展问题研究者的眼球。这种研究的热潮是与当前中非关系

---

① AfDB, OECD, UNDP, *African Economic Outlook* 2014, AfDB, OECD, UNDP 2014, p. 90.
② "China Strive for Africa", *Independent*, Nov 4, 2006.
③ UNDP, *Human Development Report* 2013, UNDP 2013, p. iv.

重要性的全面提升和中国对非援助的国际影响力的日益彰显紧密相关。早在冷战时期,中国对外援助的研究就曾吸引了西方学者的注意。早期的关于中国对非援助的相关作品也基本上是将中国的援助放置在意识形态斗争的视域中来考察。彼得·安德森·波尔(Peter Andrews Poole)1966 年发表在《亚洲观察》上的《共产主义中国的援助政策》是目前所能找到的较早的一篇中国援助方面的作品,其中涉及大量有关早期中国援非的情况。他将援助视为中国与外部世界保持联系的主要手段之一。① 1971 年布鲁斯·拉金(Bruce D. Larkin)的《中国与非洲》中提及 1970 年以前中国对非援助的资金。② 沃尔夫冈·巴特科(Wolfgang Bartke)1975 年的《中国经济援助》,系统地回顾和总结了过去二十多年中国对外援助的历史,对非援助成为理所当然的一个重点。③ 西方早期的研究作品无一例外地将中国对非援助视为一个意识形态的工具,因而,在资料的使用上过分偏重于意识形态方面的资料。

中非关系和中国对非援助的研究在 20 世纪 80 年代以后似乎进入一段沉寂的时期。冷战结束后,虽然中非合作的力度迅速增强,但中非援助与合作关系的研究性作品的诞生还要更晚一点。2000 年以后,特别是 2006 年中非合作论坛北京峰会之后,中国对非援助与合作关系的研究随着中非合作引起世界关注而迅速成为研究热点。2006 年,丹尼斯·图尔(Denis M. Tull)发表《中国在非洲的互动:范围、意义和结果》,该文指出,中国在非洲的迅速崛起正在改变非洲被边缘化的地位,并给非洲的政治和经济带来有意义的改变。与此同时,作者关注到中国在非洲地位的上升,并对此持警惕的态度,指出这种影响对西方国家不利。④ 克莱斯·艾登(Chris Alden)2007 年出版的《中国在非洲》是又一轮中非关系热中的代表性作品。⑤ 与前一阶段相反,这一时期的研究者更加关注中国对非援助所带来的经济效果,在资料的裁择和使用上更多地强调经济上的影响。

---

① Peter Andrews Poole, "Communist China's Aid Diplomacy", *Asian Survey*, Vol. 6, No. 11, Nov. , 1966.

② Bruce D. Larkin, *China and Africa, 1949 – 1970*, University of California Press, 1971.

③ Wolfgang Bartke, *China's Economic Aid*, New York, Holmes & Meler Publishers, 1975.

④ Denis M. Tull, "China's Engagement in Africa: Scope, Significance and Consequences", *The Journal of Modern African Studies*, Vol. 44, No. 3, Sep. , 2006, pp. 459 – 479.

⑤ C. Alden, *China in Africa*, London: Zed Books, 2007.

与西方学者普遍对中国在非洲持紧张而警惕的态度相比，以下两位学者对中国的援助持正面而积极的态度。2010年，赞比亚籍经济学家丹比萨·莫约（Dambisa Moyo）的新作《援助的死亡》发表，这部以非洲人的个人亲身经历为基础的经济学作品一经发表，便在世界范围内引起广泛关注，一度成为畅销书。在作者看来，传统的援助应该走向死亡，取而代之以中国式的援助与合作。① 美国学者黛博拉·布罗蒂加姆（Deborah Brautigam）多年从事中国援助非洲方面的专门研究，从20世纪80年代开始就遍访中国在非洲的援非项目、中非双方的援助亲历者和政策制定者，在大量实地调研的基础上进行了长期深入的跟踪研究，2009年出版了《龙的礼物：中国在非洲的真实故事》，2012年译为中文出版。② 作者以长期的第一手调研和访谈作为最主要的资料来源，生动地再现了过去数十年里中国在非洲援助的历程，是中国援非历史和现状方面的一本力作，被称为"第一本对中国援非持正面立场"的西方研究性著作。两位研究者的研究资料均建立在大量实地调研中国对非援助与合作的基础之上，也就是说，出自实地调研的真实材料而做出来的研究，大多可以得到更为接近中国对非援助客观现实的研究结论来。因此，目前的研究者对中国对非援助的研究结论有违客观现实，很大一部分原因可能源自道听途说的研究资料以及研究者的立场所带来的研究偏好。

无论是作为一个外交话题还是一个发展话题，中国的对外援助因刺激了西方学者敏感的政治神经而成为研究热点，而国内的情况则有所不同。从国内的情况来看，对外援助是中国外交实践先行而理论研究滞后的一个领域。在改革开放前中国开展对外援助的三十多年里，中国对非援助的研究并未成为一个重要的研究主题。直到1985年问世的两本著作才成为改革开放后打破这一镜湖局面的石子，即1985年出版的《中国对外经济技术援助》和刘朝缙的《对外经济关系与务实》③。1989年石林主编的《当代中国的对外经济合作》的面世，为研究者揭开了长久以来

---

① Dambisa Moyo, *Dead Aid: Why Aid Is not Working and How There Is a Better Way for Africa*, Farrar, Straus and Giroux, 2010.

② 〔美〕黛博拉·布罗蒂加姆：《龙的礼物：中国在非洲的真实故事》，沈小雷、高明秀译，社会科学文献出版社2012年。

③ 刘朝缙：《对外经济关系与务实》，对外贸易教育出版社1985年。

笼罩在中国对外援助头上的厚厚面纱，为研究者提供了管窥中国对外援助、还原其真实面目的重要参考书，为研究中国对外援助提供了极为丰富翔实的资料。在很长时间里，这本书都成为外界了解中国对外援助真实面目的一本最为重要的资料性参考著述，成为这一领域知名度和引用率最高的经典之作。① 1996 年，靳辉主编的《当代中国铁路对外经济技术援助》一书出版，本书记录了过去 40 年间中国铁路部门所承担的近百个援助项目的来源、勘测、施工及其影响等情况，具有极高的史料价值。直到新世纪来临，中国对非援助的研究才开始引起学者们的关注。作为中国援非领域的亲历者，李小云有大量的研究作品。根据自身经验和多年研究写出的《中国对非援助的实践经验与面临的挑战》是一项有代表性的研究。② 周弘是中国国际援助研究领域的先驱，两篇文章——2008 年发表的《中国对外援助与改革开放 30 年》和《中国援外六十年回顾与展望》，前者论述了改革 30 年间中国对外援助的历史推进，后者回顾了过去 60 年中国对外援助的发展历程。③ 虽然不是以对非援助为直接研究对象的作品，但非洲依然是这一过程中最为重要的受援对象。2013 年，周弘、熊厚出版《中国援外 60 年》。④ 本书以地域作为研究的分野，系统地再现了 60 年时间里中国对每一个地域进行的援助努力。厦门大学黄梅波教授及其团队对中国对外援助的体制展开了深入研究，为还原中国对外援助的决策方面做出了重要贡献。⑤ 浙江师范大学刘鸿武教授及其团队在中国对非援助的战略研究方面取得重要进展。⑥

与此同时，某些领域的历史探索也开始起步。李安山教授长期关注中国对非援助，在这一领域有诸多深刻见解，他在中国援外医疗队等方

---

① 石林：《当代中国的对外经济合作》，中国社会科学出版社 1989 年。
② 李小云、武晋：《中国对非援助的实践经验与面临的挑战》，《中国农业大学学报（社会科学版）》，2009 年第 12 期。
③ 周弘：《中国对外援助与改革开放 30 年》，《世界经济与政治》，2008 年第 12 期；周弘：《中国援外六十年回顾与展望》，《外交评论》，2010 年第 5 期。
④ 周弘、熊厚：《中国援外 60 年》，社会科学文献出版社 2013 年。
⑤ 黄梅波等：《中国对外援助管理体系的现状和改革》《国际经济合作》，2012 年第 10 期；黄梅波等：《中国对外援助项目的组织与管理》，《国际经济合作》，2013 年第 1 期；黄梅波等：《中国对外援助中的经济动机与经济利益》，《国际经济合作》，2013 年第 4 期；黄梅波等：《南南合作与中国对外援助》，《国际经济合作》，2013 年第 5 期；黄梅波等：《中国对外援助管理体系的形成和发展》，《国际经济合作》，2009 年第 5 期。
⑥ 刘鸿武等：《中国对外援助与国际责任的战略研究》，中国社会科学文献出版社 2013 年。

面的研究具有开拓性,在资料严重不足的情况下,大量采用档案文献和一手访谈材料,考察和考证了中国医疗队的发展历史,是有关中国援非医疗队研究中的经典之作。① 蒋华杰利用大量的个人档案考察了1971—1983年间的中国农技援非,考察了这段时期中国援非中较为重要的顶替台湾农耕队的援助行动,考察了顶替行动的得失。② 谢庆奎则聚焦中国援外培训班,考察了中国设置援外培训班的历史和现状。③ 这类研究虽然还原了某些领域的援助情况,但尚未具体和深入具体案例和细节,而案例和细节的匮乏在限制研究的进一步深入。

分析目前的研究可以发现,西方学者只在其预设结论的领域展开中国对非援助的研究,而中国的学者则只能从自己仅有的资料基础上展开研究。因此,从目前已有的研究来看,我们可以发现以下线索:其一,中国的学者重视历史研究,而西方的学者重视当下中国对非援助的现状研究。其二,从资料的情况来看,中国的学者重视历史资料的运用,而西方学者重视媒体资料、调研和访谈资料的使用,总体上看来,西方学者所掌握的资料更具丰富性和多元性。其三,受到中国对外援助方面资料公开的限制以及整理资料工作的滞后,无论是中国学者的研究还是西方学者的著述都无法真正得到充足的资料还原过去60年间中国对非援助的全貌,导致这一领域的研究具有一定的局限性。因此,西方学者也往往承认,由于当前中国援助数据和资料的不足,使得对中国援助对经济增长影响的考察难度较大。④

正是因为资料工作的严重滞后,在面对这样一个炙手可热的现实问题时,研究作品出现了两种倾向。其一,由于资料严重匮乏,研究者只能在有限的资料基础上进行空间极为有限的探讨,研究难以向细处和深处推进。当今的中国研究者频频抱怨"没有系统的对外援助的资料数据",导致已有的研究"明显缺乏整体性和系统性"。⑤ 其二,西方很多

---

① 李安山:《中国援外医疗队的历史、规模及其影响》,《外交评论》,2009年第1期。
② 蒋华杰:《农技援非(1971—1983):中国援非模式与成效的个案研究》,《外交评论》,2013年第1期。
③ 谢庆奎:《中国援外培训》,北京大学出版社2013年。
④ Axel Dreher, Andreas Fuchs, Roland Hodler, Bradley C. Parks, Paul A. Raschky, and Michael J. Tierney, *Aid on Demand: African Leaders and the Geography of China's Foreign Assistance*, March 30, 2015.
⑤ 张郁慧:《中国对外援助研究(1950—2010)》,九州出版社2012年,第14—16页。

关于中国对外援助的研究建立在道听途说的不可靠资料基础之上，因而得出的结论不免因严重偏离现实甚至与中国的外援真相和理念相去甚远。在对中国对外援助资料掌握寥寥的大背景下，猜测和估计成为获得资料和数据最为重要的途径，这一状况为一部分西方学者所利用，借以丑化中国对非援助，抹黑中国形象。在国际上，西方以极其复杂的心态看待中国在非洲日益明显的存在。在西方的历史上，非洲被视为"后院"和"狩猎场"。作为一个可供选择的援助伙伴，"中国的到来营造了一种竞争环境"，在西方及世界银行和国际货币基金组织之外，非洲拥有了全新的选择。① 更让西方国家担忧的是，中国可能依托非洲而实现世界大国的抱负和理想。马丁在他的书中忧心忡忡——"中国在非洲迅速提升的影响力表明，用不了多久中国就会成为非洲大陆的主导势力。"②怀着这种复杂的心态，西方在中国对非援助问题上患上了"偏色眼镜症候"，严重地影响了西方学者研究中国援助时材料的剪辑和运用，以及评价中国援助时的立场和尺度，出现类似"流氓捐助""掠夺非洲资源""新殖民主义""中国威胁论"等毫无依据的谩骂之声。

当然，资料获取难度较大的原因是多方面的，总体说来，是以下几个方面的原因造成的。其一，中国官方对外援助数据的零散性和非直观性。其二，目前在国际学术期刊上发表的中国对外援助研究的作品绝大部分出自西方学者之手，受限于语言和学术习惯，他们倾向于从西方的网站和资料中获取中国对外援助的数据。中国对外援助研究人数尚少，力量尚弱，具有国际学术影响力和渗透力的作品较少，因此，来自中国的数据较少进入他们的研究视野。其三，语言上的障碍。中国的官方资料和学者研究大多是中文的，而国际上中国对外援助研究群体的主流语言依然是英语，语言上的障碍造成了数据运用和使用上的障碍。其四，中国方面的资料开掘整理的工作滞后。在中国各类图书馆和档案馆里，雪藏着大量的中国对非援助方面的文献资料，一部分资料并不涉密可以自由获取，另一部分档案则已经解密可以公开查阅，但是，这部分资料极为零散，需要花费较长的时间和较集中的精力来查阅整理。与此同时，

---

① 〔英〕马丁·雅克：《当中国统治世界》，张莉、刘曲译，中信出版社2010年，第259页。

② 〔英〕马丁·雅克：《当中国统治世界》，张莉、刘曲译，中信出版社2010年，第261页。

中国对非援助领域有大量对非援助的亲历者和政策的制定者，他们掌握了大量的中国对非援助的第一手资料，包括援助项目的历史细节、照片、视频、未刊日记和回忆录等等，但这些资料大量散落于民间，需要研究者进行搜集与整理方可使用。然而，目前中国研究者在这方面的工作严重不足。

四、中国对非援助编年：基于中国对非援助的资料整理

翔实的中国对非援助的历史案例和历史细节有助于引导中非人民留住历史记忆，形成中非间的记忆认同，从而建立患难与共的历史和命运共同体。作为历史研究的起点和基础，新资料的不断聚集和开放获取应成为产生新的学术生长点的重要助力。在中国对非援助研究的领域里，对大量零散和雪藏的资料进行加工整理，成为这一领域的研究不断向前推动的重要力量。当前，随着各类资料的开放，成体系地整理中国对非援助历史资料的时机渐趋成熟。

（一）资料整理条件的成熟

中国对非援助已经走过了60年的历史岁月，遗憾的是，一段持续演绎了60年的友谊与合作却没有一部精彩的历史作品来书写。中非间的历史充满着力量与魅力，在思考这段历史的过程中充满着新的创造和发现，可以深刻地了解到中非双方在历史的最深层的内在生命与精神互动。历史会随着新资料的发现而在不断丰满中逐步深刻，历史之魂会伴随着历史积淀的深厚而不断沉积。因而，根据历史演绎的逻辑，60年不仅是应该给予一个阶段性回顾的时间，还应该是展开理论提炼和深刻反思的时刻。俄国历史学家别尔嘉耶夫说："只有在历史回忆这一洗旧翻新的和充满创造精神的过程中，历史的内在联系和灵魂才变得明了起来。"[1] 然而，在当前中国对非援助成为一个炙手可热的学术和政治话题之时，中国和非洲的中国对非援助史研究仍较少被关注。

随着中国对非援助实践的不断向前推进以及中国在非洲利益的深化拓展，中国的对非援助已经发展到了一个全新的历史高度，在这一平台上，外在的展示与内在修为的重要性应被置于同一高度上。显然，当前

---

[1]〔俄〕别尔嘉耶夫：《历史的意义》，张雅平译，学林出版社2002年，第13页。

中国对非援助的研究重地依然在西方，而不是中国和非洲。西方借助学术影响力和媒体辐射力让西方经验成为世界的先入之见，导致中国和非洲失去了话语权和优势地位，国际舆论频频为其误导。面对势不可挡的话语霸权和别有用心的误解，用恰当的方法将历史以数据和文本的方式记录并流传下来，成为新时代中国对非援助研究者的历史使命。面对西方的话语强势，如何在历史的经验事实层面上独立冷静地审视中国对非援助的历史，如何以中国和非洲为主、用鲜活的语言坚定而果敢地言说出历史的真相，成为一个新的时代使命，无论是中国政府的相关部委还是中国的对外援助研究学者都肩负这一艰巨使命。基于此，写作一本中国对非援助历史书越来越有充分的必要性。

当然，这一使命并不仅仅依靠进一步公开和透明的中国对外援助的数据和档案资料的途径来实现，在目前的条件下，中国对非援助的数据和资料已经通过丰沛的渠道得以公开，只是这些资料零散而无序，只要勤奋整理和用心编撰，便可窥探中国对非援助全貌中更丰富的层面和更多元的棱镜，还原更客观真实的中国对非援助的历史和现实。从另一个层面上看，伴随着历史的向前推进，新的史料不断出现，获得新史料增加新知识的渠道也在增加，便捷的交通和通达的网络让研究者与亲历者之间的沟通变得方便而快捷，这些都在提供更为丰富而多元的资料获取渠道。

近年来，有关中国对外援助方面的数据的开放程度日渐提升，这些数据获取度的提高为系统性整理和研究中国对外援助准备了有利条件。首先，各类档案资料的开放。外交部、卫计委和大使馆的相关援助数据开始对外开放，这些档案资料有助于再现早期中国对外援助的一些政策和项目的情况。第二，个人回忆录、访谈和日记等的整理和发表丰富了援非资料的获取维度。60年里参与中国对外援助的官员、援外工作者、技术人员及其家属对他们曾经的事业满怀热情，陆续地通过各种方式公开当年参与对外援助的经历，发表当年的援外日记，一部分援外工作者开始发表回忆录和回忆文章，或者接受媒体等的采访。所有这些途径都从某个侧面揭开援外项目的朦胧面纱，让多年来中国人民耳熟却未必能详的中国对外援助历史故事逐渐清晰，中国对外援助的很多决策和项目有望重新回到人民的视线和文字记录中来。第三，便捷的电子媒体增加了数据公开的透明度，相关政府部门的网络数据的公开揭示了中国对非援助项目的进度和情况。第四，日益频繁的中非之间的联系与沟通，让研究人员和媒体有更多的机会零距离接触到援非项目，并与援非决策人士和援非项目建设者对话，为实现中国和非洲对第一手援非资料的搜集整理准备了条件。

从已有的资料集来看，1989年石林主编的《当代中国的对外经济合作》是这一领域较早且权威的一部极具资料价值的作品，是在过去30年的中国对外援助研究中不可或缺的经典之作。靳辉主编的《当代中国铁路对外经济技术援助》提供了铁路援外方面的珍贵资料。从政策方面，大量资料的结集出版，提供了丰富的政策性资料。包括《十三中全会以来党的文献》《十四大以来重要文献选编》《十五大以来重要文献选编》等，搜集了与中国对非洲政策和中国对外援助相关的政策性文件。① 一些早期的研究作品也为中国对非援助提供了丰富的史料，如通史方面，王泰平的《中华人民共和国史》（上中下）就提供了重要的史料和背景资料。②《方毅文集》和《方毅传》搜集了方毅任外经总局局长期间的重要讲话、文件及报告，并以传记的形式研究了时任外经总局局长的方毅在任内所展开的对外援助工作及具体细节。《周恩来年谱》搜集了周恩来与非洲国家领导人交往、重大项目的谈判及建设过程中的重大决策、重大政策的出台过程以及重要会议中的重要发言等等，这些都将丰富中国对非援助编年的资料。

大量的外交官和政府官员的回忆录以及回忆文章，充实和完善了中国对非资料的丰富性和多样性。如李肇星的《说不尽的外交》记录了他与非洲的历史情缘；魏建国的《此生难舍是非洲》以多语版本在世界范围内发行，讲述了他一生中与非洲的多次互动；唐家璇的《劲风煦雨：唐家璇外交回忆录》，揭秘了中非合作论坛召开的历史内幕等③；钱其琛的《外交十记》中记录了他的"非洲情结"④；王泰平主编的《当代中国使节外交生涯》记录了一大批中国驻非洲国家的外交使节的外交回忆录，大量涉及中国和非洲围绕着援助而展开的高层接触，特别是揭示了

---

① 《十三中全会以来党的文献》，人民出版社1981年；《十四大以来重要文献选编》，人民出版社1995年；《十五大以来重要文献选编》，人民出版社2000年。
② 王泰平：《中华人民共和国史》，世界知识出版社1999年。
③ 李肇星：《说不尽的外交》，中信出版社2013年；魏建国：《此生难舍是非洲》，中国商务出版社2011年；唐家璇：《劲风煦雨》，世界知识出版社2009年。
④ 钱其琛：《外交十记》，世界知识出版社2003年。

中国对非援助重要项目的高层决策过程①；《外交官手记》包括四本：《中外建交秘闻》《中国外交官在联合国》《中国外交官笔下的中外政要》和《中国外交官亲历重大历史事件》，记录了大量与中非关系相关的历史史实，补充和印证了中国对非援助中的若干事实②；郑言等编的《外交纪实》中有大量涉及对非外交的史实，特别是1—4卷众多外交官回忆其任内重大的外交事件，留下了珍贵的对非援助谈判和决策的过程。2005年上海人民出版社出版的《中国外交官在非洲》同样揭示了诸多援助项目谈判和决策过程中的细节。

值得一提的是，由于中国援非的参与人数甚多，随着传播渠道的多样化，平凡的援非人也参与到资料的补充和丰富当中来，因而，中国对非援助方面的资料日益呈现出明显的草根性，很多非常有价值的资料并不一定都是正式出版物，很多是当事人的现场笔记、日记、回忆录，甚至是网络博客。中国援建索马里公路技术工作组的《索马里民主共和国贝莱特温至布劳公路（贝布公路）施工总结》虽然不是正规出版物，但极为珍贵。类似的资料还很多，如驻尼日尔医疗队的中国医生钟日胜根据自己的援非经历写的纪实作品《非洲小城的中国医生》就广受关注。③驻加纳的骨科医生瞿东滨根据自己的经历写了《心儿向着远方：中国在加纳的援非经历》，带领读者走进加纳的医疗队了解中国医生和加纳患者间的感人故事。④ Henry的博客《援外手记》，记录了他早年在索马里担任援外医疗队医生的经历，后来以《外援手记：中国在索马里的日子》为题，由东方出版中心出版。⑤ 由湖南援非农业专家方志辉写作的《十年马义奇》，记录了农业专家在马达加斯加推广杂交水稻种植的故事。⑥

众多参与中国对非援助亲历者的日记和回忆录也极大地丰富了相关资料，尤其是借助网络媒体传播，更加速了其影响力、渗透力。大量援非人士通过网络或个人博客发布的援非回忆文章或日记，也是重要的资

---

① 王泰平：《当代中国使节外交生涯》（第1—6辑），世界知识出版社。
② 李同成：《中外建交秘闻》，山西人民出版社2003年；李同成：《中国外交官在联合国》，山西人民出版社2005年；李同成：《中国外交官笔下的中外政要》，山西人民出版社2005年；李同成：《中国外交官亲历重大历史事件》，山西人民出版社2003年。
③ 钟日胜：《非洲小城的中国医生》，世界知识出版社2010年。
④ 瞿东滨：《心儿向着远方：中国在加纳的援非经历》，广东花城出版社2013年。
⑤ 周洪立：《外援手记：中国在索马里的日子》，东方出版中心2013年。
⑥ 方志辉：《十年马义奇》，湖南人民出版社2014年。

料补充。如援非医疗队员周政《中国在津巴布韦的日子》、马里医疗队的浙江医生马群在浙江在线发表的《中国这样过春节》、在西非抗击埃博拉时中国专家在网络上发表的《抗击埃博拉 中国在援非一线》、陕西第一批援马医疗队发表的《中国在非洲更像个医生》等，这些记录虽然不是专业的，但都留下了极为珍贵的史料，也激励了后来者通过网络讲述他们在非洲的故事。2010年，天涯论坛上的一篇《梦回非洲：中国援非医疗队往事》受到热捧，作者回忆了在尼日尔做援非医生的经历。援非志愿者李忠辉发表的《中国在非洲过得很好》，记录了他在利比里亚做志愿者的经历；天涯社区发表了一位中文老师的《埃塞日记》，记录了他在埃塞做中文老师的经历；内蒙古巴彦淖尔市高级工程师马宇龙写了《飞向撒哈拉——中国的援非手记》；天涯博客上转载了《去非洲援建坦赞铁路》的连载博客，受到热捧；农业专家陶云荷在博客上记录了他的两本回忆录《援非接力》和《人在西非》；河南农业专家玉米周的博客则载录了他在马里和贝宁农业援助的日记；《塔宝拉日记——援坦这两年》的博客记录了援坦医疗队队员在坦桑尼亚的援助经历；援非的博客载录了大量博主在桑给巴尔担任医疗队队员时的日记；四川农业专家写下了《重返非洲》的工作日记。

除此之外，另一些统计类的著作也在另一个侧面还原和补充了中国对非援助的真相。每年一卷的《中国对外经济贸易年鉴》统计了前一年度中国对外援助的数据和大事记，一些卷次的大事记忠实记录了中国对非援助中项目的执行情况。另外，20世纪90年代以后，各地出版了大量的地方志，在对外合作卷中往往大量涉及本地历史上开展的对非援助与合作，披露了丰富的中国地方开展的对非援助活动的资料和数据。

便捷的网络为政府部门公开援助政策及其执行提供了便利，从一个个侧面为中国对非援助事件和人物提供了丰富的资料。政府部门如外交部、商务部、农业部、科技部等网站追踪报道了各自管辖范围内的中国对非援助项目的最新进展，跟踪这些网站可以获得中国对非援助项目的最新情况。这部分资料同时还可以在中国驻非洲国家的大使馆和经参处的网站上得到进一步的印证。因此，2000年以后各个援助项目的资料较为丰富，能够较快地复原整个项目的来龙去脉及发展状况。

本书将综合运用以上资料编写中国对非援助的编年史，绘织中国对非援助的全景图像，梳理过去60年里中国对非援助活动的来龙去脉及历史进程。本书旨在将这些分散在档案文献、个人回忆录和日记、各类书籍和研究著述、媒体报道、政府部门网站的数据根据一定的逻辑和条理重新梳理和编写，作为中国对外援助研究领域的一项基础性工作，为这一领域未来的研究铺设一条资料高速公路。

（二）传统编年体研究方法及创新

拥有了如此丰富的资料渠道便拥有了获得体系庞杂、弥足珍贵史料的可能，接下来的问题就是总体编撰和全局思考。本书围绕着中国对非援助的历史，以编年体的方式逐年逐月逐日地记录和整理中国对非援助历史上每一天所发生的事件，在编撰的基础上对中国对非援助进行整体性的导读，便于读者从多元繁复的细节中看到中国对非援助的历史发展线索。

作为一种古老的史书编撰方式，编年体有着悠久的历史。先秦时期的许多史书都用编年体的方式写作而成，如《春秋》。宋代史学家司马光的《资治通鉴》标志着中国编年体史学体例的成熟，此后，以《资治通鉴》为范式，形成了一个庞杂的编年体史书编撰系统体例。以时间为序记事的编撰方式颇受历史学家钱穆的赞赏，在他看来，这种传统的逐年逐月逐日的历史编撰方式，"可以更客观、更易把捉到历史事件演进之真相"[①]。中国对非援助历史60年，中国对非洲五十多个国家的援助平行展开，每一个援助项目和援助故事均极为琐碎而无规律，因而，以时间为序来记录有助于清晰地呈现中国对非援助的过程，同时避免遗漏和重复。这种编撰方式的优势是便于在最短的篇幅内将纷繁复杂的中国援非项目和历史事件一一记录下来，有效地节省空间和篇幅，并有助于避免重复。

近代以来，编年史著作往往沿袭传统惯例，按照严格的编年顺序来编排材料，以至那些材料及其反映的历史时间如同以时间为绳串在一起的珠子，彼此之间看似没有联系，因而被视为简陋的"史料长编"或者按照时间顺序编排的"史料汇编"。这种编排方式虽然有效地安排了各个历史细节之间的时间逻辑，却无法清晰直观地展示某一历史事件的前因后果以及事件的整体演绎，且无法阐明历史事件的发展情况及长远历史影响。编年体的编撰方式的缺陷在于片段式和碎片化，缺少历史叙事

---

① 钱穆：《四部概论》，《中国学术通义》，台湾学生书局1976年，第19页。

和历史研究的故事性，抽走了历史演绎中活跃在其中的情节与过程，让鲜活的历史读起来"只见树木不见森林"，故事因片段式呈现而枯燥乏味。然而，编年体一般都具备了叙事的最基本要素，即时间、地点和人物，它所缺乏的恰恰是将不同时间同一事件有情节地合逻辑地集中呈现，影响到它的故事性和可读性。为了展示更加丰满而立体的中国对非援助的历史全景，本书综合借用宋代史家的追叙法、预叙法和类叙法三种方法，在为读者展示中国对非援助历史推进演绎进程的同时，叙述对非援助历史事件的前因后果，并尽量丰满充实历史事件中的各类细节，帮助读者重返历史现场，在获取整体印象的同时，对个别的援非事件和项目进行具体而全面的呈现，让中国对非援助的历史故事和细节重新回到读者的视野当中来，为后来的研究者提供参考。

在材料的选取上，本书以中国对非洲的援助项目和援助事件为叙述主体，从援助项目的缘起、谈判、签约到开工、中期检查和竣工移交以及社会影响，力图呈现中国对非洲援助的立体图景，让读者根据时间能查到项目的执行情况，根据项目的名称可以了解到项目执行过程中所遇问题以及非洲社会对该项目的评价及项目本身的影响等，揭示项目的来龙去脉，展示更加翔实生动的历史演绎过程，让一个个枯燥的历史史实相互流通，形成具有想象空间的历史场景和具有可读性的历史故事。

在体例方面，鉴于传统的纪传体和编年体各有优势和不足，本书采用了若干与一般编年史不同的做法，以期既能充分发挥编年史的长处，呈现清晰的中国对非援助历史演绎的线索，又能尽量弥补其短，补充中国对非援助历史事件的具体演绎过程和阶段性总结，让本书具有故事性和指导性。具体为以下两点：

其一，设计时间段。编年史通常以年为基本单位，年下设月，月下设日。这种向下的时间序列，可以充分发挥编年史的优势，有助于重返历史进程，呈现历史事件的时序演绎。本书在采用这一时间序列的同时，还设计了一个向上的时间序列，即以年为基本单位，年之上设时期。本书分为九个不同的时期，帮助读者系统地理解中国对非援助发展的历史进程，把握历史发展的节奏。

其二，为了帮助读者了解到中国对非援助的整体概况和当前的基本研究情况，书前有绪论，论述中国对非援助的精神实质与本书的核心思想，便于读者对中国对非援助有一个宏观的总体把握。每章的第一部分为"概论",重点揭示每一时期中国对非援助历史的总体发展趋势和特点。这种安排意在弥补一般编年史过于零散、缺乏纵向历史事件之间的联系之不足,力图站在中国对非援助60年的整体立场上展示每一个时间阶段的总体特征,帮助明了中国对非援助在不同历史时期推进演化的内在逻辑,避免读者阅读时被大量历史细节所淹没。每一时期的概论主要展示编年撰写中较难展示的历史背景,为总结这一时期中国对非援助中出现的新趋势和新特点做铺垫;与此同时,概论还将论述这一时期所出现的新的援助现象的背景和各种援助现象之间的内在逻辑关联,以便读者把握时代的社会和政治背景,重现整个中国对非援助历史的真实时空联系。

第一章 在革命中起步的中国对非援助（1956—1962）

第一节 非洲民族解放运动与中国对非援助的起步

一、中非间的早期交往

新中国成立后，中国领导人努力打开中国的外交局面，但由于地理距离的遥远，中非间的历史联系并不密切，中非开始交往的时间比其他地区要稍晚一些。直到1955年的亚非会议前，中非间的交往依然极为有限。其原因，除了来自中国内部，更主要还来自于非洲内部。当时绝大部分的非洲国家尚处在殖民统治之下，拥有独立民族政治的非洲民族国家政权尚未大规模建立，这是导致中非间有效联系匮乏的主要原因所在。

中非间的联系虽然相当匮乏，但翻阅历史档案和记录，我们可以发现，中非间那些仅有的早期联系与相互支持对方的民族解放事业息息相关。早在1950年6月，《人民日报》就发表过评论文章，谴责南非米兰政府所主导的反共措施。一个月后，毛泽东专门发表文章批评南非的种族主义政策。1950年，新中国发电报给"南非印度国大党"（South African Indian Congress，SAIC），对其反对种族歧视的斗争表示支持，毛泽东亲自发电报声援他们的正义之举。① 中国的友好之举让南非感受到了这个东方国家的正义与友好，此后的联系开始变得频繁起来。1951年，中国的新闻发言人在"中国人民外交委员会"的一次会议上发表了支持阿

---

① *China's Foreign Relations: A Chronology of Events, 1949–1988*, Beijing: Foreign Languages, 1989, p. 356.

拉伯人民、谴责帝国主义的讲话。① 远隔重洋给两个大陆的沟通联系带来诸多不便，但寻找远方的朋友支撑着中非双方建立联系和相互支持的信念。新中国与非洲的早期交往虽然是断断续续的，但其出发点却一以贯之，即找寻相互支持和帮助的盟友。现在看来，这种联系虽然相当有限，却已经表明，中非两个大陆对于与对方取得联系并从对方获得支持与帮助充满渴望。

正是凭借着各自从对方身上获得支持和帮助的信念，在此后轰轰烈烈的民族解放浪潮中，中国和非洲成为对方在南方世界中的支撑和依靠。1955年的亚非会议创造了让中非领导人零距离接触的机会，并让双方有了表达和认同各自当前外交地位和世界秩序的机会，将两个遥不可及的大陆紧紧联系在一起。

二、这一时期中国对非援助的特点

新中国成立后，中国依然是一个受援对象，但出于政治和外交的需要，中国开启了对周边国家和阵营内国家的援助历程，成为一个接受援助的援助者。作为援助者的中国拥有着受援这一独特的历史经验，因而具有了作为援助者的独特的精神阅历。中国和非洲就是在这一独特背景下展开援助的。这一时期对非援助的特点，可以从以下三个角度来概括。

第一，对非援助与对非外交关系的建立紧密相连。

亚非会议后，中国加快了走近非洲国家的脚步，也由此迈出了援助非洲的步伐。在新中国对外交往初期，非洲是逐渐进入中国的外交视野并成为中国对外援助的重要对象的。作为对这些国家外交努力的积极回应，新中国以援助为重要的媒介和桥梁，跟很多非洲国家建立起经济关系，进而建立外交关系。这种交往节奏和步履与当时非洲国家所处的特殊历史阶段和历史使命紧密相关。当时的非洲很多国家尚处于民族独立的关键时期，来自外界的支持和援助也显得极为重要。

这一时期的中国对非援助是中国对亚非国家外交的一个部分，也是作为中国外交战略的一个组成部分来落实的。1956年6月召开的第一届全国人民代表大会第三次会议上特别指出，考虑到中国经济上还很落后，经济力量仍相当有限，中国主要通过贸易途径和其他国家进行经济合作。

---

① Bruce D. Larkin, *China and Africa*, 1949–1970, University of California Press, 1971, pp. 15–16.

与此同时,"中国认识到,经济上的独立对于巩固政治上的独立具有重要的意义,中国在自己进行经济建设的同时,也愿意在可能的范围内贡献中国的微薄力量,帮助其他国家的经济发展"。"中国根据平等互利、互相尊重主权的原则,通过援助,同亚非民族主义国家进行经济技术合作,中国的目的是为了促进彼此的经济发展。"这表明,中国政府所推行的经济政策与西方有较大的差异,万隆会议公报的精神、平等互利和彼此敬重的外交原则从中非开始交往就成为中国的原则性政策。

在中非建立外交关系之初,对非援助是走向外交关系的重要通道和方式。中国的援助支持了正在追求民族独立的非洲国家,与此同时,非洲独立运动的开展也在促生着中国对非援助的展开。援助所带来的不仅仅是友谊和支援,更表达了中国对非洲的真诚和信任,让中非之间获得了充沛的能量流动。基于援助中的真诚与信任,援助也往往成为中国敲开非洲大门的敲门砖,开启了中国外交走进非洲的通道。和其他非洲国家一样,1957年阿尔及利亚展开了抗击法国殖民者的斗争,来自中国政府和人民的支持和援助贯穿它们斗争的始终。在阿尔及利亚革命过程中,中国不仅是提供援助其军事斗争的物资和军事援助的国家,而且是给予其精神和道义支持的坚定伙伴。1958年9月19日阿尔及利亚成立"阿尔及利亚临时政府"后,中国政府第一时间承认了该临时政府,并给予相应援助,有力地支持了阿尔及利亚人民的反殖民斗争,也获得了阿尔及利亚人民的信任。1974年布迈丁总统访华时回顾这一段中阿关系说,在革命斗争的年月里,阿尔及利亚战士用的枪炮、盖的毛毯、穿的衣服都是中国送的,中国是世界上第一个同阿尔及利亚缔结国与国之间协定的国家。周恩来总理意味深长地说:这一段中阿是"患难之交"[1]。

借助援助这一特殊的外交桥梁,中非之间的互动日益频繁和高效。中国对非援助的第一站是埃及。1956年5月30日,中国和埃及发表《联合公报》,宣布建立外交关系。埃及是朝鲜战争后第一个承认新中国的国家,是第24个同新中国建交的国家,也是第一个同新中国建交的阿拉伯和非洲国家。埃及的选择震惊了远隔重洋的美国,新中国不仅没有在美国的封锁中逐渐淡出世界外交舞台,反而突出重围走进了中东和非洲。时任国务卿福斯特·杜勒斯宣布撤出美国对埃及在阿斯旺水坝项目

---

[1] 王泰平:《中华人民共和国外交史,1957—1969》(第二卷),世界知识出版社1998年,第115页。

上的所有援助。① 埃及人民随即展开了轰轰烈烈的要求收回苏伊士运河管理权的斗争,苏伊士运河战争爆发,中国政府和人民随即展开了援助埃及正义斗争的活动。对于埃及在苏伊士运河斗争中的支援,中国是给予支援和帮助的众多国家中的一个,而中国真诚的援助和鲜明的态度获得了纳赛尔总统的高度评价。埃及驻华大使加拉卜大力称赞中国的援助是巨大而慷慨的,"在提高埃及人民反对罪恶的侵略者的时期和巩固中埃两国友好关系上起了巨大影响"②。

第二,中国对非援助的形式和内容多种多样,援助形态丰富多彩。

中国提供对非援助的方式较为多样。具体说来,这一时期中国对非洲国家援助的类型有以下几种方式:其一,声援。中国和非洲相隔万里之遥,即便是当今交通通讯日益便捷的时代依然不便。第二次中东战争爆发后,中国政府先后两次发表声明,支持埃及反抗英法以三国的侵略,表示中国不能坐视埃及的主权和领土遭受任何形式的侵犯,"愿意尽中国的能力所及,采取一切有效的措施,包括物资援助在内,支援埃及的斗争"③。在阿尔及利亚民族解放斗争期间,远在万里之外的中国也在努力声援。在1956年的第一次全国人大第三次会议上,周恩来所做的《关于目前国际形势、中国外交政策和解放台湾问题》发言中讲道:"在北非,阿尔及利亚人民还在被迫地进行武装抵抗。中国人民支持阿尔及利亚人民的正义斗争。"④ 其二,相互承认。1958年9月19日,阿尔及利亚成立了"阿尔及利亚临时政府"。第二天,中国的一位外交官会见了驻在开罗的"阿尔及利亚临时政府"要员,随后中国政府宣布承认该政府。⑤ 在阿尔及利亚临时政府宣布成立后,费尔哈特·阿巴斯总理致电毛泽东主席,相信毛泽东主席这样一位"亚洲人民解放的巨匠""人民自决权的保卫者"会最先承认临时政府。9月22日,中国成为第一个承认阿临时政府的非阿拉伯国家,来自中国的承认增强了新生政权争取国际合法

---

① 〔美〕亨利·基辛格:《大外交》,顾舒馨、林添贵译,海南出版社1998年,第529页。1956年5月,中埃建交,7月,美国终止了其允诺给阿斯旺水坝项目的7000万美元的贷款,英国终止了500万英镑的贷款,世界银行的2亿美元贷款也同时终止。
② 艾周昌、沐涛:《中非关系史》,华东师范大学出版社1996年,第23页。
③ 艾周昌、沐涛:《中非关系史》,华东师范大学出版社1996年,第231页。
④ 《中华人民共和国对外关系文件集》,(1957—1957),世界知识出版社1960年,第76页。
⑤ Bruce D. Larkin, *China and Africa, 1949–1970*, University of California Press, 1971, p. 38.

性的勇气。其三，军事援助。为鼓励非洲国家人民的斗争热情和勇气，中国军事援助不仅提供武器和弹药援助，而且还负责为这些国家培养军事人才，挑选军官到中国接受训练，或者派遣中国军官到非洲帮助训练非洲军队等。其四，物资援助。1958年4月1日，周恩来在亚非会议上接见阿尔及利亚代表加法时表示，中国给予阿50万元的援助。① 在中国承认阿尔及利亚政权的合法性后，中阿虽然还未建立正式的外交关系，但为支持其民族解放斗争，中国第一时间向临时政府提供了价值七千多万元的物资和现汇援助。其五，其他类型的民间援助。中国的这种支持并不仅限于官方层面，民间也出现了轰轰烈烈的声援活动。在非洲民族独立运动爆发后，中国人民以各种形式，如示威游行、呼吁声明等方式支持其斗争。在埃及的抗英法斗争中，中国红十字会向埃及红新月会捐赠17万瑞士法郎，并筹建了一个医务工作团，以备埃及需要。② 非洲的革命形势也在激励中国人民献身非洲革命斗争的决心和意志。在埃及抗英法斗争如火如荼之际，中国开始在全国范围内招募青年志愿者，短时间内便有25万中国青年报名参加援埃志愿军，这些志愿者愿意如同抗美援朝一样赶赴埃及战场。③

由此可见，在这一阶段的非洲民族解放运动中，中国援助所扮演的作用与其说改变了这场运动中西非之间的力量对比，不如说中国的援助鼓舞了非洲人民的斗争意志，坚定了非洲人民的斗争决心，因此，中国援助的优势并不在于援助额度，而在于表明来自中国的支持态度和立场。中阿在民族解放斗争中的互动鼓舞了阿尔及利亚人民的革命热情，一位在北京留学的阿尔及利亚留学生在北京大学发表演讲，谴责美国向法国提供援助，并认定中国承认"阿尔及利亚临时政府""再次显示了中国政府一直站在阿尔及利亚人民一边，反对帝国主义和殖民主义"。④

第三，中非在建立援助关系的过程中受到西方国家的干扰和破坏。

中非援助关系的建立并非一帆风顺，中非联系的建立并不仅仅取决于中非双方，还关涉和影响到西非关系和中西关系。因而，西方国家的

---

① 王新连：《战友情谊 历久弥坚：中国与阿尔及利亚建立外交关系始末》，安惠侯等：《丝路新韵：新中国和阿拉伯国家50年外交历程》，世界知识出版社2006年，第49页。
② 陈敦德：《探路之行——周恩来飞往非洲》，世界知识出版社1999年，第25页。
③ *New York Times*, 11 November, 1956.
④ Bruce D. Larkin, *China and Africa, 1949–1970*, University of California Press, 1971, p. 38.

干扰和影响在中非关系中如影相随。朝鲜战争爆发后，埃及受到西方国家的强大压力，不得不在对华问题上追随西方，继续维持与台湾国民党当局的"外交关系"。据埃及首任总统纳吉布透露，1952 年埃及"七月革命"成功后，埃及国内要求承认新中国的呼声甚高，埃及政府曾做出承认新中国的决定，却因受到美国的警告而搁浅。此后相当长一段时间，在与新中国建交问题上，埃及采取观望等待的态度。

西方国家的干扰和破坏并未能阻止中非建立外交联系的热情和信心，反而激发了中非双方在当前条件下建立联系的途径创新。面对埃及等国面临的西方国家的外交压力，中国政府认为不要急于求成，要"善于等待"。周恩来指示要善于等待、增进往来、多做工作、水到渠成。除了建国头两年跟中国建立外交关系的国家外，后来同中国建交的国家都经历了这样一个建交的历程：先有经贸关系或其他事务性的接触，接着经过一方或双方代表或代表团的访问，建立商务代表处；在建代表处的问题上，对于个别原与台湾有关系的，也不放弃设法在对方国家设立民间商务代表机构，然后或迟或早建立起正式的外交关系。中国和埃及的建交就是"善于等待"的结果。1955 年 4 月，周恩来在赴万隆参加亚非会议途中，在仰光和万隆先后两次会晤纳赛尔总统，双方达成"从经贸开始，先互设商务代表处，逐步使两国关系正常化"的协议。这条非典型道路的开启为中埃建立援助与外交关系铺就了道路。

在这一过程中，西方国家的干扰和破坏不仅无法扑灭中非间强烈的加强互帮互助关系的热情，而且还为中非之间更深入的交往创造了条件。埃及是世界上长绒棉的产地和出口市场，种植面积占到耕地面积的 17%，是埃及农业经济收入的主要来源，是埃及农业经济的重要支柱。埃及棉花主要销往西方国家，中国并非其重要的出口地。1955 年，埃及棉花的传统市场西方在棉花价格上没有与埃及达成一致，这导致埃及出口收入降近 80%，经济因此遭受严重打击。① 因而，对埃及而言，来自西方以外国家的棉花订单的重要性日益凸显。在万隆会议期间，埃及总统纳赛尔就曾向周恩来讲述西方国家对国际棉花价格的控制，导致出口棉花占据国民经济重要地位的埃及屡屡蒙受巨大损失的情况。在具体询问了埃及每年的棉花产量后，周恩来表示，800 万担棉花，每个中国人

---

① Bruce D. Larkin, *China and Africa, 1949–1970*, University of California Press, 1971, p.21.

多穿二寸布就给用完了。① 1953年4月，埃及政府委托商人昆地访华，商谈双边贸易问题。当时中国并不需要进口棉花，为做埃及的工作，中方满足了埃及的要求，与昆地达成购买两批棉花的协定：首批为13000吨，第二批为2000吨。② 中国和埃及的棉花贸易开启了中埃间的更深层、更广泛的交往，而西方国家在埃及棉花贸易上施加的压力恰恰为中埃关系的建立提供了机会。由此可见，西方的干扰和破坏虽然增加了中国和非洲交往中的困难，却没能摧毁彼此建立更加广泛深远联系的信念，反而成为中非建立深层交往关系的动力。

第二节　编　年

1956年

中国政府设立国务院直属的对外经济合作总局，专门负责援外事务。"1955年万隆会议后，中国的援助对象迅速增加，援助事务越来越多，援助任务越来越繁重，计划委员会越来越难以承担。经济合作总局就是在这一背景下成立的。对外贸易部下设技术合作局、成套设备局和对外经济联络部等，共同负责援外工作的执行。"③

中国向埃及提供500万美元借贷。④

中国红十字会向埃及捐款10万元人民币。

2月，阿尔及利亚爆发抗击法国殖民主义者的武装起义后，阿拉伯联盟总秘书处照会中国政府，希望中国政府予以支持。周恩来迅速做出积极响应。他在1956年6月召开的全国人民代表大会上宣布：中国人民站在阿尔及利亚人民一边。

6月，在第一届全国人民代表大会第三次会议上，周恩来针对对外援助问题发表意见："中国根据平等互利、互相尊重主权的原则，通过援助，同亚非民族主义国家进行经济技术合作，中国的目的是为了促进彼

---

① 安惠侯：《埃及与新中国建交始末》，安惠侯等：《丝路新韵：新中国和阿拉伯国家50年外交历程》，世界知识出版社2006年，第32页。

② Bruce D. Larkin, *China and Africa, 1949–1970*, University of California Press, 1971, p. 21.

③ 石林：《当代中国的对外经济合作》，中国社会科学出版社1989年，第83页。

④ Bruce D. Larkin, *China and Africa, 1949–1970*, The Foreign Policy of the People's Republic of China, University of California Press, 1971, p. 94.

此的经济发展。中国不以经济合作为名，对别国进行干涉和控制，或者把军事上、政治上和经济上不利的义务强加在别国身上。"他还明确说："中国认识到，经济上的独立对于巩固政治上的独立具有重要的意义，中国在自己进行经济建设的同时，也愿意在可能的范围内贡献中国的微薄力量，帮助其他国家的经济发展。"①

9月17日，中国政府向埃及发出《中华人民共和国政府对埃及政府关于苏伊士运河问题照会的复照》。全文如下：

> 中华人民共和国政府收到了埃及政府一九五六年九月十日关于苏伊士运河问题的照会，现在荣幸地答复如下。
>
> 一、埃及政府为了维护自己的主权和独立，在一九五六年七月二十六日采取了把苏伊士运河公司收归国有的正义行动。
>
> 这一正义行动从一开始就得到中国政府和人民的完美支持。中国政府和人民对于苏伊士运河问题的立场，已在一九五六年八月十五日中华人民共和国政府关于苏伊士运河问题的声明中得到充分的阐明。
>
> 二、中华人民共和国作为一个日益广泛使用苏伊士运河的国家，一贯赞同在不损害埃及的主权和尊严的情况下，召开由使用运河的有关国家广泛参加的国际会议，来寻求和平解决关于苏伊士运河通航自由问题的合理途径。中国政府在八月十五日的声明中曾经对埃及政府八月十二日关于召开国际会议的建议表示热烈的支持。令人遗憾的是，埃及政府的这一合理建议没有得到英、法、美三国的赞同，而英、法、美三国竟然没有同埃及协商就片面地召开了二十二国的伦敦会议。在埃及完全有道理地拒绝参加以后，这样一个会议，显然是不能够对苏伊士运河问题求得能为有关各国所一致接受的解决办法的；即使这样的会议能够取得一致的意见，如果没有埃及的同意，也是不可能有效的。在伦敦会议上，印度提出了尊重埃及主权和尊严的建议，并且得到了参加会议的苏联、印度尼西亚、锡兰等国代表的支持。但是印度的这个足以导致和平解决苏伊士运河问题的合理建议，却没有得到英、法、美三国应有的有利反应。西方国家提出了一个实质上是干涉埃及内政和侵犯埃及主权的所谓杜勒

---

① 王泰平主编：《新中国外交50年》（中册），北京出版社1999年，第714—715页。

斯方案。埃及政府在耐心地听取了五国委员会对这一方案的解释以后，拒绝了这一方案，这是完全合理的。

三、埃及政府在拒绝了杜勒斯方案以后，在九月十日照会中又建议组织一个足以代表使用苏伊士运河各国的不同意见的谈判机构，表现了埃及政府坚持不渝的和平愿望。中国政府热烈地支持这一建议，并且愿意作出任何有助于实现这一建议的努力。

四、同埃及政府一贯主张进行和平谈判的态度相反，英、法两国政府却一开始就对埃及施加横暴的压力，采取种种武力威胁和挑衅，并且强迫苏伊士运河外籍技术人员离职，阴谋阻塞运河的航运，制造危害和平的借口，而美国的态度正在利用和加强英法这一武力威胁的行动。九月十二日，英国政府竟然宣布英、法、美三国将组成一个所谓"运河使用国协会"，企图公然剥夺埃及的神圣主权，强行接管苏伊士运河。英、法、美三国政府并且已宣布即将召开会议，就这一冒险计划进行具体商谈。这一冒险计划意味着使用武力的危险。这就不能不使苏伊士运河的局势更加复杂化和严重化。

五、英、法、美三国强行接管苏伊士运河的计划是对于联合国宪章的公然违反，这不仅是对于埃及人民的严重挑衅，而且是对于所有阿拉伯国家、亚非国家和世界上一切爱好和平和正义的国家和人民的挑衅。如果英、法、美三国不悬崖勒马，放弃这个战争挑衅的计划，他们必将遭到一切爱好和平和正义的国家和人民的反对，包含英、法、美三国自己人民的反对。埃及绝不会是孤立的。中国将同全世界一切爱好和平的国家和人民一起坚决地站在埃及这一边，全力支持埃及人民维护民族独立和国家主权的正义斗争。

六、中国政府坚决反对英、法、美三国强行接管苏伊士运河的战争计划，坚决支持埃及政府坚持和平协商的立场，并且相信，根据埃及政府建议的方针，在尊重埃及主权和尊严的原则下，经过有关国家的和平协商，就苏伊士运河通航自由有关的各项问题取得协议是完全可能的，也是对一切国家有利的。

一九五六年九月十七日[1]

---

[1]《中华人民共和国对外关系文件集（1956—1957）》第四集，世界知识出版社1958年，第109—111页。

11月份开始,为支援埃及的斗争,中国开始在全国范围内招募青年志愿者,有25万中国青年报名参加援埃志愿军。

11月8日,中国各民主党派、各人民团体坚决支援埃及人民维护民族独立、反抗侵略的斗争,共同决定成立"中国人民支援埃及反抗侵略委员会",发表《中国人民支援埃及反抗侵略委员会宣言》,全文如下:

中国人民支援埃及反抗侵略委员会宣言

(一九五六年十一月八日)

中国各民主党派、各人民团体坚决支援埃及人民维护民族独立、反抗侵略的斗争,共同决定于十一月八日成立"中国人民支援埃及反抗侵略委员会"。

英勇的埃及人民的坚强战斗,使英、法、以色列侵略者遭到了沉重的打击。全世界爱好和平和主持正义的国家和人民,首先是亚非国家和人民的愤怒抗议和苏联政府坚决维护中东和平的正义主张,使英、法、以色列侵略者终于不得不同意停火。这有力地证明,支援埃及正义斗争的爱好和平的力量是如此强大的。

但是英、法、以色列的侵略部队,现在仍然侵占着埃及的领土,继续着军事行动。帝国主义者还妄图在埃及实现他们的政治阴谋。要实现真正的停火和恢复和平,还需要全世界爱好和平的国家和人民继续努力,坚决支援埃及反抗侵略的斗争。

现在全中国各地人民都要求以人力和物力来支援埃及。中国各界人民包括军事人员、医务工作人员、工程技术人员和交通运输人员都纷纷表示同意同埃及人民一起进行反抗侵略的斗争。中国人民支援埃及反抗侵略委员会将动员和组织这些力量,以实现他们用实际行动支援埃及的愿望。

中国人民一贯为保卫和平、反抗侵略而努力。支援埃及维护民族独立、反抗侵略的正义斗争,是中国人民的神圣任务。中国将用一切力量支援埃及,直至英、法和以色列侵略军队退出埃及领土,埃及反抗侵略、维护主权的斗争取得胜利为止。①

---

① 《中华人民共和国对外关系文件集(1956—1957)》第四集,世界知识出版社1958年,第498页。

11月10日，中国向埃及提供现金和物资援助。"国务院总理周恩来致电埃及政府，向埃及提供了2000万瑞士法郎的现金赠款和6000吨豆类、1000多吨牛羊肉。随后，又将大批钢材、粮食等物资运往埃及。中国红十字会向埃及红新月会捐赠17万瑞士法郎，并准备了一个医务工作团，以备埃及需要。"①

1957年

4月13日，周恩来接见埃及《共和国报》总编辑艾·卡·古达，谈中国和非洲的相互帮助。"周恩来说，埃及要准备进行反侵略战争，但在未爆发战争以前，还要多做工作，不要让帝国主义利用弱点。应该团结一切阿拉伯人民。团结的人愈多，帝国主义利用弱点的可能性就愈小，发生战争的可能性也就愈小。反帝国主义的斗争是长期的，不是一下子就结束的，也不能孤注一掷，应该对战争进行充分的准备，这样即使遭受挫折，也不会很大。中国人民对埃及人民进行的长期的反帝斗争，特别是在苏伊士运河问题上所进行的英勇斗争是很钦佩的。在谈到台湾问题时说：解放台湾是中国的内政问题，中国愿意争取和平解放台湾，而和平解放台湾的可能性是一天天增长的。但是中国也不放弃武装解放台湾的准备，因为如果放弃的话，和平解放台湾的可能性就会减少。"②

5月27日，周恩来接见突尼斯农业代表团，讨论非洲民族解放运动。

"周恩来表示，如果法国和阿尔及利亚不能寻求一个妥协的办法，阿人民会遭受到很大痛苦，法国也得不到什么好处，弄到后来将被另一个殖民主义统治者所代替，也就会影响突尼斯、摩洛哥两国，北非就要吃亏，这是一个最中心的问题。所以应该迫使法国殖民主义者改变它的政策，这比抵挡美国殖民主义者要容易得多。还说，北非独立必须首先依靠自己。在谈到同中国建交问题时说，突尼斯、摩洛哥、阿尔及利亚三国与中国建交，不是一天所能解决的，因为国际情况复杂，你们处境也有困难，两国建交问题可以不必着急。突尼斯独立中国本想去祝贺，但你们因外交上的关系，请了蒋介石的'代表'，所以中国就不能去了，

---

① 陈敦德：《探路之行——周恩来飞往非洲》，世界知识出版社1999年，第25页。
② 中共中央文献研究室：《周恩来年谱（1949—1976）》（中），中央文献出版社1997年，第33—34页。

中国再去就变成'两个中国'。'两个中国'是美国的阴谋。当今世界要承认中国的时候，它就用'两个中国'的方法，目的就是想控制台湾、威胁中国。"①

6月14日，周恩来主持国务院第五十二次全体会议，讨论国内的饥荒与国外援助问题。

"会议在核准《中华人民共和国和匈牙利人民共和国关于中华人民共和国贷款给匈牙利人民共和国的协定》时，周恩来针对有人提出援外是打肿脸充胖子的意见指出，穷国也要有穷朋友，帮助人家对双方都有利。中国援外共约二十亿人民币。其中朝鲜、越南各八亿。此外援助了蒙古、阿尔巴尼亚、匈牙利三个兄弟国家和亚非民族主义国家柬埔寨、尼泊尔、埃及。匈牙利提出要贷款二亿卢布，中国答应一亿。如果发生世界大战，把匈牙利的大门打开，那就不是一二亿卢布的问题了。"②

12月23日，周恩来接见来访的埃及贸易代表团，就中埃之间的贸易关系发表意见。

"在周恩来看来，中埃两国间的贸易肯定是要发展的，但由于中国国家落后、双方对彼此生产情况不太熟悉等方面的原因，发展不能太快。双方必须互通有无，两国贸易数量就会大起来。"③

1958年

中国援外项目的数量和种类明显增多，中国政府决定实施"总交货人部制度"，以确保援外项目按期和保质完成。

"'总交货部制'是根据援外项目的专业性质，国家计划委员会指定一个相关部（如轻工业部或农业部等）担任'总交货人'，由该部委根据援外的具体项目选调人员、准备资料、勘察援建场地、编制援助预算、提供设备材料、进行设计安装，并负责调试机器和培训人员。例如铁路援建项目由铁道部担任'总交货人部'，其他相关部委担任该援外项目

---

① 中共中央文献研究室：《周恩来年谱（1949—1976）》（中），中央文献出版社1997年，第47页。

② 中共中央文献研究室：《周恩来年谱（1949—1976）》（中），中央文献出版社1997年，第68页。

③ 中共中央文献研究室：《周恩来年谱（1949—1976）》（中），中央文献出版社1997年，第110页。

的'协作交货部'。"①

3月30日，为响应亚非人民团结理事会支援阿尔及利亚人民民族独立斗争的号召，北京各界人民举行"声援阿尔及利亚日"集会，坚决支援阿尔及利亚人民争取民族独立的正义斗争。

4月，阿尔及利亚民族解放阵线代表团到北京访问。周恩来在接待时表示，中国人民愿意为阿尔及利亚人民的正义斗争提供军事援助，并为阿尔及利亚方面设想了恰当的军援途径。阿方对此深表赞赏。

4月1日，周恩来在接见阿尔及利亚代表加法时表示，中国给予阿50万元的援助。

8月14日，周恩来接见阿联驻华大使拉加卜，表示中国政府和人民完全同情和支持阿拉伯人民当前的反帝斗争。

"周恩来表示，这一次美军直接侵略黎巴嫩使它们的本来面目得到彻底的暴露，对于教育人民有好处。中国要和平，但不害怕战争，并要做好应付战争的准备。关于对联合国的态度，说中国不能对联合国寄予很大的希望，但现在联大已形成，中国就要推动它向好的方面发展，在这个基础上再推动。将来在联大之后，召开最高级会议来进一步解决问题。关于亚非民间经济团结会议问题，说亚非国家间的经济合作必须是建立在平等和互利的基础上，中国不能赞成对亚非国家进行经济剥削，中国对日本岸信介政府的帝国主义和殖民主义野心应该加以反对。"②

9月22日，中国政府决定承认阿尔及利亚临时政府，并提供物资和现汇援助。周恩来约彭真、陈毅、张闻天、廖承志、刘宁一、章汉夫商谈。随后致信毛泽东说："拟先由陈毅同志约苏联代办安东诺夫一谈，告以中国决定承认阿尔及利亚临时政府，但不去询问苏联政府的态度。"当日，收到毛泽东的回信："同意对承认阿尔及利亚临时政府的处理，中国必须早日宣布承认它，并着手商谈建立外交关系问题。"③ 中国成为第一个承认阿临时政府的非阿拉伯国家，并向临时政府提供了价值7000多万元的物资和现汇援助。

---

① 周弘、熊厚：《中国援外60年》，社会科学文献出版社2013年，第4页。
② 中共中央文献研究室：《周恩来年谱（1949—1976）》（中），中央文献出版社1997年，第160页。
③ 中共中央文献研究室：《周恩来年谱（1949—1976）》（中），中央文献出版社1997年，第174—175页。

10月26日，陈毅、李富春向中央提交《关于加强对外经济、技术援助工作领导的请示报告》。

《关于加强对外经济、技术援助工作领导的请示报告》

（一九五八年十月二十六日）

主席并中央：

  中央对于中国对外经济、技术援助工作的领导和分工问题，曾经决定：由中央外事小组掌握援外的方针、政策；国家计委统一组织国内有关援外事项的分工、协作；财政部负责拨款；对外贸易部统一办理对外事务。最近，中央召集有关同志研究了执行这一决定的具体办法。现将中央的意见报告如下：

  （一）中央外事小组应该根据国际形势的发展和中国提供援助的可能，拟定对外援助的方针和总的规划，报中央批准。中央外事小组还应该负责从政策上检查援外工作的进行情况，及时向中央报告。有关这一方面的日常工作，由国务院外事办公室负责办理。

  （二）关于每一起援外任务，应该首先由外贸部和外交部根据中央批准的援外方针和要求援助国家的具体情况，以及中国在经济和技术上的可能，会同有关部门提出对外援助的方案，经外事小组审核后报送中央批准。然后，由国家计委抓总，根据中央批准的援外项目，会同外贸部组织有关部门和省、市之间的分工、协作，确定总交货人，确定援外项目所需要的设备、原材料的供应和人员的调配，并且负责检查援外工作的执行情况，督促援外任务的按期完成。必要时国家计委还应该参加对外谈判。

  （三）为了确保援外项目的工程质量和按期完成，拟采取总交货人制度。国家计委按援外项目的专业性质，指定中央有关部担任总交货人。总交货人部应该根据承担的项目，负责选调人员，搜集资料，勘察厂址，编制和审定设计任务书，编制援外预算，供应设备和材料，进行设备安装、调整和试运转等工作，并且负责培训受援国家的生产技术人员。但是，鉴于体制改变后中央各部部分权力下放的实际情况，中央总交货人部可以根据地方的工业特点和生产能力，委托某一个省、市、自治区负责完成援外项目的全部或者一部分任务。总交货人部和有关地区必须加强协作，共同保证任务的完成。中央总交货人部和各有关省、市、自治区党委，应该指定一个主要负责人，负责援外工作。重点的总交货人部如第一机械工业部、轻工业部、纺织工业部、建筑工程部、水利电力部等，以及负责援外任务较多的省、市、自治区，还应该成立专门机构，办理日常工作。其他有关部门和省、市、自治区是否需要成立专门机构，可以根据实际情况自行决定。

（四）援外工作中，有关援外商品的供应，通过贸易方式的贷款，组织对外谈判，草拟和签订有关协定和办理对外、对内的结汇、清算等工作，都由外贸部负责。

（五）援外物资除国家调拨外，在市场采购的部分，由承担援外项目的中央部门和省、市、自治区提出货单，由商业部门优先予以供应。有关援外物资的运输，铁道、交通部门应该优先承运。

（六）凡是以外币计算的援外款项，包括国内价格和国际价格的差额，统一由外贸部会同有关部门计算出人民币总额，报中央批准，由财政部支付。财政部应该加强对援外款项使用的检查，严格防止可能发生的浪费。

（七）对于接受中国援助和可能提出援助要求的国家，中国有关驻外使馆应该根据中央的援外方针和驻在国的政治经济条件，加强调研工作，及时反映有关援外方面的意见。中国驻在受援国的使馆，还应该对援助工程进行督促检查，并且加强对援外工作人员的政治、思想领导。

（八）所有援外项目，必须列入各有关部门和省、市、自治区的经济计划，作为确保项目。经中央批准临时追加的援外项目，由国家计委和有关部门负责增拨设备和原材料。在设备和原材料供应不足的情况下，各有关部门和地区可以从国内建设项目中尽先调剂使用。

（九）各有关部门和省、市、自治区，应该加强对援外工作的督促检查，按月向国家计委报告，同时抄送中央外事小组和外贸部。对于时间紧迫急需完成的援外任务，更应该及时检查和报告。

上述报告，如中央同意，请即批转中央各有关部、委、各省、市、自治区党委和人民委员会党组，贯彻执行。

陈　毅

李富春

一九五八年十月二十六日①

10月29日，中共中央批准并转发陈毅、李富春《关于加强对外经济技术援助工作领导的请示报告》。同时，中央对《关于加强对外经济技术援助工作领导的请示报告》做出了批示。

中央各部、委，国务院各办、各部、委党组，各省、市、自治区党委：

中央同意陈毅同志和李富春同志《关于加强对外经济、技术援助工作领导的请示报告》，现在转发给你们，请各有关地区和部门研究执行。

认真做好对外经济、技术援助工作，是一项严肃的政治任务，也是中国人民对兄弟国家和民族主义国家的人民应尽的国际义务。这对于增进社会主义阵营的团结和繁荣，发展中国同民族主义国家的友好关系，和打击以美国为首的帝国主义阵营的侵略和扩张活动，具有重大的意义。随着中国经济、技术力量的增长和国际影响的扩大，中国援外任务势必日趋繁重，担负援外任务的部门和地区将会越来越多。中央要求凡是担负援外任务的部门和地区都必须本着大跃进的精神，认真、切实、按期地完成自己所担负的任务，决不应该借口国内任务紧迫而放松甚至挤掉援外工作。因为援外工作中的任何一点差错，都可能造成政治上的不良影响。此点必须引起全党的高度重视。

中国对外经济、技术援助的主要对象，应该是社会主义阵营中

---

① http://news.xinhuanet.com/ziliao/2005-01/05/content_2419146.htm

经济还不够发达的兄弟国家和亚非地区已经取得民族独立或者正在争取民族独立的和平中立国家。对于这些国家，中国应该根据对方的要求和中国在经济、技术方面的可能，给予他们适当的援助，加强他们的经济力量，为了使中国给予的经济、技术援助，能够迅速地显示功效，今后中国的援外工作，必须按照这些国家的具体情况，采取因地制宜，以中、小为主和土洋结合的方法，帮助他们建立起自己的工业基础。中国援助他们的目的，不是造成他们对中国的依赖，而是帮助和推动他们自力更生。

援外工作是一项复杂和艰巨的组织工作。每一项援外任务完成的全部过程，不仅涉及国内许多部门和地区，而且同受援国家人力物力的动员，也有非常密切的关系。只有坚决贯彻援外工作在国内、国外的统一领导，充分发扬分工负责和密切协作的精神，才能有效地、准确地保证每一项援外任务的完成。

关于中国援外工作的体制，即按报告中提出的原则进行调整。原有的援蒙委员会、援柬委员会和各援外工作的领导小组应该根据援助工作的情况，逐步移交有关部委，逐步取消。

中　央
一九五八年十月二十九日①

12月，周恩来、陈毅召集外交部、财政部、对外贸易部的负责人和驻越南经济代表方毅、驻阿尔巴尼亚大使罗士高等，研究对外经济技术援助工作。

12月3日—12日，受中国政府的邀请，阿尔及利亚临时政府向中国派遣正式的高级代表团访华。

"阿方表示，阿尔及利亚人民用微弱的力量面对着帝国主义武装力量的联合进攻，陈毅副总理兼外长在会谈中表示，'在今后的岁月里，阿尔及利亚人民永远可以指望六亿五千万中国人民对你们的坚决支持'。陈毅与军事供应部部长谢里夫换文确认，中国向阿尔及利

---

① 《中共中央转批陈毅、李富春〈关于加强对外经济、技术援助工作的请示报告〉》，http://www.people.com.cn/GB/33836/34143/34230/2552371.html；石林：《当代中国的对外经济合作》，中国社会科学出版社1989年，第84页。

亚政府提供援助。"①

12月7日，周恩来与陈毅会见来中国访问的阿尔及利亚临时政府代表团，谈接受外援与革命的关系问题。

"在谈话中，周恩来介绍中国革命的经验时说：人民力量都是从少变多、从小变大、从弱变强，敌人则是由强变弱，情况是会转化的。阿尔及利亚人民一定会胜利，但是要达到这个前途，会遇到很多困难，是曲折的，需要时间。中国愿意在条件允许下，尽可能帮助你们。根据中国革命的经验，一个民族的独立运动，只能靠自己才能成功。取得胜利的力量主要源泉是依靠人民，只要人民有胜利的信心，克服困难，胜利一定会到来。另一方面，因封锁得不到援助，在胜利之前，这种困难是可能的。中国相信阿尔及利亚人民总会想出办法来的。在没有任何外援的情况下，也会找到出路的。现在世界形势变了，你们有可能争取外援，但是，斗争主要是依靠自己，依靠国内人民，万一发生困难，你们会有依靠，才能渡过困难。"②

12月23日，周恩来接见外贸部口岸外贸局长座谈会代表，阐明十四个政策性的问题，其中三个涉及对外援助的原则。

"这三个分别是：……三、自力更生为主，争取外援为辅是中国社会主义建设的基本方针，是对外贸易的一个方面的政策。……六、对兄弟国家要合作互助，共同发展，首先要合作，其次是互助，援助要适当，要实事求是，要搞生产设备，以使能增加生产。七、对民族主义国家要平等互利，帮助它们民族经济独立发展。"③

1959年

中国为阿尔及利亚提供1000万美元的借款。

这一年起，中国开始向乌干达学生提供奖学金。

5月，中国政府特使、驻摩洛哥大使白认去科纳克里移交中国政府赠送给几内亚的5000吨大米。

---

① 王新连：《战友情谊 历久弥坚：中国与阿尔及利亚建立外交关系始末》，安惠侯等：《丝路新韵：新中国和阿拉伯国家50年外交历程》，世界知识出版社2006年，第49页。
② 中共中央文献研究室：《周恩来年谱（1949—1976）》（中），中央文献出版社1997年，第193页。
③ 中共中央文献研究室：《周恩来年谱（1949—1976）》（中），中央文献出版社1997年，第196—197页。

作为西非法属殖民地中最先宣布独立的国家，几内亚独立时经济独立性较差，深深地依赖法国。"几内亚原是法国在西非投资较多的领地，达 25400 万美元。法国对开采几内亚的铁矾土（储藏量达 15000 万吨）和铁矿（储藏量达 20 亿吨）很感兴趣。几内亚对外贸易的 67% 输往法国（主要商品是香蕉、咖啡和铁矾土）。对外贸易原本是好事，但由于法国不愿意同几内亚进行平等贸易，严重的不等价交换致使几内亚历年来贸易逆差惊人。1956 年进口 800 万美元，出口仅 80 万美元，逆差高达 720 万美元。财政预算入不敷出，为弥补国库亏空，每年须法国拨款 480 万美元。因此，几内亚欠下了沉重的债务。几内亚独立后，法国立即要挟取消输法商品的关税优惠，并停止对几内亚的一切财政经济援助，企图造成几内亚的经济混乱，引起人们对政府的不满，便于法国插手干涉。"①

独立后，法国宣布在两个月之内撤出在几内亚的所有物资和人员，几内亚回应，法国必须在 8 天之内全部撤出。法国决定在第一时间断绝对几内亚的所有的经济援助，中断对几内亚的所有物资供应。一艘原计划驶往几内亚的满载稻米的轮船在得到法国政府的命令后，掉头驶往象牙海岸。此时，几内亚物资极度匮乏，开始寻求来自外部世界其他方面的援助和经济支持，中国的援助就是在这一背景下提供的。在拜会了几内亚经济部长和外交部国务秘书后，白认大使将几内亚港口的大米移交给几内亚。

7 月 5 日，中国亚非人民团结理事会举行"支持乌干达人民日"活动。

9 月 6 日，中国亚非人民团结委员会举行"反对法国在撒哈拉进行核试验斗争日"活动。

9 月 25 日，中国亚非人民团结理事会举行"肯尼亚日"和"乔默·肯雅塔日"，支持肯尼亚人民的反英国殖民统治、争取民族独立的正义斗争。

10 月 4 日，中国和几内亚签署建交联合公报。

"当 1959 年 12 月，中国驻几内亚大使馆开馆时，这是中国向非洲大

---

① "几内亚独立后的政治情况和今后趋向"，1958 年 10 月 18 日，外交部开放档案。

陆派出的第四个驻外使馆,临时代办为赵源。然而,几内亚虽然与新中国建立了外交关系,但当时仍与台湾保持着密切关系,给中几关系造成了种种阻碍。两个多月后,台湾驻利比里亚'大使'来到几内亚,几内亚外交部按照'国宾'的礼节接待了他。赵源找到杜尔总统的弟弟、运输部长伊斯梅尔·杜尔,对此表示抗议。后来,伊斯梅尔·杜尔代表杜尔总统对中方说明此事'安排有误',表示歉意。"①

当时以美国为首的西方国家竭力阻止中国进入非洲大陆,甚至喊出不让共产党中国在非洲有立足之地的口号。而刚独立的几内亚正面临法国强大的经济压力,急需来自外界的支持和援助。在中国和几内亚展开谈判的过程中,美国等国十分担忧中几建交将扩大中国在非洲的影响,竭力从中作梗。1959年10月4日,中几建立了大使级外交关系,几内亚也成为撒哈拉以南非洲第一个与中国建交的国家。

11月,中国成套设备进出口总公司(中成集团前身)成立,负责中国对外的成套设备援助。

"受中国政府委托,中国成套设备进出口总公司是中国对外援助成套项目唯一的专门执行机构,对内行使政府职能,统一组织管理中国对外援助项目的建设工作,对外作为援外项目的总实施单位,在亚非拉等发展中国家组织实施了1400多个大、中型成套项目,在成套项目对外援助中发挥着重要作用。"②

1960 年

4月,中国驻几内亚特命全权大使柯华到达科纳克里,5月3日,柯华向杜尔总统递交国书时就代表中国政府向几内亚赠送1万吨大米,以解几内亚政府燃眉之急。③

几内亚是法属非洲率先同法国脱离关系宣告独立的国家,为此法国向几内亚施加了强大的经济压力,企图以此扼杀这个新独立国家。中国政府同情几内亚的困难,尽力帮助几内亚政府渡过难关。虽然中国当时

---

① 王殊:《开展同撒哈拉以南非洲各国的关系》,外交部外交史编辑室:《新中国外交风云》第二辑,世界知识出版社1991年,第66—67页。
② 石林:《当代中国的对外经济合作》,中国社会科学出版社1989年,第84页。
③ 江翔:《中国在非洲十七年》,上海辞书出版社2007年,第235页。

处于三年自然灾害造成的饥荒和苏联逼债带来的严重经济困难时期，在经济上也承受着巨大的压力，但还是对几内亚提供了无私援助。该请示报告表示，鉴于几内亚反帝较坚决，和社会主义阵营关系还友好，建议中国主动赠几内亚 3 万至 5 万吨大米。半月后，外交部批复，决定无偿赠予几内亚 1 万吨大米。对于中国政府的同情和慷慨，几内亚政府报以对中国统一大业的坚定支持作为回应。在几内亚独立之初，台湾当局曾两次派人到几内亚活动，几内亚政府始终坚定地奉行一个中国的政策，支持中国政府的主权完整。

7 月 16 日，苏联照会中国片面决定召回在中国的所有苏联专家。

苏联照会中国决定召回所有在华苏联专家，甚至不等待中国政府答复，7 月 25 日，苏联正式通知中国政府，自 7 月 27 至 9 月 1 日，撤走全部在华的苏联专家。7 月 31 日，中方照复郑重表示挽留，没能挽回苏联的去意。从 1960 年 7 月 28 日到 9 月 1 日，苏联撤走全部在华专家 1 390 人，撕毁了 43 个专家合同，废除了 257 个科学技术合作项目，并带走了全部图纸、计划和资料，并在此后大量减少成套设备和各种设备中关键部件的供应。苏联的毁约使 250 多个企事业单位处于停顿、半停顿状态，中国经济陷入困境和泥泞。

9 月 10—15 日，几内亚总统杜尔访华。

杜尔是第一位访问中国的非洲国家元首。中几双方在经济合作协定中约定，中国向几内亚提供无息的不附带任何条件和特权的贷款，金额为 2250 万卢布（折合 9450 万元）。① 几内亚各方表示："此次出访给整个非洲带来了吉祥的光芒，评论特别称赞中国贷款不要利息，十年后才逐年偿还，说这给非洲国家指出了与伟大的中国人民合作有着巨大的好处。""所接触到的几官方其他人士都普遍称赞中国的援助是真诚的，贸易支付合同公平合理。其他非洲国家政治人物也都表示很受感动，说中国对几的援助是对整个非洲人民的鼓舞。"② 中国帮助几内亚建设的第一批项目有火柴厂和卷烟厂、水电站、茶叶试验

---

① 石林：《当代中国的对外经济合作》，中国社会科学出版社 1989 年，第 40 页。
② "几内亚及有关各方对几总统杜尔访华的反应"，1960 年 9 月 14 日至 10 月 25 日，外交部开放档案。

站等。①

9月13日,《中国政府和几内亚政府经济技术合作协定》在北京签订。这是中国同非洲国家签订的第一个经济技术合作协定,充分体现了平等互利原则和友好合作精神。

中华人民共和国政府和几内亚共和国政府经济技术合作协定

中华人民共和国政府和几内亚共和国政府为了促进两国之间的友好关系和发展两国之间的经济技术合作,并根据中华人民共和国和几内亚共和国友好条约,签订本协定,条文如下:

第一条 为了帮助几内亚共和国政府发展经济,中华人民共和国政府愿在1960年9月13日—1963年6月30日的时期内,给予几内亚共和国政府以无息的,不附带任何条件和特权的贷款。贷款金额为一亿卢布。

在协定有效期内,此项贷款,由几内亚共和国政府根据双方商定的经济建设项目分期使用。上述贷款几内亚共和国政府自1970年起至1979年的十年内,分期以中国同意的几内亚出口货或第三国货币偿还,每年偿还上述贷款十分之一,十年还清。

第二条 根据中华人民共和国的可能和几内亚共和国的需要,中华人民共和国政府在上述贷款金额内向几内亚共和国政府提供下列范围内的技术和物资:

(一)派遣技术专家、技术人员和熟练工人,以提供技术援助;

(二)提供成套设备、器材和技术以及其它物资;

(三)帮助培养几内亚共和国的技术人员和熟练工人。

第三条 根据本协定第二条第一项和第三项的规定,前往几内亚共和国的中国专家、技术人员和熟练工人的往返旅费和在几内亚共和国工作期间的工资由中华人民共和国政府负担,中国专家、技术人员和熟练工人在几内亚共和国工作期间的生活费用,由贷款中支付,其生活标准不超过几内亚共和国同等人员的生活水平。几内亚共和国政府派遣到中国来学习技术的实习生的生活费用,由贷款

---

① 石林:《当代中国的对外经济合作》,中国社会科学出版社1989年,第40页。

中支付。

第四条 有关贷款的动用和偿还的账务、配载问题,由中国人民银行和几内亚共和国银行另行商订技术细则。

第五条 根据本协定第二条第二项的规定,中华人民共和国政府供给几内亚共和国政府的经济建设和技术的具体项目和实施办法,将由两国政府指派代表另行商谈确定,并签订议定书。

第六条 本协定的执行机构,中华人民共和国方面是中华人民共和国对外贸易部,几内亚共和国方面是几内亚共和国计划部。

第七条 本协定自签字之日起生效,有效期为二十年。

本协定于1960年9月13日在北京签订,共两份,每份都用中文和法文写成,两种文本具有同等效力。

     中华人民共和国政府 几内亚共和国政府
       全权代表   全权代表
        叶季壮   凯塔·思法马拉
       （签字）   （签字）①

9月14日,周恩来与杜尔总统会谈,就杜尔提出的援助问题展开讨论。

9月14日,周恩来陪同杜尔离开北京前往上海参观访问。在飞机上对杜尔说:"几内亚要的农业机器和农具,中国正在考虑。水稻田拖拉机问题,中国还没有完全解决。为满足几内亚各方面的要求,中国将派专家到几内亚作实地研究。"②

12月13日,周恩来致电阿尔及利亚共和国临时政府总理阿巴斯·费尔哈特,抗议法国殖民主义者在阿尔及尔和其他城市大规模屠杀阿尔及利亚人民的暴行。

1961年

本年度,计划进行的工作共有131个援外项目,其中82个项目需要

---

① 《中华人民共和国对外关系文件集（1960）》第七集,世界知识出版社1962年,第242—243页。
② 中共中央文献研究室：《周恩来年谱》（1949—1976）（中卷）,中央文献出版社1997年,第349页。

当年交付设备材料。

中国赠送几内亚的几台电影机，少了十个变压器和其他零件。后商务部专员在科纳克里港口仓库中发现了这些缺少的零件，是相关部门提货时遗忘在该仓库的。①

2月3日，周恩来致电肯尼亚总统奥汀加，支持释放肯雅塔的正义斗争。

2月14日，中国政府发表《抗议帝国主义集团及其代理人杀害刚果共和国总理巴蒂斯·卢蒙巴的声明》。

2月18日，北京举行群众大会，抗议帝国主义及其代理人杀害刚果共和国总理卢蒙巴，与会者达10万人。周恩来参加了此次抗议活动。②

2月27日，王稼祥致函周恩来、邓小平、陈毅等人，阐述了对中国外交政策的意见和建议，其中包含缩减援外规模。

此后，王稼祥又起草关于中国援外的一些政策报告。在这份报告中，王稼祥指出，为争取度过或减轻当前的困难，要采取和缓的方针，并注意斗争的策略。在他主持撰写和审定的《关于支持别国反帝斗争、民族独立和人民革命运动问题——实事求是，量力而行》提纲中，王稼祥认为，无论是在执政前还是执政后，中国共产党都在干好本国革命和建设的同时，也在支持别国的革命和建设。他认为，当时中国经济上面临巨大困难，对外援助应该保持在不超出本国实际的承受能力的范围。"中国应该支持别国的反帝斗争、民族独立和人民革命运动，但又必须根据自己的具体条件，实事求是、量力而行。特别是在中国目前处于非常时期的条件下，更要谨慎从事，不要说过头，做过头，不要过分突出，不要乱开支持的支票，开出的支票要留有余地，不要满打满算，在某些方面甚至需要适度收缩，预见到将来中国办不到的事，要预先讲明，以免被动。"这样做既可以促进受援国家发扬自力更生、艰苦奋斗的精神，又可以使中国说到做到。谈到对外援助的形式，他认为，对外援助以多种形式来表达，具体说来，"包括从发表宣言、声明、游行示威，物质、技术援助，外交配合，直到派志愿军支援反对外国入侵等各种各样的形式"，至于在现实中采取物质上的援助还是道义上的援助，要视实际情况来定，

---

① 外交部公开档案，1961年7月2日。
② 中共中央文献研究室：《周恩来年谱（1949—1976）》（中卷），中央文献出版社1997年，第391页。

灵活处理,"不能认为在任何时候和任何情况下,采取或者被要求采取上述的一切形式,都是适当的"。①

3月,时任外经总局局长的方毅亲自主持起草了《援外成套项目汇报提纲》,经国家计委党组讨论后,上报周恩来等人。

方毅在这份报告中指出:"根据中国当前情况,今年按协议应交付设备材料的援外项目估计不可能全面完成,中国的任务是,要在力所能及的范围内,尽量做好工作,减少被动,争取主动。"②

3月1日,中国成立对外经济联络总局。

"对外经济联络总局是作为国务院的直属机构,负责全国对外经济技术援助工作的归口管理,方毅任总局长。对外经济联络总局的成立经第二届全国人民代表大会常务委员会第十二次会议批准,为加强对外援助工作的管理而成立的。对外经济联络总局下设成套设备局和经济合作局。原来分别由国家计划委员会和对外贸易部负责归口管理的成套项目援助、由财政部直接管理的现汇援助,改由对外经济联络总局负责管理。"③

3月30日,周恩来接见加纳共和国首任驻华大使科比纳·克西。

"周恩来在谈话中指出:目前,亚、非、拉广大中间地带的主要任务,是赶走殖民主义,争取民族独立。在获得独立以后,并不一定都选择社会主义的社会制度。一个国家的制度是要由人民来选择的。周恩来强调,革命和反革命都不能输出,非洲的觉醒已成为不可抗拒的潮流。靠非洲人民自己的努力,把殖民主义消灭掉。中国人、亚洲人站在你们一边。"④

6月18日,中国和尼日利亚经济代表团签署会谈公报。会谈公报达成以下协议:

(一)双方表示愿意发展两国之间的友好合作关系。为此,双方认为,在中华人民共和国和尼日利亚联邦之间尽早建立外交关系和互换大使级的外交代表,将有助于促进两国的友好合作关系。双方还同意考虑互设商务代表处,以利两国经济、贸易关系的进一步发展。

(二)双方愿意在平等互利和进出口平衡的基础上发展两国之间的

---

① 《王稼祥选集》,人民出版社1989年,第445页。
② 《方毅传》编写组:《方毅传》,人民出版社2008年,第329—331页。
③ 石林:《当代中国的对外经济合作》,中国社会科学出版社1989年,第83页。
④ 中共中央文献研究室:《周恩来年谱(1949—1976)》(中卷),中央文献出版社1997年,第400页。

直接贸易，并且认为，两国之间可以交换的商品很多。中国将向尼日利亚出口棉布、丝绸、各种机械、日用百货和其他商品，尼日利亚将向中国出口棉花、花生、可可、棕榈产品和其他商品。

（三）为了促进两国之间的经济技术合作，中华人民共和国政府将根据尼日利亚政府的需要在力所能及的范围内，向尼日利亚提供工业和农业的成套设备和技术援助。

（四）尼日利亚经济代表团代表尼日利亚联邦政府，邀请中华人民共和国参加1962年在尼日利亚首都拉各斯举行的国际贸易博览会，中华人民共和国政府愉快地接受了这一邀请。

（五）双方表示愿意建立和发展两国之间文化合作，认为加强两国之间的文化交流将进一步促进两国人民的友谊和相互了解。

（六）双方认为，两国互派人民团体进行友好访问有助于促进两国间的友好关系的发展。①

8月14日—19日，加纳总统恩克鲁玛访问中国。

8月18日，中国政府和加纳政府经济技术合作协定在北京签订，双方商定，中国为加纳提供1.96亿美元的借款。②

中华人民共和国政府和加纳共和国政府经济技术合作协定

中华人民共和国政府和加纳共和国政府为了促进两国之间的友好关系和发展两国之间的经济技术合作，并根据中华人民共和国和加纳共和国友好条约，签订本协定，条文如下：

第一条 为了帮助加纳共和国政府发展经济，中华人民共和国政府同意在1962年7月1日—1967年6月30日的时期内，给予加纳共和国政府以无息的、不附带任何条件和特权的贷款。贷款金额为七百万加纳镑（每一加纳镑的纯金含量为2.48828克）。

在协定有效期内，此项贷款，由加纳共和国政府根据双方商定的经济建设项目和技术援助分期使用。上述贷款加纳共和国政府将自

---

① 《中华人民共和国对外关系文件集（1961）》第八集，世界知识出版社1962年，第196—197页。

② Bruce D. Larkin, *China and Africa, 1949 – 1970, The Foreign Policy of the People's Republic of China*, University of California Press, 1971, p. 94.

1971年7月1日起至1981年6月30日的十年内，分期以中国同意的加纳出口货或第三国货币偿还，每年偿还上述贷款十分之一，十年还清。

第二条　根据中华人民共和国的可能和加纳共和国的需要，中华人民共和国政府在上述贷款金额内向加纳共和国政府提供下列范围内的技术和物资：

（一）派遣技术专家和技术人员，以提供技术援助；

（二）提供成套设备、器材和技术以及其它物资；

（三）帮助培养加纳共和国的技术人员和熟练工人。

第三条　根据本协定第二条第一项和第三项的规定，前往加纳共和国的中国专家和技术人员在加纳共和国工作期间的工资由中华人民共和国政府负担；中国专家和技术人员在加纳共和国工作期间的生活费用由加纳共和国政府负担，其生活标准不超过加纳共和国同等人员的生活水平。加纳共和国政府派遣到中国来学习技术的实习生的生活费用，由贷款中支付。

第四条　有关贷款的动用和偿还的账务记载问题，由中国人民银行和加纳银行另行商订技术细则。

第五条　根据本协定第二条第二项的规定，中华人民共和国政府供给加纳共和国政府的经济建设和技术的具体项目和实施办法，将由两国政府指派代表另行商谈确定，并签订议定书。

第六条　本协定的执行机构，中华人民共和国方面是中华人民共和国对外经济联络总局；加纳共和国方面是加纳共和国财政部。

第七条　本协定自签字之日起生效，有效期至1981年8月18日止，共二十年。

本协定于1961年8月18日在北京签订，共两份，每份都用中文和英文写成，两种文本具有同等效力。

中华人民共和国政府　加纳共和国政府
全权代表　　　　　　全权代表
李先念　　　　　　　克罗博·埃杜塞
（签字）　　　　　　（签字）①

---

① 《中华人民共和国对外关系文件集（1961）》第八集，世界知识出版社1962年，第235—237页。

9月，时任外经总局局长的方毅以外经总局的名义向国务院上报了《援外工作情况及今后安排的请示报告》。

"方毅在报告中指出，1961年以后尚待交付的援款共达35.88亿元（其中成套项目援助为25.35亿元），平均每年将交付6亿元。报告认为，从中国目前的经济情况看，确实存在一定的困难。考虑到当前的困难提议：一、适当延长用款年限，三年的事五年办，五年的事七年办。适当地延长建设期限。二、成套项目可以按照先易后难，先小后大，先投资少、收效快，后规模大、技术复杂的次序分期分批进行。对非洲等地要加强调查研究，选择适当项目，打响'第一炮'。三、技术上未过关的援外设备，建议加紧试制，以适应援外和出口的需要。四、对于新提出的援助要求，除特殊必不可少者以外，建议暂不再承担，以便集中力量做好现有援外工作。"①

方毅上报国务院的《援外工作情况及今后安排的请示报告》明确了定点定厂制造援外和出口设备的原则。

9月22日，中国和马里在北京签订了第一个经济技术合作协定，中国为马里提供1.96亿美元借款，借款为无息贷款性质，用于工业项目建设和农业技术援助。②

10月19日，中国为突尼斯提供6万美元的无偿援助。③

12月13日，中国为索马里提供包括医疗物资在内的130万美元的无偿援助。④

年底，中国向马里派出了第一批农业专家，1962年初到达马里。

这批农业专家有水稻专家、甘蔗专家和茶叶专家，经过两年多时间，这批农业专家在马里成功种植了水稻，帮助马里成功种植了甘蔗和茶树，并用简易办法试制出马里的茶叶和食糖，彻底否定了殖民主义者所谓"马里不能种植茶叶和甘蔗"的断言。而这批中国专家就成为了马里的

---

① 《方毅传》编写组：《方毅传》，人民出版社2008年，第329—331页。
② Bruce D. Larkin, *China and Africa, 1949–1970, The Foreign Policy of the People's Republic of China*, University of California Press, 1971, p. 94. ；《方毅传》编写组：《方毅传》，人民出版社2008年，第314—315页。
③ Bruce D. Larkin, *China and Africa, 1949–1970, The Foreign Policy of the People's Republic of China*, p. 94.
④ Bruce D. Larkin, *China and Africa, 1949–1970, The Foreign Policy of the People's Republic of China*, University of California Press, 1971, p. 94.

"甘蔗之父"和"茶叶之父"。①

12月15日,周恩来在其主持的国务院第一百一十四次全体会议上讨论援外问题时做出指示。在讨论援外问题时指出:"中国的外援不能做假,旧的东西要向对方讲清楚,并将中国的经验介绍给对方,中国要老老实实,说明情况,不能把坏的东西给人家。"②

1962年

索马里洪灾,中国提供了 150 000 万人民币的洪灾救济及等值的药物。③

中央手工业管理总局拟请广东省手工业管理局所属的南海华侨藤厂协助加纳筹建一个手工艺品厂,以帮助加纳利用热带地区产出的竹、藤、棕榈等原料制作手工艺品和生活用品,促进加纳草编工业的进一步发展。

3月24日,陈毅副总理接见阿尔及利亚访华作家穆斯塔法·阿什拉夫和马莱克·哈达德,谈及中国对阿援助问题。

陈毅在会谈中表示,中国人民因为限于能力,对阿尔及利亚人民的斗争的援助只是少量的,而且这种援助是中国应尽的义务,阿人民的胜利主要是依靠自己的努力取得的。④

3月26日,陈毅副总理在几内亚驻华大使卡属拉为庆祝阿尔及利亚与法国谈判达成协议而举行的招待会上发表讲话。

陈毅表示,中国人民一直把阿尔及利亚人民的斗争,看作自己的斗争,把阿尔及利亚人民的胜利,看作自己的胜利,并且认为,阿尔及利亚人民的斗争和胜利,也是对中国人民的有力支持。⑤

7月,中国援马里的甘蔗专家唐耀祖带着马里农业技术学校的毕业生和农业工人来到尼奥诺市以南约十公里的地方种植甘蔗。

寻找了一个多月,甘蔗专家在当地野外的一片田地里找到了一株甘

---

① 作者对时任农业专家组的法语翻译刘立德的访谈,2011年12月6日于北京芳城园。
② 中共中央文献研究室:《周恩来年谱(1949—1976)》(中卷),中央文献出版社1997年,第444页。
③ Bruce D. Larkin, *China and Africa, 1949–1970, The Foreign Policy of the People's Republic of China*, University of California Press, 1971, p.96.
④ 《陈毅副总理接见阿尔及利亚作家时的谈话》,1962年3月23日,《中华人民共和国对外关系文件集(1962)》第九集,世界知识出版社1964年,第310—313页。
⑤ 《陈毅副总理在几内亚大使庆祝阿法达成协议招待会上的讲话》,1662年3月26日,《中华人民共和国对外关系文件集(1962)》第九集,世界知识出版社1964年,第315页。

蔗苗，兴奋的甘蔗专家将之移植到试验田作为种苗进行培植，成功地培植出了甘蔗种苗。① 农业专家在烈日炎炎下、在绵绵阴雨中辛勤耕耘。仅过了三四个月，甘蔗就长势良好，最后中国甘蔗专家和马里农业专家共同证明：马里的土壤、气候不仅适宜于种植甘蔗，而且一年到头随时都可以播种，在马里发展甘蔗种植事业有着广阔的前途。甘蔗田的种植成功，打破了当年殖民者的断言，令马里人民扬眉吐气、大快人心，为此，马里总统莫迪博·凯塔曾经特意陪同到马里访问的国宾来参观这片甘蔗田。② 1965—1972年，生产甘蔗约28万吨，为当地建糖厂提供了充足的原料。③

8月21日，中国向阿尔及利亚提供物资援助，包括9000吨小麦、3000吨轧钢和21吨医疗物资。④

11月9日，中国和马里在巴马科签订了经济技术合作协定议定书，根据协议，中国政府答应帮助马里在甘蔗园的基础上筹建两座糖厂。

11月30日，中国亚非团结委员会就"帝国主义滚出非洲日"发表声明，声援非洲人民反对帝国主义和殖民主义的斗争。

12月，卫生部办公厅对外联络室收到一份来自阿尔及利亚外交部的报告，请求中国派遣医疗队长期驻扎。

阿卫生部长穆罕默德·纳卡叙代表阿政府邀请中国派遣医疗卫生代表团访问阿，协助阿卫生部研究如何开展群众性卫生教育及培养医疗干部等问题的报告。报告同时提到，希望中国派遣医疗队长期在阿工作。⑤

---

① 作者对时任农业专家组的法语翻译刘立德的访谈，2011年12月6日于北京芳城园。
② 王玉章：《灿烂的中马友谊之花》，《今日新闻》，1964年1月18日。
③ 王成安：《中非农业合作：功在千秋、利在长远》，《人民日报》，2000年9月12日。
④ Bruce D. Larkin, *China and Africa, 1949–1970, The Foreign Policy of the People's Republic of China*, University of California Press, 1971, p. 94.
⑤ 对卫生部国际司退休干部钱君琦的采访，2015年12月。

第二章 中国对非援助的初步成形（1963—1970）

第一节 中国对外援助原则的初定与中国对非援助的勃兴

1963—1971年是中国对外援助原则重要的成型时期。伴随着中国与非洲相互了解的加深和共同利益的聚集，中国对非洲的援助从援助的数量、援助的工程量以及援助的对象国数量上都有了飞跃性的发展。1963年底1964年初，中国国务院总理周恩来访问亚非十三国，其中非洲十国，成为震惊世界的重大外交事件。周恩来的非洲之行既是中非之间加深相互了解和认识的过程，也是中非确立和明确相互政治和外交重要性的过程。在这一过程中，中非坚定了未来相互合作和相互支持的决心与信心，确立起中国对非经济技术援助的八项原则，这份文件的精神实质也影响和塑造着中国对非政策的精神内涵。

一、中国对非援助的格局与品位

在国际援助领域中，中国可谓一个禀赋殊异的援助者。在成为南方世界的援助者之时，它自身还是北方国家的受援对象。这一独特的双重身份让中国成为一个不同于北方援助者的援助者，与此同时，受援对象的处境和境遇也教会中国如何成为一个"理想的"援助者。中国对非援助中的若干原则和准则并不是中国政府针对非洲这一特别的援助对象而确立的，而是在新中国成立之后的外交中始终恪守和坚持的，是中国政府和人民始终遵守的外交准线，而援助只是表达这些原则的独特机会而已。中国对非援助从一起步就决定了未来中国对非关系的格局和品位，经过十几年的实践和沉淀,中国对非援助的若干特色逐步彰显出来,具体说来,可以从以下几个方面来阐述。

第一,中国的对非援助是根据非洲国家的需要做出的,作为受援对象,非洲始终都是中国援助的核心和主角。在这一时期,无论是中国对正在展开民族独立斗争的国家的援助,还是对已经取得民族独立斗争胜利的国家的经济技术援助,都是由非洲国家首先提出来,中国根据两国的实际情况而做出的决策。中国根据非洲国家之需而给予援助,让中国援助具有雪中送炭的特质。中国在几内亚急需粮食的情况下给几内亚赠送5000吨大米。① 中国在几内亚建设的火柴卷烟厂也是根据几内亚的实际需要设计建成的,以生产过滤嘴香烟作为主打产品,而当时中国国内几乎没有生产过滤嘴香烟。生产过滤嘴香烟纯粹是出于受援对象的消费习惯和市场需求,正是因为工厂所生产的产品符合消费者的消费口味,深受消费者的欢迎,工厂盈利情况良好,为受援国积累了资金。②

第二,中国概念中的援助关系去了尊卑,具有平等互利的性质。在早期的中国对外援助中,援助关系并不仅仅以外交原则为准线,而且还充分照顾到中国作为受援对象的体会和领悟。在中非的援助关系中,援受关系超越了传统援助关系中的等级关系,试图建立起一种互助合作的关系。这一关系中的诸多原则并非在中非关系中诞生的,而是在中非建立外交关系之前便已确立。援助关系中的平等互利的观念也并非在中非援助中才产生并贯彻的,它源于中国早期的受援体验。早在新中国即将成立、寻求来自苏联的援助时,便已开始倡导和遵守平等和相互援助的原则。1949年8月底,斯大林向中国派来的首批30名专家从沈阳抵达北京,中央领导人在中南海接见了这些苏联专家并举行了座谈。时任联共(布)驻中共中央代表科瓦廖夫在讲话中表示,这些苏联专家将致力于为建设新生政权做出"无私的援助"。中国方面不认同苏方发言所强调的援助是一种单方面的行为,因此,周恩来在稍后的致辞中强调,苏联的援助是无产阶级之间的相互援助,"中国强大了,也是对苏联的一种支

---

① 王殊:《开展同撒哈拉以南非洲各国的关系》,外交部外交史编辑室:《新中国外交风云》,第二辑,世界知识出版社1991年,第66—67页。
② 石林:《当代中国的对外经济合作》,中国社会科学出版社1989年,第111页。

持和加强"①。新中国尚未宣告建立,力量尚属弱小,但平等的意识便渗透到了外交领域。这种平等和相互援助的思想既影响到中国的受援,也影响到后来中国的援助。在受援中,不因为处于受援地位而影响平等的地位,在援助中,也不因为主动援助而高人一等。因此,在中国的援非中,平等是最早也是贯彻最为彻底的一项原则和基本立场。

第三,中国试图与非洲建立的援助关系是一种双向的援助互动,而不是单向的恩赐和赠与。中国对非洲的援助是从在中国向外部世界寻求朋友与友谊的过程中诞生的,无论是朋友还是友谊都具有相互的特点,因而,中非的援助关系从一开始即被定位为中非之间的相互支持和相互帮助。首先,中国和非洲援助关系建立于双方共同的民族解放事业之中,扎根于反对殖民主义者、建立民族政权的坚定理想和现实目标之上。面对强大的敌人,单枪匹马难以致胜,不仅非洲需要中国的支持,而且中国也需要得到非洲的支持和帮助,因而,双方互动中对于对方充满期待和憧憬。在共同的反帝反殖和追求民族自立自强的斗争中,在围绕着这一共同目标而奋斗的过程中,中非两个追求民族自信自立的民族"同时发现了对方"②,它们产生了加强联系、沟通、交流甚至相互支持的愿望。在这一背景下,召开了亚非会议,"果断地拉开了中非关系的历史序幕"③。从此,中非之间萌生并建立起相互帮助相互支持的联系来。其次,双方对于对方的需要助成了中非援助从双向互动取代单向流动的进程。双向的性质让中国的对非援助具有了礼物互赠的性质,礼尚往来取代了礼物的单方面赠与,也不同于买卖关系中的交易。在买卖关系中,买卖者的关系是随着交易的达成而终结的,但礼物的交换,对于给予者和受赠者来说,交换的行为仅仅是交换的一部分,因此,在交换和往来过程中培养了给予者和接受者之间关系的可持续性。对于中国而言,将非洲的民族解放运动放置在整个世界的民族解放斗争的环节中来诠释,认为它将为未来世界范围内的民族解放斗争带来贡献,产生影响。陈毅曾表示,阿尔及利亚抗法斗争的胜利,与古巴的胜利一起,构成了"近

---

① 〔美〕迪特·海因茨希:《中苏走向联盟的艰难历程》,新华出版社2001年,第400页。

② Bruce D. Larkin, *China and Africa, 1949 – 1970, The Foreign Policy of the People's Republic of China*, Berkeley University of California Press, 1971, p. 1.

③ Ian Taylor, *The Forum on China-Africa Cooperation*, Routledge, 2011, p. 5.

年来两个伟大事件",将"在世界范围内产生深远的影响"。① 中国的立场和观点得到了非洲方面的理解和肯定,双方的观点和立场在互动中有效共振,强化了中国和非洲作为世界民族解放斗争参与者的信心。独立后的几内亚因经济上依然严重依赖美国而受制,甚至影响到与新中国外交关系的建立,但几内亚总统杜尔表示:"帝国主义者诽谤中国,企图使非洲人民同中国人民在政治认识上隔绝开来。但是非洲人民是知道真理所在的。"②

二、中国对非援助的新发展

从总体上看,中国的受援对象从此前的 20 个增加至 31 个,其中增加的新受援对象绝大部分来自非洲,包括肯尼亚、坦桑尼亚、刚果(布)、中非、乌干达、毛里塔尼亚、赞比亚、苏丹等 8 个非洲国家。从援助的金额来看,这一时期对外援助的支出比此前增加 144%,对外新签协议的援款金额比此前所有金额多 116%。这一时期,共帮助 20 个国家建成了 313 个项目,比初始阶段增加 210%,并新承担了一大批项目,其中不少是技术较复杂的大型项目。③ 这一时期,共有 10 个非洲国家与中国新签了经济技术合作协定,从地理分布上来看,非洲受援对象的分布从西部向南部扩展。这一时期对非援助的新发展可以概括为以下几个方面。

其一,中国的对外援助结束了无独立政策的历史,开始拥有了中国自己的对外援助的基本准则。

随着中国对非援助的深入开展,向非洲国家表明对外援助的政策与原则越来越具有充分的必要性。当 1963 年周恩来访问亚非十三国时,新中国已成立 14 年,亚非会议已结束 8 年,中国和非洲的联系日益频繁而密切,中国与越来越多的国家建立起外交关系,中国提供援助的国家也越来越多。援助不仅成为中国对非洲的重要政策,也成为中非交往中的一项重要内容。虽然很多有关援助的政策正在执行,一些基本的原则在实践中逐渐形成,却没有明确的政策规范和行为标准,这造成了对非交往中的诸多不便。

---

① Bruce D. Larkin, *China and Africa*, 1949 – 1970, University of California Press, 1971, p. 62.
② 《方毅传》编写组:《方毅传》,人民出版社 2008 年,第 273 页。
③ 石林:《当代中国的对外经济合作》,中国社会科学出版社 1989 年,第 55 页。

在中国政府的帮助下,非洲大地上建立起碾米厂、皮革厂、卷烟厂等,一些国家的编织业、茶叶种植业等技术工种也发展起来了,这些援建的项目在非洲获得了较好的效益,也得到非洲国家的赞同和认可。这些赞同和认可本身已经表明,中国的援非不仅取得了较好的成效,而且实践中所坚持的原则和理念得到了非洲国家的认同。但是,中国的援非原则只是在中国援助过的国家中有所了解,对那些尚未跟中国建立这方面联系的国家来说,对中国的援助政策还较为陌生。与此同时,正在接受中国援助的国家也有点担心中国的政策是否只是权益之举,是否会随时调整变化。基于这些考虑,周恩来在1964年1月14日访问加纳的过程中,认为宣布中国对外援助原则的时机成熟了,于是,在即将结束对加纳访问的前一天,公布了影响此后半个世纪中国对外援助的"八项原则"。

"八项原则"是在总结和归纳中国过去的援外实践基础上产生的政策性规范,也在未来的对外援助中指导着外援实践,是中国援非人始终坚持和恪守的基本原则和行为规范。"八项原则"也成为中国后来对外援助的基本准则,成为影响未来半个世纪中国对外援助的原则与规范。

其二,援助的范围从西非和北非向东非扩展。

在非洲的民族解放时期,中国对非援助主要是进行民族解放斗争的非洲国家。在早期,中国的对非援助集中在阿尔及利亚、几内亚和加纳这些西非国家以及埃及等北非国家。随着非洲民族解放斗争在更大范围内开展,已有越来越多的非洲国家正在试图通过民族解放斗争建立民族独立政权,并通过各种方式与新中国建立联系。于是,中国的援助从最初较为集中的西非向非洲民族解放斗争的另一个中心南部非洲国家拓展。具体说来,援助对象扩展至坦桑尼亚、刚果(布)、安哥拉、莫桑比克、津巴布韦等国。[①] 至此,中国的受援对象从北非和西非向南部和东部非洲扩展。

其三,援助的目标从支持非洲国家民族解放运动到支持民族解放和经济自立并立。

从中国与非洲国家建立援助关系的动机来看,帮助非洲各国人民争取民族解放斗争的胜利并不是中国对非援助的全部目的,与非洲国家共

---

① Alan Hutchison, *China's African Revolution*, London: Hutchison & Co Ltd, 1975, pp. 229 – 235.

度时艰、携手面对困难才是其真正的目的。因此,民族独立政权的建立并不是中国援助的终止,恰恰是另一种更富生机和活力的援助的开始。伴随着越来越多的非洲民族政权的独立,中国对非援助的主要内容从军事援助向经济技术援助方向调整,援助任务从帮助非洲国家民族自立向支持非洲国家经济自立转变。

中国对非洲的经济技术援助起步于1963年底1964年初的周恩来访非之旅。周恩来根据访非的实际情况调整和制定了新的对非援助方针。他在访问中发现,刚从殖民统治中走出来的非洲国家最缺乏的是食品、衣物等维持基本生活的必需品。因此,此后的中国对非援助以解决人民基本生活之需为目标,同时结合工农业、大型项目与技术援助等项目。在建设大型成套项目的援助中,强调在建设工厂的过程中,教会非洲人民技术和经营管理的方法,并且强调援非项目不能半途而废,要求"负责到底"。[①] 为了帮助这些非洲国家逐步走上自力更生发展民族经济的道路,中国主张给新独立国家先援助一些解决吃穿用等相关的民生必需项目。"对新独立国家的援助,首先要帮助他们解决吃、穿、用问题。"围绕着解决非洲人民的民生主题,中方提出了"解决长远需要与满足目前急需相结合"的原则,以满足非洲人民当前和长远之需。[②] 从这一阶段的援助项目也可以看到这种变化。中国派遣农业专家在加纳种植甘蔗、水稻和茶叶,派遣技术专家在几内亚建立火柴卷烟厂等,这些都是与非洲人民日常生活息息相关的领域和行业,直接针对非洲当前最迫切需要解决和应对的问题,旨在解决非洲民生之需。

第二节 编 年

1963年

中国政府先后向加纳派出了纺织、轻工两个援外小组。

方毅率团出访阿尔及利亚等四国,考察中国援外项目情况。方毅访问团实地考察了中国援外项目的建设情况,并考察国外建筑技术发展状

[①] 石林:《当代中国的对外经济合作》,中国社会科学出版社1989年,第44—45页。
[②] 《访问阿尔及利亚等四国的几个综合性问题的意见》,1964年2月8日,《方毅文集》,人民出版社2008年,第53—54页。

况。回国后，方毅提出："以建筑业为例，先进国家早已大量采用钢结构、塑料、玻璃等，中国援外工程仍以老一套居多，既笨重，又不经济。今后为了使援外项目立足于先进技术水平之上，经得起国际竞争，同时也为了提高中国技术水平，有必要从西方进口一些可供效仿的先进技术、设备，并建立一些必要的样板工厂。""中国在工业技术、建筑技术、市政建设等方面缺失，急需打破因循守旧的观点，吸收西方技术的长处，迎头赶上。"①

1月15日，中国向摩洛哥提供10万美元的无偿援助。②

1月22日，轻工业部广州安装工程公司派遣6人专家组前往马里建立一座小型的甘蔗糖厂。

2月，中国援建的几内亚火柴卷烟厂开工前夕，几方表示原本商定的建设材料的提供上有困难。根据设计方案，26种建设材料由几内亚提供，但几方难以提供又没有及时与中国方面沟通。因此，在临近开工前夕，几方突然提出要求中方提供全部材料，并让中方负责这部分的相关施工工作。双方就这一问题迟迟未能达成一致，导致合作一度搁浅。

"双方的分歧还表现在以下几个方面：其一，几内亚此前接受外援时，将援助方视为承建者，一切由承建者负担，建成后交钥匙。这一设想与中国的做法和双方的协议有出入。几方曾同意承担的任务，如施工的组织领导、提供部分建筑材料等都难以兑现。其二，中国专家的工地费用支付问题，中几存在矛盾。根据几内亚的受援经验，援助专家的工资、交通等均自己负责，从贷款中开支。中国方则零碎地向几方要生活费、伙食费、医疗费和交通工具等。实际上，几方既无车辆，也无这笔经费，使得中国专家的生活问题长期得不到解决。其三，几方无法供应承诺提供的当地建筑材料，导致工程因少量材料的拖延而不得不停工。其四，几方关注工程的进度，不认可中方的设计程序。"

"这些问题出现后，周恩来作出如下指示：其一，对火柴卷烟厂的施工采取基本包下来的办法，中方除提供建筑机械、材料、交通工具外，在施工组织领导方面也应负起责任。其二，专家费用中方垫付，在贷款中结算。其三，同意当地费用在贷款中开支，中方先行垫付。其四，在

---

① 《方毅传》编写组：《方毅传》，人民出版社1998年，第342—343页。

② Bruce D. Larkin, *China and Africa, 1949–1970, The Foreign Policy of the People's Republic of China*, University of California Press, 1971, p. 94.

几方确无力量的情况下，由中方组织领导施工。"①

3月，中国援助几内亚建设的火柴卷烟厂开工。该厂是由上海市轻工业局负责筹建和设计的，年产安全火柴4500万盒，这是中国在非洲援建的第一个工业生产性项目。1962年5月，外经部部长方毅亲自到上海调研该项目的筹建和设计情况。尽管各方面筹备较为完善，由于经验缺乏，首度合作艰难推进。最终，该火柴卷烟厂于1964年7月建成。②

4月6日，中国开始向阿尔及利亚派遣医疗队，这是中国第一次向外派遣医疗援助队伍。这支13人组成的队伍拉开了中国医疗援非的序幕。卫生部负责援外医疗队管理工作。

阿尔及利亚在结束了法国130年的殖民统治后，1962年获得独立，因法国医护人员和设备几乎全部撤走，其医疗卫生事业处在十分困难的境况中。1963年元月，中国第一个向世界宣布：中国将派遣医疗队赴阿尔及利亚长期工作。

在周恩来总理的亲自部署下，经国务院外事办公室批准，访阿卫生代表及第一支医疗队人选很快拟定。由于事关重大且任务紧急，因此，当时在京的湖北卫生部门相关领导接受了派遣医疗队和赴非考察的任务。③ 1963年3月5日，由西安医学院副院长魏明中为团长、武汉市卫生局副局长谈泰阶为副团长的5人代表团先行赴阿考察。

1963年3月中旬，新中国第一支援外医疗队共13名医务人员在京集中，接受短期培训：在队长谈泰阶、副队长陈海峰（时任卫生部卫生干部进修学院院长助理）率领下，于4月6日奔赴阿尔及利亚。紧接着6月11日、6月29日，又有11名队员先后分两批赴阿。这批队员分别来自湖北、上海和天津，三地分别派遣24人、4人和1人。这是新中国外交史上第一次单独以医疗队形式支援外国的行动。④

4月14日，中国首批医疗队飞抵阿尔及尔，受到阿尔及利亚卫生部部长的热情接见。4月16日，中国医疗队抵达阿西部城市赛义达。这里是撒哈拉沙漠边缘，大部分是草原牧区。这里干旱缺水，夏季气温最高

---

① 《方毅传》编写组：《方毅传》，人民出版社2008年，第310—312页。
② 《方毅传》编写组：《方毅传》，人民出版社2008年，第313页；石林：《当代中国的对外经济合作》，中国社会科学出版社1989年，第45—46页。
③ 对原卫生部国际司干部钱君琦的采访，2015年12月。
④ 湖北卫生厅：《名医风流在北非》，新华出版社1993年，第1—2页。

可达 40 多摄氏度；冬季极为寒冷，积雪可深达一米。严酷的自然条件和 100 多年敲骨吸髓的殖民统治，使这里的农牧民生活十分贫困，各种疾病、传染病流行，再加上长期缺医少药，牧民的发病率、死亡率都很高。

"抵达赛义达省医院的第二天，医疗队就投入了紧张的工作。他们将国内运来的各种医疗器械和大量中西药品充实到各诊疗部门，并按中国的方式组建各科门诊和病房。中国医疗队的到来使原本冷清的医院顿时喧闹了起来，闻讯来求医的农牧民日渐增多。中国医疗队队员们克服重重困难完成每日大量的诊疗工作。

"中国医疗队归国的行期经过了阿方的三次挽留三次延期，最终，从当初双方口头协议的半年延长至两年半。在这两年半的时间里，中国医疗队收治了 2.7 万多住院病人，诊治了 37 万多人次的门诊病人，做了 3000 多次手术，安全接生 1000 多个婴儿，而且，没有发生过一次医疗事故。"①

4 月 30 日，周恩来接见几内亚政府经济代表团和妇女代表团。"周恩来在讲话中表示，中国同亚非国家新的关系，必须建立在平等、互相尊重主权、互不干涉的基础上，这样做，才能互相支持，共同奋斗，摆脱落后。中国特别支持你们为提高黑人的地位和非洲的地位的斗争。妇女要争取独立地位。劳动人民受反动压迫，而妇女是最受压迫的，在旧社会最受欺凌的。妇女解放要跟着民族解放、社会解放而解放。"②

5 月，中马两国政府签订文化合作协定。中国于 1965 年开始向马里派遣教员。③

5 月 15 日，在接见索马里新闻部长阿里·穆罕默德·希拉维时，周恩来提出中国同友好国家合作的几个原则。"这几项原则是：（一）中国的任何援助，不附带任何条件和特权，坚持万隆会议的原则，不干涉他国内政。（二）给予亚非友好国家的帮助，只是为了创造促进他们发展民族自主经济的条件，而不是为了造成他们依赖外援的思想。（三）进行的合作，一定要根据中国的可能。行就行，说到做到，不行就告诉你们，不能失信。（四）亚非各国之间的合作是为了求得共同的发展，摆

---

① 湖北卫生厅：《名医风流在北非》，新华出版社 1993 年，第 5—16 页。
② 中共中央文献研究室：《周恩来年谱（1949—1976）》（中卷），中央文献出版社 1997 年，第 551 页。
③ 张忠祥：《列国志：马里》，社会科学文献出版社 2006 年，第 217 页。

脱帝国主义和殖民主义给中国造成的落后和贫穷。"①

5月15日,中国和索马里签订《中华人民共和国和索马里(民主)共和国贸易与支付协定》。

6月,轻工业部广州安装工程公司派出糖业专家组到马里进行糖厂规划工作。经过52天的调查研究后,广东省援助马里的第一座糖厂厂址定于塞古区上卡拉。厂区占地面积80300平方米,建筑面积13958平方米,大小设备585台套,厂区生产管线11300米、电缆线14000米、电力管线30000多米,车间、仓库建筑采用钢结构,其余建筑采用钢筋混凝土结构。全厂设备机械化自动化程度较高。工厂土建工程于1965年3月8日正式破土动工,1966年5月全部完成。②

1963年8月,中国政府对外交部门就如何处理与台湾当局有外交关系的非洲国家来往发出外交指示。

"当前与台湾建交的非洲新独立国家有利比亚、毛里塔尼亚、塞内加尔、象牙海岸、上沃尔特、达荷美、中非、尼日尔、利比里亚、多哥、喀麦隆、乍得、加蓬、刚果(利)、刚果(布)、卢旺达、马尔加什等17个。对这些国家,在不造成'两个中国'的情况下,我们应适当发展一些来往,进行争取工作。作为驻外使馆对这些国家,可按以下原则进行来往:

"一、如这些国家领导人访问与我建交国家,因在当地不出现'两个中国'的问题,所以只要他们没有敌视我国的公开言论,我驻被访国家的使节可以参加迎送,并可应邀出席驻在国举行的宴会等礼节活动。

"二、平时我驻外使馆亦可同这些国家的使馆保持一般礼节性和事务性的往来,并相机做些工作,阐明我对非洲新独立国家的态度和我对'两个中国'问题的立场。

"如这些国家的使馆邀请我大使、代办参加他们国家的国庆招待会,可应邀参加,但也可派参赞或秘书参加。我驻外使馆举行国庆招待会,可由各馆视平日交往情况,确定邀请,或不邀请他们参加。"③

---

① 中共中央文献研究室:《周恩来年谱(1949—1976)》中卷,中央文献出版社1997年,第554页。
② 胡辉:《20世纪六七十年代广东省对非洲国家的援助》,2013年4月16日,http://www.hprc.org.cn/gsyj/wjs/gjyz/201304/t20130416_216826_1.html
③ 外交部开放档案,1963年9月5日。

8月4—10日，索马里总理舍马克访华，5日，周恩来在与舍马克会谈中提出了中国向亚非国家提供援助的4项基本政策。周恩来表示，民族独立国家在经济独立前，在政治方面还需要长期奋斗才能保证完全独立和巩固独立。接受西方的援助必须慎重，接受援助时不能让对方取得政治特权。至于对非洲兄弟国家的关系，要坚决通过谈判解决而不使用武力。

此外，周恩来还向舍马克阐明中国政府向亚非国家提供援助的4项基本政策：

"1. 中国的援助不要求任何特权或政治条件，否则就是帝国主义和大国沙文主义。你们必须拿这一条作为衡量中国的标准。如果不符，那么中国就犯了错误。

"2. 中国援助的目的，只能有利于你们逐步建立独立的民族经济，而不是阻碍你们发展这种经济，也不是造成你们对外国包括对中国的依赖。

"3. 无论中国派专家去，还是接受你们的留学生，其目的是逐步培养你们自己独立的建设人才。中国的援助只是过渡性的，一旦你们自己能够搞了，中国就撤退，绝不造成对中国更加依赖的情况。你们派遣留学生或实习工人，或中国派人员去索马里，都要照顾双方当地的生活水平。中国派去的人员，不论工程师或技术人员，只能享受与你们同级人员一样的待遇。

"4. 中国的援助要根据中国的力量，有多大的力量就做多大的事。不能答应了做不到，要实事求是。如果中国提供的设备中有质量不好的，中国一定运回来退换。"①

8月8日，毛泽东在接见非洲朋友时表示："已经获得革命胜利的人民，应该援助正在争取解放的人民，这是中国的国际主义的义务。"②

8月9日，中国政府和索马里政府经济技术合作协定在北京签订。同日，中国和索马里签订《关于向索马里共和国提供财政援助的换文》，中国承诺向索马里提供300万美元的无偿援助和2000万美元的贷款。③

9月，阿尔及利亚国务部长乌兹加尼率政府代表团访华，向中国提

---

① 裴坚章：《研究周恩来》，世界知识出版社1959年，第138—139页。
② 《毛泽东主席接见非洲朋友的谈话》，《人民日报》1963年8月9日。
③ Bruce D. Larkin, *China and Africa, 1949–1970, The Foreign Policy of the People's Republic of China*, University of California Press, 1971, p. 94.

出经援要求。

9月5日,周恩来接见肯尼亚非洲民族联盟代表团全体成员,谈到发展民族经济时表示,既要自力更生,也要互相帮助。在谈到国家独立问题时,周恩来说:"发展民族独立经济要自力更生、互相帮助。非洲兄弟应该友好相处,非洲各国第一是反帝,这是头等重要的任务,第二是求得每个民族独立,第三是取得真正的民族独立。"①

9月28日,几内亚火柴卷烟厂举行了隆重的竣工典礼。杜尔总统和全体政要出席,并参观了全部生产过程。建成移交后,中国继续派专家指导生产和管理,并向几方提供部分烟叶和配料。②

10月,中国对外经济联络总局局长方毅率中国政府代表团访问阿尔及利亚。10月18日,中阿政府在阿尔及利亚签订了经济技术合作协定。协定规定:"中国给予阿尔及利亚2.8亿多法国法郎长期无息贷款,用于提供成套设备和现汇援助。"布特弗利卡外长在协定签字仪式上致辞,强调指出:"中国在阿尔及利亚处于关键时刻给予援助具有特别重要的意义。"③

12月2日,周恩来在第二届全国人大第四次会议上做关于国际形势、社会主义教育和过渡阶段国民经济计划的报告。在讲国际形势时提出了中国对外援助的八项原则。④

1963年12月14日—1964年2月29日,周恩来访问亚非十四国,其中非洲十国。在陈毅副总理兼外长的陪同下,周恩来率团出访埃及、阿尔及利亚、摩洛哥、阿尔巴尼亚、苏丹、突尼斯、加纳、马里、几内亚、埃塞俄比亚、索马里、缅甸、巴基斯坦、锡兰等14个亚非国家,除4个亚洲国家外,其余均为非洲国家。周恩来此次出访非洲十国,是中国领导人第一次对非洲国家进行正式友好访问,是中非关系史上的一个里程碑。

12月21日,在开罗与纳赛尔总统会谈时,周恩来将著名的中国处理与非洲和阿拉伯国家关系的"五项原则"提出来。"五项原则"为:

---

① 中共中央文献研究室:《周恩来年谱(1949—1976)》中卷,中央文献出版社1997年,第577页。
② 《方毅传》编写组:《方毅传》,人民出版社2008年,第314页。
③ 石林:《当代中国的对外经济合作》,中国社会科学出版社1989年,第40页。
④ 中共中央文献研究室:《周恩来年谱(1949—1976)》中卷,中央文献出版社1997年,第597—598页。

"1. 支持非洲各国人民反对帝国主义和新老殖民主义、争取和维护民族独立的斗争;

"2. 支持非洲各国政府奉行和平中立的不结盟政策;

"3. 支持非洲各国人民用自己的方式实现统一和团结的愿望;

"4. 支持非洲国家通过和平协商解决彼此之间的争端;

"5. 主张非洲国家的主权应当得到一切其他国家的尊重,反对来自任何方面的侵犯和干涉。"①

12月24日,中国向阿尔及利亚提供2万美元的无偿援助。②

12月25日,周恩来访问阿尔及利亚期间在阿民族解放阵线干部会议上发表讲话。周恩来在讲话中表示:"亚非人民从自己的革命实践中懂得,民族独立的取得、维护和巩固,主要依靠各国人民自己的斗争。各国人民的革命,从来都只能由各国人民自己来进行,任何旁人都是不能够来代替的,任何外来的干涉都是不能容许的。外援是重要的,但是,对各国人民革命的胜利作出决定性贡献的,只能是各国人民自己。……帝国主义是全世界各国人民的共同敌人。为了争取共同事业的共同胜利,各国人民需要相互支持、相互援助。特别是已经取得革命胜利的国家,更有神圣的义务去支持和援助正在为争取独立和解放而英勇斗争的兄弟人民。本·贝拉总统说过:'只要安哥拉、莫三鼻给(即莫桑比亚,引者注)、南非的兄弟、非洲的爱国者还身受殖民主义的镇压,任何阿尔及利亚人民都不会感到自己获得完全的自由。'本·贝拉总统的这番话,表达了全世界革命人民团结起来、共同对敌的坚强意志。"周恩来还表示:"阿尔及利亚的朋友们常常提到中国人民对阿尔及利亚的援助。中国认为,援助斗争中的阿尔及利亚人民,是中国应尽的国际义务。援助总是相互的。事实上,首先是阿尔及利亚人民的斗争援助了中国。中国对阿尔及利亚人民的援助是有限的。阿尔及利亚人民的斗争和胜利,对于中国人民,对于社会主义各国人民,对于全世界一切被压迫民族和被压迫人民,都是极大的支持和援助。"③

---

① 《中国处理同阿拉伯国家和非洲国家关系的五项原则》,1963年12月21日,《周恩来外交文选》,第387页。

② Bruce D. Larkin, *China and Africa, 1949–1970, The Foreign Policy of the People's Republic of China*, University of California Press, 1971, p. 94.

③ 《中华人民共和国对外关系文件集(1963)》第十集,世界知识出版社1965年,第470—471、471—472页。

1963 年底，中国开始考察和规划设计在坦桑尼亚援建的姆巴拉利农场。该农场由江苏省农林厅筹建，1969 年 6 月双方换文立项，1971 年 6 月中国专家开始考察场址。①

1963 年 12 月下旬至 1966 年 2 月上旬，受国家对外经济联络委员会和水产部的派遣，浙江省淡水水产研究所虞汉顺等 3 人，赴马里执行淡水养鱼技术援助项目。专家组调查考察了尼日尔河鱼类资源及利用现状，设计养鱼场并进行施工技术指导，在总统庄园鱼池驯养野生鱼种琴鲤、富齿鲤、野鲮、罗非鱼。经一年驯养实验，混养在鱼池的 5—8 厘米的幼鱼，尾重可达 400—500 克，为马里淡水养鱼起了示范作用。②

1964 年

年初，周恩来访非期间，视察了正在建设的几内亚火柴卷烟厂。周恩来在视察的过程中发现，厂房建筑过于笨重，用的材料多，投资大，花的时间长，对双方都不利。对此，周恩来指出："在非洲应建轻型建筑，特别要注意搞好通风和防潮。"③

1 月，桑给巴尔革命后，阿拉伯政权崩溃，中国开始为桑给巴尔训练军队，与此同时提供了大量的项目援助。

中国驻坦桑尼亚大使何英经肯尼亚返坦时，肯内长奥廷加派其秘书迎接并将转达口信。口信如下：

"1. 总理访非途中如经过内罗毕，请告肯方。以便肯领导人向总理致敬。

"2. 对方希望有关肯前派遣访华学军事的留学生的情况今后仍直接同奥联系，不要通过肯驻华使馆。

"3. 奥廷加希望我再考虑接受肯派 30 名干部赴华学军事。"④

1 月 14 日，周恩来在结束了跟加纳总统恩克鲁玛的两次单独会谈后，连夜写下了援外八项原则的提纲。1 月 15 日，在与恩克鲁玛举行的最后一次会谈中，周恩来跟恩克鲁玛交流了他对中国对外经济技术援助的基本想法，即"中国政府对外经济技术援助八项原则"的核心思想。

---

① 韩文彬：《坦桑尼亚姆巴拉利水稻农场》，《世界农业》1989 年第 2 期。
② 浙江省水产志编撰委员会：《浙江省水产志》，中华书局 1999 年版，第 805 页。
③ 《方毅传》编写组：《方毅传》，人民出版社 2008 年，第 314 页。
④ 外交部公开档案，1964 年 1 月 1 日。

与恩克鲁玛的会谈结束时,周恩来会见了加纳阿克拉通讯社记者,在回答记者问时,正式向外界宣布了中国的外援八原则:

"一、中国政府一贯根据平等互利的原则对外提供援助,从来不把这种援助看作是单方面的赐予,而认为援助是相互的。

"二、中国政府在对外提供援助的时候,严格尊重受援国的主权,绝不附带任何条件,绝不要求任何特权。

"三、中国政府以无息或低息贷款的方式提供经济援助,在需要的时候延长还款期限,以尽量减少受援国的负担。

"四、中国政府对外提供援助的目的,不是造成受援国对中国的依赖,而是帮助受援国逐步走上自力更生、经济上独立发展的道路。

"五、中国政府帮助受援国建设的项目,力求投资少、收效快,使受援国政府能够增加收入,积累资金。

"六、中国政府提供自己所能生产的、质量最好的设备和物资,并且根据国际市场的价格议价。如果中国政府所提供的设备和物资不合乎商定的规格和质量,中国政府保证退换。

"七、中国政府对外提供任何一种技术援助的时候,保证做到使受援国的人员充分掌握这种技术。

"八、中国政府派到受援国帮助进行建设的专家,同受援国自己的专家享受同样的物质待遇,不容许有任何特殊要求和享受。"①

这是"八项原则"第一次以书面文稿的形式公之于众。

1月26日,周恩来向几内亚"革命之声"广播电台发表告别词。周恩来在告别词中表示,中国在处理同非洲国家的相互关系中,一贯根据和平共处五项原则和万隆会议十项原则,坚定不渝地采取以下立场:"一、支持非洲各国人民反对帝国主义和新老殖民主义、争取和维护民族独立的斗争;二、支持非洲各国政府奉行和平中立的不结盟政策;三、支持非洲各国人民用自己的方式实现统一和团结的愿望;四、支持非洲国家通过和平协商解决彼此之间的争端;五、主张非洲国家的主权应当得到一切国家的尊重,反对来自任何方面的侵略和干涉。"②

---

① 石林主编:《当代中国的对外经济合作》,第16—17页。《对外经济技术援助的八项原则》,1964年1月15日,《周恩来选集》下,第429—430页。

② 人民出版社编:《亚非人民反帝大团结万岁 中国领导人访问亚非十三国文件集》,人民出版社1964年,第186—187页。

1月27日，中国向阿尔及利亚提供10万美元的无偿援助。①

2月，坦桑尼亚桑给巴尔卡鲁姆总统接受了来自中国的51.8万美元的贷款，中国承诺提供拖拉机和其他设备的援助。②

2月，中国向加纳提供2240万美元的借款。③

2月3日，周恩来在索马里群众欢迎大会上发表讲话。周恩来在讲话中强调，中国政府在对外提供经济援助的时候，一贯严格遵守八项原则。……中国与亚非国家之间的相互援助和经济合作，目前还是有限的。但是，中国有着相同的经历和相似的处境，最容易了解彼此之间的需要，中非之间的相互援助和经济合作是可靠的、切合实际的、平等互利的、有助于各国独立发展的。④

2月22日，中华人民共和国政府和刚果共和国（布拉柴维尔）政府根据各自国家人民的利益和愿望，决定相互承认并建立大使级的外交关系。⑤

3月，桑给巴尔政府向中国提出经济援助的要求。⑥ 中国政府立即派遣专家前往桑给巴尔，了解其经济情况和经援需求。专家组调研后向国内提出了援助桑给巴尔的建议。

4月，黄河三门峡工程局的工程技术人员抵达几内亚参与援建几内亚的金康水电站。金康水电站坐落于距几内亚首都科纳克里300多公里处，周围是一片荒漠，仅有一条小河和一个瀑布。中国专家和技术人员为金康水电站安装了4台800千瓦的机组，可为4个城市提供电力。1966年，几内亚总统杜尔视察工程，向中国技术工人表示："辛苦了，非常感谢！"⑦ 1966年4月竣工，总投资1600万元，中方共派出219人，

---

① Bruce D. Larkin, *China and Africa, 1949–1970, The Foreign Policy of the People's Republic of China*, University of California Press, 1971, p. 94.

② JAN S. PRYBYLA: "Communist China's Economic Relations with Africa 1960–1964", *Asian Survey*, Vol. 4. 11 Nov. 1964, University of California Press 1964, p. 1139.

③ Bruce D. Larkin, *China and Africa, 1949–1970, The Foreign Policy of the People's Republic of China*, University of California Press, 1971, p. 94.

④ 人民出版社编：《亚非人民反帝大团结万岁 中国领导人访问亚非十三国文件集》，人民出版社1964年，第251—253页。

⑤ 《中华人民共和国政府和刚果共和国（布拉柴维尔）政府建立外交关系的联合公报》，《中华人民共和国国务院公报》，1964年5月。

⑥ 坦桑尼亚虽然已经成立联合共和国，但根据联合共和国宪法规定，桑给巴尔财政独立，可自行对外开展经济贸易合作，接受国际援助。

⑦ 《"我们全家都是水利水电人"》，《三门峡日报》2013年5月29日。

总装机容量3200千瓦。

5月10日，中国政府向肯尼亚政府提供财政援助的协定在北京签订，中国承诺向肯尼亚提供280万美元的无偿援助和1500万美元的借款。①

5月16日，中国向坦噶尼喀提供1万美元的无偿援助。②

5月17日，中国政府和加纳政府经济技术合作协定的补充协定在阿克拉签订。

6月，第二届全国人民代表大会常务委员会第119次会议决定，设立对外经济联络委员会，方毅任主任；同时撤销对外经济联络总局。6月25日，对外经委正式对外办公，机关内设办公厅、政治部、社会主义国家局、亚洲局、非洲局、设备材料局、计划财务局、专家实习生局、国际经济事务局、政策研究室、技术室等11个局级单位。③

中国向坦桑尼亚提供3.2亿坦桑尼亚先令的援助。"其中1亿坦桑尼亚先令给予桑给巴尔，计算下来，桑给巴尔人均获得300坦桑尼亚先令，给予坦桑尼亚本土2亿坦桑尼亚先令的贷款和2000万坦桑尼亚先令的赠款。"④

方毅向国务院上报《关于拟进口卷烟、火柴厂关键设备的请示报告》。"针对国内卷烟、火柴工业生产工艺、设备落后的状况，方毅和轻工业部副部长曹鲁商量后，提出这份报告的。经过国务院的讨论，最终批准花十几万美元从西方国家引进了7种关键设备，促进了中国火柴、卷烟工业技术水平的提高和生产的发展。"⑤

马里政府中经济方面主要决策者之一的库亚特访华，提出建立糖厂和纺织厂的援助请求。库亚特在会谈时表示，希望中国多派一些专家帮助马里生产日用品，在糖厂建成前先帮助建两个小型试验糖厂，一方面迅速满足部分需要，另一方面增强马里人民自力更生、建立民族经济的信心。此外，马里方面还要求中国援建纺织厂，解决人民的穿衣问题。

---

① Bruce D. Larkin, *China and Africa*, *1949 – 1970*, *The Foreign Policy of the People's Republic of China*, University of California Press, 1971, p. 94.
② Bruce D. Larkin, *China and Africa*, *1949 – 1970*, *The Foreign Policy of the People's Republic of China*, University of California Press, 1971, p. 94.
③ 《方毅传》编写组：《方毅传》，人民出版社2008年，第265—266页。
④ M. Bailey, "Tanzania and China", *African Affairs*, Vol. 74, No. 294, 1975, p. 43 – 44.
⑤ 《方毅传》编写组：《方毅传》，人民出版社2008年，第344页。

经过一番计算后，方毅同意给马里先建两万锭的纺织厂，留有发展到四万锭的余地。①

6月8日，中国向桑给巴尔提供1400万美元的贷款。②

6月16日，来华访问的坦桑尼亚总统尼雷尔派总理卡瓦瓦与中国方面签订经济技术合作协定。这是中坦的第一个经济技术合作协定，商定中方向坦方提供1000万英镑（合6896万元人民币）的无息贷款，用于建设成套项目。同时还签署提供300万美元（合735万元人民币）财政援助的协议。对于坦方要求援建的纺织厂、农场、农具厂、广播电台等项目，中方迅速派专家进行可行性考察。

6月16日，签署中坦经济技术合作协定的同一天，中国与桑给巴尔在桑给巴尔签订了第一个经济技术合作协定，中国确定提供500万英镑（合3448万元人民币）的无息贷款，用于援建成套项目。

7月，应阿尔及利亚政府邀请，由湖南省农业厅与湖北省农科院、云南思茅地区农科所、云南省勐海茶叶试验站派出的援非人员4人，赴阿尔及利亚进行茶树种植的可行性考察。中国专家组在阿东北部沿海的君士坦丁省斯克克达进行茶树试种，引种中国浙江的国鸠、龙井、福建的坦洋三个品种，播种1020平方米，试种成功。但考虑到阿尔及利亚的大片国土处于非洲撒哈拉大沙漠地，夏季酷热、冬季严寒、雨量极少、土壤盐碱重，专家组考察认定，这里不适宜大面积种植茶树。③

7月，中国援建的几内亚卷烟火柴厂建成投产。几内亚卷烟火柴厂是中国援非的第一个成套设备，年产卷烟4.8万箱，火柴4.5万件。

7月11日，中国与刚果（布）在布拉柴维尔签订贷款协定。

8月，江苏省向桑给巴尔派出了第一支援外医疗队，这是中国第一支以省为单位独立派出的援外医疗队，全队20人。

8月3日，中国向阿尔及利亚提供2万美元的无偿援助。④

8月4日，方毅向中央提交了《关于对外经济技术援助工作基本情

---

① 《方毅传》编写组：《方毅传》，人民出版社2008年，第317页。
② Bruce D. Larkin, *China and Africa, 1949–1970, The Foreign Policy of the People's Republic of China*, University of California Press, 1971, p. 94.
③ 湖南省农业志编撰委员会：《湖南农业志》第四分册，湖南省农业厅征求意见稿，第185页。
④ Bruce D. Larkin, *China and Africa, 1949–1970, The Foreign Policy of the People's Republic of China*, University of California Press, 1971, p. 94.

况和今后意见的汇报提纲》，总结了对外成套项目援助和技术援助取得的成效和存在的问题与不足。就今后的工作提出："现在国际形势大好。……要求中国提供援助的国家会愈来愈多，中国承担的义务日益加重。国内财力、物力、技术力量同援外的需要还有相当大的矛盾，在成套设备方面的矛盾尤其突出。这种被动局面，也是发展过程中不可避免的，估计还要持续较长一个时期，将要随着中国建设事业的不断高涨和经济技术力量的不断增长而逐步得到扭转。为了发挥国内现有潜力，克服上述存在的问题与不足，大力改进援外工作，提出以下几点意见：

一、总理访问非洲时，已经宣布了中国援外八项原则，国外反映很好。这些原则，还可以继续加以补充和发展。

二、援外工作现在已受到国内各有关方面的普遍重视。为适应新的形势，有必要进一步加强全党、全国各部门对援外工作的认识，以便群策群力，切实把援外当作对外工作不可缺少的一部分，认真对待，努力做好。

三、对于援外义务，中国既要积极承担，又要量力而行。为了妥善安排援外需要和国力的平衡，做到心中有数，建议对每年国家财政支出用于援外的比重（体现为物资和外汇）大体加以规定。以往14年内，各年援外支出占财政支出的比重，最高达2.85%（1962年），今年可能过3%。这是一笔重要的战略支出。这项支出，今后必须经常保持在一个适当的水平上。

四、国内经济计划体制须适当照顾援外的特点。对于援外任务，应当在计划、材料、加工、包装、运输五方面予以优先安排。在设备、材料供货方面，除全国统一规定的制度以外，对于援外的临时特殊需要，应当给予额外的照顾。

五、援外主要设备、材料的制造，应当定点、定厂，不要经常变动，以便制订和实行各项技术措施，积累经验，提高水平，同时也便于同贸易出口相结合。

六、援外既要立足于国内，又要促进国内的建设事业。中国一面要援外，一面要学习世界各国的先进技术。除了依靠中国自己的力量以外，还需要进口一定的设备，作为借鉴。新的产品一旦试制成功，既可用于援外，又可用于发展国内生产，一举两得。

七、援外物资运输力量、仓库、中转站等都很不够，必须适当加强。

八、援外机构、干部队伍、技术力量，目前大大落后于工作需要，翻译人员（尤其是法文翻译）不足的现象更是尖锐。建议迅速采取有力措施，调配足够的干部，建立和充实各级援外机构，对援外人员的培养、训练和储备作出统一的规划，逐步加以实现。"①

8月30日，中国向刚果（布）提供530万美元无偿援助。②

10月，国家外经贸部和农垦部确定新疆生产建设兵团为坦桑尼亚援建乌本加农场、鲁伏农场成套项目的"筹建单位"。

10月2日，中国和刚果（布）签订《中国政府和刚果（布）政府经济技术合作协定》。双方约定，中国政府先后向刚果（布）提供两笔无息贷款（共约1亿元人民币），用于援建成套设备项目，项目包括广播电台、外交电台、棉纺织针织厂等13个项目。③

11月，新疆兵团农四师五零农场政委陈芝谱以乌本加农场中国技术组组长身份，率技术组人员抵达桑给巴尔，开展农场筹建和试种水稻工作。陈芝谱带领技术组工作人员选择平坦土地，克服土壤黏度大给机耕作业带来的困难，打井取水，适雨播种。

11月初，马里总统凯塔访华，中国和马里签订了友好条约和第二个经济技术合作协定。双方约定，中国再向马里提供758万英镑无息贷款用于成套项目，包括棉纺织印染厂和制革制鞋厂等。④

11月3日，中国和马里两国政府在北京签订关于向马里提供工业项目的协定。主要内容为，由中国援助马里建设2万纱锭的棉纺织漂染厂和相应的机电辅助设施，陕西省负责承建。

11月16日，方毅在全国援外计划财务会议上说，当前中国的援外工作处于继续上升、不断扩大的阶段，但经济技术力量同援外的需要还不相适应。⑤

12月，为了加强援外机电产品的生产管理，国家计划委员会、国家经济委员会、对外经济联络委员会、物资部颁发了第一机械工业部制定的《援外机电产品暂行管理办法》。该管理办法规定，各生产主管部门

---

① 《方毅传》编写组：《方毅传》，人民出版社2008年，第332—333页。

② Bruce D. Larkin, *China and Africa, 1949–1970, The Foreign Policy of the People's Republic of China*, University of California Press, 1971, p.94.

③ 《方毅传》编写组：《方毅传》，人民出版社2008年，第469页。

④ 《方毅传》编写组：《方毅传》，人民出版社2008年，第318页。

⑤ 《方毅传》编写组：《方毅传》，人民出版社2008年，第277页。

和生产企业按照中央关于"优先安排援外设备生产,优先保证援外产品所需协作配套产品、原材料和燃料、包装物料的供应,优先安排运输力量"的"五优先"指示,切实保证按质、按量、如期完成援外机电产品的生产任务。这个暂行管理办法对援外机电产品的生产计划安排、产品设计和试制、产品质量和检查验收、协作配套、原材料供应、备件和易损件、包装和运输、组织管理、产品定价原则和生产统计等均做了明确的规定。①

12月,中国向阿联(即埃及)提供8000万美元贷款。②

12月和1965年1月,中国和坦桑尼亚签订了无偿援建一座短波广播电台和在双边经济技术合作协定规定的贷款项下援建友谊纺织厂、鲁伏农场、乌本戈农具厂的协议。③

12月21日,周恩来在第三届全国人民代表大会第一次会议所做政府工作报告中再次强调八项原则。周恩来说:"在援助工作中,中国总结了多年来的实践,制订了对外经济技术援助的八项原则,按照这些原则,中国一贯克己助人,采取无偿赠予或低息、无息贷款的方式提供援助。今后中国还将在实际工作中,补充和发展这些原则。"④

12月29日,坦桑尼亚总理卡瓦瓦与中国驻坦大使何英商谈尼雷尔赴华商谈坦赞铁路可能性的问题。

1965年

中国将南通铁工厂、南湖镰刀厂等16个农具厂(社)生产的垦锄、镰刀等18种119件小农具作为礼品赠送给几内亚。⑤

1月14日,中国和中非经济技术合作协定在班吉签订。

2月,广东省承担了以马里的水稻、棉花为主的两个综合农场的援建任务,由广东省农垦厅负责完成。

---

① 可参见对照《援外机电产品质量管理办法》,1992年12月3日,http://www.eti-ri.com.cn/article_001013006_262.html

② Bruce D. Larkin, *China and Africa*, 1949–1970, *The Foreign Policy of the People's Republic of China*, University of California Press, 1971, p. 94.

③ 《方毅传》编写组:《方毅传》,人民出版社2008年,第319—320页。

④ 石林:《当代中国的对外经济合作》,中国社会科学出版社1989年,第43—44页。《方毅传》编写组:《方毅传》,人民出版社2008年,第276—277页。

⑤ 江苏省地方志编撰委员会:《江苏省志·轻工业志》,江苏人民出版社1996年,第436页。

按照周恩来的要求，方毅起草了《关于当前对外经济技术援助工作基本情况和主要问题的报告》，针对如何妥善处理援外客观需要和国内实际可能的矛盾，报告指出，援外工作应立足国内，面向国外。①

2月18日，尼雷尔总统访华。在与周恩来和刘少奇的会谈中，尼雷尔得知中国有意承建坦赞铁路的建设。尼雷尔访华时提出了援建鲁伏农场的援助请求，周恩来允诺了这一项目。周恩来与尼雷尔商定了开发的步骤，工程所需要的500万英镑，从中国承诺援助坦桑的1000万英镑余款中开支。②

3月，新疆生产建设兵团派出第一批专家赴坦桑尼亚鲁伏农场进行勘测设计工作。

中国援助马里的第一糖厂动工。1961年，中马两国政府签订经济技术合作协定，帮助马里建立糖厂。1962年，中国派中国专家赴马里种植甘蔗，取得了成功，并在两年的时间里种植面积不断扩大。1966年5月，第一糖厂建成投产。工厂占地8.03万平方米，建筑面积1.4万平方米。主要设备363台，设计生产能力为日处理甘蔗400吨，附设的酒精车间日产酒精2000公升。③

4月21日，中国和乌干达在北京签订经济技术合作协定，中国向乌干达提供1204万美元贷款。④

5月10日，中国和索马里签署关于建造索马里国家剧院的换文。应索马里共和国政府的要求，中国同意无偿地在摩加迪沙建设和装备一座规模为1000—1200座位的剧场，作为赠送给索马里国家的礼物。

6月，周恩来回访坦桑尼亚。会谈中，周恩来与尼雷尔商定，在即将举行的英联邦会议上继续努力，促使英联邦的富裕国家承担建设坦赞铁路的任务。"当时，中国将援建坦赞铁路的消息已为媒体所得之，在世界范围内展开了建设坦赞铁路的大讨论。西方国家试图干涉中国的参与，周恩来表示，西方国家果真能修，中国乐观其成。如果它们提出苛刻的条件，总统阁下可以用中国援建的条件同它们斗争。如果它们只喊不修，

---

① 《方毅传》编写组：《方毅传》，人民出版社2008年，第333页。
② 周伯萍：《非常时期的外交生涯》，世界知识出版社2004年，第96—97页。
③ 石林：《当代中国的对外经济合作》，中国社会科学出版社1989年，第582页。
④ Bruce D. Larkin, *China and Africa, 1949 – 1970, The Foreign Policy of the People's Republic of China*, University of California Press, 1971, p. 94.

中国照修。如果它们中途停修，中国接着修。"①

中国开始向索马里派遣医疗队，由吉林省卫生厅组织派遣。

8月，中国援助马里的卷烟火柴厂建成投产，该厂是马里国内的第一个卷烟火柴厂。该厂的建成改变了马里卷烟火柴完全依赖进口的局面，节省了马里宝贵的外汇资源。凯塔总统表示："马里每年要为进口卷烟支出6亿马里法郎的外汇。这个工厂的开工生产对减少马里的外汇支出有很大的意义。""中国帮助马里实施的项目是实实在在地为了发展马里的经济。"②

8月，周恩来访问达累斯萨拉姆2个月后，中国派出了一个由12名专家组成的考察组，对坦赞铁路两国的实地地形进行勘测。勘测专家组由铁路专家、水文专家和地理专家组成，重点对坦桑尼亚境内的终点，即凯达图—屯达姆地段进行了考察。

9月，中国援助的马里第二甘蔗农场开始建场。农场于6月考察选址，1970年全部建成。农场位于撒哈拉沙漠边缘，农场耕地面积1755公顷（其中1/3为轮休地），灌溉、排水渠道195公里，水泵站2个，并建立了3个居民点。

10月，中国派往非洲的第一支打井队赴坦桑尼亚承担地质勘探和打井供水任务。中国打井队利用著名地质学家李四光的地质力学理论，在许多西方打井公司判为无水区的地方，不仅找到了水源，而且打成了高质量的水井，被当地居民交口称赞，刮目相看。③

中国援助坦桑尼亚广播电台开工。该项目由国家广播事业局承建，安徽省建筑工程局为协作单位。项目规模为2台50千瓦短波及1台150千瓦中波机，建筑面积1100平方米，1966年9月结束。④

11月，江苏鸿生火柴厂为马里培训火柴技工3名，培训时间为3个月。⑤

---

① 《方毅传》编写组：《方毅传》，人民出版社2008年，第325页。
② 王泰平：《中华人民共和国外交史，1957—1969》，（第二卷），世界知识出版社1998年，第191—192页。
③ 胡锦山：《非洲的中国形象》，人民出版社2010年，第194—195页。
④ 安徽省地方志编撰委员会：《安徽省志·对外经济贸易志》，方志出版社1998年，第314页。
⑤ 江苏省地方志编撰委员会：《江苏省志·水利志》，江苏人民出版社1996年，第667页。

12月16日，中国和索马里签订《关于建造索马里共和国国家剧场的协议》。双方约定，中国将为索马里无偿援建一座国家剧院，用于演出戏剧、舞蹈等。

1966 年

江苏省派遣体操教练孟广才、陈开元赴突尼斯任教。

中国援助坦桑尼亚莫希警校开工。莫希警校由国家建工部承建，安徽省建筑工程局协作。建筑面积1.81万平方米。1968年项目完工。①

因为政治上的分歧，西方国家中止了对坦桑尼亚的大笔援助，中国承担了一部分1965年坦桑尼亚被西方国家吊销的援助承诺。1965年2月发生与东德的外交争端后，西德也终止了对坦桑尼亚的援助。12月，在实施了非统组织关于呼吁打破与英国的外交关系的决定后，英国冻结了对坦桑尼亚的1.5亿坦桑尼亚先令的贷款。与此同时，因为两国分歧日益加剧，美国的援助也大规模缩水。② 坦桑尼亚脱离英国后，英国第一时间中止了承诺给坦桑尼亚的2100万美元贷款。

1月，中国援助几内亚的人民宫破土动工。人民宫也称"十月二日大会堂"，位于几内亚首都科纳克里，占地7.54公顷，建筑面积2.4万平方米。该建筑是一座区域性国际会议大厦，可供开会和演出。内部设有2005座的观众厅和300人大会议厅各一个，装有同声译音设施；100人会议厅1个，60人会议室3个，40人会议室2个，还有办公室和住房等。工程造价为1038万元人民币，1967年9月竣工。③

外交部召开驻外使节会议。方毅在会上做了关于对外援助工作的讲话。"方毅在讲话中介绍援外工作的基本情况、取得的成效和工作中的缺点，深刻阐述了援外工作的八条主要经验，以期形成共识，取得驻外使馆对援外工作的理解和支持。这八条经验是：

"一、援外工作是外事工作的一个重要组成部分，必须坚持用毛泽东思想挂帅，以无产阶级国际主义和中国对外政策总路线为指针，严格遵循八项原则。要牢固树立为世界人民服务的观点，一切工作都要从整个

---

① 安徽省地方志编撰委员会：《安徽省志·对外经济贸易志》，方志出版社1998年，第315页。

② M. Bailey, "Tanzania and China", *African Affairs*, Vol. 74, No. 294, 1975, p. 44.

③ 浙江省外经贸志编撰委员会：《浙江省外经贸志》，中华书局2001年，第472页。

国际斗争全局出发。

"二、对外援助，不但是复杂、细致的经济技术工作，而且首先是严肃的政治工作。

"三、援外工作面向世界，面对着许多未被中国认识的领域。

"四、积极承担和量力而行相结合。

"五、重点和照顾一般相结合，集中力量打歼灭战和瞻前顾后细水长流相结合。

"六、要充分认识民族主义国家的特点，恰如其分地估计中国援助的作用。

"七、援助方式，既要着重帮助受援国自力更生，解决对方的长远需要，也要适当照顾当前急需。

"八、援外工作面向世界，既要立足于国内，也要促进国内生产建设的发展，促进国内技术进步。"①

1月7日，中国外交部发表声明，对中非政府6日单方面撕毁两国建交协议，无理断绝两国外交关系，提出严重抗议，并决定从中非撤出中国大使馆全体人员和中国专家。

2月，中国援助马里的塞古纺织厂第一期援建工程动工兴建。该项目由河南省建委选派专业技术人员进行施工指导，陕西省负责设备安装、试运转、试生产技术指导，湖北省电管局负责自备电站安装、调试工作，1967年建成投产。1968年3月29日办理技术移交，同年5月21日举行落成典礼。

6月，中国技术组组长陈芝谱与桑给巴尔农场土改部主任秘书作为两国全权代表，在桑给巴尔市签订了《关于建立乌本加农场的协议》。根据该协议，农场场址选在乌本加地区，总规划面积526公顷，耕地400公顷，一年种植"一稻一豆"，部分土地种植蔬菜；建设规模2000只鸡的养鸡场1座；建设6500平方米的居民点一处；建场机械设备材料等由中方技术人员组织实施；所需20万英镑在中坦《经济技术合作协定》规定的"500万英镑贷款项下支付"；农场1966年下半年施工，1968年下半年建成。②

坦桑尼亚的经济事务和发展部长访问北京，中坦达成一项协议，承

---

① 《方毅传》编写组：《方毅传》，人民出版社2008年，第335—336页。
② 陈平：《兵团人在非洲》，《兵团日报》，2010年2月7日。

担因英国吊销承诺而终止的项目。①

中国援建几内亚金康水电站竣工移交，装机容量 3200 千瓦，这是中国在非洲最早援建的水电站。

中国援建索马里的乔哈尔水稻、烟草试验站动工。

6 月 8 日，中国政府向坦桑尼亚政府提供可兑换货币贷款的协定在北京签订，中国向坦桑尼亚提供 280 万美元无偿援助和 560 万美元的贷款。②

6 月 9 日，中国向马里提供可兑换货币贷款的协定在北京签订。

7 月，中国向马里提供 400 万美元贷款。③

刚果（布）23 名纺织实习生到辽宁省旅大地区金州纺织厂、大连印染厂、旅大针织厂实习，1967 年 6 月结业。④

7 月 8 日，中国向坦桑尼亚提供 210 万美元贷款，用于建设联合航线。⑤

7 月 29 日，中国援助坦桑尼亚建设的友谊纺织印染厂正式动工。友谊纺织印染厂是当时坦桑尼亚全国最大的工业企业之一，建筑面积 6.2 万平方米，4 万纱锭、987 台布机，并配备相应的印染设备，年产各种花色的棉布 2000 万平方米（两班生产），可基本解决坦桑农民的穿衣问题。⑥

几内亚总统杜尔向中国提出对其进行农业援助的请求，广东省承担了一揽子援助几内亚的任务。

8 月，广东省派出两个农业专家组前往几内亚对当地的土壤、畜牧、植保、农作物种类及生产进行了综合考察。

"中坦航运公司"在坦桑尼亚成立，中国赠与坦桑尼亚两艘 1 万吨的货船。

---

① Ian Taylor, *Forum of China-Africa Cooperation*, Routledge, 2011, p. 12.
② Bruce D. Larkin, *China and Africa, 1949–1970, The Foreign Policy of the People's Republic of China*, University of California Press, 1971, p. 94.
③ Bruce D. Larkin, *China and Africa, 1949–1970, The Foreign Policy of the People's Republic of China*, University of California Press, 1971, p. 94.
④ 辽宁省地方志编撰委员会：《辽宁省志·对外经济贸易志》，辽宁民族出版社 2003 年，第 456—457 页。
⑤ Bruce D. Larkin, *China and Africa, 1949–1970, The Foreign Policy of the People's Republic of China*, University of California Press, 1971, p. 94.
⑥ 《方毅传》编写组：《方毅传》，人民出版社 2008 年，第 437—438 页。

中国水利考察组开始考察坦桑尼亚鲁伏农场的水库和电站项目。鲁伏河下游拥有土质肥沃的大量片地。1965年尼雷尔访华时，双方商定在鲁伏河上游先建设水库和电站，再建中下游灌渠。中国专家组进行实地考察发现，绝大部分当地农民不愿意移民开荒，因此建议停建这一水利工程。1968年6月，尼雷尔访华时，中坦双方一致同意中止这一项目。

10月，中国援助索马里国家剧院的工程开工。

10月底，中国援桑给巴尔打井工程开始赴桑考察勘探。由国家计委地质局筹建，由北京、河北、湖北、广东等省市共同组成的57人援桑给巴尔水源勘探组，经过近2年的工作，对16个地区进行了地形测量，并完成建塔工程地质勘探工作，钻孔44个，总进尺为556米，还为桑方培养了钻探、水文地质、机械维修、技工和技术人员25人。1967年，打井工程圆满完成。①

10月28日，中国驻加纳大使馆照会加纳外交部，对加纳当局20日片面宣布中断两国关系，撤离驻华使馆一事，提出最强烈的抗议，并宣布撤回中国驻加纳大使馆全体人员。两国经济合作关系随之中断。在加纳工作的中国援助专家随后回国。

11月16日，中国和几内亚在北京签订经济技术合作协定和中国政府向几内亚政府提供贸易贷款的协定。中国同意向几内亚提供无息、无条件和不附带任何特权的商品贷款150万英镑。

11月18日，中国和马里在巴马科签订关于中国向马里提供文化建设项目的协定。

11月26日，中国援助刚果（布）金松迪纺织印染针织联合厂动工兴建。"1965年6月15日，中国和刚果（布）签订经济技术合作议定书，确定中方帮助刚方建设金松迪纺织印染针织联合厂，两年半左右建成投产，投资额为3390万法国法郎，建筑面积2.7万平方米。建设规模为棉纺锭10400枚、63″宽幅织布机192台、手工台板印花机8台，年产棉纱5125件（926.64吨）、棉布和染色印花布346万米，纺织品15万打（用纱量280吨）。辽宁省纺织工业厅和广东省基本建设局共同承建。"②

---

① 河南省志编撰委员会：《河南省志·对外贸易经济合作志》，河南人民出版社1995年，第416页。

② 辽宁省志编撰委员会：《辽宁省志·对外经济贸易志》，辽宁民族出版社2003年，第451页。

12月，中国派遣专家在坦桑尼亚金邦达建设大坝，提供资金500万英镑。①

中国援助坦桑尼亚鲁伏农场开始施工。该农场由新疆生产建设兵团负责筹建。"在建场期间，兵团先后派遣专家组长10人次，工程技术人员109人次，共计119人次；完成规划面积3854公顷，开荒造田800公顷，修建引水管道1059米，扬水站两座，排、灌渠44.85公里，排水站一座，建筑物412座，防洪堤9.3公里；完成水工土方量150万立方米，砂量1500立方米；完成道路28公里，电话单线14.5公里，高低压线115.7公里；完成各类房屋建筑109栋，总面积12870平方米，建35立方米水塔一座，晒场4700平方米；完成总土方量216万平方米。建场期间为坦桑尼亚生产稻谷556.8万公斤，高粱8.25万公斤。在中坦双方技术人员的共同努力下，农场1974年达到建成标准，6月14日移交坦方。"②

中国援助坦桑尼亚乌本加农场开始施工。该农场是根据1964年6月16日中国和坦桑尼亚两国政府经济技术合作协定而建的，1966年9月新疆生产建设兵团派出的专家组完成建场报告和规划设计工作。在建场期间，兵团先后派遣专家组长2人，技术人员33人次；完成开荒造田面积514.6公顷，其中粮食作物47公顷；打井7眼，出水量40吨/小时，修场内干道4.2公里；完成建筑物97栋，总面积8433平方米，另建水塔一座，35立方米；晒场2600平方米；建成发电站一座，配75千瓦和30千瓦柴油机各两组，高低压线7.1公里。建场期间，农场为坦桑尼亚生产粮食16.33万公斤，试养产蛋鸡2000只，培训当地工人120人。1969年1月1日移交给坦方。③

年底，共有14个非洲国家的190余名留学生来华学习，同时中国也向埃及、摩洛哥等国家派遣留学生，并开始应一些非洲国家的邀请，由中国政府出资派遣数、理、化教师赴非洲国家的中学、大学任教。④

---

① Bruce D. Larkin, *China and Africa*, 1949 – 1970, *The Foreign Policy of the People's Republic of China*, University of California Press, 1971, pp. 98 – 99.
② 新疆通志编撰委员会：《新疆通志·外事志》，新疆人民出版社1995年，第212页。
③ 新疆通志编撰委员会：《新疆通志·外事志》，新疆人民出版社1995年，第212—213页。
④ 教育部国际合作与交流司：《中非教育合作：发展经济，育人为先》，http://www.people.com.cn/GB/channell/12/20000912/228783.html。

1967 年

中国在位于坦桑尼亚的桑吉巴附近的蒙托尼建立鞋厂，提供 10 万英镑资金。①

春，阿尔及利亚获得中国一笔 200 万美元的硬通货贷款，不久中国向埃及提供了 1000 万的硬通货贷款和 15 万吨的小麦。②

1 月，中马商定中国在马里援建的茶场基础上建设一个年加工成品茶 100 吨的茶叶加工厂。"中国在马里种出了马里自产的茶叶后，茶叶的加工成为了马里政府进一步考虑的问题。1972 年，茶叶加工厂建成投产，生产十个品级的茶叶。"③ 此外，中国专家还在制作技术上不断探索新的方案，提高了制茶的技术和效率。"在援助马里茶场项目设计中，负责该援助项目的浙江省农林局大胆革新，采用夹层锅通蒸汽烘炒茶叶的新工艺，不但把原来 18 道工序减少到 13 道，降低了操作环境温度，避免产生焦茶、烟茶等次品，受到马方的好评。"④

1 月 10 日，中国与马里在巴马科签订提供可兑换货币贷款的协定。

2 月，中国开始向刚果（布）组织派遣医疗队，由天津市卫生厅负责派遣，全队 11 人。

4 月，中国四川省水稻专家在索马里乔哈建立水稻试验站，试种水稻。水稻项目由四川省实施。水稻试验站规模为 20 公顷，建站期限 3 年。四川省水稻专家先试种了 1 亩多的稻谷，8 月收获，亩产稻谷 300 多公斤。下半年试种面积扩大到 1 公顷，共收稻谷 6675 公斤（折合亩产 445 公斤）。1968 年又进一步扩大到 17.66 公顷（265 亩）。平均每公顷产稻谷 5595 公斤，折合亩产 373 公斤。其中有 3.6 公顷收获稻谷 26055 公斤，平均亩产达到 478 公斤，否定了"索马里不适宜种植水稻"的说法。在试种水稻的过程中，四川专家还致力于培养当地的技术人员，共培养了 60 余名技术人员。⑤

---

① Bruce D. Larkin, *China and Africa*, *1949 – 1970*, *The Foreign Policy of the People's Republic of China*, University of California Press, 1971, pp. 98 – 99.

② Bruce D. Larkin, *China and Africa*, *1949 – 1970*, *The Foreign Policy of the People's Republic of China*, University of California Press, 1971, pp. 95 – 96.

③ 《方毅传》编写组：《方毅传》，人民出版社 2008 年，第 318 页。

④ 石林：《当代中国的对外经济合作》，中国社会科学出版社 1989 年，第 116 页。

⑤ 四川省地方志编撰委员会：《四川省志·外事志》，巴蜀书社 2001 年，第 294 页。

2月16日，中国和毛里塔尼亚在北京签订经济技术合作协定。

4月，中国援助刚果的朱埃广播发射台建成移交。刚果朱埃广播发射台是中国援助非洲国家较早建成的广播电台，装有50千瓦短波发射机2部。同年转为技术合作。①

中国援助桑给巴尔的列宁医院制药车间开工建设。中国为该项目提供无偿援助6万元人民币，为该厂提供压片设备、机器安装、培训技术人员和赠送试生产和试教用原材料1年。1968年8月建成。②

6月下旬，赞比亚总统卡翁达访华。在与卡翁达的会谈中，毛泽东、周恩来均表示，中国愿意承担坦赞铁路的投资。卡翁达回国途中经过坦桑尼亚首都，与尼雷尔商讨此事。③

6月23日，中国和赞比亚在北京签订经济技术合作协定。

8月14日，中国与马里在北京签订提供可兑换货币贷款的协定和中国政府向马里政府提供贸易贷款的协定。双方约定：中国为马里提供150万英镑的无息贷款。

8月26日，中国派遣专家赴乌干达对奇奔巴农场进行勘测和设计，建设一座水稻农场。该项援助是根据1965年5月21日签订的中乌经济技术合作协定而执行的。根据国务院的决定，该项目由浙江省负责承担，这也是中国援助乌干达的第一个项目。农场的考察组由来自福建、江西和浙江的6名技术人员组成。④

9月5日，中国国务院副总理兼财政部长李先念和坦桑尼亚财政部长贾玛勒、赞比亚财政部长索科分别代表三国政府在北京签订了《关于修建坦桑尼亚—赞比亚铁路的协定》。⑤

10月8日，援助坦桑尼亚水利工程师张敏才牺牲。张敏才同志应坦桑尼亚政府的邀请，于1966年8月间同其他中国水利专家一起来到坦桑尼亚。作为水利工程师，他担任着鲁伏河克洞达水利工程的勘察工作。1967年10月4日，当他和其他同志正在测量鲁伏河下游河谷的横剖面时，突然受到毒蜂的群攻。由于被螫严重中毒，经竭力抢救无效，于10

---

① 石林：《当代中国的对外经济合作》，中国社会科学出版社1989年，第206页。
② 江苏省地方志编撰委员会：《江苏省志·卫生志》，江苏古籍出版社1999年，第74页。
③ 《方毅传》编写组：《方毅传》，人民出版社2008年，第326—327页。
④ 浙江省农业志编撰委员会：《浙江省农业志》（下），中华书局2001年，第1585页。
⑤ 《方毅传》编写组：《方毅传》，人民出版社2008年，第327—328页；外交部外交史研究室：《新中国外交风云（第三辑）》，世界知识出版社1994年，第39页。

月8日逝世。周恩来听说张敏才伤势很严重有生命危险，特地从北京派遣医疗专家乘飞机到达累斯萨拉姆为他治疗。10月10日举行的葬礼上，几百位坦桑尼亚朋友和中国同志参加了葬礼，巴布代表坦桑尼亚第二副总统卡瓦瓦参加葬礼，并致悼词。巴布引用了毛主席的一段语录："人总是要死的，但死的意义有不同。中国古时候有个文学家叫做司马迁的说过：'人固有一死，或重于泰山，或轻于鸿毛。'为人民利益而死，就比泰山还重；替法西斯卖力，替剥削人民和压迫人民的人去死，就比鸿毛还轻。"他接着说：张敏才是按照毛主席的教导，为人民利益而牺牲自己的生命的。他赞扬张敏才"忠于伟大英雄毛泽东主席的英明领导"，是"杰出能干的工程师"，是"工人的模范"。他说："中国应当学习他完全献身于工作和热忱对待和尊重同他一起工作的工人的良好榜样。""中国应当象这位中国烈士那样努力工作，完成他遗留下来的工作。"①

10月17日，马里塞古纺织厂漂染车间施耀康同志在抗洪斗争中因病牺牲。1967年2月，施耀康到达马里，在中国援建的塞古纺织联合厂工作。10月11日，尼日尔河出现历史上罕见的洪水，严重威胁着塞古市区。在塞古纺织联合厂工作的中国专家们参加了防洪斗争。正在病中的施耀康同志也赶到防洪前线，带病参加防洪。他因为劳累过度，病势加重，经过马里医务工作人员和在马里工作的越南医生全力抢救无效，于10月17日逝世。他的遗体埋在马里塞古纺织厂内的草坪上。马里政府代表说，中国要把施耀康烈士葬在这个工厂的附近，"是为了使中国的后代怀念他，因为他为马中友谊献出了生命"。《马里发展报》发表题为"从白求恩到施耀康"的专题报道，马里政府授予施耀康"国家骑士勋章"，以表彰他为马里建设和发展、为中马友谊立下的不朽功勋。②

11月，湖北省农业厅派先遣队到坦噶尼喀，带着国内制造的几个耕犁样品，开始在当地生产农具，筹建乌本戈农具厂。乌本戈农具厂是一座机械化加工制造农具的工厂，生产能力为年产锄头、砍刀、斧头、犁等手工农具和畜力农具一千吨。当时，国内的工具厂基本仍为手工或半机械化生产。为了帮助坦桑尼亚建这个厂，一机部专门组织了机械化加工的工艺试验和设备试制。项目1967年8月动工建设，1970年6月正式移交坦方。这个厂的建成投产打破了英国在乌干达设厂生产的鳄鱼牌农

---

① 《人民日报》1967年10月14日。
② 《人民日报》1967年10月24日。

具对东非市场的垄断。①

中国援建的索马里国家剧场建成。"索马里国家剧场坐落在首都摩加迪沙市中心，建筑面积 4300 平方米，有 1200 个座位，是全国最大的剧场。建筑造型轻巧新颖，自然通风良好，适合热带气候。建成以来，一直是首都乃至全国的文化活动中心，为活跃人民文化生活，开展同外国的文化艺术交流，提供了方便条件。当地一些重大节日庆祝活动和群众集会也常在这里举行。"②

1968 年

2 月，中国开始向马里派遣医疗队，由浙江省卫生厅组织派遣，全队 22 人。

中国援助阿尔及利亚的盖尔玛日用陶瓷厂开工，该项目设计年产日用陶瓷 3000 吨，湖南轻工局具体承办，总投资 1178 万元。

2 月 15 日，中国援助桑给巴尔的皮鞋厂竣工剪彩。"该项目于 1967 年 4 月正式启动开工，由上海建工局负责承建。项目位于桑给巴尔一处濒临碧海的小山丘上，开工后正逢雨季，积水和塌方频频困扰建筑工人，经过工人们的冒雨奋战终于克服了恶劣自然环境，9 个多月后，一座占地 10400 平方、建筑面积 3000 多平方的皮革皮鞋厂建成竣工。时任桑给巴尔第一副总统卡鲁姆为工厂剪彩，盛赞中国工程技术人员。"③

中国援建的皮革皮鞋厂建成后，改变了桑给巴尔出口生皮进口皮革、皮鞋的状况。桑给巴尔原来没有制革及皮革制品工业。这个厂设计生产能力为年加工牛皮、羊皮各 6000 张，年产皮鞋 2 万双。投产后，生产逐年增长，超过了设计能力，年产皮鞋近 3 万双，花色品种达 100 多个，价格也比进口鞋便宜，在当地市场上畅销不衰。④

3 月，国务院委托广东省为几内亚筹建一个小型农具厂。1969 年 4 月，广东省派出考察组赴几内亚，根据对考察结果的分析，从建厂到投产所需人员规模为 42 人，广东省决定从 1971 年初陆续将援建人员派遣出国。

---

① 石林：《当代中国的对外经济合作》，中国社会科学出版社 1989 年，第 176 页。
② 石林：《当代中国的对外经济合作》，中国社会科学出版社 1989 年，第 202—219 页。
③ 吴国庆：《坦桑情非洲缘》，http://epaper.comnews.cn/news-1034753.html
④ 石林：《当代中国的对外经济合作》，中国社会科学出版社 1989 年，第 168 页。

中国开始向坦桑尼亚派遣医疗队，由山东省卫生厅组织派遣，全队86人。中国医疗队每两年轮换一次，当地费用分别由桑给巴尔政府和坦桑尼亚政府支付。根据协议，为保证中国医疗队顺利开展工作，中国政府每年分别向坦桑尼亚和桑给巴尔赠送价值40万元人民币的药品和医疗器械。坦桑尼亚总统尼雷尔、第一副总统兼政府总理马拉塞拉和革命党副主席卡瓦瓦等党和国家领导人多次接见中国医疗队。尼雷尔总统说："信任中国医生，他们不但医术高，而且责任心强。"①

4月，中国开始向毛里塔尼亚派遣医疗队，由黑龙江省卫生厅组织派遣。

中国援建的桑给巴尔阿卜杜拉·姆齐医院开始施工。"该项目建筑面积2927平方米，病床60张，日门诊量为150—200人次。中国提供无偿援助资金80万元，由上海市建工局施工，江苏省提供医疗器械、药品及木器家具。"②

5月6日，中国卫生部和坦桑尼亚卫生及住房部签署关于中国派遣医疗队赴坦桑尼亚的换文。中国同意向坦桑尼亚派遣一支80人左右的医务技术人员组成的医疗队，在坦桑尼亚进行医疗预防和培训工作。

6月，中国和坦桑尼亚签订了第一个经济技术合作协定。③

中国开始向几内亚派遣医疗队。该医疗队由北京市卫生局组织派遣，全队36人，于1970年12月完成任务回国。

坦桑尼亚友谊纺织厂建成移交。"友谊纺织厂拥有4万枚纱锭、978台布机，是当时坦桑尼亚最大的纺织印染联合企业，占全国纱锭总数的一半以上，布机总数的1/3。1976年，中国帮助扩建，增设260台布机、4台布动筛网印花机，扩建后的生产能力为年产棉布2700万米。工厂移交后，双方进行了六年技术合作，中国专家帮助坦方培养技术力量和管理人才，健全生产、技术管理制度。从1975年起，这个厂全部由坦方人员管理，产量一直保持较高水平，年产棉布全国人均2米，产品畅销，企业获得较多的盈利。"④

7月，尼雷尔第二次访华，商讨援助事宜、确定援助项目。周恩来

---

① 裴善勤：《列国志：坦桑尼亚》，社会科学文献出版社2008年，第580页。
② 江苏省地方志编撰委员会：《江苏省志·卫生志》，江苏古籍出版社1999年，第74页。
③ 石林：《当代中国的对外经济合作》，中国社会科学出版社1989年，第47页。
④ 石林：《当代中国的对外经济合作》，中国社会科学出版社1989年，第159页。

会见尼雷尔，双方就非洲革命阶段、支持非洲民族解放运动、坦桑走社会主义道路、加强坦桑国防以及双边关系等问题交换了意见。中方满足了坦方提出的军援、经援要求。双方签订了《中国援助坦桑尼亚（包括支援非洲民族解放运动）军事装备的协定书》和《中国帮助坦桑尼亚建设海军的协定》。对于坦方提出的一些经济项目的要求，中国同意派遣考察组与坦方一起考察，以便共同确定项目。①

7月5日，国务院业务组发布《关于一九六七年度粮食情况的简报》。简报表示："目前中国粮食形势虽然越来越好，但总的说，粮食还是很不充裕的。因此，必须紧紧依靠和密切联系广大群众，紧跟毛主席的战略部署，以无产阶级政治统帅业务，继续努力，做好工作，增加生产，厉行节约……"②

8月，应桑给巴尔政府要求，江苏援外医疗队开始举办医疗培训班。③

8月26日，中国和几内亚签订关于中国向几内亚提供文化建设项目的协定。中国同意为几内亚在科纳克里建造一座规模900—1000个座位的电影院，并提供相应的观众座椅和放映所需要的全套设备。

9月，中国援建的几内亚达博拉花生油厂破土施工。该项目由上海市粮食局承担。达博拉花生油厂不仅能榨花生油，而且还能榨棕榈油。其生产规模为日处理花生果40吨，年产一级花生油2755吨、精炼花生油145吨、花生饼4037吨。中国提供的设备性能良好，运转正常，产量、质量超过原设计标准，1970年1月竣工投产，同年8月移交，转为两国技术合作项目，留派技术组指导生产，培训几内亚工人掌握技术，至1976年9月终止。移交以后，几内亚总统、议长、部长等20多批高级官员先后视察参观，高度评价油厂项目是"中几两国人民友好合作的象征"。油厂生产过程中废弃的花生壳日产9吨，在几内亚国内无可利用。粮食部考虑该国缺乏煤炭和石油，动力燃料主要靠进口，在提供的设备中专门设计试制1台燃柴油和燃花生壳两用锅炉，充分利用花生壳

---

① 周伯萍：《非常时期的外交生涯》，世界知识出版社2004年，第101页。
② 《关于一九六七年度粮食情况的简报》，1968年7月5日，《建国以来李先念文稿》第三册，中央文献出版社，第71—72页。
③ 谢庆奎：《中国援外培训》，北京大学出版社2013年，第44页。

做动力燃料，既降低生产成本，又节省石油进口的外汇支出。①

9月13日，中国援坦桑尼亚医疗队第一批医生到达达累斯萨拉姆。全队共64人，分为14个组，在8个省医院和6个县医院工作，王芝亮任队长。坦桑医疗队是当时中国援外医疗队中人数最多的队伍，连同派往桑给巴尔的17人，共81人。②

12月，铁道部援外办公室起草了《关于援建坦赞铁路的若干问题的报告》。报告提到施工队伍问题，1971年施工高峰时约达2万—2.5万人，周恩来在2.5万人几个字下面重重地画了两条直线，在旁批示："施工机械增加，施工人员必须大大减少！"关于施工机械和设备的问题，报告中有一句"为了加速坦赞铁路的修建，应尽量采用机械化施工，以减少中国出口人员"。这句话下面画了一条波浪线，下面批示："这些机械设备的生产供应必须立足于国内，国内暂时无法解决的，再通过外贸途径转口解决"，"力争本国增产，转口机械尽量减少"。③

1969年

1月，中国援助坦桑尼亚乌本加农场建场工程移交。"按照中坦双方签订的协议，农场正式投产即转为中坦双方的农业技术合作，中方仍由中国技术组执行。1972年，中坦双方农业技术合作期满，中国技术组累计在乌本加农场种植水稻2117.6公顷，总产2248吨。"④

2月，广东省援助几内亚珍珠矮11号水稻种子200多万斤。"这些种子来自于广东各地，其中番禺县50万斤、高州县10万斤、化州县40万斤、广宁县30万斤、罗定县20万斤、台州县50万斤、德庆县10万斤、始兴县20万斤。"⑤

2月28日，中国和几内亚政府签订提供商品贷款的协定。

3月，国务院决定由浙江省承担援建乌干达奇奔巴水稻农场。浙江

---

① 上海市地方志办公室网站上海通：《上海粮食志》，http：//www.shtong.gov.cn/node2/node2245/node4447/node55211/node55320/node55323/userobject1ai43304.html

② 周伯萍：《非常时期的外交生涯》，世界知识出版社2004年，第54—55页。

③ 《方毅传》编写组：《方毅传》，人民出版社1998年，第410页。

④ 《兵团人在非洲的历史》，2010年5月16日，http：//www.qiyeku.com/xinwen941670.html

⑤ 《关于承担支援几内亚水稻种子任务的通知》（1969年2月15日），广东省档案馆档案。

省农业厅负责该农场的援建工作，并从浙江省水利水电工程局派出一个专家小组，以该局副局长王于志为组长，负责援建该农场的水利工程建设。1970 年开始勘测，1972 年派出 50 余名技术工人和技术人员参加该农场水利工程建设，1976 年农场建成。①

4 月，中国开始援助索马里的哈尔格萨打井工程。

乌干达开始同中国讨论两国间医疗卫生合作事宜。

4 月 26 日，应尼雷尔的邀请，中国海空军考察组到达达累斯萨拉姆，组长是 41 军副政委勋励。"4 月 29 日，尼雷尔接见考察组全体人员。尼雷尔表示，过去坦桑尼亚的军队是由几个国家帮助训练，带来很多问题，因此请中国专家帮助统一训练。武装警察和陆军在训练中表现卓越，得到坦方官兵的高度赞扬。海空考察组回国后不久，援坦军训团和海军专家组抵达坦桑尼亚，第 42 军副军长毛余任军训团团长。和勋励一样，毛余也是一位抗日战争时期入伍的老兵，身经百战，功勋卓著，实战经验丰富。海军考察组到坦不久，中国无偿援助的两艘巡逻舰即运到坦桑尼亚，结束了坦桑尼亚没有海军的历史。在空防问题上，中国无偿提供防空武器，由第三军专组培训防空技术人员。在中国的援助下，坦三军的面貌都有进一步改观。"②

6 月，四川省向赞比亚派出工程技术工人，开始测量设计由中国援建的卡萨卡至卡翁马的公路。该公路全长 389.26 千米，1972 年 9 月全部竣工。公路线上的卡富埃大桥，长 282.18 米，宽 10.5 米，1970 年开工，1972 年 5 月竣工。赞比亚总统卡翁达先后两次到工地视察，看望中国专家组负责人。公路建设过程中，中方为赞方培养技术工人 696 名。③

6 月 29 日，《人民日报》报道中国驻刚果（布）医疗队队长汪勤梅为刚果（布）妇女献血的事迹。1969 年，汪勤梅服从组织安排临时借调到中国援刚果（布）医疗队担任队长兼翻译。有一天，一位前来就诊的刚果妇女突然大出血，生命垂危，而当地医院没有血库。在场只有汪勤梅的血型与这位妇女匹配，她不顾自己体重过轻，挽起袖子抽出 400 毫

---

① 浙江省水利志编撰委员会：《浙江省水利志》，中华书局 1998 年，第 936 页。
② 周伯萍：《非常时期的外交生涯》，世界知识出版社 2004 年，第 106 页。
③ 四川省地方志编撰委员会：《四川省志·对外经济贸易志》，四川科学技术出版社 1998 年，第 301 页。

升鲜血,成功挽救了妇女的生命。此事在当地引起了巨大反响。①

8月,中国援助坦桑尼亚 T682 军港开工建设。该工程由国家建委承建,安徽省基本建设局协作。建筑面积 1.7 万平方米,为海军港口。该港在 1972 年 12 月建成后,受到了坦桑尼亚副总统和国防部长的表扬。②

8月12日,由中国援建的刚果(布)第一座国营纺织厂金松迪综合纺织厂完成交接。该纺织厂 1966 年 11 月 26 日奠基,1969 年 5 月 15 日提前完工。金松迪综合纺织厂包括纺、织、印、染和针织。总投资人民币 708 万元。由轻工部第二纺织设计院设计,辽宁省纺织局筹建。1969 年建成投产。年加工能力为 1100 吨棉花,年产印花布 400 万米,针织品 15 万打。刚果(布)负责工矿业的经济和财政国务秘书爱德华·马丹古在交接仪式上强调:"这种慷慨精神是不寻常的,因为中国技术援助的专家在研究计划、执行计划、准备投入使用方面,都表现出牺牲精神、刻苦劳动和任劳任怨,使所有远近的地方同他们一道工作的人都感到振奋,从而生动地体现了毛泽东主席的思想。按照毛泽东主席的思想,中国技术援助人员无论派往哪里,都应该同这些国家的国民过同样的生活,都应该成为具有社会主义和国际主义革命的思想和觉悟的模范。"此后,中国还在纺织厂的基础上扩建了一个成衣车间、一个毛浴巾车间,安装了三台布动网印机。③

10月9日,中国政府和几内亚政府经济技术合作协定在北京签订。

10月10日,中国政府和刚果(布)政府经济技术合作协定和贷款协定在北京签订。根据协定,中国援助刚果修建一座水电站及配套高压输变电路,以满足刚果(布)卢迪马地区的纸浆厂、矽锰厂和卢特特地区的化工厂、水泥厂的用电需求。

11月,中国援助坦桑尼亚青奎营房项目竣工。该项目由解放军总后勤部营房部承建,国家建工部和安徽省建筑工程局协作。总建筑面积 1.7 万平方米。④

---

① 《汪勤梅》,2012 年 9 月 25 日,http://gb.cri.cn/27824/2012/09/25/147s3865801.htm
② 安徽省地方志编撰委员会:《安徽省志·对外经济贸易志》,方志出版社 1998 年,第 314 页。
③ 参见《刚果(布)纺织品工业及其市场》,2003 年 9 月 17 日,http://cg.mofcom.gov.cn/article/ztdy/200309/20030900127008.shtml
④ 安徽省地方志编撰委员会:《安徽省志·对外经济贸易志》,方志出版社 1998 年,第 315 页。

11月14日，中国政府和坦桑尼亚政府、赞比亚政府关于修建坦桑尼亚—赞比亚铁路的补充协定在卢萨卡签订。

1970年

中国援助几内亚的康康砖瓦厂动工。该砖瓦厂年产普通砖600万块，由湖南省和浙江省基建局负责承建。

中国向刚果（布）派出了常驻武官和数理化老师。刚果（布）是中国向撒哈拉以南非洲派出常驻武官的第一个国家。在文教卫生方面，中国第一次向刚果（布）派出了3名能用法语授课的中学数理化老师。

北京市向几内亚派出第二批医疗队，全队60人，1972年完成任务回国。

中国援助坦桑尼亚T681枪弹厂开工建设。该工程由国家建委承建，安徽省基本建设局协作，建筑总面积1.8万平方米。1972年8月竣工。①

应坦桑尼亚姆巴拉利农场的要求，徐州、苏州、扬州等地农具厂，生产镐、锹、耙、镰刀、草叉、巴斗等12种1020件小农具，无偿援赠姆巴拉利农场。②

1月30日，中国政府向几内亚政府提供商品贷款的协定在科纳克里签订。

2月，中共中央发布《关于加强对援外出国人员的审查和政治思想工作的通知》。该通知强调在援外出国人员的选拔中，必须选派既有革命朝气，又有业务专长、又红又专、身体健康的人员去担负援外任务，并要求各驻外使馆和援外专家，加强对援外出国人员的管理和教育。③

2月，中国援助毛里塔尼亚民用水井项目开工。该项目是由山东省基建局、省地质局筹建的。山东省派出20名工程技术人员抵毛，到1972年11月底，共打民用大口井50眼，井深8—25米不等，分布在该国刚果省、基法省、崩得省和阿列格省。④

---

① 安徽省地方志编撰委员会：《安徽省志·对外经济贸易志》，方志出版社1998年，第315页。
② 山东省地方志编撰委员会：《山东省志·对外经济贸易志》，山东人民出版社1995年，第1445页。
③ 石林：《当代中国的对外经济合作》，中国社会科学出版社1989年，第269页。
④ 江苏省地方志编撰委员会：《江苏省志·轻工业志》，江苏人民出版社1996年，第436—437页。

3月，中国援助索马里的哈尔格萨打井工程完工。

3月14日，国务院转发对外贸易部、对外经济联络委员会《关于向国外提供零配件及部分原材料的请示报告》。

4月，中国援建索马里的乔哈尔水稻、烟草试验站竣工。与此同时，乔哈尔水稻、烟草试验站扩建工程开工。

在水电部的直接领导下，中国水电考察组15人前往刚果（布）对援助电站建设问题进行了一年的考察。经过考察，专门组认为，中国可以在布昂扎建立水电站。1971年8月，中国正式确认为刚果（布）援建布昂扎水电站和布昂扎高压输变电线路两项工程。①

6月19日，中国和索马里在北京签订了两国经济技术合作协定议定书。双方议定，中国为索马里援建一座农场，种植水稻。国家农林局将这一援建任务交由河北省承建。1971年2月6日，河北省农场考察组一行7人赴索马里考察场址。1972年5月9日，中国和索马里两国正式签署中国援助索马里建设一个国营农场——巴洛温农场的协议书。1981年10月17日，巴洛温农场建成移交。②

6月22日，中共中央、国务院决定，对外经济联络委员会改为对外经济联络部，方毅任部长。

7月，中国援助阿尔及利亚的展览馆建成。该项目"位于阿尔及尔市郊，展览馆濒临地中海，占地40公顷，建筑面积3.73万平方米，中心馆2.56万平方米，另设有工业馆、地方馆、办公楼等。1970年9月，阿尔及利亚政府为展览馆举行落成典礼，当年就在此举办第七届国际博览会，有24个国家参加了此次展会。在博览会期间，这座展览馆因建筑宏伟、设备良好而获得较高评价。阿尔及利亚朋友称赞展览馆是中国和阿拉伯建筑艺术的巧妙结合。"③

7月12日，中、坦、赞签订坦赞铁路的三方协议。根据该协议，中国共提供4.013亿美元的贷款，平分给坦赞两国。这笔贷款采取无息贷款的方式，30年后归还。还款形式较为自由，既可以自由兑换的货币，也可以中国能够接受的实物。

---

① 石林：《当代中国的对外经济合作》，中国社会科学出版社1989年，第4页。
② 河北省地方志编撰委员会：《河北省志·外事志》第69卷，河北人民出版社1997年，第110页。
③ 石林：《当代中国的对外经济合作》，中国社会科学出版社1989年，第202—219页。

7月21日，中国政府向刚果政府提供可兑换货币贷款的协定在北京签订。

8月6—13日，苏丹革命指挥委员会主席兼政府总理尼迈里访问中国。12日，中苏经济技术合作协定在北京签订。

8月11日，国务院将马里第二糖厂和甘蔗农场（附属糖厂）的援建任务委托广东省承担，对外由轻工业部承担总交货人，国家基本建设革命委员会、农林部、水利电力部协助。农场于1973年动工并开始种植。农场耕地面积3000公顷，每年种蔗2500公顷，另有500公顷的轮休地。甘蔗产量1976年达到16万吨，满足了第二糖厂原料的需求。

9月11日，阿尔及利亚总统布迈丁为中国援建的展览馆竣工剪彩。

10月26—28日，中国援建的坦赞铁路正式开工建设。坦桑尼亚总统尼雷尔、赞比亚总统卡翁达分别主持坦赞铁路坦境段和赞境段的奠基仪式。对外经济联络部部长方毅率中国政府代表团应邀参加奠基仪式。

12月，中国和苏丹在喀土穆签定了《中华人民共和国政府和苏丹民主共和国政府关于中国派遣医疗队赴苏丹工作的协定书》。陕西省承担了向苏丹派遣医疗队的任务。1971年4月，陕西省开始向苏丹派遣医疗队。医疗队先后在苏丹的布鲁克、阿布欧舍、朱巴、马拉卡尔、库来玛、瓦屋、阿威尔等医院工作。1980年6月以后，根据苏丹的情况，同苏丹政府商定，相继撤销了库来玛、瓦屋、朱巴、马拉卡尔等点，1984年9月，医疗点集中到阿布欧舍。

12月21日，中国和马里在北京签订经济技术合作协定。

年底，中国援助苏丹的瓦德迈达尼—格达雷夫公路开始勘探设计。该公路由江苏省交通厅筹建，从喀土穆通往苏丹港，全长约1180公里，是苏丹境内的一条交通大动脉。分为六段，依次分别由英国、苏丹、中国、南斯拉夫、意大利、西德6个国家的公司修建。江苏省承担中国援建的第二段，全长227.7公里，包括迈达尼市一座总长507.5米的青尼罗大桥及6座中桥。该路段1970年底勘察设计，1973年3月建成移交。①

---

① 江苏省地方志编撰委员会：《江苏省志·对外经济贸易志》，江苏古籍出版社1997年，第311页。

第三章 在"文化大革命"中起伏的中国对非援助（1971—1976）

第一节 "文革"激情的激荡与中国对非援助的高峰

这一时期见证了中国国内"文化大革命"从如火如荼到激情逐渐褪去，中国对非援助也经历了类似的激情演绎和变迁过渡。1971年，中国恢复了在联合国的合法席位，在国际上获得了合法的国际身份。在这一大背景下，中国对非援助出现了改革开放前的高峰，无论是援助的额度还是广度均大为提高。1971—1975年间，同中国新建交和复交的国家达33个，五年间的对外援助总支出是此前20年的1.3倍。[①] 随着援助量的增加，对非援助的情况越来越多元和复杂，以下几个方面新的发展线索有助于解读这一时期的对非援助。

一、接替"台湾农耕队"的工作

20世纪六七十年代，为获致来自非洲的更多政治支持，台湾当局以援助为幌子，向非洲国家派遣了以台湾农业技术人员为主力的"台湾农耕队"，成为台湾安插在非洲国家的民间"外交官"。随着1971年中国恢复在联合国的合法席位，一批非洲国家转而寻求与中国建立外交关系。考虑到援助的可持续性以及农业项目的连续性，在这一转换过程中，接替台湾农耕队的工作成为一项极为重要的工作，谱写了中国对非援助史上一段极为特殊的变奏曲。

对非洲这个农业大陆来说，当年台湾农耕队的到来一定程度上为一

[①] 《方毅传》编写组：《方毅传》，人民出版社2008年，第480页。

些国家注入了新鲜的农业技术血液，一段时间的工作后让台湾农耕队在一些国家变得极为重要。正因为此，一些非洲国家在恢复与中国的外交关系过程中，因虑及台湾农耕队的工作中断而拒绝与中国恢复外交关系。1971年3月，中国方面与塞内加尔协商建交事宜，因塞内加尔拒绝驱逐包括农耕队在内的台湾"外交"人员，造成中塞建交谈判中无法逾越的鸿沟，中塞建交因此受挫。1972年塞拉利昂再度提出建交时指出，中塞建交后，不能荒废台湾农耕队耕种的土地，以免导致经济上的损失。为此，周恩来发出指示，在与这些非洲国家建交后，中国尽快接管台湾的农业援助项目，尽量"不要让受援国受损失"，强调"一定要比台湾农耕队干得更好"。① 由此，20世纪70年代前期，接替台湾农耕队的项目不仅是一项援助工作，更是一项外交使命。

1971年10月，中国派出第一批农业技术专家到塞拉利昂接替台湾农耕队，自此，中国拉开了接替台湾农耕队在非项目的帷幕。这项工作随着中国在非洲外交对象的迅速扩展而快速发展。到1974年，中国共向12个非洲国家派遣了532名农机人员，这些国家包括塞拉利昂、卢旺达、加纳、塞内加尔等国。从1974年开始，中国开始对接替的工作展开全面的改革。到1979年到1983年间，接替工作接近尾声，中国共向18个非洲国家派遣了农技人员和农技小组。除前面提到的诸国，还包括贝宁（达荷美）、冈比亚、布基纳法索（上沃尔特）、乍得、毛里求斯、加蓬、尼日利亚、尼日尔、马达加斯加、中非、利比里亚和博茨瓦纳等非洲国家，派遣的农业技术人员达数千名。尽管如此，喀麦隆、利比亚、斯威士兰和科特迪瓦四国在台湾农耕队撤离后，未接受中国政府的农耕队。②

在周恩来的指示下，接收后的农业项目不仅维持了原有的规模，并进行了大规模的拓展。河北省接替了尼日尔种植水稻的台湾农机组，湖南省分别接替了塞内加尔和加纳的台湾农耕队项目。这些省份的农业专家用自己的实际行动实现了周恩来的指示，不仅接替了原有的工作，且在原有的基础上有所拓展。河北省在尼日尔的水稻项目产量比尼方自种高出60%以上。接收后的农耕队还给予非洲成套农资支持，甚至修建了

---

① 石林：《当代中国的对外经济合作》，中国社会科学出版社1989年，第146—147页。
② 蒋华杰：《农技援非（1971—1983）：中国援非模式与成效的个案研究》，《外交评论》，2013年第1期。

一批农业水利设施。① 湖南农业技术组在接替塞内加尔农耕队时，专门派遣水利技术专家前往，承担农场修建水坝以及小型灌溉工程的勘测、设计和施工任务。②

二、全国援外工作会议与中国对非援助的政策调整

进入 70 年代，援外领域的巨额投入占中国财政收入的比例越来越大，也引起了中国政府各部门的密切关注。为了更好地统筹和规划中国的援外工作，70 年代后，对外经济联络部召开了五次对外援助工作会议，旨在研究和规划当前和未来中国对外援助的方向。五次全国对外援助工作会议贯穿了这一时期，中国对非援助政策频繁调整。

援外工作会议以如此高的频率召开表明，为应对日渐扩大的外援规模，各职能部门正以满负荷运转来完成日益艰巨的援外任务，与此同时，进一步的对外援助方略和未来变革正在讨论和酝酿之中。

为了规划日渐繁重的援外任务，中国 1971 年召开了第一次全国援外工作会议，这在中国对外援助历史上尚属首次。为出色而高效地完成巨量的援外任务，本次会议决定调动地方援外机构的力量协助中央相关部委共同完成援外工作。因此，本次会议结束后，共有 26 个省、自治区、直辖市相继成立了地方援外机构，直接参与到对外援助以及与中央管理部门的配合当中来。

中国援外任务的增加也促使相关部门调整援外策略，确保援助任务的高效完成。在 1972 年的援外计划中，共有 405 个成套设备项目，比 1971 年增加了 25%，援助设备和援助材料的交付量则增加了一倍。与援外任务激增并行的是中国经济面临严峻挑战，由此，一个新的问题摆在外经部面前，即如何处理巨量援外需求与中国经济的严峻挑战之间的关系，如何让有限的援外资金发挥更显著的效用。因此，1972 年的第二次援外工作会议讨论的重点集中到毛泽东所倡导的"力求节省，用较少的钱办较多的事"，即用有限的外援资金完成更多的援外任务。

---

① 蒋华杰：《农技援非（1971—1983）：中国援非模式与成效的个案研究》，《外交评论》，2013 年第 1 期。
② 湖南省地方志编撰委员会：《湖南省志·农林水利志》第 8 卷，中国文史出版社 1990 年，第 435—436 页；湖南省农业志编撰委员会：《湖南农业志》第四分册，湖南省农业厅征求意见稿，第 188 页。

对外援助的范围愈来愈广，援建包括坦赞铁路在内的大型成套项目任务愈来愈重，技术方面的要求也愈来愈高。1973 年进入中国对外援助前期的一个高峰，援外支出计划比上年增长 5%，成套设备项目达 303 个。1973 年召开的第三次援外工作会议就是讨论如何应对艰巨而繁重的援外任务。本次会议所形成的总体方针为中央部门和各省市"优先安排、大力保证"①。

沉重的援外负担几乎让相关部门难得喘息机会，在这一艰难的局势中迎来了 1975 年 6 月的第四次全国援外工作会议的召开。这次会议传达了调整和转变的清晰立场，即在经济能力有限的现阶段，中国政府依然积极援外，但在广度和规模上稍做调整和缩减。国务院副总理王震在会上发出明确指示，未来的外援支出将控制在财政总支出的 5% 以内，与此同时进一步强调外援物资的使用效率。②

这种调整和转变是符合中国的经济形势的，也是广大援外机构和部门的立场。"文革"结束后，这种政策立场得到了充分的肯定和有效的延续。1977 年 6 月，中共中央召开第五次全国援外工作会议，这是"文革"结束后召开的首次援外工作会议。鉴于急剧增长的对外援助已经严重超出了国家的承受能力，第五次全国援外工作会议决定压缩和调整援外支出。这种额度上的控制和项目数量的压缩在此后的政策中得到有效的贯彻。1977 年 9 月 25 日，中共中央同意并转发了对外经济联络部党组《关于进一步做好援外工作的报告》，报告指出："建议今后如无特殊情况，援外支出占财政总支出的比例，以不超过百分之四为宜。……每年对外新承担的援款宜控制在十亿元左右。"③

三、抓援外、促国内

到 20 世纪 70 年代，中国的对非援助已走过了 15 个年头。过去的 15 年是中国进行经济建设的起步阶段也是中国对外援助大踏步向前发展的时期，对外援助的对象国从 1 个国家发展到 31 个国家，援助的范围从亚

---

① 《重点突出 统筹兼顾 开创援外工作的新局面》，1973 年 4 月 14 日，《方毅文集》，人民出版社 2008 年，第 98—103 页。
② 《方毅传》编写组：《方毅传》，人民出版社 2008 年，第 505—506 页。
③ 房维中：《中华人民共和国经济大事记》（1949—1980），中国社会科学出版社 1984 年，第 587 页。

洲扩展到亚非拉三大洲。伴随着中国对非援助范围的扩大和对象的增多，中国的对外援助力度在进一步加强。

中国和非洲受援对象国都是战后的新兴独立国家，在经济发展程度和国内经济建设等方面具有较大的相似度，因此，随着外援规模的日渐扩大，曾一度出现了援外需求与国内发展争抢资金的情况。随着援外项目的推进，援外所需物资、设备和材料在数量和质量上都提出了较高的要求，且基于项目进展的需求，援外项目所需物资一般都较为紧急，因此，在物力安排上较为紧张。与此同时，为支付日渐扩大的援外拨款也给中国财政带来了沉重的压力。援外项目挤占了国内建设所需要的宝贵人才，出现了援外项目与国内建设争抢技术人才和专家的局面。①

援外需要和国内建设之间的矛盾日益突出。面对艰巨繁重的援外任务，中国相关部门不得不考虑这样的问题，即如何在立足国内的基础上，更好地利用援外解决国内某些实际问题。1965年2月，按照周恩来的要求，方毅起草了《关于当前对外经济技术援助工作基本情况和主要问题的报告》，建议援外工作应立足国内，面向国外。② 在1966年总结援外工作时，方毅提出，"援外工作面向世界，既要立足于国内，也要促进国内生产建设的发展，促进国内技术进步"。方毅强调，援外工作经常遇到的问题，必须首先依靠国内已有的生产建设成果加以解决，还要善于借用援外的东风，为中国所用。③

"抓援助、促国内"在一定程度上鼓励了援外项目中的技术交流与工艺创新。在最初20年中国对非援助中，中国所提供的援助在技术上虽然属于国内的先进水平，但与国际水平相比，仍有较大的差距。对于援外项目中的技术更新，中国的唯一选择就是自力更生，依靠中国的科技力量，组织攻关试验、试制，形成中国的核心技术。④ 如在纺织厂改进纺纱台板技术有力地推动了国内纺织技术的改革。这一思路除了技术上带来的诸多裨益外，更为重要的是让援外与国内的经济发展有机地结合起来，让两者创造性地相互补益。除了技术上的革新，中国援外在工艺

---

① 《方毅传》编写组：《方毅传》，人民出版社2008年，第333—334页。
② 《方毅传》编写组：《方毅传》，人民出版社2008年，第333页。
③ 《援外工作的主要经验》，1966年1月29日，《方毅文集》，人民出版社2008年，第77页。
④ 《方毅传》编写组：《方毅传》，人民出版社2008年，第456页。

技术水平的提升上也得到了有效的互补。

第二节 编 年

1971 年

本年起,"总交货人部"和"协作交货部"也正式更名为"承建部"和"协作部",下辖筹建单位、协作单位、外贸公司等援外项目实施主体。"承建部通常为国务院的一个主要相关部门(如果是农业援助则为农业部,如果是道路建设则为交通部等),在协作部(相关国务院部门)的配合下,向有关省、自治区、直辖市人民政府下达任务。承建部负责本行业援外项目的归口管理工作。"①

湖南省承担了接收塞拉利昂台湾农耕队农业项目的任务,先后派出各类技术人员 143 名,其中水利技术人员 15 人,承担修建水坝以及小型灌溉工程的勘测、设计和施工任务。②

中国援建毛里塔尼亚的姆颇利农场建成。1972 年农场竣工移交毛方管理。"移交后的农场机械化程度较高,以生产资料充足、地力肥沃、制度严明,单产稳定在 4 吨/公顷以上,成为毛塔粮食市场上的重要生力军。该农场后因机械设备的老化、管理水平的下降、自然灾害和一些人为的因素,农场的粮食产量逐渐下降,亏损严重,经营日趋困难。鉴于这一情况,中国政府将协助管理改为参与管理,同时投入部分资金和物资来缓解姆颇利的困难。农场 1981 年实现扭亏为盈,产量恢复到设计水平。"③

乍得发生霍乱,中国红十字会向乍得捐赠人民币 100 万元,并赠送疫苗。④

1970 年和 1971 年,中国先后向苏丹提供了两笔价值 2 亿元人民币(约合 8000 万美元)的长期无息贷款。中国公司利用这批贷款在苏丹承

---

① 周弘、熊厚:《中国援外 60 年》,社会科学文献出版社 2013 年,第 5 页。
② 湖南省地方志编撰委员会:《湖南省志·农林水利志》第 8 卷,中国文史出版社 1990 年,第 435—436 页;湖南省地方志编撰委员会:《湖南农业志》第四分册,征求意见稿,第 188 页。
③ 蔡玲明:《姆颇利农场改革记》,《国际经济合作》1991 年第 8 期。
④ 汪勤梅:《列国志:中非 乍得》,社会科学文献出版社 2009 年,第 337 页。

建了几个大项目：喀土穆国际会议大厦友谊厅、瓦迪迈达尼市至卡道里夫市公路（220公里）、迈达尼市郊青尼罗河大桥和哈撒黑撒纺织厂，这些是当时中国援建规模大、竣工快、贷款使用最多的项目。

中国援建马里的科巴制糖联合企业动工。建成的制糖工厂农场占地1900公顷，耕地面积1500公顷，日处理甘蔗400吨。本项目由广东轻工局、农业局承办，总投资1787万元。

中国援助桑给巴尔的卷烟厂开工。该项目的设计规模为年产卷烟1万箱，由上海卷烟厂承建。

安徽基建局承建了友谊纺织厂的扩建工程。本次扩建的工程包括2.38万平方米宿舍，布动网印机4台，宽幅布机216台，总投资300万元。

1月4日，坦赞铁路工地上的线路工长毛忠满在施工作业时牺牲。毛忠满驾驶一台推土机向后倒车，推土机失控将毛忠满卷入车下，鲜血染红了非洲的红土地。事发后，经全力抢救无效，毛忠满牺牲。他是第一位牺牲在坦赞铁路施工现场的中国专家。①

1月22日，赤道几内亚政府代表团访华，双方签订了第一个经济技术合作协定。根据该协定，中国向赤几提供5000万人民币的无息贷款，商定援建电信工程、公路、广播电台等项目，派遣农业技术人员赴赤几试种棉花，并派遣医疗队。②

1月，为援建努瓦克肖特市供水工程，中国派出考察组赴毛里塔尼亚进行实地勘察。本项目是应毛里塔尼亚方面的要求而建的，由中国国家地质总局、国家建筑工程总局承建，上海市市政工程设计院、民用建筑设计院负责设计。经过考察组的勘察，在离首都东南约60公里的伊迪尼地区找到了可靠的地下水源。9月，双方签订了援建努瓦克肖特市供水工程项目的协定，根据这一协定，中国帮助毛里塔尼亚建设水井18眼，供水干管线路56.4公里，以及蓄水池、自备电站等。为了满足毛方尽快完成工期的要求，1971年3月，中国就派出了打井人员，边考察、边设计、边打井。在种种困难的条件下，中国专家组花了一年半的时间，在25平方公里的范围内打出了18眼井。在打井的同时，地面铺设管道

---

① 王成安：《用鲜血和生命铸就友谊之路——纪念援建坦赞铁路牺牲的中国专家》，载《国际经济合作》2010年第6期。

② 《方毅传》编写组：《方毅传》，人民出版社2008年，第472页。

的工程也开始了。在一年半的时间里,铺设井群输水管22.9公里,安装了深井水泵18台,建成了1座1000千瓦的发电站,架设10千伏的高压输电线路24公里、通信电缆24公里,建成了1000立方米的高位水池2座、排水井149眼,铺设直径700毫米的输水管56.4公里。全部工程运输材料量达2.5万吨,挖土15万立方米。这项打井自流引水工程虽然任务艰巨复杂,但仍比计划提前半年完工,于1973年11月22日实现顺利供水。经测定,自流输水每日流量为1.35万立方米,超过原设计6000—10000立方米的要求,为努瓦克肖特市原来日供水量5000立方米的1.7倍。①

2月,中国专家组开始对索马里进行血吸虫流行病学的考察。"根据中索两国政府的协议,由6名中国专家组成的血吸虫病防治考察组于1971年2月至1972年1月期间,对索马里乔哈地区和谢比利河、周巴河流域血吸虫病的流行病学和治疗以及灭螺药物等进行了深入调查和研究。考察过程中,他们共查了2251人的尿液,发现埃及型血吸虫病患者1433人,平均流行率为63.7%,有些地区高达80%以上。"通过对902名患者进行药物治疗,证明用非锑剂血防846有良好疗效,治疗后一个月尿孵化阴转率为78.7%,三个月阴转率为68.1%,且副反应少,用药方便,适合大规模治疗。同时考察组还对左旋螺蛳的形态和灭螺方法等进行了考察和试验,证明用血防67糊灭螺效果较好;用索马里当地一些植物做灭螺剂,也有一定效果。考察组经过近一年工作,向索马里政府提交了血吸虫病考察报告,就防治措施和灭螺方法等提出了建议。②

2月8日,中国政府向几内亚政府提供商品贷款的协定在科纳克里签订。

3月,中国政府派遣代表与塞内加尔协商建交事宜,中塞建交历程因台湾农耕队而一度受挫。在建交谈判中,中方坚持"一个中国",在建立与大陆外交关系的同时,必须驱逐台湾"外交"人员,包括农耕队的农技人员。这一原则成为中国与塞内加尔建交谈判中的一个难关,建交进程受阻。

3月,广东省将援助马里第二糖厂的任务下达给湛江地区,湛江派出考察组赴马里进行考察。"经过考察研究,中、马两国政府的代表签订

---

① 石林:《当代中国的对外经济合作》,中国社会科学出版社1989年,第155页。
② 石林:《当代中国的对外经济合作》,中国社会科学出版社1989年,第240—241页。

了《关于建设马里共和国第二糖厂的会谈纪要》,规定该厂生产规模定为日处理甘蔗1000吨。中、马两国于1962年11月9日签订的关于经济技术合作协定的议定书附件中规定,中国援助马里第二座糖厂规模为年产糖400吨。后于1964年12月修改、补充的换文规定中将糖厂规模扩大为日处理甘蔗1000吨。附设日产6000公升的酒精车间,定于1975年底建成投产。在第二甘蔗农场初具规模时,第二糖厂于1974年动工兴建,比预计晚一年建成投产。其规模比第一糖厂大一倍多,厂房建筑面积1.66万平方米,拥有主要设备304台、辅助设备335台、载重汽车44部,自动电站装有2台1500千瓦发电机组和2台560千瓦柴油发电机,设备比较齐全。"①

3月8日至4月9日,对外经济联络部在北京召开第一次全国援外工作会议。"本次援外工作会议主要总结建国以来援外工作的经验,强调在援外任务越来越重的新形势下,要充分发挥中央部门和地方的两个积极性,共同保证各项援外任务的完成。周恩来接见与会代表,并作了重要讲话。第一次援外工作会议,形成了《第一次全国援外工作会议纪要》。会后,要求承担援外任务的省、自治区、直辖市设立相应的管理机构,加强对援外工作的领导。当时承担了援外任务的25个省市自治区主管援外工作的负责人、部分重点援外项目筹建单位的代表和国务院有关部门援外机构的负责人共94人参加了会议。根据本次会议的精神,会后,除青海、宁夏和西藏外,承担援外任务的26个省、自治区、直辖市相继成立了地方援外机构,进一步加强了外援工作的管理。机构设置规模和名称,依任务大小虽有不同,有的设对外经济联络局,有的设对外机构及联络办公室(组)或援外办公室,有的省(自治区、直辖市)在计划委员会或外事办公室下设援外处,但都作为地方政府的职能机构,负责归口管理本地区的援外工作。从1972年起,每年的援外项目建设计划正式列入国家年度计划,由国家计委统一下达到各地区、各部门执行。"②

"这次会议主要是要解决承担援外任务的有关部门、地方和基层单位的各级领导和广大援外人员的认识问题,排除极左思潮、无政府主义和

---

① 胡辉:《20世纪六七十年代广东省对非洲国家的援助》,《当代中国史研究》,2013年3月。

② 《方毅传》编写组:《方毅传》,人民出版社2008年,第483页。

大国主义的干扰和思想影响。"①

4月，按照国家整体外交部署和卫生部援外工作安排，陕西省代表中国政府向苏丹派遣了第一批援外医疗队，全队20人，于1973年3月完成任务回国。

中国开始帮助坦桑尼亚援建制鞋厂、缝纫厂和木器厂，项目于1972年4月完工。

由湖南轻工局具体承办的援助项目阿尔及利亚的盖尔玛日用陶瓷厂竣工移交。该项目总投资1178万元，设计年产日用陶瓷3000吨。阿尔及利亚盛产高岭土矿，中国帮助阿尔及利亚在高岭土矿区建成了盖尔玛日用陶瓷厂。"中国援建的盖尔玛陶瓷厂（包括开采高岭土矿），年生产能力为日用陶瓷3000吨（1000万件）。投产初期，工厂曾一度出现亏损。中国政府十分重视，专门派出工作组通过加强技术培训、对部分工艺和设备进行改造等方式，帮助阿方解决陶瓷厂存在的问题，产量和质量明显提高，不仅达到了该厂的设计指标，而且生产产值也在稳步增长。在1977年9月举行的阿尔及利亚第十四届国际博览会上，观众争相购买该厂展出的挂盘、花瓶、烟具、茶具、餐具等1000多件产品，该厂产品还荣获此次博览会的金奖。"②

4月1日，中国和毛里塔尼亚在北京签订经济技术合作协定。

4月15日，坦赞铁路工地上的隧道工程队长李景普牺牲。李景普从达累斯萨拉姆返回工地途中，乘坐的吉普车冲进了一辆巨型卡车的底盘下面，身体被撞进驾驶室的汽车引擎紧紧地挤压在座椅上。当人们把他抬出来时，李景普长长地舒了一口气，说了句"累死中国了"，年仅44岁的他停止了呼吸。1970年，他离开中国时，家里有一个半身瘫痪的孩子，妻子怀孕在身，在家人的支持下远赴非洲参加坦赞铁路援建项目的建设。③

6月，中国援助桑给巴尔甘蔗农场开工。1969年8月，广东省农林场管理站派出以王洪斗为组长的考察组赴坦桑尼亚考察选址，农场与糖厂均建在桑给巴尔马洪达，糖厂日榨400吨，农场种蔗面积约1.5万亩。

---

① 《方毅传》编写组：《方毅传》，人民出版社2008年，第481页。
② 石林：《当代中国的对外经济合作》，中国社会科学出版社1989年，第169页。
③ 王成安：《用鲜血和生命铸就友谊之路——纪念援建坦赞铁路牺牲的中国专家》，《国际经济合作》，2010年第6期。

由于当地雨量较充沛,农场以自然灌溉为主,引水做补充。1973年12月糖厂试榨,共收获甘蔗2.11万吨,平均亩产4.35吨,超过亩产4吨的设计要求。1976年6月,桑给巴尔甘蔗农场竣工移交坦方管理。①

6月,中国在坦桑尼亚的姆巴拉利开始水利工程的建设。"农场位于坦桑尼亚西南的姆贝亚省,距首都730公里,是中国在坦桑尼亚援建的大型国营机械化水稻农场。中国专家1968年开始勘察,1971年开始在距场部20公里处修筑混凝土拦河坝,将姆巴拉利河水截住,引入主干渠,行程6公里至水力发电站形成6米落差,分流入两条干渠,蜿蜒10来公里后自流灌溉相距10多公里的各2.5万亩面积的两片稻田。"②

6月7日,中国政府和索马里政府签订《关于修建贝莱特温至布劳公路的协定》,中国帮助索马里修建贝莱特温—布劳公路。

7月,"中国铁路施工队"在坦桑尼亚的曼谷拉成立了一个训练学校,学校可以培训80人。1973年2月,当这所学校完成使命关闭时,一共为坦桑尼亚培训了354名交通控制、基础建设、信号和电讯的操作人员,他们成为坦桑尼亚自己培养的第一批铁路技术骨干。③

7月27日,中国和阿尔及利亚在北京签订经济技术合作协定。

7月29日,中国和塞拉利昂在北京签订经济技术合作协定。

8月27日,中国和赤道几内亚签订了恩圭—蒙戈莫公路建设合同。恩圭—蒙戈莫公路项目是根据中国和赤道几内亚的经济技术合作协定议定书立项的,中国为赤道几内亚修筑一条全长121公里、路面宽度6米的恩圭—蒙戈莫公路。该项于1973年10月开工,1977年8月建成移交。对外结算1794万元,在1971年1月22日贷款项下支付,由交通部浙江交通局负责具体实施。

8月27日,中国和赤道几内亚签订经济技术合作协定议定书双方议定,在马拉博和巴塔建市内自动电话、两座市内自动电话电信楼及两座无线电短波收发信台。该项目于1976年6月开工,1980年5月建成移交。对外结算为1650万元,在1971年1月22日贷款项下支付。该项目的土建设计由河南省建筑设计院负责,工艺设计由邮电部设计院负责实

---

① 广东省志编撰委员会:《广东省志·农业志》,广东人民出版社2002年,第512页。
② 韩文彬:《坦桑尼亚姆巴拉利水稻农场》,《世界农业》,1989年第2期。
③ Warren Weinstein and Thomas Henriksen, *Soviet and Chinese Aid to African Nations*, New York: Praper Publishers, 1980, p. 136.

施,土建施工由贵州省建工局负责实施,工艺安装由江苏省邮电管理局负责实施。

9月29日,中国和毛里塔尼亚在努瓦克肖特签订建设努瓦克肖特市供水工程项目的协定。毛里塔尼亚90%以上的国土为沙漠,供水问题成为毛里塔尼亚政府面临的一大难题。首都努瓦克肖特地处大沙漠边缘,长期依靠独立前打的3眼小机井和1个小型海水淡化厂,每天供应全市正常需要量一半的水,勉强维持市民生活,干旱季节不得不用车到200公里以外的塞内加尔河拉水补充。政府机关和外交使节所在地区每天只能供水一个多小时,市民饮水更为困难。"1971年1月,根据毛里塔尼亚政府的要求,中国派团赴毛里塔尼亚考察。经过实地勘察,在离首都东南约60公里的伊迪尼地区找到了可靠的地下水源。9月29日签订协定约定的工程包括18眼供水井供水干管线路56.4公里,以及蓄水池、自备电站等。"①

10月,中国开始向赤道几内亚派遣医疗队,由广东省卫生厅组织派遣。首批医疗队全队12人,在巴塔工作,于1973年10月完成任务回国。援非期间,医疗队员克服了气候炎热、疾病威胁、缺水少电、通信不便等重重困难,不畏艰险,兢兢业业为受援国人民的健康服务。除积极防治传染病、常见病和多发病外,医疗队员还为受援国引进了心脏外科、肿瘤摘除、断肢再植、微创医学等高精尖医学临床技术,并将针灸推拿等中国传统医药以及中西医结合的诊疗方法带到赤道几内亚。

10月5—13日,埃塞俄比亚皇帝塞拉西访问中国。9日,中国政府和埃塞俄比亚政府经济技术合作协定在北京签订。在经济技术协定中,中国承诺为埃塞俄比亚提供2亿元人民币无息贷款援助。②

10月15日,中国和塞拉利昂在弗里敦签订中国向塞提供可兑换货币贷款的协定。

11月,中国援建阿尔及利亚盖尔玛日用陶瓷厂竣工。这是阿全国第一座陶瓷厂,其中专家都由湖南醴陵著名陶瓷厂选派,年产日用陶瓷1000万件。③ 该项目有效开发利用了当地丰富的高岭土矿产资源,对阿

---

① 石林:《当代中国的对外经济合作》,中国社会科学出版社1989年,第573页。
② 翟风杰、王玉华、潘良:《非洲一体化背景下的中非合作》,世界知识出版社2013年,第371页。
③ 周伯萍:《非常时期的外交生涯》,第230页。

陶瓷工业的发展做出了很大的贡献。① 中国专家采用了日、法、德等国的先进工艺，改进产品质量，改变了过去阿的陶瓷器全部从日、法、西德等国进口的局面。在1977年9月举行的阿尔及利亚第14届国际博览会上，该厂的陶瓷产品荣获金奖。②

12月，在达累斯萨拉姆举行的坦赞铁路第五轮三方谈判中，中国宣布，将为坦赞两国培训200名坦赞铁路技术人员，这些人员将送往中国培训。"在1972年6月，坦桑尼亚和赞比亚的培训人员在中国北方交通大学进行了为期三年的课程学习。同时，在达拉斯萨拉姆开设了一家坦赞铁路技术层面的培训学校，可同时接受120人培训。"③

12月，中国援助坦桑尼亚纺织厂宿舍开工建设。"本项目是由国家建委承建，安徽省基本建设局协作的。该项目建筑面积2.5万平方米。1974年11月建成竣工。"④

12月20日，中国和苏丹在北京签订经济技术合作协定。

1972年

这是中国援外特别繁忙的一年，列入当年计划的援外成套项目405个，比上年增加了1/4，全年设备、材料交付量比1971年增加一倍左右。

湖南省承担了接收加纳台湾农耕队的农业项目，在1972—1984年间，共派出34批农业技术专家。1972年，湖南省农业厅开始了顶替台湾在加纳的农耕队的工作。1972年5月，由湘潭地委副书记刘公泰、嘉禾县委副书记陈英然和益阳地区农办副主任张胜全领导的中国农技组于1972年7月起先后进驻阿雪曼、达文亚和阿菲费三个农场，顶替了台湾农耕队的工作。在阿雪曼、达文亚两个农场，水稻种植面积扩大了1.7倍，单产提高60%，培训当地农民掌握了水稻和蔬菜种植技术，培育了"达选一号"和"达选二号"两个新的水稻品种，并通过改革和推广中国的小农具提高了生产效率。到1983年，中国政府确认在加纳阿菲费垦区增加开垦150英亩土地及相应配套工程。阿菲费垦区的开发，是援助

---

① http://yuanwaizhan.mofcom.gov.cn/ywz/img/main/photo.jsp?zhuti=5
② 石林：《当代中国的对外经济合作》，中国社会科学出版社1989年，第169页。
③ Warren Weinstein and Thomas Henriksen, *Soviet and Chinese Aid to African Nations*, New York: Praper Publishers, 1980, pp. 136 – 137.
④ 安徽省地方志编撰委员会：《安徽省志·对外经济贸易志》，方志出版社1998年，第315页。

加纳农业合作项目的主要任务。在阿菲费垦区进行勘测、规划设计并指导施工,完成开荒造田 800 公顷左右,并指导种植一季水稻。改造原苏联援建的阿加里水库下的一块土地,按阿菲费垦区土地规划设计要求开荒造田 150 英亩。1983 年 3 月,农业合作项目全面结束,整个项目历时 12 年。①

中国政府派遣工作组对阿尔及利亚盖尔玛日用陶瓷厂进行全面检查。

阿尔及利亚盖尔玛日用陶瓷厂是中国在阿援建的第一个工业项目,也是中国援助非洲的第一个陶瓷厂。为总结建厂经验,1972 年,中国派工作组赴阿,对该厂展开全面检查。检查发现:该项目基本上是成功的,影响较好;但也存在一些问题,如有的设备质量不过关、局部工艺流程不合理,部分土建设计不切合实际等,影响产品产量和质量,这些问题都需要予以解决。② 外交部、外经部、轻工部、国家建委、计委地质局提交了《关于中国援阿尔及利亚陶瓷厂遗留问题的请示》,周恩来在这份报告的批示中表示:"请方毅同志对十多年来各种援外项目统应分国分批进行全面检查,凡存在问题的不论大小,均应按援外八项原则,给予补救,或赔偿损失。"③ 外经部根据这一批示,成立了项目质量检查小组,分析情况、提出问题、提出要求、掌握动态、协调交流、研讨政策等,准备展开援外项目质量检查。④

中国援建的几内亚糖厂试产。广东省援建了几内亚一座糖厂及配套的甘蔗厂。几内亚糖厂的正式筹建由广东省顺德糖厂承担,安装任务由广东省轻工业机械厂完成,而根据中几会谈纪要的规定,中国援建的几内亚糖厂定于 1972 年试产。广东省于 1972 年第一季度向几内亚派遣了从广州(63 人)、佛山(2 人)挑选的共 65 名安装人员,于第三季度向几内亚派遣了从佛山(62 人)、汕头(1 人)挑选的共 63 名生产人员。⑤

徐培文到摩洛哥组训团体操 1 年零 1 个月,魏廷陛到多个组训团体操 3 个月。

---

① 湖南省志编撰委员会:《湖南省志·农林水利志》,第 8 卷,中国文史出版社 1990 年,第 435—436 页;湖南省志编撰委员会:《湖南农业志》,第四分册,征求意见稿,第 188 页。
② 《方毅传》编写组:《方毅传》,人民出版社 2008 年,第 491 页。
③ 《方毅传》编写组:《方毅传》,人民出版社 2008 年,第 491—492 页。
④ 《方毅传》编写组:《方毅传》,人民出版社 2008 年,第 492 页。
⑤ 广东省志编撰委员会:《广东省志·农业志》,广东人民出版社 2002 年,第 512 页。

中国援建几内亚的丁基本索水电站动工，预计装机容量1500千瓦，总投资1170万元，由河南水电厅、北京电力局负责承建。

中国援助索马里的哈格萨供水工程开工，由广西建工局承建，计划建成昼夜供水量4000万吨的项目。

中国援助桑给巴尔的卷烟厂竣工，年产卷烟1万箱，由上海卷烟厂承建，总投资228万元。

中国援助专家开始在乌干达奇奔巴农场正式施工。奇奔巴农场是一座种植水稻为主的综合性农场，耕地面积575公顷，还有一座日产大米24吨的碾米车间、一座年产120万块砖的制砖厂和一座养猪养鸡场。奇奔巴农场历时3年建成。①

年初，国务院转批了外经部《关于向赞比亚提供打井和援助农业项目的请求》。同年，中赞双方决定在卡富西展开农业合作项目。

1月，中国援建几内亚农具厂动工。该农具厂年产7种小农具110万件，浙江基建局承办。

中国援助几内亚的巴朗烟草试验站开始施工。该项目是由河南省农林厅帮助设计和筹建的，试验站设计规模占地3400平方米，1975年完工，1976年2月移交，1978年6月完成技术指导，全部工程共派出23人次，总投资110万元人民币。②

1月6日，中国政府和布隆迪政府经济技术合作协定、中国政府和布隆迪政府贸易协定在北京签订。中国向布隆迪提供5000万元无息贷款。

2月，中国援助几内亚科巴甘蔗农场动工。1963年3月，广东省农林场管理站派出以辛玉良为组长的考察组前往几内亚考察选址，最后确定位于大西洋边的博法省科巴平原为甘蔗农场与糖厂的选址，糖厂规模为日榨400吨，与之配套的甘蔗农场1.5万亩。为保证甘蔗的灌溉需要，计划建设水库1座。1973年12月糖厂开始试榨，至1974年3月共收获甘蔗100.6万立方米，建筑物共339座，平均亩产3.1吨。

由于农场位于海边，受潮水影响，排水渠经常淤塞，农田排水不良，土壤盐碱化逐年严重，PH值为3.5，甘蔗产量达不到亩产4吨的

---

① 石林：《当代中国的对外经济合作》，中国社会科学出版社1989年，第148页。

② 河南省志编撰委员会：《河南省志·对外经济贸易志》，河南人民出版社1995年，第196页。

设计要求。1977 年国家对外贸易和经济合作部、农业部派出由谢容森等人组成的工作组前往调查研究，制定改善与扩大农田排水工程的计划，并于 1978 年开始实施，较好地解决了排水不畅及土壤盐碱化的问题。①

2 月 1 日，中国援助坦桑尼亚的姆巴拉利农场动工建设，总统尼雷尔亲临奠基。该农场是中国对外提供农业援助时间较早、规模较大的项目之一，协议规定耕地面积为 3200 公顷。项目位于乌珊古平原的姆巴拉利河下游，是一个农牧副业综合经营的农场。1979 年成功移交，并转入技术合作。为适应生产的需要，提高经济效益，农场建设有拦河坝等灌排、防洪配套工程，装机容量 320 千瓦的水电站，具有换件大修能力的农机修理车间，年加工 1 万吨左右稻谷的碾米车间，还有养鸡场、养猪场、养牛场，以及相应的生产、生活用房等。②

2 月 5 日，中国政府向几内亚政府提供商品贷款的协定在北京签订。

3 月，陕西省向苏丹派出第二批医疗队，全队 19 人，于 1974 年 11 月完成任务回国。

中国援助索马里的哈尔格萨供水工程开工。

中国援助几内亚的达波拉等第三城市输变电工程动工。这一工程包括 30 千伏输电线路 140 公里、变电站 3 座，总投资 345 万元，由北京电力局、浙江基建局具体承建。

3 月 20 日至 4 月 11 日，外经部召开了第二次全国援外工作会议。出席本次会议的共有 152 名代表，除全国各有关部门、地方和部分筹建、设计单位的代表外，还增加了驻外使馆经济参赞处的代表。③ 会议要求按照积极承担、量力而行，掌握重点、照顾一般的原则，努力做好日益发展的对外援助工作。

4 月，中国援建的几内亚制糖企业开工。"1973 年 2 月进入设备安装，同年 12 月建成投产，日处理甘蔗 400 吨，附设 6000 公升/日酒精车间，生产方法为亚硫酸法，产品为甘蔗白砂糖，副产品为医药酒精。1974 年 3 月 14 日结束第一榨季生产，共榨蔗 6128 吨，产糖 487.9 吨，

---

① 广东省志编撰委员会：《广东省志·农业志》，广东人民出版社 2002 年，第 512 页。
② 江苏省地方志编撰委员会：《江苏省志·对外经济贸易志》，江苏古籍出版社 1997 年，第 311 页。
③ 《方毅传》编写组：《方毅传》，人民出版社 2008 年，第 484 页。

酒精114.39吨,开创了几内亚人自己生产食糖的历史。1976年,建成了一个总种植面积为1000公顷的甘蔗农场,每年可收获甘蔗6万吨。"①

中国帮助几内亚改建恩昆至蒙戈莫的公路开工,公路总长121公里,由浙江省交通局承建。

4月20日,中国代表团团长、对外贸易部副部长周化民出席联合国贸易和发展会议第三届会议大会并发言。

"周化民在本次大会上说:国家的独立、经济的发展,是关系到各国人民特别是发展中国家人民切身利益的大事。没有政治上的独立,就谈不上经济上的独立;而没有经济上的独立,一个国家的独立是不完全的。亚、非、拉国家在经济上的落后是帝国主义、殖民主义的压迫和掠夺造成的。一切国际贸易关系都应当遵循和平共处五项原则。国际贸易应当建立在平等互利的基础上。不论何种形式的经济援助,必须严格尊重受援国家的主权,不附加任何条件,不要求任何特权,真正帮助受援国家发展独立的民族经济,而不是加重他们的负担。援助的贷款应当是低息或无息的,并充分体谅受援国的实际困难,决不逼债。派往受援国的技术人员,应毫无保留地传授技术。中国坚决反对以'援助'为手段,企图控制、掠夺和颠覆受援国家。"②

5月,中国援助索马里的卷烟火柴厂开工。"该火柴厂由天津市一轻局负责承建,河南郑州烟厂参加协作。1975年1月建成,建成后的卷烟火柴厂年产卷烟2.3万箱、火柴1.2万件。"③

5月13日,中国政府和卢旺达政府经济技术合作协定在基加利签订。

5月13日至18日,索马里民主共和国最高革命委员会主席穆罕默德·西亚德·巴雷访华。董必武代主席、叶剑英副主席分别会见西亚德。周恩来总理同西亚德就两国关系和重大国际问题举行了会谈。有关方面负责人就加强两国经济技术合作问题进行会谈和换文。

6月,中国接替台湾在卢旺达的卡布耶糖厂。该糖厂位于基加利省

---

① 广东省志编撰委员会:《广东省志·一轻工业志》,广东人民出版社2006年,第241页。
② 外交部编:《中华人民共和国外交大事记(1972年1月—1978年12月)》第4卷,世界知识出版社2003年,第20—21页。
③ 河南省志编撰委员会:《河南省志·对外经济贸易志》,河南人民出版社1995年,第198—199页。

桐谷县内，距基加利市 10 公里，顶替工作由广西轻工局承担。

中国接替台湾农耕队在卢旺达的水稻垦区种植项目。该水稻垦区位于基加利、基特拉玛、布达尔、西昂吉吉等省区，1975 年 5 月，接替工作结束，该项目由广西农业局承办。该项目从 1973 年开始进入技术指导期。

中国援助坦桑尼亚 T683 空军基地开工。该项目由国家建委承建，安徽省基本建设局协作。建筑总面积 2.37 万平方米，1974 年 6 月竣工。①

6 月 21 日至 24 日，卢旺达国际合作部部长奥古斯坦·穆尼亚内率领卢旺达代表团访华。23 日，双方在北京签署贸易协定。

7 月，中国援建索马里的烤烟厂房和仓库开工。

8 月，尼日利亚经济发展和建设部长阿德德吉率政府经济贸易代表团访华，这是两国建交后尼日利亚派来的第一个政府代表团。"中国原先准备向尼提供无息贷款，但尼表示此次暂不商谈贷款事宜，只要求商定两国经济技术合作的原则。经过商讨，双方就经济技术合作协定草案达成协议，但并未正式签字。同时，中国还将派遣农业考察组赴尼就种植水稻、小麦和棉花进行可行性考察。"②

中国援助几内亚丁相基索水电站动工。"该水电站由水电部三门峡十一工程局帮助筹建，总装机容量为 1500 千瓦。1972 年 8 月动工，1974 年 5 月竣工。三门峡第十一工程局派出工程技术人员 145 人次，总投资金额为 1170 万元人民币。"③

8 月 9 日，中国政府和毛里求斯政府经济技术合作协定以及中国政府和毛里求斯政府经济技术合作协定议定书在路易港签订。

8 月 13 日至 21 日，喀麦隆联合共和国外交部长樊尚·埃丰率领喀麦隆联合共和国政府代表团访华。17 日，周恩来接见了代表团，双方签订了未规定贷款金额的经济技术合作协定。早在中国和喀麦隆建交之前，总统阿希乔曾参观过中国援助毛里塔尼亚、几内亚、坦桑尼亚的工程项目，看到中国援助的真诚有效，因而提出援助的想法。方毅访问喀麦隆

---

① 安徽省地方志编撰委员会：《安徽省志·对外经济贸易志》，方志出版社 1998 年，第 315 页。
② 《方毅传》编写组：《方毅传》，人民出版社 2008 年，第 477 页。
③ 河南省志编撰委员会：《河南省志·对外经济贸易志》，河南人民出版社 1995 年，第 197 页。

期间，埃丰外长向方毅提出，希望中国援建拉格都大水坝，既发电又灌溉。双方商定，中国方面派遣专家对水电站的建设展开可行性考察。1972年，中国专家组赴喀进行勘察和设计工作，摸清了地质情况，并经过试验，当地土石料可用来筑坝。周恩来总理会见埃丰时谈到两国经济合作问题，周总理表示：可先从小的项目开始，做出一些成就来，然后再开始大的项目，循序渐进，这个办法比较好。①

8月27日，突尼斯外长马斯穆迪率政府代表团访华，中突签订了第一个经济技术合作协定。

9月，陕西省向苏丹派出第三批医疗队，全队20人，于1975年5月完成任务回国。

9月14日，中国政府和加纳政府关于继续使用两国政府1961年8月18日经济技术合作协定和1964年5月17日经济技术合作协定的补充协定规定的贷款的换文在北京签署。1972年2月29日，中国和加纳在拉各斯签署新闻公报，决定恢复两国外交关系。

9月19日，中国政府和多哥政府经济技术合作协定在北京签订。

10月，中国政府决定参加联合国多边发展援助活动，首次派代表参加联合国1973年度认捐会议，并开始向开发计划署、工业发展组织和资本发展基金认捐。

10月10日至11月11日，方毅率中国政府友好代表团先后访问刚果、赤道几内亚、喀麦隆和尼日利亚四国。"此次出访的任务主要是对四国进行友好访问，商谈经济技术合作，签订有关协议文件，并检查对刚果、赤道几内亚的经援工作，慰问援外人员。"②

10月11日，中国政府和卢旺达政府经济技术合作协定议定书在基加利签订。

10月19日，中国政府和刚果（布）政府经济技术合作协定在布拉柴维尔签订。中国向刚果（布）提供5000万元人民币的无息贷款。

10月24日，中国与赤道几内亚经济技术合作协定补充议定书立项。"在这份补充议定书中，中国承诺为赤道几内亚提供客货轮一艘，载重3200吨，载客数100人，续航能力4800海里，从日本转口提供。1973

---

① 外交部编：《中华人民共和国外交大事记（1972年1月—1978年12月）》，第4卷，世界知识出版社2003年，第37页—38页。

② 《方毅传》编写组：《方毅传》，人民出版社2008年，第468页。

年 12 月移交，对外结算 790 万元，在 1971 年 1 月 22 日贷款项下支付。"①

11 月，在方毅访非期间，喀麦隆提出建立一座议会大厦的想法。"中喀双方商定在雅温得市区边沿的恩孔卡纳山上，总建筑面积为 2.7 万平方米，由大会堂（兼剧场）、会议室、宴会厅、办公室等各部分组成。议会大厦于 80 年代初建成，成为了喀全国政治、文化活动的中心。"②

中国和扎伊尔复交。在台湾问题上，两国达成口头默契：扎伊尔政府承认中华人民共和国是代表全中国人民的唯一合法政府，台湾是中国领土不可分割的一部分。扎伊尔立即断绝了与台湾当局的"外交关系"，不容许其农耕队挂"台湾农耕队"的牌子。中国将派农业技术人员顶替这个农耕队。11 月 24 日，扎伊尔有关方面召见台湾"大使"，通知他和台湾农耕队尽快撤走。③ 湖北省武汉市承担了"台湾农耕队"的任务。④

中国援建的坦桑尼亚克科国营制药厂开工建设。"本项目主要是提供针剂和片剂生产设备，提供 1 年用量的原辅材料和培训技术人员。中国陆续发运物资 12 批、9903 箱，共无偿援助人民币 136.2 万元。主要生产片剂 14 个品种，年产量约 10500 万片；针剂 12 个品种，年产量约 1000 万支；大输液 5 个品种，年产量约 13.5 万瓶；眼药水 2 个品种，年产量约 4 万瓶。"⑤

11 月 3 日，外经部长方毅访问尼日利亚期间，与阿德德吉举行会谈，中国政府和尼日利亚政府经济技术合作协定在拉各斯签订。与其他非洲国家的双边经济技术合作协定不同的是，该协定只规定了双方合作的范围，未规定贷款金额。双方商定，中国派遣农业考察组赴尼就种植水稻、小麦和棉花进行可行性考察，费用由中国政府负担。根据考察结果，双方再商定具体项目和合作方式。⑥

11 月 5 日，周恩来总理会见阿尔及利亚商业部长拉亚西·亚凯尔率

---

① 《方毅传》编写组：《方毅传》，人民出版社 2008 年，第 473 页。
② 《方毅传》编写组：《方毅传》，人民出版社 2008 年，第 476 页。
③ 赵永和：《中国同扎伊尔关系正常化的回顾》，外交部外交史编辑室：《新中国外交风云》第二辑，世界知识出版社 1991 年，第 89 页。
④ 湖北省地方志编纂委员会：《湖北省志·外事侨务》，湖北人民出版社 1996 年，第 267 页。
⑤ 江苏省地方志编撰委员会：《江苏省志·卫生志》，江苏古籍出版社 1999 年，第 74 页。
⑥ 《方毅传》编写组：《方毅传》，人民出版社 2008 年，第 476—478 页。

领的阿尔及利亚政府代表团。6日，中国和阿尔及利亚1973年贸易议定书和有关实施两国间经济技术合作协定的相应文件在北京签订。

11月6日，中国向马达加斯加提供财政贷款的协定在北京签订。

11月12日，国务院批转对外经济联络部《关于改进援外出国人员选派审查工作的意见》。"该意见强调援外出国人员的选派和审查是一项严肃的政治工作，要认真落实党的干部政策和知识分子政策；还要求各部门、各地区在保证质量的前提下，力求简化审批手续，缩短时间，并根据各自承担的任务做好援外后备技术力量的预审和培训工作，以适应援外任务日益增长的新形势。"①

11月21日，北京市向几内亚派出第三批医疗队，全队59人，于1975年1月完成任务回国。

12月，国家农林部承建、安徽省农牧渔业厅筹建的多哥农业技术推广站开始实施。"该推广站的前身是台湾在多哥的农耕队，台湾农耕队有9个点，组织了10个合作社和4个合作组，共有早稻面积800公顷。1972年11月初台湾农耕队撤离后，各点的生产处于瘫痪状态。安徽农业专家的主要任务是提供农业机械设备，进行农业生产技术指导。1972年12月，安徽省农技组50多人到达多哥，1973年就取得了好成绩，总播种面积725公顷，粮食产量达1517吨左右，比1972年增产12.95%。"②

12月13日，中国政府向几内亚政府提供财政贷款的协定和提供商品贷款的协定在北京签订。

12月14日至20日，中国政府派观察员首次列席在维也纳举行的联合国工业发展组织常委会第一届会议。

12月28日，中国农业技术专家先遣组抵达多哥，开始顶替台湾在多哥的农耕队。首批抵达多哥的为先遣组。为了适应援外工作的需要，1973年，安徽省农林局挑选了35名具有大专院校毕业、工作10年以上并具有较高理论水平和实践经验的援外后备人员委托安徽农学院举办农业援外人员技术培训班，集中脱产学习一年半时间，以专业为主，兼学法语、汽车驾驶、维修，达到一专多能。到1976年2月1日止，共派出

---

① 《方毅传》编写组：《方毅传》，人民出版社2008年，第482页。
② 安徽省地方志编撰委员会：《安徽省志·对外经济贸易志》，方志出版社1998年，第313页。

各类人员 9 批 71 人到多哥工作。①

12 月 29 日，中国政府和达荷美（现名贝宁）政府经济技术合作协定在北京签订。

12 月 30 日，国家基本建设委员会、对外经济联络部发出《关于改进援外成套项目设计工作的几点意见》。该意见规定了援外成套项目设计的指导思想和原则，要求各承建部和有关地区加强对设计工作的领导，严格设计审批制度。

1973 年

"1973 年，中国新增与 12 个国家建立经济技术合作关系，中国的经援伙伴从亚非国家扩展到拉美。在对非援助方面，农业和水利项目迅速增加。这一年，发往国外的设备、材料达 52.4 万吨，年末在国外的援外人员总数达 2.28 万人。"②

中国首次向联合国开发计划署、工业发展组织和资本发展基金提供 40 万美元和 380 万元人民币的捐款。

中国新允诺向 29 个非洲国家、7 个亚洲国家、6 个中东国家和 3 个拉美国家提供援助项目。

中国用自由外汇从日本转口一条客货轮，并派专家来赤道几内亚进行技术指导。赤几总统说，这艘船为赤几解决了交通的大问题。

喀麦隆总统阿希乔访华，周恩来告诉阿希乔，通过考察，中国可以承担拉格都大水坝的建设任务。

埃塞俄比亚北部地区发生旱灾并引发了严重的饥荒，中国给予人道主义援助。驻埃塞大使俞沛文知情后立即向中央提出，为埃塞俄比亚提供 5000 吨玉米的人道援助的建议。考虑到中国和埃塞俄比亚的友好关系以及饥荒给埃塞俄比亚人民带来的苦难，"周恩来一接到电报就批了 1 万吨玉米，毛泽东圈阅时，大笔一挥，慷慨地翻了一番：2 万吨玉米"③！

中国农业考察组赴尼日利亚，在十二个州就种植水稻、小麦和棉花

---

① 安徽省地方志编撰委员会：《安徽省志·农业志》，安徽人民出版社 1998 年，第 730—731 页。
② 《方毅传》编写组：《方毅传》，人民出版社 2008 年，第 488 页。
③ 宗道一：《中国大使与外国皇帝》，《文史精华》，2006 年第 11 期。

的可行性进行了考察,认为尼日利亚发展农业条件较好。①

由河南水电厅、北京电力局负责承建几内亚的丁基本索水电站竣工移交,总装机容量1500千瓦。

1973年—1977年,河北省向刚果(金)派出第一批医疗队。本批医疗队由三支队伍组成。第一支13人,于1973年9月出发,1975年9月回国。第二支18人,于1974年5月出发,1976年5月回国。第三支13人,于1975年7月出发,1977年7月回国。②

陕西省向苏丹派出第四批医疗队,全队22人。

安徽基建局承建的友谊纺织厂扩建工程完工。扩建工程包括2.38万平方米宿舍,布动网印机4台,宽幅布机216台,总投资300万元。

中国援建刚果(布)的布昂扎水电站及变电工程开工。布昂扎位于离首都布拉柴维尔200多公里的布昂扎瀑布,落差65米,水利资源非常丰富。早在1950年,刚方请求法国开发这一水利项目,但在人迹罕至的原始森林考察时便发生了两位黑人工人被淹死的事件,遂中断了这一项目。后经种种曲折坎坷后,中国承建了这一项目。工程装机容量7.4万瓦、110千伏主干线130公里、35千伏输电线路86公里,提供斧头3万件,由广东水电局负责承建。在布昂扎水电站建设的过程中,中国工人林宝华献出了宝贵的生命,如今工地上仍有他的"烈士之墓"。③

中国在索马里首都摩加迪沙帮助建成了火柴卷烟厂。"这座火柴卷烟厂年产卷烟2.3万箱、火柴1.2万件的联合工厂,总投资545万元,该项目是天津市一轻局承建的。卷烟和火柴厂的建成开创了索马里自己生产卷烟火柴的历史。该厂投产后仅7个月就收回了全部投资。到1979年底,该厂已为索马里政府积累资金达1.47亿索马里先令(约合人民币3940万元)。从1979年起,利用累积的资金,工厂进行扩建,引进先进设备,大大提高了生产能力和生产效率。索马里工业部长和工厂总经理都一再表示:卷烟火柴厂有今天的发展,永远也忘不了中国的援助。"④

---

① 《方毅传》编写组:《方毅传》,人民出版社2008年,第477—479页。
② 《河北援外医疗四十年纪实》,2014年4月21日,http://www.peiyin114.com/NewsShow.asp?id=1582
③ 根据对常年在刚果(布)工作的中国商人林永福的采访记录,结合中国游客"龙凤呈祥"的新浪博客整理。参见龙凤呈祥的博客 http://blog.sina.com.cn/s/blog_6080fe900102w7h3.html
④ 石林:《当代中国的对外经济合作》,中国社会科学出版社1989年,第164页。

中国帮助苏丹进行铬矿的普查勘探工作。中国帮助苏丹对因格萨纳山的铬矿进行一般地质调查，投资总额300万元人民币，这一工作由西藏和内蒙古地质局承办，历时3年，1976年完成普查勘探。

中国援助刚果（布）的成衣和毛浴巾车间开工建设。建成后的成衣和毛浴巾车间年产童装、工作服12万件，毛、浴巾25万条，本项目是由上海市手工业局和辽宁纺织局负责承建的。

援外项目中的套色印花生产自动化攻关任务获得成功。"中国在援外的纺织印染项目中采用传统的印花工艺，工艺复杂且花色简单，为了提高印染质量和速度，上海印染九厂经过不断实验，成功地设计了制造布动网印机，实现了套色印花生产自动化。此后，这一技术广泛运用于援外的纺织印染项目中。1973年11月，在中坦两国对友谊纺织印染厂的扩建和技术改造中，增加了4台布动网印机取代原来的手工抬板印花设备，增供216台宽幅布机。1976年，这一扩建项目完工，友谊纺织印染厂不仅扩大了纺织印染的品种，而且提高了产品质量和生产效率。"①

自1973年起，中国向马达加斯加提供奖学金名额，每年都有数十名马达加斯加留学生来华学习。

中国援助索马里的哈格萨供水工程竣工。本项目1970年开工，由广西建工局承建，建成后的工程具有昼夜供水量4000万吨的能力，总投资483万元。

由湖南省和浙江省基建局负责承建的几内亚的康康砖瓦厂竣工移交，该砖瓦厂设计年产普通砖600万块，总投资640万元。

中国援建刚果（布）农具车间。"车间规模为年产垦锄8万件，砍刀5万件，钢钎5万件，斧头3万件，由天津市一机局负责承建。"②

为了帮助马方人员加强生产和经营管理，应马里政府的要求，陕西先后与马里塞纺进行了9期技术合作。1973—1974年，中国还先后为塞纺扩建工程培训了纺织、印染、针织、色织、提花、图案设计、产品设计、设备维修等专业来华实习生15名。他们在学习上取得了较好的成绩，后来都成为马里塞纺的主要技术骨干。

排球教练员明德全到苏丹任教1年，排球教练员贾宪书到阿尔及利

---

① 《方毅传》编写组：《方毅传》，人民出版社2008年，第438—439页。
② 胡辉：《20世纪六七十年代广东省对非洲国家的援助》，《当代中国史研究》，2014年第2期。

亚任教1年，乒乓球教练员王大勇到索马里任教1年。

1973—1975年，为适应坦赞铁路建设和运营管理的需要，中国为坦赞铁路培养营运人才。"为适应坦赞铁路建设和运营管理的需要，根据中坦两国政府的协议，中国北方交通大学接受了179名坦桑尼亚和赞比亚留学生。他们两年学成回国后，大都成为坦赞铁路局的技术骨干，担任了站、段等领导职务。根据多年来对外成套项目援助的经验，在一些经济不发达、缺乏管理人才的国家援建现代化工业项目的同时，有必要接受受援国派留学生来中国高等院校学习有关的专业，把他们培养成为全面掌握专业理论知识的技术、管理人才。这对于巩固项目建设成果具有重要意义，也是向第三世界国家提供智力援助的一种有效方式。"①

1月，中国援助苏丹的瓦德迈达尼至格达雷夫公路开工。"该项目共投资5193万元，公路共长227.7公里，20米宽，四车道桥507.5米，横贯苏丹辽阔的东部平原，该项目由江苏交通局和北京地质局承建。这段公路是根据1970年苏丹总统尼迈里访华时签订的两国经济技术合作协定，由中国援建的。这段公路是20世纪70年代六个国家共同援建苏丹喀土穆至苏丹港的公路中的一段。"②

中国援助坦桑尼亚多多马打井工程开工建设。"该项目是由国家地质部承建，上海市筹建，国家建委作为协作部，安徽省基本建设局为协作单位。项目规模为，人畜饮用水井20—30口，每个点修建1个水泵房，1个水池（可容水20—30吨），建筑面积1630平方米，1975年4月结束。"③

中国援助马里塞古纺织厂动工。

中国援助乌干达奇奔巴农场动工。该项目根据中乌两国1970年签订的协议，是中国援助乌干达的第一个农业项目，浙江省农业厅为筹建单位。"农场占地面积1866英亩，开垦土地1416英亩，房屋建筑11158平方米，以及与之配套的道路、水利设施。总投资956万元人民币。农场于1976年4月建成，1982年1月正式移交乌方。这是一座种植水稻为主，兼营蔬菜、禽畜、碾米、制砖、商店等农工商一体的机械化中型农

---

① 石林：《当代中国的对外经济合作》，中国社会科学出版社1989年，第162页。
② 《石光明：40年前在"火炉之国"修公路》，《苏州日报》，2012年7月10日。
③ 安徽省地方志编撰委员会：《安徽省志·对外经济贸易志》，方志出版社1998年，第315页。

场。1982年6月起，项目转入技术合作阶段，直至1993年8月结束。农场从开始援建到技术合作结束，浙江省先后派出400多人赴乌工作。"①

1月10日—20日，在中扎两国关系正常化后不久，刚果（利）总统蒙博托率领一个庞大的代表团抵京，开始对中国进行国事访问，双方签订了援助协定。

1月14日，中国和扎伊尔签订经济技术合作协定。中国向扎伊尔提供2亿元无息贷款，这笔贷款将用于中国向扎提供技术援助和扎政府所需要的设备及材料。

2月，中国向贝宁派出8位农业专家，接替年初撤出的台湾农耕队。1972年12月29日，中国和贝宁签订经济技术合作协定，规定由中国派出农业技术组接替台湾农耕队，帮助贝宁建设莫诺、德伟、科威、吉阿、多美、如蒙、马兰维尔和纳迪丹古等8个垦区，进行水稻生产，垦建规模为1000公顷。项目由四川省农业局承建。农业专家组首先恢复了台湾农耕队遗留下来的莫诺和马兰维尔两个垦区。恢复后的莫诺垦区试种水稻4.6公顷，平均每公顷产量为6084.75公斤。比台湾农耕队每公顷产量3103.65公斤增产近1倍。此后，农技组到马兰维尔垦区，针对台湾农耕队旱季种稻失败，当地农民不愿意种植旱稻的情况，1974年旱季，中国农业技术专家试种了1公顷旱稻，收稻谷7.05吨，超过台湾农耕队雨季种稻1公顷产稻谷7吨的最高纪录。试种成功后，当地农民纷纷要求引种，取得较好的效果。②

2月9日，中扎两国政府签订了第一个《关于中国派遣医疗队赴扎伊尔工作的议定书》。中国政府同意派遣20人左右的医疗队到金丹堡医院工作两年；主要药械、生活费、住房、交通及回程旅费由扎方负担，赴扎旅费、中成药及针灸器械由中方负担。

2月19日，坦赞铁路施工现场推土机手金成威驾驶推铲机在倾角较大的地段施工，发生翻车而殉职，年仅22岁。金成威是辽宁营口人，18岁参军当坦克兵，参军当年就荣获"五好战士"称号，第二年加入中国共产党。1970年夏天被选派到坦桑尼亚参加援助坦赞铁路建设，成为一

---

① 浙江省外经贸志编撰委员会：《浙江省外经贸志》，中华书局2001年，第470页。
② 四川省地方志编撰委员会：《四川省志·外事志》，巴蜀书社2001年，第295页。

名推土机手。那天,他替一位坦桑尼亚工人值班,不幸发生了事故。①

2月20日,中国和埃塞俄比亚签署《中华人民共和国政府和埃塞俄比亚帝国经济技术合作协定》的执行议定书。双方议定,中国同意着手实施中埃经济技术合作协定框架下的第一批项目,其中包括沃莱塔—沃迪亚公路、20口灌溉水井及其配套灌溉系统、一个兽医站和8个总发电瓦数为2000千瓦的小型柴油发电机发电站。

3月,中国开始向塞拉利昂派遣医疗队,由湖南省卫生厅组织派遣,全队18人。

国家农林部给山东省下达了援助苏丹40艘渔船的任务。"4月,山东省革命委员会农业局从全省渔船修造单位抽调10名设计人员组成设计组,至9月先后完成2吨、10吨两种渔船的施工图纸。1974年6月,烟台海洋渔业公司和荣成县船厂分别完成了10吨、2吨的样船试造。运往苏丹后,反映很好,遂投入批量建造。1978年3月,10艘船全部建造、发运完毕。另外,山东省先后向苏丹派遣技术人员10人,为苏丹培训渔船轮机驾驶员45名、电工3名;援助苏丹与渔船配套使用的刺网175部、围网6盘及部分零部件、工具等。"②

中国援助马里空军机场专用项目开工。该项目的总建筑面积为6442平方米,总投资789万元,1976年6月完工。③

马里塞纺第二期扩建工程破土动工。应马里政府要求,在原第一期援建工程的基础上,扩建一万纱锭及相应的印染、针织、轴线设备。陕西于1970年12月派出专家组进行专业技术考察,双方于1971年8月13日对扩建工程规模及产品方案,经友好协商,取得一致意见。规模为:棉纺纱锭10608枚、63英寸宽幅布机416台,年产各种漂布、色布、印花布约775万米、各种棉针织品约64万件、各种丝光缝纫轴线60吨。投资总额为人民币1972.09万元。1974年10月,马里塞纺第二期扩建工程土建施工和设备安装结束,转入试生产,1975年11月移交马方。

3月15日至4月2日,喀麦隆总统阿希乔访问中国。3月28日,中

---

① 王成安:《用鲜血和生命铸就友谊之路——纪念援建坦赞铁路牺牲的中国专家》,《国际经济合作》,2010年第6期。

② 山东省地方志编撰委员会:《山东省志·外事志》,山东人民出版社1998年,第201—202页。

③ 河南省志编撰委员会:《河南省志·对外经济贸易志》,河南人民出版社1995年,第200页。

国政府和喀麦隆政府经济技术合作协定在北京签订。中国同意五年内向喀麦隆提供1.5亿元人民币无息贷款，用于两国商定的成套项目。

李新民和他的同事们乘"建华"号远洋客轮从广州出发往达累斯萨拉姆援建坦赞铁路，途中因心脏病突发，不幸去世。李新民同志就职于中国铁道部第一工程局第二工程处，中国派往援坦赞铁路的技术组员工，他牺牲后组织决定，船上全体坦赞铁路建设者和船员为他举行海葬。

由北京电力局、浙江基建局承建的几内亚的达波拉等第三城市输变电工程竣工移交。这一工程总投资345万元，包括30千伏输电线路140公里、变电站3座。

4月上旬，农林部外事局召开关于顶替台湾在非洲国家农耕队的情况座谈会，分析了顶替工作形势。"会议认为，一些省份派遣的农业专家政治条件好，但有的技术人员，业务水平不够高，加上缺乏在非洲工作的经验，工作的效果不显著。1972年顶替塞拉利昂台湾农耕队的七个技术推广站中，有两个站的产量比上一年度减产，其中一个农场因蔬菜减产，现金收入减少57%。"①

4—9月，外经部和国家建委联合派出建筑工程检查组，对非洲五国的援助项目展开检查。检查组先后赴索马里、坦桑尼亚、刚果、马里、几内亚等五国检查，共对55个项目展开了工程质量的检查和处理。除建筑工程外，外经部还会同有关承建部派出公路、农业、轻工、地铁等10个检查组，对一部分重点项目展开现场检查。通过这样点面结合的工作，搜集了大量第一手资料和数据，为后期的问题分析、研究制定处理政策起了重要作用。② 发现问题的目的不在于追究责任，而在于解决问题。如检查中发现零配件不能跟上，导致项目零件损坏后无法维修。对此，外经部有关局认真研究，为后来的援外零配件供应体制的改革走出了一条新路。③

佛山农机厂、浙江基建局共同承办的几内亚农具厂竣工移交。该农具厂年产7种小农具110万件，总投资650万元。

广东省农业局向扎伊尔派遣农机组，先遣组飞抵金沙萨，蒙博托总

---

① 湖南农业志编撰委员会：《湖南农业志》第四册，征求意见稿，湖南省农业厅1985年，第191页。

② 《方毅传》编写组：《方毅传》，人民出版社2008年，第492页。

③ 《方毅传》编写组：《方毅传》，人民出版社2008年，第493页。

统接见了组长郝向前。1972年,扎伊尔共和国蒙博托政府断绝同台湾当局的"外交关系",11月,中扎签订两国关系正常化的联合公报。次年1月两国签订经济技术合作协定,中国政府决定向扎伊尔派遣农技组,首批农技组由广东省农业局负责,并指定郝向前任组长。先遣组飞抵金沙萨后广东派出农业技术人员15人,分小组到各工作点开展水稻、蔬菜、菠萝等作物的调查研究与技术指导活动。①

4月9日至27日,对外经济联络部在北京召开第三次全国援外工作会议。本次会议分析援外工作任务日益繁重的新形势,总结交流工作经验,讨论1973年援外成套项目计划和改进援外工作的措施。②

5月,中国援助刚果(布)金松迪纺织印染针织联合厂内扩建毛浴巾车间项目开工。"金松迪纺织印染针织联合厂是中国的援助项目。扩建项目于1970年2月27日签约。工程建筑面积1152平方米,投资额62.6万法国法郎(合人民币87.7万元),年产毛浴巾25万条。辽宁省承建,辽宁省纺织局派遣以郭春轩为组长的8名工程技术人员,于1973年7—12月分两批赴刚果执行援外任务,历时17个月完成。1975年4月20日移交刚方使用。最终结算138.54万外汇法郎,由中国政府优惠贷款提供。"③

5月14日,周恩来总理在对外经济联络部、外交部、轻工业部《关于中国援建阿尔及利亚陶瓷厂遗留问题处理的请示》做出批示:"对十余年来各项援外项目统应分国分批进行全面检查,凡存有问题的不论大小,均应按援外八项原则,给予补救,或赔偿损失。"遵照周恩来的指示,对外经济联络部会同有关承建部先后派出建筑工程、农业、公路、轻工等10个检查组,对一部分重点项目进行现场检查。至1975年上半年,这项工作基本结束。检查结果表明,绝大部分项目的土建工程、机械设备的质量及使用效果是好的,符合援外八项原则的要求。有少数项目存在一些问题,如有的项目考察不细,选址不当,建成后原材料供应不落实,产品销售困难;有的项目设计脱离实际,标准过高,或采用虽属先进但不够成熟的工艺、设备,影响了建设的进度和正常生产;有的

---

① 广东省地方志编撰委员会:《广东省农业志》,广东人民出版社2013年。
② 《方毅传》编写组:《方毅传》,人民出版社2008年,第487—488页。
③ 辽宁省地方志编撰委员会:《辽宁省志·对外经济贸易志》,辽宁民族出版社2003年,第451页。

项目土建工程质量差，有些机械设备质量不好，或不适应当地气候的特点，等等。对于查处的问题，各有关承建部门都积极采取措施进行了补救，并认真总结了经验教训。这对进一步提高援外成套项目的建设质量、缩短项目建设周期、节省项目投资等都起了促进作用。①

5月19日，中国援助坦赞铁路技术组开挖工彭明良死于脑疟。他是坦赞铁路第一位因患恶性疟疾去世的中国技术人员。

6月，中国开始向突尼斯派遣医疗队，由江西省卫生厅组织派遣，全队27人。

6月18日，国务院、中央军委批转总后勤部《关于在援外军事装备中所发现的质量问题的报告》。

6月20日—27日，马里国家元首兼政府总理穆萨访问中国。24日，中国政府和马里政府经济技术合作协定在北京签订。中国同意为马里提供5000万元无息贷款，用于中国向马里提供成套设备、单项设备、技术援助和为换取当地货币以支付项目当地费用。

7月1日，中国援助索马里的贝莱特温至布劳公路（简称贝布公路）破土动工。1971年6月7日，双方签署《关于中国政府帮助索马里修建贝莱特温至布劳公路的协定》，这一任务由四川省承担。这是当时仅次于坦赞铁路的第二个大型援外项目。1972年5月开始测量设计，1973年7月1日正式开工建设。在周恩来关于缩短工期的号召下，该工程于1978年5月完成，比原定工期提前了一年多。中国先后派出工程技术人员3000多人次，提供各种施工机械和设备共1500多台。在现场的筑路人员平均2500人，其中中方人员1000人；施工高峰时近4000人，其中中方人员1400人。②"贝布公路是一条连贯索马里南北交通的大动脉，全长962公里，是中国援外最长的一条公路，也是索马里最长的公路。这条公路南起希兰州首府贝莱特温市附近的乔威尔，向北蜿蜒，经杜萨马列布州首府杜萨马列布市、穆杜格州首府加尔卡尤市和努加尔州首府加罗威市，然后折西到达图格德尔州首府布劳市。公路路基宽9米，路面结构以碎石为基层，面层宽6米，为25毫米厚的双层沥青表面处理路面。这条公路舒直顺畅，纵坡平缓。全线有2座大桥、14座中桥、27座小桥，总长1299米，涵洞769座，截、排水工程160多公里，桥涵全部为

---

① 《方毅传》编写组：《方毅传》，人民出版社2008年，第491—497页。
② 石林：《当代中国的对外经济合作》，中国社会科学出版社1989年，第122—123页。

永久式钢筋混凝土构造。全部土石方工程量为 572 万立方米，沥青表面处理路面 580 多万平方米。"① 1978 年建成通车后，公路历经多年行车和几次洪水考验，路面仍然完好，被索马里人民誉为"索马里最好的一条公路"②。

7 月，中国援助苏丹的哈萨黑萨纺织厂开工。"该项目共投资 2901 万元，计划建设纱锭 2.5 万枚，布机 864 台和相应的印染设备，由江苏轻工局、上海建工局负责承办。"③

7 月 30 日，中国和刚果人民共和国签订了关于中国政府向刚果政府提供可兑换货币贷款的协定。双方约定：中国将在五年内向刚果提供 2000 万元无息贷款，每年提供 1/5。

9 月，中国与乍得两国政府签订了经济技术合作协定和贸易协定。根据协议，中国在乍得承担了农业、体育场和沙里河公路桥三个援建项目。④

中国首次向突尼斯派遣医疗队。

乍得领土整治和住房部长乔努马访华，商谈援助事宜。"乔努马这次访华是来讨论和签订中乍经济技术合作协定和贸易协定的。周恩来总理接见乔努马时在桌上摆开了乍得地图，听完乔努马的介绍后问他：你们为什么不在沙里河上修一座公路桥呢？你们是内陆国家，没有出海口。若能在沙里河上修座公路桥，就能通过喀麦隆到达杜阿拉港口，这样你们发展经济才有出路。否则，没有出海口，与外界不通，怎么能发展经济呢？中国可以帮助你们在沙里河上修一座公路桥，周恩来这一建议，深深地打动了乔努马。他回国后广为宣传，再三对中国表示，周恩来比他们自己想的还周到。他们没有敢想的问题，周恩来主动地提出来了。"⑤

上沃尔特（即布基纳法索）与中国建交，台湾农耕队撤出所在的姑河地区。9 月 8 日，中国政府和上沃尔特政府经济技术合作协定在北京

---

① 石林：《当代中国的对外经济合作》，中国社会科学出版社 1989 年，第 122 页。
② 石林：《当代中国的对外经济合作》，中国社会科学出版社 1989 年，第 123 页。
③ 江苏省地方志编撰委员会：《江苏省志·纺织工业志》，江苏古籍出版社，1997 年，第 308 页。
④ 汪勤梅：《列国志：中非 乍得》，社会科学文献出版社 2009 年，第 338 页。
⑤ 外交部《新中国外交风云》编委会：《新中国外交风云 第四辑》，世界知识出版社 1996 年，第 213—214 页。

签订。①

9月15日，由河北省卫生厅组织派遣的一支由内、外、妇、儿、中医、麻醉、化验、护士专业组成的第一批医疗队13人赴金丹堡医院工作。②

9月20日，中国和乍得签订经济技术合作协定。双方议定：中国向乍得提供100万元贷款用于建设项目所需的当地费用。

10月，广东省向赤道几内亚派出第三批医疗队，全队9人，在马拉博工作，于1975年7月完成任务回国。

中国政府派遣辽宁省农业专家组前往上沃尔特（即布基纳法索），接替在姑河垦区工作的台湾农耕队。接替的主要工作为：台湾农耕队未完成的项目，帮助进一步开荒造田，兴修水利，指导农民种植水稻。③

中国开始赴上沃尔特班福腊垦区考察，援助该垦区开垦稻田。"这一项目是由中国农业部承建，辽宁省农业局筹建的。1973年10月开始实地考察，受援国批准设计时间为1973年11月，设备材料交付时间为1975年6月至1978年6月，主要设备共计981台/216吨，建成投产移交时间为1978年，计划开垦稻田300公顷，实际开垦稻田340公顷。本项目由中国政府优惠贷款提供。"④

10月25日至11月6日，对外经济联络部在南京召开全国培训外国实习生工作座谈会，研究制定《培训外国实习生工作暂行条例》。⑤

11月，中国援助毛里塔尼亚首都供水工程竣工。这个工程包括供水井18眼，供水干管线路56.4公里，以及蓄水池、自备电站等。为适应毛方的迫切需要，中国方面采取了边考察、边设计、边施工的特殊措施，于1971年3月派出打井人员开始打井。地下水源地伊迪尼离努瓦克肖特虽不到60公里，但沿途除稀稀落落矮小干枯的无叶刺树外，很少有居民，地表浮沙厚达30—50公分，随风移动，常常积沙成丘。输水管沿线要经过77个大沙岭和许多活动的小沙丘及洼地，沙岭与洼地高差达二三

---

① 石林：《当代中国的对外经济合作》，中国社会科学出版社1989年，第146—147页。
② 杨新建：《栉风沐雨：河北援外医疗队40周年纪念文集》，学苑出版社2013年，第265页。
③ 石林：《当代中国的对外经济合作》，中国社会科学出版社1989年，第146—147页。
④ 辽宁省地方志编撰委员会：《辽宁省志·对外经济贸易志》，辽宁民族出版社2003年，第452页。
⑤ 谢庆奎：《中国援外培训》，北京大学出版社2013年，第87页。

十米。这里气候干燥,气温高达48—55摄氏度,风沙弥漫,施工现场来往交通的唯一标记是汽车的轮迹,可是大风一吹,随即消失,能见度又很低,汽车常常要在沙丘间绕行。这样特殊的气候地理条件,给施工带来很大的困难。中国工程技术人员不畏艰难,千方百计加快工程建设,于1973年11月完成了这项打井供水工程。①

湖北省援刚果(布)布拉柴维尔农技站开始考察、设计和施工。该项目包括1060平方米的房建和水利设施、农田基本建设任务,1980年4月建成移交后即转为技术合作项目。1982—1985年6月间,进行试验、示范和推广工作,选出适宜刚果种植的水稻品种"刚果1号",试验田单产达456公斤/亩。1985年7月开始实施第三合作期。②

11月3日,国务院批转外交部、对外经济联络部《关于进一步加强援外出国人员思想政治工作的意见》,要求各部门、各地区和各驻外使馆进一步加强援外出国人员的思想政治工作和外事纪律教育。③

11月23日,塞内加尔计划合作部部长访华,中国政府和塞内加尔政府经济技术合作协定在北京签订。中国帮助塞内加尔建设综合性体育场达喀尔友谊体育场和阿非尼亚姆(原名比尼奥纳)河水坝。达喀尔友谊体育场是中国向塞内加尔提供100亿非洲法郎(约2000万美元)贷款建立起来的,"成为塞内加尔体育设施中的花朵"。

11月28日,浙江省派出的首批接收乍得台湾农耕队的农业技术组抵达乍得。"1972年12月24日,台湾农耕队撤离乍得,国家农林部将接替农耕队的工作交给浙江省农业厅。此后选派的专家基本上两年轮换一次,至1978年12月29日,先后派出78人次。1979年,因乍得动乱,农业技术组被迫于7月2日奉命回国。"④

中国向赤道几内亚提供客轮一艘。客轮载重3200吨,载客数100人,续航能力4800海里,从日本转口提供。1972年10月24日经济技术合作协定补充议定书立项,1973年12月移交并转入技术合作。1997年12月25日,该客轮失火烧毁。

中国援助坦桑尼亚军事学院项目开工建设。该项目由解放军总后勤

---

① 石林:《当代中国的对外经济合作》,中国社会科学出版社1989年,第573—576页。
② 湖北省志编撰委员会:《湖北省志·农业》(下),湖北人民出版社1994年,第117页。
③ 谢庆奎:《中国援外培训》,北京大学出版社2013年,第87页。
④ 浙江省农业志编撰委员会:《浙江省农业志》(下),中华书局2001年,第1586页。

部营房部承建和筹建，国家建委和安徽省基本建设局协作。项目建设房屋 42 幢，射击场 1 个，院内道路长 5987 米，占地面积 100 公顷，建筑面积 2.57 万平方米。1975 年 12 月竣工。①

由广东省轻工局负责承建的桑给巴尔糖厂竣工投产。"1966 年 7 月，中国援桑甘蔗试种组培育出 4 个品种表现良好，作为大田推广品种。在桑给巴尔由中方援建的马宏达甘蔗农场种植 3000 亩。为此，1970 年 5 月糖业援建组 123 人到达桑给巴尔农场考察，设计并建设一间日处理甘蔗 400 吨糖厂生产白砂糖，并附设有 6000 公升/日酒精车间。该厂是坦桑尼亚联合共和国桑给巴尔制糖联合企业的工业部分，总投资 1136 万元。"②

12 月 3 日，中国和上沃尔特（现布基纳法索）在瓦加杜古签订经济技术合作协定。双方商定：中国为上沃尔特提供 1 亿元无息贷款，用于中国帮助上沃尔特建设成套项目、进行技术合作、提供单项设备和支付当地费用等。

12 月 29 日，中国援多哥水利项目可行性考察组抵达多哥。"1973 年，多哥外交部根据中多两国经济技术合作协定，要求中国帮助整治西奥河，在阿奥河—多哥湖流域兴修水坝，解决灌溉、发电、饮水、建立农业联合企业等问题。1973 年 8 月，水电部、农林部分别征得浙江和安徽两省同意，共抽调 14 人组成的中国赴多哥水利考察组赴多哥进行水利项目的考察。经过一年多的考察，考察组在多哥的南部、中部和北部地区进行实地勘察、调查和分析研究，写成了援建多哥水利项目可行性考察报告。1975 年 2 月回国。"③

1974 年

中国小工业技术组和水文地质技术组赴尼日利亚考察，随后小工业技术组开始在扎里亚工业发展中心工作。④

中国帮助马里皮革厂扩建。扩建后的皮革厂日处理皮革 40 张，车间

---

① 安徽省地方志编撰委员会：《安徽省志·对外经济贸易志》，方志出版社 1998 年，第 315 页。
② 广东省地方史志编撰委员会：《广东省志·一轻工业志》，广东人民出版社 1998 年。
③ 安徽省地方志编撰委员会：《安徽省志·农业志》，安徽人民出版社 1998 年，第 732—733 页。
④ 《方毅传》编写组：《方毅传》，人民出版社 2008 年，第 477—479 页。

一座，皮件车间一座，总投资95万元，由武汉二轻局承办。

中国援助刚果（布）的成衣和毛浴巾车间竣工。建成后的车间年产童装、工作服12万件，毛浴巾25万条，上海市手工业局、辽宁省纺织局负责承建，总投资142万元。

中国援助卢旺达的基加利至胡儒莫公路开工建设，公路总长160公里，由北京市交通局承建。

中国援助马里的马尔卡拉机械厂设备更新项目，北京市机械局、河南省建委参与承办。

为妥善安排生活，外经部拨专款给江苏省，用于筹建40000平方米的招待所、南通市实习生招待所。有关实习企业也建立了接待室，购置车辆，专门接待实习生使用。①

中国帮助塞内加尔援建的曼格公路桥开工，桥长363米，接线工程3.3公里，由湖南省交通局负责承建。

中国承担了赤道几内亚的水电站和高压输电工程建设项目。

中国帮助卢旺达援建的卢旺达水泥厂开工，水泥厂设计规模年产水泥5万吨，由河北省基建局负责承建。

北京市机械局、河南省建委承办的援马里的马尔卡拉机械厂设备更新项目竣工。

江苏省派出乒乓球教练卞授余赴加纳任教。

1974—1977年，中国派出地质普查队，帮助苏丹进行铬矿普查和勘探。在英格萨山区和卡拉纳赫耳地区，中国专家共发现铬铁矿150处，初步探明具有相当大储量的高品位铬矿，并扩大了铬矿资源的远景储量，还发现铬矿中含有铂属元素。②

1月，中国援助苏丹的哈撒黑萨纺织厂开工建设。苏丹哈撒黑萨纺织厂由无锡市纺织工具厂筹建，1970年底开始考察、设计，1974年1月开工，1978年2月建成移交。在开工、竣工仪式上，尼迈里总统两度亲临主持，他称赞"这个工厂是一个伟大的成就，真诚的友谊"。随后转入技术合作，技术组为该厂培训了1700名工人、50名技术管理人员，协助增产适销的平布5151细布，将生产能力扩至原设计的129.6%。到

---

① 江苏省地方志编撰委员会：《江苏省志·对外经济贸易志》，江苏古籍出版社1997年，第332—333页。

② 石林：《当代中国的对外经济合作》，中国社会科学出版社1989年，第238页。

1978 年合同期满，项目规模为 25000 纱锭，864 台布机和相应的印染设备，共产棉纱 2200 吨、坯布 1500 万米、染色印花布 426 万米。援建期间，无锡市纺织系统派出 112 人，由周吉、张夏全担任技术组长，无锡国棉二厂、无锡漂染厂和无锡印染厂还培训了苏方 11 名纺织印染技术工人。① 因该国土质具有膨胀性，日久天长，影响了建筑和机台使用，1981—1983、1984—1985 年分两期，由无锡市纺工局组织技术组完成对该厂的修缮工程。②

1 月 2 日，中国专家抵达多哥，执行兴建一项小型水利工程的选点考察任务。"该援助项目是 1973 年 12 月 27 日中国和多哥政府换文议定的。由水利水电部、浙江省水利水电局和安徽省水利电力局、农业局共同派员组成中国水利考察组，浙江省水利电力局陈传德任组长，浙江省水利水电勘测设计院冯世京任总工程师。经实地考察和方案比较，选定西岙河波塔引水灌溉项目。考察组与 1975 年 3 月 7 日回国。"③

1 月 18 日，中国和马达加斯加经济技术合作协定在北京签订。

2 月，中国援助索马里哈尔格萨的供水工程竣工移交。"索马里第二大城市哈尔格萨，地处严重缺水的西北山区。长期以来，当地人民只能靠积聚稀少的雨水生活，一遇干旱，人畜断水，濒于死亡，受尽缺水之苦。一些外国专家曾到那里考察，一直没有找到水源。1970 年，中国打井队经过半年多的详细勘察，终于在郊区发现了一片地下古河道交错、含水性较好的古洼地，打成 6 眼优质水井，昼夜出水量达 8000 余吨。供水工程 1974 年 2 月移交索方以来，始终保持每昼夜 4000 吨的设计供水能力，水质良好。"④

2 月至 1975 年 4 月，乒乓球教练员汪礼教被派往突尼斯。汪礼教担任突尼斯国家乒乓球队（男、女运动员 20 人）教练，并兼两期乒乓球运动员短期训练班的教学工作。这是安徽省体育史上第一次出国担任教练。1974 年 8 月，以汪礼教为教练的突尼斯国家乒乓球队，参加了突尼斯举办的 6 国（中国、阿尔及利亚、摩洛哥、马耳他、法国、突尼斯）乒乓

---

① 江苏省地方志编撰委员会：《江苏省志·对外经济贸易志》，江苏古籍出版社 1997 年，第 312 页。
② 江苏省地方志编撰委员会：《江苏省志·纺织工业志》，江苏古籍出版社 1997 年，第 308 页。
③ 浙江省水利志编撰委员会：《浙江省水利志》，中华书局 1998 年，第 936 页。
④ 石林：《当代中国的对外经济合作》，中国社会科学出版社 1989 年，第 154—155 页。

球邀请赛，取得男、女团体第二名，男子双打第一名。同年9月，参加了在埃及亚历山大举行的全非乒乓球锦标赛，获男子团体第三名，女子团体第七名。突尼斯青年体育部长赞扬汪礼教勤勤恳恳努力工作，教学很有水平，效果显著。①

2月4日，财政部、对外经济联络部发出《关于援外出国人员牺牲、病故善后抚恤问题的处理意见》。②

2月15日，中国政府向几内亚政府提供商品贷款的协定在北京签订。

2月21日，国务院批准卫生部（74）卫外字第115号文，正式给福建省下达了派遣援塞内加尔医疗队的任务。

2月21至3月2日，赞比亚总统卡翁达访问中国。2月24日，中国政府和赞比亚政府经济技术合作协定在北京签订。期间，中赞双方签订援赞农业项目的协议，主要任务是：指导种植水稻，培育水稻良种，推广手工农具。1975年7月开始筹建，为期3年。1979年，又延长3年。1981年，又延长2年。1983年，又延长2年。中国专家于1985年7月撤回。在这期间，农技组继续对卡富西农业技术合作项目——繁育水稻良种和生产小农具，以及其他科研方面提供技术指导，培训农业技术人员。③

3月，中国帮助几内亚改建的总长121公里的恩昆至蒙戈莫公路竣工，项目由浙江省交通局承建，总投资2600万元。

中国援助坦桑尼亚弹药、机械库工程开工。该项目由中国人民解放军后勤部营房部承建，国家建委协作，安徽省基本建设局筹建，解放军后勤部营房设计院设计。项目规模为弹药库3741平方米，军机械库1033平方米，其他用房509平方米，占地面积40万平方米，建筑面积5248平方米。该项目1975年10月结束。④

3月28日，河南省向埃塞俄比亚派出第一批医疗队，全队22人，于1976年8月30日完成任务回国。

---

① 安徽省地方志编撰委员会：《安徽省志·体育志》，安徽人民出版社1990年，第170页。
② 谢庆奎：《中国援外培训》，北京大学出版社2013年，第87页。
③ 采访湖南省双峰县农业局援非农业技术专家徐迪新，2011年12月。
④ 安徽省地方志编撰委员会：《安徽省志·对外经济贸易志》，方志出版社1998年，第314页。

3月24—31日,坦桑尼亚总统尼雷尔访问中国。29日,中国政府和坦桑尼亚政府经济技术合作协定在北京签订。

3月30日至4月4日,由非洲统一组织解放委员会执行主席、索马里外长奥玛尔·阿尔特·加利卜率领的非统解放委员会友好代表团访华。这是非统组织1963年成立后首次派代表团访华,中国政府总理周恩来会见代表团。4月1日,周恩来总理在会见代表团全体成员时表示:"中国过去对南部非洲民族解放运动和反对白人种族主义斗争的援助,多数通过坦桑尼亚、赞比亚,还有刚果,后来有扎伊尔。这次又多了非统组织。这就更好了,因为非统组织代表了全非洲。今后中国援助的方式,一种是通过非洲统一组织,一种是通过双边直接援助。两种形式平行进行。"应非统组织的要求,中国政府决定给予非统组织解放委员会2000人份的轻武器和50万美元的财援,另外,增加一些炸药和通讯设备。加利卜团长对中国提供的援助表示满意和感谢,并保证,轻武器将交到战士手中,援款将存入"非洲解放特别基金"。根据非统组织解放委员会公布的统计数字,1971年至1972年,非洲解放运动自非洲以外获得的武器援助,中国占75%,苏联占23.5%。①

4月,江苏省交通局、北京市地质局承建苏丹瓦德迈达尼至格达雷夫公路项目竣工,该项目共投资5193万元,公路共长227.7公里,20米宽,四车道桥507.5米,为中国援助建设。

中国援助赞比亚卡富埃农业技术合作项目开始展开。"该项目属于技术指导类援助,主要帮助受援国试种小麦、水稻10公顷,并推广应用小型农具,1980年1月完成,河南省农业厅共派出农业技术人员45人。"②

1974年4月至1980年3月,中国援助索马里的哈尔格萨供水工程进入技术合作期,共6期,每期1年。

5月,中国和喀麦隆换文确认,援建拉格都水电站及与之配套的输变电工程,商定建一座高35米的土石坝,水库蓄水约76亿立方,电站装机容量为7.2万千瓦。"拉格都水电站于80年代初建成。拉格都水电站和输变电工程建成后,对推动喀北部地区工农业发展起了重要作用,

---

① 王泰平:《中华人民共和国外交史(1970—1978)》第三卷,世界知识出版社1999年,第183—184页。

② 河南省志编撰委员会:《河南省志·对外经济贸易志》,河南人民出版社1995年,第196页。

使全国1/3人口直接受益，改变了全国1/3土地的面貌。"①

江苏省农业厅就塞内加尔的比尼奥纳河水利工程建设进行考察，耗资3700万美元，1976年5月竣工移交。

6月，中国援助坦桑尼亚比哈瓦那农业技术推广站开工建设。"该项目是由国家农林部承建，山西省农业局援外办公室筹建，国家建委为协作部，安徽省基本建设局为协作单位的。项目总建筑面积1334平方米，总面积16公顷。1975年6月完工。"②

6月，广东省向赤道几内亚派出第四批医疗队，全队15人，在巴塔工作，于1976年8月完成任务回国。

中国政府与埃塞俄比亚政府签订教育援助协议。"在协议中，中国承诺为埃塞俄比亚提供三个汉语言学、矿业学和医学领域本科层次的留学奖学金名额。但是，该项目尚未启动，海尔·塞拉西政府就已经被推翻。1974年11月2日，经中国与埃塞俄比亚两国代表在北京协商，中国和海尔·塞拉西政府于1974年6月签署的奖学金合作项目终于得到落实。中国政府同意接受埃塞方面推荐的三名学生到中国学习汉语言文学、矿业学和医学专业。"③

7月2日，江西省援外办公室向有关当局发出《关于做好援外出国人员初审和教育工作的意见》，旨在加强援外人员派出前的思想审查和教育工作。

7月3日，外经部在讨论1975年援外成套项目计划时表示，明年新建项目还是多了，要再压缩一点。首先要抓住续建项目，新建项目要从严掌握，不能上的就不要勉强。④

7月20日，中国政府和尼日尔政府经济技术合作协定在北京签订。

8月，外经部将《关于处理援外成套项目中存在问题的请示》上报国务院。"该请示报告的精神实质是，援外成套项目存在的问题，凡属中国方责任，影响正常生产、使用或危及安全的，都应根据具体情况，积极主动地给予认真处理。超出两国协议规定的问题，应通过两国政府有

---

① 《方毅传》编写组：《方毅传》，人民出版社2008年，第474—475页。
② 安徽省地方志编撰委员会：《安徽省志·对外经济贸易志》，方志出版社1998年，第315页。
③ 翟风杰、王玉华、潘良：《非洲一体化背景下的中非合作》，世界知识出版社2013年，第372页。
④ 《方毅传》编写组：《方毅传》，人民出版社2008年，第501页。

关部门另行商定。设计项目技术、更新设备等方面的问题,如受援国愿自行处理,应尊重对方意见。十项具体政策界限既涉及一些大的问题,也不放过一些小的具体问题,注入考察选址、总体布局、设计缺陷、工艺设备选型不当、'三废'问题、建筑质量、道路质量、设备质量乃至图纸交付(包括竣工图纸、隐蔽工程图纸和易损零配件图纸)等方方面面的问题,都作了具体规定,使执行者有所遵循,力求做到周恩来批示的'凡存在问题的不论大小,均应按援外八项原则,给予补救,或赔偿损失'。报告还强调,质量检查重在总结经验教训,而不是追究个人责任,而要着重分析原因提出改进措施和建议,提高援外工作的水平。"①

7月14日,签订《关于实施中、突两国经济技术合作协定的执行协议》。1974年9月,中国政府决定利用无息经援贷款承担援建麦—崩水渠项目。

8月12日,中国和赤道几内亚换文,中国为赤道几内亚援建毕莫水电站至巴塔35千伏线路、全长15公里的输变电工程。该项目1979年12月开工,1983年4月建成移交。对外结算292万元,在1971年1月22日贷款项下支付。实施单位是北京市电力设计院(设计)、北京电业管理局、福建省水电局(施工)。

8月14日,中国向尼日尔派出了第一批农业技术人员和管理人员。1974年7月20日,中国和尼日尔建交,不到一个月,中国就向尼日尔派出了农业技术人员和管理人员(8月27日到达工作现场)。到1981年1月19日,中国先后派出25批技术和管理人员共193人次,在工作高峰期,同时在尼日尔的工作人员达69名。②

8月24日至9月13日,农林部和对外经济联络部在北京召开接替台湾农耕队工作会议,检查总结派遣农技组去非洲有关国家接替台湾农耕队的工作情况,研究确定进一步做好这项工作的措施。

9月,中国援建塞拉利昂的曼格公路桥项目开工。项目规模为桥长363米、宽8米的空腹式钢筋混凝土双曲拱桥,5孔53米。

尼日利亚戈翁总统访华,签订五项合作协定。合作项目包括:派小工业技术组到尼工业发展中心工作、打井工程和三个开荒造田的农业项

---

① 《方毅传》编写组:《方毅传》,人民出版社2008年,第493—494页。
② 河南省志编撰委员会:《河南省志·对外贸易经济合作志》,河南人民出版社1995年,第409页。

目。当年，中国小工业技术组和水文地质技术组赴尼考察。随后小工业技术组开始在扎里亚工业发展中心工作，40眼打井工程于1976年5月开始，1977年4月完成。三个农田开发项目，双方1976年1月商定开荒造田总面积约1100公顷，由中方负责设计，提供当地不能解决的农机和建筑材料，协助尼方组织施工、试种和传授生产技术，培训技术力量。①

中国和尼日利亚两国政府就打井项目交换照会，商量中国为尼日利亚打井提供工程技术人员事宜。

广东省农业局开始向毛里求斯派出农业技术专家，接替台湾农耕队的工作。"1972年4月，毛里求斯总理拉姆古兰访华，两国建立外交关系。8月，两国签订了经济技术合作协定。在9月份签订的这份合同中，中方同意派12名专家进行技术指导，并提供50万元人民币的赠款，为毛里求斯援建百务农场作物陈列室、农业技术总站昆虫实验室以及购买一批农机具。9月，广东省派出先遣组，组长是黄荣新，先遣队的任务是赴毛里求斯调查研究及商签合同。农机组派出后，其最初的主要任务是在毛里求斯百务试验农场开展水稻、蔬菜、柑桔栽培和糖蔗行间种水稻的试验示范，并到马都斯达利亚、马索瓦济、麦丁等地为当地农民提供技术方面的指导，获得民众的较好反响。"②

"中国农业技术专家工作成绩斐然，无论是作物产量还是作物品质均超台湾农耕队。项目先后实施了5期，每期2—5年，每期专家5—12人，费用在赠款中支付。毛农业部长杜洛称赞中国农技人员'默默无闻地进行辛勤劳动，对毛里求斯的农业生产多样化作出了贡献'。"③

9月，中国政府决定利用无息经援贷款承担援建麦—崩水渠项目。

中国政府于1972年和1977年先后向突尼斯政府提供两笔贷款，总额为2亿元人民币，全部用于帮助建设崩角水渠工程。④ 该项目是由水利部负责承建、河北省海河工程指挥部筹建、河北省海河工程指挥部设计院负责设计的。全国183个单位先后选派了1302名优秀工程技术人员

---

① 《方毅传》编写组：《方毅传》，人民出版社2008年，第478页。
② 广东地方志编撰委员会：《广东省农业志》，广东人民出版社2013年。
③ 广东地方志编撰委员会：《广东省农业志》，广东人民出版社2013年，http://www.gd-info.gov.cn/books/dtree/showSJBookContent.jsp?bookId=10723&partId=3244&artId=48788
④ 魏建国：《此生难舍是非洲——中国对非洲的情缘和认识》，中国商务出版社2011年，第27—28页。

到突尼斯参与施工。① 1974 年末开始筹备，1975 年派出考察组，1975 年底完成考察任务。1977 年正式进行扩大初步设计工作，1978 年 7 月派出施工先遣队，8 月发运第一批设备材料，并陆续派出施工人员。1979 年 8 月 15 日，水渠正式施工，1984 年 5 月 15 日，水渠全线通水。从考察、设计到施工，共有 183 个单位参与其中，派出 1302 人，施工高峰期最多达到 927 人。②

9 月 17—27 日，毛里塔尼亚总统达达赫访问中国。19 日，中国政府和毛里塔尼亚政府经济技术合作协定在北京签订。

10 月，陕西省向苏丹派出第五批医疗队，全队 18 人，于 1977 年 1 月完成任务回国。

中国援建的卢旺达基—鲁公路（基加利市至基本戈省鲁苏穆县）开工，该项目由交通公路一局承建。

10 月 4—9 日，加蓬总统邦戈访问中国。10 月 6 日，中国和加蓬在北京签署《中华人民共和国和加蓬政府经济技术和贸易协定》。主要内容为：在资金方面，中方向加方提供贷款；在农业方面，中方派遣农业技术人员向当地农民传授种植技术；在卫生医疗方面，在弗朗斯维尔和利伯维尔各建设一座治疗和预防兼用的卫生中心，并派遣医疗队。③

11 月，中国开始向多哥派遣医疗队，由山西省卫生厅组织派遣。

上海市向阿尔及利亚派出第一批医疗队，全队 16 人。

12 月，中国援助索马里的贝纳迪尔妇产儿童医院建设开工。"该妇产儿童医院位于索马里首都摩加迪沙，有 300 张病床，门诊量 500 人次。1976 年建成后，中国医疗队长期在这所医院工作。该院还设有专门的教学病房，为来自全国各地的医护人员，提供了实习和学术交流的方便条件。很多病人慕名来求医导致医院原有设施无法满足日益增长的需求，应索马里政府要求，中国还帮助增加 120 张床位。"④

根据中国和马达加斯加两国在北京签订的两国经济技术合作协定，

---

① 河北省志编撰委员会：《河北省志·外事志》第 69 卷，河北人民出版社 1995 年，第 111 页。
② 河南省志编撰委员会：《河南省志·对外贸易经济合作志》，河南人民出版社 1995 年，第 407—408 页。
③ 安春英：《列国志：加蓬》，社会科学文献出版社 2005 年，第 302 页。
④ 石林：《当代中国的对外经济合作》，中国社会科学出版社 1989 年，第 201 页。

中国政府派出以刘树仁为组长的公路考察组赴马，对马国三条公路（总长787.4公里）进行了可行性考察。

12月31日，北京市向几内亚派出第四批医疗队，全队27人，于1977年1月完成任务回国。

年底，国家体委委任浙江省体委援建塞拉利昂体育场工程。该项目是根据1972年10月9日中国和塞拉利昂签订的经济技术合作协定和1973年8月3日中塞两国建设体育场的会谈纪要立项。工程从1975年6月开工，到1978年10月竣工，1979年4月正式移交使用，总投资近2000万元人民币。该体育场位于塞拉利昂首都弗里敦市中心附近，占地12公顷，总建筑面积为33347平方米，可容纳3万名观众看台的体育场为主体，还拥有1500名观众席位的游泳池一个，2000张床位的移动运动员宿舍和必要的公共设施，以及供田径、足球、篮球、网球等用的室外练习场地。体育场在建期间，中方先后派出工程技术人员187人，其中最多时人数达149人。①

1975年

中国援助奇奔巴农场的专家组指导和帮助当地农民修建了一些引水工程，并向当地农民传授种植水稻的技术，当地农民从中得到益处。

上海轻工局承办的马里卷烟火柴设备安装完毕，为马里提供了卷烟机等主要设备13台和有关运输设备和安装材料，总投资32万元。

1975—1977年，中国派专家帮助坦桑尼亚进行煤矿地质勘探。在12平方公里的范围内，钻孔35个，总进尺889米，探明储量4900多万吨。在查明资源的基础上，中国政府承担援建基威那煤矿项目。②

1975年—1979年，河北省向刚果（金）派出第二批医疗队。本批医疗队由三支队伍组成。第一支16人，于1975年9月出发，1977年9月回国。第二支17人，于1976年5月出发，1978年5月回国。第三支28人，于1977年10月，1979年10月回国。

江苏省派出篮球教练陈忠赴赞比亚任教。

中国援助阿尔及利亚的马扎夫朗养鱼中心建成。1977年，应阿政府要求，中国派出养鱼专家组帮助改建。经过双方的共同努力，一年后养

---

① 浙江省体育志编撰委员会：《浙江省体育志》，方志出版社2003年，第648页。
② 石林：《当代中国的对外经济合作》，中国社会科学出版社1989年，第239页。

鱼中心的面貌发生了明显变化。中国专家针对原有两三百尾鲤亲鱼病情严重的情况，采取调整分塘、循环换水等方法，精心管理，使一部分鲤亲鱼很快恢复了健康。为了用先进的脱沾流水孵化法繁殖鱼苗，他们又帮助阿方专门加工制造了流水孵化桶，并抓紧有利时机，连续工作四十昼夜，繁殖鱼苗178万尾。同时还改建了原有的十几个荒塘，开了几十亩新塘，扩大了养殖水面。当年育成大小鱼苗60多万尾，有3万尾成鱼供应市场。阿电视台拍摄了人工催情、水质化验和鱼种投放等电视纪录片，向全国播放。①

中国援助毛里塔尼亚的火力发电站开工，设计规模为总装机容量2.4万千瓦，总投资700万元，由湖北水电局具体承办。

中国开始在坦桑尼亚的基威那煤田展开勘探援助项目，勘探范围，走向6公里，倾向宽2公里，总投资1261万元，由湖南煤炭局承办。

中国援助埃塞俄比亚的沃雷塔至瓦尔迪亚公路开工，公路总长约300公里，由湖北交通局负责承建。

中国援助埃塞俄比亚的柴油发电厂开工建设，该项目将建设8个电站，总装机容量2730千瓦，由湖北电力局负责承办。

江苏省在新医学院（南京医学院）开办了一个留学生班，14名曾跟随江苏医疗队学习过三年的桑给巴尔进修生被选到南京进一步深造。为此，江苏省拨出了30万元人民币的经费为学生提供更好的学习条件、教学设备和生活保障。新医学院为他们抽调了40位专职教师，建立了独立的学习小区，开设了13门基础医学理论课程，还开设了汉语、中国概况、体育等课程。②

中国援助卢旺达的糖厂开工，设计规模为日榨甘蔗150吨，由广西轻工局承建。

由湖北电力局负责承办的援助埃塞俄比亚的柴油发电厂竣工。该项目建设8个电站，总装机容量2730千瓦，总投资350万元。

湖南交通局承建塞内加尔的援助项目坎比亚公路桥开工，桥长430米，接线工程3.13公里，总投资900万元。

中国开始帮助坦桑尼亚的求尼亚铁矿勘探，由云南地质局承建。

中国援助刚果（布）农具车间建成。车间规模为年产垦锄8万件，

---

① 石林：《当代中国的对外经济合作》，中国社会科学出版社1989年，第233页。
② 谢庆奎：《中国援外培训》，北京大学出版社2013年，第44页。

砍刀 5 万件，钢钎 5 万件，斧头 3 万件，总投资 200 万元，由天津市一机局负责承建。

乒乓球教练员蔡延东到加纳任教 2 年。

1 月，两国签订中国向布隆迪派遣体育教练议定书，至 1981 年中国共派出教练 6 批。①

中国援建的索马里火柴厂和卷烟厂竣工移交。

中国援几内亚卡巴岛农田水利修复工程开工。"此项工程由河南省水利厅承担。全部工程分两期进行：第一期 1975 年 1 月至 1976 年 6 月，受益面积共达 1500 公顷；第二期工程 1979 年 2 月按期完成，受益面积共达 800 公顷。此外，中国还提供了 200 吨的渡船一艘，全部工程共派出工程技术人员 130 人次，总投资 1267 万元。"②

1 月 1 日至 1979 年 12 月 30 日，新疆生产建设兵团对鲁伏国民服务队进行农业技术指导。提供技术指导的规划面积 938.2 公顷，其中耕地面积 623 公顷。在技术合作期间，兵团共完成开荒造田 237 公顷，修围堤 3.7 公里，开挖各类灌、排渠 17.6 公里，修建筑物 30 座，修小水库 1 座（库容 5.7 万立方米），修建仓库 512 平方米，晒场 1152 平方米。培训期间，兵团先后派遣专家组长、技术人员 42 次。③

2 月，中国援助卢旺达的卡布耶糖厂进行改建。1976 年 6 月，改建完成，该项目由广西轻工局承办。

水利部组织中国考察组赴突尼斯，沿着 120 多公里的麦—崩水渠，反复进行勘查论证，完成了水渠考察选线任务。1979 年 8 月，麦—崩水渠正式施工。④

2 月 2 日，中国和冈比亚签订经济技术合作协定。中国政府同意帮助冈比亚共和国政府实施下列项目：建设 100 张床位的医院一座；建设 5000—7000 名观众看台的体育场一座；建设可容纳 100 名运动员的宿舍一幢。

2 月 22 日，为发展中国和莫桑比克之间的经济技术合作和友好关

---

① 于红、吴增田：《列国志：卢旺达 布隆迪》，社会科学文献出版社 2011 年，第 427 页。
② 河南省志编撰委员会：《河南省志·对外经济贸易志》，河南人民出版社 1995 年，第 196 页。
③ 新疆通志编撰委员会：《新疆通志·外事志》，新疆人民出版社 1995 年，第 212 页。
④ 魏建国：《此生难舍是非洲——中国对非洲的情缘和认识》，中国商务出版社 2011 年，第 29 页。

系，中华人民共和国政府和莫桑比克友好代表团经过友好商谈，达成协议。中国向莫桑比克提供 1 亿元的无息贷款、无偿提供 2 万吨粮食。

3 月，李先念对外贸部的一位副局长来信写了批语："一九七六年到一九八零年援助数目字太多了，中国力不从心。……因此援助金额和项目不能这样多。"①

中国援助索马里扩建乔哈尔水稻、烟草试验站项目完工，项目进入技术指导阶段，时间从 1975 年 3 月至 1978 年 6 月。

陕西省向苏丹派出第六批医疗队，全队 19 人，于 1976 年 12 月完成任务回国。

3 月 11 日，中国政府向几内亚政府提供商品贷款的协定在科纳克里签订。

3 月 18 日，中国政府和摩洛哥政府关于建设综合体育设施的合作协定在北京签订。

4 月，中国手扶拖拉机技术服务小组赴马达加斯加进行为期 3 个月的技术培训工作。②

中国政府援建的马里军事学校建设工程开工。"该项目是由国家建委承担援建，河南省建委参加协作。项目 1979 年 2 月建成，全部工程建筑面积 1.5 万平方米，投资 350 万元人民币。"③

4 月至 1977 年 3 月，江苏新医学院接受坦桑尼亚 14 名进修生，学业期满，发给毕业证书。其中 2 人于 1981 年 3 月至 1983 年 5 月再次来南京医学院进修，获学士学位。

4 月 15 日，中共中央政治局开会讨论对外援助问题，会议一致认为，对外援助要适当压缩，但压缩将可能影响到国家关系，因此，要耐心地向受援国做工作。④

4 月 23 日，外交部、中共中央对外联络部、对外经济联络部、对外贸易部、中国人民解放军总参谋部、国家计划委员会上报中共中央《关于今后对外援助问题的请示报告》。中共中央同意这一报告。

---

① 《对阿尔巴尼亚的援助要力所能及》，1975 年 3 月 13 日，《建国以来李先念文稿》，第三册，中央文献出版社，第 323 页。
② 王建：《列国志：马达加斯加》，社会科学文献出版社 2011 年，第 228 页。
③ 河南省志编撰委员会：《河南省志·对外经济贸易志》，河南人民出版社 1995 年，第 200 页。
④ 《方毅传》编写组：《方毅传》，人民出版社 2008 年，第 504 页。

中共中央发出文件，要求压缩和调整中国对外援助支出。文件指出："中国援外支出的比例，'一五'、'二五'期间为1%多一点，从1963年开始比例逐年提高，到1972、1973、1974年分别上升到6.7%、7.2%、6.3%，不仅超过了当时世界上最发达的、提供援助最多的国家所提供的国家援助比例，而且大大超过了国力所能负担的程度。中央决定：在第五个五年计划期间，将援外财政支出的比例，由'四五'时期的预计6.3%降到5%以内，援外总额基本维持'四五'水平，大约平均每年50亿元。"此后，中国又多次调整和压缩援外支出，1977年压缩至2.5%，1978年为1.5%，1979年为0.82%，1980、1981年均在0.6%以下。[1]

5月，为帮助几内亚在科巴平原建设水稻试验农场，广东省农业专家在科巴甘蔗农场进行水稻栽培试验。"根据1973年10月12日中几双方代表商签的会谈纪要，由中方帮助几方在博法省科巴平原建设一个面积3000亩的水稻试验农场。为提早取得适宜当地种植的水稻品种及其栽培技术的经验，1975年5月，广东省农业局派出了农业专家在甘蔗农场进行水稻栽培试验，面积12.3亩。第一年平均亩产206公斤。当地鸟害严重，试验延续至1979年，直播产量提高到亩产250多公斤，井冈山1号品种达420公斤。1976年12月至1977年2月，进行科巴水稻试验农场施工图设计，稻田设计面积为3000亩。1983年4月，该科巴水稻试验农场竣工，稻田实际面积3075亩。"[2]

中国顶替台湾在卢旺达卡布耶糖厂的工作结束。该糖厂位于基加利省桐谷县内，距基加利市10公里，承办单位为广西轻工局。从1973年6月开始，该厂进入中国专家技术指导期。

6月，中国召开第四次全国援外工作会议，学习和贯彻同年4月中共中央、国务院关于合理安排对外援助的决定。"为了贯彻落实中央批准的'援外十条'的规定，外经部组织了本次会议。本次会议的任务是传达中共中央对今后对外援助问题的调整政策，要求各部门、各地方援外机构正确领会中央决定的精神，努力做好工作，使有限的资金发挥最大的效用。决定的主要精神是：鉴于要求援助的第三世界国家日益增多，已经签订协议尚待交付的援款金额，以及已承担的在建和待建的成套项目工作量都很大，而国家的经济力量有限，在一定时期内，要认真执行

---

[1] 刘朝缙：《对外经济关系与务实》，对外贸易教育出版社1985年，第269页。
[2] 广东省志编撰委员会：《广东省志·农业志》，广东人民出版社2002年，第514页。

对外已签订的数额,每年对外援助支出控制在国家财政支出的一定比例范围之内;要调整对外援助的结构适当提高成套项目援助的比重;对各援助国家的援助和项目建设计划要统筹兼顾,全面安排;承担成套项目时,要充分考虑供产销条件和工艺技术、设备的成熟条件等因素。"①

中国开始向喀麦隆派遣医疗队,由山西省卫生厅组织派遣,全队31人。

中国援建卢旺达的基—鲁公路竣工,总长160.4公里,由交通公路一局承建。

中国援助刚果布昂扎水电站动工。"布昂扎水电站位于布昂扎河流的右岸,设计水头68米,装机4台,容量共7.4万千瓦,多年平均发电量4.97亿千瓦时。电站工程由首部枢纽、引水管道、发电厂房、交通桥、110千伏户外式升压变电站以及生产辅助建筑物等组成。1975年6月动工,1978年3月第一台水轮发电机组正式投产供电。1979年5月工程全部建成,7月移交。"②

中国援助桑给巴尔奔巴供水工程开工建设。"该项目是由国家建委承建,安徽省建委筹建,安徽省建筑设计院设计,项目规模为利用已有水源建设2项供水工程:孔德供水工程和恰克恰克供水工程。"③

6月1日,中国援建塞拉利昂的体育场开工。"该体育场的总建筑面积31270平方米,包括3万人座体育场、1500人座游泳池、200床位的运动员宿舍以及练习场地等。钢筋混凝土结构、塑胶跑道、铝合金门窗、水磨石和马赛克地面、大理石和花岗岩贴面。装有水冷式空调、电子记分牌和扩音设备。所有设备材料全是中国当时最先进的。工程总造价1951万元人民币。项目由浙江省体委负责筹建,省建筑工程局负责施工安装。从1975年6月开工到1987年12月建成移交,浙江省先后派出187人赴塞工作。"④

6月10日,北京市向几内亚派出第五批医疗队,全队14人,于1977年8月完成任务回国。

---

① 石林:《当代中国的对外经济合作》,中国社会科学出版社1989年,第62页。
② 广东省志编撰委员会:《广东省志·水利志》,广东人民出版社1995年,第591页。
③ 安徽省地方志编撰委员会:《安徽省志·对外经济贸易志》,方志出版社1998年,第314页。
④ 浙江省外经贸志编撰委员会:《浙江省外经贸志》,中华书局2001年,第472页。

6月13日，根据2月20日中国和冈比亚经济技术合作协定，经过友好协商，签订了议定书。

6月27—29日，加蓬总统邦戈访华，双方发布了《中国和加蓬关于经济技术合作的会谈纪要》。

6月29日，中华人民共和国政府和加蓬共和国政府签订关于农业技术合作项目的议定书。中国和加蓬商定在阿柯克、奇班加、尼亚利、兰巴雷内、莫托博、邦戈维尔和奥耶姆等地继续进行农业技术推广。如有可能，经双方协商，中方向加方移交一些老点，建立新点。中国分期分批地派遣70名左右农业技术人员前往加蓬向当地农民进行为期5年的农业技术指导。在加蓬工作期限为5年。

7月，广东省向赤道几内亚派出第五批医疗队，全队10人，在马拉博工作，于1977年8月完成任务回国。

湖南省向塞拉利昂派出第二批医疗队，全队21人，于1976年1月完成任务回国。

7月2日，中国和莫桑比克为了发展两国间的经济技术合作和友好关系，在马普托签订经济技术合作协定。中国向莫桑比克提供1亿元无息贷款，用于向莫桑比克提供成套设备、单项设备和当地不能解决的建筑材料及进行技术合作。

7月8日，福建省派出了首批援塞内加尔医疗队，全队18人。11月22日，首批援塞内加尔医疗队离开塞内加尔首都达喀尔到达济金朔尔。首批援塞内加尔医疗队于1977年8月26日回国。

7月9日，中国政府和几内亚比绍政府经济技术合作协定在北京签订。双方商定，中国将在5年内向几内亚比绍提供3000万元的无息贷款用于提供成套设备、单项设备和技术援助。

7月21—25日，圣多美和普林西比总统达科斯塔访问中国。25日，中国政府与圣多美和普林西比政府经济技术合作协定在北京签订。

7月22日，对外经济联络部发出《关于加强地方经援工作归口管理的意见》。

7月28日，中国政府和马达加斯加政府经济技术合作协定在北京签订。

8月，中国专家赴毛里塔尼亚进行友谊港港口建设的勘测工作。1979年4月，项目开始动工兴建，中国先后派出施工技术人员近1000人次，提供设备物资 3 万多吨，施工机械 500 多台，包括转口的大型施工船只、机械 55 台（艘）。经过 7 年多时间的紧张施工，1986 年 6 月，友谊港建成竣工，实现了毛里塔尼亚人民多年来的愿望。①

中国向设在扎伊尔的"安解阵"总部派遣了 120 人的军事顾问，并提供了 450 吨的武器。②

陕西省向苏丹派出第七批医疗队，全队 22 人，于 1977 年 7 月完成任务回国。

中国开始向马达加斯加派遣医疗队，由甘肃省卫生厅组织派遣，全队 25 人。

9 月，中国开始向摩洛哥派遣医疗队，由上海市卫生厅组织派遣，全队 12 人。

9 月 5 日，中国和尼日尔签订了关于农业合作项目的议定书。在议订书中，中国同意派遣农业技术组，帮助尼日尔逐步实施下述项目：一、向萨加垦区的农民传授稻谷生产技术，工作期限为一至两年。二、开发哥罗、赛百里垦区，总面积 700 至 1000 公顷，包括相应的水利设施。建设必要的晒场、仓库、碾米坊等生产用房。三、考察古卢、达耶百里、蒂亚吉埃尔三垦区开发利用的可能性。

广东省根据 1975 年 10 月卫生部下达的《商请承担援冈比亚医院的筹建任务与为冈派二十人的医疗队》的商请函，于 11 月决定由省卫生局承担援助冈比亚的医疗任务。1976 年 5 月，省卫生局选派了姜中舟、邓义方和李德番三人赴冈比亚考察关于派遣医疗队的问题。1977 年 10 月，由广州市承担选调的第一个援冈医疗队 16 人赴冈比亚，并设立了 5 个医疗点。

10 月 14 日，对外经济联络部发出《关于改进援外成套项目考察工作的通知》。

10 月 23 日，坦赞铁路开始第一次运营，一辆满载玉米的车厢由坦桑尼亚驶入赞比亚，这标志着这条长达 1860 千米的跨国铁路建成通车，此后的营运数量和质量均在逐步提高。1975 年 12 月，载有 2 万吨铜的火

---

① 石林：《当代中国的对外经济合作》，中国社会科学出版社 1989 年，第 200 页。
② Philip Snow, "China and Africa: Consensus and Canouflage", Robison, Thomas W. and David Shambough eds., *Chinese Foreign Policy: Theory and Practice*, Oxford: Clarendon Press, 1997, p. 295.

车从赞比亚驶入坦桑尼亚，到1976年6月，其运载量达到5.8万吨。到1976年末，铁路每月的铜运输量达到4.2万吨。①

11月，中国援助马里纺织厂扩建工程移交马方。应马里政府要求，在原第一期援建工程的基础上，扩建一万纱锭及相应的印染、针织、轴线设备。

中国向莫桑比克派出农业技术专家组进行实地考察。"1975年四川省农业局接受了一项新的援外任务，项目内容为向莫桑比克的尼亚萨和莫安巴两个农场派遣农业技术组，对7000公顷土地种植小麦、玉米等进行生产技术指导。1975年11月，四川省派出以达县地委书记刘昌杰为组长的10人考察组，赴莫桑比克进行实地考察，1976年4月回国。"②

11月4日，河南省向埃塞俄比亚派出8人的救灾队，1978年2月16日，救灾队回国。

12月，中国援建的索马里体育场动工。

12月15日，中国援助乌干达多禾农场技术指导组专家抵达布尼奥里县，展开水稻技术指导工作。"1975年4月30日，中乌政府就乌方要求中方在布尼奥里县帮助发展稻谷生产问题进行友好商谈，中方同意对该县发展水稻生产提供技术指导，其工作由奇奔巴农场的中国专家兼办；布尼奥里县发展稻谷生产所需的种子、肥料、农药、农具、设备及修建水利工程等均由乌方自行解决。后根据驻乌使馆（1982）乌经发字第92号《关于加强多禾指导组的建议》及国家农牧渔业部、经济贸易部（1983）农（援）字第002号复《关于加强多禾指导组的建议》，多禾指导小组与奇奔巴农场分开，成为独立的多禾指导小组。"③

12月25日，中国政府和圣多美和普林西比民主共和国政府签订经济技术合作协定。中国向圣多美和普林西比提供3000万元的无息贷款，其中1000万元用于中国向圣多美和普林西比提供吃、穿、用、药品器材等方面的物资；2000万元用于中国帮助圣多美和普林西比建成套项目、进行技术合作和支付项目所需的当地费用。

---

① 《援坦赞铁路工人讲述：非洲开眼的那段岁月》，2012年12月6日，http://www.time-weekly.com/story/2012-12-06/128131.html
② 四川省地方志编撰委员会：《四川省志·外事志》，巴蜀书社2001年，第296页。
③ 浙江省农业志编撰委员会：《浙江省农业志》（下），中华书局2001年，第1587页。

1976 年

从 1976 年起，中国为博茨瓦纳学生提供奖学金。

从 1976 年开始，中国向淡水鱼资源丰富的苏丹提供渔业援助。中国先后提供 40 艘渔船，帮助苏丹建成了瓦迪哈尔法渔业基地，设有日产 40 吨的制冰厂、库容 25 吨的冷藏库和渔船、渔网修理厂，并在阿特巴拉和喀土穆建设了两座库容分别为 5 吨和 25 吨的冷藏库。1979 年，项目建成移交，双方进行技术合作，中国继续派专家帮助维修设备，培训苏方人员，建立各项管理制度，使企业管理逐步走上正轨，产量不断增长，缓和了当地市场鱼品供应的紧张状况。苏丹政府对此项目十分满意。[1]

浙江省派出乒乓球教练董庆云到布隆迪担任教练。

中国帮助马里皮革厂扩建项目竣工，扩建项目包括车间一座和皮件车间一座，扩建后的皮革厂日处理皮革 40 张，总投资 95 万元，由武汉市二轻局承办。

中国援建马里的科巴制糖联合企业竣工移交，建成的制糖工厂日处理甘蔗 400 吨，总投资 1787 万元。

中国援建的贝纳迪尔妇产儿科医院投入使用。贝纳迪尔妇产儿科医院位于索马里首都摩加迪沙，有 300 张病床，门诊量 500 人次。1976 年建成后，中国医疗队长期在这所医院工作。该院还设有专门的教学病房，为来自全国各地的医护人员，提供了实习和学术交流的方便条件。由于病人较多，医院设施不敷需要，中国承担了医院的扩建工程项目，增加了 120 张床位。1986 年 3 月李先念主席访索时，与西亚德总统一起为该院扩建工程奠基。索马里朋友高兴地说，这将为索马里妇女、儿童进一步带来福音。[2]

中国援助赤道几内亚的电讯工程开工。该项目包括建设两座电信大楼、安装 2500 门电话和收发信台、短波电话电报、建筑面积 8217 平方米，由江苏省邮电局承办。

乌干达的奇奔巴农场建成并开始试种水稻。奇奔巴农场是在一个长满芦苇、茅草、荒无人烟的沼泽地上援建起来的一座现代化农场，农场成为乌干达商品粮生产的主要基地，对解决乌劳动就业和农业经济发展

---

[1] 石林：《当代中国的对外经济合作》，中国社会科学出版社 1989 年，第 149 页。
[2] 石林：《当代中国的对外经济合作》，中国社会科学出版社 1989 年，第 202—219 页。

做出了贡献。"从1980年起扩大多种经营,养鸭、种菜、制砖均取得了成功。至1984年,共生产稻谷近5万吨、生猪1000多头,鸡2.2万余只。农场的水稻生产,解决了乌干达不少老百姓香蕉等水果当饭吃的现状,乌干达人民第一次吃到自己种植的大米。这个农场投产当年就盈利,到1984年共获毛利1.5亿乌干达先令,相当于建厂总投资的1.9倍。由于效益显著,受到乌干达历届政府的重视和关怀,被誉为外国援助项目中最成功的项目。"①

由西藏自治区和内蒙古自治区地质局承办的援助项目苏丹铬矿普查勘探工作完成,历时三年,总投资300万元人民币。

中国援助马达加斯加的木腊芒加火柴厂技术改造开工,北京火柴厂承办。

江苏省派乒乓球教练王福成赴尼日利亚任教1年。

足球教练员孙云山到索马里任教1年半。

中国援助马里的锡加索茶叶厂建成移交,云南省负责筹建,浙江省提供技术支援并成套提供茶叶加工设备。

1月,中国开始向尼日尔派遣医疗队,由广西自治区卫生厅组织派遣,首批医疗队队员29人。

中国派出水利和水稻专家帮助乌干达在多禾地区的沼泽地开发稻区,发展水稻生产。在乌方"自力更生,民办公助"方针号召下,中国专家和乌干达民众一起进行从兴修水利、农田建设到水利设施的修筑、维护和疏浚,乌政府资金有限,在中国专家指导下,就地取材,自己动手,开发的稻田全部分给农户自主经营。在水利方面,考虑到当地的特点,援非专家采用便于管理和修缮的自流引水灌溉。在农业技术上,中国专家重视选育和推广良种,通过试验田或培训班的方式向农民传授和推广。至1985年,稻田发展到526公顷,年产稻谷2400—3000吨,大大超过了当地历史每公顷单产0.37吨的最高纪录,多禾成为主要的稻米产区。② 多禾不仅为乌干达提供了大量的粮食,而且当地农民的生活水平明显提高,脱贫的农民盖起了新房,添置了家具、农具。农民子女获得接受教育的机会,约有50%的当地农户子女上了小学,10%进了中学,平均每户都有3—4个孩子受过教育。1984年,世界银行和联合国粮农组

---

① 魏翠萍:《列国志:乌干达》,社会科学文献出版社2012年,第524—525页。
② 石林:《当代中国的对外经济合作》,中国社会科学出版社1989年,第231页。

织的官员前去多禾地区参观，对多禾稻区所取得的成绩非常满意，称之为"自力更生的光辉样板"①。

中国和尼日利亚双方商定开荒造田，总面积约 1100 公顷，开发三个农田开发项目。"项目由中方负责设计，提供当地不能解决的农机和建筑材料，协助尼日利亚组织施工、试种和传授生产技术，培训技术力量。这些项目的一个共同特点是，项目实施所需资金和当地材料供应、施工和经营管理均由尼方负责，中国只派少量专家负责技术指导，专家费用由尼支付。第一批五个合作项目开创了中国对外经济技术合作的新形式，为此后改革开放开展对外承包工程和劳务合作的先导。"②

1月3日，浙江省派出以水电设计院伍沂为组长的4人先遣组赴多哥，开始建设多个西岙和波塔引水灌溉项目。"1977年5月起，施工人员陆续抵达多哥，并正式成立工程技术组，省水电工程局尚玉榜任组长，省水电设计院童达琳任总工程师。同年12月16日，工程正式开工。该工程位于多个南部柴维埃行政区波塔村的西岙河下游，为引水灌溉工程。……工程于1979年12月5日全面竣工。完成土方57万立方米，石方7700立方米，混凝土和钢筋混凝土1.57万立方米，总耗工19.22万工日，工程总造价约715万元人民币。参加施工的中国技术人员共61人，当地工人高峰人数360人，工程提前半年完成。1980年1月18日，工程举行竣工典礼，3月，最后一批技术人员回国。"③

2月，中国援助苏丹的哈萨黑萨纺织厂竣工移交。该项目共投资 2901 万元，共建设纱锭 2.5 万枚，布机 864 台和相应的印染设备，由江苏省轻工局、上海市建工局负责承办。

中国援助阿尔及利亚的苏克阿赫腊斯砖厂开工。苏克阿赫腊斯砖厂设计产量年产三孔、八孔，十二孔空心砖 5 万吨，折合中国标准砖 3588 万块，总投资 661 万元，由陕西试验砖瓦厂承办。

3月，中国和埃塞俄比亚临时军政府重新签订了经济技术合作协定。新签的经济技术合作协定将中国为埃塞俄比亚提供的 2 亿人民币贷款的使用和偿还期限都延长了 5 年。此外，中国政府还承诺为埃塞俄比亚修

---

① 李成章、赵作欢：《多禾——自力更生的样板》，《国际经济合作》，1991年第3期，第39—40页。
② 《方毅传》编写组：《方毅传》，人民出版社2008年，第477—479页。
③ 浙江省水利志编撰委员会：《浙江省水利志》，中华书局1998年，第936页。

建一座能容纳 7000 个座位的体育馆，并派遣一支调研队伍至埃塞俄比亚开展建一个纺织厂、一个水泥厂以及一个陶瓷厂的可行性调研。

中国和马达加斯加在塔那那利佛签署《关于木腊芒加—昂德拉努南邦古公路会议纪要》，确定中国为马援建木昂公路（即马达加斯加二号公路）。

中国援建的塞拉利昂曼格公路桥项目移交。曼格桥为桥长 363 米、宽 8 米的空腹式钢筋混凝土双曲拱桥，5 孔—53 米。1974 年 9 月开工，1976 年 3 月建成移交。这座桥梁位于北方省的曼格镇附近，是跨越小斯卡西斯河的公路桥，全长 362 米，桥型为钢筋混凝土空腹式无铰双曲拱，引道长 3.3 公里。①

中国派遣的打井专家再次进驻毛里塔尼亚，修复此前援助的受腐蚀损坏的水井。中国援毛里塔尼亚供水工程移交几年后，水中的铁细菌腐蚀井管导致镀锌缠丝滤水管受到腐蚀，水井出现涌沙、水位下降和出水量减少等问题。"中国政府决定从其他国家选购不锈钢滤水管，派人在老井附近重新打井。1977 年 3 月，打井工程开工，11 月完成了重打 18 眼新井的任务，日总出水量达 2.5 万立方米，高于原井出水量。新井大多布置在老井旁，确保了原有的管道和设备的充分利用。为了确保抽水设备经久耐用，还增设了加氯间，更换了原来的潜水泵。"②

3 月 1 日，中国援建塞拉利昂的坎比亚公路桥开工。项目规模为桥长 359 米、宽 8 米的空腹式钢筋混凝土双曲拱桥，6 孔每孔 53 米。

4 月，中国援助埃及的米尼亚省砂砖厂开工建设。砖厂年产普通实心砖 5000 万块，由国家建委承办。

中国开始向莫桑比克派遣医疗队，由四川省卫生厅组织派遣。全队 29 人，分别在太特和西莫尤两个省医院工作。

中国援助布隆迪的布琼布拉联合纺织厂开工。1979 年 4 月建成投产，日产布 3.5 万米，有工人 1700 余人，总投资 1794 万元。中国为布琼布拉联合纺织厂提供纱锭 1.5 万枚、布机 520 台和相应的印染设备，项目由安徽省轻工局负责承建。建成后，安徽省派来数十名技术人员协助生产。③

---

① 石林：《当代中国的对外经济合作》，中国社会科学出版社 1989 年，第 197—198 页。
② 石林：《当代中国的对外经济合作》，中国社会科学出版社 1989 年，第 575 页。
③ 《布琼布拉联合纺织厂连年盈利》，《国际经济合作》，1988 年第 12 期。

5月,中国援助桑给巴尔制材厂建成完工。"该项目是由国家农林部承建,黑龙江香坊木材厂筹建,国家建委为协作部,安徽省基本建设局为协作单位,1975年开工建设。项目年处理原木3000立方米,年产成材1800平方米,厂区占地面积1.21万平方米,建筑面积577平方米。"①

5月23日,苏丹总统尼迈里出席中国援建的友谊厅落成仪式。对外经济联络部部长方毅率中国政府代表团应邀参加。"苏丹喀土穆友谊厅是一座综合性的大型高级公共建筑,由会议楼、国际会议厅、宴会厅、展览厅和影剧院五部分组成,建筑面积2.47万平方米,设备和家具也全部由中国提供。这个项目于1973年1月动工,1976年5月建成,5月23日,苏丹政府举行落成典礼,尼迈里总统亲自剪彩,对外经济联络部部长方毅率中国政府代表团参加。友谊厅建成后,已成为苏丹政治、文化活动的中心。苏丹政府领导人经常在友谊厅办公和会见外宾。苏丹人民称友谊厅是'盛开在尼罗河畔的友谊之花'。友谊厅建成以前,当地原有的影剧院都是露天的,由于天气炎热,风沙大,各种文艺活动只能在天气好的晚间进行。友谊厅的建成,也为苏丹首都开展文化活动提供了良好的条件。每年仅影剧院的售票收入就可以维持友谊厅的日常开支。"②

6月,中国开始向圣多美和普林西比派遣医疗队,由黑龙江省卫生厅组织派遣,全队9人。

中国开始向布基纳法索派遣医疗队,由北京市卫生局组织派遣。

中国援助赤道几内亚的电信工程开工建设。赤道几内亚电信工程由江苏省邮电局筹建,1972年底开始考察、设计,1976年6月开工,1980年6月建成使用。工程包括首都马拉博和大陆省巴塔分别建3200平方米和3400平方米的电讯楼,设置两市市内电话主干线路并安装室内自动电话1500门和1000门,建设巴塔无线短波发射台,扩建马拉博巴拿巴发射台以及莫妮河省11个县间的通讯设备。这一工程的建成,不但解决了两市间的电报联络和市内电话通讯,而且还将两市用户与加蓬、喀麦隆、西班牙的国际通讯联络了起来。赤道几内亚国家元首奥比昂在移交仪式上说,"中国和赤道几内亚的合作是非常诚挚、高尚和珍贵的","中国

---

① 安徽省地方志编撰委员会:《安徽省志·对外经济贸易志》,方志出版社1998年,第315页。

② 石林:《当代中国的对外经济合作》,中国社会科学出版社1989年,第202—219页。

和最高军委会以极大的荣幸，满意地接受这一壮观的电讯工程"。①

6月10日，中国政府和科摩罗政府经济技术合作协定在北京签订。

6月22日，北京市向几内亚派出第六批医疗队，全队62人，于1981年9月完成任务回国。

7月，中坦赞三方举行第八次会谈，在会谈中，中国方面表示，中国不仅要把铁路修建起来，而且要教会坦、赞人民掌握技术，经营管理好这条铁路。

四川省派出农业技术专家赴莫桑比克开展农业技术合作。四川省派出以渠县县委书记李方为组长、由29名专家组成的农机组赴莫桑比克的尼亚萨、莫安巴两个农场开展工作。经过连续4年的探索和试种，1982—1983年终于在尼亚萨农场试种成功。每公顷平均产量为3502公斤（折合亩产233.5公斤）。其中最高单产一公顷6000多公斤（折合亩产400公斤），打破了外国专家"尼亚萨属小麦禁区"的断言。与此同时，农场主要作物玉米也试种成功，平均单产每公顷产量为3502公斤，农机组的试验示范地最高单产每公顷9232公斤（折合亩产615.5公斤）。并在尼亚萨农场试种成功一个面积为5公顷的苹果园和梨园。②

中国开始向几内亚比绍派遣医疗队，由贵州省卫生厅组织派遣。

中国和贝宁两国签订医疗合作协定。

7月1日至1979年6月30日，新疆生产建设兵团对坦桑尼亚马菲恩戈国民服务队进行技术指导。"这是一项技术合作援助项目。1978年底完成总体规划，规划总面积4046公顷，其中耕地1411公顷；修路56.5公里；修建仓库500平方米；晒场2900平方米。兵团帮助制定了改进农业技术措施。为坦桑尼亚开办12个国民服务队农业官员学习班，培训15名农业技术官员。合作期间先后派遣专家组长、工程技术人员18人次，为坦桑尼亚生产粮食195.9万公斤。"③

7月14日，坦赞铁路胜利建成。"中国政府正式将坦赞铁路移交给坦桑尼亚和赞比亚两国政府。这标志着坦赞铁路这项工程的正式完工。赞比亚总统卡翁达、坦桑尼亚总统尼雷尔和国务院副总理孙健率领的中

---

① 江苏省地方志编撰委员会：《江苏省志·对外经济贸易志》，江苏古籍出版社1997年，第312页。
② 四川省地方志编撰委员会：《四川省志·外事志》，巴蜀书社2001年，第296页。
③ 新疆通志编撰委员会：《新疆通志·外事志》，新疆人民出版社1995年，第213页。

国政府代表团出席在赞比亚新卡比里姆博希车站举行的交接仪式。扎伊尔总统蒙博托、博茨瓦纳总统卡马应邀参加。为建设这条铁路，中国政府提供无息贷款 9.88 亿元人民币，共发运各种设备材料近 100 万吨，先后派遣工程技术人员近 5 万人次，高峰时期在现场施工的中国员工队伍多达 1.6 万人，在工程修建及后来技术合作过程中，中方有 64 人为之献出宝贵生命。铁路建成后，交由坦赞两国组成的铁路局共管。其后，为保障铁路的正常运营，中国继续提供无息贷款，予以技术合作援助，并派出专家和技术人员参与管理或提供咨询。截至 1999 年底，累计派出专家近 3000 人次。"①

7 月 15 日，河南省向埃塞俄比亚派出第二批医疗队，全队 29 人，于 1978 年 11 月 19 日完成任务回国。

7 月 26 日至 8 月 9 日，博茨瓦纳总统卡马访问中国。8 日，中国政府和博茨瓦纳政府经济技术合作协定在北京签订。

8 月，河北省交通厅派出公路测设队赴马达加斯加勘测设木昂公路，国内也即着手施工筹建工作，并组织人员和物资陆续抵马。

广东省向赤道几内亚派出第六批医疗队，全队 14 人，在巴塔工作，于 1978 年 10 月完成任务回国。

8 月 18 日，中国派遣的援摩洛哥水稻考察组人员抵达摩洛哥首都拉巴特。安徽省组织了 6 人水稻考察组赴摩洛哥考察，安徽省革命委员会农林局副局长高俊超任组长，六安地区农林局副局长马学模为水稻栽培技师，省农林局农业处汪涉云为水稻育种技师，巢县农林局胡家之为土壤技术员。8 月 20 日，专家组开始展开工作，先后考察了摩洛哥主要水稻产区卡尔贝平原国家农场、农业合作社和私人种植者的水稻生产情况和水利设施；考察了摩洛哥唯一的水稻研究所——达济试验站，考察了水稻种植、栽培和植保等各项工作；双方广泛交流了水稻生产和水稻科学技术情况。最终，围绕中摩水稻技术合作的主题，专家组拟定了《中国赴摩洛哥水稻考察组——水稻技术合作方案（草稿）》。②

9 月，中国和尼日利亚两国政府就打井项目交换照会，1976 年 1 月正式签订《关于打井工程项目议定书》。"中国派出由 27 名工程技术人

---

① 裴善勤：《列国志：坦桑尼亚》，社会科学文献出版社 2008 年，第 579 页。
② 安徽省地方志编撰委员会：《安徽省志·农业志》，安徽人民出版社 1998 年，第 730—731 页。

员组成的打井队,在尼日利亚东北部乍得湖盆地打成饮用机井36眼。每次中国人打井的时候,当地村民扶老携幼围在工地周围看,打出水来了,村民们高兴得又蹦又跳,奔走相告,还会给打井的工人送来鸡、羊慰问。偶尔有些地方钻了几十米也打不出水来,村民们失望的表情看得打井工人心里都难受。在缺水的地区,一口井意味着村民可以不用走十几里路出去找水,不用再喝池塘里的泥浆水。农田灌溉、牲畜饮水,都不用烦心了。"①

9月7日,中国援助摩洛哥茶叶考察组抵达摩洛哥首都拉巴特。"茶叶考察组由先期赴摩洛哥的高超俊任组长,农业技术员白耕福、法语翻译刘洪存及后期赴摩的茶叶技师王镇恒和茶叶技术员潘吉兴等5人组成。专家组在赴摩水稻考察组的基础上,对茶叶生产和茶叶技术进行专业性的考察,完成了《中摩茶叶技术合作可行性考察报告》。"②

10月16日,北京市向布基纳法索派出第一批医疗队,全队16人,于1978年7月完成任务回国。

11月,中国政府与中非政府首次签订了《关于中国派遣医疗队赴中非工作的议定书》。

1976年11月,陕西省向苏丹派出第八批医疗队,全队29人,于1978年12月完成任务回国。

11月15—22日,中非总统博卡萨访问中国。11月16日,中国政府和中非政府经济技术合作协定在北京签订。

12月,卢旺达糖厂改建工程完工。"卢旺达糖厂原是一个日处理甘蔗50吨的小厂,因管理不善、设备陈旧,长期亏损。应卢方要求,中国帮助改建,将生产规模提升到日处理甘蔗150吨。改建工程于1976年12月完成后面貌一新,设备运转正常,年产糖2200—2400吨,可满足全国需要量的四分之一左右。项目移交前的试生产阶段,盈利达6670万卢旺达法郎(约合人民币148万元)。移交后,双方继续进行技术合作,中国专家热情地向卢方人员传授技术。1978年技术合作结束时,卢方人已能担任全厂的生产技术和经营管理工作。"③

---

① 胡锦山:《非洲的中国形象》,人民出版社2010年,第195—196页。
② 安徽省地方志编撰委员会:《安徽省志·农业志》,安徽人民出版社1998年,第730—731页。
③ 石林:《当代中国的对外经济合作》,中国社会科学出版社1989年,第162—163页。

12月，援布基纳法索农业技术组来到博博省奥罗达腊县班若村的班若垦区帮助布方开荒造田、种植水稻。博博市到垦区的公路上有一座简易桥，多年失修，雨季洪水泛滥时，两岸交通断绝。为此，布方请中国帮助修一座新桥，布方出资。经慎重考虑，中国专家承担了修桥任务。"他们就自行勘测，绘制地形图，探明水文地质情况，自制工具，用人工深打底桩、现场灌注等办法，克服了不少困难。从1976年10月开始勘测设计到1977年6月建成，只用了8个月时间，一座全长34.4米、载重15吨的钢筋混凝土双曲拱桥架设在姑河上。布方实际投资2385万非洲法郎，比预算节省了115万非洲法郎，援款性质为贷款。1977年8月12日，桥梁举行竣工仪式时，布政府6位部长出席。博博省政府秘书长赞扬中国农技组为他们修建了一座质量高、投资省的桥梁。一位老人热情地握着中国专家的手说：'中国好，今后我们过河再不用发愁了！'"①

---

① 石林：《当代中国的对外经济合作》，中国社会科学出版社1989年，第285页。

第四章　在痛苦中反思的中国对非援助（1977—1982）

第一节　中国对外援助的反思与痛定思痛

一、一个时代的结束与中国对外援助的反思

过去的20年是中国对非援助迅速扩展的时期，虽然中国的领导人曾经考虑过如何让中国在援外项目当中获益，让中国和非洲共同通过同一个援助项目获得发展机会，如"抓援外、促国内"等政策，但是，大规模的无偿援助，"没有坚持量力而行的方针"，造成中国在沉重的外援中几乎不堪重负，甚至影响到国内经济的正常运转。

文化大革命的结束和改革开放国策的确立标志着一个新时代的开启，中国开始思考重新定位外援与发展的关系。1979年中国开始接受外国援助，这意味着发展中的中国不再是一个净援助者，也改写了中国不接受外援的历史，同时也赋予中国另一个全新的身份，即在扮演援助者的同时还是一个受援对象。伴随着对如何定位对外援助在中国经济中的地位的思考，中国国内陷入对过去20年对外援助的痛苦反思之中，此前最为重要的援助伙伴越南和阿尔巴尼亚在政治上与中国的背道而驰更加深了这一反思中的酸楚，改革开放初期国内经济的捉襟见肘让减少援外资金的讨论再次聚焦成为热点。多年勒紧裤带援外的中国人民开始反思这样一个问题，即大规模的无偿援助是否应该继续，仅有的资金如何更有效地开展外援。经过长期反思和讨论，援外资金的减少和援外规模的缩减已为大势所趋。

长期的痛苦反思和深入讨论也为这一领域的理性决策铺就了道路。

1980年3月，对外经济联络部在北京召开了全国外经工作会议，提出了中国继续在"八项原则"的基础上做好援外工作，提出新形势下外经工作的新方针，即"有出有进，平等互利，为促进友好国家的经济发展，加速中国四个现代化建设作出应有的贡献"。这个新方针在重申传统援外原则的基础上，强调援助的互动及中国的获益，"有进有出""平等互利""为促进友好国家的经济发展，加速中国四个现代化建设作出应有的贡献"，在关注非洲发展的同时兼顾中国的建设。这一新方针传达了一个重要的信号，即中国对外援助的目标从单方面强调受援国的发展向兼顾中非双方的发展和建设转变。这一信号暗示，中国的对外援助将更多地强调援受双方在援助过程中的互动和交流沟通，特别是援助者中国的利益得到了尊重和体现。本次会议确立了未来援外应充分考虑国内的经济形势，量力而行。①

中国在援助中利益的彰显和尊重颠覆了过去中国外援的利益观，即单方面强调受援对象获益的纯粹无偿援助时代已经一去不复返了。新的利益原则的确立带来一个新的问题，如何评价和看待过去中国大规模的无偿援助。在一份题为《关于认真做好对外援助工作的意见》的国务院文件中解答了这一疑惑。该文件充分肯定中国在过去30年里援外取得的成绩，认为中国对外援助"效果是显著的，意义是重大的，影响是深远的"，为中国赢得了政治上的美誉和国际上的良好形象，并配合了中国的对外斗争，为巩固和发展国际反帝反殖反霸统一战线起到积极作用。②至此，中国新时期的对外援助政策走向趋于明确。

二、对外援助对外交关系的推动

"文化大革命"期间，伴随着中国革命激情的澎湃与高涨，中国的对非援助的数量和范围都经历了一次阶段性的高潮。"文革"结束后，中国更多的精力致力于国内政治经济环境的调整与恢复，中国对非洲援助总体规模缩减。1976—1980年间，年均援助数额为94万美元，特别是20世纪80年代初，中国的援助数额进一步回落。1982年，国家领导人赵紫阳访问非洲后，援助方针调整为"十六字方针"，伴随新的援助方

---

① 石林：《当代中国的对外经济合作》，中国社会科学出版社1989年，第67页。
② 石林：《当代中国的对外经济合作》，中国社会科学出版社1989年，第69页。

针的确立援助额度也逐渐有所增加。①

虽然这一时期的中国对非援助出现了起伏和调整，但这并不意味着非洲在中国外交版图中地位和影响的战略性下降。在当时的形势下，新思维和新角度成为中非关系继续推进中势在必行的选择。这一时期中非之间的高层交往依然频繁，由此可见，虽然中国国内政局较为复杂，但非洲依然是对外交往的重要对象。据不完全统计，这一时期共有32位非洲国家的总统和总理到中国访问，其中总统或国家元首28人，总理4人。有的国家的总统在此期间曾多次访华，如加蓬总统邦戈和马达加斯加总统拉齐拉卡先后3次访华，扎伊尔总统蒙博托、喀麦隆总统阿希乔和索马里总统西亚德均访华两次以上。由此可见，中非之间的高端访问并不因援助额度的起伏、援助数量的增减而出现较大的变化，中非人民之间的友谊经受住了风雨的考验。如此频繁的中非互访展现和表达着非洲国家领导人和人民对中国的友好和信任。

三、援助项目情况

从整个中国对非援助的历史进程来看，这一时期是一个极为特殊的过渡时期，传统政策的变革已成定局，而新的政策方针尚未明确，这一特殊背景决定了此时新签约和上马的大型项目不多，绝大部分的项目属于此前签约在本阶段开始勘探施工的项目。然而，新签援助项目的青黄不接并不意味着这一时期援助项目的萎缩，恰恰相反，这一时期中国在非洲依然援建了许多有影响力的重大项目。

从世界范围来考察，这一时期的援助量引人注目。据统计，粉碎"四人帮"后的1977至1980年间，新承担的成套项目141个，新开工的项目173个，竣工项目181个。② 20世纪70年代，中国先后同29个非洲国家签订了经济技术合作协定。1970年代，中国保持着援助非洲的旺盛激情，共向28个非洲国家提供了1.8亿美元的援助。在援助的数量上看，中国的对非援助比苏联对非援助还要多。五六十年代，中国对非洲的经济援助只相当于苏联经济援助的22.5%，到70年代中期，苏联对非洲的援助只相当于中国的56%。③

---

① 李安山：《论中国对非洲政策的调适与转变》，《西亚非洲》2006年第8期，第20页。
② 《1981年中国经济年鉴》，经济管理杂志出版社1981年，第134页。
③ 刘朝缙：《对外经济关系与务实》，对外贸易教育出版社1985年，第268页。

从援助项目的类型来看，主要是传统的援助领域和类型，涉及农业、农产品加工业、大型基础设施建设等等，影响力较大的项目包括索马里的贝莱特温至布劳公路、毛里塔尼亚的友谊港、马达加斯加的木昂公路、扎伊尔的人民宫、索马里的费诺力稻谷农场、马达加斯加的木伦达瓦糖厂等。当然，除了这类传统的项目，在新兴项目上依然有所拓展，如在毛里塔尼亚建立了专门的卫生中心展开预防医学研究，将毛里塔尼亚的全国预防医学实践和科研相结合，关注和研究当地的流行病和多发病，为毛里塔尼亚第一代预防医学的技术人员。中国专家为毛里塔尼亚医疗卫生事业做出的贡献，受到毛里塔尼亚国家领导人的赞扬。①

中国对外提供的成套项目，大多数依然是与非洲人民生活息息相关的工农业生产项目，到 80 年代初期，中国在非洲共承担农业项目总计 45 项。中国为非洲国家建设的这些工农业项目呈现以下几个方面的特点：

第一，在建设农场、推广技术的基础上因地制宜，坚持以农业为主，同时兼顾发展其他多种经营。中国帮助非洲国家在平坦广阔的地区建立农场，建立农业技术推广站，在开荒造田的基础上发展农业工业，如在甘蔗农场的基础上建立甘蔗加工厂；在茶叶种植的基础上发展茶叶加工业；在农业技术推广的基础上建立农具加工厂和农机修配厂；在开辟农场灌溉水源的基础上建立小型水利工程和水电站等。通过这类方式巩固了非洲农业的机械化和工业化水平，提升农业的自主发展能力，带动农业技术的变革和农村经济的发展。

第二，中国所援建的工业项目主要面向改善人民日常生活所需，因此建立了大量的围绕着衣食住行问题而展开的小型工业项目。工业项目的发展，中国注重在充分兼顾非洲国家民生需要的基础上，建设农产品加工和轻工业项目，如纺织厂、服装针织厂、皮革皮鞋厂、糖厂、粮油加工厂、卷烟厂、火柴厂、陶瓷厂、砖厂等。这些项目因直接针对非洲民生的改善而获得当地民众的赞誉。中国在非洲一些国家的干旱地区帮助打井，建设供水工程，解决当地群众世代缺水的困难。干旱地区的民众看到渴慕已久的甘霖时，欢呼雀跃称之为"中国水""友谊水"。②

第三，中国在充分利用当地资源的基础上发展小型工业，做到当地原料的物尽其用。为了充分利用和发掘当地的资源优势，中国援建的工

---

① 石林：《当代中国的对外经济合作》，中国社会科学出版社 1989 年，第 239—240 页。
② 参见《1981 年中国经济年鉴》，经济管理杂志出版社 1981 年，第 134—137 页。

业项目的原料尽量考虑就地取材。比如火柴厂所需石英、陶瓷厂所需陶瓷土、砖厂所需粘土均来自当地，充分利用当地资源的同时，节省了千里迢迢运输原材料的时间和费用。

第二节 编 年

1977 年

应阿政府要求，中国派出养鱼专家组帮助改建阿尔及利亚的马扎夫朗养鱼中心。该养鱼中心是阿方 1975 年建立的。中国专家抵达一年后，养鱼中心的面貌发生了明显变化。中国专家针对原有两三百尾鲤亲鱼病情严重的情况，采取调整分塘、循环换水等方法，精心管理，使一部分鲤亲鱼很快复原。为了用先进的脱沾流水孵化法繁殖鱼苗，他们又帮助阿方专门加工制造了流水孵化桶，并抓紧有利时机，连续工作四十昼夜，繁殖鱼苗 178 万尾。同时还改建了原有十几个荒塘，开了几十亩新塘，扩大了养殖水面。当年育成大小鱼苗 60 多万尾，有 3 万尾成鱼供应市场。阿电视台拍摄了人工催情、水质化验和鱼种投放等电视片，向全国播放。①

中国水稻专家组在帮助圣多美和普林西比种植水稻的同时，还帮助发展养猪。过去，圣多美和普林西比一些农场大都用进口材料盖猪舍，进口饲料喂猪，加之饲养方法不当，养猪业难以发展。中国专家经过调查研究，积极向圣多美和普林西比方面提出就地取材的建议，并同对方人员一起上山砍树、砍竹子，很快建起了一个简易养猪场。他们还利用当地的椰子、棕榈麸、面包果、野芋头等做饲料，加入一些大米、米糠、豆子，并以少量海水作为微量元素矿物质的补充，喂养效果好，肉猪生长很快。这个简易养猪场一年养猪 65 头，年底存栏 36 头。在中国专家指导下，当地工人经一年时间，学会了饲养管理，能够分辨猪的正常生理与异常病，有的还掌握了阉猪技术。中国水稻专家组因陋就简办猪场，利用当地饲料养猪，得到圣多美和普林西比政府的好评。达科斯塔总统在国庆演说中说："关于养猪业，我国也有着良好的前景，在我国合作养

---

① 石林：《当代中国的对外经济合作》，中国社会科学出版社 1989 年，第 233 页。

猪取得的成果，使我对未来充满信心。"①

中国帮助马里援助建成第二座甘蔗农场，计划在第一糖厂的基础上建设第二糖厂。马里长期以来食糖依靠进口。为帮助马里生产食糖，中国从1962年起先派专家帮助试种甘蔗；获得成功后又于1970年、1977年先后帮助建成了两个甘蔗农场，合计耕地面积4755公顷，同时援建了两座相应规模的糖厂，开创了马里自产食糖的历史。甘蔗种植的成功、糖厂的建成，在马里及其周围国家引起了很大反响。马里总统穆萨·特拉奥雷说："马里人民在征服不发达困难的斗争中一直得到中华人民共和国的帮助，糖厂是巩固马中团结友好关系的工业成就长链中的又一环，使我国明显减少食糖进口，大大节约了外汇开支。"马里周围一些国家的领导人前往参观后说：马里土地上能长出甘蔗，那么在我国国土上种甘蔗也有希望，我国也要自力更生种甘蔗，生产食糖。②

中国派出生物制品专家组帮助坦桑尼亚进行疫苗生产。"一年中，在中国专家的管理和指导下共生产出32批冻干疫苗，其中：冷冻牛痘苗40万人份，卡介苗30万人份，均符合标准，试用效果良好。坦方将牛痘苗送国际卫生组织检验后，列入《世界疫苗手册》。生产疫苗过程中，中国专家一面帮助建立生产管理制度，一面传授技术，先为坦方培训了8名牛痘疫苗生产技术人员，3名卡介苗生产技术人员，3名疫苗冻干机技术员，3名实验员，都能独立操作，还有16人掌握了疫苗真空封口技术。"③

中国提供设备的马达加斯加"特利"国营农机修造厂落成。④

中国派水稻专家在博茨瓦纳北部马翁试种水稻，获得成功，但由于所产大米成本高以及其他原因，于1989年停止种植。⑤

中国援助埃及的齐夫塔服装厂开工，设计规模为年产各类服装175万件，由上海市手管局负责承建。

苏联入侵扎伊尔沙巴省后，中国向扎伊尔军队提供了部分轻武器、

---

① 石林：《当代中国的对外经济合作》，中国社会科学出版社1989年，第207页。
② 石林：《当代中国的对外经济合作》，中国社会科学出版社1989年，第148页。
③ 石林：《当代中国的对外经济合作》，中国社会科学出版社1989年，第241页。
④ 王建：《列国志：马达加斯加》，社会科学文献出版社2011年，第228页。
⑤ 石林：《当代中国的对外经济合作》，中国社会科学出版社1989年，第162页。

防空机枪和野战炮等装备，并帮助其进行军事训练。①

坦桑尼亚曼古拉机械机床有限公司移交坦桑尼亚政府后，双方进入技术合作阶段。原为坦赞铁路建设服务的施工机械大修厂，拥有主要设备306台。中国专家负责技术指导和培训，积极参与管理，协助坦方组织生产和经营。该公司根据当地实际需要，将修理厂转变为制造厂，生产磨玉米面机、碾米机、咖啡脱壳机、水泵等小型机械，同时也经营吉普车的部分配件制造和修理业务，还在首都开设分厂，扩大了修理业务，经济效益不断提高，1983年的收入比1978年提高近3倍。这个公司在坦桑尼亚已成为有影响力的企业，受到政府的高度重视。②

北京火柴厂承办马达加斯加的木腊芒加火柴厂技术改造完工。

中国援建塞内加尔的项目坎比亚公路桥竣工移交。坎比亚公路桥总长430米，接线工程3.13公里，该项目由湖南交通局承建。

中国援建的卢旺达水泥厂竣工。建成后的水泥厂具有年产水泥5万吨的生产能力，由河北基建局负责承建，总投资1015万元。

中国援助喀麦隆的拉格都水电站开工建设。该项目库容量76亿立方米，装机容量7.2万千瓦，由云南省电力局负责承建。③

中国援助加蓬建设国家针织公司开工，规模为年用棉纱60吨，由陕西省纺织局承办。

中国开始向援建的毛里塔尼亚卫生中心派遣专家，进行预防医学研究。"毛里塔尼亚卫生中心是毛里塔尼亚全国预防医学实践和科研相结合的机构。建成以后，中国卫生部门于1977—1982年又先后派出3批共37名专家在这个中心工作，为毛里塔尼亚进行全面的预防医学研究。五年中，他们先后17次深入全国9大区的30多个省市，对当地疟疾、血吸虫、脊髓灰质炎、痢疾等流行病进行调查研究，并进行饮水、食品卫生的监测工作。他们共作防病体检2.8万多人次，化验检验血、尿、便1万多人次，采血涂片检查5000多人次，基本摸清了全国主要传染病、寄生虫病、常见病的发病地区和人群流行情况及特点，绘制出全国血吸虫

---

① Warren Weinstein and Thomas Henriksen, *Soviet and Chinese Aid to African Nations*, New York: Praper Publishers, 1980, p. 164.
② 石林：《当代中国的对外经济合作》，中国社会科学出版社1989年，第176页。
③ 石林：《当代中国的对外经济合作》，中国社会科学出版社1989年，第188页。

病、疟疾的流行区域图，并提出了预防措施。"① 此外，他们还对2万多名青少年的生长发育主要指标，绘制出青少年生长发育曲线图，为指导疾病防治、改进学校体育卫生工作提供了科学依据。"在调研的基础上，中国专家写出了《毛里塔尼亚全国血吸虫病、疟疾、痢疾等主要传染病发生流行情况及防治措施报告》、《全国青少年体质、体态生长发育调查报告》、《麻疹疫苗接种后免疫效果观察》、《部分地区蚊蝇分类栖息情况调查》、《城市污水灌田卫生学评价》等34篇专题报告，填补了毛里塔尼亚预防医学的空白，指导了疾病防治工作的开展。为使毛方人员尽快掌握预防医学技术，他们还采取以实验形象教学为主、理论讲解为辅的方法，系统地向毛方人员讲授预防医学理论800多课时，传授饮食卫生检验、食品理化、毒物分析、毒理实验、寄生虫、病毒、细菌检验等技术。经过培训，不少学员能独立进行检验工作，成为毛里塔尼亚第一代预防医学的技术人员。中国专家为毛里塔尼亚医疗卫生事业作出的贡献，受到毛里塔尼亚国家领导人的赞扬。"②

1977年起，中国开始接受中非留学生来华学习和进修。

中国援助卢旺达的基加利至胡儒莫公路竣工移交。公路总长160公里，由北京市交通局承建，总投资1800万元。

湖北省水电局具体承办的援助项目毛里塔尼亚火力发电站竣工。该发电站总装机容量2.4万千瓦，总投资700万元，是1975年开工建设的。

援助马里的塞古纺织厂扩建项目竣工。该项目由陕西省轻纺局，河南省建委，北京市电力局负责承办。该扩建项目增加了1万枚纱锭、416台布机，以及相应的印染设备、印染、针织、缝纫车间各一座，容量为2720瓦的自备电站，总投资2310万元。

中国援助布隆迪的穆杰雷水电站开工建设。装机容量8000千瓦，由广西自治区水电局负责承建，1982年5月投入使用。

中国援助埃及的纳赛尔医药化学公司新厂竣工。年产葡萄糖等各类药用化学品1000吨，由山西省太原制药厂承建，总投资970万元。

由广东省水电局负责承建的刚果（布）布昂扎水电站及变电工程竣工移交。本工程装机容量7.4万瓦、110千伏主干线130公里、35千伏

---

① 石林：《当代中国的对外经济合作》，中国社会科学出版社1989年，第239页。
② 石林：《当代中国的对外经济合作》，中国社会科学出版社1989年，第240页。

输电线路 86 公里，提供斧头 3 万件，总投资 9122 万元。

中国援助利比里亚的巴里克体育项目开工。

中国援助加蓬建设国家针织公司建成，规模为年用棉纱 60 吨，由陕西省纺织局承办，总投资 216 万元。

乒乓球教练员叶佩琼到尼日利亚任教 1 年，体操教练员张仲霖到尼日利亚任教 1 年，魏廷陞和袁振到尼日利亚组训团体操 3 个月。

1977—1978 年，江苏省派遣排球教练王贵生到几内亚比绍任教、体操教练杨秋荣到尼日利亚任教。

从 1968 年至 1977 年，中国帮助马里先后建成了库玛碾米厂、赛瓦雷蒸谷碾米厂、恩代布古碾米厂。"三个碾米厂合计生产能力为日处理稻谷 180 吨。这三个碾米厂机械化程度较高，操作方便，投产后实际生产能力均超过设计指标，出米率和米的质量比马里原有米厂高。马里国家领导人称赞中国援建的米厂在马里同类工厂中是最先进的。"[1]

1 月，中国向冈比亚派遣首批医疗队。

1 月 12 日，中共中央任命陈慕华为对外经济联络部部长。

2 月，中国援建赤道几内亚的巴塔广播电台移交赤方。"新的广播电台位于莫尼河省首府巴塔市，这里原仅有一套小型陈旧的广播设备，覆盖面仅及巴塔市区范围。……项目包括巴塔广播电台安装 2 部 50 千瓦短波发射机，一座建筑面积 1500 平方米的播音馆。1975 年 1 月项目开工，1977 年 2 月建成移交并转入技术合作。该项目是由三个单位实施的，中央广播事业局设计室设计，贵州省建委土建施工，中央广播事业局工艺安装。这个电台既可向全国广播，又兼对国外广播，效果较好，南美和西欧的一些国家也能收听到。1985 年，应赤道几内亚政府的要求，中国又派专家帮助进行全面大修，进一步提高了播音效果。"[2]

中国政府与利比里亚政府签署协议，由中国派专家对巴他维农场进行技术指导。

中国援助塞内加尔打井工程开工。"该项工程由河南省建工局与山东省共同承担。山东省承担 60 眼打井任务，河南省承担其中 20 眼井上装

---

[1] 石林：《当代中国的对外经济合作》，中国社会科学出版社 1989 年，第 165—166 页。
[2] 石林：《当代中国的对外经济合作》，中国社会科学出版社 1989 年，第 202—203 页。

备工程。1982年3月项目完成。河南省建工局共派出工程技术人员52人次，总投资806万元人民币。"①

2月17日，中国政府和利比里亚政府经济技术合作协定在蒙罗维亚签订，中国开始向利比里亚派遣农业技术组，接替台湾农耕队。"1977年2月17日，中国同利比里亚正式建交。在双方的建交谈判和第一份经济技术合作协定中，利方要求中国派出农业技术专家接替台湾在利的甘蔗农场和哈珀糖厂。中利建交公布后，广东省轻工业局和农业局共同组建了甘蔗农场联合技术组，立即派出先遣组抵利顶替台湾农耕队，广东省轻工局选派邓文质担任组长，广东省农业局选派林济业担任副组长。在中国技术组接替后的第一个榨季（1977年7月18日至1978年2月5日），实榨43天，共榨蔗4.57万吨，产糖1340吨。1978年7月，广东省农业局派李世筱接替林济业任农场组副组长。该农场原只种糖蔗1.68万亩，中国农技组顶替后，一方面加强对原有糖蔗的栽培管理，另一方面扩大种植面积，至1980年共新植糖蔗3.33万亩。由于采用优良品种，适当密植，增施磷肥等技术措施，糖蔗产量明显增加，1979—1980年榨季平均亩产蔗3.33吨，比台湾农耕队高27%。"

"从1977年7月至1981年5月，广东省先后派出131个专业技术人员经过四个榨季生产期，共处理甘蔗15.65万吨，产糖7260吨。由于厂址条件和原设计先天不足，原工艺设计及工艺设备对生产一级白糖设备不平衡，加上甘蔗生产管理不善，斩、运、榨脱节，平均日供甘蔗量仅254吨，平均甘蔗含糖分仅有8.19%。由于生产不正常，年年亏损，1981年5月，糖厂因亏损严重宣告关闭，中方人员撤离该厂。"②

3月，中国援建的苏丹瓦格公路建成。"苏丹瓦格公路全长227公里，沿线因地质条件非常特殊给中国技术人员带来了诸多困难。沿线多为灰黑色和黄褐色的'棉花土'。这种土壤遇水膨胀，失水又收缩龟裂，干燥状态下具有很高的承载力，但一经浸水便会变得松软，甚至失去承载能力，每到雨季，地面上涨达10多厘米。当地常年气温高达40—60摄氏度。中国专家组在这样的条件下探索出在这种路面上建筑公路的技

---

① 河南省志编撰委员会：《河南省志·对外经济贸易合作志》，河南人民出版社1995年，第196—197页。

② 广东省志编撰委员会：《广东省志·农业志》，广东人民出版社2002年，第519页；广东省志编撰委员会：《广东省志·一轻工业志》，广东人民出版社2006年，第243页。

术方法，为苏丹建成了这条主要交通干线。1981年5月—1984年10月，又完成了加铺沥青混凝土路面的工程。这条公路及横跨青尼罗河的汉图布公路大桥（全长507.5米，是中国援外跨度最大的一座预应力钢筋混凝土桥）的建成，沟通了青尼罗河两岸，使苏丹的主要产棉区吉奇拉和主要粮食高产区格达雷夫，同首都喀土穆及其他城市连接起来，成为首都通往红海的主要出海口——苏丹港公路干线的重要组成部分，对苏丹的经济和社会发展具有重要意义。"①

中国援助索马里建设的贝纳迪尔妇产儿童医院竣工移交。

4月，陕西试验砖瓦厂承办的援助项目阿尔及利亚的苏克阿赫腊斯砖厂竣工移交。该项目的设计产量年产三孔、八孔、十二孔空心砖5万吨，折合中国标准砖3588万块，总投资661万元。

5月，中国开始向加蓬派遣医疗队，由天津市卫生局组织派遣，全队10人。

中、冈两国签署中国援助冈比亚修建体育场和运动员宿舍的会谈纪要。

中国政府派遣浙江省的技术人员前往中非勃亚利农技站开展农场恢复工作。"该农场的前身是中非皇帝的一个私人庄园，面积19.8公顷，原有台湾农耕队负责经营管理。1964年，中非与中国建交后，台湾农耕队撤走后，庄园荒芜。中国专家经过五年多艰苦努力，建成了水稻和蔬菜种植、养育等多品种生产经营的示范基地。1982年11月项目移交中非方。"②

6月，中共中央召开了第五次全国援外工作会议。"这是"文革"结束后召开的首次援外工作会议，它重点批判和清算了江青反革命集团在十年动乱中干扰和破坏援外工作的罪行。他们煽动极'左'思潮和无政府主义，破坏生产和建设，搞乱了经济，给援外工作造成很大的困难，有些援外项目不能顺利进行，损害了国家的信誉。会议在总结二十多年经验的基础上，提出了'坚持无产阶级国际主义，坚持援外八项原则，积极稳妥，保证重点，兼顾全面，促进受援国自力更生发展民族经济'的援外工作方针。华国锋、叶剑英、李先念等中共中央和国务院领导人

---

① 石林：《当代中国的对外经济合作》，中国社会科学出版社1989年，第197页。
② 浙江省外经贸志编撰委员会：《浙江省外经贸志》，中华书局2001年，第470页。

接见了与会全体代表。"①

6月6—16日，苏丹总统尼迈里访问中国。9日，中国政府和苏丹政府经济技术合作协定在北京签订。

7月12日至22日，对外经济联络部在烟台市召开援外出国人员选审和政治思想工作座谈会，讨论进一步加强援外队伍建设的问题。

7月19日，以高胡为队长的福建省第二批援塞内加尔医疗队离京赴塞工作，全队18人。第二批援塞内加尔医疗队于1979年12月13日回国。

8月，广东省向赤道几内亚派出第七批医疗队，全队10人，在马拉博工作，于1979年12月完成任务回国。

中国援助赤道几内亚的恩昆—蒙戈莫公路移交赤方。道路全长121公里，路面宽度6米。项目根据1971年8月27日经济技术合作协定议定书立项，1973年10月开工，1977年8月建成移交。由浙江省交通局派遣174人实施，有一个五人专家组。援建队伍分三个大队：第一、二大队负责公路施工，第三大队为汽车修理队。周祥明为第一大队大队长、党支部书记，队员50多人。"②

颁布《对外经援项目筹建单位工作暂行办法》。③

8月6日，国家基本建设委员会、对外经济联络部发出《关于改进援外成套项目设计工作的几点意见》。

8月12日，中国政府和佛得角政府经济技术合作协定在普拉亚签订。

9月，广东省向冈比亚派出第一批医疗队，全队16人，在冈比亚班桑医院工作，于1979年10月完成任务回国。

陕西省向苏丹派出第九批医疗队，全队31人，于1979年8月完成任务回国。

中国援建坦桑尼亚的姆巴拉利农场建成移交。"该农场有稻田3300公顷，配有全套灌溉设备；一座320千瓦水电站，两台160千瓦发电机组；一个年处理稻谷1.8万吨的碾米厂；一个农机修配厂，一个可饲养700头猪的养猪场；一处可饲养300头牛的牛舍；一个年产10万只鸡的

---

① 石林：《当代中国的对外经济合作》，中国社会科学出版社1989年，第62—63页。
② 张华钢：《40年前援建非洲的难忘岁月》，《金华日报》，2013年12月7日。
③ 石林：《当代中国的对外经济合作》，中国社会科学出版社1989年，第88页。

肉鸡场（包括孵化和屠宰）。农场曾有雇员 170 人。建成初期，至 1984 年，年产稻谷均在 2 万多吨，其大米产量占坦桑尼亚全国销量的1/4。对缓解坦桑尼亚粮食供应紧张状况发挥了积极作用。由于农、牧、副业综合经营，该农场年年盈利，到1982年底，净盈利已超过了建场的全部投资。坦桑尼亚政府把它誉为'模范农场'、'坦桑尼亚发展农业的榜样'和'第三世界经济合作的典范'。尼雷尔总统曾亲自给农场授奖，称赞它是'坦桑尼亚农业的榜样，坦桑尼亚和中国合作的结晶'。"①

9月20—27日，赤道几内亚总统马西埃访问中国。23日，中国政府和赤道几内亚政府经济技术合作协定在北京签订。

9月25日，中共中央同意并转发了对外经济联络部党组《关于进一步做好援外工作的报告》。报告指出："建议今后如无特殊情况，援外支出占财政总支出的比例，以不超过百分之四为宜。……每年对外新承担的援款宜控制在十亿元左右。"② 第一次提出对外承包工程和劳务合作的方式，表明要适当承担这类项目。

9月30日，对外经济联络部发布《关于进一步做好援外项目定性设计工作的意见》。

10月，中国援助贝宁洛科萨棉纺厂开工建设。"该项目由国家纺织工业部承建，国家建委协作，安徽省纺织厅筹建，福建省建筑工程局协作，安徽省纺织工业设计院设计，芜湖纺织厂负责设备安装，福建省第五建筑公司负责土建工程。厂区占地8.5公顷，建筑面积2.8万平方米，规模为2万纱锭，产品为纱支48×48，21×21型，年用棉2300吨。1987年2月27日双方交接，项目总造价4689万元人民币，中国政府无偿援助提供。③"

10月至1978年12月底，乒乓球教练员蒋光骝被派往毛里塔尼亚担任毛塔国家乒乓球队教练。"球队组建一年，有男运动员5—6人，基础差、水平低，曾参加过非洲俱乐部级比赛，名列倒数两名。在蒋光骝的培训下，使运动员技术、战术大有提高。1978年再次参加非洲俱乐部级

---

① 裴善勤：《列国志：坦桑尼亚》，社会科学文献出版社2008年，第580页。
② 房维中：《中华人民共和国经济大事记》（1949—1980），中国社会科学出版社1984年，第587页。
③ 安徽省地方志编撰委员会：《安徽省志·对外经济贸易志》，方志出版社1998年，第314页。

比赛，取得团体第五名的成绩。蒋光骝因此受到毛塔体育部的鼓励，登报表扬。"①

10月4日—10日，喀麦隆总统阿希乔访问中国。7日，中国政府和喀麦隆政府经济技术合作协定在北京签订。

10月20日至11月23日，对外经济联络部在北京召开驻外使馆经济参赞处工作会议。根据第五次全国援外工作会议精神，检查总结经参处工作，研究加强国外第一线援外队伍的建设和经参处业务建设问题，讨论制定《关于驻外使馆经参（代）处职责暂行规定》。

10月24日，国务院批转卫生部、外交部、对外经济联络部、财政部《关于调整援外医疗队管理体制的报告》，决定从1978年起，援外医疗队工作由对外经济联络部归口管理。②

10月31日，中国援助塞拉利昂的甘蔗农场开工。项目规模为总耕地面积1340公顷，其中甘蔗种植面积1000公顷，绿肥轮作面积267公顷，以及相应的农田水利、交通道路等配套工程。

11月，中国援建的索马里体育场竣工移交。

中国援助索马里的巴依多瓦供水工程开工。

中国援助索马里的体育场进入技术合作阶段，共进行了3期，每期1年。

11月至1979年12月，中国乒乓球教练员程晋黎被派往埃及担任埃及乒乓球队教练。程晋黎担任教练员的埃及国家乒乓球队有男、女运动员15人，青年乒乓球队有男、女运动员20人，此外他还兼任一期全埃乒乓球教练培训班的教学工作。在一次训练工作会上，埃及乒乓球协会主席阿明·阿布海夫郑重宣布："把训练权交给中国教练，无论是训练计划、人员配对、技术、战术等都由中国教练决定。"并要求"运动员要绝对服从"。1979年，程晋黎担任教练的埃及国家乒乓球队，参加在朝鲜举行的第35届世界乒乓球锦标赛，获男子团体第28名，比上届提高2位，跃居非洲第1位。同年，参加在南斯拉夫举行的第8届地中海沿岸15个国家运动会，获女子团体第4名，还获得男子双打、女子双打和混合双打三项第5名。运动员非常满意，都说，"过去从来没有取得这样好

---

① 安徽省地方志编撰委员会：《安徽省志·体育志》，安徽人民出版社1990年，第170—171页。

② 谢庆奎：《中国援外培训》，北京大学出版社2013年，第87页。

的成绩"①。

11月15日,索马里总统西亚德出席中国援建的摩加迪沙体育场竣工仪式。国家体育运动委员会副主任于步雪率中国政府代表团应邀参加。

12月,中国援助贝宁的科托努体育场动工兴建。"贝宁科托努体育场是一个综合体育设施,占地31公顷,建筑面积4.8万平方米,设有3万座位的体育场、5000座位的体育馆、1500座位的游泳场、100张床位的运动员宿舍和室外练习场地等。1977年12月动工兴建,1982年6月建成。同年11月25日,贝宁政府举行了隆重的竣工典礼,作为国庆十周年的主要活动之一。克雷库总统称赞'体育场是西非的明珠'。一位参观者在留言簿上写道:'这是中国人民为中国留下的永不磨灭的纪念物。'"②

1978年

中国增加了对索马里的援助,援助额相当于1956—1979年中国对其援助总额的1/4。③

索马里和埃塞爆发冲突后,中国随即开始在索马里援建苏联拒绝继续施工的法努里大坝。④

中国在赞比亚援建的棉纺织印染厂竣工,由青岛纺织局负责承建,总投资1919万元。

自1978年起,中国向尼日尔提供奖学金名额。

1978—1981年,河北省向刚果(金)派出第三批医疗队。医疗队由两支队伍组成。第一支18人,于1978年7月出发,1980年7月回国。第二支15人,于1979年9月出发,1981年9月回国。

广西区向尼日尔派出第二批医疗队,全队23人。

中国在坦桑尼亚的求尼亚铁矿勘探援助项目结束。探明年产量10万—15万吨钢铁厂所需铁矿石和辅助原料的储备,本项目由云南省地质

---

① 安徽省地方志编撰委员会:《安徽省志·体育志》,安徽人民出版社1990年,第170页。
② 石林:《当代中国的对外经济合作》,中国社会科学出版社1989年,第202页。
③ Wolfgang Bartke, *The Economic Aid from the People's Republic of China to Developing and Socialist Countries*, p. 114.
④ Philip Snow, "China and Africa: Consensus and Canouflage", Robison, Thomas W. and David Shambough, *Chinese Foreign Policy: Theory and Practice*, Oxford: Clarendon Press, 1997, p. 296.

局承建，总投资 700 万元。

由湖南省煤炭局在坦桑尼亚承办的基威那煤田勘探援助项目结束，勘探范围，走向 6 公里，倾向宽 2 公里，总投资 1261 万元。

中国在赞比亚援建的棉纺织印染厂开工，中国援助纱锭 2.5 万枚，布机 720 台及相应设备，由青岛纺织局负责承建。

中国援助埃及的齐夫塔服装厂竣工，设计规模为年产各类服装 175 万件，由上海手管局负责承建，投资规模为 170 万元。

中国帮助赤道几内亚援建的毕科莫水电站开工，水电站装机容量 3200 千瓦，35 千伏输电线 15 公里，4000 千伏安降压变电站一座，由福建省水电局承建。

排球教练员陆连康到尼日利亚任教 1 年。

由四川省援索公路领导小组负责承建的援助项目贝莱特温至布劳公路竣工，公路全长 1045 公里，总投资 18550 万元。

安徽省基本建设局派遣 14 人赴坦桑尼亚对当地多多马建筑公司进行技术指导和人员培训。该组指导了多多马建筑公司施工的多多马旅馆、辛基达医助学校、姆帕帕医助学校、医生住宅、全国革命党总部主席、副主席办公楼等项工程。①

1 月，宁夏回族自治区向贝宁派出第一批医疗队，全队 23 人，于 1980 年 1 月完成任务回国。

1 月 1 日，对外经济联络部、财政部、外交部发布《关于颁发援外人员生活待遇暂行规定的通知》。

1 月 19 日，河南省向赞比亚派出第一批医疗队，全队 24 人，于 1980 年 7 月 27 日完成任务回国。

1 月 20 日，中国援建塞拉利昂的坎比亚公路桥建成，长 359 米、宽 8 米的空腹式钢筋混凝土双曲拱桥 6 孔，每孔 53 米。2 月 2 日移交。

2 月，中国援助扎伊尔洛多基拉甘蔗农场开始施工。"1973 年 8 月，广东省农业局派出麦庚安为组长的考察组前往扎伊尔考察选址，选择基桑加尼省洛多基拉为场、厂址，糖厂日榨 1000 吨，全场面积 4.5 万亩。1975 年 3 月开始设计，至 1976 年 6 月完成图纸。当地雨量充沛，不必考虑灌溉，主要是解决排水问题。施工后首期农机组组长为黄继，广东省

---

① 安徽省地方志编撰委员会：《安徽省志·对外经济贸易志》，方志出版社 1998 年，第 312 页。

农业局先后派出施工人员 108 人次,高峰期多达 90 多人。该场垦荒造田 4.5 万亩,种植甘蔗 4.22 万亩,开挖渠道 92.4 公里,填筑公路 222 公里。1987 年按设计指标建成农场和糖厂。"①

中国援助苏丹的棉纺织印染全能厂建成移交。"为改变苏丹国内纺织品严重依赖进口的状况,苏丹请求中国援建一座拥有纺锭 24480 枚、布机 864 台、漂染印整配套的棉纺织印染全能厂。纺织部责成无锡市筹建,负责项目考察、设计、培训实习生、国外施工、设备安装、试生产、技术合作等全部工作。该项目于 1974 年 1 月土建动工。"②

2 月 2 日,中国援助塞拉利昂坎比亚公路桥移交。该项目于 1976 年 3 月 1 日开工,1978 年 1 月 20 日建成。

3 月和 6 月,湖南省向塞拉利昂派出第三批医疗队,全队 17 人。

3 月,中国援助赤道几内亚医疗队医生何贤杰在紧张的工作中突发脑溢血,不幸殉职。"何贤杰是广东第六批援赤道几内亚医疗队的眼科医生,来自崖县人民医院(即现海南省三亚市人民医院)。中国医生去世的消息惊动了赤道几内亚全国,上千名当地民众自发地来送这名中国医生最后一程。当时的总统马西埃夫妇参加了安葬仪式并亲自为墓地培土。"③

3 月 9 日,中国和利比里亚政府签署巴里克糖业项目(包括甘蔗农场)议定书。中国政府和利比里亚共和国政府根据 1977 年 2 月 17 日双方签订的经济技术合作协定和换文,就巴里克糖业项目(包括甘蔗农场)的具体合作事宜进行磋商。

4 月,第二批援莫桑比克医疗队出国,全队 27 人,于 1980 年 1 月回国。

中国援助坦桑尼亚乌本戈农具厂扩建项目开工。该项目是由国家第八机械工业部承建、国家建委和安徽省建委协作、北京市农机局筹建的。项目由原年产 500 吨小农具扩建到年产 2700 吨,增加 2 条新生产线(包

---

① 广东省志编撰委员会:《广东省志·农业志》,广东人民出版社 2002 年,第 513—514 页。
② 江苏省地方志编撰委员会:《江苏省志·纺织工业志》,http://www.jssdfz.gov.cn/book/fsgyz/D12/D3J4.HTM
③ 《中国援赤几医疗队的故事》,2014 年 12 月 24 日,http://gq.mofcom.gov.cn/article/jmxw/201412/20141200845613.shtml

括年产 200 万只锄头），建筑面积 7745 平方米。1979 年 12 月项目竣工。①

4 月 10 日，中国和利比里亚政府签订了关于农业合作项目的议定书。

4 月 14 日—18 日，索马里总统西亚德率团访问中国。4 月 18 日，两国签订了《中华人民共和国政府和索马里共和国政府经济技术合作协定》。

4 月 17 日—20 日，（以下简称埃方）应中华全国体育总会的邀请，埃塞俄比亚体育运动委员会代表团访问中国，团长为伊德内卡丘·特塞马。以路金栋为团长的中华全国体育总会代表团同埃方就两国体育交流、合作问题举行了会谈，并达成协议。

4 月 29 日至 5 月 4 日，塞舌尔共和国总统弗朗斯·阿尔贝·勒内选择中国为其就任总统后的首访国家，以感谢中国向塞提供的经济援助。外经部副部长程飞同塞副总统詹姆斯·米歇尔进行了经援会谈。②

5 月，中国援助刚果（布）金松迪纺织印染针织联合厂印染车间，将原手工台板印花机更新为 3 台布动网印花机并随时供应相应的辅机。"建成规模年产印花布 176 万米。1977 年签订设备更新合同，辽宁省纺织工业局承建，派遣了以钱建晶为组长的 9 名工程技术人员。1979 年 10 月试生产，1980 年 6 月移交刚方正式投产。"项目交付主要设备 3 台。项目总费用93.76 万元人民币，由中国政府优惠贷款提供。③

5 月 2 日，中国和塞舌尔签订经济技术合作协定。中国向塞舌尔提供 600 万元的无息贷款。

中国派遣农业专家组赴多哥进行农机修理车间项目的考察。"赴多哥农机修理车间考察组由组长吴炎武（援多哥农技组组长）、副组长陈明儒（蒙城县农机管理站农机工程师）、方体诚（援多哥农技组总部小组副组长、农业技术人员）、成员龙云生（和县农机管理站农机技术人员）、马春生（援多哥农技组总部小组水利技术人员）、苏子玉（援多哥

---

① 安徽省地方志编撰委员会：《安徽省志·对外经济贸易志》，方志出版社 1998 年，第 316 页。

② 《塞舌尔》，2009 年 2 月 5 日，http://kaifangzhan.mofcom.gov.cn/article/g/i/200902/20090206028811.shtml。

③ 辽宁省地方志编撰委员会：《辽宁省志·对外经济贸易志》，辽宁民族出版社 2003 年，第 451 页。

农技组土木建筑技术人员）和孙茂泉（援多哥农技组法语翻译）等7人组成。1978年5—7月，农机修理车间考察组先后对多个南部密圣托维和北部吉家屋等地的农业机构、气候、水文、地质等情况以及欧洲国家援建多哥的机械修配厂等展开实地考察，撰写了《援建多哥农机修理车间项目可行性考察报告》。安徽省承担的中国援多农技组工作于1979年上半年结束后，援建多哥农机修理车间项目便由广东省即将赴多的中国援多甘蔗农场（糖厂）组一并承担。"①

5月，中国援建的索马里贝莱特温—布劳公路竣工。"连贯索马里南北交通的大动脉——贝莱特温至布劳公路（简称贝布公路），全长962公里，是中国援外最长的一条公路，也是索马里最长的公路。

贝布公路是根据中索两国政府1971年6月7日签订的专项贷款协定修建的。1973年7月正式开工，经过五年的紧张施工，于1978年5月全部建成，比原定工期提前了一年多，同年8月1日移交，实现了周恩来总理关于缩短工期的指示。

在建设这条公路的过程中，中国先后派出工程技术人员3000多人次，提供各种施工机械和设备1500多台。在现场的筑路人员平均2500人，其中中方人员1000人；施工高峰时近4000人，其中中方人员1400人。在共同劳作的过程中，中国工程技术人员向索马里工人传授技术，共培训各种技术工人2100多名，占参加施工的当地工人总数的60%。"②

5月25日—31日，莫桑比克解放阵线主席、共和国总统萨莫拉率党政代表团访问中国。28日，中国政府和莫桑比克政府经济技术合作协定议定书在北京签订。

中国政府同意派遣工程技术人员赴莫桑比克就下列项目的建设和技术合作的可能性进行考察：一、打水井20口及相应的供水工程；二、小型制药厂一座；三、对马普托非洲五金厂的生产进行技术指导；四、对莫安巴、马塔马农场新建房舍的规划、设计和施工进行技术指导。

6月，中国开始向中非派遣医疗队，由浙江省卫生厅组织派遣。

中国援建索马里的烤烟厂房和仓库竣工移交。

国务院、中央军委批转总后勤部《关于向受援国印发军事装备技术

---

① 安徽省地方志编撰委员会：《安徽省志·农业志》，安徽人民出版社1998年，第733—734页。

② 石林：《当代中国的对外经济合作》，中国社会科学出版社1989年，第601—604页。

通报问题的报告》。

6月8日—14日，卢旺达总统哈比亚利马纳访问中国。6月10日，中国和卢旺达政府签订了两国经济合作议定书。中国向卢旺达提供1000万元的无息贷款。

中国政府同意派遣工程技术人员赴卢旺达就下列项目的建设可能性进行考察：一、指导农民开发和种植水稻田，约300公顷；二、体育场一座，能容纳观众2万人左右；三、小型面粉厂一座，年加工原料6000吨；四、营房，建筑面积15000平方米左右；五、小型陶瓷厂一座。

6月19日—29日，利比里亚总统托尔伯特访问中国。28日，中国和利比里亚政府签订了两国间经济技术合作的议定书。

6月28日，北京市向布基纳法索派出第二批医疗队，全队16人，于1980年9月完成任务回国。

7月，中国援建的卢旺达卢奔迪稻区开发项目开工，该项目位于基本戈省卢奔迪区卢瓦玛加纳县，由广西自治区援外局承建。

中国开始为索马里种植烟草和烤烟提供技术指导，项目于1981年10月结束。

7月1日，新疆生产建设兵团对鲁伏农场实施生产和农田改造技术指导。"这项技术指导援助到1981年7月完成。合作期间，新疆生产建设兵团为农场完成农田改造面积725公顷，新建各类渠道84公里，道路19.2公里，加高围堤1.2公里，修建筑物565座，斗渠护面4.03公里，完成总土方量62.7万立方米，混凝土量1449.7立方米，生产粮食638.7万公斤。"①

8月，中国援建贝莱特温至布劳公路竣工移交。

中国作价移交中国援建索马里的加尔卡尤机械修理厂。

中国援助索马里的费诺力水利工程开工。

中国为索马里提供公路养护设备援助。

8月1日，索马里副总统伊斯梅尔和由国务院副总理陈慕华率领的中国政府代表团出席中国援建的贝莱特温—布劳公路的移交仪式。

8月9日，中国政府和利比亚政府经济技术和科学技术合作协定在北京签订。

---

① 新疆通志编撰委员会：《新疆通志·外事志》，新疆人民出版社1995年，第213—214页。

9月23日，中国和乍得经过友好商谈，签订了两国经济技术合作议定书。中国将向乍得提供100万元无息贷款，用于建设项目所需的当地费用。后因乍得国内局势动乱，中国对乍得经济援助工作无法进行，中国专家于1979年不得不撤回国内。①

10月，广东省向赤道几内亚派出第八批医疗队，全队15人，在巴塔工作，于1980年7月完成任务回国。

陕西省向苏丹派出第十批医疗队，全队29人，于1980年9月完成任务回国。

10月4日—14日，卫生部、外经贸部在安徽合肥联合召开华东地区援外医疗队工作座谈会，把承担援助博茨瓦纳医疗队的任务下达给福建省。

10月14日，河南省向埃塞俄比亚派出第三批医疗队，全队14人，于1979年11月25日完成任务回国。

10月31日，中国援建塞拉利昂的体育场竣工。"该项目是七十年代建成的一个较大的项目，占地11万平方米，总建筑面积为3.34万平方米，包括3万座位的体育场，1500座位的游泳场，200张床位的运动员宿舍，以及贵宾休息室等。体育场还设有可供田径、篮球、足球、网球等项目的室外练习场地。1979年4月13日，在体育场举行了项目移交仪式和塞拉利昂国庆活动。史蒂文斯总统和政府高级官员、各国驻塞使节以及各界群众4.5万余人出席了大会。庆祝活动延续两天，共有13万人参加，盛况空前。来自全国各地的参观者称赞这座体育场是'非洲第一流的体育场'，'中国对塞拉利昂真诚无私的援助'。体育场建成以来，每年举行足球国内比赛40—50次，国际比赛20多次。仅1979年4月至1980年4月一年间，比赛收入达80万利昂（约合人民币110多万元）。"②

11月，中国援建的尼日尔特腊水库动工兴建。"特腊水库仅用一年零7个月建成，1980年9月正式移交尼方使用，工期比计划缩短半年。该工程主要由大坝、溢洪道和排沙闸组成，大坝总长1157米，其中土坝长1077米，最大坝高70米，混凝土坝长80米，最大坝高12米，总库容2110万立方，调解库容770万立方。水库建成前，特腊地区严重缺水，当地居民不得不饮用雨水，旱季则饮用雨季积存的泥水。水库建成

---

① 汪勤梅：《列国志：中非 乍得》，社会科学文献出版社2009年，第338页。
② 石林：《当代中国的对外经济合作》，中国社会科学出版社1989年，第216页。

后，解决了该地区1万居民和5万头牲畜的饮用水，同时促进了农业生产的发展，库区周围生产的蔬菜、瓜果，除了满足当地需要外，还供应首都。"①

从1978年11月起，中国开始向乍得派遣医疗队。后因乍得内战加剧，中国医疗队被迫于1979年7月撤回。②

11月6日，国务院、中央军委下达《关于援外军事装备器材出口港问题的通知》。

1985年12月，二号公路建成，这条公路是沟通马达加斯加首都与濒临印度洋的主要出海口塔马塔夫港的交通大动脉。当地朋友称之为"马中友谊之路"。③

江西省向乍得派出第一批医疗队，全队17人，于1979年7月完成任务回国。

12月4—6日，加蓬总统邦戈访问中国。中加商讨未来一段时间的中加经济技术合作计划。

12月11日，中国和中非签订建设洛巴耶河上的公路桥议定书。

12月26日，中国援助木昂公路（又称"二号公路"）在马达加斯加马拉夫迪正式开工，马方总理出席了开工典礼。"二号公路是马国首都通往东海岸全国第一大港塔马塔夫的重要交通干线，援建段226.73公里。施工人员经历了在国内从未遇到的复杂施工条件。

该线地处马国多雨潮湿的东海岸，地形、地质，土质等自然条件非常复杂，恶劣的自然条件给施工造成难以想象的困难，尤其是多雨季节，由于风云变幻，连续降雨，严重影响着工程进度和质量，已成型的路基因来不及铺筑砂砾料垫层即被水浸泡。在无法修便道的地段，随着车辆通行，完好的路基又变成泥塘。有些路段重复作业，恶性循环。木昂公路沿线多属原生状的风化残积黏性高含水量土，这种土从理论上讲不能用于修筑路基，美国的技术规范明确规定不能用于修路，这也是二号国道长期没有重建和西方十几个国家拒绝援建的主要原因之一。中国施工人员战胜了这一技术难题，并成功地找到了砂石场，为筑路提供基本材料。

---

① 石林：《当代中国的对外经济合作》，中国社会科学出版社1989年，第151—152页。
② 汪勤梅：《列国志：中非 乍得》，社会科学文献出版社2009年，第344页。
③ 石林：《当代中国的对外经济合作》，中国社会科学出版社1989年，第195页。

根据竣工验收资料统计,该路全长 226.73 公里,累计完成土石方907 万立方米,修建大桥 2 座,中桥 23 座,小桥 39 座,涵洞 648 道。路面为碎石底基层、砂砾垫层或粘土质砂垫层,沥青混合料面层 225.93 公里。挡土墙 2500 立方米,浆砌边沟 21444 延米。开采片石 800186 立方米,机加工碎石 719186 立方米。采运砂砾石 2492211 立方米,修施工便道 93.2 公里以及标志牌和植草皮大量的防护工程。交通部援外办公室专家说,木昂公路工程量之大,是中国公路援建项目中所罕见的。施工高峰的 1983 年中国专家组在国外人数达 420 人,一般保持在 330 人左右,马国工程技术人员和工人高峰时达到 2200 人,一般在 1600 人左右。

"经过两国工程技术人员和工人历时 6 年多的艰苦奋战,1985 年 10 月 6 日主体工程胜利完工,12 月 20 日全部竣工并举行了竣工验收,12 月 30 日在木腊芒加举行了盛大通车典礼。1987 年底又结束了养护技术合作工作。至此,中国援建的马达加斯加二号公路工程任务胜利结束了。"①

12 月 28 日,中国水利考察组抵达利比里亚,对"费亚水利工程修复,日勒镇水利工程扩建和桔阿荣水利工程建设进行技术指导"的可能性进行考察。"该援助任务是根据 1978 年 6 月 28 日中国和利比里亚签订的《经济技术合作协定书》而来。考察组由浙江省水利局派员组成,一行 5 人,浙江省水电设计院杨世晞任组长。"根据利比里亚农业部的安排,考察组对以上三项水利工程进行了考察,1981 年 1 月底,向利比里亚政府提交了《日勒镇及费亚两个特别工程的水利考察报告》、《桔阿荣农业开发工程水利工程的考察报告》和《日勒镇农业特别开发工程灌溉工程改建施工图设计说明》等三份报告。"②

1979 年

年初,联合国开发计划署署长约瑟夫率团来华,中国列入联合国开发计划署的受援国行列。"这一事件标志着中国结束了只援外而不接受外援的历史。到 1979 年,中国与联合国开发计划署签订了《合作基本协定》,与世界粮食计划署签订协议,中国开始接受联合国援助机构的援助,标志着中国开始转变不接受任何外援的立场,也开启了中国接受西

---

① 《艰巨的任务 光荣的使命——中国援建马达加斯加二号公路工程回顾》,2012 年 12 月 10 日,http://www.hebrb.com.cn/gszb/gsub.asp?class=72&id=4901
② 浙江省水利志编撰委员会:《浙江省水利志》,中华书局 1998 年,第 937 页。

方援助的历史,同时也结束了中国只提供援助不接受外援的状态。"①

新疆农垦总局将援助索马里费诺力稻谷农场的建设任务交给了巴音郭楞蒙古自治州农垦局,由该州农垦局局长陈炳听任技术组组长,29团派出技术员。"3年后,时任农二师副师长的刘双全来到索马里,接任了技术组组长。刘双全上任后发现,当地工人多为临时雇佣工,流动性大,而且他们的午饭只有一根香蕉和一个芒果,稍好一些的是在玉米糊糊里放了些油。为了充分调动工人们的积极性,刘双全规定,干够一个月且没有缺勤的工人,除支付工资外还以平价卖给他们15公斤大米;农机工人每天完成工作后如果将农机具擦净摆好,每天奖励2公斤大米。他还对3个开荒组进行了分工,每组十几台机车,开荒、平地、修渠、种植,环环紧扣,有条不紊。"②

中国援助刚果布昂扎水电站和高压输变电工程动工。"布昂扎水电站装机容量7.4万千瓦,高压输电路244公里。一九八二年并入新建的电网后,向刚果第二大城市黑角供电,每月为国家增加收入约3亿非洲法郎(约合人民币169万元)。这个项目深得刚果政府和人民的好评,被誉为刚果的'国宝',工业的'明珠'。为了充分发挥这个电站的能力,刚果政府正在建设一条由电站至首都布拉柴维尔的输电线路,计划一九八七年建成。"③

中国援助塞拉利昂糖厂开工,该糖厂日处理甘蔗400吨,日产6000升工业酒精,由福建省轻工局承建。

中国援助毛里塔尼亚的友谊港正式开工。建成后,友谊港将具备万吨级,年吞吐量50万吨,总投资7760万元,由天津市交通局负责承办。④

中国援助赤道几内亚的电讯工程竣工,该项目由江苏省邮电局承办,总投资1370万元。

中国援助埃塞俄比亚的沃雷塔至瓦尔迪亚公路竣工,公路总长约300公里,由湖北省交通局负责承建,总投资1亿元。

---

① 魏玉明:《中国与联合国的经济合作》,《国际贸易》,1995年第10期。
② 林立:《在丝绸之路上——兵团援外纪事》,2016年4月12日,http://www.xjbt.gov.cn/c/2016-04-12/2220717.shtml
③ 石林:《当代中国的对外经济合作》,中国社会科学出版社1989年,第188页。
④ 石林:《当代中国的对外经济合作》,中国社会科学出版社1989年,第199—120页。

中国向马达加斯加移交拉尼黑水稻、蔬菜试种站。该试种站是根据两国的经济和技术协定于1976年建立的，目的是为了向马达加斯加人传授水稻种植技术、培育良种和一些蔬菜种子以及训练有关技术人员。①

徐培文和吴健如到尼日尔组训团体操半年，体操教练员张仲霖到尼日利亚任教1年，乒乓球教练员胡旭先到加纳任教2年。

1979—1980年，江苏省派遣篮球教练王锦和到布隆迪任教、体操教练唐尚智到突尼斯任教。

1979年1月至1986年11月，中国援助索马里的卷烟厂及火柴厂进入技术指导时期，共5期。

1月，中国援建索马里费诺力水利工程复工。"费诺力水利工程是一项以灌溉为主、发电为辅的综合性开发工程。近期灌溉费诺力农场面积7500公顷，并计划供洪博移民区1万公顷的民用、农用水源以及向费诺力、杰力布、甘苏马等地供电。工程项目主要有：闸坝枢纽、水电站装机2台，灌溉渠道、柴油机发电厂、10—35千伏输变电系统、通讯线路和排水泵站等。该工程原是索马里和苏联两国的合建项目，后因故于1977年11月终止协议而停办。1978年4月，中索两国政府签订经济技术合作协定，确认由中国政府援建该项工程并提供成套设备、材料。项目由广东省水电局承办。在各方的努力下，1983年4月基本建成投产。同年7月转入工程运行管理的指导培训技术合作。工程除主干渠外，其他项目于1987年10月移交索马里政府管理。4年间，发供电基本正常，干渠过水量满足了农场1500公顷水稻灌溉和沿渠村镇、居民和牲畜用水的需求。"②

中国援建赞比亚的穆隆古希纺织厂举行奠基仪式。穆隆古希纺织厂也是早期中国对赞援助规模比较大的项目，由青岛市纺织工业局建设完成。规模为纱锭2.5万枚，捻线2660锭，布机720台及相应的印染设备，年产印染布100万米左右。穆隆古希纺织厂厂区总面积12.6公顷，其中，建筑面积4.2万平方米，总投资额达3174万克瓦查，中方投资1719万克瓦查，占54.2%。1972年12月至1973年7月进行选址考察，1974年6月至1975年10月完成土建和工艺设计。1978年中国开始向赞比亚运送物资，派遣技术工人。1982年建成，1983年8月移交。1983年

---

① 王建：《列国志：马达加斯加》，社会科学文献出版社2011年，第228—229页。
② 广东省志编撰委员会：《广东省志·水利志》，广东人民出版社1995年，第592页。

10月开始进行技术合作。①

中国援助多哥人民联盟之家工程开工。

2月,中国援助尼日尔的钢筋水泥窖井开始动工。"应尼日尔政府的要求,中国政府决定帮助尼日尔在中北部埃尔高原地区,建设50眼口径1.8米、深15米左右的钢筋水泥管井。这个项目是由地质部承建,陕西省地质局筹建和设计,1976年1—9月开始勘探考察,1979年2月动工,1980年3月竣工。"②

中国援助索马里的巴洛温农场动工。

3月2日,中国援建塞拉利昂的糖厂开工,项目规模为总建筑面积15668.75平方米,设备591台,生产能力为日处理甘蔗400吨,日产酒精6000公升,平均年产白砂糖6500吨。

3月17日—19日,布隆迪总统巴加扎访问中国。19日,中国政府和布隆迪政府经济技术合作协定在北京签订。

4月19日,中国援助塞拉利昂体育场移交。"塞拉利昂体育场总建筑面积33474平方米,包括3万人座体育场、1500人座游泳馆、200床位的运动员宿舍以及练习场地等。1975年6月1日开工,1978年10月31日建成,1979年4月19日移交。1992年和2002年进行了两次维修。"③

5月7日,国务院批转对外经济联络部《关于做好对外经济技术合作出国人员选派工作的意见》。"该意见要求各有关部门、各地区加强对选派工作的领导,进一步落实党的干部政策和知识分子政策,认真做好这项工作。文件规定:选派出国人员必须坚持又红又专,身体健康的条件,切实保证质量,反对不正之风。文件还就改进选审方法、简化审批手续、建立必要的出国人员预备队伍、搞好技术和外语培训等问题作了规定。"④

5月20日,中国援助扎伊尔的人民宫落成。"人民宫长185米,宽102米,高34米,总建筑面积18公顷。在当时的单项援非工程中,人民宫是最大的一个。这是一座综合性的建筑,其中有可容纳3500个座位的

---

① 山东省地方志编撰委员会:《山东省志·对外经济贸易志》,山东人民出版社1995年,第1442—1443页;高瘦人:《青岛纺织业的对外支援》,《青岛晚报》,2008年3月2日。
② 石林:《当代中国的对外经济合作》,中国社会科学出版社1989年,第579页。
③ http://sl.mofcom.gov.cn/article/zxhz/zzjg/200311/20031100151028.shtml
④ 石林:《当代中国的对外经济合作》,中国社会科学出版社1989年,第270页。

大会堂，附有大型舞台，既可开会也可供文艺演出；有可供470位代表出席的国际会议厅，厅内配有7种语言的同声传译设备。此外，还有宽敞明亮的宴会厅和电影厅等。它有9个省市厅，供全国8省1市代表们使用。每个厅都是由各省市按照自己的特点和艺术风格作内部装饰和布置。为了建设人民宫，全国许多地区都在提供建筑材料和装饰品。人民宫的屋顶用铜都卢本巴希轧铜厂轧制的8米长的铜板铺改成，用铜面积达4500多平方米。在各厅室，到处可见到扎伊尔艺人用铜或珍贵木材精工制作的花饰图案。为赶工程进度，两国工人不顾烈日和大雨，马不停蹄地并肩劳动。即使在两次沙巴战争扎伊尔人民处于危难的时刻，工程也未停顿。中国工人星期日不休息，扎伊尔工人和青年经常到工地参加义务劳动。扎伊尔以人民宫为中心，建设了一个崭新的城区，以与殖民统治时代建立的市中心相区别。"① 人民宫是中国援建扎伊尔项目中规模最大的一个，由国家建设委员会主管，北京城建局承办。参加这个项目建设的中国专家组先后有5000人，是中国在援扎专家组中人数最多的一个。

6月，应马里政府的要求，中国对塞古纺织厂的设备进行大修。"1979年，中国和马里签订了大修协议，由中方派遣专家17人，对第一期援建工程720台纺织、漂染设备进行大修，并对钢筘、梭子、运输车辆、试验仪器进行全面整修。设备大修1980年6月全部结束，工期一年。总投资人民币131.2万元，项目决算为人民币123.8万元。通过大修，织布机恢复了自动性能，细纱、捻线、织机的断头明显减少，使值车工扩大了看台能力，提高了产量，棉纱和棉布产量比大修前分别提高了18%和43.68%，马方对设备大修进度和质量表示满意。"②

中国援助布基纳法索制砖厂建成投产。"布基纳法索粘土资源丰富，木柴很多，劳力充足，但机械设备、零配件、燃料油均需进口。中国援建的制砖厂，采用手工操作，自然干燥，以木柴作燃料，用土窑烧制，生产工艺简单，易于掌握，项目投资少，又不需花外汇进口零配件、燃料油。这个砖厂设计生产规模为年产黏土砖50万块，在近八个月的试生产阶段，就生产了49万块砖，销售纯收入相当于总投资的40%。1979年6月移交后，生产比较正常。当地朋友说：中国援建的这个砖厂完全

---

① 周伯萍：《非常时期的外交生涯》，世界知识出版社2004年，第258—259页。
② 石林：《当代中国的对外经济合作》，中国社会科学出版社1989年，第160—161页。

符合我们的国情,效果好,是我们真正需要的。"①

6月30日,卫生部、对外经济联络部、外交部发布《关于进一步改进援外医疗队工作的意见》。

7月,中国援助多哥阿尼耶甘蔗种植园开工。"1975年8月,广东省农业局派出以王铸为组长的考察组赴多哥考察。经调查该国5大经济区的24个点,最后选择在阿尼耶地区,计划建甘蔗种植园约1.8万亩,糖厂日榨400吨。为保证甘蔗用水,计划建水库1座。1977年3月开始进行设计。水库集雨面积121平方公里,库容1200万立方米。主坝为土坝,坝高20.9米。1979年7月,广东省农业局派出先遣队赴多哥做前期施工准备,接着派出以高初商为组长的110多人前往施工。1981年,该项目移交广东省农垦总局继续施工和管理。1987年竣工,建成1.8万亩的甘蔗种植园和日榨500吨的糖厂。"②

中国援助索马里的巴依多瓦供水工程竣工移交。

中国政府开展建设扎伊尔巴桑贡固稻谷种植技术推广站。"1975年,湖北省派出援扎伊尔稻谷种植技术推广站的考察组,1984年3月,该推广站建成。该站建筑面积1306平方米,开发稻田611公顷,建成水库1座,拦河灌溉枢纽工程7处。1984年3月8日开始实施推广站合作项目。"③

7月7日,中共中央副主席、国务院副总理邓小平在一次会议上指出,目前中国的国民经济依然有困难,但中国还得拿出必要数量的资金进行援外。"从战略上讲,中国真正发展起来了,要用相当数量来援助。中国发展以后不要忘记这一点。在援助问题上,要继续坚持周恩来提出的八项原则,但在具体的方法上要做修改,要使援助国在援助中真正得到益处。"④

1979年8月至1981年7月,中国援助索马里的巴依多瓦打井供水工程进行了两期技术合作,每期1年。

8月31日,中国政府和坦桑尼亚政府、赞比亚政府关于中国提供机

---

① 陕西省地方志编撰委员会:《陕西省志·纺织工业志》,三秦出版社1993年;石林:《当代中国的对外经济合作》,中国社会科学出版社1989年,第184页。
② 广东省志编撰委员会:《广东省志·农业志》,广东人民出版社2002年,第514页。
③ 湖北省志编撰委员会:《湖北省志·农业》,上,湖北人民出版社1994年,第117页。
④ 石林:《当代中国的对外经济合作》,中国社会科学出版社1989年,第70页。

车贷款的协定在卢萨卡签订。

9月，陕西省向苏丹派出第十一批医疗队，全队21人，于1981年9月完成任务回国。

安徽省基本建设局先后派遣14人赴桑给巴尔进行4个镇的总体规划设计。

10月，广东省向冈比亚派出第二批医疗队，全队16人，在冈比亚班桑医院工作，于1981年10月完成任务回国。

中国外经部转发《关于管理经济合同若干问题的联合通知》，在援助项目中推行改革。"在援助项目的管理中，开始试行以合同的形式规定企业之间的产、供、运、销的相互协作与责任关系，作为提高企业经营管理水平、加强经济核算、用经济办法管理经济的一项重要措施……经济合同制应用于工业、农业、物资、交通运输和商业等部门，这些经济部门恰好是中国援外工作的主体。1980年8月11日，对外经济援助项目试行投资包干制。这是中国对外经济援助管理的一项重大改革。此时，中国开始缩减援外规模，同时改变援助方式和内容，政府援外工作量随之减少。而随着市场机制的引入，国家直接控制经济生活的方式发生了变化，企业转制成为市场行为主体，按照市场竞争规则和利润原则行事。援外的行政主管部门难以通过行政命令调动专业部委执行援外项目，开始绕过承建部，直接到地方寻找愿意承担项目的企业。承建部负责制的行政网络体系虽然没有正式宣布解体，但在逐渐被打破。"①

11月，广东省向赤道几内亚派出第九批医疗队，全队5人，在马拉博工作，于1982年6月完成任务回国。

11月3日，中国政府和苏丹政府贷款协定在北京签订。

11月12日，外经部、外交部、国家计委、财政部、外贸部和总参谋部向党中央和国务院呈报《关于经援工作几个问题的请示报告》。"该请示报告的内容是进一步调整援外支出的比例；关于贷款利息问题；改选当地费用的提供方式；采取'有给有取'的方针，积极参加和争取联合国技术援助等。建议在3年调整期间，对外贷款暂缓实行收息；除个别特殊的情况外，不再提供无偿援助；建议从贷款项下支付的当地费用，改变过去提供商品的做法，一律改由国家提供现汇；继续向联合国提供

---

① 周弘、熊厚：《中国援外60年》，社会科学文献出版社2013年，第21页。

少量捐款,同时也接受其技术援助,实行'有给有取、善于利用、统一协调、讲求实效'的方针。"①

11月21日,中国和吉布提签订经济技术合作协定。1980年7月28日,双方签署议定书,规定建设人民宫和派遣医疗队。双方商定,中国政府向吉布提援建人民宫一座,总建筑面积约9000平方米;中国派遣5人组成的医疗队在吉布提贝尔蒂耶医院开展医疗工作。为实施人民宫项目,吉布提政府将从自己的财源中支付相当于人民币200万元的吉布提法郎,用作该项目的部分当地费用,其余费用由中国政府从上述经济技术合作协定规定的贷款项下支付。为实施医疗合作项目所需部分费用,由中国政府从上述经济技术合作协定规定的贷款项下支付。

12月2日,中共中央、国务院转发对外经济联络部、外交部、国家计划委员会、财政部、对外贸易部、中国人民解放军总参谋部《关于经援工作几个问题的请示报告》。

12月,宁夏回族自治区向贝宁派出第二批医疗队,全队26人,于1981年10月完成任务回国。

中国援助贝宁的友谊体育场（原名为科托努综合体育场）,1978年10月2日改为现名。"科托努综合体育场1982年6月竣工,同年移交贝方使用。总造价6424万元、建筑面积48047平方米,包括1个30000人座体育场,1个5000人座体育馆,1个1500人座游泳馆,1个网球场和1栋100张床位的运动员宿舍楼,该项目实行技术合作8期,管理合作2期。项目执行单位是中国体育对外经济技术合作公司。"②

12月9日—15日,吉布提总统古莱德访问中国。11日,中国政府和吉布提政府经济技术合作协定在北京签订。

12月22日,福建省第三批援塞内加尔医疗队离京赴塞内加尔工作,于1981年12月31日回国。

12月28日,刚果总统萨苏主持中国援建的布昂扎水电站和高压输变电线路工程两项目的竣工典礼。

---

① 江西省地方志编撰委员会:《江西省对外经济贸易志》,黄山出版社1997年,第294页。

② 陈章瀚:《福建建工集团总公司志（1950—2000）》中卷·卷四,中国建筑工业出版社2000年。

1980 年

中国援助苏丹在马拉卡尔进行水稻试种。苏丹马拉卡尔水稻试种项目是1980年湖南省农业厅承担的,湖南省农业厅一行6人赴苏丹马拉卡尔农场进行水稻试种。该场曾在1974—1976年间种过水稻,但以失败告终。水稻组在马拉卡尔农场种植了三季稻,试验结果表明,苏丹南部地区光照充沛,雨季降水充足,种植水稻的自然条件具备,如能采用先进的耕作制度和栽培技术,水稻还可获得高产。

国务院批准有关部门《关于积极开展对外承包工程与劳务合作事业的请示报告》,鼓励对外承包工程和劳务合作。此后,不仅经济合作形式的对外承包工程和劳务合作事业发展起来,并且这一合作方式也开始成为中国援非工程的重要方式。

1980—1983年,河北省向刚果(金)派出第四批医疗队。这批医疗队由两支队伍组成,第一支11人,于1980年7月出发,1982年7月回国。第二支19人,于1981年10月出发,1983年10月回国。

广西区向尼日尔派出第三批医疗队,全队22人。

浙江省派出排球教练汪文滔、乒乓球教练杨培日赴尼日利亚担任教练。

2月,中国援助马里制药厂动工。"这座制药厂建成后将具有年产片剂3850万片,油膏32.5万支,糖浆96万瓶,水针615万支,粉针365万支的能力,总投资536万元,由天津市化工局负责承建,1983年竣工。建筑面积7000平方米。"[①]

2月9日,对外经济联络部、财政部发布《关于调整援外出国人员服装零用费和有关问题的通知》。[②]

3月,中国援助尼日尔的打井工程竣工。"该项目的承建部门是地质部,筹建单位为陕西省地质局,设计单位为陕西省地质局。尼日尔北部地处撒哈拉大沙漠,终年缺水,水成为生命之源。1976年1—9月,应尼日尔政府的要求,中国专家在尼进行打井可行性考察。两国政府最终商

[①] 《中国援建的马里制药厂》,http://www.cnr.cn/tfmb/fhnh/tjfz/200705/t20070510_504461006.html

[②] 江西省地方志编撰委员会:《江西省对外经济贸易志》,黄山出版社1997年,第294页。

定,中国帮助尼日尔在中北部埃尔高原地区,建设口径1.8米、深15米左右的钢筋水泥管井50眼。1979年2月开工,1980年3月竣工。"

打井专家组在尼日尔坚持工作一年零两个月,建成了50眼汲之不尽的甘泉井。"每当一眼井建成,白花花的清水从井口喷出来的时候,村民们立即宰一头羊或抬一担蔬菜送给中国专家,表达他们的感激之情。清晨,进城卖菜的村民看到中国专家,总是微笑着举起双手,高喊:'中国人!''朋友!'"①

1980年3月4日—14日,全国外经工作会议在北京举行。"会议提出了新形势下外经工作的方针,即'坚持无产阶级国际主义,坚持援外八项原则,认真做好援外工作,广泛开展国际经济技术合作,有出有进,平等互利,为促进友好国家的经济发展,加速中国四个现代化建设作出应有的贡献'。会议印发的《外经工作当前基本情况和今后方针任务》称,其主要内容是认真履行国家义务,努力完成经援任务,与此同时,应根据需要和可能,调整援外支出在国民总支出中的比例;加强经济管理,改进援助方式(改变作价偏低、计收应收费用等);扩大国际经济技术合作范围,开辟外经工作新途径(从单纯援外,发展为有出有进,有给有取,形式多样,接受联合国的援助等)。"②

4月,湖南省向塞拉利昂派出第四批医疗队,全队15人。

江西省召开江西省外经工作会议,学习和传达全国外经工作会议的精神。"本次工作会议要求除按投资包干的方向、逐步改革经援项目的管理,努力完成援外的任务外,要广开门路,试办好承包工程、技术服务、劳务输出等收费项目,有进有出,有给有取,采取多种合作形式,扩大外经工作的业务范围。对外提供劳务,提供技术服务、承包工程可以促进同有关国家友好合作,为四化建设增加外汇收入,学习外国先进经验,培养和锻炼人才。要做好国际市场行情技艺有关法规、价格水平、技术规范等方面的调研,做到薄利多营、随行就市,适应国外通行的做法。要摸清'家底',江西有哪些单位能承担什么业务,搞好预备队伍的建设等。"③

---

① 石林:《当代中国的对外经济合作》,中国社会科学出版社1989年,第576—579页。
② 石林:《当代中国的对外经济合作》,中国社会科学出版社1989年,第71页。
③ 江西省地方志编撰委员会:《江西省对外经济贸易志》,黄山出版社1997年,第311页。

4月23日，中国和索马里签订《中华人民共和国和索马里（民主）共和国贸易与支付协定》，这是中国和索马里签订的第二个类似协定。

5月，中国援建赤道几内亚的电讯工程移交赤方。"在马拉博和巴塔建市内安装自动电话，建2座市内自动电话电信楼及2座无线电短波收发信台。1971年8月27日，中国和赤道几内亚签署经济技术合作协定议定书，1976年6月，项目开工，1980年5月建成移交。该项目的土建设计由河南省建筑设计院实施，工艺设计由邮电部设计院实施，土建施工由贵州省建工局实施，工艺安装由江苏省邮电管理局实施。"①

中国援助塞内加尔阿菲尼亚姆水利工程奠基。"该项目由水电部承建，江苏省水电局（1976年起为省水利局）负责工程考察、设计和施工。1974年5月，江苏省水电局派水利考察组赴塞内加尔实地考察。1975年回国后，根据塞方的意见组织设计，1978年4月向塞方提交设计文件。该项目包括5孔挡潮闸1座（每孔净宽10米），开挖上下游引河778米（底宽70米），斜坡式过船道1座（坡比1∶8，船重包括载重按33吨设计），截流坝1座（坝长135米，顶宽8米，底宽93米），挡潮堤3公里等。1979年8月，江苏省水利局派出施工先遣组，1980年5月开工，然而，由于该国经费不落实暂停施工。到1983年8月再派施工人员作施工准备。1984年11月30日开工，1988年4月全部建成。"②

江苏省派遣乒乓球教练杨光炎到索马里任教1年。

中国援建布隆迪布琼布拉联合纺织厂竣工。

"布琼布拉联合纺织厂始建于1976年4月，规模为1.5万纱锭，528台布机以及相应的印染设备。项目的建成有效地解决了当地人民的穿衣需求，并实现出口创汇。竣工后双方进入技术合作期，中国专家在该厂进行技术指导。

布琼布拉联合纺织厂是布隆迪最大的国营工业企业、拥有1.5万枚纱锭、528台布机，年印染加工能力为900万米。1980年5月建成移交后转入技术合作阶段，由中国专家提供技术指导。投产后头两年，因销路不好，工厂出现亏损。1982年初，在接受中国专家组保护民族纺织工业的建议后，布隆迪禁止纯棉纺织品进口，限制化纤织物的进口。与此

---

① http://gq.mofcom.gov.cn/article/zxhz/zhxm/200303/20030300076468.shtml
② 江苏省地方志编撰委员会：《江苏省志·水利志》，江苏人民出版社1996年，第665页。

同时，中国专家一方面加强市场调研，打开市场渠道，生产更有市场针对性的产品，同时加强内部管理，提升产品质量，经过一年的努力，该厂就开始转亏为盈。至 1985 年，棉纱、棉布、印染布的产量已达或接近设计能力，花色品种也由 700 种增加到 1200 多种。产品质量优良，所产的 34×34 坯布荣获 1986 年西班牙国际博览会奖章，为布隆迪赢得了荣誉。市场广阔，国内外客商盈门，甚至拿到了卢旺达和乌干达两国军队的服装用布订单。1985 年工厂盈利达 5 亿布隆迪法郎（约合 500 万美元），比 1984 年增加 163%。该厂因质量和效益上的突出成绩广受赞誉，总统巴加扎号召'全国都应该向布琼布拉联合纺织厂学习，向中国专家学习'。该厂总经理对中国专家说：'你们把我们的工厂当成自己的工厂，把我们的事情当成自己的事情，遇到问题比我们还着急，这是我们最为感动的，我们一辈子也不会忘记'。"①

5 月 12 日—18 日，毛里塔尼亚国家元首海德拉访问中国。14 日，中国政府和毛里塔尼亚政府经济技术合作协定在北京签订。

5 月 17 日，国务院批转对外经济联络部《关于外经工作当前基本情况和今后方针任务的报告》。该报告确定在新形势下外经工作的基本方针，即"坚持无产阶级国际主义，坚持援外八项原则，认真做好对外援助工作，广泛开展国际经济技术合作。有出有进，平等互利，为促进友好国家的经济发战，为实现中国四个现代化作出应有贡献"②。

6 月，广东省向赤道几内亚派出第十批医疗队，全队 16 人，在巴塔工作，于 1982 年 6 月完成任务回国。

6 月 1 日，中国援助布隆迪的布琼布拉纺织厂转入技术合作阶段。"技术合作由安徽省纺织厅负责实施。到 1986 年，技术合作共开展了 6 期，每期 1 年，分别为布隆迪培养了技术工人 33 人、28 人、17 人、15 人、17 人、23 人，共计 133 人。1981 年工厂为单班生产，亏损 1.64 亿布法郎，1982 年亏损 1400 万布法郎，1983 年首次盈利 1559 万布法郎，1984 年盈利 9600 万布法郎，1985 年盈利 1.92 亿布法郎，1986 年盈利约 5 亿布法郎。1983 年盈利震动了布隆迪朝野上下，总统巴加扎号召全国

---

① 石林：《当代中国的对外经济合作》，中国社会科学出版社 1989 年，第 159—160 页。
② 石林：《当代中国的对外经济合作》，中国社会科学出版社 1989 年，第 71 页。

工矿企业向纺织厂学习。"①

6月17日，中国援助马达加斯加的木伦达瓦糖厂开工。"木伦达瓦糖厂1983年10月11日建成，同年10月14日正式试产。在试生产过程中，全厂生产安全、设备运转良好，工艺流程通畅，澄清处理良好，于15日晚开筛第一编号甲糖膏，产品质量达标，做到一次试产成功。1983年12月移交给马方。设计能力为日处理甘蔗1000吨，年榨150000吨；投产后转入技术合作，由中国负责技术指导。经过三个榨季的生产实践，工厂的日处理甘蔗能力达到设计要求，质量较好，获致较好的经济效益。1986年的产糖量达18000吨。该糖厂是中国援助马达加斯加的第一个大中型成套项目。由广东省轻工局耗资1215万元承建，日处理甘蔗1000吨。"②

6月24日，北京市向几内亚派出第七批医疗队，全队28人，于1983年5月完成任务回国。

6月27日，河南省向赞比亚派出第二批医疗队，全队26人，于1982年7月12日完成任务回国。

7月，国务院召开会议，听取对外经济联络部的汇报，研究了对外援助工作。

7月6日—11日，刚果总统萨苏访问中国。8日，中国政府和刚果政府经济技术合作协定在北京签订。

7月11日，中国和摩洛哥根据1976年2月20日签订的《中华人民共和国政府和摩洛哥王国政府关于在摩洛哥建设一个综合体育设施的合作协定议定书》，就关于拉巴特综合体育设施项目中施工的有关问题进行了友好会谈，签订了议定书。

7月25日，中国政府和佛得角政府关于建设人民议会堂项目贷款的议定书在北京签订。

8月，江苏省派遣乒乓球教练周前赴尼日利亚任教1年。

8月3日，赤道几内亚最高军事委员会主席奥比昂主持中国援建的电信工程竣工仪式。邮电部副部长罗淑珍率中国政府代表团应邀参加。

---

① 安徽省地方志编撰委员会：《安徽省志·对外经济贸易志》，方志出版社1998年，第312页。

② 广东省志编撰委员会：《广东省志·一轻工业志》，广东人民出版社2006年，第244页；马达：《木伦达瓦糖厂项目由巩固到发展》，《国际经济合作》，1987年第2期。

8月11日，对外经济联络部发布《关于对外经援项目试行投资包干制的暂行办法》。

8月12日，北京市向布基纳法索派出第三批医疗队，全队17人，于1982年9月完成任务回国。

8月20日，中国同几内亚在科纳克里签订经济技术合作协定。

9月，中国援建的扎伊尔甘蔗园爆发螟虫灾害，灭螟专家王学明到达糖厂，与原有专家密切合作，经过3个月的紧张工作，终于成功消灭了螟虫，保住了甘蔗。1971年扎伊尔总统蒙博托访华时，中扎商定为扎伊尔援建甘蔗种植园和糖厂。中国援外专家经过一段时间的努力工作，在赤道线附近种植出了第一批甘蔗，然而，丰收在即却意外遭遇了螟虫灾害，援外专家组中缺少专业的灭螟专家。糖厂组长吴古稀向轻工部和使馆请求，为不使糖厂的工作功亏一篑，请求立即派遣国内一流的灭螟专家来灭螟。轻工部以最快的时间派遣中国甘蔗糖业科学研究所所长、老专家王学明赴扎伊尔，参与灭螟，成为中国援助扎伊尔蔗糖厂的一个插曲。

陕西省向苏丹派出第十二批医疗队，全队21人，于1982年9月完成任务回国。

9月12日，国务院批转对外经济联络部、对外贸易部《关于改进经援建成项目维修零配件供应工作分工的请示》，决定该项工作由对外经济联络部统一管理。

9月，中国援助尼日尔的特腊水库移交尼方使用。"1978年11月，中国开始动工兴建的尼日尔特腊水库，仅用一年零七个月建成，1980年9月正式移交尼方使用，工期比计划缩短半年。该工程主要由大坝、溢洪道和排沙闸组成，大坝总长1157米，其中土坝长1077米，最大坝高70米，混凝土坝长80米，最大坝高12米，总库容2110万立方米，调节库容770万立方米。自1980年6月拦洪蓄水以来，经过几次较大降雨和洪峰考验，大坝和建筑物都未出现问题，达到了设计标准。水库建成前，特腊地区严重缺水，当地居民不得不饮用雨水，旱季则饮用雨季积存的泥水。水库建成后，解决了该地区1万居民和5万头牲畜的饮用水，同时促进了农业生产的发展，库区周围生产的蔬菜、瓜果，除了满足当地需要外，还供应首都。"①

---

① 石林：《当代中国的对外经济合作》，中国社会科学出版社1989年，第151—152页。

国务院批转《外经部、外贸部关于改变经援建成项目维修零配件供应工作分工的请示报告》，国务院就经援成套设备建成移交后所需设备维修零配件供应问题做出指示。"对于这些项目的老化，中央决定所有的项目都要'负责到底'。对于成套设备的零配件，因为较为分散且所需要的配件型号各一，这样的配件必须从国内海运，通过海关方可进入受援国内，如此辗转给维修工作带来较大的麻烦。为了做好这项工作，外经贸部建议，把这项工作改由外经部归口管理，组织原来的承建部门供应设备维修零配件。也就是说，在承建部负责制的原则下，由外经部所属的中国成套设备出口公司统一经营，采取现汇贸易方式，对外供应零配件。为了确保这项工作落到实处，明确规定，生产主机的企业对维修用的零配件要实行负责到底，由承建单位随时订货，以市场价格随时供给。根据长期援外中的经验，在提供零配件时，注重加强技术资料工作，在提供配件的同时向受援国提供中外文对照的使用说明书。"①

9月12日，中国政府和津巴布韦政府经济技术合作协定在索尔兹伯里签订。中国政府同意在1980年10月1日至1985年9月30日的5年时间里，向津巴布韦提供无息和不附加任何条件的贷款4000万元。上述贷款用于中国政府帮助津巴布韦政府建设成套项目、提供单项设备、一般物资和进行技术合作。

9月14日—19日，肯尼亚总统莫伊访问中国。16日，中国政府和肯尼亚政府经济技术合作协定在北京签订。中国在6年内向肯尼亚提供7000万元无息贷款，用于中国帮助肯尼亚建设项目所需支付的设计费、设备材料费和施工机械耗损费。

10月16日，水利部派遣6名水利考察专家赴马里对乌杨科、沙芒科两项小型水利工程进行可能性考察。"该考察任务是根据1979年5月中国和马里政府在北京签订的《经济技术合作议定书》而来。考察组由浙江省水利厅派员组成，省水电设计院陈绍沂任组长。考察组对两项水利工程进行全面考察，对坝区、灌区、土料场进行踏勘调查和必要的测量与地质勘探工作，收集了技术经济资料。考察组于1981年6月底回国后，编写《马里共和国乌杨科、沙芒科水利工程考察报告》，于1982年

---

① 江西省地方志编撰委员会：《江西省对外经济贸易志》，黄山出版社1997年，第294页。

1月提交马里政府。"①

11月，国务院批转对外经济联络部、国家计委、财政部《关于给予援外出国人员派出单位补贴的请示报告》。

国务院、中央军委批转国防工办等部门《关于对外军援和军品出售问题的请示》。

11月8日，中共中央、国务院发出《关于认真做好对外援助工作的意见》的文件。该文件对建国以来中国的对外援助做出了客观全面系统的评价，充分肯定中国在过去30年里援外取得的成绩："中国的对外援助，效果是显著的，意义是重大的，影响是深远的。"文件指出："建国以来，中国的对外援助工作成绩是巨大的。各有关部门、地区、驻外使（领）馆和广大援外人员，做了大量的工作，胜利完成了党和国家赋予的任务。"接下来高度评价中国的援外帮助中国赢得了崇高的国际声望。"中国对外援助八项原则和援外人员的优良作风，在国际上独树一帜，赢得了崇高的政治声誉。援外工作直接配合了中国的对外斗争，对受援国抗击外来侵略，发展民族经济，捍卫民族独立，促进中国同受援国的友好关系，增强中国人民同受援国人民之间的团结和友谊，巩固和发展国际反帝、反殖、反霸统一战线，起到了积极作用。""中国援助了人家，人家也支持了中国。中国在国际上所以能够有今天这样的国际地位，是同友好国家、特别是第三世界国家的支持分不开的。"

文件对以往援外工作成绩的充分肯定，既是对当时所出现的有关对外援助怀疑论调的回应，也是为进一步的援外改革做铺垫。文件认为，目前中国对外援助领域存在的诸多问题并不能成为中国援外止步不前的理由和借口，必须继续坚持对外援助的总方针，"中国进行四化建设，需要一个和平安定的国际环境。反对霸权主义，维护世界和平，是中国对外工作的总方针。援外工作作为外事工作的一个方面必须为这个总方针服务"。这一总方针的明确将对外援助工作提升了一个更新的高度，即当前的援外工作不仅仅只是一项重要的外交工作，而且是一个带有发展战略眼光的问题，是一个关系到中国未来发展的全局性问题。这一方针的提出，明确了对外援助在未来中国外交中的地位，还揭开了笼罩在民众心中关于对外援助的诸多疑云，援外将继续作为中国外交中的一项重要

---

① 浙江省水利志编撰委员会：《浙江省水利志》，中华书局1998年，第937页。

内容而继续。报告最后要求,"国家对外答应的援助任务,各部门、各地区必须积极承担,加强领导,认真做好,保质保量按期完成"①。

11月25日,中国援建塞拉利昂的糖厂建成竣工。"项目规模为总建筑面积15668.75平方米,设备591台,生产能力为日处理甘蔗400吨,日产酒精6000公升,平均年产白砂糖6500吨。1980年12月至1981年2月试生产。"②

12月,颁发了《关于对外经援项目试行投资包干制的暂行办法》,把实施某个经援项目的全部工作包给一个部门或地区,由其全面负担经济技术责任。

12月16日,中国援助塞拉利昂的政府办公楼(友谊大厦)开工。"这是中国援助塞拉利昂的第一个大项目,由浙江省建筑工程局等筹建施工。该大厦的建筑面积为25269平方米,包括政府办公楼(10层办公楼和300人座会议厅)和警察总局办公楼(3层)两部分以及有关附属设施等建筑,会议厅装有7种语言的同声传译系统。设施齐全,装饰考究,可用于地区性国际会议。工程造价为1739万元人民币。1983年8月竣工移交。"③

1981年

外经部发布《1981年外经工作要点》。"援外工作仍然是当前外经工作的重点,要坚持无产阶级国际主义,量力而行,讲究经济效果,少花钱多办事;要进一步解放思想,广开门路,积极开展承包工程等收费项目的业务;大力加强管理,保证各项计划的完成;对新签援款,要从严掌握;新项目原则上实行投资包干制等等。"④

中国开始接来自利比里亚的留学生。

排球教练员杨守用到尼日利亚任教2年4个月,乒乓球教练员时凤玲到尼日利亚任教1年。

中国帮助埃塞俄比亚建设的井水项目竣工。"埃塞俄比亚有九个省严

---

① 石林:《当代中国的对外经济合作》,中国社会科学出版社1989年,第69页。
② 石林:《当代中国的对外经济合作》,中国社会科学出版社1989年,第162页。
③ 浙江省外经贸志编撰委员会:《浙江省外经志》,中华书局2001年,第472页。
④ 江西省地方志编撰委员会:《江西省对外经济贸易志》,黄山出版社1997年,第295页。

重缺水，当地居民长期靠饮用雨水生活，有时不得不翻山越岭到十几公里以外的山沟背水度日。1973 年，有三个省发生严重旱灾，80% 的牲畜死亡，20 万人被夺去生命。中国于 1974 年至 1981 年分两期在九个省帮助打井 45 眼，铺设水管 100 公里、建泵房 32 座，水池 38 座，水塔 4 座，为 30 多万人提供了饮用水。当地人民把井水称为'中国水'。'我们的子孙后代都不会忘记中国兄弟的帮助。'"①

中国帮助赤道几内亚援建的毕科莫水电站竣工，由福建省水电局承建，总投资 2044 万元。

中国援助赞比亚的穆隆古希纺织厂完成建筑任务和设备安装任务，并进行了试生产，这是赞比亚的第二大棉纺企业。

第三批援莫桑比克医疗队出国，全队 17 人，于 1983 年 9 月回国。

1981—1984 年期间，中国帮助冈比亚先后建成了 4 个卫生中心。"4 个卫生中心的建筑面积各为 1000 平方米，设有门诊室、15 张床位的病房等。中国医疗队也在这些卫生中心工作。当地脑型疟疾流行较广，死亡率很高，许多患者在中国医生精心医治下，转危为安。他们治愈出院时，高兴地说：'中国援建的卫生中心和中国医生救了我们的命，这是真正的友谊，最大的帮助。'"②

1 月，中国援助埃及的米尼亚省砂砖厂竣工移交，建成后的砖厂年产普通实心砖 5000 万块，总投资 503 万元。

中国为索马里渔业区安置提供建筑材料援助。

江苏省农林厅援建法腊纳（亚迪亚）农业技术推广站。该农业技术推广站有耕地 5 公顷，建房 1250 平方米，晒场 500 平方米，1982 年 1 月移交。

1 月 6 日，中国援建塞拉利昂的糖厂正式投产，实现盈利。"塞方聘请中国专家担任糖厂总经理等各级领导职务的正职，塞方人员担任副职，全面负责企业的生产和经营管理。这是援外项目中，中国专家应聘担任企业领导职务的第一个项目。糖厂设计生产能力为日处理甘蔗 400 吨。投产当年就超产白糖 1000 吨，盈利 126 万利昂。1981 年至 1985 年的四个榨季中，累计生产甘蔗 31.5 万吨，白糖 2.77 万吨，酒精 1500 吨，累计盈利 1022 万利昂（约合人民币 487 万元），成为塞拉利昂全国少有的

---

① 石林：《当代中国的对外经济合作》，中国社会科学出版社 1989 年，第 155—156 页。
② 石林：《当代中国的对外经济合作》，中国社会科学出版社 1989 年，第 205 页。

盈利国营企业。"①

1月15日，中国和乌干达签署《关于中国对乌干达多禾水稻农场进行技术援助的换文》，双方同意将水稻技术推广站项目改为建设一个水稻农场。根据乌干达共和国政府的需要，中国政府同意将多禾水稻技术推广站项目改为建设一个水稻农场，其规模为300公顷左右。双方同意1975年4月30日关于建设水稻技术推广站的换文和1977年8月9日签订的《关于建设多禾水稻技术推广站的会谈纪要》不再执行。

1月22日，福建首批援博茨瓦纳医疗队赴博工作，全队13人。

2月，中国开始向吉布提派遣医疗队，由山西省卫生厅组织派遣，全队5人。

2月13日，中国和尼日尔换文，同意撤销1977年9月21日双方签订的水泥厂项目，同意帮助尼日尔共和国政府建设3万人看台体育场一座，所需费用，在1974年7月20日两国政府签订的经济技术合作协定规定的贷款项下支付。

3月，中国援助喀麦隆高压输变电工程项目动工。"该项目由四川省电力局承担。建设规模：从喀麦隆的拉格都水电站到加鲁阿架设110千伏输变电线路（双回路）99.8公里。同时在加鲁阿修建110/15千伏变电所一座。四川省电力局副局长何荣钦担任专家组组长，80名技术人员经过2年的施工，到1984年4月建成。在施工过程中，专家组克服了高温雨季的影响，根据当地的气候特点，因地制宜地制定了施工方案，共筑立铁塔275座，架线99.8公里，建成变电所主控室一幢，安装2万千伏安主变压器两台。工程完工后，经过3个月的带电负荷送电，运行正常。"②

3月10日，对外经济联络部、外交部发布《关于加强外经出国人员思想政治工作的几点意见》。

4月，中国援助卢旺达的马叙塞水泥厂基建和设备安装项目开工，该项目位于尚吉吉省马叙塞区布加拉马县，由中建材总局邯郸水泥厂承办。

4月4日，对外经济联络部向有关部门和省、自治区、直辖市人民政府发出《关于加强外经出国人员选派和思想教育工作的几点意见》。

---

① 石林：《当代中国的对外经济合作》，中国社会科学出版社1989年，第225页。
② 四川省地方志编撰委员会：《四川省志·外事志》，巴蜀书社2001年，第285页。

4月14日，中国援助塞拉利昂的警察总局办公楼于1981年4月14日开工。

4月30日，中国援助塞拉利昂的甘蔗农场建成。"项目规模为总耕地面积1340公顷，其中甘蔗种植面积1000公顷，绿肥轮作面积267公顷，以及相应的农田水利、交通道路等配套工程。甘蔗农场基础上建成了糖厂，塞方聘请中国专家担任联合企业的总经理等各级领导职务的正职，塞方人员担任副职，全面负责企业的生产和经营管理。这是援外项目中，中国专家应聘企业领导职务的第一个项目。"①

5月19日，中国援助摩洛哥的拉巴特综合体育设施动工建设。"位于首都拉巴特的摩洛哥综合体育设施是中国援外体育设施中规模最大的项目，也是中国援助摩洛哥的第一个成套设备项目，该援助的体育设施总建筑面积7.36万平方米，由6万座位的体育场和8400座位的体育馆组成，可进行田径、体操、足球、篮球、排球等体育项目的国际比赛。1981年5月开工，1983年6月建成。摩洛哥朋友说，它建设速度之快，工程质量之好，在摩洛哥建筑史上是空前的。这个体育设施为摩首都拉巴特增色添辉，为中国赢得了声誉。鉴于中国帮助不少第三世界国家建设的体育设施，对于推动受援国体育文化事业的发展，促进国际间的体育交流，发挥了积极作用，1986年4月28日，萨马兰奇主席代表国际奥委会，授予中国奥委会最高荣誉奖——奥林匹克杯。"②

5月26日，中国帮助塞拉利昂建设糖厂和甘蔗农场职工宿舍换文。该项目的总建筑面积为1.3万平方米。其建筑标准、总投资、实施方式和其他有关事宜，待中方派技术组考察后，另签合同。

5月，江苏省交通厅援建苏丹的瓦德迈达尼—格达雷夫公路加铺工程竣工。该工程包括对227.7公里的公路加铺沥青路面，增建2道涵洞；完成后养护一年；建成后展开了3期技术合作，每期一年。

6月9日，中国和卢旺达签署《关于中国帮助卢旺达种植水稻和修建农田的换文》。

7月，中国援助几内亚比绍稻谷种植技术推广站开始施工。1975—1978年间，中国先后派出考察组进行考察。1984年1月26日，该技术

---

① 石林：《当代中国的对外经济合作》，中国社会科学出版社1989年，第226页。
② 石林：《当代中国的对外经济合作》，中国社会科学出版社1989年，第620、217页。

推广站竣工移交转为技术合作项目。①

7月18日,中国援建的布基纳法索体育场开工建设。"该项目位于布首都瓦加杜古,占地面积11.9公顷,建筑面积2.95万平方米。场内能容纳3.5万观众,可供国际比赛使用的灯光草皮足球场、塑胶跑道,以及有关配套设施和室外篮球、排球、足球、网球练习场地。该工程由湖南省建筑设计研究院设计,湖南省第六建筑工程公司施工。项目于1984年7月28日交付使用。在竣工典礼上,布国家元首、全国革命委员会主席托马·桑卡拉将体育场正式命名为'八·四体育场'(8月4日为该国国庆节)。"②

8月4日,中国帮助刚果(布)贡贝农场恢复生产换文。为恢复农场生产,刚方聘请8—10名中国农业专家到农场工作。刚果贡贝农场的后期技术合作,以中国专家为主管理。这个农场1976年建成,占地500公顷,其中种植粮食作物250公顷。建场初期,经营粮食、蔬菜、养猪、养鸡等农副业,收益尚好。技术合作结束中国专家回国后,由于刚方管理人员缺乏经验,资金不足,一度处于半停产状态。1981年底,应刚果政府的要求,中国政府再次派专家进场,并提供少量流动资金。农场的生产、销售、财务、劳动工资等全由中国专家组为主负责管理,刚方人员协助。经过两年时间,这个农场又恢复了生机,在种植粮食作物的同时,大力发展副业生产,仅种菜、养猪、养鸡等年盈利近1000万非洲法郎(约合人民币5万多元)。③

8月27日,中国和利比里亚签订关于经济技术合作项目的议定书。

9月,中马两国政府签订文化合作协定。④

广东省向冈比亚派出第三批医疗队,全队16人,在冈比亚班桑医院工作,于1983年10月完成任务回国。

陕西省向苏丹派出第十三批医疗队,全队21人,于1983年8月完成任务回国。

9月18日,中国和津巴布韦签订经济技术合作议定书,根据中、津

---

① 湖北省志编撰委员会:《湖北省志·农业》,下,湖北人民出版社1994年,第117页。
② 湖南省志编撰委员会:《湖南省志·体育志》,湖南人民出版社1994年,第662—663页。
③ 石林:《当代中国的对外经济合作》,中国社会科学出版社1989年,第225页。
④ 张忠祥:《列国志:马里》,社会科学文献出版社2006年,第217页。

两国政府 1980 年 9 月 12 日在索尔兹伯里签订的经济技术合作协定第二条的规定，中国同意帮助津巴布韦共和国政府在索尔兹伯里建设 6 万人座的体育场一座。

9 月 25 日，国务院颁发《关于驻外、援外人员在国外牺牲、病故后善后工作的暂行规定》。

10 月，中国援助乌干达坎帕拉制冰厂建成投产移交。"该厂建设面积为 1457 平方米，日产冰 4 吨、贮冰 16 吨、贮鱼 25 吨。由国家商业部承建，辽宁省商业局筹建，天津市建委协作，辽宁省商业局完成设计任务。1975 年 6 月开始考察，1977 年至 1980 年 6 月交付全部材料，主要设备 50 台/46 吨。最终结算金额 124 万元人民币，由中国政府优惠贷款提供。"①

10 月，中国援助索马里的巴洛温农场竣工移交。同时巴洛温农场进入技术合作阶段，一直持续到 1990 年 10 月。

宁夏回族自治区向贝宁派出第三批医疗队，全队 25 人，于 1983 年 10 月完成任务回国。

中国援建的喀麦隆文化宫竣工。"喀麦隆文化宫坐落在首都雅温得市区，总建筑面积 3 万平方米，拥有 1500 座位的大会堂、1000 座位的宴会厅、3 个小会议厅和 1 座执政党常设机构的办公大楼。这座文化宫于 1978 年 3 月动工兴建，1981 年 10 月竣工，不仅建设速度快、投资省，而且工程质量好。一九八二年五月十二日，阿希乔总统亲自主持文化宫的落成典礼，称赞它是'喀中合作的典范'。经济和计划部长贝洛代表总统授予中国大使馆经济参赞、中国专家组组长及全体专家国家级荣誉勋章。"②

10 月 17 日，中国和贝宁签署关于中国援助贝宁完善马兰维尔垦区排水工程以及考察种植茶树等问题的换文。中国政府同意向贝宁政府无偿提供 53 万法国法郎的援助，用于完善马兰维尔垦区的排水工程，该工程由贝方负责施工。

12 月，江苏省水利厅派出 3 名工程师赴卢旺达参加纳肖稻区规划工作，负责稻区水利工程的考察和规划设计。"1982 年 8 月考察结束，9 月

---

① 辽宁省地方志编撰委员会：《辽宁省志·对外经济贸易志》，辽宁民族出版社 2003 年，第 452 页。
② 石林：《当代中国的对外经济合作》，中国社会科学出版社 1989 年，第 202—219 页。

双方签订设计合同。该稻区总面积400公顷,种植面积300公顷,分设纳肖和卢依卡玛两个灌区,每个灌区各建一、二级抽水站各1座,提湖水灌溉。整个水利工程规划兴建抽水站4座,装机10台套水泵柴油机组,总容量390马力(287千瓦);渠系为灌排分开,干支渠到三级渠,灌排沟渠127公里,小型建筑物3101座。对于该设计规划,卢旺达十分满意。"①

中国援助贝宁的卷烟火柴厂动工。该火柴卷烟项目总造价1476万元,总生产能力分别为:卷烟班产100箱(1万支/箱),火柴班产50件(1000盒/件)。

12月1日,中国和坦桑尼亚签署关于中国帮助坦桑尼亚建设一座年产15万吨煤矿并撤销1978年9月14日议定书的换文。中国政府同意帮助坦桑尼亚政府建设一座规模年产15万吨的基那煤矿,并为该矿生产生活用电建设一座火力发电站。

12月6日,中国政府和苏丹政府贷款协定在北京签订。

12月15日,福建省第四批援塞内加尔医疗队离开北京赴塞内加尔工作,于1983年12月22日回国。

1982年

中国开始向卢旺达派遣医疗队,由内蒙古自治区卫生厅组织派遣。

由天津市化工局负责承建的马里制药厂竣工移交,该药厂总投资536万元。

中国和利比亚两国签署《关于中国派遣医疗队赴利比亚工作的协定》。双方在协定中约定,中国医疗队于1983—1994年间在利比亚工作。1994年底中国医疗队工作合同期满,未再续签。②

体操教练员胡浩瑾到摩洛哥任教1年,乒乓球教练员李晓东到马达加斯加任教3个月。

利比里亚政府请求中国复兴海滨城市Buchanan附近的一个甘蔗种植园和蔗糖厂。这个项目是台湾农耕队留下来的项目,中国接收了这两个项目后运转并不顺遂,一直处于亏损和闲置的状态。利比里亚政府请求

---

① 江苏省地方志编撰委员会:《江苏省志·水利志》,江苏人民出版社1996年,第666页。

② 潘蓓英:《列国志:利比亚》,社会科学文献出版社2007年,第333页。

中国政府给予一个肯定的答复。经过慎重的考虑,中国方面决定派出一个由50人组成的专家组,先对甘蔗园和蔗糖厂进行详细的实地考察和调研后再决定下一步的方案。考察组的专家得出的结论认为,蔗糖厂的维护每年另外需要360万美元的补贴,所产生的效益并不大,因而建议利比里亚寻求一个更有利润和前景的项目。

中国承办了工发组织在华举办的化肥技术讨论会、柴油机培训班和中草药讲习班,共有23个发展中国家的49名代表参加,中国专家介绍了技术和经验。

由中国提供设备的马达加斯加农机厂落成。①

中国援建的马达加斯加木伦达瓦糖厂竣工投产,由广东省轻工局耗资1215万元承建,日处理甘蔗1000吨,年榨15万吨。

1982年—1985年,河北省向刚果(金)派出第五批医疗队。本批医疗队由两支队伍组成。第一支11人,于1982年8月出发,1984年8月回国。第二支19人,于1983年8月出发,1985年8月回国。

广西区向尼日尔派出第四批医疗队,全队22人。

中国援助桑给巴尔兰哥尼发射台开工建设。"该项目是国家广播事业局承建,国家建委和安徽省建委协作,安徽省建筑设计院设计的。项目包括建设50公里中波发射机1部,50公里短波发射机2部,建筑面积1241平方米。1983年建成竣工。"②

中国援助坦桑尼亚人民国防军宿舍开工建设。"该项目是由解放军总后勤部营房部承建,安庆市对外经济援助办公室组织市建筑安装公司实施。建筑总面积1.47万平方米,可供1000人居住,28幢房屋,项目总投资1324.64万人民币。项目于1984年提前竣工。因竣工时间提前且节约开支,工程质量较好,坦桑尼亚方面满意而获得了28万多元人民币的奖励。"③

浙江省派出乒乓球教练白小明、排球教练郑希尼赴尼日利亚担任教练。

---

① 王建:《列国志:马达加斯加》,社会科学文献出版社2011年,第228—229页。
② 安徽省地方志编撰委员会:《安徽省志·对外经济贸易志》,方志出版社1998年,第316页。
③ 安徽省地方志编撰委员会:《安徽省志·对外经济贸易志》,方志出版社1998年,第316页。

江苏省派出乒乓球教练吴宗法赴尼日利亚任教 1 年。

根据中华人民共和国政府与卢旺达政府签订的协议，中国开始向卢旺达派遣援外医疗队。内蒙古自治区援卢旺达第一批医疗队于 1982 年 3 月派出，1984 年 4 月回国。此批医疗队由 7 人组成，共治疗门诊病人 10840 人次，住院病人 8391 人次，抢救病人 537 人，进行大中型手术 1192 例。

1 月，湖南省向塞拉利昂派出第五批医疗队，全队 15 人。

中国向苏丹提供了 5700 万美元的无息贷款。

中国援助索马里的弗诺力稻谷农场动工。中国负责对索马里弗诺力稻谷农场的开发和种植给予技术指导，新疆农垦总局（原新疆生产建设兵团）负责筹建。农场规划总面积 18607 公顷，其中种植面积 7500 公顷。设一个场部，四个管理站。农场实行一级核算，场站两级管理，以种植水稻为主，单产指标 3000 公斤/公顷。农场设碾米厂一座（日处理稻谷 150 吨），农机修配厂一座。①

2 月，中国援助贝宁塑胶跑道项目高质量完成。"1981 年 9 月，河北保定合成橡胶厂作为中国第一个援外塑胶跑道施工队开赴贝宁，派出 18 人，领队师永昌、张殿需。建设规模为 10060 平方米，承建部门为国家体委。在施工过程中，施工队克服了气温高、风沙大的恶劣环境影响，高质量地完成了铺设任务。"②

2 月 2 日，中国援建的几内亚科巴甘蔗农场在科纳克里举行移交签字仪式。③

2 月 12 日，浙江省农垦局承担了中国援建马里锡加索茶厂的大修任务。"该项目是云南省承建的项目，1976 年建成移交。根据 1981 年 11 月 6 日和 11 月 24 日，中马双方换文规定，中国方面派遣技术人员赴马里，对锡加索茶厂茶叶加工设备大修进行可行性考察。1983 年 4—8 月，浙江省农垦局派出技术考察组经过 4 个月的考察和国内近 1 年的筹备，于 1984 年 11 月 6 日派出先遣组，大修工程于 1985 年 3 月 25 日正式开工。

---

① 新疆通志编撰委员会：《新疆通志·外事志》，新疆人民出版社 1995 年，第 214 页。

② 河南省志编撰委员会：《河南省志·对外贸易经济合作志》，河南人民出版社 1995 年，第 416 页。

③ 对外经济贸易部《中国对外经济贸易年鉴》编辑部：《中国对外经济贸易年鉴 1983》，中国社会出版社 1983 年，第 347 页。

经过 10 个月的施工，完成大修任务。1986 年 1 月 7 日竣工移交。马里锡加索茶厂大修项目工程总价为 189.46 万元人民币，先后派遣援外专家 3 批 16 人次。"①

2 月 25 日，中国援助塞拉利昂甘蔗农场联合企业和糖厂移交。"甘蔗农场的规模为总耕地面积 1340 公顷，其中甘蔗种植面积 1000 公顷，绿肥轮作面积 267 公顷；以及相应的农田水利、交通道路等配套工程。糖厂的规模为总建筑面积 15668.75 平方米，设备 591 台，生产能力为日处理甘蔗 400 吨，日产酒精 6000 公升，平均年产白砂糖 6500 吨。1979 年 3 月 2 日开工，1980 年 11 月 25 日建成，1980 年 12 月至 1981 年 2 月试生产，1981 年 1 月 6 日正式投产，1982 年 2 月 25 日移交。"

3 月起，归口管理中国对外援助的经贸部开始根据市场化改革的规律，继施行"投资包干制"以后，又施行了"承包责任制"。

3 月 8 日，第五届全国人民代表大会常务委员会第二十二次会议决定，国家进出口管理委员会、对外贸易部、对外经济联络部、外国投资管理委员会合并，设立对外经济贸易部，国务委员陈慕华兼任对外经济贸易部部长。

3 月 10 日，中国技术考察组赴肯尼亚对太伦水电站工程进行可行性考察。"浙江省水利厅派遣工程师凌振坤参加考察，负责建设肯尼亚太伦瀑布水电站工程的可行性考察和芬兰两家工程咨询公司向肯尼亚能源部提出的太伦瀑布和茅林瀑布小水电工程可行性报告的研究。太伦水电站位于肯尼亚西方省奔哥马区艾尔根县，枢纽包括拦河坝、引水建筑物、厂房和升压站等。考察组当时考察了 800 千瓦一台机组和 1600 千瓦二台机组两种开发方案，并进行两种方案的电能和经济指标比较。考察组于同年 5 月 24 日回国，9 月完成《肯尼亚太伦水电站项目考察报告》，递交肯尼亚政府。"②

3 月 30 日，中国和中非关于中非宾博广播电台扩建工程的合同在班吉签字。③

---

① 浙江省农业志编撰委员会：《浙江省农业志》（下），中华书局 2001 年，第 1585 页。
② 浙江省水利志编撰委员会：《浙江省水利志》，中华书局 1998 年，第 938 页。
③ 对外经济贸易部《中国对外经济贸易年鉴》编辑部：《中国对外经济贸易年鉴 1983》，中国社会出版社 1983 年，第 348 页。

4月,中国援助卢旺达的卢奔迪稻区开发项目建成移交,此后进入双方的技术合作期。

湖南省派往摩洛哥的体操教练员易树基被该国体操协会聘任为国家男子体操队总教练。因教学得法,队员技术提高快,1983年9月,该国体操队在第九届地中海地区运动会上,男女队分获团体第四、第五名。体操协会主席杰克利上校在庆功宴会上说:"中国教练易先生的教学方法深得队员的欣赏,技术提高很快。"①

中国为陷入停顿状态的利比里亚巴他维农场提供建设援助。"巴他维农场是根据1977年2月中利双方的协议而展开的援助项目。1977年双方协议后曾一度开始了农场的建设,但后因财政困难而陷入停顿。1981年8月,中利双方再次协议确定,将全部费用改为中方援助。四川省农业局负责实施。四川省先后派出农业专家28人在农场工作,为农场培养了农技人员46名,提供农机等设备59台(套),修建了一批农业设施。1984年竣工建成。1983—1984年度生产稻谷40多万公斤,平均亩产稻谷1260公斤,养殖猪、鸡1535头,试种蔬菜也取得良好效益。"②

4月4日,中国援建利比里亚综合体育场项目正式开工。"该体育场坐落在该国首都蒙罗维亚市佩恩斯沃特区,围墙内占地面积16.85公顷,建筑面积2.78万平方米,包括能容纳3万名观众、符合国际标准的体育场和100个床位的运动员宿舍,以及其他技术、管理用房。场外还有9块篮球、排球、足球、手球、网球辅助练习场地。项目于1986年3月26日完工。"③

5月,由广西自治区水电局负责承建的布隆迪的穆杰雷水电站竣工发电,装机容量8000千瓦,总投资2578万元。

在接见利比里亚国家元首多伊时,邓小平就援助问题发表意见。邓小平在会谈中强调:"中国对第三世界朋友尽的力量还不多,这是因为中国地方虽大,但很穷,还有许多困难……中国现在正在一心一意地搞建设,力争经济有较快的发展。到了那个时候,中国可以对第三世界的朋

---

① 湖南省志编撰委员会:《湖南省志·体育志》,湖南人民出版社1994年,第662—663页。

② 四川省地方志编撰委员会:《四川省志·对外经济贸易志》,四川科学技术出版社1998年,第299页。

③ 湖南省志编撰委员会:《湖南省志·体育志》,湖南人民出版社1994年,第664—665页。

友们多尽点力量。"①

中共中央总书记胡耀邦在一份文件批示中提出"守约、保质、薄利、重义"的方针,成为中国对外承包工程和劳务合作企业的经营原则。

5月11日,喀麦隆总统阿希乔出席中国援建的文化宫落成典礼。城乡建设环境保护部副部长戴念慈率中国政府代表团应邀参加。

5月25日,中国援建塞拉利昂的糖厂移交。

6月,中国援助贝宁的友谊体育场(原名为科托努综合体育场)竣工,同年移交贝方使用。"该体育场总造价6424万元、建筑面积48047平方米,包括1个30000人座体育场,1个5000人座体育馆,1个1500人座游泳馆,1个网球场和1栋100张床位的运动员宿舍楼,项目执行单位是中国体育对外经济技术合作公司。此后进入了技术合作和管理合作期。"②

广东省向赤道几内亚派出第十一批医疗队,全队20人,在马拉博、巴塔两地工作,于1984年6月完成任务回国。

6月3日,中国向乌干达提供优惠贷款协议在坎帕拉签订。③

6月8日,援助刚果布昂扎水电站输变电线路专家组负载波通信的工程师朱永仁,在抢修线路中因车祸不幸牺牲。刚果总理戈马闻讯后,立即派专机将遗体运回首都。在首都举行了隆重的追悼大会,然后又派专机由矿业动力部长亲自护送,将遗体安葬在电站中国专家组住地附近。刚果中央政府和地方政府的官员、电站周围的群众几百人参加了安葬仪式,有些年近古稀的老人也拄着拐杖前来送葬。莫荣济县县长说:"朱永仁同志为刚果水电站建设事业献出了生命,安葬在这里,对我们全县人民都是很大的教育。我们将永远纪念他!"④

6月12日,河南省向赞比亚派出第三批医疗队,全队25人,于1984年7月20日完成任务回国。

6月26日,中国在布隆迪援建的穆杰雷水电站建成发电剪彩。"穆杰雷水电站1977年开工,该水电站装机容量为2.8万千瓦,其发电量解

---

① 《邓小平文选》第二卷,人民出版社1983年,第405页。
② 陈章瀚:《福建建工集团总公司志(1950—2000)》中卷卷四,中国建筑工业出版社2002年。
③ 对外经济贸易部《中国对外经济贸易年鉴》编辑部:《中国对外经济贸易年鉴1983》,中国社会出版社1983年,第348页。
④ 石林:《当代中国的对外经济合作》,中国社会科学出版社1989年,第295—296页。

决了布首都布琼布拉市用电量的一半左右。"直到三十年后，穆杰雷水电站依然在布隆迪的国民经济中发挥着极端重要的作用，据布隆迪中央银行发布的数据显示，2011 年，穆杰雷水电站发电量占布隆迪全部水电站发电量的 33.9%、占布琼布拉用电量的 27%。①电站建成 30 年来，我国政府曾分别于 1987、1993、2000 和 2010 年帮助进行了 4 次大修，有力保证了电站的正常运转。

6 月 29 日，北京市向布基纳法索派出第四批医疗队，全队 16 人，于 1984 年 7 月完成任务回国。北京市向几内亚派出第八批医疗队，全队 29 人，于 1984 年 8 月完成任务回国。

8 月，陕西省向苏丹派出第十四批医疗队，全队 22 人，于 1984 年 8 月完成任务回国。

8 月 25 日，中国援助塞拉利昂的警察总局办公楼建成，9 月 6 日移交。

中国援助塞拉利昂政府办公楼（友谊大厦）竣工建成。"政府办公楼部分于 1980 年 12 月 16 日开工，1983 年 8 月 5 日建成、26 日移交；警察总局办公楼部分于 1981 年 4 月 14 日开工，9 月 6 日移交。"②

9 月，召开中国共产党第十二次全国代表大会，胡耀邦在讲话中强调中国与第三世界国家的关系。胡耀邦表示："中国还是一个发展中国家，但是我们一贯尽力援助与我们共命运、同呼吸的第三世界国家。……随着中国经济建设的发展，我们将不断扩大同第三世界国家和人民的友好合作。"③

10 月，中国援建的多哥北方重镇拉马卡拉市的"人民联盟之家"建成。该项目是一座设备齐全、具有多种用途的高级公共建筑，1979 年 1 月动工兴建，甘肃省建筑总公司承建。这座建筑占地 8.7 公顷，建筑面积 2.3 万平方米，楼前广场可容纳 2 万人集会。建筑宏伟壮观，装饰优美和谐。"人民联盟之家"建成后，成为多哥北方政治活动和对外活动的重要场所，受到多哥政府和有关国际组织的好评，被誉为"中国人民

---

① 《中国 30 年前为布隆迪援建的穆杰雷水电站至今仍发挥重要作用》，2012 年 5 月 23 日，http://finance.ifeng.com/roll/20120523/6504410.shtml

② http://sl.mofcom.gov.cn/article/zxhz/zzjg/200311/20031100151028.shtml

③ 胡耀邦：《全面开创社会主义现代化建设的新局面——在中国共产党第十二次全国代表大会上的报告》，《人民日报》1982 年 9 月 8 日。

送给多哥人民的一件珍宝""多中两国人民真诚友谊的象征"。1983年2月，科特迪瓦、贝宁、尼日尔、布基纳法索、多哥五国首脑协调会议在这里举行，与会代表对大厦的建筑风格赞不绝口。1984年9月26日，该工程被授予"国际墨丘利金奖"。①

江苏省建材局援建冈比亚小型制砖厂开工。冈比亚小型制砖厂年产普通实心砖50万块，1985年4月砖厂建成，之后中国方面提供技术指导，展开技术合作。

10月23日，索马里总统西亚德出席中国援建的费诺力水利工程通水典礼。水利电力部部长钱正英应邀率中国政府代表团参加。

10月29日，利比亚革命领导人卡扎菲访问中国期间，中国政府和利比亚政府关于成立经济、贸易、科学技术合作混合委员会的协定和相互合作计划在北京签订。

11月，中国政府提出，对已建成的成套设备项目，中国主动向受援国提供管理服务，搞技术合作，一边参与管理，一边带徒弟，帮助受援国掌握技术和管理。② 随着中国建成的成套项目日益增多，有效地帮助受援国巩固项目成果成为对外援助工作中一个日渐突出的问题。一般说来，中国援建的设施都较受援对象国先进，这些设施的正常运转需要受援国配备相应的管理和技术人才，制定合理的制度和程序维持这些设施的运转，但是他们可能并不具备这样的条件。于是，援建项目的后期管理坚持不干涉内政，只是帮助受援国获得自力更生的能力，坚持"授人以渔"，教会受援国的人民自己掌握"下海捕鱼"的技术。③

11月5日，国务院批准成立"中国福建国际经济技术合作公司""中国地质勘探和打井公司"。④

11月28日，贝宁总统克雷库主持中国援建的科托努综合体育场竣工典礼。国家体育运动委员会副主任路金栋率中国政府代表团应邀参加。

12月，中国援助科摩罗供水工程竣工。"该项目是由国家建委承建，安徽省建委筹建，安徽省建筑设计院设计的。项目规模为新建取水构筑

---

① 石林：《当代中国的对外经济合作》，中国社会科学出版社1989年，第202—219页。
② 石林：《当代中国的对外经济合作》，中国社会科学出版社1989年，第221页。
③ 石林：《当代中国的对外经济合作》，中国社会科学出版社1989年，第221页。
④ 对外经济贸易部《中国对外经济贸易年鉴》编辑部：《中国对外经济贸易年鉴1983》，中国社会出版社1983年，第350页。

物 5 座，处理原取水构筑物 4 座，新铺设供水管道 60 公里，处理原供水管道 0.8 公里，新建蓄水池 16 座，处理原蓄水池 2 座，建筑面积 54 万平方米。该项目总投资 350 万元人民币，1982 年 12 月结束。"①

中国援助索马里的北部四州打井供水工程动工。

中国援助马达加斯加制药中心建成竣工。"该项目是由国家化工部承建，上海市医药工业公司筹建，国家建委为协作部，安徽省建委为协作单位。1981 年开工建设，工厂规模为生产片剂 5 亿片，酊剂 40 万瓶，糖浆 100 万瓶，建筑面积 5164 平方米。"②

南京塑料厂援建冈比亚体育场塑胶跑道施工，1983 年 5 月竣工，竣工总面积 8774 平方米。

中国援助肯尼亚体育馆运动员宿舍开工。"本援助项目是根据 1980 年 9 月中肯政府签订的经济技术合作协定和建设内罗毕体育综合设施的议定书而来的，从中国政府向肯尼亚提供的无息贷款 7251.2 万元人民币中开支，是属于肯尼亚大型体育综合设施（肯体工程）的一部分，肯体工程建筑面积近 9 万平方米，有 6 万人座体育场、5 千人座体育馆、2 千人座游泳场、200 人床位的运动员宿舍以及配套共用建筑设施组成。该项目是由四川国际公司负责实施的，总建筑面积 7700 平方米，于 1985 年 7 月建成。"③

12 月 10 日，中国与博茨瓦纳签订议定书，使用无息贷款更新博南段铁路 120 公里。

12 月 20 日至 1983 年 1 月 17 日，中国国务院总理赵紫阳访问非洲的埃及、阿尔及利亚、摩洛哥、几内亚、扎伊尔、刚果、赞比亚、津巴布韦、坦桑尼亚、肯尼亚、加蓬等 11 国。1983 年 1 月 13 日，在达累斯萨拉姆举行的记者招待会上，中国方面宣布了中国同非洲国家开展经济技术合作的"四项原则"（"平等互利、讲求实效、形式多样、共同发展"）。"四项原则"的具体内容如下：

"第一，中国同非洲国家进行经济技术合作，遵循团结友好、平等互

---

① 安徽省地方志编撰委员会：《安徽省志·对外经济贸易志》，方志出版社 1998 年，第 314 页。

② 安徽省地方志编撰委员会：《安徽省志·对外经济贸易志》，方志出版社 1998 年，第 316 页。

③ 四川省地方志编撰委员会：《四川省志·外事志》，巴蜀书社 2001 年，第 291 页。

利的原则,尊重对方的主权,不干涉对方的内政,不附带任何政治条件,不要求任何特权。

"第二,中国同非洲国家进行经济技术合作,从对方的实际需要和可能条件出发,发挥各自的长处和潜力,力求投资少、工期短、收效快,必能取得良好的经济效益。

"第三,中国同非洲国家进行经济技术合作,方式可以多种多样,因地制宜,包括提供技术服务、培训技术和管理人员、进行科学技术交流、承建工程、合作生产、合资经营等等。中国方面对所承担的合作项目负责守约、保质、重义。中国方面派出的专家和技术人员,不要求特殊的待遇。

"第四,中国同非洲国家进行经济技术合作,目的在于取长补短,互相帮助,以利于增强双方自力更生的能力和促进各民族经济的发展。"①

12月31日,中国援建的佛得角议会堂开工建设。"佛得角议会堂是中佛建交后中国援佛首个成套项目,1979年1月换文,由中国建筑工程总公司和四川省建筑工程总公司承建。1982年12月31日正式开工,1985年6月29日建成并移交佛方使用。佛得角议会堂项目由840个座位的会议大厅,240个座位的国际会议厅,200个座位的宴会厅以及议会办公室和20套住房组成,总建筑面积12626平方米。"②

---

① 《人民日报》1983年1月15日。
② 安原:《中国的对外经济技术援助》,《1983年中国经济年鉴》,经济管理杂志出版社,1983年,第37—39页;四川省地方志编撰委员会:《四川省志·外事志》,巴蜀书社2001年,第293页。

第五章 在改革中探索的中国对非援助（1983—1990）

第一节 与改革开放协奏的中国对外援助改革

进入20世纪80年代以来，中国和非洲的形势都发生了重大的变化。中国和非洲都从不同的角度，先后调整了内政和外交政策。中国在中共中央第十一届三中全会后开始实行改革开放，发展生产力和经济建设成为首要的任务，对外加大了发展经济交往的力度。以非洲统一组织为代表的非洲正在全面探讨非洲经济复兴与发展的策略，探索非洲经济全面调整并逐步复兴的发展策略。中国和非洲就是在这一大背景下开始探索双方交往方式和援助方式的变革的。

一、援非新方式的探索

到1983年，中国的改革开放进入第五个年头，而关于新时期援外方针的改革的讨论也持续了6年之久，新的援外方针越来越清晰，援外改革的方向日益明朗。如果说上一阶段中国对非援助的焦点是确定对非援助的改革方向的话，那么这一阶段的焦点是围绕这一改革方向如何创新援非的方式，确保国内的经济发展与对外援助两者相得益彰。因此，探索新的援非方式成为核心的主题。

围绕着新援外方式的探索，1983年9月22日，对外经济贸易部在北京召开会期8天的第六次全国援外工作会议，探讨和研究如何开创新时期援外工作的新局面。这次会议确立了新时期中国对外援助的新原则，即"既要量力而行，又要尽力而为"。强调量力而行是指经济上的付出，尽力而为则是指提供援助时的态度。① 这次会议第一次将中国的受援对象区别对待，对于一些最穷国和穷国，以援助为主，而对于经济相对较好的国家，则开展互利性的合作。本次会议将中国对外开展互利合作的目的做出了新的调整，即"认真做好援外工作，为加速社会主义现代化建设做出贡献"②。因此，作为援助者的中国首次在对外援助中从原则的层面上提出兼顾双方的利益，这既是前一时期的总结和反思，也是未来中国对外援助的一个重要原则和考量基准。

二、中国总理再踏非洲路与"四项原则"

1982 年，距离周恩来访非已 19 年，在 19 年里，虽然中非友好的基本政策立场没有改变，但无论是中非双方还是对外援助的内外环境都发生了翻天覆地的巨变。为了了解非洲形势，考察中国理性务实援外政策的可行性，并做好新政策推行前的动员和阐释工作，1982 年 12 月 20 日至 1983 年 1 月 17 日，中国国务院总理赵紫阳访问非洲的埃及等 11 个非洲国家。这次访问是周恩来 1963 年访非后中国总理的首次集中访问非洲，是在"文革"结束、改革开放和全面建设社会主义的方针既定的背景下展开的高层访问，也是中国对外援助面临重大调整和抉择的时刻的重要举措。到 1982 年底，中国的战略重点已经转移到经济建设上来，援外政策改革的方案已定，这种调整是否能为非洲受援国家所接受和理解，尚存疑问。因此，正如外国研究者所言，赵紫阳这次访问的目的是为中国向非洲国家政府解释中国援外政策的改变。③

依照中国新的援外方针，赵紫阳一行与传统受援国家进行了深入磋商。在访问坦桑尼亚期间，在达累斯萨拉姆举行的记者招待会上，中国方面宣布了中国同非洲国家开展经济技术合作的"四项原则"。这四项原则被称为"平等互利、讲求实效、形式多样、共同发展"。从总体上看，"四项原则"既是对"八项原则"的继承，也是"八项原则"在新时期的发扬与创新。"四项原则"对"八项原则"的继承表明中国对非

---

① 石林：《当代中国的对外经济合作》，中国社会科学出版社 1989 年，第 70 页；江西省志编撰委员会：《江西省对外经济贸易志》，江西人民出版社 1995 年，第 295 页。

② 石林：《当代中国的对外经济合作》，中国社会科学出版社 1989 年，第 69 页。

③ Deborah Brautigam, *Chinese Aid and African Development: Exporting Green Revolution*, London: Macmillan Press Ltd., 1998.

援助政策是一脉相承的，体现了中国在外交思想上的连贯性和一致性，是在传承"八项原则"精髓基础上的创新与发扬。

三、新援外方式的萌芽及发展

援外思想的解放不仅解开了政策制定者的思想束缚，而且鼓励了开拓性的思路在援外实践中的推广，这种开拓性思维的更深层意义在于中国和受援方发展思路和模式在探索中的不断优化和升级。双方在大胆探索新的援外形式的过程中，不论效果是好是坏，不管是完美无瑕还是不尽完善，都成为了开启未来中国援外的新起点、新方向。中非双方将这种摸索建立在促进双方社会成长的新发展道路和新发展思路的设计之上，共同推动新援非形式的探索和尝试。

贸易与援助相结合是1982年以后出现的新援非形式。1984年，中国驻马里大使馆安排一家中国公司去收购一家马里国有皮革厂，这家皮革厂此前是中国的一个援助项目。这家皮革厂以中国方面用于经济合作的商业贷款，用来订购零配件和升级生产设备。虽然较之援助贷款，这种贷款的利率稍高，但该厂利用贷款自主升级了生产设备，提高了生产效率。1985年，通过向中国出口皮革，这家皮革厂不仅还清了贷款，还实现了大幅度的盈利。在与中国合作生产后，皮革厂营业额达35676万西非法郎，比1984年增长了656%。1986年实施管理合作后，营业额又增长了24.31%，上缴各种税收比1985年增长了171.55%，实现利润5144万西非法郎。1987年营业额增长了11.77%，利润增长了65.24%。工厂起死回生，经济效益不断提高，还有进一步发展的潜力。①

到20世纪80年代，一个典型性的问题是，援助项目由非洲国家接管后，受援国无法灵活地自主经营和自主管理。项目交接后不久就陷入僵局或者无法正常运转，这几乎成为中国在非洲的援助项目的一个通病。针对援助项目中陆续暴露的问题，中央决定，对所有的援助项目都要"负责到底"。大量的调研考察表明，援非项目难以为继的原因在于，技术项目在援助方撤出后，非洲国家无法在技术和管理上跟进，导致项目陷入困境。针对非洲国家接管援非项目效果不理想，赵紫阳访问非洲时提出，由中国方面的管理人员参与援非项目的管理，也就是说由中非双

---

① 《管理合作使马里皮革厂起死回生》，《国际经济合作》，1988年第12期。

方的管理人员共同管理移交后的援助项目。一开始,一些国家的领导人并不是特别乐意接受。尼雷尔就认为,中国人进入管理层是侵犯了非洲国家的主权。对此,赵紫阳解释,继续向已经建成的援助项目提供管理和技术方面的帮助,不是"干涉内政",而是"帮助他们实现自力更生"。①赵紫阳的解释打消了非洲方面的顾虑,这样的解释此后也逐渐为其他国家所接受。中国的技术和管理骨干加入非洲国家国营公司的管理当中来。塞拉利昂马格巴斯糖联、马里制糖联合企业、乌干达奇奔巴水稻农场等项目成为早期管理合作取得较好效果的代表。除了以上项目,中国与卢旺达、塞拉利昂、坦桑尼亚、扎伊尔和赞比亚等国先后采取了这种新的合作形式,不少当地原来亏损、濒临倒闭的企业开始起死回生,经营状况改善。

　　管理合作的模式在非洲很多国家得到推广和应用。但是,这种模式还没有来得及成为新的援非主导模式,弊端很快暴露,并再次成为问题的症结所在。中国在援助工程技术后,为巩固这些项目,继续提供技术和管理人员,并且提供新的贷款。但是,正如一位研究者所发现的那样,在坦桑尼亚,援助项目对中国管理团队的依赖到了相当高的程度,以至于中国的管理团队不能离开。一旦中方停止了"输血",工程便不能继续运转。效率降低,机器破旧,最终整个工程瘫痪。② 实行管理合作的马格巴斯糖联没有办法克服塞拉利昂国内带来的种种困扰,中方的管理团队无法摆脱在公司决策中的掣肘,由此直接影响到公司的运营。严重的腐败影响到糖厂的收益,这让参与马格巴斯糖厂管理的中国人无奈。1987年,农业部长因为一场与食糖销售回扣有关的贪污丑闻而被解职。因为糖是重要的日常消费品,当局用行政手段将该厂生产的食糖价格限制在批发价的1/3,这一价格远远低于该厂生产的成本价。中方援助者以共同管理者的身份对问题了然于胸,却无能为力,因为他们不享有管理之外的发言权。

　　在大量的管理合作实践中,类似的问题持续不断地出现,越来越多的参与管理的中方人员形成了这样一种共识:中方资金的注入势在必行。于是合资合作成为一种新的援非模式。在几内亚,福建渔业公司与对方

---

　　① 石林:《当代中国的对外经济合作》,中国社会科学出版社1989年,第220—229页。

　　② Deborah Brautigam, *The Dragon's Gift: the real story of China in Africa*, Oxford University Press, 2009, p. 59.

合作成立了闽非渔业公司，这一合作模式克服了管理中的问题，又让中非双方在合作中充分获益。

由以上的改革可以发现，中国的援助已经从过去的有求必应中走出来，转而更为关注效益和项目本身的可行性，中国的援助方式也不再相对固定，而是随时根据新的情况不断做出新的调试。这一突破是解放思想的思维在中国援助领域的尝试和展现，这种解放的思想渊源于中国人民对于经济发展的渴望和发展思路的调整。这种调整和解放再一次释放了其在中国对外援助中所蕴含的能量。

从援助到合作的调整是中国对外援助的一个政策性转折，但这一转折并不意味着中国援外项目数量上的减少和援助资金绝对量上的降低，相反，随着合作的展开，中国对非援助中的改革创意频发，成就了一段新的对非援助思想变革和援助方式创新的高潮。

从援助的项目类型来看，这一时期的项目与此前大同小异，但对于中国和非洲国家来说，援助中的获益和各自的关注重心均有所调整。对于非洲国家来说，不仅收获了诸多援助项目，而且通过合作项目更多地参与到项目的建设当中来，技术和管理水平有所提高。对于中国来说，从援助到合作的过程结束了中国作为单边援助者的历史，中国的对非援助真正进入相互援助和相互合作的全新历史阶段。

第二节　编　年

1983 年

应有关国家政府的聘请，中国向津巴布韦、佛得角、利比里亚等国派遣了考察组，考察派遣医疗队的有关情况。1983 年派出 36 个援外医疗队，共 1200 多人，分布在 35 个国家和地区（比 1982 年增加一个国家）的 80 多个医疗点。①

坦赞铁路自 1976 年建成移交后亏损严重，中国专家开始参与经营管理，此后连续三年扭亏为盈，到 1987 年 6 月累计盈利合 2700 万美元。

中国红十字会向 20 多个非洲国家提供了救灾款和物资。

---

① 安原：《中国的对外经济技术援助》，《1984 年中国经济年鉴》，经济管理杂志出版社，1984 年，第 213—216 页。

中国援助喀麦隆的拉格都水电站竣工。电站建在喀麦隆境内尼日尔河支流贝努埃河上，位于北方省首府加鲁阿市上游 40 公里处的拉格都峡谷。由昆明勘测设计研究院设计，电站装机容量 72 兆瓦、水库总库容 60.2 亿立方米、年发电量 3.22 亿千瓦时，1978 年 8 月正式开工，1982 年 12 月首台机组发电，1984 年竣工，由云南电力局负责承建，总投资 10888 万元。这是当时中国最大的援外水利水电工程之一。①

浙江省向坦桑尼亚派出梁道雄担任乒乓球教练。

赞比亚的穆隆古希纺织厂正式投产。"该纺织厂由中国政府提供无息贷款 1117 万英镑建成，并从青岛纺织部门派技术专家指导。工厂 1978 年开工建设，1983 年建成投产。1994 年中方专家撤出，工厂交由赞方自行管理。投产后的穆隆古希纺织厂是当时赞比亚第二大棉纺企业。1985 年该企业收回全部投资，并获得 419 万克瓦查纯利润。穆隆古希纺织厂创建初期经营状况良好，不但为赞比亚创造了巨大的物质财富，而且增强了赞比亚的民族自信心，在帮助构建赞比亚的工业体系方面发挥了积极作用。同时，穆隆古希纺织厂的建立对当时中国打破西方国家的贸易壁垒，通过赞比亚向外输出自己纺织产品也起到了重要作用，是'南南合作'的典范。"②

山西省向多哥派出第一批医疗队，全队 21 人。

中国派遣篮球教练员王忆诚到利比亚任教 1 年。

1983—1985 年，江苏省派遣羽毛球教练黄益冲到尼日利亚伊菲大学任教 2 年。

1983—1986 年，江苏省派遣体操教练陈宪伟赴阿尔及利亚任教。

1 月，中国开始向乌干达派遣医疗队，由云南省卫生厅组织派遣。1 月 17 日，医疗队先遣组 3 人赴乌干达，其余人员于 1983 年 4 月 25 日到达乌干达，全队 15 人，在乌干达第二大城市的金贾医院工作。第一批医疗队于 1985 年 7 月回国。

1 月 1 日，中国援建的佛得角议会堂在普腊亚举行奠基仪式。③

1 月 5 日，中国驻津巴布韦大使褚启元和津巴布韦建设部长恩德洛

---

① 周继军：《改革开放前的电力援外》，《国家电网》2016 年第 2 期。
② 石林：《当代中国的对外经济合作》，中国社会科学出版社 1989 年，第 228 页。
③ 对外经济贸易部《中国对外经济贸易年鉴》编辑部：《中国对外经济贸易年鉴 1983》，中国社会出版社 1983 年，第 325 页。

伍在哈拉雷签署中国帮助津巴布韦建设体育场的合同。

中国和扎伊尔就中国对扎伊尔到期贷款1000万美元的偿还问题在金沙萨达成协议，同意将7月份到期的这笔贷款转为中扎合作项目的中方资金加以利用。

1月11日，中国政府和津巴布韦政府经济技术合作协定在哈拉雷签订。

1月12日，中国和塞拉利昂就中国援建塞拉利昂警察总部办公楼移交证书签字仪式在弗里敦举行。

1月14日，对外经济贸易部副部长魏玉明应约会见卢旺达驻华大使卡玛利，就两国经济合作问题交换了意见。

1月21日，福建省第二批援博茨瓦纳医疗队离京开赴博茨瓦纳，全队13人。1985年4月8日，第二批援博茨瓦纳医疗队完成任务回到北京，15—18日分批返回福建。

1—4月，受中国政府的派遣，广东省组织专家对利比里亚巴里克糖厂项目进行恢复生产的实地考察。"利比里亚巴里克糖厂中方顶替项目结束后，中利两国政府于1982年7月21日换文，要求恢复生产。在利糖公司总经理、工程技术人员和工人的配合和协助下，考察组经过几个月的详细综合调查，对巴里克糖业项目复产可行性进行了全面探讨，最后结论是：（1）甘蔗农场已丢荒，现存甘蔗已无利用制糖的价值。农机具、运输车辆需重新购置。糖厂设备须进行大修和必要的设备平衡及技术改革，要使巴里克糖厂项目复产需较长时间和较多投资。（2）由于客观因素的限制，复产后的巴里克糖业项目是不理想的。白糖生产成本高，如按现行白砂糖价格比较，复产后将是一个严重亏损的企业。要扭亏为盈，困难尚多。（3）复产后的巴糖项目将因长期亏损而给利比里亚政府造成沉重的财政负担，最终将重复过去停产关闭的不幸后果。所以，从当时利国国民经济状况考虑，巴里克糖业项目不宜复产。"①

2月，中国援助尼日尔蒂亚吉埃尔下垦区开工。本项目是根据1981年5月21日中尼两国《关于由中国政府负责援建蒂亚吉埃尔下垦区》的换文而建的。同年11月，广东省农业厅派出吴洪绪等5人组成的考察组赴尼日尔蒂亚吉埃尔下垦区进行勘探和搜集资料。1982年4月开始设

---

① 广东省志编撰委员会：《广东省志·一轻工业志》，广东人民出版社2006年，第243页。

计，该垦区面积 3450 亩，其中耕地面积 2790 亩。关键工程是水利，经研究决定，采取从尼日尔河抽水灌溉的方案。考察时发现，1980 年法国人已在该处建有 1 座水泵房，机组也已运到，据说因缺乏资金而未装用。设计组的陈耿基、区灼辉对此表示怀疑，认为可能是废站，后经水文计算，证明该站的进水高程偏高，干旱年份在枯水期将抽不到水。为此经请示国家农业部同意，决定重新建设一座抽水站，设计流量 1.96 立方米/秒，装直径 500 毫米的立式轴流泵 2 台，由 2 台 55 千瓦的电动机带动，配套 75 千瓦的柴油发动机组 3 台。项目设计于 1982 年 6 月结束。1984 年 12 月，项目基本竣工，将水稻田分给农民耕种。1985 年 6 月 6 日办理移交签字仪式。

"值得一提的是，尼日尔在 1984 年、1985 年连续遭遇严重干旱，全国各地的许多抽水站无法运行，作物普遍减产或失收。蒂亚吉埃尔下垦区原法国人建的泵站果然抽不到水，唯独中国新建的抽水站因进水位较低，大旱之年也能正常抽水，因而肯区内水稻获得大丰收，亩产 500 公斤，当地民众一直赞扬'中国人好'。尼日尔官方报纸《萨赫勒报》在头版首条报道蒂亚吉埃尔下垦区为'尼中友好合作的典范'。"①

中国援助上沃尔特（今布基纳法索）的西中心省库杜古地区建井工程（一期）投产移交。"该工程位于库杜古地区，工程规模为建水井 50 眼。由国家地质矿产部承建，辽宁省地质矿产局筹建并完成设计。1977 年 6 月进行实地考察，1983 年 2 月投产移交，中方为工程提供主要设备 13 台/25 吨。"②

2—7 月，中国援建的摩洛哥塑胶跑道项目完成铺设。河北保定合成塑料厂承建，建设规模为 11090.16 平方米。③

2—8 月，中国援建的毛里塔尼亚塑胶跑道项目完成铺设。河北保定橡胶厂承建，建设规模为 11000 平方米，领队师永昌。④

2 月 2 日，中国和几内亚在科纳克里签署科巴糖厂设备大修项目的

---

① 广东省志编撰委员会：《广东省志·农业志》，广东人民出版社 2002 年，第 515 页。
② 辽宁省地方志编撰委员会：《辽宁省志·对外经济贸易志》，辽宁民族出版社 2003 年，第 452 页。
③ 河南省志编撰委员会：《河南省志·对外贸易经济合作志》，河南人民出版社 1995 年，第 416 页。
④ 河南省志编撰委员会：《河南省志·对外贸易经济合作志》，河南人民出版社 1995 年，第 416 页。

专项贷款议定书

2月23日，中国援建上沃尔特（今布基纳法索）50口水井的移交仪式在拉蒙戈举行。在移交仪式上，双方签署关于中国援助上沃尔特再打50口水井的会谈纪要。①

2月28日，在第五届全国人民代表大会常务委员会第二十六次会议上，国务院总理赵紫阳做访非洲11国的总结报告。在谈到关于加强同非洲国家的经济技术合作的问题时，他说：非洲各国致力于发展民族经济，建设是很有前途的。在总结过去经验的基础上，今后中国与非洲国家的经济技术合作，应以平等互利、形式多样、讲求实效、共同发展为原则，把重点转到以互利为基础的经济技术合作上来。

3月，江苏省农林厅赴津巴布韦进行水稻桑蚕可行性考察，1984年2月考察结束。

3月14日，国务院批准成立"中国河南国际经济技术合作公司"。

3月28日，中国政府援助几内亚比绍政府1000吨大米，在比绍举行移交仪式。

4月，中国援助赤道几内亚的输变电工程移交赤方。该输变电工程从毕科莫水电站至巴塔35千伏线路，全长15公里。1974年8月12日换文立项，1979年12月开工。由北京市电力设计院设计，北京市电业管理局、福建省水电局负责联合施工。

中国援助中非建设的广播电台开工。"广播电台装有50千瓦的中、短波发射机各一台，1984年8月建成。发射台的覆盖效果较好，不仅中非全国各地都能收听到广播，而且刚果、扎伊尔、喀麦隆、乍得等邻国的部分地区也能收听到。在竣工移交仪式上，中非国家元首科林巴主席说：'中国援建的电台建设速度快，质量好。对我们来说太重要了。由于受文化和交通的限制，目前广播电台是唯一能向全国进行宣传教育的有效手段。它对中非的民族团结、经济振兴将发挥积极的作用。'"②

4月4日至10日，卫生部和对外经济贸易部在北京召开全国援外医疗队工作会议，总结20年来援外医疗队工作。

---

① 对外经济贸易部《中国对外经济贸易年鉴》编辑部：《中国对外经济贸易年鉴1983》，中国社会出版社1983年，第327页。

② 石林：《当代中国的对外经济合作》，中国社会科学出版社1989年，第217页。

4月16日，中国援建中非宾博广播电台扩建工程正式开工。①

4月27日—29日，塞舌尔总统勒内对中国进行第三次正式友好访问（1975年，勒内以人阵党主席身份首次访华）。29日，中国政府和塞舌尔政府经济技术合作协定和文化协定在北京签订。

4月28日，中国和刚果在布拉柴维尔签署意向农业技术合作合同。中国将向刚果农业技术推广中心派遣13名技术人员。

5月，中国援助埃塞俄比亚的沃瓦公路建成。"1975年5月，埃塞俄比亚的沃瓦公路开工建设，公路总长294公里，沿途穿越了非洲大裂谷、高原谷地和大岩壁，施工难度极大。全程约一半左右的路段处在海拔3000米以上，全线500万土石方中有40%为石方，850米长的大岩壁石方量多达12万立方米，施工条件艰苦，工程量巨大。在施工过程中，工程队不仅要克服艰苦的自然条件，还要克服政治动乱带来的风险。中国的专家组经过八年（实际施工时间不足六年）的施工，终于建成这条公路。公路的建成，拉动了埃塞俄比亚北部地区的发展。中国专家的出色表现，埃方官民赞不绝口，埃方官员对中国专家说：'你们为埃塞俄比亚作了一件大事，人民不会忘记你们。'"②

5月9日，卢旺达总统韦尔纳·哈比亚利马纳访问中国。中卢签署关于成立中卢经济技术合作委员会协定和关于发展两国经济技术合作的议定书。③

5月13日—16日，莱索托首相纳森访问中国。16日，中国政府和莱索托政府经济技术合作协定在北京签订。④

5月23日，中国和毛里求斯政府关于成立经济技术和贸易合作混合委员会的换文。双方同意成立经济技术和贸易合作混合委员会，每两年召开一次会议，轮流在北京和路易港举行。

6月，中国援建的索马里革命社会主义党政治学院校舍动工。

6月28日，中国向冈比亚提供5万元人民币的粮食援助。同年，中

---

① 对外经济贸易部《中国对外经济贸易年鉴》编辑部：《中国对外经济贸易年鉴1983》，中国社会出版社1983年，第330页。
② 石林：《当代中国的对外经济合作》，中国社会科学出版社1989年，第195—196页。
③ 对外经济贸易部《中国对外经济贸易年鉴》编辑部：《中国对外经济贸易年鉴1983》，中国社会出版社1983年，第331页。
④ 对外经济贸易部《中国对外经济贸易年鉴》编辑部：《中国对外经济贸易年鉴1983》，中国社会出版社1983年，第332页。

国援助冈比亚修建的体育场和两个卫生中心，分别于 7 月和 8 月移交冈方。①

6 月 29 日，中国向马里提供 25 万美元赠款的交接仪式在巴马科举行。同日，中马两国还签署制药工业技术合作议定书。②

6 月 30 日，中国在赞比亚钦戈拉地区援建钦戈拉玉米面加工厂。"北京市承担了筹建任务和工艺设计及设备安装工作。钦戈拉玉米面加工厂 1981 年 8 月开工，仅用 1 年零 10 个月，比原定建设时间提早了 8 个月。加工厂年加工玉米 6 万吨，投入生产后，该厂以良好的设备性能，满足了钦戈拉市及附近城乡居民对玉米面的需要，方便了民众的生活。"③

7 月，中国援助加纳阿菲费灌溉工程竣工。"1979 年 7 月开工的阿菲费灌溉工程位于阿克拉至多哥洛美国际公路一侧，距阿克拉 160 公里。主体工程由引水枢纽、灌溉渠系和防洪排涝工程三部分组成。引水枢纽建筑物包括长 1648 米的拦河坝、溢洪道和灌溉输水管。灌溉渠系包括干、支、斗三级供水渠道，共长 39.5 公里，相应的排水渠道共长 52.1 公里，渠系建筑物共 198 座，包括排水闸 1 座，倒虹管 1 座，排洪槽 10 座，公路桥 7 座，人行便桥 47 座，各类涵洞 46 座，及溢流堰、节制闸、分水闸等。防洪排涝工程包括长度为 8.6 公里的排洪河、长度为 10.7 公里的灌区围堤和一座四孔排水闸。此外，还有长 16 公里的公路。拦河坝形成的水库库容 2945 万立方米，其中兴利库容 1250 立方米，干渠渠首设计引水流量 2.5 立方米/秒，可灌溉双季稻 808 公顷，开发田区 150 英亩。"④

7 月 1 日，中国援建的冈比亚独立体育场和运动员宿舍正式移交冈比亚政府。⑤

---

① 张象、贾锡萍、邢富华：《列国志：塞内加尔 冈比亚》，社会科学文献出版社 2007 年，第 530 页。

② 对外经济贸易部《中国对外经济贸易年鉴》编辑部：《中国对外经济贸易年鉴 1983》，中国社会出版社 1983 年，第 334 页。

③ 石林：《当代中国的对外经济合作》，中国社会科学出版社 1989 年，第 221 页。

④ http://gh.mofcom.gov.cn/article/zxhz/hzjj/200707/20070704878358.shtml

⑤ 对外经济贸易部《中国对外经济贸易年鉴》编辑部：《中国对外经济贸易年鉴 1983》，中国社会出版社 1983 年，第 334 页。

7月6日，中国政府和中非政府经济技术合作协定在北京签订。①

7月7日，摩洛哥王储西迪·穆罕默德为中国援建的综合体育设施竣工剪彩。国家体育运动委员会副主任路金栋率中国政府代表团应邀参加典礼。"该项目的承建部门为国家体育运动委员会，邮电部、中央广播事业局作为协作部门，由北京市建筑设计院负责设计，由国家体育运动委员会援外办公室具体筹建。"

综合体育设施位于摩首都拉巴特，援建工程是中国援助摩洛哥的第一个成套项目。援建工程包括6万人座的体育场和8400座的体育馆，总建筑面积7.36万平方米，可开展田径、体操和球类等体育项目的国际比赛。"这个项目1981年5月开工，1983年6月底竣工。为使体育设施早日建成，保证摩洛哥在1983年9月举办地中海国家运动会使用，中国专家经常日以继夜连续工作，甚至节假日也不休息，使该项目比原定计划提前五个月建成。1983年7月7日，摩洛哥政府隆重举行了综合体育设施落成典礼。8月21日，哈桑二世国王亲自为在体育设施建设中作出突出贡献的4名中国专家授勋。"②

7月15日，中国援建的科摩罗人民大厦奠基典礼在莫罗尼举行。③

7月23日，中国和乍得两国在北京签署中乍经济技术合作议定书。④

7月30日，中国政府和圣多美和普林西比政府经济技术合作协定和商品贷款协定在北京签订。⑤

8月，第四批援莫桑比克医疗队出国，全队32人，于1985年9月回国。

陕西省向苏丹派出第十五批医疗队，全队22人，于1985年8月完成任务回国。

中国援助赞比亚的玉米面厂建成投产。"中国帮助建设的钦戈拉玉米面加工厂，生产能力为年加工玉米6万吨，1983年8月建成投产。投产

---

① 对外经济贸易部《中国对外经济贸易年鉴》编辑部：《中国对外经济贸易年鉴1983》，中国社会出版社1983年，第335页。

② 石林：《当代中国的对外经济合作》，中国社会科学出版社1989年，第620—623页。

③ 对外经济贸易部《中国对外经济贸易年鉴》编辑部：《中国对外经济贸易年鉴1983》，中国社会出版社1983年，第335页。

④ 对外经济贸易部《中国对外经济贸易年鉴》编辑部：《中国对外经济贸易年鉴1983》，中国社会出版社1983年，第335页。

⑤ 对外经济贸易部《中国对外经济贸易年鉴》编辑部：《中国对外经济贸易年鉴1983》，中国社会出版社1983年，第336页。

后，钦戈拉玉米面加工厂设备性能良好，运转正常，所产玉米面满足钦戈拉市及附近城乡居民日常饮食之需。"①

8月4日，中国援助赤道几内亚的毕科莫水电站和毕科莫至巴塔间的高压输变电工程竣工仪式在毕科莫举行。"毕科莫水电站总装机容量3200千瓦。该项目于1974年8月12日换文立项，1978年4月开工，1983年8月建成移交，奥比昂总统出席仪式和剪彩，并向中国专家授勋。该水电站项目由水电部华东勘察设计院设计，福建省闽江水利发电工程局负责施工。"②

8月5日，中国援助塞拉利昂的政府办公楼（友谊大厦）建成。"该项目在当时是中国援外规模较大的办公楼项目，建筑面积为25000平方米，包括政府办公楼（10层办公楼和300人座会议厅）和警察总局办公楼（3层）两部分以及有关附属设施等建筑，配有7种语言的同声传译设备。8月26日完成移交，被称为'弗里敦的第一大建筑'。"③

8月10日，中国和马里关于马里西里巴拉糖厂设备大修工程会谈纪要在巴马科签字。④

8月11日，中国、坦桑尼亚、赞比亚三国关于坦赞铁路第四期技术合作的部长级会谈结束，三国部长分别代表本国在议定书上签字。⑤

8月19日，中国援建赞比亚的卢阿普拉河公路桥在赞比亚中央省穆库库举行移交仪式，卡翁达总统为大桥的纪念匾揭幕并剪彩。⑥

8月21日，摩洛哥国王哈桑二世为在拉巴特综合体育设施建设中做出贡献的四名中国工程技术人员授勋。⑦

8月23日，赞比亚总统卡翁达在卡布韦出席中国援建的穆隆古希纺

---

① 石林：《当代中国的对外经济合作》，中国社会科学出版社1989年，第166页。
② 对外经济贸易部《中国对外经济贸易年鉴》编辑部：《中国对外经济贸易年鉴1983》，中国社会出版社1983年，第337页。
③ 石林：《当代中国的对外经济合作》，中国社会科学出版社1989年，第217页。
④ 对外经济贸易部《中国对外经济贸易年鉴》编辑部：《中国对外经济贸易年鉴1983》，中国社会出版社1983年，第337页。
⑤ 对外经济贸易部《中国对外经济贸易年鉴》编辑部：《中国对外经济贸易年鉴1983》，中国社会出版社1983年，第337页。
⑥ 对外经济贸易部《中国对外经济贸易年鉴》编辑部：《中国对外经济贸易年鉴1983》，中国社会出版社1983年，第337页。
⑦ 对外经济贸易部《中国对外经济贸易年鉴》编辑部：《中国对外经济贸易年鉴1983》，中国社会出版社1983年，第337页。

织厂竣工移交仪式。项目此后进入技术合作阶段，青岛市派出 34 名拥有精湛纺织技术和丰富纺织经验的中国技术专家，赞方人员任工厂总经理，企业很快因管理不善而陷入困境。后经中赞双方协商，由中国专家组组长赵飞担任代理总经理（1985 年后任总经理），企业经营步入正轨，扭亏为盈。"在该厂建成投产的第五个年头，即 1986 年 3 月，该厂已实现收回建厂投资总额的 96.66%，基本收回建厂成本。"

"穆隆古希纺织印染厂拥有 2.5 万枚纱锭、720 台布机，年印染能力为 1000 万米布。……至一九八五年三月底，累计盈利 800 多万克瓦查（约合人民币 390 万元），后为 1200 多名职工增加了工资，修建了 65 幢职工宿舍，更新添置了 9 辆汽车。原来赞比亚市场畅销的爪哇花布，是从南非、马拉维进口的。工厂改进经营管理后，增加了花色品种，生产的花布不仅畅销国内市场，替代了进口，还有一部分棉纱、坯布销往国外，换取外汇。蒙迪亚总理称赞该厂是'象征赞中人民友谊的又一里程碑'。"①

8 月 6 日—27 日，国务委员兼对外经济贸易部部长陈慕华率中国政府代表团出席在达累斯萨拉姆举行的中国、坦桑尼亚、赞比亚三国关于坦赞铁路技术合作的会谈。8 月 10 日，中国政府和坦桑尼亚政府、赞比亚政府关于坦赞铁路第四期技术合作议定书和关于坦赞铁路零配件专项贷款的协定在达累斯萨拉姆签订。

8 月 28 日，中国援建几内亚比绍的卡松果新医院工程举行开工奠基仪式。②

8 月 30 日和 9 月 28 日，中国和赤道几内亚换文，中国对赤道几内亚的马拉博和巴塔电信大楼内的电信设施提供大修援助。"马拉博的电信设施大修工程于 1984 年 9 月开工，1986 年 3 月完成移交。对外结算金额 117 万元，在 1977 年 9 月 23 日贷款项下支付。由中国通讯建设总公司负责施工。

巴塔的电信设施大修于 1985 年 9 月开工，1986 年 3 月完成移交。大修工程包括电台电力设备、天线和空调设备的维修。对外结算金额为 72 万元，在 1977 年 9 月 23 日贷款项下支付，由中国广播电视经济技术合

---

① 石林：《当代中国的对外经济合作》，中国社会科学出版社 1989 年，第 228 页。
② 对外经济贸易部《中国对外经济贸易年鉴》编辑部：《中国对外经济贸易年鉴 1983》，中国社会出版社 1983 年，第 337 页。

作总公司负责实施。"①

9月，国务院领导曾经指出，今后，中国要加强与第三世界国家的合作，给予援助，应该把帮助他们训练人才，包括扩大接受留学生名额，摆在重要位置。为响应这一号召，中国开始以各种形式为非洲国家提供人力资源培训的渠道和奖学金。至1985年底，应受援国政府的要求，已接受毛里塔尼亚港口、坦桑尼亚煤矿、圭亚那纺织厂等派留学生来中国相关高等院校学习。这类留学生的学制，同中国教育部门接受的其他外国留学生一样，先学汉语，再学基础理论课和专业技术课。学习费用，有的在中国政府提供的经援贷款项下支付，有的由中国政府提供奖学金。"②

9月1日，中国和喀麦隆两国政府在雅温得签署关于维护喀麦隆议会大厦技术服务合作合同。③

9月16日，中国援助加纳的阿菲费农业合作项目，在加纳东南部沃尔特省举行移交仪式。④

9月22日，对外经济贸易部在北京召开第六次全国援外工作会议，会期8天。

"本次援外工作会议召开的目的是，为贯彻中国共产党第十二次全国代表大会提出的全面开创社会主义现代化建设新局面以及进一步加强同第三世界国家的团结合作精神，总结1980年以来援外工作的经验，研究开创援外工作新局面的措施。会议的主要任务是'学习贯彻中央关于加强中国同第三世界国家经济技术合作的知识，总结1980年以来援外工作经验，明确六五计划期间援外工作的任务、方针、政策和办法，统一思想认识，开创援外工作新局面'。会议明确了第三世界依然是中国对外交往的重要对象，对外援助则是这一交往的重要手段和措施。会议提出了开创援外工作新局面的总要求，即：加强同第三世界国家的团结和合作，认真执行政策，严格履行协议，妥善安排，用于改革，用有限的援外资金力求取得最好的效果。同时，会议还着重讨论了实行经援项目承包责任制和巩固建成项目成果等问题。就调整援助布局和结构，改进援助方

---

① 石林：《当代中国的对外经济合作》，中国社会科学出版社1989年，第201—202页。
② 石林：《当代中国的对外经济合作》，中国社会科学出版社1989年，第245—246页。
③ 对外经济贸易部《中国对外经济贸易年鉴》编辑部：《中国对外经济贸易年鉴1983》，中国社会出版社1983年，第338页。
④ 对外经济贸易部《中国对外经济贸易年鉴》编辑部：《中国对外经济贸易年鉴1983》，中国社会出版社1983年，第339页。

式,妥善使用援款,安排好项目建设,大力巩固援外建成项目的成果,积极推行经援项目承包责任制,提高援外队伍的素质等方面,拟订了措施。1983年9月27日,国务院主要领导人在接见第六次全国援外工作会议全体代表时强调:'中国是社会主义国家,虽然很穷,但是个大国,中国有责任、有义务在力所能及的范围内向第三世界提供援助,这是中国国家的性质所决定的。''中国的援外资金减少了,钱越少越要重视,越要搞好,越要热心,既要量力而行,又要尽力而为。''中国对外援助既要量力而行,又必须尽力而为。量力而行是指钱,尽力而为是指精神。'"① 这一讲话明确了在资金有限的情况下为第三世界国家提供对外援助时的原则,强调让各部门、各地方积极承担中央确定的援外任务,要将之作为一个政治任务来完成。

9月30日,第六次全国援外工作会议通过《关于巩固建成经援成套设备成果的意见》。"意见提出,要逐步巩固已经建成了的成套设备援助项目,本着'负责到底'的口号复兴这些援助项目。为响应这一号召,1983年,中国方面派遣专家组赴非洲,视察前援助项目,明了此前中国援非项目的现状,发现这些项目当前运作中的问题,并根据项目所存在的不同问题探讨不同的复兴之道。"②

10月,宁夏回族自治区向贝宁派出第四批医疗队,全队23人,于1985年11月完成任务回国。

广东省向冈比亚派出第四批医疗队,全队16人,在冈比亚班桑医院工作,于1985年10月完成任务回国。

10月1日,中国援建塞拉利昂的哥马水电站开工。项目规模为装机容量4000千瓦,共4台机组,总库容190万立方米,设计年发电量245077度。③

1983年,经过三方的审慎探讨,中国方面答应继续给坦赞两方提供部分关键部门的管理协助,中坦赞三国政府签订《关于坦赞铁路第四期技术合作的议定书》。"由于缺乏技术、管理人员和管理经验等原因,交

---

① 石林:《当代中国的对外经济合作》,中国社会科学出版社1989年,第70页;江西省地方志编撰委员会:《江西省对外经济贸易志》,黄山出版社1994年,第295页。
② 石林:《当代中国的对外经济合作》,中国社会科学出版社1989年,第72页。
③ 王燮祥:《哥马水电站主要建筑物布置问题的简介》,《华东水电技术》,1989年第1期。

给坦赞两国经营的坦赞铁路经营陷入了困境，出现连年亏损，经营难以为继。1976年移交后，到1983年累计亏损9.7亿坦桑先令，经营陷入困境。为了扭转这一局面，中坦赞三国不得不坐在一起共同探讨解决之道。根据该议定书，中坦赞三方展开管理合作，中国专家全面参与到坦赞铁路局9个部门的管理工作当中来，参与管理的人数从150人增加至250人。中国同意坦赞两国把中国的贷款9.98亿元的还款期限推迟10年，到1993年开始偿还，到2022年还清。中国1980年提供的用于购买12台中国机车的贷款偿还期推迟5年。在第四期技术合作期间，中国再向坦赞提供3000万元的无息贷款，用于购买备件和材料。1983年10月起，中国专家组不仅给坦赞铁路提供技术指导，而且还参与关键部门的经营管理。管理合作的效果良好，在中坦赞三方的密切配合和共同努力下，坦赞铁路的经营管理情况迅速好转，客、货运量有所增加，坦赞铁路实现了扭亏为盈。"①

10月，中国驻中非医疗队的陈继中在执行任务时牺牲。陈继中给医疗队修理电线线路时，不慎从天花板上摔了下来，由于头部落地，跌破后脑，生命垂危，医疗队的医生立即进行了抢救。"中非总统科林巴得知这一消息后，马上派出自己的专用直升飞机，把陈继中接到首都班吉的一家法国医院抢救，终因伤势严重，抢救无效死亡。"② 陈继中牺牲后，6万多中非老百姓自发参加葬礼。

10月29日，中国援助埃塞俄比亚修建的沃雷塔至瓦尔迪亚公路全部竣工移交。③

11月，化工部副部长林殷才带领国家计委、经贸部和化工部三部委组成的考察团赴突尼斯，考察该国的磷矿资源，研究自突尼斯进口磷酸盐、在中国建设复合肥生产厂的可能性。

湖南省向塞拉利昂派出第六批医疗队，全队15人。

11月23日，福建省第五批援塞内加尔医疗队离开北京赴塞内加尔工作，1985年12月19日完成任务回国。

---

① 《把坦赞铁路管好》，《瞭望》1983年第10期。
② 章一平：《那年，中国在中非养鱼、种菜》，2013年1月18日，http：//jhwcw.zjol.com.cn/wcnews/system/2013/01/18/015980315.shtml
③ 对外经济贸易部《中国对外经济贸易年鉴》编辑部：《中国对外经济贸易年鉴1983》，中国社会出版社1983年，第342页。

12月，中国援助贝宁的卷烟火柴厂建成。该项目的造价为1476万元。1985年5月至1990年3月，中贝双方进行了3期技术合作。该厂实行私有化时，贝宁政府将其出售给英国罗斯曼斯公司。

中国开始向利比亚派遣医疗队，由北京市卫生局组织派遣。

12月1日，突尼斯外交部长访华时，直接向中方提出了合资办磷肥厂的事宜。"1984年，赵紫阳、李鹏、姚依林、谷牧等国务院领导共同批准了国家计委的《关于中、突、科合营磷肥公司的请示》。最终双方决定将厂址选定在河北省秦皇岛市境内。这一新的合作举措也得到了秦皇岛方面的积极支持，为了项目的早日开工，秦皇岛方面的领导人会同中国化工建设总公司的负责人尽快确定了厂址，准备了可行性报告等材料。"①

12月，南京塑料厂援建布基纳法索的体育场塑胶跑道开工，工程总面积9489平方米。

中国援助肯尼亚内罗毕体育场动工兴建。"该项目建筑面积61000平方米。观众区由24个花瓣形看台组成，看台分为三层，高30.5米，设有6万个座位，其中有3万张彩色座椅。场内由8条周长400米塑胶跑道及跳高、跳远、投掷等赛场组成。中间有足球场，全场有灯光照明设施、电话、广播、无线电传播、电视转播和记录、计时等现代化设备，并有总统接见、休息室和宴会厅等现代化服务设施。体育场有24个入口，入口处的双柱上，分别刻有48个多姿多彩的体育形象和具有当地民族特色的人头像。全部工程于1987年4月23日竣工，比预期早4个月。"②

12月2日，中国援建的多哥人民联盟之家举行移交仪式。③

12月6日，中国和加蓬签署中加第二阶段农业合作议定书、中国向加蓬派遣医疗队的议定书，以及执行中国加蓬经济技术合作协定的议定书。④

---

① 魏建国：《此生难舍是非洲——中国对非洲的情缘和认识》，中国商务出版社2011年，第25页。
② 四川省地方志编撰委员会：《四川省志·外事志》，巴蜀书社2001年，第291页。
③ 对外经济贸易部《中国对外经济贸易年鉴》编辑部：《中国对外经济贸易年鉴1983》，中国社会出版社1983年，第344页。
④ 对外经济贸易部《中国对外经济贸易年鉴》编辑部：《中国对外经济贸易年鉴1983》，中国社会出版社1983年，第345页。

12月15日，中国援助刚果造船厂船坞和锅炉车间改造工程全部完工，并投入生产。①

12月16日，中国政府和肯尼亚政府经济技术合作协定在内罗毕签订。这是中肯两国在1980年两国经济技术合作协定的补充协议。②

12月19日，对外经济贸易部颁发《对外经援项目承包责任制暂行办法》。"该办法改变了原有的投资包干制，试行承包责任制，由各国际经济技术合作公司，或者其他具有法人地位的国有企业、事业单位竞标承包，根据对竞争企业的项目报价、合同工期、技术能力等因素的考核，择优选定承包单位，同时扩大承包单位的自主权，并根据责、权、利统一的原则，进一步明确了承包单位的经济、技术责任，对各项费用的计费标准作了明确规定，通过招（议）标方式确定承包企业主体。此外，承包形式和承包范围采取了较灵活的方式，允许对一个项目的考察、设计和施工进行分开承包，也可以对整个项目进行总承包。"③

12月23日，中国为坦桑尼亚建成的两个农业技术推广站移交给坦桑尼亚政府。④

12月24日，中国和苏丹两国政府关于瓦德迈达尼至加达雷夫公路加铺沥青路面工程移交证书签字仪式在喀土穆举行。⑤

1984年

中国援建的阿尔及利亚黏土砖厂建成。阿尔及利亚黏土砖厂的设计规模为年产空心砖5万吨（折合标准砖3600万块），正式投产后，砖厂的产量超过设计指标，且较适合阿尔及利亚的需要。阿尔及利亚建材公司一位副总经理说："中国援建的砖厂，机械化自动化程度虽然不如西方的高，但适合我们的国情。"⑥ 这个砖厂设计生产规模为年产黏土砖50

---

① 对外经济贸易部《中国对外经济贸易年鉴》编辑部：《中国对外经济贸易年鉴1983》，中国社会出版社1983年，第345页。
② 对外经济贸易部《中国对外经济贸易年鉴》编辑部：《中国对外经济贸易年鉴1983》，中国社会出版社1983年，第345页。
③ 周弘、熊厚：《中国援外60年》，社会科学文献出版社2013年，第22页。
④ 对外经济贸易部《中国对外经济贸易年鉴》编辑部：《中国对外经济贸易年鉴1983》，中国社会出版社1983年，第346页。
⑤ 对外经济贸易部《中国对外经济贸易年鉴》编辑部：《中国对外经济贸易年鉴1983》，中国社会出版社1983年，第346页。
⑥ 石林：《当代中国的对外经济合作》，中国社会科学出版社1989年，第183页。

万块,在 8 个月的试生产阶段生产了 49 万块砖,纯收入相当于总投资的 40%。这种砖厂技术难度较低,砖厂工人通过与中国工人共同劳作很快便熟练掌握了烧制技术,一批非洲的砖厂技术工人培养起来。1986 年 6 月砖厂移交后,生产经营状况良好,当地朋友称赞说,中国援建的砖厂完全符合阿尔及利亚的国情,效果好,是阿国真正需要的。

中国政府先后向埃塞俄比亚、乍得、马里、毛里塔尼亚、尼日尔和苏丹等 28 个撒哈拉以南非洲国家捐赠 17 万吨救灾粮。①

中国援助的乌干达奇奔巴农场获得丰收。"乌干达奇奔巴农场也是以种植水稻为主的综合性农场,耕地面积 575 公顷,还有一座日产大米 24 吨的碾米车间、一座年产 120 万块砖的制砖厂和一座养猪养鸡场。1976 年建成并开始试种水稻,从 1980 年起扩大多种经营,养鸭、种菜、制砖,均取得了成功。至 1984 年,共生产稻谷近 5 万吨、生猪 1000 多头,鸡 2.2 万余只。这个农场投产当年就赢利,到一九八四年共获毛利 1.5 亿乌干达先令,相当于建场总投资的 1.9 倍。农场效益显著,受到乌干达历届政府的重视和鼓励,是对外国援助项目中最成功的项目。"②

世界银行和联合国粮农组织一些官员到中国援建的乌干达农场多禾地区参观,高度评价中国专家所取得的成绩,认为中国专家在帮助乌干达发展水稻生产方面做出了重大贡献。③

中国人民解放军向赞比亚派遣了两支医疗队,成立军医组。赞比亚是艾滋病、疟疾、结核病等恶性传染病的重灾区,严重威胁着当地人民的健康和生命,也在很大程度上制约了当地的经济发展,每年有许多儿童和青壮年劳动力被这些传染病夺去了生命。中国援赞医务人员不仅以认真敬业和无私无畏的精神深入基层救死扶伤,还提供药品、医疗物资,帮助赞比亚建立和改善医疗设施,赢得了赞比亚人民的尊重与信任。

自 1984 年开始,中国每年向布基纳法索提供 2—3 个奖学金名额,资助布基纳法索学生来华学习。

1984—1985 年,中国政府先后分 4 批向乍得政府赠送救灾粮 1

---

① 对外经济贸易部《中国对外经济贸易年鉴》编辑部:《中国对外经济贸易年鉴 1983》,中国社会出版社 1983 年,第 346 页。

② 石林:《当代中国的对外经济合作》,中国社会科学出版社 1989 年,第 148 页。

③ 魏翠萍:《列国志:乌干达》,社会科学文献出版社 2012 年,第 525 页。

万吨。①

埃塞俄比亚发生严重饥荒，中国提供了 1000 吨玉米的人道主义粮食援助，并向埃塞俄比亚派遣了一支赈灾特别医疗队。

1984 年—1987 年，河北省向刚果（金）派出第六批医疗队。医疗队由两支队伍组成。第一支 12 人，于 1984 年 8 月出发，1986 年 8 月回国。第二支 18 人，于 1985 年 8 月出发，1987 年 8 月回国。

广西自治区向尼日尔派出第五批医疗队，全队 27 人。

中国为冈比亚提供两个留学生名额。②

浙江省派遣体操教练娄步月（女）赴摩洛哥担任教练。

1 月，中国援助卢旺达的卢瓦玛加纳稻区开发项目开工，该项目位于基本戈省卢奔迪区卢瓦玛加纳县境内。

江苏省农业厅援建塞内加尔的比尼奥纳河水利工程开工。"工程的主要内容包括：1. 拦潮闸一座五孔，每孔 10 米；2. 截流主、副坝各一座；3. 斜坡过船道一座，上下引河长 1.7 公里；4. 拦河堤 4 公里；5. 防潮保护面积 11480 公顷，管理所房屋 192 平方米。"③

1 月 11 日，塞舌尔政府为中国援塞安塞罗亚莱高级中学（后改名塞综合工艺学校）项目举行竣工典礼。④

1 月 23 日至 1986 年 11 月 19 日，中国先后派出以浙江省淡水水产研究所汪传声为组长的专家组共 17 名技术人员赴利比亚，帮助该国发展淡水养殖业。

"1984—1985 年和 1985—1986 年两个合同期内，中国向利比亚成功地利用专机空运鱼种 35 万尾，成活率达到 99%，这是一次长途运输鱼种的创举。为巩固成绩，专家组以卡尔木坝湖为基点，将 20 万尾鱼种分养到安谷地、扎莱特和格塔兰等坝湖，使放养地点由原来莫吉尼坝湖 1 处，发展扩大到安谷地等 9 处，至专家组回国时，各类鱼都长到 2—4 公斤。在大捕期间，卡扎菲办公室特派官员到现场视察，利比亚轻工部部

---

① 汪勤梅：《列国志：中非 乍得》，社会科学文献出版社 2009 年，第 342 页。
② 张象、贾锡萍、邢富华：《列国志：塞内加尔 冈比亚》，社会科学文献出版社 2007 年，第 530 页。
③ 对外经济贸易部《中国对外经济贸易年鉴》编辑部：《中国对外经济贸易年鉴 1983》，中国社会出版社 1983 年，第 359 页。
④ 《塞舌尔》，2009 年 2 月 5 日，http：//kaifangzhan. mofcom. gov. cn/article/g/i/200902/20090206028811. shtml

长、海洋资源局局长及渔场处处长等官员均亲临现场参观。3年共捕鱼19次，起捕商品鱼120余吨。利方官员对中国使馆表示，'只有中国人能吃苦、会养鱼'。"①

1月27日，对外经济贸易部发出《关于巩固建成经援成套项目成果的意见》，提出加强项目建成后的技术合作，并且可以根据受援国的需要，参与援建企业的经营管理。"该意见是为了充分发挥建成项目的效益，巩固援助成果而发出的，体现了这一时期援外工作的转变和调整。文件提出的措施主要是：加强项目建成后的经济技术合作，根据受援国的需要，积极参与企业的经营管理，中国专家也可应聘担任企业的领导职务；有的项目，根据双方的需要和可能，可由中国有关公司派人参与管理，也可带给部分生产流动资金，受援国企业以其产品偿还；有条件的项目，根据对方的意愿也可由中国有关公司参与合资经营；为帮助受援国培训人才，除在技术合作中继续搞好现场培训外，根据项目的需要，可适当接受对方派遣留学生、实习生来华学习，培养高、中级技术人员和管理人员；继续做好零配件的供应工作，区别不同情况，灵活采用多种支付方式，帮助一些国家解决支付零配件贷款的困难。此后，中国对外援助就又增添了管理合作的内容。"②

2月，中国赠送冈比亚300吨小麦。③

中国政府向安哥拉遭受水灾的罗安达省民众提供1万美元的援助。④

3月，中国援助卢旺达基加利国家体育场内的运动员宿舍正式开工建设，该项目由铁道部建厂局承建。

4月，内蒙古自治区援卢旺达第二批医疗队派出，1986年4月回国。此批医疗队由9人组成。

中国援建卢旺达的中国医疗队住房工程项目开工，该项目位于基本戈省，由中建山西建工局承建。

江苏省交通厅就苏丹建设辛加大桥进行考察和设计。

中国援助贝宁的洛科萨纺织厂建成移交，双方转入管理合作阶段。

---

① 浙江省水产志编撰委员会：《浙江省水产志》，中华书局1999年，第806页。
② 石林：《当代中国的对外经济合作》，中国社会科学出版社1989年，第72—73页。
③ 张象、贾锡萍、邢富华：《列国志：塞内加尔 冈比亚》，社会科学文献出版社2007年，第530页。
④ 刘海方：《列国志：安哥拉》，社会科学文献出版社2006年，第460页。

"贝宁的洛科萨纺织厂总造价为4687万元人民币,规模为2万纱锭,720台布机,年产1300万米窄幅(1.27米)坯布。管理合作取得了较好的成绩,仅一年产品就打入欧美市场,获利2.6亿非洲法郎(约40万美元),其社会、经济效益引人瞩目。"①

5月12日,中国政府和尼日尔政府经济技术合作协定在北京签订。

5月21日,突尼斯总统布尔吉巴主持中国援建的麦热尔德—崩角水渠全线竣工通水典礼。国务院副总理李鹏率中国政府代表团应邀参加。"中国援外最长的水渠工程——突尼斯麦热尔德至崩角水渠,全长120公里,一九八四年五月建成,实现了突尼斯政府'西水东调'的规划,不仅可满足1.9万公顷土地的灌溉用水,为崩角半岛的经济发展奠定了坚实的基础,而且满足了首都突尼斯市的用水。"②

中国政府和毛里塔尼亚政府经济技术合作协定在努瓦克肖特签订。

6月,应中非政府要求,中国空运3000尾中国鱼到勃亚利农场进行试养。③

江苏省粮食局援助马里的库鲁玛米厂大修。本次库鲁玛米厂大修有两项目标:其一,日加工稻谷75吨;其二,增加建筑140平方米,水泥堆场2000平方米。1985年2月,库鲁玛米厂大修竣工。

中国政府向安哥拉政府赠送了1000吨小麦,帮助安哥拉克服旱灾。④

木仑达瓦—阿纳累瓦糖厂建成投产。⑤

广东省向赤道几内亚派出第十二批医疗队,全队20人,在马拉博、巴塔内地工作,于1986年7月完成任务回国。

中国援建的刚果会议大厦竣工。"刚果会议大厦于1981年8月开工,由大会堂、宴会厅、5个会议室和供刚果党政领导人及常设机构办公用的八层办公楼等组成,总建筑面积3万平方米。这个建筑布局合理,内部设施齐全,大会堂、宴会厅、国际会议室均备有供广播电视实况转播用的设备,能满足召开大型国际会议的需要。大会堂两侧还各建有一个

---

① 《洛科萨棉纺厂产品进入欧美市场》,《国际经济合作》1988年第12期。
② 石林:《当代中国的对外经济合作》,中国社会科学出版社1989年,第569—573页。
③ 石林:《当代中国的对外经济合作》,中国社会科学出版社1989年,第233—234页。
④ 刘海方:《列国志:安哥拉》,社会科学文献出版社2006年,第460页。
⑤ 王建:《列国志:马达加斯加》,社会科学文献出版社2011年,第228页。

布局不同，具有东方园林特色的庭院。会议大厦成为首都布拉柴维尔最大的建筑群，受到刚果政府和人民的高度赞扬。"①

中国援建卢旺达撒的阿玛霍罗国家体育场项目开工建设，该项目位于基加利市热美拉区，由铁道部建厂局承建。

广东省向冈比亚派出第五批医疗队，全队10人，在冈比亚卫生中心工作，于1985年10月完成任务回国。

6月26日，北京市向布基纳法索派出第五批医疗队，全队16人，于1986年7月完成任务回国。

6月28日，黑龙江省向利比里亚派出第一批医疗队，全队14人。

6月29日，河南省向赞比亚派出第四批医疗队，全队26人，于1986年8月25日完成任务回国。

7月，中国开始向佛得角派遣医疗队，由黑龙江省卫生厅组织派遣，首批医疗队6人，为期2年，在首都的普拉亚医院工作。

中国开始向利比里亚派遣医疗队，由黑龙江省卫生厅组织派遣。

马叙塞水泥厂由中建材外经技术合作公司代管经营，取得较好成绩。

中国援建的卢旺达卢亨盖里和穆米卡拉的营房项目正式开工建设，由铁道部建厂局承建。

中国帮助卢旺达建设的马叙塞水泥厂建成移交。"中国帮助建设的年产5万吨的马叙塞水泥厂，是卢旺达的第一个水泥厂。建成移交时，卢旺达总统出席移交仪式，并亲自点火。此后中卢双方进行技术合作，中国专家全面负责该厂的经营管理。1985年，在产量尚未完全达到设计水平的情况下，就获得了约合72万美元的盈利。按照设计的生产能力，该厂生产的水泥可获得全国需要量的80%以上。"②

水泥厂建成以来，工厂的生产能力和经济效益逐年提高。1986年水泥产量达到52577吨，两年盈利2.6亿卢旺达法郎（约合人民币830万元）。在管理合作中，中国专家在确保质量的基础上将每吨水泥成本降低约3000卢旺达法郎，出厂水泥标号稳定在600号以上。为了发展国产水泥工业，卢旺达政府采取了保护民族工业的政策，从1985年4月起，停止水泥进口，并免征生产水泥所需辅料、燃料的进口税，为水泥工业的发展提供便利。

---

① 石林：《当代中国的对外经济合作》，中国社会科学出版社1989年，第202—219页。
② 石林：《当代中国的对外经济合作》，中国社会科学出版社1989年，第183页。

7月，位于喀麦隆北部的拉格都水电站和输变电工程开工。拉格都水电站的装机容量7.2万千瓦，输电线路约100公里，每年可发电3.22亿度。1986年12月29日建成，喀麦隆总统保罗·比亚参加了典礼。①

7月2日，中国和索马里签订了《关于费诺力和巴洛温项目的技术与行政管理协定》。

7月7日，中国政府和塞内加尔政府经济技术合作协定在北京签订。

7月10日，北京市向几内亚派出第九批医疗队，全队30人，于1986年8月完成任务回国。

7月20日，中国政府向莫桑比克政府提供贷款的协定在北京签订。

7月22日，刚果总统萨苏出席中国援建的会议大厦移交仪式。劳动人事部部长赵守一率中国政府代表团应邀参加。

8月，中国援助中非建设的广播电台完工。电台装有50千瓦的中、短波发射机各一台，发射台的覆盖效果较好，不仅中非全国各地都能收听到广播，而且刚果、扎伊尔、喀麦隆、乍得等邻国的部分地区也能收听到。在移交仪式上，中非国家元首科林巴主席说："中国援建的电台建设速度快，质量好。对我们来说太重要了。由于受文化和交通的限制，目前广播电台是唯一能向全国进行宣传教育的有效手段。它对中非的民族团结、经济振兴将发挥积极的作用。"②

中国和马里签订中国援建的马里糖厂的管理合作协议。③

8月20日，中国和乌干达签订经济技术合作协定，确定由中方向乌方援助建设沼气示范项目。

9月，陕西省向苏丹派出第十六批医疗队，全队10人，于1987年4月完成任务回国。

10月，中国援建卢旺达的中国医疗队住房工程项目竣工，该项目由中建山西建工局承建。

中国派27名专家赴马里制药厂实行管理合作。"中国援建马里制药厂由于产品积压，经营亏损，靠政府补贴过日子。中国专家来厂实行管

---

① 石林：《当代中国的对外经济合作》，中国社会科学出版社1989年，第188页。
② 石林：《当代中国的对外经济合作》，中国社会科学出版社1989年，第202—219页。
③ 四川省地方志编撰委员会：《四川省志·对外经济贸易志》，四川科学技术出版社1998年，第296页。

理合作后，一年的盈利达 130 万元。"①

中国援建卢旺达的中国专家住房工程开工，该项目位于基加利市，由中建公司负责承建。

乒乓球教练员马作荣被派往贝宁，担任贝宁国家乒乓球队教练，为期一年。

10 月 23 日，中国政府和突尼斯政府经济技术合作协定在北京签订。

11 月，马里政府决定，将中国援建的两个糖厂和两个甘蔗农场合并组成马里制糖联合企业，实行独立核算，拥有较大的经营自主权。

"为了让中国技术工人和管理人员更好地与马里方面配合，将糖厂的技术和管理工作做得更好更细致，马里政府聘请中国专家担任这个联合企业的总经理和各部门的负责人，这样，马里制糖联合企业实现了由中马两方共同参与管理和决策。实践证明，中马管理合作的新模式取得了试验成功。新的管理合作体制实施后的一年里，1984—1985 年榨季，甘蔗总产量为 12.7 万吨，产糖量为 1.3 万吨，均比上一榨季增产 30% 左右。两个糖厂的产量、消耗、出糖率等主要指标，均达到或接近糖厂最初的设计水平。同前几年马里政府自行经营管理时期相比较，糖联年均多产白糖约 3000 吨，收益明显增加。企业总产值达到 33 亿非洲法郎（约合人民币 2300 万元），获纯利润 2.2 亿非洲法郎。"②

江苏省交通厅完成了在苏丹建设辛加大桥的考察和设计任务。

11 月 8 日，中国政府和布基纳法索政府经济技术合作协定在北京签订。

11 月 20 日，国务院批转对外经济贸易部、卫生部、财政部《关于改革援外医疗队管理体制的请示》，决定从 1985 年起，援外医疗队工作由卫生部统一管理，直接对外商谈和办理有关协议。

11 月 27 日，中国政府和塞拉利昂政府经济技术合作协定在弗里敦签订。

11 月 30 日，中国援助塞内加尔阿菲尼亚姆水利工程再次开工建设。"本项目是 70 年代的一个援助项目，但由于塞方经费不落实而于 1980 年 5 月开工后暂停建设。1983 年 8 月，中国方面再派施工人员赴塞作施工

---

① 李红杰、余万里：《改革开放三十年的中国外交》，当代世界出版社 2008 年，第 311 页。

② 石林：《当代中国的对外经济合作》，中国社会科学出版社 1989 年，第 586—587 页。

准备。1984年11月30日开工。1987年12月完成施工任务，1988年6月完成竣工验收。江苏省共派出249人，工程总造价4166万元。"①

12月，中国援助肯尼亚水稻种植中心开工。该项目包括建设教学用房1000平方米，开垦试验田5公顷，提供仪器设备和农机具等物资，培训肯方人员。②

12月4日，中国政府向贝宁政府提供贷款的协定在科托努签订。

贝宁全国革命代表大会常务委员会委员长维荣·盖佐出席中国援建的卷烟火柴厂移交仪式。国务院副总理田纪云率中国政府代表团应邀参加。

12月9日，中国政府向安哥拉政府提供贷款的协定在罗安达签订。

12月13日，中国政府和利比里亚政府经济技术合作协定在蒙罗维亚签订。

12月25日，中国政府和索马里政府经济技术合作协定在北京签订。

12月28日，河南省向埃塞俄比亚派出10人的救灾队，救灾队于1985年11月21日回国。③

12月，江苏省农林厅对坦桑尼亚鲁伏农场展开恢复农场的可行性考察，1985年5月考察结束。

1985年

卢旺达的马叙塞水泥厂通过代管经营的方式交给中国建材对外公司管理经营。卢旺达方面将该厂的人事、财务、生产、营销等各项环节全权委托给中国建材对外公司管理，由该公司负担中国技术人员和管理人员的费用。卢旺达政府为该厂提供了流动资金，并制定了相应的保护民族工业的政策。由于管理有方，该水泥厂很快达到设计水平。1985年水泥厂的产量仅为3万吨，代管后的第一年就增加到5.2万吨，1987年上升到6.2万吨。截止1987年底，工厂累计获利6亿卢郎，为当地提供了

---

① 江苏省地方志编撰委员会：《江苏省志·水利志》，江苏人民出版社1996年，第665页。
② 安徽省地方志编撰委员会：《安徽省志·对外经济贸易志》，方志出版社1998年，第316页。
③ 石林：《当代中国的对外经济合作》，中国社会科学出版社1989年，第184页。

370 个就业机会。①

坦桑尼亚姆巴拉利农场技术合作第 8 年，经营状况良好，成为坦桑尼亚发展农业生产的样板。"坦桑尼亚姆巴拉利农场是一个以种植水稻为主，农牧副业综合经营的农场。这个农场 1977 年 9 月建成移交至 1985 年，在长达八年多的技术合作中，由于中国专家和坦方人员的共同努力，经营情况一直较好，成为中国专家组不仅直接参与农场各方面的生产活动，按照当地的天气特点，反复试验，培育出适宜的水稻良种，采用合理栽培方法，不断提高水稻产量，而且，积极帮助坦方建立、健全农场的各项管理制度，为坦方培训了一批技术和管理人员，帮助他们在实践中提高管理生产和解决技术问题的能力。八年中，农场种植的水稻，大多数年份均获得稳产高产，稻年产量平均每公顷达 7230 公斤。家禽家畜饲养业也有很大发展。由农场自繁自养为市场提供了相当数量的肉猪、肉牛、牛奶、肉鸡、鸡蛋等产品。根据中国专家组的建议，农场还利用自备的小型水电站，办起了一个年产 50—100 万块粘土砖的小砖厂。由中国专家培训的坦方人员已能全面地承担起各项生产任务，成为办好农场的骨干力量。"②

中国政府向苏丹、毛里塔尼亚、乍得、布基纳法索、索马里、莫桑比克、坦桑尼亚等 23 个非洲国家提供了 12 万多吨粮食。

中国赠送冈比亚 600 吨玉米。③

中国政府向非洲国家捐赠 5 万吨粮食紧急援助，以及农具、药品等救灾物资。同年 4 月，中国红十字会在全国 20 多个省市和自治区的大、中城市举办了各种形式的募捐活动。

中国援建乌干达的多禾农场建成。"多禾地区水稻种植面积远远超过了政府的预期，达到了 526 公顷，年产稻谷达 3000 吨。在建场过程中，中国专家通过种试验田、开办培训班、印发技术资料、深入田间检查和指导等方式传授技术，使当地农民学会了播种、插秧、田间管理等科学种田方法。多禾地区开发沼泽地发展水稻生产的成功经验，引起了乌干

---

① 吴兆契：《中国和非洲经济合作的理论与实践》，经济科学出版社 1993 年，第 154—155 页。
② 石林：《当代中国的对外经济合作》，中国社会科学出版社 1989 年，第 222—223 页。
③ 张象、贾锡萍、邢富华：《列国志：塞内加尔 冈比亚》，社会科学文献出版社 2007 年，第 530 页。

达国内外的重视。"①

中国政府先后两次向冈比亚、马里、埃塞俄比亚、坦桑尼亚等国捐助了价值50万美元的50吨灭蝗农药。"在非洲大陆旱灾尚未完全解除之时，1985年开始蝗虫肆虐非洲西部、东部和中南部广大地区，许多农田颗粒未收，蝗虫群过后，连树叶也所剩无几。这场蝗灾是20世纪30年代以来发生的最大的一次蝗虫灾害。为了帮助非洲受灾国战胜这场灾害，中国除了提供灭蝗农药，还派出专家进行灭蝗技术指导。"②

中国赴冈比亚医疗队外科医生关活茂为一名冈比亚黑人儿童实施上臂断离再植手术成功，获得冈比亚卫生部的赞扬。③

1月1日，浙江省农业厅选派技术人员赴乌干达坎帕拉建设沼气示范项目。本次派出技术人员4名，项目于3月25日开工，到1986年4月，项目正式建成移交。④

2月2日，吉布提总统古莱德出席中国援建的人民宫落成典礼。

2月25日—28日，塞拉利昂总统史蒂文斯访问中国。28日，中国政府和塞拉利昂政府经济技术合作协定在北京签订。

3—7月，中国援助利比里亚塑胶跑道项目完成铺设。承建部门为湖南省体委和湖南国际公司，建设规模为9161.537平方米，领队为张殿需。⑤

3—11月，中国沼气专家帮助乌干达成功建成7个沼气池，使用效果良好。乌干达政府决定，1986年再建100个沼气池，推广应用。⑥

1985年3月—1986年2月间，江苏省建材局在布基纳法索的班服纳砖厂展开复建的技术指导。

3月8日，福建省第三批援博茨瓦纳医疗队离京赴博工作，于1987年5月4日回国。

3月25日，中国和几内亚在北京签署中国向几内亚政府提供贷款的

---

① 魏翠萍：《列国志：乌干达》，社会科学文献出版社2012年，第524页。
② 胡锦山：《非洲的中国形象》，人民出版社2010年，第207页。
③ 张象、贾锡萍、邢富华：《列国志：塞内加尔 冈比亚》，社会科学文献出版社2007年，第530页。
④ 浙江省农业志编撰委员会：《浙江省农业志》（下），中华书局2001年，第1587页。
⑤ 河南省志编撰委员会：《河南省志·对外贸易经济合作志》，河南人民出版社1995年，第416页。
⑥ 对外经济贸易部《中国对外经济贸易年鉴》编辑部：《中国对外经济贸易年鉴1985》，中国社会出版社1985年，第341页。

协定。

3月28日,中国和塞拉利昂在北京签署中国和塞拉利昂两国政府经济技术合作协定。

4—5月,中国援助塞内加尔国家体育场塑胶跑道项目完成铺设。"项目的承建部门为河南省国际公司,具体由保定合成塑料厂铺设,建设规模为8260平方米,领队师永昌。由于塑胶跑道质量优异,塞内加尔总统授予施工队领队师永昌国家级勋章。"①

4月15日,中国和桑给巴尔就中国向坦桑尼亚赠送粮食和中国向桑给巴尔本巴医院赠送医疗器械的有关问题换文确认。

5月,根据《承包责任制暂行办法》的试行情况和政企分开、简政放权的原则,对外经济贸易部将一部分权限下放给中国成套设备出口公司,由其统一组织实施国家对外承担的经援项目。②

5月,中国开始向津巴布韦派遣医疗队,由湖南省卫生厅组织派遣。

5—8月,河南国际公司承担了中国援助刚果韦索供水考察和设计项目。③

5月2日,中国、布隆迪经济技术贸易混委会第三次会议在北京举行。6日,双方签署会谈纪要和中国向布隆迪提供贷款的协定。

5月6日,中国政府向布隆迪政府提供贷款的协定在北京签订。

5月8日,非洲开发基金第12届年会和非洲开发银行第21届年会通过决定,接纳中国为非洲开发基金和非洲开发银行的成员国。④

6月,中国援助佛得角议会堂竣工。议会堂总建筑面积12626平方米,1982年12月3日开工,1985年6月29日移交佛方。这是中国援助佛得角的首个成套项目。2005年曾对其维修进行援助,2016年3月11日,中佛再度签署议会堂维修协议,施工单位为北京建工集团。⑤

---

① 河南省志编撰委员会:《河南省志·对外贸易经济合作志》,河南人民出版社1995年,第417页。
② 对外经济贸易部《中国对外经济贸易年鉴》编辑部:《中国对外经济贸易年鉴1985》,中国社会出版社1985年,第343页。
③ 河南省志编撰委员会:《河南省志·对外贸易经济合作志》,河南人民出版社1995年,第416页。
④ 对外经济贸易部《中国对外经济贸易年鉴》编辑部:《中国对外经济贸易年鉴1985》,中国社会出版社1985年,第344页。
⑤ 对外经济贸易部《中国对外经济贸易年鉴》编辑部:《中国对外经济贸易年鉴1985》,中国社会出版社1985年,第368页。

排球教练员胡振淮被派往摩洛哥,担任摩洛哥国家排球队教练1年。

6月7日,中国援助的马达加斯加全国制药中心落成。

6月15日,中国向安哥拉政府赠送2000吨小麦,救济安哥拉灾区人民。①

6月28日,云南省第二批援乌干达医疗队离开昆明赴乌干达,全队12人,于1987年8月9日回国。

7月,湖南省向津巴布韦派出第一批医疗队,全队14人。

中国开始向塞舌尔派遣医疗队,由北京市卫生局组织派遣。

中国援建中非班吉的友谊医院开工建设。"该项目是由西安华秦国际经济合作公司和陕西省卫生厅筹建的,山西省人民医院负责友谊医院项目的全套医疗设备配套。医院拥有7个临床科室、9个医疗科室、200张病床,日门诊量可达400人次。医院于1987年11月30日竣工。"②

7月1日,中国政府和毛里求斯政府经济技术合作协定在路易港签订。

7月31日,使用中国提供的无息贷款的博南段铁路120公里更新项目正式开工。

7月,江苏省地质局到莫桑比克考察马普托市郊打井的可行性,1985年11月完成。

8月,陕西省向苏丹派出第十七批医疗队,全队20人,于1987年4月完成任务回国。

8月10日,对外经济贸易部颁发《关于在环境艰苦地区援外人员实行补贴的通知》。

8月22日,中国和埃塞俄比亚就中国向埃塞俄比亚赠送10000吨玉米事在北京换文确认。③

8月26日—28日,津巴布韦政府总理穆加贝访问中国。28日,中国政府和津巴布韦政府经济技术合作协定在北京签订。

8月26日,中国和赤道几内亚换文通过修理"马涅艾拉"号客货轮项目。"客货轮修理项目1986年7月开工,1986年10月完成移交。对外

---

① 刘海方:《列国志:安哥拉》,社会科学文献出版社2006年,第460页。
② 陕西省志编撰委员会:《陕西省志·卫生志》,陕西人民出版社1996年,第803页。
③ 对外经济贸易部《中国对外经济贸易年鉴》编辑部:《中国对外经济贸易年鉴1985》,中国社会出版社1985年,第344页。

结算 237 万元, 在 1986 年 6 月 25 日贷款项下支付。该项目的实施单位是中国公路桥梁建设总公司。"①

8 月 28 日, 中国和津巴布韦总理罗伯特·穆加贝在北京签署中津经济技术合作协定和关于成立中津经济技术和贸易混委会的协定。根据经济技术合作协定, 中国向津巴布韦提供无息贷款。②

9 月, 宁夏回族自治区向贝宁派出第五批医疗队, 全队 23 人, 于 1987 年 10 月完成任务回国。

四川省派遣的第五批援莫桑比克医疗队出国, 全队 27 人。

由中建公司负责承建的中国援助卢旺达中国专家住房工程竣工。

9 月 1 日, 使用中国无息贷款的博茨瓦纳铁路南段 120 公里更新项目竣工。

9 月 16 日—20 日, 加纳国家元首、临时全国保卫委员会主席罗林斯访问中国。中国政府和加纳政府关于建设剧场的协定在北京签订。

9 月 28 日, 中国政府捐赠安哥拉政府价值 10 万人民币的港口卸货设备, 以便接收国际粮食援助, 减轻干旱缺粮给安哥拉人民造成的困难。③

10 月, 中国帮助布隆迪建立的竹藤草编手工业培训中心正式开课, 由 5 名中国专家向 20 名布隆迪学员传授传统的竹藤草编技术。"经过双方共同努力, 短短两个多月时间, 取得了令人满意的成效。同年十二月, 在布隆迪工商部举办的第一次全国手工业和中小企业产品博览会上, 培训中心参展的 120 件竹藤草编展品, 摆满了两间展室。这些展品都是在中国专家指导下, 学员们亲手制作的, 设计新颖, 造型美观, 色彩协调, 具有中国风格, 且兼备实用、装饰的特点, 引起了观众的极大兴趣。在展出的五天中, 参观者达数千人之多, 不少观众争相预订产品。一位商人要求与培训中心签订合同, 包销全部手工艺品。布电视为培训中心的两个展室录了像, 新闻记者采访了中国专家组长, 展出结束后, 培训中心的展室被评为博览会的第一名。布方官员普遍认为, 这个合作项目选

---

① 《援赤道几内亚已完成项目简况》, 2003 年 3 月 21 日, http://gq.mofcom.gov.cn/aarticle/zxhz/200303/20030300076468.html

② 对外经济贸易部《中国对外经济贸易年鉴》编辑部:《中国对外经济贸易年鉴 1985》, 中国社会出版社 1985 年, 第 347 页。

③ 刘海方:《列国志:安哥拉》, 社会科学文献出版社 2006 年, 第 460 页。

得好,一有原料,二有人才,三有销路,既可开发利用本国的竹藤草资源,增加就业,又可为经济发展积累资金。"①

广东省向冈比亚派出第六批医疗队,全队16人,在冈比亚班桑医院工作,于1987年10月完成任务回国。

湖南省向塞拉利昂派出第七批医疗队,全队15人。

中国援助索马里扩建哈尔格萨供水工程开工,这项工程为1972—1974年中国的援建项目。②

中国援助索马里的北部四州打井供水工程竣工移交。

中国援建的索马里革命社会主义党政治学院校舍竣工移交。

10月2日—5日,马达加斯加总统拉齐拉卡访问中国。4日,中国政府和马达加斯加政府经济技术合作协定在北京签订。

10月20日,中国政府和阿尔及利亚政府经济技术合作协定在阿尔及尔签订。

10月31日,塞内加尔总统迪乌夫出席中国援建的友谊体育场竣工仪式。

11月6日,对外经济贸易部、财政部颁布《关于援外出国人员生活待遇改革问题的通知》。

11月11日,中国政府和肯尼亚政府经济技术合作协定在内罗毕签订。

11月17日,中塞两国政府签署关于中国派遣医生赴塞舌尔工作的议定书,这是中塞第一个医疗合作议定书。③

11月25日,卫生部(85)卫外字第384号《关于改革援外医疗队管理工作的通知》,将援塞内加尔、博茨瓦纳医疗队的管理权正式下放福建省。

12月3日,福建省第六批援塞内加尔医疗队离京赴塞内加尔工作,于1988年1月7日回国。

12月30日,马达加斯加二号公路从木腊芒加至昂德拉努南邦古

---

① 石林:《当代中国的对外经济合作》,中国社会科学出版社1989年,第235页。
② 顾章义、付吉军、周海泓:《列国志:索马里 吉布提》,社会科学文献出版社2006年,第215页。
③ 《塞舌尔》,2009年2月5日,http://kaifangzhan.mofcom.gov.cn/article/g/i/200902/20090206028811.shtml

(简称木昂公路)全长 223 公里的路段竣工,该工程建设历时 7 年。①"木昂公路是连接首都塔那那利佛和全国第一大港塔马塔夫市的重要交通干线,对经济的发展和进出口贸易起着举足轻重的作用。但由于年久失修,已远远不能满足运输的需要。该国曾先后向 10 多个西方国家求援,由于沿线经过多处泥沼地段,并且地形复杂和工程艰巨,都被拒绝。1975 年,中马两国签订了中国援建二号公路工程最艰巨路段——木腊芒加至昂德拉努南邦古(以下简称木昂段)的协议,交通部、外经部与河北省革命委员会确定由河北省交通局负责测设、施工。"②

1986 年

中国与西德技术合作公司合作,为马里尼奥诺省先后建了两座稻壳煤气发电站,均获得较好的反映。③

中国红十字会再次向非洲灾民捐款 50 万元人民币的救济物资。

经商定,拟由中国帮助乍得在恩贾梅纳建设人民宫和自由医院各一座。"人民宫和自由医院分别于 1992 年和 1997 年建成并移交乍得政府使用。自由医院占地面积约 1 万平方米,共设有 17 个科室,拥有 400 多个床位,是乍仅次于恩贾梅纳总医院的第二大综合性医院。"④

中国再次向非洲国家提供了 100 吨灭蝗农药,在中国各地开展各种形式的灭蝗募捐活动。毛里塔尼亚、贝宁、布基纳法索、塞内加尔和喀麦隆等国家遭受严重的蝗虫危害,为了给这些受灾国家募集捐款,中国举行了各种活动为受灾国家募捐,中国人民对外好协会等 7 个全国性群众团体联合举办了文体义演。北京、上海、天津的大中学生联合倡议,号召青少年利用暑假从事技术咨询或公益劳动,为非洲受灾国家筹款。经过努力共募集 50 万元人民币。11 月,当中国青年学生代表团访问埃塞俄比亚时将这些捐款转交给了非统组织,为非洲的蝗灾贡献了一份

---

① 王建:《列国志:马达加斯加》,社会科学文献出版社 2011 年,第 228 页。
② 《中马友谊花盛开——我省援建马达加斯加二号公路纪实》,2012 年 10 月 15 日,http://www.hebrb.com.cn/html/jituanlishiwenhuayanjiu/4536.Html
③ 江苏省地方志编撰委员会:《江苏省志·对外经济贸易志》,江苏古籍出版社 1997 年,第 313 页。
④ 汪勤梅:《列国志:中非 乍得》,社会科学文献出版社 2009 年,第 341—342 页。

力量。

广西区向尼日尔派出第六批医疗队,全队30人。内蒙古自治区援卢第三批医疗队于1986年4月派出,1988年5月回国。此批医疗队由10人组成。

徐培文和王定坤到毛里求斯组训团体操5个月。

1月,中国援助索马里的政治学院进入技术合作阶段,本期技术合作至1989年1月结束。①

1月24日,河南省向埃塞俄比亚派出第四批医疗队,全队15人,于1988年4月4日完成任务回国。

2月,中国红十字会向冈比亚捐款7万达拉西维修重建被大火烧毁的艾伯特市场。②

3月,中国帮助赤道几内亚完成了电信设施大修。中国提供对马拉博和巴塔电信大楼内的电信设施大修援助。该项目于1983年8月30日和9月28日换文立项,1984年9月开工,1986年3月完成移交。由中国通讯建设总公司负责施工。

3月21日,应安哥拉全国工人联合会的邀请,中华全国总工会书记处书记王匋为团长的中国工会代表团访问了安哥拉。访问期间,双方表达了进一步加强两国工会间往来和增进两国人民、工人间友谊的共同愿望。③

3月22日,中国和索马里签订《中华人民共和国和索马里(民主)共和国经济技术合作协定》。

4月,中、加两国签订中国向加蓬派遣教师议定书,中方据此派5名教师在加蓬中学任教。④

中国援建津巴布韦体育场铺塑胶跑道,由甘肃建筑公司、南京塑料厂承建。1986年12月竣工,竣工总面积28285平方米。

6月,北京市向布基纳法索派出第六批医疗队,全队17人,于1988年7月完成任务回国。

---

① 顾章义、付吉军、周海泓:《列国志:索马里 吉布提》,社会科学文献出版社2006年,第215页。

② 张象、贾锡萍、邢富华:《列国志:塞内加尔 冈比亚》,社会科学文献出版社2007年,第530页。

③ 刘海方:《列国志:安哥拉》,社会科学文献出版社2006年,第460页。

④ 安春英:《列国志:加蓬》,社会科学文献出版社2005年,第305页。

广东省向冈比亚派出第七批医疗队，全队 8 人，在冈比亚卫生中心工作，于 1988 年 6 月完成任务回国。

6 月 6 日，在安哥拉遭受南非侵略和经济极为困难的时候，中国向安哥拉政府提供 2000 吨玉米的粮食援助。①

6 月 21 日，马里总统访华时，两国政府在北京签订了《关于马里塞古纺织厂管理合作议定书》。马里纺织公司塞古纺织印染联合厂是马里最大的国营企业，被称之为"工业巨人""战略性企业"。

1973 年，马里塞古纺织厂全部移交马方后，由于管理不善，出现亏损。为了帮助纺织厂走出困境，中国方面展开了 9 期技术合作，并为马里提供技术方面的培训，培养技术人员若干名。本次议定书规定："中方派出的专家担任企业经营管理实职，即由中方任企业总经理和各车间部门的正职，马方人员任副职，以进一步加强和改善经营管理，发展生产，提高经济效益。1989 年初第一期管理合作（两年）已经结束，按照 1989 年 4 月两国政府换文，第二期管理合作派出 20 位专家，已先后赴马履行合同任务。"②

6 月 24 日，北京市向几内亚派出第十批医疗队，全队 29 人，于 1988 年 8 月完成任务回国。

7 月—1987 年 1 月，几内亚比绍的国家体育场铺塑胶跑道，由甘肃建筑公司、南京塑料厂承建。

7 月至 11 月，江苏省地质局援助莫桑比克马普托市郊打井，打井 25 眼，成井工作量 2380 米，抽水量 6288 立方米。

7 月，广东省向赤道几内亚派出第十三批医疗队，全队 20 人，在马拉博、巴塔工作，于 1988 年 6 月完成任务回国。

湖南省女排教练殷安宁被派往尼日利亚任教，受聘为女排教练。殷一边教学，一边学习英语。1987 年 8 月，在没有译员的情况下，独自带队参加加纳的西非运动会，并夺得亚军。尼日利亚排球协会主席、空军中将依曼说："中国专家拿钱最少，最能吃苦，工作最认真，确实真心实意援助我们。"③

8 月，河北省向刚果（金）派出第七批医疗队，全队 13 人，于 1988

---

① 刘海方：《列国志：安哥拉》，社会科学文献出版社 2006 年，第 460 页。
② 陕西省志纺织工业志编纂委员会编：《陕西省志·纺织工业志》，三秦出版社 1993 年。
③ 湖南省志编撰委员会：《湖南省志·体育志》，湖南人民出版社 1994 年，第 665 页。

年8月完成任务回国。

成都市电信局执行中国政府援助赤道几内亚电信设施使用、维护技术指导的项目。"此项援助分两期进行，1986年8月至1988年8月为第一期，1988年8月至1990年8月为第二期。成都市电信局先后派出由22名技术人员组成的电信组赴赤，制定了系统、长期计划和培训制度，进行'一条龙'管理，保证了赤方电信设备的正常运转和通信畅通，获得赤方高度赞赏。电信技术组还为赤方培训电信技术人员42人，效果良好。"[1]

中国援助卢旺达的卢瓦玛加纳稻区开发项目建成移交，该项目由广西自治区援外办承办。中国共帮助卢开发和种植水稻300公顷，修建了与稻田相配套的主要生产性工程。

9月17日，毛里塔尼亚政府为友谊港举行隆重的落成典礼，对外经济贸易部部长郑拓彬率领的中国政府代表团应邀参加。

"毛里塔尼亚友谊港，位于首都努瓦克肖特大西洋岸边，拥有3个万吨级泊位，2个工作船泊位，设计年吞吐量为50万吨。这个项目包括码头、引桥、防波堤、航道、航标、港池等工程及港务局办公楼、海关和警察办公楼、库房、发电变电工程、供水排水工程等附属设施。由于港口的自然地理条件差，沿海沙岸平直开敞，毫无掩蔽，大西洋终年都有长周期的涌浪，不利于海上作业，加之陆上风沙大，气温高，建港困难很多。1975年8月开始进行港口勘测工作，1979年4月动工兴建，中国先后派出施工技术人员近1000人次，提供设备物资3万多吨，施工机械500多台，包括转口的大型施工船只，机械55台（艘）。施工中，中毛两国工程技术人员密切合作，克服了多次大涌浪给施工带来的巨大困难，坚持安全第一、质量第一。经过七年多时间的紧张施工，终于在1986年6月建成了友谊港，实现了毛里塔尼亚人民多年来的愿望。努瓦克肖特原来的老港口年吞吐量仅7万吨，海轮不能直接靠岸，须用驳船倒运，经常压船。友谊港建成后，吞吐量迅速增加，压船现象不复存在。

"毛里塔尼亚装备部长恩迪亚耶在讲话中一再表示对中国政府和人民的感谢，并称赞友谊港是'一座反映人类创造智慧并有经济效能的建筑

---

[1] 四川省地方志编撰委员会：《四川省志·对外经济贸易志》，四川科学技术出版社1998年，第296—297页。

物,它使毛中友谊的发展进入一个新的纪元','将对我国公民和国家生活不断产生无法估量的影响'。毛国家元首塔亚上校在揭幕剪彩后,参观了港口,并登上停泊在码头的中国远洋货轮'天台山号',在航行日志上挥笔留言,写道:'这一雄伟壮观的工程是毛中合作的结晶。我们毛里塔尼亚人不会忘记中华人民共和国对我们的援助,愿真主保佑我们的友谊与合作不断得到加强。'"①

1986 年 10 月至 1987 年 10 月,中国为索马里的畜牧发展中心提供援助。"该中心系世界粮农组织认捐项目,总建筑面积 380 平方米,中国主要提供一批医疗物资和咨询服务。"②

10 月 1 日,中国与博茨瓦纳签订经济技术合作协定,提供无息贷款,用于博茨瓦纳北段铁路 85 公里更新项目。

10 月 19 日,使用中国提供无息贷款建设的博茨瓦纳北段铁路 85 公里更新项目正式开工。

12 月,中国援建的喀麦隆北部的拉格都水电站和输变电工程顺利竣工。"该水电站装机容量 7.2 万千瓦,输电线路 100 公里,年均发电 3.22 亿度。喀麦隆总统保罗·比亚参观后感到'满意和自豪',在落成典礼上发表讲话,高度赞扬中国对第三世界慷慨无私的援助,盛赞喀中两国的合作是'南南合作的典范'。喀麦隆人们表示,水电站的建成将加速北方省工业、农业、渔业和旅游业的发展进程,中国的援助是卓有成效的。"③

12 月 31 日,中国援建塞拉利昂的哥马水电站建成,项目规模为装机容量 4000 千瓦,共 4 台机组,总库容 190 万立方米,设计年发电量 245077 度。

1986 年 12 月至 1987 年 3 月,中国援助肯尼亚塑胶跑道项目完成铺设。承建部门为四川国际公司,建设规模为 9127.8 平方米,领队师永昌。④

---

① 石林:《当代中国的对外经济合作》,中国社会科学出版社 1989 年,第 199—120 页。
② 顾章义、付吉军、周海泓:《列国志:索马里 吉布提》,社会科学文献出版社 2006 年,第 215 页。
③ 石林:《当代中国的对外经济合作》,中国社会科学出版社 1989 年,第 188 页。
④ 河南省志编撰委员会:《河南省志·对外贸易经济合作志》,河南人民出版社 1995 年,第 416 页。

1987 年

中国援助索马里的费诺力稻谷农场第一作业区基本建成，随即展开第二作业区的建设。1990 年，因索马里爆发内战，援建中止。

体操教练员谢春生到埃及任教 2 年，徐培文、王少甫、郑丽冰、关怀秀、毛文彪到毛里求斯组训团体操 5 个月。

1987 年—1990 年，河北省向刚果（金）派出第八批医疗队，由两支队伍组成。第一支 20 人，于 1987 年 7 月出发，1989 年 7 月回国。第二支 14 人，于 1988 年 2 月出发，1990 年 2 月回国。

1987 年初，扎伊尔中国医疗队设计改革新思路：将金丹堡医院最破旧的第四、五病房改造为中国病房，由中国医疗队自行管理。

1 月，马里的塞古纺织厂开始实施管理合作改革，取得良好效果。"在中马双方人员的共同努力下，长期亏损濒临困境的塞古纺织厂已扭亏为盈，重新焕发出生机，取得了较好的经济效益，经营管理也有了较大的进展。在纺织品市场激烈竞争的情况下，确定了'以销定产，以产促销，薄利多销'的经营方针，提高了市场占有率，加强了生产经营管理，产品质量和品种，都有了明显的提高和发展。……数字表明管理合作的目标已经实现，即改善经营管理，发展生产，提高经济效益的目的。"①

1 月 18 日，中国和来华访问的毛里塔尼亚代表团考察了中国港口管理，并商谈中国援毛"友谊港"技术合作事宜。②

1 月 11 日，中国和乌干达在北京签署中乌政府经济技术合作协定和中国政府向乌干达政府赠送一般物资的换文。③

1 月 20 日，中国和津巴布韦在北京签署中津政府经济技术合作协定。④

2 月 18 日，中国和加蓬在北京签署中国向加蓬提供贷款的协定和中

---

① 《塞古纺织厂管理合作一年面貌改观》，《国际经济合作》，1988 年第 12 期。
② 对外经济贸易部《中国对外经济贸易年鉴》编辑部：《中国对外经济贸易年鉴1987》，中国社会出版社 1987 年，第 760 页。
③ 对外经济贸易部《中国对外经济贸易年鉴》编辑部：《中国对外经济贸易年鉴1987》，中国社会出版社 1987 年，第 755 页。
④ 对外经济贸易部《中国对外经济贸易年鉴》编辑部：《中国对外经济贸易年鉴1987》，中国社会出版社 1987 年，第 755 页。

国向加蓬派遣医疗队议定书。①

1987年3月—1989年3月，江苏经合公司、南通汽车锻压件厂在坦桑尼亚乌本戈农具厂展开技术合作。

3月，中国在80年代援助津巴布韦的津巴布韦国家体育场正式投入使用。津巴布韦体育场是中国的无偿援助项目，是中国在南部非洲地区援建的第一座大型公共建筑，建筑面积51510平方米，可容纳6万名观众。这座凝聚着中津人民血汗和期待的体育场曾被誉为是"中津两国人民世世代代友好的纪念碑"。津巴布韦体育场项目被外经贸部授予援外工程先进集体称号，并获甘肃省科技进步二等奖。

承担施工任务的中国专家组土建一队混凝土班班长原为全国建筑行业和甘肃省的劳动模范李玉才。从1984年8月参与项目的建设起，李玉才本着"质量就是信誉，就是生命"的原则，认真对待每一项工作，为体育场的胜利建成做出了贡献。在整个体育场3.3万多立方米的钢筋混凝土框架中，李玉才班完成了2万多立方米，质量达到全优。他们浇注的斜柱，根根工整、密实、光洁，津方人员称"这是津巴布韦最好的混凝土"，并获得津巴布韦总理的高度赞扬。②

3月9日，中国和坦桑尼亚在北京签署中国和坦桑尼亚政府经济技术合作协定及其他4个换文。③

3月28日，中国和喀麦隆在北京签署中国政府向喀麦隆政府提供贷款的协定。④

4月，重庆国际公司派出10名专家赴扎伊尔对金沙萨手工农具厂进行技术合作管理。"手工农具厂是1979年中国对扎伊尔的无偿援助建成的项目，能生产12个品种的手工农具。80年代后，扎方经营管理不善，设备损坏失修，流动资金缺乏，该厂濒临破产。中国专家抵达该厂后，开展多种经营，走出工厂招揽业务。专家组利用简陋设备自行加工零配件，修复了已闲置两年的关键性设备'315T压力机'。在实践工作中，

---

① 对外经济贸易部《中国对外经济贸易年鉴》编辑部：《中国对外经济贸易年鉴1987》，中国社会出版社1987年，第756页。
② 石林：《当代中国的对外经济合作》，中国社会科学出版社1989年，第283—284页。
③ 对外经济贸易部《中国对外经济贸易年鉴》编辑部：《中国对外经济贸易年鉴1987》，中国社会出版社1987年，第755页。
④ 对外经济贸易部《中国对外经济贸易年鉴》编辑部：《中国对外经济贸易年鉴1987》，中国社会出版社1987年，第757页。

中国还为扎方培养了一批技术和管理骨干。"①

陕西省向苏丹派出第十八批医疗队,全队30人,于1989年4月完成任务回国。

中国援建的马里外交电台竣工。该工程包括发射台和接收台各1座,并提供18个分台的收、发设备各1套,全部工程共投资877万元。②

4月10日,福建省第四批援博茨瓦纳医疗队一行14人离京赴博工作,于1989年6月8日回国。

4月13日,中国和冈比亚在北京签署中国政府向冈比亚政府提供无息贷款的协定③

4月16日,中国援建的津巴布韦国家体育场移交签字仪式在哈拉雷举行。④

4月23日,中国援建的肯尼亚国家体育场移交签字仪式在内罗毕举行。⑤

4月24日,国务委员谷牧率代表团访问乌干达。25日,随访的经贸部副部长吕学俭和乌干达外交部部长易卜拉欣·穆基比,代表本国政府在坎帕拉签署中国政府向乌干达政府提供贷款的协定。⑥

4月25日,中国援助肯尼亚肯体工程的体育馆项目开工兴建。"该体育馆属于中肯1980年商定的'肯体工程'的一部分,项目建筑面积为14289平方米,八角形,馆高32.8米,室内有恒温装置。可供篮球、排球、手球、乒乓球、羽毛球和体操、拳击、柔道、武术、举重、击剑等12个项目的比赛。大厅四周设有彩色座椅4900张。并有热身房及总统接见厅、办公室、运动员餐厅、银行和邮电等服务设施。体育馆屋顶为钢

---

① 四川省地方志编撰委员会:《四川省志·对外经济贸易志》,四川科学技术出版社1998年,第297页。
② 河南省志编撰委员会:《河南省志·对外经济贸易志》,河南人民出版社1995年,第200页。
③ 对外经济贸易部《中国对外经济贸易年鉴》编辑部:《中国对外经济贸易年鉴1987》,中国社会出版社1987年,第757页。
④ 对外经济贸易部《中国对外经济贸易年鉴》编辑部:《中国对外经济贸易年鉴1987》,中国社会出版社1987年,第757页。
⑤ 对外经济贸易部《中国对外经济贸易年鉴》编辑部:《中国对外经济贸易年鉴1987》,中国社会出版社1987年,第757页。
⑥ 对外经济贸易部《中国对外经济贸易年鉴》编辑部:《中国对外经济贸易年鉴1987》,中国社会出版社1987年,第760页。

网架结构，覆盖面为2945平方米，钢网架自重215吨，每两个对边相距68.87米。在地面完成总拼后开始顶升，历时18天网架顶升到位。其就位准确程度完全符合设计验收规范。这种大跨度、超常重量的网架顶升工程在非洲尚属首次。体育馆工程于1990年1月30日竣工。游泳场1990年1月25日开工，1992年2月建成。"①

中国援建的毛里塔尼亚努瓦克肖特供水复线工程竣工仪式在努瓦克肖特举行。②

5月，山东省向塞舌尔派出第一批医疗队，全队5人。

中国援助布隆迪穆杰雷水电站维修工程项目开工。"穆杰雷水电站是中国1982年5月援建投入使用的项目，运转三年后，由于电站水质含沙量较多，水轮机主要部件有不同程度的损坏，需要进行维修。两国政府在经过两个月的考察后，1986年3月27日签署《布隆迪穆杰雷水电站设备维修合同》。该项目由重庆国际经济技术合作公司承包，重庆水轮机厂负责实施。1987年5月开工，经过5个月的检修，技术人员完成了对4台水轮发电机组和控制设备的大修以及供电部分电气维修工程。1987年10月竣工供电。"③

5月1日，中国援助贝宁的洛科萨纺织厂移交贝方。洛科萨纺织厂总造价为4687万元人民币，规模为2万纱锭，720台布机，年产1300万米窄幅（1.27米）坯布。纺织厂实行中贝双方管理合作。

7日，纺织工业部副部长季国标和贝宁代理总统、国家革命代表大会常务委员会委员长维隆·盖佐·罗曼为中国援建的洛克撒纺织厂投产仪式剪彩。④

6月，湖南省向津巴布韦派出第二批医疗队，全队15人。

6月17日，经贸部部长助理王文东和出席世界粮食理事会第十三届部长级会议的索马里农业部部长阿布狄拉克，在北京就中国援建索马里费诺力农场移交后与中国合营以及要求中国援建杜杜布莱水库等问题进

---

① 四川省地方志编撰委员会：《四川省志·外事志》，巴蜀书社2001年，第286页。
② 对外经济贸易部《中国对外经济贸易年鉴》编辑部：《中国对外经济贸易年鉴1987》，中国社会出版社1987年，第760页。
③ 四川省地方志编撰委员会：《四川省志·外事志》，巴蜀书社2001年，第292页。
④ 对外经济贸易部《中国对外经济贸易年鉴》编辑部：《中国对外经济贸易年鉴1987》，中国社会出版社1987年，第760页。

行会谈。①

6月19日，中国和布基纳法索在北京举行经贸会谈，并签署关于四个小水坝修复利用和玉米生产试验站可行性考察的换文。②

6月24日，中国和赞比亚在卢萨卡签署中国向赞比亚提供贷款的协定。

1987年7月至1988年2月，中国体育建筑工艺中心、南京塑胶厂为卢旺达的基加利体育场铺塑胶跑道。

7月13日，中国和马里在巴马科签署关于马里和中国共同管理马里糖厂的第二期协定议定书。③

7月24日，云南省派出第三批援乌干达医疗队，全队12人。

8月2日，中国和苏丹就中国1970年、1971年向苏丹提供的两笔贷款的偿还期推迟5年以及1971年贷款的使用期和偿还期顺延5年事，在喀土穆换文确认。④

8月15日，中国援助几内亚人民宫及自由电影院维修工程开工。该项目由河南省建设总公司实施，项目总投资684万元，工期1年。⑤

8月22日，中国和布隆迪就发展经济合作问题交换了意见。中方应布方要求，同意布方推迟3年偿还今年到期的5000万元人民币贷款。⑥

9月起，中国先后派遣5批中医专家赴坦桑尼亚穆欣比利医疗中心传统医学研究所，同坦桑尼亚专家一起从事艾滋病的研究与治疗工作。"1987年，尼雷尔提出希望中国派中医药专家到坦桑尼亚帮助防治艾滋病的要求后，在邓小平的亲自关怀下，1987年9月起，根据中国国家中医药管理局与坦桑卫生部签署的协议，从1987年9月开始，中国政府先

---

① 对外经济贸易部《中国对外经济贸易年鉴》编辑部：《中国对外经济贸易年鉴1987》，中国社会出版社1987年，第76页。
② 对外经济贸易部《中国对外经济贸易年鉴》编辑部：《中国对外经济贸易年鉴1987》，中国社会出版社1987年，第760页。
③ 对外经济贸易部《中国对外经济贸易年鉴》编辑部：《中国对外经济贸易年鉴1987》，中国社会出版社1987年，第761页。
④ 对外经济贸易部《中国对外经济贸易年鉴》编辑部：《中国对外经济贸易年鉴1987》，中国社会出版社1987年，第762页。
⑤ 河南省志编撰委员会：《河南省志·对外经济贸易志》，河南人民出版社1995年，第201页。
⑥ 对外经济贸易部《中国对外经济贸易年鉴》编辑部：《中国对外经济贸易年鉴1987》，中国社会出版社1987年，第762页。

后派出 5 批中医专家到坦桑尼亚国立穆欣比利医疗中心传统医学研究所，同坦桑尼亚专家一起从事艾滋病的研究与治疗工作，帮助调查与了解艾滋病在坦桑的流行，并设法采用中医药对其进行防治。"①

9 月，中国援助索马里扩建哈尔格萨供水工程竣工移交。

宁夏回族自治区向贝宁派出第六批医疗队，全队 18 人，于 1989 年 10 月完成任务回国。

中国援助索马里弗诺力水渠加固和增建工程开工。"弗诺力水渠工程是中国援非较大的灌溉工程，干渠全长 52 公里，设计流量 29—34 立方米/秒。1979 年 9 月至 1984 年 2 月，由中国派技术人员负责设计和施工指导，灌溉干渠建成输水后，部分渠堤出现渗漏，中国决定进行无偿返修加固处理。江苏省水利厅承包施工，合同金额 1310 万元人民币，1989 年 7 月基本完成，10 月经中国成套设备出口公司组织验收。"②

中国派出 6 名技术人员对中国援建的多哥医院进行为期 5 个月的考察。

9 月 16 日，中国援建的毛里求斯普莱桑斯国际机场航站楼移交仪式在路易港举行。③

1987 年 10 月—1989 年 9 月，江苏省农林厅与坦桑尼亚姆巴拉利农场展开第六期技术合作。

广东省向冈比亚派出第八批医疗队，全队 13 人，在冈比亚班桑医院工作，于 1989 年 10 月完成任务回国。

湖南省向塞拉利昂派出第八批医疗队，全队 15 人。

四川温江农校举办莫桑比克农业技术和管理人员培训项目。

"为发展中国和莫桑比克两国的友好合作，中莫两国商定，用中国援助莫桑比克的资金在四川省设立了'中国四川国际农业培训中心'，为莫桑比克培训农业技术和管理人员。10 月，温江农校举办培训班，对 30 名莫桑比克的农技和管理人员进行了为期半年的培训。培训工作由四川省农牧厅承办，聘请副教授、高级讲师和讲师为学员授课。主要学习小

---

① 裴善勤：《列国志：坦桑尼亚》，社会科学文献出版社 2008 年，第 590—591 页。
② 江苏省地方志编撰委员会：《江苏省志·水利志》，江苏人民出版社 1996 年，第 667 页。
③ 对外经济贸易部《中国对外经济贸易年鉴》编辑部：《中国对外经济贸易年鉴 1987》，中国社会出版社 1987 年，第 763 页。

麦、玉米、水稻、土豆和蔬菜的种植、栽培与管理等技术课程，并辅以植物保护、水利以及畜牧、水产、水电、沼气和农产品加工技术等。"①

10月1日，中国援建的莫桑比克特莫凉鞋厂移交仪式在马普托举行。②

10月3日，中国和坦桑尼亚在达累斯萨拉姆签署关于中国向坦赞铁路局提供零配件和增派57名专家的两项议定书。③

10月10日，中国和毛里塔尼亚就毛继续聘请中国专家进行体育场技术合作事，分别于10日和13日在努瓦克肖特换文确认。④

10月21日，中国援建的索马里哈尔格萨供水系统扩建工程提前11个月完工。索马里第一副总统兼总理穆罕默德·阿里·萨玛特尔出席在摩加迪沙举行的交接仪式。⑤

1989年10月至1990年10月间，中国向索马里巴洛温农场提供农机具和零配件援助。

11月，中国向索马里的哈尔格萨供水项目援助3台柴油发电机组。

11月4日，塞内加尔青年体育部部长朗丁·萨内以塞内加尔总统阿卜杜·迪乌夫的名义在达喀尔向中国4名技术人员授予国家级"骑士"勋章，表彰他们自1985年以来在达喀尔"友谊体育场"出色的服务。⑥

卫生部授予援坦桑尼亚医疗队队员刘芳仪为"白求恩式援外医疗队队员"。

11月14日，中国援建的几内亚比绍"九·二四国家体育场"举行落成仪式。

12月，中国援助索马里的体育场维修项目开工。

中国帮助几内亚卡巴岛垦区修复考察设计工程开始。河南省国际经

---

① 四川省地方志编撰委员会：《四川省志·外事志》，巴蜀书社2001年，第297页。
② 对外经济贸易部《中国对外经济贸易年鉴》编辑部：《中国对外经济贸易年鉴1987》，中国社会出版社1987年，第763页。
③ 对外经济贸易部《中国对外经济贸易年鉴》编辑部：《中国对外经济贸易年鉴1987》，中国社会出版社1987年，第763页。
④ 对外经济贸易部《中国对外经济贸易年鉴》编辑部：《中国对外经济贸易年鉴1987》，中国社会出版社1987年，第764页。
⑤ 对外经济贸易部《中国对外经济贸易年鉴》编辑部：《中国对外经济贸易年鉴1987》，中国社会出版社1987年，第764页。
⑥ 对外经济贸易部《中国对外经济贸易年鉴》编辑部：《中国对外经济贸易年鉴1987》，中国社会出版社1987年，第765页。

济技术合作公司共派出7人，对该垦区进行了为期3个月的考察。①

中国援助塞内加尔20眼装备井井上工程开工。项目由河南省建设总公司承建，总投资1560万元。②

12月16日，经贸部副部长吕学俭率中国经济代表团访问毛里求斯，出席中国援毛航站楼竣工启用仪式。③

12月24日，中国和苏丹在北京签署中国向苏丹贷款的协定和1988年贸易议定书。

12月27日，福建省第七批援塞内加尔医疗队一行17人离京赴塞内加尔工作，于1990年1月3日回国。

1988年

1988年李登辉上台后，逐渐向分裂国家的"台独"路线发展，并加紧在国际舞台上寻求支持力量，一些经济落后的非洲中小国家，成为台湾重点拉拢的对象。1988年，台湾当局成立"海外经济合作发展基金"，注资11亿美元，开始向发展中国家提供贷款、现金赠予和其他经济援助。在台湾的利诱下，一些非洲国家相继与台湾"建交"。从1988年到1997年，先后有利比里亚、莱索托、几内亚比绍、中非、尼日尔、布基纳法索、冈比亚、塞内加尔、乍得、圣多美和普林西比等10个非洲国家与台湾建立了"外交关系"，加上原有的南非、马拉维、斯威士兰3国，这期间与台湾在非洲的"邦交国"一度达到了13个之多，致使同期国际上与台湾建立"外交关系"的国家一度达到30多个。

广西向尼日尔派出第七批医疗队，全队29人。

1月，中国援助索马里的盖比莱等三镇打井供水工程开工。

1月8日，由贵州国际经济技术合作公司实施的卢旺达军方砖厂技术合作项目开始展开工作，该砖厂位于卢旺达的基加利省吉尼尼亚县，技术合作每期1年，1989年转入第二期。

1月12日和2月10日，中国和赤道几内亚换文，中国援助毕科莫水

---

① 河南省志编撰委员会：《河南省志·对外经济贸易志》，河南人民出版社1995年，第201页。

② 河南省志编撰委员会：《河南省志·对外经济贸易志》，河南人民出版社1995年，第201页。

③ 对外经济贸易部《中国对外经济贸易年鉴》编辑部：《中国对外经济贸易年鉴1987》，中国社会出版社1987年，第767页。

电站大修，对水电站九项内容进行维修。毕科莫水电站大修于 1989 年 8 月开工，1990 年 3 月完成移交。对外结算金额为 202 万元，在 1986 年 6 月 25 日贷款项下支付。实施单位是江西国际经济技术合作公司。

2 月，四川省向佛得角派出第一批医疗队，全队 5 人。

2 月 26 日，中国驻津巴布韦大使郑耀文和津巴布韦建设部长姆西卡分别代表本国政府在哈拉雷签署关于建设师范学院校舍的议定书。①

3 月至 1989 年 11 月，河北国际公司承担了援刚果韦索供水工程。该项目为日供水 1550 立方的市内供水工程。②

3—9 月，河北国际公司承担了援刚果奥旺多供水大修考察项目，对现有的供水工程大修进行可行性考察。

3 月 15 日，经贸部部长助理王文东率中国政府经济代表团访问布基纳法索。访问期间，王文东出席了中国援布四小水坝修复工程开工典礼，同布卫生和社会事务部长阿兰·朱布加签署医疗中心移交证书和派遣第七批医疗队议定书。③

3 月 28 日，中国和毛里塔尼亚就中国援助毛姆颇利农场技术合作事在努瓦克肖特换文确认。④

4 月，中国援助卢旺达基加利国家体育场内的运动员宿舍正式竣工移交，该项目由铁道部建厂局承建。

中国援建的卢旺达基加利市热美拉区的阿玛霍罗国家体育场竣工移交，1990 年 6 月开始转入技术合作阶段。

4 月 13 日，中国和科摩罗签署《中华人民共和国政府和科摩罗伊斯兰联邦共和国政府经济技术合作协定》及援科两座总统官邸的续建项目的换文。⑤

---

① 对外经济贸易部《中国对外经济贸易年鉴》编辑部：《中国对外经济贸易年鉴 1989》，中国社会出版社 1989 年，第 730 页。

② 河南省志编撰委员会：《河南省志·对外贸易经济合作志》，河南人民出版社 1995 年，第 416 页。

③ 对外经济贸易部《中国对外经济贸易年鉴》编辑部：《中国对外经济贸易年鉴 1989》，中国社会出版社 1989 年，第 731 页。

④ 对外经济贸易部《中国对外经济贸易年鉴》编辑部：《中国对外经济贸易年鉴 1989》，中国社会出版社 1989 年，第 731 页。

⑤ 对外经济贸易部《中国对外经济贸易年鉴》编辑部：《中国对外经济贸易年鉴 1989》，中国社会出版社 1989 年，第 732 页。

4月17日，中国与吉布提在吉布提签署中吉政府贸易协定。①

4月30日，中国援建的卢旺达卢亨盖里和穆米卡拉的营房项目竣工移交，该项目由铁道部建厂局承建。

5月，内蒙古自治区援卢旺达第四批医疗队派出，1990年5月回国。此批医疗队由10人组成。在卢旺达执行任务期间，队长成功地为一名19岁黑人青年摘除了颈部直径达30厘米的血管瘤，在卢旺达国内引起轰动。

中国援助索马里的盖比莱等三镇打井供水工程竣工移交。

中国中建总公司驻塞经理部在塞注册成立，并开始在该国开展承包劳务合作业务。"项目以学校、民宅和办公楼等中小型房建项目为主。中国沈阳国际经济技术合作公司驻塞分公司在经援基础上，于1993年开始承揽承包工程业务，先后承包了私人旅馆、私人住宅、幼儿园、医院办公楼等工程。"②

5月3日，中国、卢旺达经济技术贸易合作混合委员会第二次会议在北京举行。两国政府签署混委会会谈纪要及中国向卢旺达提供3000万元人民币贷款协议，并就延长5000万元人民币贷款偿还期换文。③

5月18日，中国和莫桑比克在北京签署两国经济技术合作协定和中国向莫桑比克提供一艘两用轮船的换文。④

6月，广东省向赤道几内亚派出第十四批医疗队，全队20人，在马拉博、巴塔两地工作，于1990年6月完成任务回国。

北京市向布基纳法索派出第七批医疗队，全队23人，于1990年8月完成任务回国。

埃塞俄比亚门格斯图访问中国，中国给予埃塞俄比亚1亿元人民币的无息贷款援助。"80年代后期，埃塞俄比亚内战愈演愈烈，门格斯图政权为保住政权加大了对外寻求军事和经济援助的力度。面对厄立特里

---

① 对外经济贸易部《中国对外经济贸易年鉴》编辑部：《中国对外经济贸易年鉴1989》，中国社会出版社1989年，第732页。

② 《塞舌尔》，2009年2月5日，http://kaifangzhan.mofcom.gov.cn/article/g/i/200902/20090206028811.shtml。

③ 对外经济贸易部《中国对外经济贸易年鉴》编辑部：《中国对外经济贸易年鉴1989》，中国社会出版社1989年，第733页。

④ 对外经济贸易部《中国对外经济贸易年鉴》编辑部：《中国对外经济贸易年鉴1989》，中国社会出版社1989年，第733页。

亚人民解放战线和提格雷人民解放战线开始走向联合，苏联开始对门格斯图表示失望，并被告知到1991年苏埃军事协议到期后，苏联将停止对埃塞俄比亚的大规模军事援助。为寻求经济和军事援助以填补埃塞俄比亚的内战消耗，门格斯图不得不将获得外援的希望寄托在其他的社会主义国家身上，包括中国。"①

6月10日，中国援助马里外交电台北京分台落成移交，双方签署移交证书。②

6月23日，中国和埃塞俄比亚在北京签署中国政府和埃塞俄比亚政府经济技术合作协定以及关于建设埃塞俄比亚国家体育场项目的议定书。③

6月26日，北京市向几内亚派出第十一批医疗队，全队17人，于1990年8月完成任务回国。

7月，广东省向冈比亚派出第九批医疗队，全队7人，在冈比亚卫生中心工作，于1990年8月完成任务回国。

中国援助索马里的体育场维修项目竣工移交。

7月7日，经贸部部长助理刘岩率中国经济代表团访问圣多美和普林西比。8日，刘岩和圣普财政经济部长托雷斯就延长1988年度中圣两国易货贸易议定书进行换文；同圣普合作部代部长费尔南德斯分别代表本国政府就中国援助圣多美和普林西比"人民宫"技术合作事换文确认。11日，中国援建的人民宫在圣多美举行落成典礼，圣普总统达科斯塔主持落成典礼并剪彩。中国政府经济代表团和中国驻圣普大使田逸民出席仪式。④

7月10日，中国和几内亚在北京签署中国向几内亚提供无息贷款的协定、中国政府和几内亚政府贸易协定。⑤

---

① 翟风杰、王玉华、潘良：《非洲一体化背景下的中非合作》，世界知识出版社2013年，第376页。
② 对外经济贸易部《中国对外经济贸易年鉴》编辑部：《中国对外经济贸易年鉴1989》，中国社会出版社1989年，第733页。
③ 对外经济贸易部《中国对外经济贸易年鉴》编辑部：《中国对外经济贸易年鉴1989》，中国社会出版社1989年，第734页。
④ 对外经济贸易部《中国对外经济贸易年鉴》编辑部：《中国对外经济贸易年鉴1989》，中国社会出版社1989年，第735页。
⑤ 对外经济贸易部《中国对外经济贸易年鉴》编辑部：《中国对外经济贸易年鉴1989》，中国社会出版社1989年，第735页。

7月12日，中、赤双方换文立项，中国为赤道几内亚的马拉博医院提供日门诊150人次、50个床位的病房及一幢医生住房，总建筑面积3450平方米。该项目于1990年7月开工，1991年8月建成移交。对外结算1084万元，在1986年6月25日贷款项下支付。实施单位是江西国际经济技术合作公司。

8月，中国为佛得角援助单项设备项目1个，提供议会堂发电机组。

8月至1989年9月，河北国际公司分包了由中国纺织工业对外公司总承包的援埃塞俄比亚缝纫线厂的土建工程。施工单位为河北省第四建筑工程公司。①

8月6日，经贸部副部长吕学俭率中国政府经济贸易代表团访问莱索托。8日，在马塞卢签署中国和莱索托经济技术合作协定和建设莱索托国民议会中心议定书。②

9月，中国和贝宁两国政府决定恢复德维、科维两垦区。自1973年以来，中国在11个地区为贝宁开垦总面积1006公顷稻田，其中德维、科维两垦区的面积为256公顷。中国农业专家撤出后，上述两垦区曾一度荒芜。这一项目执行单位是四川省农牧厅援外办。

中国援助索马里扩建贝纳迪尔妇产儿童医院动工，该医院是中国政府1974—1977年间为索马里援建的。

中国援助索马里的国家剧场维修项目开工。国家剧场是中国政府1966—1967年间援建的。

9月21日，经贸部部长助理乌兰木伦和随同安哥拉总统若泽·爱德华多·多斯桑托斯来访的贸易部长兰热尔、外交部副部长卡德特举行经贸合作会议。"双方就两国政府关于经济、技术和贸易合作混委会协定、在经援贷款项目下向安哥拉提供300万元人民币的一般商品的换文达成一致意见。在经援贷款项下承建援助安哥拉专家住房的换文和安哥拉聘用中国专家及其待遇规定的议定书，将通过外交途径继续协商。"③

1988年9月至1989年2月，中国向索马里提供小农具等3个考察项

---

① 河南省志编撰委员会：《河南省志·对外贸易经济合作志》，河南人民出版社1995年，第417页。

② 对外经济贸易部《中国对外经济贸易年鉴》编辑部：《中国对外经济贸易年鉴1989》，中国社会出版社1989年，第736页。

③ 对外经济贸易部《中国对外经济贸易年鉴》编辑部：《中国对外经济贸易年鉴1989》，中国社会出版社1989年，第738页。

目，该项目系亚非工业合作项目，中国主要负责对小农具、煤油炉、煤气罐进行考察。①

10月，中国向索马里提供农业顾问。

对外经济贸易部在马里召开第三次巩固经援项目成果座谈会，广泛交流巩固经援项目成果的经验，研究确定今后工作特别是进一步搞好管理合作的原则。

10月17日，中国援助马里的外交电台第一期工程全部完成移交。"外经贸副部长吕学俭率领中国政府代表团参加了移交仪式。马里外交和国际合作部部长莫迪博·凯塔在讲话中指出：外交电台将便于马里政府同其驻外机构联系，有利于改进信息质量与交流，从而提高工作效率。"②

11月，中国政府向摩洛哥提供3000万元人民币的无息贷款。③

11月9日，经贸部副部长李岚清率中国政府经贸代表团访问毛里塔尼亚。李岚清代表中国政府向毛里塔尼亚政府赠送价值50万元人民币的灭蝗物资。④

11月16日，中国和科摩罗在北京签署中、科经济技术合作协定。国家主席杨尚昆和科摩罗总统阿卜杜拉出席签字仪式。⑤

11月18日至23日，第七次全国援外工作会议在北京举行。"27个省区直辖市和10个计划单列市经贸厅（委）及25个国际经济技术合作公司的代表共162人参加会议。本次援外工作会议的主要内容是，总结1983年以来援外工作的经验，研究深化改革经援项目管理体制的问题，讨论修订有关规章制度。与会代表认为，1983年第六次全国援外工作会议以来的5年间，援外支出和布局更趋合理，同时扩大了援助面，目前接受中国援助的国家有80个。建成项目156个，安排新项目147个，通过多种管理合作方式巩固建成项目275个。积极改革管理体制，推行承

---

① 顾章义、付吉军、周海泓：《列国志：索马里 吉布提》，社会科学文献出版社2006年，第215页。
② 《我援马里外交电台建成移交》，《国际经济合作》，1988年第12期。
③ 肖克：《列国志：摩洛哥》，社会科学文献出版社2008年，第367页。
④ 对外经济贸易部《中国对外经济贸易年鉴》编辑部：《中国对外经济贸易年鉴1989》，中国社会出版社1989年，第738页。
⑤ 对外经济贸易部《中国对外经济贸易年鉴》编辑部：《中国对外经济贸易年鉴1989》，中国社会出版社1989年，第738页。

包责任制，探索和开拓新的援外方式和合作途径，保证了援外工作健康稳定地发展。会议指出，要加强对第三世界的工作，援外是其中一个重要方面，希望中央有关部委和有关省市尽最大努力做好这项工作。会议期间，讨论修订了进一步改革援外项目管理体制，完善承包责任制的办法，衔接了1989年的援外项目计划。"①

12月16日，经贸部副部长吕学俭率中国政府经济代表团访问尼日尔。代表团出席了中国援建的赛义尼·孔切将军体育场落成典礼和尼日尔建国30周年国庆活动。20日，吕学俭和尼日尔外交与合作部长阿莱莱分别代表本国政府在尼亚美签署中国和尼日尔政府经济技术合作协定。②

1989年

中国第一次向纳米比亚派出了维和人员，参与联合国的维和行动。这是中国维和人员第一次参与国际维和事业。

中国为摩洛哥提供农用设备援助。

针对安哥拉政府向国际社会援助安哥拉孤儿的呼吁，中国共产主义青年团向安哥拉孤儿捐赠童装等物品。③

1989—1992年，河北省向刚果（金）派出第九批医疗队，由两支队伍组成。第一支34人，于1989年8月出发，1991年8月回国。第二支5人，于1990年8月出发，1992年8月回国。

1月，中国援助索马里的国家剧场维修项目竣工移交。

1月22日，中国援建卢旺达的体育场和运动员宿舍项目移交仪式在基加利举行。"运动员宿舍的建设面积为4037平方。体育场有2万个座位，建设面积为15697平方，另附设灯光球场，田径、足球、篮球、排球、网球和手球练习场，投掷场，停车场，水池、水塔、灯塔及通讯、广播、电力、照明、通风、上下水道和室外排水等工程。两项目分别于1984年4月和6月正式开工，同于1988年4月30日竣工。这两项工程对卢旺达影响很大。1983年7月11日，卢旺达总统哈比亚日马纳·朱韦

---

① 《第七次援外工作会议在北京举行》，《国际经济合作》，1989年第1期。
② 对外经济贸易部《中国对外经济贸易年鉴》编辑部：《中国对外经济贸易年鉴》，中国社会出版社1990年，第738页。
③ 刘海方：《列国志：安哥拉》，社会科学文献出版社2006年，第460页。

纳尔亲自为其奠基，并曾两次视察工地，看望中国专家。"①

3月，使用中国提供的无息贷款建设的博茨瓦纳北段铁路85公里更新项目竣工。

3月17日，中国与博茨瓦纳签订《经济技术合作协定》，提供无息贷款，用于博中一段铁路88公里更新项目。

4月，陕西省向苏丹派出第十九批医疗队，全队30人。

中国为索马里提供太阳灶项目援助，该项目系东非政府间抗旱与发展组织项目，中国捐助20个太阳灶，两个热水器，派两名专家指导。②

4月至7月，中国为索马里提供农业中级官员的培训。

5月，湖南省向津巴布韦派出第三批医疗队，全队12人。

5月13日，福建省第五批援博茨瓦纳医疗队18名医疗队员离开北京赴博茨瓦纳工作，于1991年6月4日完成任务回国。

6月至1990年1月，河北国际公司承担了援刚果奥旺多供水工程。该项目为维修水厂、厂区及供水管网，新增管路7000米，施工单位为张家口市工程承包公司，组长刘志江。③

7月，云南省派出第四批援乌干达医疗队，全队12人。

8月，中国援助索马里扩建贝纳迪尔妇产儿童医院竣工移交。

8月4日，中国援建塞拉利昂的军队司令部大楼开工。该大楼的总建筑面积6380平方米，包括主楼、军需楼、警卫楼、装甲楼和变配电站等。

8月13日，中国援助塞拉利昂哥马水电站移交。项目位于塞拉利昂东方省。水电站规模为装机容量4000kW，共4台机组，总库容190万立方米，设计年发电量245077度。1983年10月1日开工，1986年12月31日建成，1989年10月13日移交。2007年，中国为哥马水电站提供维修和升级改造方面的援助。

9月，宁夏回族自治区向贝宁派出第七批医疗队，全队19人，于1991年10月完成任务回国。

---

① 刘峰：《援卢旺达体育项目移交》，《国际经济合作》1989年第6期。

② 顾章义、付吉军、周海泓：《列国志：索马里 吉布提》，社会科学文献出版社2006年，第215页。

③ 河南省志编撰委员会：《河南省志·对外贸易经济合作志》，河南人民出版社1995年，第416页。

10月,广东省向冈比亚派出第十批医疗队,全队13人,在冈比亚班桑医院工作,于1991年10月完成任务回国。

中国援助索马里的费诺力稻谷农场竣工移交。

中国向索马里提供一套10千瓦短波电台援助。

10月13日,中国援建塞拉利昂的哥马水电站移交。

11月24日,塞内加尔公共卫生部长泰雷兹·金以总统名义向中国医疗队授勋,表彰中国医生的献身精神。"从20世纪70年代开始派遣医疗队赴塞内加尔工作。中国政府明确规定中国医疗队的任务是与塞内加尔医务人员密切合作,帮助塞方开展医疗工作,并通过医疗实践,交流经验,传授技术。中国医疗队从20世纪70年代起进驻塞内加尔,坚持20余年,常住南方地区,非常受当地人的欢迎和尊重。"[1]

12月24日,福建省第八批援塞内加尔医疗队离京赴塞内加尔工作。第八批援塞内加尔医疗队于1991年12月14日完成援外任务回国。

1990年

中国援助索马里费诺力稻谷农场第二作业区的建设,因索马里爆发内战而中止。

中国向32个非洲国家提供了粮食、食品、药品、医疗器具、农机具和日用品的无偿援助。

龚克明到博茨瓦纳组训团体操半年。

中国帮助贝宁恢复德维、科维垦区的工作结束。恢复德维、科维垦区的援助总造价为690万元,恢复后的垦区进入中非技术合作期,垦区的管理实行技术合作,从1991年2月至1999年3月,技术合作共执行了4期。每期由中方派遣3名专家进行技术指导。

1月24日,毛里求斯商业海运部部长根加率政府贸易代表团访华,根加同中国粮油食品进出口总公司签署向中国购买3.6万吨大米的合同。

2月,湖南省向塞拉利昂派出第九批医疗队,全队10人。

2月1日,由中国援建的刚果韦索引水工程竣工仪式在韦索举行。[2]

2月8日,世界银行正式恢复对中国贷款。"世界银行批准向1989

---

[1] 张象、贾锡萍、邢富华:《列国志:塞内加尔 冈比亚》,社会科学文献出版社2007年,第355页。

[2] 《1990年2月份中国对外经济贸易大事记》,《国际贸易》1990年第4期。

年10月间发生地震的山西省和河北省灾区提供3000万美元软贷款。贷款期限为35年，每年的手续费为0.75%，不收利息。这笔贷款将用于灾区重建房屋和公共设施，以及加强中国的地震预报和防震能力。"①

3月，中国帮助赤道几内亚完成毕科莫水电站大修。该项目包括对电站九项内容进行维修。双方于1988年1月12日和2月10日换文立项，1989年8月开工，1990年3月完成移交，实施单位为江西国际经济技术合作公司。

3月6日，经贸部部长助理乌兰木伦率中国政府经济贸易代表团访问喀麦隆。"乌兰木伦同喀计划和领土整治部国务秘书恩唐加·恩丁加·巴戴尔共同主持中、喀经济技术和贸易合作混委会第二次会议。8日，乌兰木伦和巴戴尔代表本国政府在雅温得签署会议纪要，并就中国政府向喀麦隆政府赠送300万元人民币用于扩建姆巴尔马尤医院门诊部换文确认。同日，乌兰木伦和喀麦隆财政部长萨杜·阿亚图代表本国政府就喀麦隆推迟偿还中国贷款问题换文确认。"②

4月，内蒙古自治区援卢旺达第五批医疗队派出，1992年5月完成使命后回国。此批医疗队由10人组成。

4月11日，中国和布基纳法索在北京签署中国政府和布基纳法索、马里、尼日尔政府关于中国帮助建设利普塔戈—库尔玛组织总部办公楼议定书。

4月16日，中国和赤道几内亚在北京就中国向赤道几内亚赠送50万元人民币的一般物资和中国派专家组赴赤道几内亚进行公路建设可行性考察换文确认。

4月17日，中国和中非在北京签署中国政府向中非政府提供贷款协定。

5月8日，中国和中非在班吉签署关于中国政府同意在援中非经贸贷款项下承建一座2万人座体育场和100套民用住房，以及中国政府赠送300万元人民币用于教育项目的3个换文。③

---

① 《1990年2月份中国对外经济贸易大事记》，《国际贸易》1990年第4期。
② 对外经济贸易部《中国对外经济贸易年鉴》编辑部：《中国对外经济贸易年鉴1991》，中国社会出版社1991年，第753页。
③ 对外经济贸易部《中国对外经济贸易年鉴》编辑部：《中国对外经济贸易年鉴1991》，中国社会出版社1991年，第754页。

5月12日，中国和马里在北京签署关于中国政府向马里政府提供专项贷款的协定。①

6月，中国开始援建佛得角的政府办公楼，项目总建筑面积9758平方米，竣工时间1991年12月。

广东省向赤道几内亚派出第十五批医疗队，全队19人，在马拉博、巴塔工作，于1992年7月完成任务回国。

6月9日，经贸部部长助理乌兰木伦率中国政府经济代表团访问塞内加尔。11日，乌兰木伦同塞内加尔经济和财政部长穆萨·杜尔代表本国政府在达喀尔签署中国政府向塞内加尔政府提供贷款的协定。

6月13—14日，经贸部部长助理乌兰木伦同冈比亚农业部长萨巴利签署中国向冈比亚无偿提供一批农业机械的议定书。

6月27日，中国和布基纳法索签订了派遣医疗队的议定书。

6月28日，中国和乍得在北京签署中国政府向乍得政府提供贷款的协定和中国向乍得赠送100万元人民币的换文。

6月29日，中国和乌干达在坎帕拉签署中国和乌干达经济技术合作议定书，并就中国向乌干达赠送一般物资事换文确认。

中国和毛里塔尼亚在北京签署中国政府和毛里塔尼亚政府贷款协定和撤销内马卫生中心项目，用中国赠款维修法塞利巴比卫生中心及对姆颇利农业项目的管理进行可行性考察的换文。

7月，广东省向冈比亚派出第十一批医疗队，全队7人，在冈比亚卫生中心工作，于1992年7月完成任务回国。

7月4日，经贸部部长助理王文东率中国政府经济代表团访问索马里。9日，王文东和索马里外交国务部长穆罕默德·阿里·哈茂德代表本国政府在摩加迪沙签署中国政府向索马里政府赠送50万元人民币一般物资的换文、中国政府和索马里政府经济技术合作协定。②

7月8日，中国和塞拉利昂在北京签署中国政府向塞拉利昂政府提供贷款的协定。

7月9日，中国和索马里签订《中华人民共和国和索马里（民主

---

① 对外经济贸易部《中国对外经济贸易年鉴》编辑部：《中国对外经济贸易年鉴1991》，中国社会出版社1991年，第755页。

② 对外经济贸易部《中国对外经济贸易年鉴》编辑部：《中国对外经济贸易年鉴1991》，中国社会出版社1991年，第756页。

共和国经济技术合作协定》，这是中国和索马里签订的第五个经济技术合作协定。

7月18日，中国和纳米比亚在温得和克签署中国和纳米比亚经济技术合作协定。

7月17日，北京市向布基纳法索派出第八批医疗队，全队14人，于1992年7月完成任务回国。

7月18日，中国和尼日尔在北京签署中国向尼日尔提供贷款的协定和中国政府向尼日尔政府赠送100万元人民币一般物资的换文。

7月23日，北京市向几内亚派出第十二批医疗队，全队18人，于1992年6月完成任务回国。

8月2日，经贸部副部长王文东率中国政府经济代表团访问布基纳法索。"2日，中国代表团参加中国无偿援建的儿童乐园奠基仪式。3日，中国代表团参加中国援建的两幢政府办公楼竣工典礼，王文东和布住宅和城市规划国务秘书约瑟夫·卡博雷代表本国政府在瓦加杜古签署办公楼移交证书。同日，中布在瓦加杜古签署关于中国政府向布有关组织赠送一批儿童服装、用品的换文。"[1]

8月4日，中国和塞舌尔在北京签署两国经济技术合作协定。

8月27日，中国和塞内加尔就两国经济技术合作和贸易问题举行会谈。28日，两国签署中国向塞内加尔赠送一批农机具的换文。[2]

8月30日，中国和埃塞俄比亚签署中埃经济技术合作协定、中国向埃及赠送70万元人民币一般物资的换文。[3]

8月31日，经贸部部长助理刘岩率中国代表团访问吉布提。9月2日，刘岩同吉布提外交合作部部长穆明·巴敦·法拉赫在吉布提签署中国政府同吉布提政府的经济技术合作协定；同青年体育部部长阿巴斯签署体育场项目实施合同。[4]

---

[1] 对外经济贸易部《中国对外经济贸易年鉴》编辑部：《中国对外经济贸易年鉴1991》，中国社会出版社1991年，第757页。

[2] 对外经济贸易部《中国对外经济贸易年鉴》编辑部：《中国对外经济贸易年鉴1991》，中国社会出版社1991年，第758页。

[3] 对外经济贸易部《中国对外经济贸易年鉴》编辑部：《中国对外经济贸易年鉴1991》，中国社会出版社1991年，第758页。

[4] 对外经济贸易部《中国对外经济贸易年鉴》编辑部：《中国对外经济贸易年鉴1991》，中国社会出版社1991年，第758—759页。

9月5日，安哥拉发生旱灾和霍乱疫情，中国红十字会向安哥拉赠送了价值为10万元的药品和棉毯。①

10月，中国江苏国际经济技术合作公司在塞舌尔举办中国出口商品展销活动，这是中国在塞第一次举办类似的贸易促销活动。

10月9日，1990年第一次全国援外机电产品订货会在天津举行。

10月10日，中国和卢旺达在基加利签署中国援助卢旺达姆塔拉水稻种植项目的换文。②

10月，非洲统一组织秘书长萨利姆访华，中国向非洲组织"非洲干旱和饥荒紧急援助基金"捐赠150万元人民币的钱物，并向非统赠送了价值50万人民币的办公用品。

12月3日，中国和毛里塔尼亚在努瓦克肖特签署关于中国援建毛里塔尼亚国际会议中心项目的换文。③

12月5日，经贸部副部长王文东率中国经济代表团访问多哥。"6日，王文东和多哥外交与合作部部长饶维·阿多多代表本国政府在洛美签署中国向多哥提供5000万元无息贷款的协议，双方还签署中国向多哥洛美自由工业区赠送20台微电脑和15台对讲机的换文。"④

12月7日，中国和贝宁在科托努签署关于中国援贝宁科维、德维两个农业垦区技术合作的换文。⑤

12月11日，中国和毛里求斯经济、技术和贸易合作混合委员会第3次会议在路易港举行。"15日，中国和毛里求斯在路易港签署中毛经济技术合作协定、混委会会谈纪要和关于中国向毛里求斯赠送100万元人民币一般物资的换文。同日，王文东和毛里求斯总督林加杜、总理贾格

---

① 刘海方：《列国志：安哥拉》，社会科学文献出版社2006年，第460—461页。
② 对外经济贸易部《中国对外经济贸易年鉴》编辑部：《中国对外经济贸易年鉴1991》，中国社会出版社1991年，第760页。
③ 对外经济贸易部《中国对外经济贸易年鉴》编辑部：《中国对外经济贸易年鉴1991》，中国社会出版社1991年，第761页。
④ 《1990年12月份中国对外经济贸易大事记》，《国际贸易》1991年第2期；对外经济贸易部《中国对外经济贸易年鉴》编辑部：《中国对外经济贸易年鉴1991》，中国社会出版社1991年，第763页。
⑤ 对外经济贸易部《中国对外经济贸易年鉴》编辑部：《中国对外经济贸易年鉴1991》，中国社会出版社1991年，第763页。

特等出席了中国援建的国家体育场落成仪式。"①

12月28日,人大常委会第17次会议根据国务院总理李鹏的提议,决定免去郑拓彬的对外经济贸易部部长职务,任命李岚清为对外经济贸易部部长。②

---

① 《1990年12月份中国对外经济贸易大事记》,《国际贸易》1991年第2期;对外经济贸易部《中国对外经济贸易年鉴》编辑部:《中国对外经济贸易年鉴1991》,中国社会出版社1991年,第754页。

② 《1990年12月份中国对外经济贸易大事记》,《国际贸易》1991年第2期。

第六章 在合作中不断开创的中国对非援助新局面（1991—1999）

第一节 合作的发现与中非合作新时代的创造性拓进

一、非洲：新的合作伙伴

20 世纪 90 年代初，冷战的结束给国际体系带来巨震，第三世界在两极格局中的战略价值随着冷战的结束而有所降低，使得包括非洲在内的发展中国家的国际地位大受影响，非洲也由此不再像冷战时期一般受到国际社会的重视，非洲面临着西方公司的撤出热潮，整个 20 世纪 90 年代成为非洲"失去的十年"。目睹中国改革开放二十年的成就，非洲各国羡慕不已，在这个全球化的时代，非洲日益寄望中国的发展能够给非洲创造经济发展的机会和历史新机遇。同样，对中国而言，非洲也正在成为创造更多发展机遇和发展奇迹的地区。1979 年，中国公司开始了在海外的第一步尝试。在整个 80 年代，中国政府鼓励国有大中型企业参与国际投标，在国外建立合资公司，而真正的国际化步伐依然没有坚实地迈出。1993 年，吴仪接任外经贸部部长，对非经贸工作的思路有了新的调整。"外经贸部不但从根本上改变了过去轻视对非经贸工作的状况，而且促使各地方外经贸部门开始重视非洲，积极开展对非经贸合作，甚至一度出现了非洲热的现象。"① 对于处于腾飞前夕的中国而言，非洲在资源和市场两个方面给予中国无穷的机遇，这种机遇将中非关系提升到

---

① 魏建国：《此生难舍是非洲——中国对非洲的情缘和认识》，中国商务出版社 2011 年，第 48 页。

了更高层次的战略层面上。

在中国企业的国际化路途中，非洲成为首要的选择。对刚刚步入国际化道路的中国企业而言，打进欧洲和北美的难度极大，亚洲是日本的市场，拉丁美洲是美国的后院，只有远隔万里的非洲，才有走进去的可能。因此，非洲成为这些从未踏出国门的中国企业走出国门时不约而同的战略性选择。在这场走出去的改革之风中，非洲身影日益频繁和广泛地出现在中国的对外工作之中，中国走进非洲的战略呼之欲出。非洲的战略重要性也为中国政府领导人所青睐。为了让更多陷身改革困境的国有企业重视非洲，并敦促其踏出走进非洲的关键一步，1997年11月，在北京召开了第一次全国对非工作会议，作为建国以来第一次全国性的对非洲的工作性会议，其召开标志着中国的对非工作已被提升到一个前所未有的高度。会议的内容，就是布置对非洲的经济贸易工作，要求各地积极落实外经贸部关于发展对非经贸的各项措施。吴仪在会议中发表讲话，她要求对非工作者"以战略的姿态，以进一步吃苦的心态来开展对非工作"①。非洲作为一个合作伙伴，而不是援助对象出现在中国企业和人民的视野当中，新的身份为非洲和中非关系带来了全新的变化和新机遇。

二、市场化因素与中国援非模式新探索

到20世纪90年代，随着社会主义市场经济的深入推进，市场经济几乎深入中国经济的每一个层面，社会主义市场原则和市场力量以势不可挡之势成为中国对外援助改革中的重要推动因素。单纯的政府间的援助已经不再能完全适应中国和非洲经济迅速发展的形势之需，改革援外方式，推进中国企业同受援国之间的合作，实现援助主体多元化，吸引更多的资金和人才进入援助事业当中来，成为弥补援助供需矛盾、中非双方经济迅速发展需求的途径和方式。②

市场因素的注入首先让项目承建单位实现了其市场身份的转化、市场化运作方式的调整以及市场化合作方式的应用。在传统的援助中，援助项目是由政府制定援助政策和规划，以国家任务的形式下达给国有企

---

① 魏建国：《此生难舍是非洲——中国对非洲的情缘和认识》，中国商务出版社2011年，第51页。

② 周弘：《中国对外援助与改革开放30年》，《世界经济与政治》2008年第3期。

业承建的,对这些国营企业来说,完成援外任务不仅是一项正常的日常工作,而且作为援外项目的实施单位,援外任务是一项国家的行政命令。作为国家政策的执行者,承建单位只需考虑如何将这一项目建设好,完成国家相关部门所分配的任务,执行援外项目过程中的盈亏和效益并不需要考虑,更无需考虑通过某种方式去获取更多的项目等等。因此,承建单位屡屡向相关部门要求增加援外预算,往往增加额外的援外开支,与此同时,诸如不考虑产出的奢侈浪费等现象也经常出现,增加了援外项目效益不佳的情况。① 很显然,以上种种问题有悖于市场原则。而随着改革开放的深化和市场意识的提升,效率和竞争原则史无前例地引入中国对外援助的领域,影响和推动了中国与受援国家的市场化合作,为中国援助项目的运作带来了市场化的因素,利润和效益的追求让端着"铁饭碗"的中国援外项目承建单位鼓起了走向市场的决心。此后相当长的一段时间内,市场化鼓舞着中国对外援助相关部门的自主变革,一批援助项目寻找到一种新的能带来更大效益的运转方式。1991—1994年,中国援助的形式更为灵活,援助的内容更为多样化,设立了多种形式的援助专项资金,增加各类小额赠送,使中国对外援助的项目更具实用性。1991年,马里宣布对中国援建的纺织厂实行私有化改制。经过协商,马里政府将80%的股份转给中国海外工程公司,后者负责偿还马里政府欠中国政府的债务,两国政府为合资企业提供优惠,借此扶植市场化的合作。② 在市场化体制的运作下,这家纺织厂在短期内起死回生,并迅速从亏损严重难以为继而实现扭亏为盈,获致良好的经济效益。

从1994年开始,中国扩大了对小型或中型项目援助的规模,生产性项目采取中非双方企业合资、合作经营的模式。援外项目合资合作是在中国政府与受援国政府原则协议的范围内,双方政府给予政策和资金支持,中国企业同受援国企业以合资经营、合作经营的方式实施的项目。推行这种援助形式的目的是促进双方在管理、技术上长期合作,有利于培养受援国企业管理人才;由于项目效益与企业利益挂钩,能调动企业的积极性,使双方企业切实从中获益;可以帮助受援国增加收入和就业,

---

① 周弘:《中国对外援助与改革开放30年》,《世界经济与政治》2008年第3期。
② 李安山:《改革开放以来中国对非政策的三种转变》,杨光主编:《中东非洲发展报告(2006—2007)》,中国社会科学出版社2007年,第21页。

从而提高援助的效益。①

1995年7月17日至8月5日,朱镕基访问南部非洲的坦桑尼亚、津巴布韦、莫桑比克、博茨瓦纳、纳米比亚、安哥拉和赞比亚等七个国家。此次访问的一个重要目的就是实地走访过去几十年间中国援建的老项目,发现造成援建项目不能正常运转的原因并试图找到解决的渠道。朱镕基在这种情况下提出,让中国企业参与进来,与这些交接后的援助项目开展合资经营,中国的企业参与到非洲企业的经营和管理中来。这样做的目的有二:一方面短时间内盘活这些企业;另一方面,通过合作和经营实践,培养非洲国家的技术和管理人员,为培养企业的自主经营管理能力储备人才和经验。为了确保中国管理者和技术人才把握管理中的主动权和技术中的主导力,合资公司采用股份制,51%的股份归中方企业,也就是说,管理班子是以中方为主,技术班子也以中方为主,非方人员参与管理和技术,将中国改革开放后迅速累积的资本和新的技术引进来,以此为杠杆,中国的企业通过参与援助与合作项目以及企业的管理和决策,成功地走进国际市场。

三、新的援非模式在非洲的推广

针对老的援非项目中所出现的各类问题,合资合作是一个较好的解决之道。为了支持中国企业与受援国企业举办合资合作项目,促进中国与受援国之间的经济技术合作,为合资合作提供专项的资金,特设立"援外合资合作项目基金"。具体说来,援外合资合作项目基金是用于支持中国企业利用受援国当地资源和中国设备、技术,与受援国企业在受援国经营有市场、有效益并以生产性为主的中小型合资合作项目的专项资金。援外合资合作项目基金主要来源渠道包括以下:自1994年起,中国政府收回的援外贷款;1991年经国务院批准设立的原"多种形式援外专项资金";援外合资合作项目基金有偿使用后收回的借款本金;"基金"使用费等收入。② 这一时期,两个传统的援助项目,即坦桑尼亚的友谊纺织公司和赞比亚的穆隆古希纺织厂成为合资合作基金资助下的合作项目中的代表项目。

---

① 外经贸部对外援助司:《中国对外援助方式简介》,《世界机电经贸信息》1997年第23/24期,第33页。

② 对外贸易经济合作、财政部:《援外合资合作项目基金管理办法》。

20世纪90年代初,中国政府的援外财政资金出现了缺口,而随着改革开放后资金规模迅速增加,国内的金融系统内出现了规模较大的富余资金流,这些资金中很大一部分来自于民营资本。在政府援外资金不足的背景下,如能将这些富余的资金创造性地引到援非领域当中来,既可为巨量游资找到合理的投资渠道,也可以解决援外资金的来源问题。找到一种杠杆性的力量将金融领域闲置的资金撬动到急需要资金的政府援外领域当中来,成为当时决策层和相关政府部门思考的一个焦点。① 面对非洲国家日益旺盛的援助要求,中国政府在这一时期曾一度因资金问题而控制援外规模,这也直接或间接带来了这一时期非洲国家与实行"金元外交"的台湾的"建交"热潮。② 早在20世纪90年代初期,中国政府就试图将贴息优惠贷款引入援外领域当中来,以解援外供需压力较大之忧。但是由于中国国内的贷款利率过高,贷款优惠后的利率依然高于其他国家的商业贷款,因此,尽管中国方面多次推广宣传,始终未能得到受援国家的响应和接受。1995年,中国政府降低政府贴息优惠贷款利率,将利率由原来的4—5%降到2%左右,并且逐渐将原来的无息贷款也调整为优惠贷款,配合商业性质的优惠买方信贷,为非洲国家的大型项目提供较大规模的资金流。③ 在中国政府的大力推动下,加上一部分项目在实施中所获得的良好效益,优惠贷款逐渐为非洲受援国家所熟悉和接受,并逐渐成为中国对非援助的最重要的资金渠道。

中国对外优惠贷款的资金主要来自两个渠道:一是国家财政拨付的援外优惠贷款基金;二是银行从市场上筹集的资金。这项援助贷款是为鼓励国内有实力的企业参与援助项目的实施之中,鼓励将援助资金用于当地资源丰富、具有广阔市场前景的生产性项目中而设计的,这一贷款鼓励中国企业到非洲创办实业,解决其资金不足的问题。很快,中国政府便同苏丹等26个非洲国家签订了政府间贴息优惠贷款的框架协议。这就意味着,只要中国企业在这些非洲国家找到合适项目,便有机会申请优惠贷款开展合作项目。

商务部数据显示,自1995年开始对外提供优惠贷款以来,截至2009年底,中国共向76个国家提供了优惠贷款,支持项目325个,其中建成

---

① 对时任中国商务部援外司副司长王成安的访问,2011年12月。
② 周弘、雄厚:《中国援外60年》,社会科学文献出版社2013年,第162页。
③ 对时任中国商务部援外司副司长王成安的访问,2011年12月。

142个。[①] 这一时期获得优惠贷款而成功推动的项目有中苏石油合作、刚果（布）水泥厂项目、华科汽车股份有限公司等。优惠贷款作为一种外援方式的推出，广为非洲国家接受，标志着市场的力量和因素开始全面渗透到中国对非援助的领域当中来。通过优惠贷款这一特殊的市场杠杆，非洲国家和走进非洲的中国公司获得了开展合作所需要的资金和机会，为中非实现更长远的共同发展奠定了基础。中国对非援助则从单层面单主体逐渐向多主体和多层面转换。

第二节 编 年

1991年

国务院批准设立"多种形式援外专项资金"。

1991年起，中国派遣技术人员帮助博茨瓦纳开展土地测量和规划工作。

2月1日，中国援建塞拉利昂的低档民用住宅项目开工。中国援助的低档民用住宅项目总建筑面积12386平方米，包括6种户型住宅218套，以及一所小学、一所幼儿园、一个公共中心和一座变配电室。

2月4日，使用中国提供的无息贷款建设的博茨瓦纳中一段铁路88公里更新项目正式开工。

2月15日和25日，在马拉博建设中国援赤几电信项目技术人员住房项目换文立项。这项援助项目为总建筑面积约370平方米的电信中国专家住房。1991年3月开工，1991年12月建成移交。对外结算100万元，在1991年1月31日贷款项下支付。由江西国际经济技术合作公司负责实施。

中国和赤道几内亚换文，立项建设总建筑面积1500平方米的巴塔中国专家住房。该项住房工程于1992年7月开工，1993年3月建成移交。对外结算850万元，在1991年1月31日贷款项下支付，实施单位是江西国际经济技术合作公司。

[①] 钱亚平：《60年来中国的对外援助》，2011年5月11日，http://history.people.com.cn/GB/205396/14757192.html

3月，中国政府向加蓬政府赠送一批农机设备。①

4月，中国向冈比亚赠送一批价值20万美元的农具，在班珠尔举行移交仪式。中国驻冈比亚大使林延海在仪式上代表中国政府把播种机、柴油机、水泵、犁铧等农具移交给了冈比亚农业部长奥马尔·贾洛。②

5月28日，福建省第六批援博茨瓦纳医疗队一行16人赴博茨瓦纳工作。第六批援博茨瓦纳医疗队于1993年6月11日回国。

6月，中国援建卢旺达的恩汤德齐农业兽医学校开工，该项目位于尚吉吉省吉尼尼亚县，由北京国际经济技术合作公司承建。

6月25日，机械电子工业部颁发《援外机电产品质量管理办法》，在1964年《援外机电产品暂行管理办法》的基础上优化机电产品质量的管理办法。③

7月30日，中国援建塞拉利昂的军队司令部大楼移交。大楼的总建筑面积6380平方米，包括主楼、军需楼、警卫楼、装甲楼和变配电站等。

8月，河北省向刚果（金）派出第十批医疗队，全队29人，于1993年12月完成任务回国。

中国援建赤道几内亚的马拉博医院移交赤方。该项目为日门诊150人次、50个床位的病房及一幢医生住房，总建筑面积3450平方米。1988年7月12日换文立项，1990年7月开工，1991年8月建成移交。实施单位为江西国际经济技术合作公司。

9月，湖南省向津巴布韦派出第四批医疗队，全队8人。

宁夏回族自治区向贝宁派出第八批医疗队，全队18人，于1993年10月完成任务回国。

中国援助贝宁的洛科萨市市政排水工程项目开工。

10月，广东省向冈比亚派出第十二批医疗队，全队14人，在冈比亚班桑医院工作，于1993年10月完成任务回国。

中国政府和埃塞俄比亚过渡政府签订了经济贸易合作协定，中国政

---

① 安春英：《列国志：加蓬》，社会科学文献出版社2005年，第304页。
② 张象、贾锡萍、邢富华：《列国志：塞内加尔 冈比亚》，社会科学文献出版社2007年，第531页。
③ 具体内容可参见《援外机电产品质量管理办法》，1992年12月3日，http://www.eti-ri.com.cn/article_001013006_262.html。

府承诺为埃塞俄比亚过渡政府提供 4000 万人民币的无息贷款。在 1992 年举行的第三届中埃经济、技术和贸易合作联合委员会会议上，中埃两国重新签订了一份经济贸易合作协定，中国政府又追加了 5000 万人民币的无息贷款援助。

10 月 18 日，在北京国际传统医药大会上，中国中医专家的《用中医治疗 158 例达市艾滋病毒感染者》论文正式发表，赢得国际传统医学界的好评。"根据中国国家中医药管理局与坦桑卫生部签署的协议，中国政府从 1987 年 9 月起先后派出 5 批中医专家来坦进行艾滋病研究，帮助调查与了解艾滋病在坦桑的流行，并设法采用中医药对其进行防治。经过几年实践，中国中医专家已初步摸索出一些治疗艾滋病的经验，使部分患者的病症得到缓解。"[1]

12 月，全国对外经济贸易工作会议召开，专题研究了援外工作问题。会议强调了新时期继续做好援外工作的重要意义，明确规定了承担援外任务单位的职责，制定了加强援外物资供应和援外出国人员管理等办法。

中国援佛得角政府办公楼移交。政府办公楼总建筑面积 9758 平方米，建设时间为 1990 年 6 月至 1991 年 12 月。

中国援建赤道几内亚的电信专家住房工程完工。在马拉博建设中国援赤几电信项目技术人员住房项目，总建筑面积约 370 平方米。1991 年 2 月 15 日和 25 日换文立项，1991 年 3 月开工，1991 年 12 月建成移交，由江西国际经济技术合作公司负责实施。

12 月 6 日，福建省第九批援塞内加尔医疗队离京赴塞内加尔工作，全队 17 人。

1992 年

中国对 1975 年援建的塞拉利昂体育场进行维修。

商务部发布《关于进一步加强援外出国人员思想政治工作的几点意见》。"该意见要求各驻外使馆经济参赞处将援外出国人员的思想政治工作列入重要的议事日程，对援外出国人员的素质状况，进行定期摸底分析，抓住苗头、杜绝隐患，联系实际，反对大国主义、无政府主义和极

---

[1] http://tz.mofcom.gov.cn/article/zxhz/sbmy/200210/20021000044386.shtml

端个人主义,并表扬好人好事,解决实际问题。同时还制定了《援外人员守则》,号召援外人员发扬爱国主义、国际主义,反对大国主义,坚持对外援助的'八项原则',提倡举止文明、衣着整洁、纪律严谨、做好本职工作、与受援国合作共事、勤俭办援外、严格执行财经纪律、确保工程量和进度、反对追求资产阶级生活方式、刻苦学习专业知识和外语、提高技术水平,以及提倡同志间相互关心、相互帮助等共 14 条行为准则。"①

中国为摩洛哥提供拖拉机、水泵、医疗设备和药品援助。

1992 年开始,中国接受利比亚公费留学生。

中国帮助苏丹援建 550 米大桥一座。

1992—1996 年,中国向博茨瓦纳派出 16 名教师,分别在博茨瓦纳教育学院和中学任教。

1992 年上半年,中国政府援助遭受旱灾的南部非洲国家。1992 年,南部非洲的一些国家又遭受了几十年来罕见的旱灾,有 1800 万人缺水挨饿,不少人死于饥荒。中国政府和人民通过双边途径向博茨瓦纳、赞比亚、津巴布韦等国捐赠了粮食和其他物资。例如中国红十字会向赞比亚、津巴布韦提供了大批玉米,8 月又向赞比亚红十字会赠款 1 万美元,用于购买救灾物资。

1 月 6 日,浙江省选派海洋水产养殖研究所潘越楚、陈金社赴利比亚中国水产专家组工作,期限两年。

2 月 29 日,中国援助加纳诺布瓦姆农田水利工程竣工。诺布瓦姆农田水利工程位于阿散蒂省省会库马西附近的爱勒姆河谷,紧靠阿克拉—库马西公路,距阿克拉 220 公里。项目占地 3.611 平方公里,建有抽水站 1 座、拦河坝 1 座,混凝土主干渠 8776 米,支渠 15964 米,共造田 149.96 公顷。还建有交通桥 1 座、碾米车间 1 座,及混凝土晒谷坪、各种道路、涵洞、涵管等。开工时间 1990 年 5 月 19 日,竣工时间 1992 年 2 月 29 日(提前 8 个月竣工),由湖南国际经济技术合作公司承建。

3 月,北京市向布基纳法索派出第九批医疗队,全队 14 人,于 1994 年 3 月 12 日完成任务回国。

3 月 1 日,中国政府向安哥拉赠送了价值为 100 万元的物品,包括食

---

① 周弘、熊厚:《中国援外 60 年》,社会科学文献出版社 2013 年,第 32 页。

品、小农具等。①

4月，内蒙古自治区派出援卢旺达第六批医疗队，1994年4月回国。此批医疗队10名队员均由内蒙古自治区医院派出。

4月21日和5月13日中国和赤道几内亚换文立项，中国援助赤道几内亚建设总面积1399平方米的马拉博经商处和专家招待所。项目于1994年10月开工，1995年8月建成移交。对外结算金额为880万元，在1991年8月6日贷款项下支付。实施单位是江西国际经济技术合作公司。

5月，中国和贝宁签订协议，由中国出资帮助贝宁政府在洛克萨市建1座综合性医院，合同金额为5930万元。

6月，使用中国提供的无息贷款建设的博茨瓦纳中一段铁路88公里更新项目竣工。

广东省向赤道几内亚派出第十六批医疗队，全队19人。在马拉博、巴塔工作，于1994年7月完成任务回国。

湖南省向塞拉利昂派出第十批医疗队，全队10人。

北京市向布基纳法索派出第十批医疗队，全队2人。

6月1日，塞舌尔政府为中国援塞国家游泳池项目举行竣工仪式。

6月3日，浙江省选派海洋水产养殖研究所何侠云、仲伟赴利比亚中国专家组工作两年。

6月26日，北京市向几内亚派出第十三批医疗队，全队18人，于1994年8月完成任务回国。

7月，广东省向冈比亚派出第十三批医疗队，全队7人，在冈比亚卫生中心工作，于1994年7月完成任务回国。

江苏省农林厅承包了坦桑尼亚鲁伏农场的恢复工程。"经过1年多的紧张施工，主要项目已于1994年5月31日如期完成。鲁伏农场已从原来单一生产粮食变成一个现代化的综合农场，并取得可喜的经济效益。"②

7月23日，中国援建塞拉利昂的低档民用住宅项目移交。项目总建筑面积12386平方米，包括6种户型住宅218套，以及一所小学、一所幼儿园、一个公共中心和一座变配电室。

---

① 刘海方：《列国志：安哥拉》，社会科学文献出版社2006年，第461页。
② 《坦桑尼亚鲁伏农场水稻丰收》，2003年2月27日，http://info.xinhua.org/newphmall/security/detail.do?docId=13102775&libId=8&docType=2

8月，中国帮助贝宁恢复的德维、科维垦区派生项目恢复德维水灌工程竣工。这一派生项目修复支渠110米，防洪堤40米，防洪支堤60米，填补路面1500米。1997年7月移交。项目执行单位是四川农牧厅援外办。

9月，中国共产党向塞内加尔社会党赠送了2亿非洲法郎的物资。同年9月11日，两国签署5眼装备井援助合同。①

9月28日，中国和贝宁双方关于援建政府办公楼事宜换文确认，由中方在科托努援建一座建筑面积为8000平方米的政府办公楼（实际建筑面积为8314平方米）和1个500平方米的带棚车库。

1992年，中国政府同马拉维开始新的接触。"同年9月，中国驻津巴布韦大使应邀访问马拉维；10月，中国红十字会向马拉维赠送了1500吨玉米，支援马拉维的抗旱救灾。"②

10月，中国政府向"非洲国民大会"捐款捐物1000万美元。③

10月17日，对外贸易经济合作部、财政部联合下发《多种形式援外专项资金管理办法》。该项管理办法规定，"多种形式援外专项资金"由财政部和经贸部共同管理，并对专项资金和借款单位的资金使用情况进行监督和检查，借款单位承担项目自愿，但在经济上实行自负盈亏。④

11月19日，卫生部、财政部下达《关于发给援外医疗队员保健津贴的通知》。

12月，中国援助科特迪瓦格格杜农田整治项目竣工。项目开垦442公顷原始森林成为稻田，建设两座水坝和22公里垦区进场道路，1999年12月建成。

12月30日，中国援助加纳国家大剧场竣工。"1985年9月，加纳国家元首罗林斯访华，中加签订协议，中国提供贷款用于修建加纳国家剧场。该项目选址在阿克拉市中心，毗邻政府各部委所在地及商业区。项目由杭州市建筑设计院设计，中国广州国际经济技术合作公司和中国广播、电视、电影国际经济技术合作公司承建。

---

① 张象、贾锡萍、邢富华：《列国志：塞内加尔 冈比亚》，社会科学文献出版社2007年，第355页。

② 夏新华、顾荣新：《列国志：马拉维》，社会科学文献出版社2006年，第244页。

③ 杨立华：《列国志：南非》，社会科学文献出版社2010年，第587页。

④ 具体内容参见中华人民共和国财政部令第34号，http://www.mof.gov.cn/zhengwuxinxi/caizhengwengao/caizhengbuwengao2006/caizhengwengao200612/200805/t20080519_24905.html

1990年3月8日，项目内部开工，1990年6月19日奠基，正式计算工期，1992年12月20日完成内部验收，工程质量'双优'。罗林斯亲自为剧场竣工剪彩。剧场项目占地15500平方米，总建筑面积11969平方米，建筑占地面积6976平方米，主建筑面积11898平方米，使用中国政府提供的无息贷款建成。1990年6月开工，1992年12月交付使用。2005年3月进行维修，于2007年2月交付使用。"[1]

1993年

国企改革中的"政企分开"政策影响到承担援外项目管理职能的成套设备进出口公司，公司脱离外经贸部，实行企业化经营，从此，援外成套项目的建设完全由作为市场行为主体的企业来承担。

外经贸部召开全国援外项目质量工作会议，要求各有关部门加强宣传教育，提高质量意识，建立和健全质量管理体系和奖惩办法。

中国开始在尼日利亚举办竹子技术培训班。尼日利亚总统夫人要求尼日利亚学习中国的竹编技术。正在执行联合国援助项目的丁兴萃工程师接到商务部援外司的这项紧急任务，开始在浙江进行竹科技援外培训。浙江以全国1/6的竹林面积创造出全国1/3的竹业产值，"浙江竹业发展模式"对于非洲发展中国家具有一定的参考价值。他带着两位学员去中国林科院亚热带林业研究所在安吉、临安等地建立的竹子研究示范基地，参观当地的竹加工企业。

这次短暂的培训，搭建起竹子研发中心与非洲在科技领域合作的桥梁。2007年10月，竹子研发中心在中非科技合作中迈出实质性步伐，与乌干达开始了竹业合作。2008年12月，在竹子研发中心帮助下，牙签生产线在乌干达建成投产，可以生产两种牙签产品和5种窗帘产品，为当地农民带来了可观的经济收入，随后中国竹专家又帮助他们开发出安全火柴、竹凉席等产品，教会当地学员竹笋食品加工技术。2009年6月，乌干达总统穆塞韦尼在视察项目示范基地后说："在非洲，从来没有一个项目能够在这样短的时间内开花结果，实现产业化和市场化。中国的技术和管理非常适合非洲的发展。"2014年，培训班学员弗拉维亚第三次来到竹子研发中心寻求深度合作。双方商定，在大力发展竹材加工利用

---

[1] http://gh.mofcom.gov.cn/article/zxhz/sbmy/200707/20070704878373.shtml

的同时，充分挖掘非洲的竹笋资源，发展竹笋加工项目，探索缓解当地粮食匮乏的新途径。①

1993年—1996年，河北省向刚果（金）派出第十一批医疗队。这批医疗队由两支队伍组成，第一支队伍共派遣13人，于1993年11月出发，1995年11月回国。第二支队伍共派遣3人，于1994年7月出发，1996年7月回国。

1月19日，中国和塞舌尔就援建塞国家游泳池配套工程项目（包括650人的看台以及相应服务和行政管理设施）事在维多利亚换文确认。②

1月25日和2月5日，中国与博茨瓦纳签署换文，使用1991年9月20日签订的经济技术合作协定中中国向博提供的无息贷款，用于博中二段80公里铁路更新项目。

2月，中国援助卢旺达基本戈医院扩建和装备项目（包括恢复建设），1997年2月完工，该项目位于基本戈省，由湖北经济技术合作公司负责承建。

2月5日，中国援建乌干达体育场正式开工。"乌干达体育场是中国90年代援助的特大型项目。根据中乌两国协议，体育场位于乌干达首都坎帕拉郊区8公里的乃波里小镇，占地16公顷，建筑面积38417平方米，包括40000人看台的体育场，124个床位的运动员宿舍，足球综合练习场一个，网球练习场3个，简易篮球、排球练习场各一个，还有泵房、东西传达室等附属设施。总造价2.16亿元人民币，浙江国际经济技术合作公司负责承建。"③

3月，中国援助赤道几内亚的巴塔中国专家住房移交赤方。该项目总建筑面积1500平方米。1991年2月15日和25日换文立项，1992年7月开工，1993年3月建成移交。该项目由江西国际经济技术合作公司实施。

3月17日，对外贸易经济合作部下发《关于我部改革援外管理体制的通知》。

4月，中国援建卢旺达的恩汤德齐农业兽医学校竣工，该项目位于

---

① 蒋建科、王建兰：《中国竹科技 非洲生根发芽》，《人民日报》2014年7月2日。
② 《塞舌尔》，2009年2月5日，http：//kaifangzhan.mofcom.gov.cn/article/g/i/200902/20090206028811.shtml。
③ 浙江省外经贸志编撰委员会：《浙江省外经贸志》，中华书局2001年，第473页。

尚吉吉省吉尼尼亚县，由北京国际经济技术合作公司承建。

4月19日，中国红十字会向安哥拉赠送了价值20万元的药品48箱。①

6月2日，福建省第七批援博茨瓦纳医疗队一行16人离榕经香港赴博茨瓦纳工作。

6月16日，中国国家气象局向塞内加尔赠送包括传真接收机和各种仪器在内的气象物资，供3个地面气象站使用。②

8月11日，中国和塞舌尔在维多利亚签署关于中国援助塞国家游泳池二期工程交接证书。③

9月，广东省向冈比亚派出第十四批医疗队，全队14人，在冈比亚班桑医院工作，于1995年9月完成任务回国。

9月，宁夏回族自治区向贝宁派出第九批医疗队，全队18人，于1996年10月完成任务回国。

9月10日至13日，中国和塞内加尔签署向塞内加尔政府提供4000万元人民币无息贷款的协定。④

10月，湖南省向津巴布韦派出第五批医疗队，全队7人。

11月21日，福建省第十批援塞内加尔医疗队一行17人离榕经香港赴塞内加尔工作。

1994年

中国在马里援建的马里糖厂进行合股经营改革。经过双方的艰难谈判，中经对外公司与马里签订了合股经营合同，在中国援建马里糖厂的基础上组建"上卡拉糖联股份有限公司"，中方占股60%，享受马里合资法规定的各项优惠政策，并承诺不裁减2100名员工，不降低工资福利，还要偿还几十亿西非法郎的长、中、短期债务。

广西区向科摩罗派出第一批医疗队，全队5人。

---

① 刘海方：《列国志：安哥拉》，社会科学文献出版社2006年，第461页。
② 张象、贾锡萍、邢富华：《列国志：塞内加尔 冈比亚》，社会科学文献出版社2007年，第357页。
③ 《塞舌尔》，2009年2月5日，http://kaifangzhan.mofcom.gov.cn/article/g/i/200902/20090206028811.shtml
④ 张象、贾锡萍、邢富华：《列国志：塞内加尔 冈比亚》，社会科学文献出版社2007年，第357页。

中国海外工程公司与马里塞古纺织厂合资合作，企业资本 15 亿非郎，马政府占股 20%，海外公司占 80%，主要生产棉纱、棉线、印花布和包装袋。企业职工 1400 人，其中中方技术和管理人员 14 人。2005 年塞纺生产棉纱 2000 吨，棉线 400 吨，印花布 600 万米，包装袋布 80 万米，合计使用棉花 2100 吨。为了增加业务量，企业争取到了马里棉花公司生产包装袋的合同，该项业务占 2005 年企业全部营业额的 20%。

埃塞俄比亚军队总参谋长率军事代表团访问中国，商讨两军合作事宜。同年 10 月，中国派军事专家组访问埃塞俄比亚，签署合作备忘录。①

中国为摩洛哥提供渔业培训设备、农用设备援助。

中国进出口银行成立。

年初，"发展中国家技术合作会议（TCDC）"在阿布贾召开。通过本次会议，中国与尼日利亚签订了 57 个项目协议，中国开始对尼多边技术援助。合作领域涉及水稻种植、蔬菜种植、农机、气象预报、太阳能利用、淡水养鱼、沼气、小水电技术、计算机等专业的培训。到 2007 年，尼方赴华培训的学员一直保持较大规模。

1 月，在苏丹举办的中苏经贸洽谈会上，中国石油天然气总公司了解到苏丹政府有意利用国外投资开发本国的石油资源后，便初步展开了对中苏石油资源合作的立项论证，并派团赴苏丹进行实地考察和勘探。

1 月 11 日，中国和埃塞俄比亚在亚的斯亚贝巴签署中国政府向埃塞过渡政府赠送 100 万元人民币的换文。②

2 月 4 日，中国驻布基纳法索大使李永谦代表中国政府向同台湾建立外交关系的布基纳法索提出强烈抗议，同时宣布中国政府自即日起中止同布的外交关系和停止执行两国政府间的一切协议，并就此内容正式照会布方。③

2 月 14 日，中国驻利比里亚大使徐次农和利比里亚外交部代部长杨希代表本国政府在蒙罗维亚签署中国政府向利比里亚政府无偿提供物资

---

① 钟伟云：《列国志：埃塞俄比亚 厄立特里亚》，社会科学文献出版社 2006 年，第 257—258 页。

② 对外经济贸易部《中国对外经济贸易年鉴》编辑部：《中国对外经济贸易年鉴 1994 年》，中国社会出版社 1994 年，第 807 页。

③ 对外经济贸易部《中国对外经济贸易年鉴》编辑部：《中国对外经济贸易年鉴 1994 年》，中国社会出版社 1994 年，第 808 页。

的交换证书。①

2月17日，应外经贸部援外司邀请，圣多美和普林西比国务合作秘书处双边合作局局长卡洛斯17—21日访华。18日，外经贸部部长助理田润之会见卡洛斯，双方就两国双边经贸关系问题交换意见。同日，援外司司长孙广相和卡洛斯就两国经济技术合作有关问题举行会谈。②

2月21日，对外贸易经济合作部、财政部下发《关于调整援外出国人员国外津贴费标准和艰苦地区补贴标准的通知》。

2月23日和3月4日换文，中国政府同意派5名地质技术人员赴赤几，对实施1∶200000地球化学探矿扫面进行可行性考察。考察组于1995年8月16日抵赤几马拉博，9月3日结束考察回国。所需费用20万元在1993年10月25日贷款项下支付。考察报告认为，该项目基本可行，但难度较大，工期需2年，总投资约1000万美元。本次考察的实施单位是中国地质工程公司。

3月，中国成立国家开发银行，简称国开行。

3月16日，对外经济贸易部更名为对外贸易经济合作部。"作为中央具体负责计划和管理外援的机构，对外贸易经济合作部的职责之一就是归口管理对外援助，负责对外援助工作，具体包括：拟定并执行对外援助政策和方案；签署并执行对外援助计划，监督检查援外项目执行情况，管理援外资金、援外优惠贷款、援外专项基金等政府援外资金；推进援外方式改革。其下设的对外援助司是管理中国对外援助的专门机构，职能包括：拟定和执行对外援助的政策、规章、制度和援助方案；编制对外援助计划并组织；编制对外援助成套项目、一般物资、现汇援助、人才培训援助与决算，组织实施并监督检查实施情况，具体管理成套项目资金的使用；宏观监督、管理实施优惠贷款和援外合资合作项目基金项目，并解决政府间重大问题；牵头制订对发展中国家人才培训管理办法，会同地区司及有关单位提出年度工作方案，负责项目资金的管理和监督；推行援外方式改革。"③

---

① 对外经济贸易部《中国对外经济贸易年鉴》编辑部：《中国对外经济贸易年鉴1994年》，中国社会出版社1994年，第808页。

② 对外经济贸易部《中国对外经济贸易年鉴》编辑部：《中国对外经济贸易年鉴1994年》，中国社会出版社1994年，第808页。

③ 黄梅波、胡建梅：《中国对外援助管理体制的形成和发展》，《国际经济合作》2009年第9期。

3月31日，中国和安哥拉签署中国政府向安哥拉政府赠送100万元人民币一般物资的换文。①

4月，使用中国提供的无息贷款建设的博茨瓦纳中二段80公里铁路更新项目正式开工。

中国向加蓬国民教育和职业培训部赠送了100万元人民币。②

4月4日，应国家主席江泽民的邀请，厄立特里亚总统萨亚斯·阿福沃基4—8日访华。4日，外经贸部副部长刘山在和随阿福沃基访华的厄贸工部部长奥格伯·阿布拉哈代表本国政府在北京签署中国政府向厄立特里亚政府提供3000万元人民币无息贷款的协定。5日，刘山在和奥格伯就两国经贸问题举行会谈。③

4月8日，中国代表团出席在摩洛哥的马拉喀什举行的乌拉圭回合结束会议，谷永江代表中国政府签署乌拉圭回合最后文件和世界贸易组织成立宣言。④

4月13日，中国和莱索托就两国经贸问题举行会谈，并代表本国政府在北京签署中国政府向莱索托政府提供4000万元人民币无息贷款的经济技术合作协定和延长1983年、1988年两笔贷款使用期的换文。⑤

4月19日，中国和科特迪瓦就两国贸易平衡、经援项目等问题交换意见，并代表本国政府在北京签署中国政府向科特迪瓦政府无偿提供100万元人民币物资的换文。⑥

5月4日，中国和赤道几内亚就中国承担建设的巴塔—涅方公路项目有关问题交换意见。⑦

5月6日，中国和肯尼亚在北京签署中国政府向肯尼亚政府提供

---

① 对外经济贸易部《中国对外经济贸易年鉴》编辑部：《中国对外经济贸易年鉴1994年》，中国社会出版社1994年，第809页。
② 安春英：《列国志：加蓬》，社会科学文献出版社2005年，第307页。
③ 对外经济贸易部《中国对外经济贸易年鉴》编辑部：《中国对外经济贸易年鉴1994年》，中国社会出版社1994年，第810页。
④ 对外经济贸易部《中国对外经济贸易年鉴》编辑部：《中国对外经济贸易年鉴1994年》，中国社会出版社1994年，第810页。
⑤ 对外经济贸易部《中国对外经济贸易年鉴》编辑部：《中国对外经济贸易年鉴1994年》，中国社会出版社1994年，第810页。
⑥ 对外经济贸易部《中国对外经济贸易年鉴》编辑部：《中国对外经济贸易年鉴1994年》，中国社会出版社1994年，第811页。
⑦ 对外经济贸易部《中国对外经济贸易年鉴》编辑部：《中国对外经济贸易年鉴1994年》，中国社会出版社1994年，第811页。

5000万元人民币贷款的经济技术合作协定。①

5月17日，刚果总统帕斯卡尔·利苏巴首次访华。18日，外经贸部部长助理杨文生和随同来访的刚果计划经济和社会展望部长克莱芒·姆昂巴共同主持中、刚经贸混委会第3次会议。19日，杨文生和姆昂巴代表本国政府签署会议纪要、中国政府向刚果政府提供5000万元人民币贷款协定。②

5月18日，中国和乍得签署中国援乍得人民宫第二期技术合作的换文。③

6月，广东省向赤道几内亚派出第十七批医疗队，全队19人，在马拉博、巴塔两地工作，于1996年7月完成任务回国。

6月4日，中国和埃及在开罗签署关于利用中国向埃及提供的300万元人民币赠款实施项目的会谈纪要。④

6月8日，北京市向几内亚派出第十四批医疗队，全队16人，于1998年8月完成任务回国。

6月22日，中国和突尼斯在突尼斯签署中国政府向突尼斯政府提供300万元人民币无偿援助的换文。⑤

7月，广东省向冈比亚派出第十五批医疗队，全队7人，在冈比亚卫生中心工作，于1995年9月完成任务回国。

7月20日起，外经贸部副部长刘山在率中国政府经贸代表团访问毛里塔尼亚、加纳和科特迪瓦。

7月24日，中国和毛里塔尼亚在努瓦克肖特签署中国政府向毛里塔尼亚政府提供5000万元人民币无息贷款的经济技术合作协定。

7月25日，财政部、外经贸部、卫生部颁发《援外出国人员生活待遇管理办法》。

---

① 对外经济贸易部《中国对外经济贸易年鉴》编辑部：《中国对外经济贸易年鉴1994年》，中国社会出版社1994年，第811页。
② 对外经济贸易部《中国对外经济贸易年鉴》编辑部：《中国对外经济贸易年鉴1994年》，中国社会出版社1994年，第811页。
③ 对外经济贸易部《中国对外经济贸易年鉴》编辑部：《中国对外经济贸易年鉴1994年》，中国社会出版社1994年，第811页。
④ 对外经济贸易部《中国对外经济贸易年鉴》编辑部：《中国对外经济贸易年鉴1994年》，中国社会出版社1994年，第812页。
⑤ 对外经济贸易部《中国对外经济贸易年鉴》编辑部：《中国对外经济贸易年鉴1994年》，中国社会出版社1994年，第812页。

7月29日，中国和加纳在阿克拉签署中国政府向加纳政府提供3000万元人民币无息贷款的协定。①

8月4日，中国和科特迪瓦在阿比让签署中国向科特迪瓦提供贷款的协定。

8月4日，外经贸部部长助理刘向东4日—24日访问南非、莱索托、纳米比亚三国。15日，刘向东和莱索托王国外交大臣莫拉波·科贝拉代表本国政府在马赛卢签署在中国贷款项下向莱索托王国政府提供350万元人民币农机具和赠送物资换文。同日，刘向东和莱索托外交大臣莫拉波·科贝拉代表本国在马赛卢签署中国援莱索托国家会议中心设计审查纪要。17日，刘向东和纳米比亚贸工部副部长维费里德·恩武拉代表本国政府在温得和克签署中国政府向纳米比亚政府赠送100万元人民币一般物资的换文。②

8月26日，中国和马里在北京签署中国政府向马里政府提供5000万元人民币无息贷款的协定。③

8月30日，中国医生在突尼斯开设了一家中国针灸治疗和培训中心。该中心是阿拉伯国家和非洲的第一个类似的中心。

9月7日，中国与加蓬就双边经贸合作问题举行会谈后，双方在利伯维尔签署中国政府向加蓬政府赠送150万元人民币农业机械的换文。④

9月10日，中国与坦桑尼亚在北京签署中、坦两国政府经济技术合作协定。⑤

9月12日，中国和乌干达在恩德培签署中国向在乌干达的卢旺达难民捐赠260万元人民币药品、食品的交换证书。⑥

---

① 对外经济贸易部《中国对外经济贸易年鉴》编辑部：《中国对外经济贸易年鉴1994年》，中国社会出版社1994年，第813页。
② 对外经济贸易部《中国对外经济贸易年鉴》编辑部：《中国对外经济贸易年鉴1994年》，中国社会出版社1994年，第814页。
③ 对外经济贸易部《中国对外经济贸易年鉴》编辑部：《中国对外经济贸易年鉴1994年》，中国社会出版社1994年，第814页。
④ 对外经济贸易部《中国对外经济贸易年鉴》编辑部：《中国对外经济贸易年鉴1994年》，中国社会出版社1994年，第815页。
⑤ 对外经济贸易部《中国对外经济贸易年鉴》编辑部：《中国对外经济贸易年鉴1994年》，中国社会出版社1994年，第815页。
⑥ 对外经济贸易部《中国对外经济贸易年鉴》编辑部：《中国对外经济贸易年鉴1994年》，中国社会出版社1994年，第815页。

9月21日，中国与塞舌尔在维多利亚签署中国政府向塞舌尔政府提供1000万元人民币无息贷款的经济技术协定。①

中国和塞舌尔在维多利亚签署关于中国向塞提供无息贷款的协定，用于住房建设项目。②

10月5日，中国和冈比亚在班珠尔签署中国援冈比亚独立体育场第九期技术合作的换文。③

10月11日，中国和塞拉利昂在北京签署中国政府向塞拉利昂政府提供2000万元人民币无偿援助的经济技术合作协定。④

10月21日，中国和扎伊尔在北京签署中国向扎伊尔提供3000万元人民币无偿援助的经济技术合作协定。同日，双方就中国向扎提供贷款的使用问题交换意见。⑤

11月，中国援助莫桑比克楠普拉纺织厂恢复生产项目工程落成。"中国在80年代援建的北方楠普拉棉纺织厂曾是莫桑比克全国最大的纺织厂之一，但由于经营不善等原因，在内战停止前后陷入停产的困境。为了使该纺织厂能够尽快恢复生产，中国政府在和平协议签署后，又接管了该项目。"⑥

11月1日，中国和毛里塔尼亚在努瓦克肖特签署中国援毛友谊港维修工程项目的交接证书。

12月13日，中国苏丹第二届混委会在北京举行。外经贸部部长吴仪和苏丹工业和贸易部长穆斯塔法共同主持混委会会议，并代表本国政府签署会谈纪要和小额赠送的换文。

12月29日，中国和冈比亚在班珠尔签署中国政府向冈比亚政府提

---

① 对外经济贸易部《中国对外经济贸易年鉴》编辑部：《中国对外经济贸易年鉴1994年》，中国社会出版社1994年，第815页。
② 《塞舌尔》，2009年2月5日，http：//kaifangzhan.mofcom.gov.cn/article/g/i/200902/20090206028811.shtml
③ 对外经济贸易部《中国对外经济贸易年鉴》编辑部：《中国对外经济贸易年鉴1994年》，中国社会出版社1994年，第816页。
④ 对外经济贸易部《中国对外经济贸易年鉴》编辑部：《中国对外经济贸易年鉴1994年》，中国社会出版社1994年，第817页。
⑤ 对外经济贸易部《中国对外经济贸易年鉴》编辑部：《中国对外经济贸易年鉴1994年》，中国社会出版社1994年，第818页。
⑥ 张宝增：《列国志：马拉维》，社会科学文献出版社2011年，第384页。

供贷款的协定。①

1995 年

1995—1996 年，中国军方工程技术人员承担了埃塞俄比亚坦克大修厂第一期工程。从 1995 年起，中国军队开始为埃塞俄比亚军队培训突击队教官、坦克维修人员、军事指挥人员以及扫雷技术人员等。②

中国为摩洛哥提供养蚕设备、建造水电站的设备援助。

1995 年起，中国开始提供政府优惠贴息贷款。"政府优惠贴息贷款是由财政部和人民银行分别划拨出一笔资金，交给 1994 年成立的中国进出口银行，由中国进出口银行对外借贷，利用政府援款作为利息补贴，使银行利率降低，借贷条件变得优惠。"③

中国总理朱镕基在访问赞比亚时，提出以建立合资企业的方式使穆隆古希纺织厂起死回生。

"穆隆古希纺织厂是中国援助赞比亚建设的援助项目，移交赞方后，赞方经营不善，公司难以为继。中国政府将援建初期提供的 1117 万英镑和 150 万美元的维修费用转为对穆纺公司的投资，中赞双方分别占合资企业 66% 和 34% 的股份。经过重新调整后的穆隆古希纺织厂，运转良好，为赞方就业和税收等方面做出了突出贡献。虽然由于国际纺织品市场的激烈竞争导致了穆隆古希纺织厂于 2007 年倒闭，但该项目的合作模式为中赞双方加强交流与合作提供了宝贵的经验。"④

1 月，中国援助苏丹的恩图曼友谊医院交付使用。"该医院是中国政府贷款援建的，1993 年动工，是一所综合性医院，由门诊楼、住院楼、专家宿舍楼及食堂、配电房等 14 个单位组成，总建筑面积 11354 平方米，设有 17 个门诊部，设计日门诊 450 人，各科病床总数为 163 张，是苏丹医学教学基地之一，直属苏丹联邦卫生部管理，设有医院管理委员会。项目总投资由中国政府通过无息贷款 6500 万元人民币，苏丹政府提

---

① 张宝增：《列国志：马拉维》，社会科学文献出版社 2011 年，第 384 页。
② 钟伟云：《列国志：埃塞俄比亚 厄立特里亚》，社会科学文献出版社 2006 年，第 257—258 页。
③ 具体参见：http://data.bank.cnfol.com/index.php/bankdata/credit_info/293
④ 《黑非洲崛起中国纺织城》，2003 年 12 月 9 日，http://www.china.com.cn/zhuanti2005/txt/2003-12/09/content_5458116.htm

供当地费用16390万苏丹镑，工期18个月。"①

中国驻津巴布韦大使顾欣尔应邀非正式访问马拉维，并向马拉维提供援助。"其时，马拉维仍未恢复与中国的外交关系。中国红十字会向马拉维赠送30万美元现汇供其购粮救济灾民。同年10月，中国对外友协向马拉维'脱贫计划'捐赠200台缝纫机"。②

中国核工业总公司在国际原子能机构资助下，为加纳建造的小型核反应堆竣工。③

1月9日和6月26日，内蒙古自治区援卢第七批医疗队共9人，均由包头医学院第一附属医院人员组成，分两批抵达卢旺达工作。

1月17日至19日，全国对外经贸工作会议在北京召开。"李岚清副总理出席会议并作了讲话，吴仪作题为《统一思想 认清形势 努力完成1995年对外经贸任务》的工作报告。针对对外援助工作，吴仪指出，深化援外方式的改革，使援外资金发挥更大的效益。配合银行，积极推行政府贴息与商业贷款相结合的援助方式。增加生产性项目比重，加强对援外项目管理，完善援外项目招标办法。"④

2月14日，对外贸易经济合作部发布《关于援外技术合同项目招（议）标报价取费标准的暂行规定》。

2月23日，中国政府向马里政府赠送一批农业机械。"这笔援助是根据1992年12月马里总统科纳雷访华期间两国政府在北京签署的协议执行的，1995年2月23日，中国政府向马里政府赠送一批价值200万元人民币的农业器械，这批农业器械包括发电机、拖拉机、手扶拖拉机、打谷机、碾米机、粉碎机和水泵等共194件。"⑤

2月23日和3月4日，中国和赤道几内亚换文，中国政府同意派5名地质技术人员赴赤几，对实施1:200000地球化学探矿扫面进行可行性考察。考察组1995年8月16日抵赤几马拉博，9月3日结束考察回国。考察报告已送赤几有关部门。该项目由中国地质工程公司负责实施。

---

① 浙江省外经贸志编撰委员会：《浙江省外经贸志》，中华书局2001年，第473页。
② 夏新华、顾荣新：《列国志：马拉维》，社会科学文献出版社2006年，第244页。
③ 任泉、顾章义：《列国志：加纳》，社会科学文献出版社2010年，第255页。
④ 《统一思想 认清形势 努力完成1995年对外经贸任务——吴仪部长在全国对外经贸工作会议上的报告》，《机电国际市场》1995年第3期。
⑤ 张忠祥：《列国志：马里》，社会科学文献出版社2006年，第216页。

3月20日，乍得计划和合作部部长努尔夫人与中国驻乍得大使郭天民分别代表各自政府换文确认关于乍得人民宫第三期技术合作协议。①

5月，使用中国提供的无息贷款建设的博茨瓦纳中二段80公里铁路更新项目竣工。

5月16日，国务院下达《关于改革援外工作有关问题的批复》。根据该项批复，国务院批准了援外司针对对外援助方式进行改革的请示，批准实施对外援助方式的改革。在该批复中，中国的援外将推出创办合资企业的政府贴息优惠贷款模式。为更有效地发挥有限援助资金的作用，中国将重点推行政府贴息优惠贷款的援助方式和援外项目合资合作方式，推动援助从无偿援助向合资合作方向发展，将对外援助、对外贸易和对外投资三者联系起来，适当增加无偿援助额度和比例。从非洲当地发展和企业的长远经济效益考虑，批复特别强调，援建项目必须是当地有需要、有资源的中小型生产性项目，并要求援外司加强对各类援助项目的监督和管理。

6月，中川国际与中国进出口银行签订11705万元人民币的长期优惠贷款协议。

7月，中国援助贝宁的洛克萨医院正式开工。

7月17日至8月5日，朱镕基对南部非洲七国进行访问。这七国为坦桑尼亚、津巴布韦、莫桑比克、博茨瓦纳、纳米比亚、安哥拉和赞比亚。此次访问的一个重要目的就是实地走访过去几十年间中国援建的老项目，发现造成援建项目不能正常运转的原因并试图找到解决的渠道。

7月27—29日，国务院副总理朱镕基应邀访博茨瓦纳。28日，中国与博茨瓦纳签订第一个优惠贷款框架协议，向博提供人民币优惠贷款，用于博铁路更新改造（第五期）项目。此前，中国已向博茨瓦纳提供了四期铁路更新改造的资金。

8月1日，中国和赤道几内亚的电信技术合作进入第9期。中国和赤道几内亚的电信技术合作自1973年12月开始共进行了9期技术合作，第9期技术合作自1995年8月1日至1996年7月31日止。因双方未能就继续进行技术合作达成一致意见，该合作被迫中断。实施单位是中国通讯建设总公司。

---

① 汪勤梅：《列国志：中非 乍得》，社会科学文献出版社2009年，第343页。

8月15日，中国援加蓬国民议会大厦竣工。"中国援加蓬国民议会大厦工程是由中国海外工程总公司承包并与北京城建集团总公司合作实施，由北京市建筑设计研究院设计。1997年5月15日，项目开工，1999年8月15日提前6个月竣工，2001年5月正式启用。

大厦位于加蓬首都利伯维尔市市府大楼对面邦戈大道旁，占地面积56250平方米，建筑面积15747.29平方米，其中主楼工程15030.68平方米，附属工程716.6平方米。室外工程有广场道路17000平方米，设备地沟以及路灯、围墙、旗杆、喷水池等。大厦主体建筑为6层，有4个半圆弧组成的现浇钢筋混凝土框架结构，Ⅰ、Ⅱ、Ⅲ段为办公楼，设有大小办公室188个，会议室37个，以及银行、邮电局、小卖部、档案室、图书室等。Ⅱ段内设有议员餐厅、议长餐厅、酒吧间等，可容纳200人同时就餐。Ⅲ段设有贵宾广场。Ⅳ段为半圆形议会大厅，内设583个座位及休息廊。大厦工期短，质量高，赢得了加蓬各界的高度评价。加总统、总理、议长等政要称该大厦是'中加友谊的丰碑'，'加蓬人民的骄傲'。"[1]

9月，苏丹总统巴希尔访华，与江泽民主席会见时提出，希望中国石油公司到苏丹勘探开发石油。经过谈判，苏丹与中国签订了中国向苏丹提供1.5亿元政府优惠贷款的框架协议。

国务院颁发《关于援外工作改革的批复》。"1995年10月，中共中央召开了进一步改革援外工作的会议，针对当前援外工作中出现的新形势和新变化作出了研究和决策。会议明确指出：当前中国的对外援助所面临的国内外环境都发生了深刻的变化。在社会主义市场经济体制确立后，企业取代政府成为经济活动的主体，金融机构在市场经济事务中发挥越来越大的作用。会议鼓励中国企业与受援国企业以合资经营、合作经营的方式，或中国企业独资经营的方式实施中国对外援助项目，并将中国市场化改革的成功经验运用于对外援助。会议认定，中国企业与受援国企业在援助项目上的合资合作，'有利于政府援外资金与企业资金相结合，扩大资金来源和项目规模，巩固项目成果，提高援助效益'。"[2]

10月，中国援助科特迪瓦的格格杜垦区水稻种植项目开工。格格杜垦区水稻种植项目的建设规模为开垦442公顷水稻农田，建造两座拦河

---

[1] http://ga.mofcom.gov.cn/article/zxhz/hzjj/200211/20021100048233.shtml
[2] 周弘：《中国对外援助与改革开放30年》，《世界经济与政治》2008年第10期。

闸、40 公里的灌溉渠、74 公里排水渠、53 公里防洪堤、1 座碾米厂、4 个仓库和 24 个晒场。

10 月 9 日，中国援助加纳粮仓项目竣工。4 月 2 日和 5 月 27 日，中国和加纳换文，中国同意在布郎—阿哈佛省苏尼亚尼市和特其曼县（距阿克拉约 400 公里，两仓间相距 67 公里）各建一个仓容为 500 吨粮食的房式周转仓。该项目包括库房和办公、检测室，总建筑面积 1012 平方米。该项目 1995 年 5 月 28 日开工。该项目的设计单位是中国商业对外经济技术合作公司，承建单位是成套公司新疆国际公司，加方业主为加纳食品销售公司。

10 月 17—19 日，全国援外改革工作会议在北京举行。国务院副总理朱镕基在讲话中指出，要采取鼓励政策，推动中国的企业到非洲开展各种形式的经济合作，选择有资源、有市场、有效益的项目，主要是对初级产品进行深加工的中小型项目，在当地建立合资经营企业。外经贸部部长吴仪在会上指出，为适应国内外形势的变化，中国援外工作改革将主要推行两种新的方式：一是国际通行的政府贴息优惠贷款方式；二是积极推动援外项目合资合作的方式。①

贴息贷款项目源于 1993 年 10 月的东京"非洲发展国际会议"。1995 年起，中国开始提供政府贴息优惠贷款，由财政部和人民银行分别划拨出一笔资金，交给 1994 年成立的中国进出口银行，由中国进出口银行对外借贷，利用政府援款作为利息补贴，使银行利率降低，借贷条件变得优惠。

10 月 30 日，财政部、外经贸部、卫生部下发《援外出国人员生活待遇管理办法补充规定》。

12 月，湖南省向津巴布韦派出第六批医疗队，全队 8 人。

12 月 13 日开始，赤道几内亚"马涅艾拉"号客货轮技术合作展开第 16 期技术合作。第 15 期技术合作自 1995 年 12 月 23 日起至 1996 年 12 月 22 日止；第 16 期技术合作从 1997 年 4 月开始，中方专家 5 名抵赤几后即随赤几船员到波兰修船。1997 年 12 月，该轮从西班牙启程回赤几，25 日晚，航行至科特迪瓦附近海面时，机舱突然起火，赤几船员纷纷跳海逃生，中国专家奋力扑火，但因火势太大，轮船终被烧毁。之后，

---

① 齐国强：《在新形势下进一步改革援外工作》，《国际经济合作》1995 年第 11 期。

该项合作中断。该项目的实施单位是江西国际经济技术合作公司。

1996 年

中央在京召开驻非使节及商务参赞座谈会商谈促进中非经贸合作的相关事宜。

1996—1997 年，河北省向刚果（金）派出第十二批医疗队。该批医疗队由两支队伍组成。第一支 11 人，于 1996 年 6 月出发，1997 年 5 月回国。第二支 4 人，于 1996 年 7 月出发，1997 年 5 月回国。

1 月，钱其琛副总理兼外交部部长访问乍得，两国签署经济技术合作协定。

1 月 26 日，中国和贝宁双方签订中国援建贝宁政府办公大楼的项目施工合同。合同总金额为 5979 万元，工期 20 个月。

1 月 30 日，外经贸部刘山在副部长和乌干达贸易工业部部长理查德·卡伊米分别代表各自政府在北京签署中国向乌干达政府提供无偿援助的经济技术合作协定。[1]

2 月，几内亚总统要求中国提供大米紧急援助，5 月 22 日双方办理了大米移交。[2]

3 月 19 日，中国和赤道几内亚签订 5000 万元政府贴息优惠贷款框架协议。

3 月 27 日，中国和毛里塔尼亚就中国向毛里塔尼亚提供无偿援助事在北京签署《中华人民共和国政府和毛里塔尼亚伊斯兰共和国政府经济技术合作协定》。[3]

4 月，浙江省向纳米比亚派出第一批医疗队，全队 4 人。

4 月 1 日，中国援助塞拉利昂的福拉湾学院校舍维修项目开工。该项目内容为对福拉湾学院的教学楼、学生宿舍、管理楼、图书馆、实验室等建筑进行部分维修，并提供部分宿舍家具，维修总面积共 23707 平方米。

---

[1] 中国对外经济贸易年鉴编辑委员会：《中国对外经济贸易年鉴 1997—98》，中国经济出版社、经济导报社 1997 年，第 787 页。

[2] 王成安：《对外援助概况》，《1997 中国经济年鉴》，中国经济年鉴社 1997 年，第 338 页。

[3] 中国对外经济贸易年鉴编辑委员会：《中国对外经济贸易年鉴 1997—98》，中国经济出版社、经济导报社 1997 年，第 789 页。

4月15—17日，外经贸部杨文生部长助理率中国政府经贸代表团访问埃塞俄比亚。16日，杨文生同埃塞俄比亚经济发展和合作部副部长麦柯南就双方加强两国经贸合作交换了意见，并对贷款余额和无偿援款使用达成一致意见。①

5月3—5日，外经贸部吴仪部长率领中国政府经贸代表团访问毛里求斯。4日，吴仪部长与毛里求斯财政部长朗·比克分别代表各自政府在路易港签署关于中国向毛里求斯政府提供政府贴息优惠贷款的框架协议。②

5月8—22日，国家主席江泽民应邀访问非洲6国（肯尼亚、埃及、埃塞俄比亚、马里、纳米比亚和津巴布韦）。这次出访是周总理访非后，中国最高级别的领导人访问非洲，标志着中非关系的重要性提升到一个新的历史高度。江泽民在位于亚的斯亚贝巴的非洲统一组织总部发表了题为《为中非友好创立新的历史丰碑》的演讲，阐述了冷战后中国的对非政策，提出发展面向21世纪长期稳定、全面合作中非关系的五点建议：1. 真诚友好，彼此成为可以信赖的"全天候朋友"；2. 平等相待，相互尊重主权，互不干涉内政；3. 互利互惠，谋求共同发展；4. 加强磋商，在国际事务中密切合作；5. 面向未来，创造一个更加美好的世界。③（即"真诚友好、平等相待、互惠互利、加强磋商、面向未来"的五点建议。）

5月9日，国家主席江泽民和肯尼亚总统莫依在肯尼亚内罗毕共同出席由中国进出口银行与肯尼亚工业发展银行《关于使用中国政府贴息优惠贷款，为非洲玻璃有限公司兴建肯尼亚平板玻璃厂项目提供融资的谅解协议》的签字仪式。

5月17日，中国和马里在巴马科签署莫迪博·凯塔公园交接证书、中国向马里政府提供无息贷款的协定和向马里政府提供无偿援助的经济

---

① 中国对外经济贸易年鉴编辑委员会：《中国对外经济贸易年鉴1997—98》，中国经济出版社、经济导报社1997年，第790页。
② 中国对外经济贸易年鉴编辑委员会：《中国对外经济贸易年鉴1997—98》，中国经济出版社、经济导报社1997年，第791页。
③ 《中国与非洲关系大事记（1949—2003）》，http：//www.china.com.cn/chinese/HIAW/445819.htm

技术合作协定,并就在贷款项下支付建设体育场项目的部分费用换文确认。①

5月21日,外经贸部吴仪部长与津巴布韦财政部长姆拉瓦分别代表各自政府在哈拉雷签订《中津贸易、经济、技术合作协定》《中津双边投资促进、保护协定》《经济技术合作协定》等协定,并与津外交部长S.姆登格分别代表各自政府就中国向津巴布韦派遣5名体育教练和提供部分体育器材事换文确认。②

6月,中国援助科特迪瓦的阿比让文化剧场项目开工。"阿比让文化剧场项目的建设规模为主演、二演和排练厅组成的综合文化设施。建筑面积12400平米,占地面积21500平米,是科特迪瓦唯一的国家级剧院,被誉为'阿比让明珠'。"③

广东省向赤道几内亚派出第十八批医疗队,全队19人,在马拉博、巴塔工作,1998年7月完成任务回国。

6月10日,中国和卢旺达在北京签署中国向卢旺达提供无偿援助的经济技术合作协定。④

6月17日,中国和几内亚在北京签署中国向几内亚政府提供无偿援助的经济技术合作协定的换文。⑤

7月,中国援建帕尔马雷诺60套住宅项目开工,该项目总建筑面积7248平方米,竣工时间1997年10月。

7月8日,中国和科特迪瓦就向科特迪瓦政府赠送一般物资和延长援科第一笔贷款使用期事在北京换文确认。⑥

7月22日,北京市向几内亚派出第十五批医疗队,全队16人,于1998年7月完成任务回国。

---

① 中国对外经济贸易年鉴编辑委员会:《中国对外经济贸易年鉴1997—98》,中国经济出版社、经济导报社1997年,第792页。
② 中国对外经济贸易年鉴编辑委员会:《中国对外经济贸易年鉴1997—98》,中国经济出版社、经济导报社1997年,第792页。
③ http://ci.mofcom.gov.cn/article/zxhz/hzjj/200203/20020300008885.shtml
④ 中国对外经济贸易年鉴编辑委员会:《中国对外经济贸易年鉴1997—98》,中国经济出版社、经济导报社1997年,第793页。
⑤ 中国对外经济贸易年鉴编辑委员会:《中国对外经济贸易年鉴1997—98》,中国经济出版社、经济导报社1997年,第794页。
⑥ 中国对外经济贸易年鉴编辑委员会:《中国对外经济贸易年鉴1997—98》,中国经济出版社、经济导报社1997年,第794页。

7月27日，中国和马里在巴马科签署两项农业合作协议。协议规定，中国将帮助马里建造一座花生酱厂、一座农具装配厂和一座磷酸盐化肥加工厂。①

8月，中国政府文化代表团访问加蓬期间，向加蓬文化部赠送价值10万元人民币的办公用品。②

8月21日，中国和尼日尔在北京签署中国向尼日尔提供无偿援助的政府经济技术合作协定、向尼日尔政府无偿提供援助的换文、关于延长老贷款的使用期和偿还期的换文及关于中国派遣考察组赴尼津德尔地区进行自来水供水工程可行性考察的换文。③

8月31日，中国和加蓬在北京签署中国向加蓬提供无息贷款的经济技术合作协定和关于在加蓬建立中国投资与贸易促进中心的议定书。④

9月，中国援建贝宁的政府办公大楼动工。该项目的总承包单位是中国成套设备进出门（集团）公司，承建单位是北京住宅开发建设集团总公司。

9月3日，中国和赤道几内亚在北京签署中国向赤道几内亚提供无息贷款的经济技术合作协定。⑤

9月9日，中国和马里就中国对马里经济援助情况及两国在经贸等领域进一步开展合作交换了意见。⑥

10月，中国援助乍得的邦戈尔B垦区关于稻田振兴项目正式在邦戈尔市移交给乍方。⑦

10月7日，中国和苏丹就无息贷款使用、中方提供新的优惠贷款、商签投资保护协定与避免双重税收协定、召开第五届混委会、中国在苏

---

① 张忠祥：《列国志：马里》，社会科学文献出版社2006年，第216页。
② 安春英：《列国志：加蓬》，社会科学文献出版社2005年，第307页。
③ 中国对外经济贸易年鉴编辑委员会：《中国对外经济贸易年鉴1997—98》，中国经济出版社、经济导报社1997年，第796页。
④ 中国对外经济贸易年鉴编辑委员会：《中国对外经济贸易年鉴1997—98》，中国经济出版社、经济导报社1997年，第796页。
⑤ 中国对外经济贸易年鉴编辑委员会：《中国对外经济贸易年鉴1997—98》，中国经济出版社、经济导报社1997年，第796页。
⑥ 中国对外经济贸易年鉴编辑委员会：《中国对外经济贸易年鉴1997—98》，中国经济出版社、经济导报社1997年，第797页。
⑦ 汪勤梅：《列国志：中非 乍得》，社会科学文献出版社2009年，第343页。

丹开办贸易中心等问题交换了意见。①

10月17日，中国和阿尔及利亚在北京签订中国向阿尔及利亚政府提供无息贷款和外经贸部无偿援助的经济技术合作协定。②

10月25日，贝宁文化部长蒂莫泰·扎努表示希望中国为贝宁建设科托努国家剧场。③

11月，中国援建贝宁洛克撒棉纺织厂竣工。贝宁洛克撒棉纺织厂规模为2万纱锭、720台布机。2000年，该厂转由中贝两国企业合资经营，并得到中国优惠贷款支持，年产1500万米坯布，为当地提供了800个就业岗位。

11月29日，对外贸易经济合作部办公厅下发《关于成立援外工作改革领导小组的通知》。

12月，中国援建贝宁的洛克萨医院竣工。该院系莫诺省省级医院，占地面积3200平方米，拥有120张病床，设有内科、外科、妇产、耳鼻喉、口腔科和儿科等，共有大小病房209间。

12月17日，中国和利比里亚就中国向利比里亚无偿提供500吨大米事在北京换文确认。④

年底，青岛纺织总公司组成30人的专家组赴赞比亚，在20多天的准备工作后，即1997年1月，穆隆古希合资合作公司正式启动生产。

1997年

国务院成立以李岚清副总理为首的"对非洲经济贸易技术合作协调小组"，负责规划、组织、协调国内各职能部门和各地方对非洲的经济合作事宜。

在驻加纳使馆和经商处的支持和配合下，中国农牧渔业国际合作公司与加纳卡里丹发展有限责任公司联合进行项目的可行性研究，申请立

---

① 中国对外经济贸易年鉴编辑委员会：《中国对外经济贸易年鉴1997—98》，中国经济出版社、经济导报社1997年，第798页。

② 中国对外经济贸易年鉴编辑委员会：《中国对外经济贸易年鉴1997—98》，中国经济出版社、经济导报社1997年，第799页。

③ 中国对外经济贸易年鉴编辑委员会：《中国对外经济贸易年鉴1997—98》，中国经济出版社、经济导报社1997年，第799页。

④ 中国对外经济贸易年鉴编辑委员会：《中国对外经济贸易年鉴1997—98》，中国经济出版社、经济导报社1997年，第803页。

项报批，并向加纳政府申请优惠贴息贷款。1998年，项目申请正式获批，项目进入设计和筹备阶段。

中国开始向莱索托派出医疗队。"中国援非医疗队中，既有综合队又有专业组，既有西医也有中医，以临床为主，又辅以卫生检疫、药品检验、预防保健、设备维修等多个方面。中国援非医疗队和当地医生密切配合，不仅诊治了大量常见病、多发病，而且治愈了不少疑难病症，挽救了许多垂危病人的生命。在临床上，中国医疗队员不仅利用现代医疗技术，而且还把中国的传统医药、针灸、按摩和中西医结合的诊疗方法带到了莱索托。"①

中国向摩洛哥提供用于修建农村道路和田地的设备。②

1月，中国援助贝宁的洛克萨医院移交贝方使用，中国派驻贝宁的医疗队派驻该医院。

中国政府和几内亚政府签订关于两国合作开发几内亚农业项目的协定，根据协定建立了几内亚科巴农场，中国帮助几内亚在科巴农场种植600公顷水稻田。③

1月30日，外经贸部刘山在副部长会见贝宁新任驻华大使米歇尔·阿代希安，并向大使介绍了援外方式改革的情况，表示愿意与贝宁加强在农业、教育、卫生和环保等领域的合作。④

2月，中国驻加蓬大使左树森代表中国政府向加赠送了一批拖拉机、播种机、碾米机及化肥等农用物资。⑤

2月7日至3月1日，外经贸部杨文生部长助理率中国政府经贸代表团出席南部非洲发展共同体1997年度部长级协商会议，并访问纳米比亚、加纳、尼日利亚和乌干达四国。"SADC组织及上述四国政府对中国代表团此次访问非常重视，SADC组织执行秘书和纳米比亚总统努乔马分别会见杨文生部长助理一行，并安排杨文生部长助理在SADC组织年会开幕式主席台上就座并发表讲话。访问期间，杨文生分别与四国政府部门就进一步加强南南合作、积极拓展双边经贸合作领域及加强企业间

---

① 陈晓红：《列国志：莱索托 斯威士兰》，社会科学文献出版社2006年，第182页。
② 肖克：《列国志：摩洛哥》，社会科学文献出版社2008年，第230页。
③ 吴清和：《列国志：几内亚》，社会科学文献出版社2005年，第260页。
④ 中国对外经济贸易年鉴编辑委员会：《中国对外经济贸易年鉴1998—99》，中国经济出版社、经济导报社1998年，第751页。
⑤ 安春英：《列国志：加蓬》，社会科学文献出版社2005年，第305页。

的合作等交换意见。杨文生还代表中国政府与尼日利亚政府签署会谈纪要；与乌干达政府签署乌干达体育场技术合作的换文、中国无偿赠送乌干达 100 万元人民币物资移交证书、两国投资合作意向书及中国同意乌方延期偿还 1989 年的无息贷款的换文等。"①

3 月，中石油与苏丹能源矿业部签署合资建设喀土穆炼油厂的协议。1998 年 5 月，喀土穆炼油厂开工建设。2000 年 5 月，由中石油自行设计、建造，并符合国际标准的喀土穆炼油厂建成，并实现投产一次成功。

3 月 3 日，中国和贝宁就进一步发展双边经贸关系交换了意见，并代表各自政府就中国向贝宁提供 500 万元人民币无偿援助事在北京换文确认。②

4 月，乍得首都恩贾梅纳市与中国广西壮族自治区柳州市结为友好城市。

4 月 1 日，中国援助的坦桑尼亚友谊纺织厂开始商业运营。

4 月 1 日起，坦中合资友谊纺织有限公司开始商业运营。"坦中合资友谊纺织有限公司成立于 1996 年 10 月 2 日，该项目是在对坦桑尼亚友谊纺织厂（中方 1968 年援建，4 万纱锭、1194 台布机和相应的印染设备）进行改造的基础上创办，系朱镕基总理在 1995 年访坦时商定的合资企业。根据协议，中方占 51% 股份，坦方占 49% 的股份。总经理及除人事部门外的各部门正职均为中方人员。

1997 年，通过加强管理，增收节支，当年略有小赢利，约 7 万多美元。1998 年开始小亏，1999 年亏损 12 亿坦先令（约 170 万美元），2000 年公司亏损 8.9 亿先令（约 110 万美元），比 1999 年亏损 12 亿先令减少 25%，2001 年亏损 7.3 亿先令（约 80 万美元），比上年减亏 18.7%。亏损主要原因是产品单一，而坦桑市场变化大，对康加和基探加两种主要产品需求减少；纺织品市场竞争激烈，价格下滑；燃料、原材料大幅度涨价；企业劳资矛盾突出。

截止 2001 年底，合资公司累计实现销售收入 304.8 亿坦先令，累计上缴坦政府税费 66.12 亿先令，解决了坦 1360 人的就业，累计支付工人

---

① 中国对外经济贸易年鉴编辑委员会：《中国对外经济贸易年鉴 1998—99》，中国经济出版社、经济导报社 1998 年，第 752 页。
② 中国对外经济贸易年鉴编辑委员会：《中国对外经济贸易年鉴 1998—99》，中国经济出版社、经济导报社 1998 年，第 752—753 页。

工资75亿先令。2001年,友谊纺织厂年生产各种布匹980万米,销售785万米。"①

4月3日,中国援助塞拉利昂的福拉湾学院校舍维修项目建成,5天后移交。该项目内容为对福拉湾学院的教学楼、学生宿舍、管理楼、图书馆、实验室等建筑进行部分维修,并提供部分宿舍家具,维修总面积共23707平方米。该项目于1996年4月1日开工,1997年4月3日建成,8日移交。

4月1日—14日,外经贸部部长助理刘向东访问贝宁、塞舌尔两国。1日,刘向东和贝宁外交与合作部长皮埃尔·奥绍分别代表各自政府,就中国向贝宁提供100万人民币无偿援助、援助贝宁有关垦区项目技术合作和进行考察事换文确认;3日,刘向东和贝宁住房部长赛义杜·当戈一纳代代表各自政府,就中国援助贝洛科萨医院事签署交接证书;14日,刘向东和塞舌尔外交、计划和环境部特别顾问兼外交和国际合作总局长阿兰·帕耶特代表各自政府,就中国向塞提供500万元人民币无偿援助事换文确认。②

4月6日,中国和阿尔及利亚就中国向阿提供3000万人民币无偿援助事在阿尔及尔签署《中华人民共和国政府和阿尔及利亚人民共和国政府经济技术合作协定》。③

4月14日,中国和毛里求斯就中国向毛里求斯提供500万人民币无偿援助事在北京换文确认。④

4月15日,中国和布隆迪就中国向布派遣医疗队、进行人道主义援助及对布琼布拉联合纺织厂的零配件供应问题交换意见。⑤

4月25日,中国和苏丹就中国向苏外交部提供300万元人民币扩音设备、向苏社会计划部提供500万元人民币家庭生产设备、中国派遣专家组赴苏进行友谊厅维修考察及中国赠苏检察署投影仪等事项在北京换

---

① http://tz.mofcom.gov.cn/article/zxhz/sbmy/200210/20021000044386.shtml
② 中国对外经济贸易年鉴编辑委员会:《中国对外经济贸易年鉴1998—99》,中国经济出版社、经济导报社1998年,第754页。
③ 中国对外经济贸易年鉴编辑委员会:《中国对外经济贸易年鉴1998—99》,中国经济出版社、经济导报社1998年,第754页。
④ 中国对外经济贸易年鉴编辑委员会:《中国对外经济贸易年鉴1998—99》,中国经济出版社、经济导报社1998年,第755页。
⑤ 中国对外经济贸易年鉴编辑委员会:《中国对外经济贸易年鉴1998—99》,中国经济出版社、经济导报社1998年,第755页。

文确认。①

5月，中国向津巴布韦提供优惠贷款，用于两国合资建设和经营的华津水泥厂项目。"华津水泥公司位于距首都哈拉雷西南280公里的山丘上，由中国建材工业对外经济技术合作公司与津巴布韦国营工业发展集团合资兴建，曾一度是中国在津投资金额最大的合资合作项目，中方持股65%。2000年11月建成，2001年10月投产，年产高质量水泥20万吨，是津巴布韦三大水泥厂之一。工厂的产品已经打入包括博茨瓦纳、赞比亚、莫桑比克、南非、纳米比亚和马拉维在内的所有周边国家市场，并同一些主要客户建立起了长期稳定的合作关系。华津水泥厂被总统穆加贝称为津中合作'里程碑'式工程，津巴布韦国家工业和国际贸易部长姆波富称赞华津水泥厂是'中津合作的典范'。"②

中国援助科特迪瓦的格格杜垦区水稻种植项目竣工并移交科方，此后该项目进入技术合作期。

对外贸易经济合作部举办中国援外方式改革国际研讨会，来自亚洲、非洲和南太平洋地区17个发展中国家的17位主管外援的官员出席。

国务院总理李鹏向莫桑比克妇女和儿童捐赠缝纫机、药品、电脑、童装、文具等物品。③

5月3—14日，李鹏总理访问赞比亚、莫桑比克、加蓬、喀麦隆、尼日利亚、坦桑尼亚和塞舌尔七国，吴仪部长陪同。李鹏除同七国领导人就双边政治关系及国际形势交换意见外，重点对今后中非经贸合作的发展方向及途径与七国领导人进行深入探讨，并取得共识。代表团还分别同七国政府签署20项经贸合作协议。④

5月4日，中国和塞舌尔就中国向塞提供500万元人民币无偿援助事在维多利亚换文确认。⑤

中国和科特迪瓦在北京签署中国向科特迪瓦提供1500万元人民币无

---

① 中国对外经济贸易年鉴编辑委员会：《中国对外经济贸易年鉴1998—99》，中国经济出版社、经济导报社1998年，第755页。
② 《华津水泥厂在逆境中奋勇前进》，2007年2月9日，http：//www.dcement.com/Article/200702/41258.html
③ 张宝增：《列国志：马拉维》，社会科学文献出版社2011年，第385页。
④ 中国对外经济贸易年鉴编辑委员会：《中国对外经济贸易年鉴1998—99》，中国经济出版社、经济导报社1998年，第756页。
⑤ 中国对外经济贸易年鉴编辑委员会：《中国对外经济贸易年鉴1998—99》，中国经济出版社、经济导报社1998年，第756页。

偿援助的经济技术合作协定、中国向科提供3000万元人民币无息贷款的协定和向科提供政府贴息优惠贷款的框架协议（协议金额为6000万元人民币）。①

5月7日，中国和莫桑比克在马普托签署中国向莫提供6000万元人民币无偿援助的两国政府经济技术合作协定和中国向莫无偿提供300万元人民币一般物资、承担36眼井维修项目的两个换文。②

5月22日—30日，中国援外方式改革国际研讨会在北京举行。外经贸部部长助理杨文生出席开幕式并代表外经贸部讲话。来自亚洲、非洲、南太平洋地区的17个友好发展中国家的17位主管外援的官员出席会议，通过此次研讨会，与会国之间增进了了解与合作。③

5月26日，中国和尼日尔就中国向尼提供2000万元人民币无偿援助事在北京签署协定。

5月26日—29日，中国和苏丹召开第四届经贸混委会，双方回顾了上届会议以来两国经贸合作的进展情况，并就进一步发展两国经贸合作交换意见。④

5月27日，中国和尼日尔进行经贸对口会谈。尼方对中国在尼的援建项目表示满意，外经贸部部长助理刘山在希望加强两国经贸界人士的交流，进一步发展双边贸易。⑤

5月30日，中国和苏丹就中国向苏丹提供1000万元人民币无偿援助事在北京签署协定。⑥

6月，中国在卢旺达的基加利和基本戈两地援建两家缝纫车间，9月份完工，该项目由湖北国际经济技术合作公司承建。

---

① 中国对外经济贸易年鉴编辑委员会：《中国对外经济贸易年鉴1998—99》，中国经济出版社、经济导报社1998年，第756页。
② 中国对外经济贸易年鉴编辑委员会：《中国对外经济贸易年鉴1998—99》，中国经济出版社、经济导报社1998年，第756页。
③ 中国对外经济贸易年鉴编辑委员会：《中国对外经济贸易年鉴1998—99》，中国经济出版社、经济导报社1998年，第756页。
④ 中国对外经济贸易年鉴编辑委员会：《中国对外经济贸易年鉴1998—99》，中国经济出版社、经济导报社1998年，第756页。
⑤ 中国对外经济贸易年鉴编辑委员会：《中国对外经济贸易年鉴1998—99》，中国经济出版社、经济导报社1998年，第756页。
⑥ 中国对外经济贸易年鉴编辑委员会：《中国对外经济贸易年鉴1998—99》，中国经济出版社、经济导报社1998年，第756—757页。

湖北省向莱索托派出第一批医疗队，全队12人。

中国政府向马里政府赠送一批药品和医疗器械。这批物资重15.42吨，总价值为6000万非洲法郎。①

6月27日，使用中国提供的优惠贷款建设的博茨瓦纳铁路更新改造（第五期）项目开工。

7月起，国际开发协会停止对中国提供软贷款。

7月13日—17日，外经贸部部长助理孙广相率中国政府代表团访问突尼斯。16日，孙广相同突尼斯国务秘书萨迪克·法亚拉代表各自政府，签署关于中国向突尼斯提供2亿元人民币政府贴息优惠贷款的框架协议。②

7月23日，中国和尼日尔就中国派遣水利专家赴尼帮助修建水坝、派遣社会住宅考察组赴尼、两国企业经贸合作等问题交换意见。③

8月21日，中国和纳米比亚就中国向纳米比亚提供100万元人民币物资无偿援助事在北京换文确认。④

8月27日，中国和赞比亚签署中、坦、赞关于坦赞铁路技术合作的议定书。⑤

9月，外经贸部在大连召开"全国对非洲经贸合作工作会议"。这是中国政府召开的第一次专门研究和部署加强对非洲经贸合作工作的全国性会议。其重要意义在于，它为今后开展对非经贸合作制定了政策框架，会议决定："今后要在继续向非洲国家提供力所能及的援助的同时，贯彻大经贸的思想，发挥政府与企业、官方与民间等多方面的积极性和主动性，全方位开拓非洲市场。"⑥

对外贸易经济合作部召开推行优惠贷款援助方式经验交流会。

---

① 张忠祥：《列国志：马里》，社会科学文献出版社2006年，第217页。
② 中国对外经济贸易年鉴编辑委员会：《中国对外经济贸易年鉴1998—99》，中国经济出版社、经济导报社1998年，第759页。
③ 中国对外经济贸易年鉴编辑委员会：《中国对外经济贸易年鉴1998—99》，中国经济出版社、经济导报社1998年，第760页。
④ 中国对外经济贸易年鉴编辑委员会：《中国对外经济贸易年鉴1998—99》，中国经济出版社、经济导报社1998年，第761页。
⑤ 中国对外经济贸易年鉴编辑委员会：《中国对外经济贸易年鉴1998—99》，中国经济出版社、经济导报社1998年，第761页。
⑥ 《外经贸部部长吴仪在全国对非洲经贸合作工作会议上的讲话》，《人民日报》1997年9月15日。

河南省向厄立特里亚派出第一批医疗队，全队 22 人。

9 月 2 日，中国和刚果共和国就中国向刚无偿提供 50 万元人民币药品援助事在北京换文确认。①

9 月 9 日，中国和莱索托就中国向莱索托提供 1000 万元人民币无息贷款事在马塞卢签署协定。②

9 月 23—25 日，外经贸部部长助理杨文生在威海主持召开"推行政府贴息优惠贷款援助方式经验交流会"。③

9 月 29 日，中国和毛里求斯就发展双边经贸关系问题交换意见，毛方提出希望中国能提供 1 亿元人民币的政府贴息优惠贷款。中方表示，如毛方提出的项目符合中国进出口银行的条件，中方会认真考虑毛方的要求。④

9 月 30 日，外经贸部部长吴仪会见科特迪瓦计划和工业发展部部长泰奥菲尔一行。双方就双边经贸合作问题交换意见。泰奥菲尔表示，科特迪瓦十分重视发展同中国的友好合作关系，希望中国政府推动企业赴科投资、开拓业务，并邀请吴仪在适当时候访问科特迪瓦。吴仪回顾了双边经贸合作的发展情况，表示中国政府愿意积极推动企业赴科特迪瓦投资办厂。吴仪还介绍了中国外经贸形势、援外方式的改革和在科特迪瓦设立"投资开发贸易中心"的情况。⑤

10 月，宁夏回族自治区向贝宁派出第十批医疗队，全队 32 人，于 1999 年 10 月完成任务回国。

中国援助科特迪瓦的华科汽车装配公司投产，该公司的设计规模为年组装 3000 辆卡车、面包车及相关产品。

中国援建尼日尔的尼亚美古代尔水坝船闸工程竣工交付使用，迈纳萨拉总统亲手打开船闸，为第一艘船只通过放行。

---

① 中国对外经济贸易年鉴编辑委员会：《中国对外经济贸易年鉴 1998—99》，中国经济出版社、经济导报社 1998 年，第 761 页。

② 中国对外经济贸易年鉴编辑委员会：《中国对外经济贸易年鉴 1998—99》，中国经济出版社、经济导报社 1998 年，第 762 页。

③ 中国对外经济贸易年鉴编辑委员会：《中国对外经济贸易年鉴 1998—99》，中国经济出版社、经济导报社 1998 年，第 762 页。

④ 中国对外经济贸易年鉴编辑委员会：《中国对外经济贸易年鉴 1998—99》，中国经济出版社、经济导报社 1998 年，第 763 页。

⑤ 中国对外经济贸易年鉴编辑委员会：《中国对外经济贸易年鉴 1998—99》，中国经济出版社、经济导报社 1998 年，第 763 页。

10月7日,中国与莫桑比克就中国向莫无偿提供200万元人民币一般物资事在北京换文确认。①

10月10日—21日,中国政府经贸代表团访问多哥、科特迪瓦和安哥拉三国。期间,外经贸部部长助理杨文生分别拜会了三国领导人、出席了中国援科刺绣培训班的开学典礼和华科汽车有限公司的投产仪式。11日,杨文生与多哥就中国援助多哥3万人座体育场二期工程事换文确认;20日,杨文生与安哥拉就中国向安哥拉提供5000万元人民币政府贴息贷款事签署框架协议。②

10月22日,中国和佛得角就中国向佛得角提供1000万元人民币无偿援助事在北京签署协定;就向佛政府无偿提供500吨大米事换文确认。③

10月24日,中国和吉布提就中国向吉布提政府提供150万元人民币无偿援助事在北京换文确认。④

10月30日,中国政府向安哥拉政府赠送价值为200万元的军用后勤物资的无偿援助。⑤

10月,中国援助佛得角帕尔马雷诺住宅竣工。帕尔马雷诺住宅共60套,总建筑面积7248平方米,建设时间从1996年7月至1997年10月。

11月,中贝双方决定恢复马朗维尔垦区15万公顷农田,并修复配套的农田水利设施,所需费用970万元在中方援款项下支付。

外经贸部在北京召开了第一次全国对非工作会议,全国各省、自治区、直辖市主管对外经贸工作的负责人及各地外经贸厅(委、局)的领导参加会议。

作为建国以来第一次全国性的对非洲的工作性会议,其召开标志着中国对非工作已被提升到一个前所未有的高度。会议的内容就是布置对

---

① 中国对外经济贸易年鉴编辑委员会:《中国对外经济贸易年鉴1998—99》,中国经济出版社、经济导报社1998年,第764页。
② 中国对外经济贸易年鉴编辑委员会:《中国对外经济贸易年鉴1998—99》,中国经济出版社、经济导报社1998年,第764页。
③ 中国对外经济贸易年鉴编辑委员会:《中国对外经济贸易年鉴1998—99》,中国经济出版社、经济导报社1998年,第766页。
④ 中国对外经济贸易年鉴编辑委员会:《中国对外经济贸易年鉴1998—99》,中国经济出版社、经济导报社1998年,第766页。
⑤ 刘海方:《列国志:安哥拉》,社会科学文献出版社2006年,第461页。

非洲的经济贸易工作，要求各地积极落实外经贸部关于发展对非经贸的各项措施。吴仪在会议中发表讲话，她要求对非工作者"以战略的姿态，以进一步吃苦的心态来开展对非工作"①。"对于全国对非经贸工作，吴仪积极务实地提出了六大要求：第一，要安排得力领导主管并重视发展中非经贸关系。要求他们亲自带队到非洲去看一看，走一走，从思想和行动上重视非洲。第二，要做好对非长期发展规划。各省、市企业，特别是中央大型企业要制定一个对非的长期经贸规划。第三，要培养和选派精兵强将。各省市、各单位要把那些懂业务、善管理、精外语、能决断、肯吃苦的骨干派到非洲工作，特别要派一些大学毕业的年轻人去了解非洲、熟悉非洲并加以锻炼。第四，要重视和扩展非洲市场。不要把非洲市场当做扫仓底、扫库存的地方，而要扎扎实实地树立长期发展战略观念，把有品牌、高科技、好质量的产品推到非洲，特别是当前要加大机电产品、高新技术产品的推销能力。第五，要协调一致形成合力。银行、保险、运输、外汇、仓储等部门要加大对非服务，要增设航班，扩大银行服务点，要对长期做中非经贸的企业在银行贷款和保险给予一定的优惠。第六，要加强信息的沟通。各驻非使馆经商参处，要全力做好服务工作，及时提供非洲市场的信息，要跟踪和了解，加大调研力度，及时反映情况。"②

11月3日，外经贸部部长助理高虎城会见博茨瓦纳工业部部长克韦拉霍贝一行。双方回顾了自1976年签订"经济技术协定"以来双边贸易和项目合作情况，表示今后要加强气象及工程建设等方面的合作。③

11月24日—28日，中国、贝宁经贸混委会第三次会议在北京召开。25日，中国和贝宁就两国政府新的贸易经济和技术合作、中国在贝宁建立商品分拨中心问题商定协议文本。27日，中国和贝宁签署关于中国向贝宁提供1500万人民币无偿援助的政府经济技术合作协定、恢复马郎韦

---

① 魏建国：《此生难舍是非洲——中国对非洲的情缘和认识》，中国商务出版社2011年，第51页。

② 魏建国：《此生难舍是非洲——中国对非洲的情缘和认识》，中国商务出版社2011年，第51—52页。

③ 中国对外经济贸易年鉴编辑委员会：《中国对外经济贸易年鉴1998—99》，中国经济出版社、经济导报社1998年，第767页。

尔 150 公顷农田项目的换文、中贝经贸混委会第三次会议纪要。①

12 月 5 日，中国和摩洛哥就中国向摩洛哥提供 500 万元人民币无偿援助事换文确认。②

12 月 11 日，中国和多哥就中国向多哥提供 5000 万元人民币无息贷款签署协定，就中国在贷款项下承担援助多哥 3 万人座体育场项目二期工程费用事换文确认。③

12 月 18 日，中国和民主刚果在北京签署关于中国向民主刚果提供政府贴息优惠贷款的框架协议、两国政府经济技术协定，并就中国向民主刚果提供 500 万元人民币小额赠送事换文确认。④

12 月 30 日，中国和南非就中国向南非提供 2500 万美元无偿援助事在比勒陀利亚签署换文。⑤

1998 年

中国向 53 个国家和国际组织提供 101 批一般物资。主要包括捐献 10 万吨粮食、2.8 万吨大豆、2 万吨尿素、8 万吨原油及药品和零配件，莱索托 64 台微机，阿尔及利亚残疾人用品，喀麦隆教学文体用品，贝宁发电组和墨西哥救灾物资等，中国提供的物资均为受援国急需。⑥

中国向摩洛哥提供水泵用于解决农村的饮用水、医疗设备。⑦

中国政府为莫桑比克国防军提供了 200 万美元的援助，用于购买非杀伤性军事装备，如军靴和军服等。⑧

中国在亚的斯亚贝巴环城路项目中为埃塞俄比亚提供 1.08 亿人民币的无息贷款援助。

---

① 中国对外经济贸易年鉴编辑委员会：《中国对外经济贸易年鉴 1998—99》，中国经济出版社、经济导报社 1998 年，第 767 页。
② 中国对外经济贸易年鉴编辑委员会：《中国对外经济贸易年鉴 1998—99》，中国经济出版社、经济导报社 1998 年，第 767 页。
③ 中国对外经济贸易年鉴编辑委员会：《中国对外经济贸易年鉴 1998—99》，中国经济出版社、经济导报社 1998 年，第 767 页。
④ 中国对外经济贸易年鉴编辑委员会：《中国对外经济贸易年鉴 1998—99》，中国经济出版社、经济导报社 1998 年，第 768 页。
⑤ 中国对外经济贸易年鉴编辑委员会：《中国对外经济贸易年鉴 1998—99》，中国经济出版社、经济导报社 1998 年，第 768 页。
⑥ 李国庆：《对外援助》，《1999 中国经济年鉴》，中国经济年鉴社 1999 年，第 348 页。
⑦ 肖克：《列国志：摩洛哥》，社会科学文献出版社 2008 年，第 230 页。
⑧ 张宝增：《列国志：马拉维》，社会科学文献出版社 2011 年，第 385 页。

1月,中国帮助卢旺达修复恩汤德齐农业兽医学校,由湖北国际经济技术合作公司承办,这项工程是北京国际经济技术合作公司在1991年援建的。①

中贝两国政府就中国为贝宁援建一座建筑面积为8000—10000平方米的会议大厦达成协议。该项目使用中国政府无息贷款1.3亿元人民币,由中国建筑工程总公司、上海建工集团承建。

中国和贝宁两国政府决定对此前援建的洛科萨纺织厂进行扩建。洛科萨纺织厂的扩建规模为2.4万纱锭,960台布机,为全新设备,总投资1.5亿元人民币。

中国和乍得两国复交,双方经贸合作逐步恢复,实施姆渡科农场第二期技术合作、勃亚利农技站恢复和技术合作、宾博电台技术合作。②

2月,中国教育部援建库马西恩克鲁玛科技大学微机实验室完工。1960年以来,中国共向加纳提供了100多个奖学金名额。

湖南省向津巴布韦派出第七批医疗队,全队8人。

2月26日,在十五届二中全会上,江泽民主席提出,要有领导有步骤地组织和支持一批有实力有优势的国有企业走出去,到非洲、中亚、中东、南美等地投资办厂。

3月,中国援助科特迪瓦的一拖农机装配公司投产,该公司主要装配和销售拖拉机、碾米机及咖啡脱壳机等农机。

3月—5月,宁波经济技术合作公司对恢复贝宁的马朗维尔垦区事进行了考察,同年11月举行了开工典礼。

4月,中国在卢旺达援建碾米机房厂,项目位于基本戈省,靠近卢瓦玛加纳稻区,由大连国际经济技术合作公司承办,同年9月完工。

通过多边合作和利用中国设备建立的加纳阿克拉科列布教学医院放射科实验室竣工。

中国为中非提供300万美元现款的无偿援助。③

4月7日,为了保证我国对外援助物资的质量,提高我国产品信誉,维护国家形象,国家进出口商品检验局、对外贸易经济合作部颁发《对

---

① http://rw.mofcom.gov.cn/article/zxhz/sbmy/200307/20030700106094.shtml
② 汪勤梅:《列国志:中非 乍得》,社会科学文献出版社2009年,第181—182页。
③ 汪勤梅:《列国志:中非 乍得》,社会科学文献出版社2009年,第182页。

外援助物资检验管理办法（试行）》。

6月，广东省向赤道几内亚派出第十九批医疗队，全队20人，在马拉博、巴塔两地工作，于2000年7月完成任务回国。

6月24日，财政部颁发《对外援助支出预算资金管理办法》。

7月，北京市向几内亚派出第十六批医疗队，全队15人，于2000年8月完成任务回国。

7月7日，对外贸易经济合作部、财政部颁发《援外合资合作项目基金管理办法》。本管理办法是为了加强对援外专项资金的管理而出台的，为加强对援外合资合作项目基金的财务管理，还制定了《援外合资合作项目基金管理办法细则》。

8月，外经贸部培训中心被选定为援外培训的基干单位，率先承办了第一期"非洲国家政府经济管理官员研修班"。首期"非洲国家政府经济管理官员研修班"的顺利举办，开创了中国援外培训的新形式，标志着援外培训工作进入一个新的历史时期。[1] 官员研修班一般为10—20天，研修形式包括讲座、研讨和参观考察等。研修班官员来华的国际机票费、中转费、在华食宿费、交通费等均由中国政府全额负担。

8月22日，由16人组成的中非医疗队开始为中非人民提供医疗服务。

9月，宁夏回族自治区向贝宁派出第十一批医疗队，全队20人，于2000年10月完成任务回国。

12月，中国向中非共和国提供价值150万元人民币的12辆北京吉普；不久又向中非提供价值1100万元人民币的载重卡车和自动装卸车50辆。另外，还有数次小额物资赠送，如电脑、复印机、计算器、办公用品、手扶拖拉机、摄影器材等，合计价值100多万元人民币。[2]

1999年

外经贸部颁布了《对外援助项目奖惩办法》。

中国对中非援建更新的中非宾博广播电台项目竣工。宾博广播电台

---

[1] 谢庆奎：《中国援外培训》，北京大学出版社2013年，第194—195页。
[2] 汪勤梅：《列国志：中非 乍得》，社会科学文献出版社2009年，第182页。

是中国援建的，1996年中非动乱时被毁。同年，中国政府向中非政府无偿赠送了3500余辆自行车。①

中国同莫桑比克政府签署一项协议，中国为莫桑比克提供援助。"首先，为莫桑比克国防军提供了750万美元的援助，在马普托郊区马戈阿尼内建设莫桑比克国防军军官住宅区。另外，中国为莫桑比克提供600万美元的援助，援建莫桑比克国会大厦部分主体工程。"②

中国派出3人医疗设备维修小组，在博茨瓦纳工作，合同期为3年。

1月24日—2月4日，国家副主席胡锦涛出访马达加斯加、加纳、科特迪瓦和南非四国。"1月25日，中国和马达加斯加在塔那那利弗签署关于中国向马提供2000万元人民币无偿援助的经济技术合作协定和中国向马提供5000万元人民币优惠贷款的框架协议。1月27日，中国和加纳在阿克拉签署中国向加纳提供5000万元人民币优惠贷款的框架协议，并就中国向加纳赠送价值200万元人民币一般物资事换文确认。1月29日，中国和科特迪瓦在阿比让签署关于中国向科特迪瓦提供1亿元人民币无偿援助，同意帮助科特迪瓦在科罗戈镇建一座妇幼中心事分别换文确认。2月2日，中国和南非就帮助南非政府在姆普马拉加省格拉斯考普市建设400套低造价社会住宅事在开普敦换文确认。"③

2月，中国教育部把在库马西恩克鲁玛科技大学援建的微机实验室正式移交给加纳教育部。

2月3日—12日，外经贸部部长助理何晓卫率中国经贸代表团访问苏丹和博茨瓦纳两国，出席南部非洲发展组织（SADC）协商会议。"2—6日，何晓卫访问苏丹，代表中方主持第五届中苏经贸混委会；5日，何晓卫和苏丹国际合作和投资部国务部长阿卜杜·贾比尔分别代表各自政府在喀土穆签署关于中国向苏丹提供1亿元人民币无偿援助的两国政府经济技术合作协定。7—9日，何晓卫访问博茨瓦纳。9日，何晓卫与博茨瓦纳财政和发展计划部长凯迪基尔维就中国向博茨瓦纳提供200万元人民币无偿援助事换文确认。11—12日，何晓卫代表外长唐家璇以观察员的身份出席在赞比亚举行的南部非洲发展组

---

① 汪勤梅：《列国志：中非 乍得》，社会科学文献出版社2009年，第182页。
② 张宝增：《列国志：马拉维》，社会科学文献出版社2011年，第385页。
③ 中国对外经济贸易年鉴编辑委员会：《中国对外经济贸易年鉴2000》，中国对外经济贸易出版社2000年，第764页。

织协商会议。"①

3月2日，对外贸易经济合作部颁发《关于进一步加强对外援助物资检验管理有关事宜的通知》。

3月9日，中国与刚果（布）在北京举行经贸对口会谈，双方签署中国政府向刚果（布）政府无偿提供200万元人民币物资援助的换文及延长3笔贷款使用期和推迟10笔贷款偿还期的换文。②

3月15日，对外贸易经济合作部、国家技术监督局颁布《关于落实和加强对外援助工程贯彻ISO9000质量体系标准工作有关事宜的通知》。

3月22日，对外贸易经济合作部办公厅下发《关于贯彻落实国务院关于鼓励企业利用援外优惠贷款和援外合资合作项目基金开展境外带料加工装配业务意见的通知》。

4月，中国援佛得角图书馆竣工。该图书馆建筑面积为2300平方米，建设时间为1998年5月至1999年4月。

中国政府与复交的中非恢复了姆博科农业站（饲养蛋鸡、肉鸡、火鸡、猪、种植蔬菜）合作项目。

4月2日，对外贸易经济合作部、财政部颁发《援外合资合作项目基金管理办法实施细则》。

4月5日，中国与埃及在北京签署关于中国向埃及提供3000万元人民币无偿援助的经济技术合作协定。③

4月12日，中国和桑给巴尔就中桑两国经贸合作事宜交换意见，并分别代表各自政府就中国向桑政府提供500万元人民币事换文确认。④

4月13日，中国和苏丹就中苏在能源领域合作特别是苏丹喀土穆州200千瓦联合循环电站项目事交换意见。⑤

4月22日，国家税务总局下发《关于援外出口货物有关税收问题的

---

① 中国对外经济贸易年鉴编辑委员会：《中国对外经济贸易年鉴经济贸易出版社2000年，第765页。
② 中国对外经济贸易年鉴编辑委员会：《中国对外经济贸易年鉴2000》，中国对外经济贸易出版社2000年，第765页。
③ 中国对外经济贸易年鉴编辑委员会：《中国对外经济贸易年鉴2000》，中国对外经济贸易出版社2000年，第768页。
④ 中国对外经济贸易年鉴编辑委员会：《中国对外经济贸易年鉴2000》，中国对外经济贸易出版社2000年，第768页。
⑤ 中国对外经济贸易年鉴编辑委员会：《中国对外经济贸易年鉴2000》，中国对外经济贸易出版社2000年，第768页。

通知》。

4月28日,中国和肯尼亚就中国向肯尼亚政府提供500万元人民币无偿援助事在北京换文确认。①

5月,马达加斯加外长拉齐凡德里亚马纳来华访问,提出中非之间建立一个论坛的想法。拉齐凡德里亚马纳访问期间与唐家璇会谈时恳切地说,当前国际形势发生很大的变化,非洲国家迫切希望同中国建立伙伴关系,就共同关心的和平与发展问题进行磋商,她建议成立一个"中国—非洲论坛"。②

5月6日,中国和津巴布韦在北京签署关于中国向津巴布韦提供1000万元人民币无偿援助的经济技术合作协定,并就中国向津巴布韦赠送一批价值200万元人民币的农业机械事换文确认。③

中国和马达加斯加在北京签署关于中国向马提供1000万元人民币无偿援助的经济技术合作协定,并就中国承担马昂—瓦公路项目事换文确认。④

5月20日—6月10日,外经贸部部长助理徐秉金率中国政府经贸代表团访问佛得角、布隆迪、肯尼亚和南非四国。

5月21日,中国和佛得角签署《中佛贸易和经济合作协定》和《中佛经济和技术合作协定》。中国政府向佛得角提供1300万元人民币的无偿援助。

5月21日,中国援建的佛得角国家图书馆举办揭幕和移交仪式。

5月25日,中国援助贝宁的政府办公大楼竣工,同年9月16日签订质量检查验收纪要并于11月27日移交贝方使用。

5月28日,中国与布隆迪举行中布经贸合作混委会第八次会议,中国政府向布隆迪提供2000万元人民币无偿援助并商定具体项目。⑤

6月,内蒙古自治区派出援卢旺达第九批医疗队。该批医疗队由12

---

① 中国对外经济贸易年鉴编辑委员会:《中国对外经济贸易年鉴2000》,中国对外经济贸易出版社2000年,第768页。
② 张忠祥:《中非合作论坛研究》,世界知识出版社2012年,第77页。
③ 中国对外经济贸易年鉴编辑委员会:《中国对外经济贸易年鉴2000》,中国对外经济贸易出版社2000年,第770页。
④ 中国对外经济贸易年鉴编辑委员会:《中国对外经济贸易年鉴2000》,中国对外经济贸易出版社2000年,第770页。
⑤ 中国对外经济贸易年鉴编辑委员会:《中国对外经济贸易年鉴2000》,中国对外经济贸易出版社2000年,第771页。

人组成，于2001年7月回国。医疗队到达卢旺达后，开展了一些过去没有开展的业务，甚至其他省及邻国的病人都慕名而来。

6月1日，中国和塞拉利昂在北京签署关于中国向塞拉利昂提供2500万元人民币无偿援助的两国政府经济技术合作协定，并就中国向塞拉利昂无偿提供物资援助和援塞体育场技术合作项目换文确认。①

6月11日，中国和尼日尔在北京签署关于中国向尼日尔提供1000万元人民币无偿援助的经济技术合作协定。②

6月14日，中国和中非在北京签署关于中国向中非提供1000万元人民币无偿援助的经济技术合作协定和中国向中非提供300万美元现汇援助的换文。③

6月25日，中国和几内亚比绍就中国向几内亚比绍提供200万元人民币物资援助事在北京换文确认。④

6月30日，中国援助加纳职业技术培训中心竣工。该项目位于阿克拉市唐苏曼区。工程由中国湖南建筑设计院设计，中国海南国际经济技术合作公司总承包，中国友发国际设计咨询公司监理。业主为加纳教育部和加纳罗林斯总统夫人领导的12·31妇女运动组织。项目于1998年3月开工，1999年8月建成，当年9月移交加方，学校占地面积6302平方米，总建筑面积2983平方米。目前学校已运营11年，培养学生约2000名，现有在校生400名，设有建筑设计系、计算机及软件系、电子系、木工系、制皮系、制衣系、电器维修系和管工系等。

7月30日，国家外汇管理局、对外贸易经济合作部颁发《关于援外项目外汇管理有关问题的通知》。

8月，中国援助科特迪瓦的阿比让文化剧场项目竣工，建设规模为主演、二演和排练厅组成的综合文化设施。"建筑面积12400平米，占地面积21500平米，是科特迪瓦唯一的国家级剧院，被誉为'阿比让明

---

① 中国对外经济贸易年鉴编辑委员会：《中国对外经济贸易年鉴2000》，中国对外经济贸易出版社2000年，第772页。
② 中国对外经济贸易年鉴编辑委员会：《中国对外经济贸易年鉴2000》，中国对外经济贸易出版社2000年，第772页。
③ 中国对外经济贸易年鉴编辑委员会：《中国对外经济贸易年鉴2000》，中国对外经济贸易出版社2000年，第772页。
④ 中国对外经济贸易年鉴编辑委员会：《中国对外经济贸易年鉴2000》，中国对外经济贸易出版社2000年，第773页。

珠'。"①

9月24日，国家外汇管理总局颁发《境外带料加工装配项目、援外项目外汇管理操作规程》。

10月，江泽民致信与中国有外交关系的非洲国家元首及非统秘书长萨利姆，正式发出召开"中非合作论坛——北京2000年部长级会议"的倡议。②

中国外交部副部长吉佩定参加中国政府援建莫桑比克外交部新楼的奠基仪式。③

11月，中非合作论坛筹备委员会正式成立。

中国援助科特迪瓦阿比让文化剧场项目移交。

12月10日，中国、坦桑尼亚、赞比亚三国政府关于坦赞铁路技术合作的部长级会谈在北京举行。本次会议签署关于中国政府向坦赞铁路提供专项贷款协定和坦赞铁路经济技术合作意向书。④

12月24日，财政部依据《对外援助预算资金管理办法》，制定了《举办受援国专业技术人员培训（研修）班费用开支标准和财务管理办法》。

---

① http://ci.mofcom.gov.cn/article/zxhz/hzjj/200203/20020300008885.shtml
② 张忠祥：《中非合作论坛研究》，世界知识出版社2012年，第77页。
③ 张宝增：《列国志：马拉维》，社会科学文献出版社2011年，第385页。
④ 中国对外经济贸易年鉴编辑委员会：《中国对外经济贸易年鉴2000》，中国对外经济贸易出版社2000年，第778页。

第七章　中非合作论坛与中非合作时代的开启（2000—2005）

第一节　在合作中大踏步前进的中国援非

经过20世纪80年代的全面调整和20世纪90年代的充实完善之后，中非合作无论在深度还是在广度上、数量上还是质量上都有了很大的提升和飞跃，中非围绕着发展而展开的合作探讨跃迁到一个前所未有的高度。中非双方同为发展中国家，发展是中非面临的首要历史使命，当中非互动产生发展的效应日益明显而向外谋求发展的难度正在加增之时，中非选择了通过合作互动通往发展之途。随着新世纪步伐的临近，中国和非洲发展的外在环境也在发生相应的变化，非洲国家倾向于选择更为紧密的中非合作关系来谋求未来的发展，在非洲国家的一再呼吁和推动下，中非共同开启了中非合作论坛的历史新时代，翻开了中非关系的历史新篇章。

一、中非合作论坛的启航

新世纪的非洲和世界站在了更高的发展起点和舞台之上。20世纪90年代，随着纳米比亚和新南非的独立，非洲大陆走完了民族解放的特殊历史阶段，进入全面谋求经济社会发展的全新时期。受到新世纪前夕国际上的"援助疲劳症"之影响，世界各国通过各种形式的合作推进其在非洲的存在，合作成为非洲与世界沟通交流的新桥梁与新纽带。2000年9月，联合国召开千年首脑会议，围绕着本次会议所提出的"千年发展目标"，世界各国开启了发展中国家的发展合作之旅，在发展中国家最集中的非洲开始了一次规模巨大的减贫运动。新世纪拉开帷幕之前，合作发展开始逐渐成为各西方大国的新旗号，展开了新一轮的对非交往之旅。1993年，日本举办首届"东京非洲发展国际会议"；美国总统克林顿1997年在他的非洲首旅中宣布，将于两年后开启美国南部非洲发展共同体论坛和美非经济论坛。①

站在新世纪的门槛上，合作成为非洲所面临的最为重要和关键的发展环境，也逐步成为中国和非洲必须大力推广和拓展的新空间。2000年，在非洲国家的提议和执著推动下，中非合作论坛于新世纪的开局之年全面启航，并成为中非关系和中国对非援助的新起点。随着此后中非合作的深入推进，中非合作论坛成为中非关系的品牌与旗帜。②

从性质来看，中非合作论坛是中非双方的共同平台，是中非谋求共同发展的一个高端平台。主要可以从以下几个方面来看：首先，中非合作论坛是非洲国家最先提出来创办的。第一届中非合作论坛的筹办并非中国方面一手推动的，而是非洲国家最先提出来并大力推动的。时任外交部非洲司司长刘贵今回忆说，当时有很多非洲国家的领导人向中国提及，类似日本东京非洲发展会议的合作论坛非常好，建议中非之间也建立类似的论坛。到1999年，马达加斯加外长在访华期间提议，在中非之间建立类似机制的论坛。③ 其次，中非合作论坛是由中国和非洲国家轮流主办的。首届中非合作论坛在中国北京召开，由中国政府主持召开；第二届论坛则移至非洲，在埃塞俄比亚首都亚的斯亚贝巴举行，由中国政府协助埃塞政府共同主持。此后的论坛也依据这一原则展开。其三，论坛关注的主题不仅是中国如何进一步深化中非合作，而且讨论非洲发展中的重大问题。从第一届中非合作论坛开始就关注大力促进中非经贸关系的问题，但从第一届论坛所通过的《中非经济和适合发展纲要》可见，中国不仅关注中国对非贸易的增长，而且还特别强调"关切地注意到双向贸易不平衡以及尽早解决这一问题的必要性"，并就此提出了四点措施，从设立各类贸易中心、建立对话和协商机制以及创造非洲商品输

---

① 参见李安山：《论中非合作论坛的起源——兼谈中国非洲战略的思考》，《外交评论》2012年第3期。
② Lucy Jone Corkin, "China's Rising Soft Power: The Role of Rhetoric in Constructing China-Africa Relations", *Revista Brasileira de Política Internacional*, p. 59.
③ 2011年4月，对前中国非洲问题特使刘贵今大使的访问。

华条件，以促进非洲商品的对华出口，提升非洲对华贸易的数量和品质。[①] 由此可见，中非合作论坛从成立开始就是一个为中非共享的发展平台，是一个围绕创造发展机遇和营造发展环境而展开平等互动的发展平台。

2000年中非合作论坛的成立不仅标志着中国援非工作有了一个机制性的平台，而且开启了中非合作关系的全新航程，中非在合作的道路上越走越远。作为一个机制性的平台，中非合作论坛为中非关系中的所有合作性事务提供了一个高效而务实的平台，也就是说，从新世纪开始，中国援非的事务都放到中非合作论坛的平台上来。在过去的16年时间里，以三年一届的节奏召开论坛，已召开了六届论坛，每一届都在前一届的基础上有所深入和拓展，每一届论坛都成为中非关系和中国对非援助的一个新起点。

二、第一届、第二届中非合作论坛与中非合作的探索步履

1. 第一届、第二届论坛的中非合作步履

2000年10月10日至12日，第一届中非合作论坛部长级会议在北京召开。非洲统一组织现任主席、多哥共和国总统纳辛贝·埃亚德马，阿尔及利亚民主人民共和国总统阿卜杜勒-阿齐兹·布特弗利卡，赞比亚共和国总统弗雷德里克·雅各布·泰特斯·奇卢巴，坦桑尼亚联合共和国总统本杰明·威廉·姆卡帕和中国国家主席江泽民等来自45个国家的部长以上官员参加了本次论坛，共同见证了这一具有开创意义的中非合作论坛的成立，将中非关系带入一个新的历史时期。

本次会议通过了《中非合作论坛北京宣言》和《中非经济和社会合作发展纲要》两份文件，为未来三年的中非合作提出了纲领性的政策和宣言。本次会议倡导中非共同推动南南合作，改善南北关系，平等参与国际事务，建立长期稳定、平等互利的新型伙伴关系。中国承诺继续为非洲国家提供援助，以项目合作和技术合作的方式提供，主要形式包括无偿援助、优惠贷款援助和无息贷款。为使中国援助的适应性进一步增强，中国方面进一步深化对外援助方式的改革，放宽当前最为重要的援

[①] 《中非经济和社会发展纲要》，2000年10月12日，http://www.focac.org/chn/ltda/dyjbzjhy/hywj12009/t155561.htm

助方式即优惠贷款的贷款条件,并完善对非援助机制以适应不断调整变化的形式发展之需。中国在为非洲解决债务问题上与非洲通力合作,切实减轻非洲的发展包袱,虽然中国债务并非非洲债务的重要组成部分,中国依然宣布在未来两年内,减免非洲重债贫穷国和最不发达国家100亿元人民币债务。此外,中非还在贸易投资和基础设施建设等领域达成若干合作的框架性协议,促进中非在合作中的平衡发展。①

2003年12月15—16日,中非合作论坛第二届部长级会议在埃塞俄比亚首都亚的斯亚贝巴举行,这是在非洲大陆举办的第一届中非合作论坛,中国和44个非洲国家负责外交和国际经济合作事务的70名部长及部分国际和非洲地区组织的代表参加会议。本届论坛以"务实合作、面向行动"为主题,昭示了中非将在总结第一届论坛经验和继承第一届论坛期间中非合作的若干成功经验,推出更为深入而具体的合作举措。在本次论坛上,中非双方通过了《中非合作论坛——亚的斯亚贝巴行动计划(2004至2006年)》。②

2. 中非援助与合作的拓展

论坛机制确立后,中非合作论坛成为中非间合作与互动的一个全新的平台,在第一届和第二届中非合作论坛结束后的6年时间里,中非马不停蹄地展开了平台建设,通过大力增进相互了解而不断地调适与对方开展合作的领域与途径,在合作实践中找寻新的合作机会,积累合作经验,推动中非合作从起步逐渐迈向成熟,从尝试和探索逐步走向专业。总体上说来,6年间中非援助与合作可以从以下几个方面来观察其进展:

第一,完善合作的机制建设。作为一个新成立的机制性平台,无论是中国还是非洲,都没有特定的组织和机构来履行中非合作论坛一系列合作的承诺。2000年12月25日,中方成立中非合作论坛中方后续行动委员会,由外交部长唐家璇和对外贸易经济合作部长石广生任名誉两主席,外交部副部长吉佩定、对外贸易经济合作部副部长孙广相担任共同主席,原始成员单位为19家中央和国务院有关部委及单位,到2003年发展到23家单位。委员会的主要任务是,规划、协调中方有关部门落实

---

① 参见 http://www.focac.org/chn/ltda/dyjbzjhy/,以下第一届中非合作论坛的内容均参见该网站。

② 参见 http://www.focac.org/chn/ltda/dejbzjhy/,以下第二届中非合作论坛的内容均参见该网站。

论坛各项承诺，特别是执行论坛发表的《北京宣言》和《中非经济和社会发展合作纲领》两个纲领性文件中提出的合作纲要，对外负责与非洲方面进行联系和沟通，增进双方合作，共同落实好会议的两个文件。①

中非合作论坛的机制化机构和配套活动日渐成熟。从第二届中非论坛开始，每两年召开一次高官会；从第二届中非合作论坛开始每届论坛召开时配套召开中非企业家大会，2003年召开了首届中非企业家大会；2007年，建立了中非外长定期对话机制中非外长政治磋商会议，于论坛会议结束后的第二年召开，每三年召开一次；中方后续行动委员会秘书处与非洲驻华使节举行不定期的磋商，增强中国方面与非洲方面就最新合作形势展开的沟通和探讨。

在中非合作论坛机制建设逐步成熟的过程中，中国对非援助的制度化建设工作也在继续向前迈进。随着中国援外青年志愿者派遣制度的形成，有关志愿者派遣的相关管理办法在实践中逐步成熟。2004年3月12日，商务部颁发《对外援助成套项目施工任务实施企业资格认定办法》（试行）和《对外援助物资项目实施企业资格认定办法》（试行）。2004年9月23日，《援外青年志愿者选派和管理暂行办法》经中华人民共和国商务部第11次部务会议审议通过，标志着团中央会同商务部将中国青年志愿者海外服务计划纳入正式援外工作范畴。2005年商务部全面启动各类援外项目合同标准文本协定的工作，并开始起草《援外成套项目安全生产管理办法》《对外援助物资项目管理办法》《对外援助人力资源项目管理办法》，同时制定并发布了《商务部关于进一步加快对外援助实施进度的意见》《对外援助培训项目实施管理内部暂行规程》等规范性文件。这些制度建设的完善引领着中国对非援助的规范化和专业化。

第二，中非合作的领域在持续拓展。第一届论坛所讨论的合作领域从政治、贸易和投资、工程和基础设施、金融、债务减免、旅游、移民、农业、科技和文化、医疗卫生、教育和人力资源开发、环境管理等领域展开，到第二届论坛双方合作领域在进一步具体化和细化。以政治与和平安全合作为例，第一届论坛也涉及这一领域，但较为宏观和概括，第二届论坛则进一步将这一领域的合作延展到和平与安全、非传统安全和反恐，并提出较第一届具体和详细的应对举措。此外合作的领域也进一

---

① 《中非合作论坛中方后续行动委员会成立》，http://www.people.com.cn/GB/channel1/10/20001225/362069.html

步拓展,如第二届论坛开始将民间合作纳入论坛讨论的内容,并推出增进中非企业家和中非青年间交流和合作的平台和活动,拓展了中非合作的层面,探讨了更为深入和丰富的合作,引导中非关系向更为全面的方向发展。

第三,合作举措进一步细化,更加关注合作中的相互性与平等性。以人力资源开发为例,第一届论坛的"非洲人力资源开发基金"在培训非洲人才方面做出了较好成绩,培养了大量非洲人才,第二届论坛承诺增加资金投入,并力争培训1万人。值得一提的是,中非的教育合作与交流强调交互性,如在教师的派遣和奖学金的设立上都是相互的,这就为中非高校间的交流建立了正常的渠道,非洲也更为主动而有效地参与到这种交流之中来。在中非医疗卫生合作中,第二届论坛突破了传统的派遣医疗队的方式,鼓励加强传统医药研制及经验、技术交流,将培养医疗卫生专门人才作为人力资源开发合作的重点。通过类似的措施,非洲更为主动地参与到这个平台中来,且在平台中具有更为平等的地位。

第四,中非人文领域的合作走出了奖学金、医疗队的模式,逐步丰富了人文交流的层次和领域,提升了中非人文合作的水平和效果。第一届中非合作论坛召开后,中非通过以下途径和渠道改进和增强双方人文交流的层次和领域。首先,在保持传统人文合作方式的基础上,增加传统合作的力度,拓展合作的领域。中方增加了非洲国家学生来华学习的奖学金名额;2006年,中国在肯尼亚的内罗毕大学设立非洲的首家孔子学院;中国的一些高校与非洲国家高校建立了校际联系,选派教师赴非洲一些高校任教,实施建设实验室、计算机中心等合作项目。除此之外,中国与40个非洲国家新签、续签了派遣医疗队议定书,继续无偿提供药品、医疗器械和医用材料,开始探索在防治艾滋病、疟疾、肺结核等方面开展专业性的合作路径等。其次,中非增加了人力资源培训与合作的力度。为推进中非资源合作事业,中方设立了"非洲人力资源开发基金"。中方举办了多种形式的对非人才培训班近300期,为非洲培训外交、经济管理、国防、农业、医疗卫生、教育、科技、文化等领域的专业人才6000多人次,并向非洲国家派遣了500多人次的专家和教师。中国向国际货币基金组织倡导设立的"非洲能力建设基金"捐资,并在多边技术培训(TCDC)项下开办了近20个专门面向非洲学员的专业技术培训班。再次,中非启动了旅游合作的新步伐,带动中非民众间的相互了解与沟通。埃及、南非和摩洛哥成为第一批中国公民自费出国旅游目的地国家，毛里求斯、津巴布韦、坦桑尼亚、肯尼亚、埃塞俄比亚、塞舌尔、突尼斯及赞比亚等国成为第二批中国公民自费出国旅游目的地，通过旅游业带动了非洲国家第三产业的发展；扩大中国公民出游非洲的目的地国家的范围，增加强国游客赴非旅游的选择，促进了各相关国家旅游业的发展，繁荣了这些国家与旅游业相关服务业的发展。最后，鼓励多种形式的文化交流，增进中非间交流互动。第二届论坛开始，中非在民间交流层次上强调中非企业家、青年之间的合作与交流，民间交流的队伍日益充实，交流的影响力与日俱增。

第二节　编　年

2000 年

对外贸易经济合作部举办了 4 期发展中国家经济管理官员研修班。其中非洲 2 期，亚洲、拉美与南太地区各 1 期。邀请来自 48 个国家的 74 名中、高级经济管理官员参加，宣传中国经济发展，特别是改革开放以来所取得的成就和经验，介绍中国的外经贸政策和现行援外方式，同时还为中国企业寻求投资合作机会。通过举办研修班，增进了相互了解和友谊，加强双方的沟通和合作。①

中国向摩洛哥穆罕默德基金会提供 600 万迪拉姆资金援助。②

2 月 15 日，毛里塔尼亚总统塔亚在努瓦克肖特会见中国外交部长唐家璇时说，毛里塔尼亚愿意与中国进一步加强在各个领域的友好关系，共创美好未来。访问期间，唐家璇同艾哈迈德外长举行会谈，并签署经济技术合作协定。③

3 月，湖南省向津巴布韦派出第八批医疗队，全队 5 人。

3 月 17 日，刚果（布）总统萨苏访问中国。20 日，国家主席江泽民在北京与萨苏举行会谈。中刚签署《中华人民共和国政府和刚果共和国

---

① 李国庆：《对外援助》，《2001 中国经济年鉴》，中国经济年鉴社 2001 年，第 409 页。
② 肖克：《列国志：摩洛哥》，社会科学文献出版社 2008 年，第 230 页。
③ 《中国对外经济贸易年鉴》编辑委员会：《中国对外经济贸易年鉴 2001》，中国对外经济贸易出版社 2001 年，第 776 页。

政府关于鼓励和促进保护投资协定》《中国向刚果（布）提供贷款的协定》和《中华人民共和国政府和刚果共和国政府文化合作协定》。22 日，刚果（布）总统萨苏在中国—刚果（布）经贸洽谈会上接见中国企业家并发表演讲。①

3 月 21 日，中国进出口银行与中国海外工程总公司在北京签署《中国对外优惠贷款马里水泥厂项目贷款协议》，协议总金额 1.5 亿元人民币。②

4 月，中国和赤道几内亚毕科莫水电站的技术合作进入第 10 期。赤道几内亚毕科莫水电站技术合作自 1983 年 8 月开始已进行了 9 期技术合作。第 9 期技术合作组于 2000 年 5 月完成任务回国。第 10 期技术合作组于 2000 年 4 月抵达赤几。实施单位是江西国际经济技术合作公司。

4 月 18 日，外经贸部部长石广生与毛里塔尼亚商业、手工业和旅游部部长哈马迪在北京签署中毛两国政府贸易、经济和技术合作协定。③

4 月 25 日，国家主席江泽民访问南非。江泽民在比勒陀利亚与南非总统姆贝基举行会谈。会谈结束后，两位领导人共同签署《中华人民共和国政府与南非共和国政府海运协定》，农业部长陈耀邦与祖玛签署《中华人民共和国政府与南非共和国政府关于动物检疫及动物卫生的合作协定》，文化部长孙家正与南非文艺科技部长恩古巴内签署《中华人民共和国政府与南非共和国政府文化艺术合作协定》，税务总局局长金人庆与南非财政部长曼纽尔签署《中华人民共和国政府和南非共和国政府关于多所得避免双重征税和防止偷漏税的协定》，外交部副部长吉佩定和南非安全与治安部长奇韦特签署《中华人民共和国政府和南非共和国政府关于加强警察合作的协议》。④

5 月，国务院办公厅转发原外经贸部、财政部《关于新形势下进一步做好中国对外援助工作若干意见的通知》。

---

① 《中国对外经济贸易年鉴》编辑委员会：《中国对外经济贸易年鉴2001》，中国对外经济贸易出版社 2001 年，第 776 页。

② 《中国对外经济贸易年鉴》编辑委员会：《中国对外经济贸易年鉴2001》，中国对外经济贸易出版社 2001 年，第 776—777 页。

③ 《中国对外经济贸易年鉴》编辑委员会：《中国对外经济贸易年鉴2001》，中国对外经济贸易出版社 2001 年，第 777 页。

④ 《中国对外经济贸易年鉴》编辑委员会：《中国对外经济贸易年鉴2001》，中国对外经济贸易出版社 2001 年，第 777 页。

第七章　中非合作论坛与中非合作时代的开启（2000—2005）｜323

5月19日，中国—卢旺达经贸混委会第四次会议在北京闭幕。外经贸部部长石广生和卢旺达外交和地区合作部长安德烈·布马亚共同签署中卢经济技术合作协定和中卢经贸混委会第四次会议纪要。①

中国援助赤道几内亚巴塔广播电台第12期技术合作组抵达赤几，开始为期两年的技术合作服务。实施单位是中国广播电视经济技术合作公司。

6月14日—16日，中喀第五次经贸混委会在北京举行。外经贸部长石广生与喀麦隆对外关系国务部长霍梅尼分别代表两国政府签署中国政府向喀麦隆政府提供援助的经济技术合作协定和中喀经贸混委会第五次会议纪要。②

7月，中国政府向刚果（布）政府提供2亿元的贴息优惠贷款，刚政府立即决定用这笔贷款复兴水泥厂。

7月22日，北京市向几内亚派出第十七批医疗队，全队16人，于2002年9月完成任务回国。

9月，宁夏回族自治区向贝宁派出第十二批医疗队，全队23人，于2002年10月完成任务回国。

9月5日，外经贸部部长石广生在北京会见马达加斯加贸易和消费部长朗德利亚南比尼纳·阿尔封斯一行，双方就进一步加强中马经贸合作和10月份在北京举行的中非合作论坛等问题交换了意见。同日，外经贸部副部长孙广相与阿尔封斯部长签署关于中马开展经济技术合作的协议。③

10月7日至9日，中非合作论坛第一届高官会在北京召开，会议主要内容是为准备即将召开的第一届中非合作论坛。

10月10日—12日，中国和非洲国家在北京召开了"中非合作论坛——北京2000年部长级会议"，成为中非关系史和中国援非史上的一个重要的全新里程碑。来自中国和非洲的6位国家元首和政府首脑、44个与中国建交的非洲国家的79位部长级官员、尚未与中国建交的马拉维

---

① 《中国对外经济贸易年鉴》编辑委员会：《中国对外经济贸易年鉴2001》，中国对外经济贸易出版社2001年，第778页。

② 《中国对外经济贸易年鉴》编辑委员会：《中国对外经济贸易年鉴2001》，中国对外经济贸易出版社2001年，第779页。

③ 《中国对外经济贸易年鉴》编辑委员会：《中国对外经济贸易年鉴2001》，中国对外经济贸易出版社2001年，第780—781页。

和利比里亚的观察员以及 17 家国际和地区组织参加了在中国北京举办的第一届中非合作论坛。非洲方面的与会者共有 500 多人。会议围绕着两大议题展开：1、面向 21 世纪应如何推动建立国际政治经济新秩序；2、如何在新形势下进一步加强中非在经贸领域的合作。第一届部长级会议共举办了四个专题研讨会，分别涉及中非投资与贸易，中国与非洲国家的改革经验交流，消除贫困与农业可持续发展，教育、科技与卫生合作等领域。会议通过了《中非经济和社会发展合作纲领》和《中非合作论坛北京宣言》。①

10 月 10 日，江泽民在中非合作论坛开幕式上发表题为《中非携手合作 共迎新的世纪》的演讲。

10 月 12 日，朱镕基在中非合作论坛闭幕式上发表题为《加强团结合作 实现共同发展》的演讲。

11 月，中国驻中非大使崔永乾与中非负责经济、计划和国际合作部的部长级代表雅各布·姆拜依塔杰姆签署两国政府贸易、经济和技术合作协定。②

11 月 24 日，中国和纳米比亚签署《中华人民共和国政府和纳米比亚政府经济技术合作协定》。③

12 月 17 日，中国地质工程集团与科特迪瓦矿业开发公司在阿比让签署黄金开采示范项目合作补充协议。根据协议，即将启动的黄金开采示范项目将使用中国进出口银行提供的中国政府优惠贷款，利用中方的设备技术，开发科特迪瓦中西部热雷波地区的金矿资源。④

12 月 25 日，中非合作论坛中方后续行动委员会在北京成立。"该委员会由外交部长唐家璇和对外贸易经济合作部长石广生任名誉两主席，外交部副部长吉佩定、对外贸易经济合作部副部长孙广相担任共同主席，成员单位包括与非洲合作事务密切相关的其他 19 家中央和国务院有关部委及单位。委员会的主要任务是，对内规划、协调中方有关部门落实论坛会成果，特别是执行论坛会发表的《北京宣言》和《中非经济和社会

---

① 参见 http://www.focac.org/chn/ltda/dyjbzjhy/
② 汪勤梅：《列国志：中非 乍得》，社会科学文献出版社 2009 年，第 182 页。
③ 《中国对外经济贸易年鉴》编辑委员会：《中国对外经济贸易年鉴2001》，中国对外经济贸易出版社 2001 年，第 781 页。
④ 《中国对外经济贸易年鉴》编辑委员会：《中国对外经济贸易年鉴2001》，中国对外经济贸易出版社 2001 年，第 783 页。

发展合作纲领》两个文件的各项工作，对外负责与非洲方面进行联系和沟通，增进双方合作，共同落实好会议的两个文件。"①

2001 年

中国向布隆迪提供了 2000 万元的无偿援助。②

中国政府减免了安哥拉欠中国政府的 8100 万美元外债中的一部分。③

中方免除赞比亚债务 3.3 亿元人民币，占到期债务的 30%。

财政部和外经贸部发布《援外出国人员生活待遇管理办法》。

2001 年—2003 年，博茨瓦纳派学员参加中国东南大学为非洲国家举办的高级计算机研修班学习。

1 月，中国唐家璇外长和中非梅泰法拉外长分别代表各自政府签署《中华人民共和国政府和中非共和国政府经济技术合作协定》。④

根据中非合作论坛精神，中国减免了乌干达绝大部分到期债务。⑤

中国中建材公司利用中国进出口银行买方信贷和政府优惠贷款在津巴布韦兴建的水泥厂建成投产。

2 月，中国外交部副部长吉佩定访问科特迪瓦时，决定向科特迪瓦提供 2000 万元人民币的无息贷款以及两笔各为 500 万元人民币和 150 万美元的赠款。

2 月 12 日，中国援助赤道几内亚的涅方—恩圭公路项目正式开工。"该项目全长 33.2 公里，所需部分建设费用在中国向赤几提供的援款项下支付，不足部分由赤几政府支付。施工单位是中国路桥（集团）总公司，设计单位是河南省交通规划勘察设计院。考虑到中国援赤几巴塔—涅方公路前 28 公里段出现的破损问题，为确保公路质量，拟对涅方—恩圭公路路面基层加厚 5 厘米，所需费用由赤几方支付。"⑥

2 月 22 日，中国援助坦桑尼亚的多多马供水设施维修项目正式开

---

① 《中非合作论坛中方后续行动委员会》，http://www.china.com.cn/chinese/zhuanti/zf/445777.htm
② 于红、吴增田：《列国志：卢旺达 布隆迪》，社会科学文献出版社 2011 年，第 426 页。
③ 刘海方：《列国志：安哥拉》，社会科学文献出版社 2006 年，第 461 页。
④ 汪勤梅：《列国志：中非 乍得》，社会科学文献出版社 2009 年，第 182 页。
⑤ 魏翠萍：《列国志：乌干达》，社会科学文献出版社 2012 年，第 523 页。
⑥ http://gq.mofcom.gov.cn/article/zxhz/zhxm/200303/20030300076466.shtml

工,这是 2001—2003 年通过无偿援助为坦桑尼亚完成两项大型供水项目之一。

3 月 26 日,中国政府向中非政府赠送 70 辆汽车。①

3 月 31 日,使用中国提供的优惠贷款建设的博茨瓦纳铁路更新改造(第五期)项目竣工。

5 月,中国在卢旺达基加利援建议会大厦—吉尼尼亚道路,这条道路总长 3.5 公里,由中国路桥公司具体承建,同年 10 月完工。

中国红十字会向安哥拉捐赠 2 万美元,用于救助水灾中的灾民。②

6 月 13 日和 18 日,中国和赤道几内亚换文,中国同意派遣 6 名专家对巴塔电台维修进行考察,具体实施内容待考察后确定,所需费用在 2001 年 12 月 12 日无息贷款项下支付。考察设计单位是中国广播电影电视部设计院,施工单位是中国广播电视国际经济技术合作总公司。

7 月,中国援建的佛得角的国父纪念碑和礼堂项目落成。礼堂建筑面积为 1620 平方米,供会议、小型演出、电影放映使用,可容纳观众 600 人。

中非合作论坛部长级磋商会在赞比亚的卢萨卡举行。本次会议通过了《中非合作论坛后续机制程序》,该程序于 2002 年 4 月正式生效。

7 月 10 日,中国和莫桑比克两国政府签订免债议定书。"该议定书商定,中方免除了截至 1999 年 12 月 31 日莫方应偿还的 5 笔无息贷款债务。"③"截至 2002 年 6 月,中国同 31 个非洲国家签署免债议定书,共免除有关国家欠华到期债务 156 笔,总金额 105 亿元。中国除了积极免除非洲国家的对华债务,还在呼吁国际社会兑现对华减债承诺。"④

7 月 18 日,中国和莫桑比克政府在马普托签署《中国向莫桑比克捐赠扫雷器材议定书》。根据议定书,中国政府向莫桑比克捐赠 90 套扫雷器材,其中包括地雷探测装置和排雷防护装具。莫桑比克国防部长托比亚斯·达伊和中国驻莫桑比克大使陈笃庆分别代表两国政府在议定书上签字,达伊对中国向莫桑比克扫雷工程提供援助表示衷心的感谢。⑤

---

① 汪勤梅:《列国志:中非 乍得》,社会科学文献出版社 2009 年,第 182 页。
② 刘海方:《列国志:安哥拉》,社会科学文献出版社 2006 年,第 461 页。
③ http://mz.mofcom.gov.cn/article/zxhz/hzjj/200203/20020300004293.shtm
④ 张宝增:《列国志:马拉维》,社会科学文献出版社 2011 年,第 383 页。
⑤ 张宝增:《列国志:马拉维》,社会科学文献出版社 2011 年,第 385—386 页。

8月，中国援助贝宁一座建筑面积为8000平方米—10000平方米的会议大厦正式动工。

内蒙古自治区派出援卢第十批医疗队，2003年8月回国。此批医疗队由12人组成。

9月，中国援助坦桑尼亚的查林兹供水项目开工，该项目是近年来中国向坦桑尼亚提供的最大的经援项目。①

9月10日和12月18日，中国和赤道几内亚换文，中国方面同意派6名专家，对毕科莫水电站的设施使用和维护进行技术指导，并就地培训赤几方人员，合作期限2年，由江西国际具体负责，这是毕科莫水电站技术合作的第11期合作。

10月8日，中国驻莱使馆在莱索托国立大学举行了隆重的实验室移交仪式。"2001年，中国向莱索托国立大学援助一个拥有50台电脑的实验室并由中国教育部派教师在莱索托国立大学任教，帮助莱索托国立大学建立计算机实验室，设置安装网络软件，建立网站，指导网页的编写等。"②

11月20日，中国和赤道几内亚政府换文，中方同意派遣8名专家对马拉博电视中心项目进行考察。所需费用在2001年11月19日无息贷款项下支付，有关项目的建设内容，双方将另签协议加以规定。考察设计单位是中国广播电影电视部设计院。

11月25日，中非和中国两国签署中国政府减免中非债务的议定书。③

12月，中国援建卢旺达的基本戈卫校项目开工，该项目由武汉国际经济技术合作公司承办，2002年8月施工结束。

中国和埃塞俄比亚两国正式签署职业技术教育领域的合作协议。此后，中国开始派遣职教师资赴埃塞俄比亚开展职教援外工作。

2002年

佛得角的议会堂改造音响及更新电梯等设备项目移交。

中国对1975年援建的塞拉利昂体育场进行维修，1992年，中国曾对

---

① 裴善勤：《列国志：坦桑尼亚》，社会科学文献出版社2008年，第588页。
② 陈晓红：《列国志：莱索托 斯威士兰》，社会科学文献出版社2006年，第120页。
③ 汪勤梅：《列国志：中非 乍得》，社会科学文献出版社2009年，第182页。

该体育场进行维修,这是第二次维修。

四川省向几内亚比绍派出第一批医疗队,全队7人。

援助佛得角建设普拉亚中心医院外科病房楼规模为120床位,建筑面积约1670平方米,并建设中国医生住房,建筑面积约750平方米。

中国和中非两国经济贸易和合作关系进一步加强,双方签订了中国政府向中非政府提供无息贷款的协议。中国和中非续签了医疗合作议定书。同时,中国对中非援建的100套经济住房项目开工。香港企业家庄启程在中非注册的中非中天林业公司开工伐木。中国—中非光彩矿业股份有限公司在中非获得A类矿业钻石勘探许可证。中国建材工业对外经济技术合作公司与中非签署合建水泥厂的意向书。①

中国政府向多哥赠送了价值300万元人民币的化肥,帮助多哥实现粮食自给的目标。②

中国商务部建立了突发事件应急救援机制,制定相应的工作预案。

中国代表团向布隆迪妇女组织赠送了50台缝纫机和40台脱粒机。③

2002年初,中国传统医药专家访问莱索托,研究探讨中国与莱索托在传统医药领域的合作。"2002年10月,莱索托卫生大臣佛科博士(DR. Phooko)赴华参加中非传统医药合作论坛,与中国卫生部长张文昌举行了建设性的会谈,并签署《中莱医疗卫生合作协定》。同年11月,中国非政府组织向莱索托医疗界捐献抗肺结核药,价值240万马洛蒂,可以治疗3000个患者。这是中非论坛的后续行动之一,也是中国非政府组织第一次进入莱索托,莱索托政府给予高度评价,认为这是扩大两国非政府组织间合作的新开端。"④

2002年初,中国援刚果(布)马桑巴·代巴体育场技术合作项目完工。"援建的这座体育场位于刚果(布)首都布拉柴维尔市中心,是由法国建筑营造商设计,于1966年建成,可用于田径和足球比赛。整座体育场呈椭圆形,长轴244米,短轴197米,建筑面积28500平方米。体育场共有17500个坐席,四周为单坡25排看台,38个疏散口,8座外疏

---

① 汪勤梅:《列国志:中非 乍得》,社会科学文献出版社2009年,第183页。
② 沐涛、杜英:《列国志:布基纳法索 多哥》,社会科学文献出版社2011年,第330页。
③ 于红、吴增田:《列国志:卢旺达 布隆迪》,社会科学文献出版社2011年,第426页。
④ 陈晓红:《列国志:莱索托 斯威士兰》,社会科学文献出版社2006年,第181—182页。

散楼梯，西面主席台上有 9 榀大悬臂钢结构挑篷。看台前设有 2 米高钢丝网作为安全保护，结构为预制钢结构砼斜梁，框架装配式，螺栓连接结构体系。

1995 年，受到刚果（布）方面的委托对该体育场进行加固翻新，中国西南设计院负责维修设计工作，加固原主体结构，完善和改造其设备功能，并在建筑外观上增设了具有刚民族特色的造型，内外装修进行翻新处理等。加固翻新工程的施工单位是威海国际经济技术合作股份有限公司，工程于 1996 年 2 月 27 日开始施工。值得一提的是，1997 年 6 月 5 日，当工程进展到 80% 时，因刚内战爆发项目被迫停工，项目组全部撤回。

战争结束后，项目重新启动。2000 年 12 月 28 日，先遣组抵达布拉柴，开始施工前准备工作。2001 年 2 月 1 日，项目正式开工，经过 11 个月的紧张施工于 2002 年初完工。根据中刚两国政府换文规定，中国政府派遣 6 名专家对体育场设施的使用和维护进行技术指导并就地培训刚方人员，合作期限自专家抵达之日起 2 年。马桑巴·代巴体育场技术合作组共有包括组长滕学杰在内的 5 名组员。"①

1 月，中国援建卢旺达姆塔拉垦区整治项目开工，该项目位于姆塔拉省，由湖北省水利工程局承建，2003 年 8 月建成完工。

3 月，中国援加纳东当美医院交付使用。东当美医院距阿克拉市约 90 公里，总建筑面积 3542 平方米。

中国援建几内亚比绍老战士住宅项目正式开工。"该项目占地面积 37138 平方米，总建筑面积 14229 平方米。11 幢住宅楼，每栋三层，共 132 套，另外还有小区内道路等附属工程。该项目考察、设计和施工均由中方承担。"②

3 月 22 日，中刚双方签订了合作议定书，中刚成立合资公司生产水泥。合资公司注册资本 9706115 美元，刚方以水泥厂可用资产入股，占 44%，中方以现金和实物形式出资，占 56% 的资本。路桥公司作为借款人向进出口银行借款用于水泥厂的恢复，合资公司对路桥公司负债。

---

① 张象、车效梅：《列国志：刚果》，社会科学文献出版社 2008 年，第 213 页。
② 李广一：《列国志：赤道几内亚 几内亚比绍 圣多美和普林西比 佛得角》，社会科学文献出版社 2007 年，第 193—194 页。

2002年6月18日，中国进出口银行和路桥公司签署借贷协议。①

4月，中国援建的加纳东当美医院交付使用。东当美医院位于大阿克拉省东当美地区拉达镇，距阿克拉市约90公里。由航空工业规划设计院设计，中国海外经济合作总公司总承包，友发国际设计咨询公司监理。1998年12月31日两国政府换文立项。总建筑面积3542平方米，60个床位，平房建筑。1999年11月10日签订对外施工合同，2000年1月开工，2002年4月竣工。2002年7月31日移交。

5月，中国援建中非100套低档住宅和赠送一所小学校的项目开工，约4000万元人民币。②

5月1日，中国援助刚黑角卢旺基里医院工程开工。"该工程位于刚果（布）港口城市黑角，总建筑面积10095平方米，是一所门诊400人/日，住院200张床位的综合性医院，主要由门诊医疗区、住院手术区及配套附属用房区等三个部分共31个单位工程（含建筑物）组成。该项目由中国天津市建筑设计院设计，辽宁金帝建设集团股份有限公司施工。卢旺基里医院建成后，从一定程度上缓解黑角地区综合性医院少，普通民众就医难的问题。"③

6月22日，据英国刊物《非洲研究公报》报道，中国最近援助肯尼亚3亿肯先令，用于道路建筑、农业和电讯。④

7月25日，对外贸易经济合作部、财政部、中国银行颁发《中国政府对外提供一般物资援助财务管理办法》。

8月，中国向佛得角派驻第10期医疗队，共派驻8人。

北京市向几内亚派出第十八批医疗队，全队14人，于2004年9月完成任务回国。

8月27日，中国国务院总理朱镕基访问摩洛哥时，中、摩两国政府换文确认，中国向摩提供一笔小额无偿援助，用于提供一般物资。双方签署的文件包括：《中华人民共和国政府和摩洛哥王国政府经济技术合作协定》《关于中华人民共和国政府向摩洛哥王国政府提供无偿援助的换

---

① 《中刚承包劳务合作简介》，2002年6月27日，http://cg.mofcom.gov.cn/aarticle/zx-hz/sbmy/200203/20020300002287.html

② 汪勤梅：《列国志：中非 乍得》，社会科学文献出版社2009年，第182页。

③ 《援刚果（布）黑角卢旺基里医院工程完成中期验收》，2003年1月15日，http://cg.mofcom.gov.cn/article/jmxw/200301/20030100063607.shtml

④ 高晋元：《列国志：肯尼亚》，社会科学文献出版社2004年，第353页。

文》《中华人民共和国政府和摩洛哥王国政府关于对所得避免双重征税和防止偷漏税的协定》《关于摩洛哥地球化学填图项目的换文》和《中华人民共和国建设部与摩洛哥王国领土整治、城建、住房与环境部合作协议书》。根据摩方要求，中国向其提供一批医疗设备，用于装备拉巴特一所医院。该批物资于 2003 年 12 月运抵摩洛哥卡萨布兰卡港。该批物资包括移动式无影灯、自动洗片机、B超检查仪、电热蒸汽消毒器、成人及儿童急救用通用呼吸机、成人及新生儿血氧饱和度监护仪以及全套外科手术器械包等医疗设备及材料。①

9 月，宁夏回族自治区向贝宁纳迪丹古派出第十三批医疗队，全队 10 人，于 2004 年 9 月完成任务回国。

甘肃省向马达加斯加派出第十四批医疗队，全队 30 人。

中国国家中医药管理局与坦桑卫生部再次签署《关于研治艾滋病第六阶段备忘录》，继续两国在艾滋病研究领域的合作。多名中国中医专家在姆希比利医院的传统医学研究所从事艾滋病的研究与治疗工作。

10 月 2 日，中国援尼 500 万元人民币（4.34 亿非洲法郎）的药品和医疗器械交接仪式在尼首都尼亚美国家医药化学品局举行。

10 月 11 日，中国首批援乌干达青年志愿者抵乌。"这批青年志愿者将开始为期一年的志愿服务工作。首批志愿者共 15 名，涵盖汉语教学、水产养殖、体操、篮球、乒乓球、田径等六个专业，工作地点包括麦克雷雷大学、中乌友谊农业技术示范中心、Luyanzi 中学、Emma 中学等。"②

10 月 24 日，国际货币基金组织东非技术援助中心在坦桑尼亚首都达累斯萨拉姆成立。"这是 IMF 在非洲大陆建立的两个技援中心之一。在当天举行的开幕仪式上，姆卡帕总统指出，东非技术援助中心将通过为东非国家提供知识和技能，改善其经济管理，完善决策，以增强其抵御内外风险的能力和行使经济主权的能力。王永秋大使参加上述开幕仪式，并宣布中国政府决定向东非技援中心捐助 20 万美元。"③

10 月 31 日，中国扩建的援助项目洛科萨纺织厂正式投产，由中贝

---

① 《中国国务院总理朱镕基与摩洛哥首相尤瑟夫优素菲会谈》，2002 年 8 月 26 日，http://www.southcn.com/news/china/china04/cnztzrjfw/cnztzjc/200208280444.htm

② http://ug.mofcom.gov.cn/article/zxhz/zzjg/201305/20130500117040.shtml

③ 《中国政府向 IMF 东非技援中心捐助 20 万美元》，2002 年 10 月 29 日，http://tz.mofcom.gov.cn/article/jmxw/200210/20021000045545.shtml

合资合作经营。

11月15日，中国驻刚果（布）大使袁国厚代表中国政府与刚果（布）外交部秘书长巴莱在布拉柴维尔签署中华人民共和国政府向刚果共和国政府提供200门电话程控交换机和200部按键式双音频电话机的交接证书。该项目于2002年8月27日开工，经过中、刚双方的友好合作和共同努力，于2002年10月17日竣工。①

11月18日，中国为几内亚比绍援助发电设备项目开工，由中方提供4台1500千瓦柴油发电机组，并负责安装调试。②

11月20日，中国援助坦桑尼亚的多多马供水设施维修项目竣工，并于2002年12月10日移交。该项目使多多马市的日供水能力从2.4万立方米增加到4万立方米，用水紧张局面有所缓解。③

中国无偿援助尼日尔一批物资与设备的移交仪式在尼全国青年职业培训中心举行。这批物资与设备总价值500万元人民币（其中14万美元现汇已给尼农业部，用于农业部各地区分散的培训中心使用）。

12月，湖南省向津巴布韦派出第九批医疗队，全队12人，于2003年9月完成任务回国。

中国在基加利援建的卢旺达国家会议大厦开工。这一项目由北京国际公司具体承建，2003年12月竣工移交。

中国向加蓬政府提供了6000万元人民币的无息贷款，用于加蓬参议院项目。④

12月5日，中国和几内亚两国政府续签了新的关于执行两国政府间渔业合作协定的谅解备忘录。"该协定的有效期从2003年1月1日至2004年12月31日止，执行单位为中水远洋渔业有限责任公司。据悉，当时经中国农业部核准在几内亚海域从事捕捞业务的公司有4家：中水远洋渔业有限责任公司、江苏南通远洋渔业有限公司、大连国际合作远洋渔业有限公司、大连长海远洋渔业有限公司，共595人。"⑤

---

① 《中国政府向刚果（布）政府提供电话程控交换机交接证书11月15日在布拉柴维尔签署》，2002年11月18日，http：//cg.mofcom.gov.cn/aarticle/jmxw/200211/20021100048615.html

② 李广一：《列国志：赤道几内亚 几内亚比绍 圣多美和普林西比 佛得角》，社会科学文献出版社2007年，第192页。

③ 裴善勤：《列国志：坦桑尼亚》，社会科学文献出版社2008年，第588页。

④ 安春英：《列国志：加蓬》，社会科学文献出版社2005年，第306页。

⑤ http：//gn.mofcom.gov.cn/article/zxhz/hzjj/200502/20050200341652.shtml

12月8日，中国政府向毛塔政府赠送了一批价值500万元人民币的食品物资完成交接。"这项援助是根据毛里塔尼亚政府的要求提供的，物资包括300吨大豆色拉油和48吨奶粉，在抵达努瓦克肖特港后办理了正式交接。毛里塔尼亚连年受灾，继2001年的雨灾和天气寒冷造成牲畜大量死亡后，2002年又遇旱灾。每年受灾时中国政府均向毛塔政府提供一定数量的粮食紧急援助，以解燃眉之急。"①

12月11日，中国政府赠送尼日尔50万元人民币药品（含运、保费）的移交仪式在尼亚美举行。

12月12日，中国政府向卢旺达政府赠送100万元人民币紧急援助物资的交接仪式在卢旺达首都基加利举行。"这批紧急援助物资包括3000条毛毯、100顶帐篷和200箱药品。随同紧急物资到达基加利的还有中国光彩事业访卢代表团捐赠的145万元人民币药品。"②

12月24日，在中、贝两国政府复交30周年即将来临之际，中国政府向贝宁政府赠送价值50万元办公用品交接仪式在贝外交和非洲一体化部举行。

12月底，中国援助加纳参议院大厦开工。根据中加两国政府1999年10月11日换文，中国政府同意援助加蓬建设参议院大厦项目。该项目由武汉建筑设计院承担设计，上海建工集团负责施工。该项目占地面积44075平方米，建筑面积11349.57平方米。主楼高五层，包括一议员餐厅、一新闻发布厅、一400人座圆形会议厅，160个办公室及8个议员会议室。该项目对外协议工期30个月，2002年12月底开工。

2003年

对外贸易和经济合作局改组成为商务部，商务部直接负责处理对非洲的援助事务，掌管援助政策的制定、实施和监管。

中国免去马里370亿非洲法郎的债务。

在中非合作论坛框架下，中马两国在塔那那利佛联合举办中非疟疾预防与治疗研讨班。

---

① 《中国政府向毛里塔尼亚政府赠送食品物资》，2002年12月16日，http://mr.mofcom.gov.cn/article/jmxw/200212/20021200057639.shtml

② 《中国援卢100万元人民币紧急援助物资在基加利举行交接仪式》，2002年12月23日，http://rw.mofcom.gov.cn/article/jmxw/200212/20021200058765.shtml

从 2003 年起，中国在莱索托援建了莱索托国家会议中心、莱索托布达布蒂工业园、莱索托图书馆暨档案馆和广播电视网扩建等项目，受到莱索托政府的高度称赞。

中国政府向几内亚比绍政府无偿提供大米和美元现汇援助，以帮助几内亚比绍政府和人民克服面临的经济困难。①

1 月 7 日，中国援建吉布提母子中心图书室及计算机房项目开工仪式举行。

1 月 8 日，值中国和吉布提建交 24 周年之际，中国援建吉布提艺术中心（吉布提国家文化艺术培训学院）项目开工典礼举行。吉布提共和国总统伊斯梅尔·奥马尔·盖莱、总理迪莱塔·默罕默德·迪莱塔出席开工典礼。②

中国援助尼日尔小农具制造车间（AFMA）恢复项目在尼亚美举行正式开工仪式。此援助项目共计 869 万元人民币，由沈阳国际公司承建。

1 月 10 日，中国援助贝友谊体育场维修项目正式竣工，并于 21 日举行了隆重的交接仪式。该项目经双方政府于 2000 年 8 月签署换文，于 2002 年 3 月和 2003 年 1 月签署对外施工合同和施工补充合同，2002 年 6 月 1 日正式开工，总造价 1054 万元人民币，由宁夏自治区第二建筑集团有限公司具体实施。

1 月 14 日，由北京住宅建设总公司设计、承建的刚果布拉柴维尔码头贵宾厅项目举行了交接仪式。"该项目是北京住总的承包项目，位于布拉柴维尔码头，建筑面积 340 平方米，分上下两层，内部设施包括总统专用休息室、大贵宾厅、随员休息室、工作人员休息室等，主要供总统及其他贵宾往返金沙萨时候船和休息用。"③

1 月 15 日，中国向尼赠送 10 万元人民币的音乐器材交接仪式在尼亚美举行。

1 月 21 日，中国驻几内亚龚元兴大使和几内亚卫生部马马杜·迪亚洛·萨利奥部长分别代表两国政府在科纳克里签署《中国卫生部向几内

---

① 李广一：《列国志：赤道几内亚 几内亚比绍 圣多美和普林西比 佛得角》，社会科学文献出版社 2007 年，第 192 页。
② 《吉布提共和国总统总理共同出席中国援吉艺术中心项目开工典礼》，2003 年 1 月 8 日，http://dj.mofcom.gov.cn/article/jmxw/200301/20030100062759.shtml
③ 《中国承建刚果布拉柴维尔码头贵宾厅举行交接仪式》，2003 年 1 月 15 日，http://cg.mofcom.gov.cn/article/jmxw/200301/20030100063610.shtml

亚卫生部赠送药品交接证书》，该批药品价值10万元人民币。同日，中国使馆与几卫生部还举行了"光彩事业促进会"向几内亚人民赠送300箱抗肺结核药品的捐赠仪式。

1月29日，中国政府向坦桑尼亚政府赠送的15台拖拉机（含配套机具）及25台家用水泵在坦桑农业部办理交接。坦桑农业部副部长姆巴瓦拉教授对中方的援助充满感激，他说："坦桑约有70%的农民依靠人畜耕作。这批拖拉机及水泵援助非常及时，将为坦桑发展农业，消除贫困发挥重要作用。"①

由中国援建的尼马拉迪（蒂贝里）城市饮用水项目施工合同在尼水利、环境与抗沙化部会议室举行。此项目金额为325万元人民币，由重庆国际承建，根据合同，施工期限为5个月。

2月，中国向刚果（金）派遣175名维和人员，这是中国首次向非洲派遣成建制的维和部队，执行联合国的维和任务。

中国援助刚果（布）朱埃广播发射台设备更新和维修项目及技术合作项目完工。"朱埃电台是一座建于20世纪30年代的法国军用电台。1966年，中央广播事业局援外处利用原建筑物及原有的两部50KW短波发射机、一部200KAV柴油发电机和铝合金旧塔，提供两副角形无方向天线和一副同相水平天线，建成刚果（布）朱埃电台短波发射中心，覆盖整个刚果（布）及周边国家。朱埃电台维修项目1992年12月11日和1993年3月12日换文立项，项目内容为：更新2部50千瓦短波发射机，维修发射机房等。1995年9月22日签订施工合同。1996年7月开工，工期12个月。1997年3月25日签订施工补充合同。该项目应于1997年7月完工，但因1997年6月刚发生内战，施工中断。1998年8月至9月，中国派组对该项目恢复施工进行考察，并于9月3日签订补充合同。后由于刚战事再起以及黑角至布拉柴维尔的铁路中断，项目施工设备和物资无法运抵现场，工程一直未能恢复施工。为恢复施工，中国于2000年7月派出综合考察组，并于2001年1月4日与刚方签订施工补充合同三。2001年7月23日恢复施工，增加天线和为刚广电总局提供车辆费用的补充合同四于2001年12月14日签订。工程于2003年2月底竣工。由中国友发国际工程设计咨询公司设计和中国广播电视国际经济技术合作

---

① 《中国政府向坦桑尼亚政府提供15台拖拉机办理交接》，2003年1月30日，http://tz.mofcom.gov.cn/article/jmxw/200301/20030100066761.shtml。

总公司联合施工。维修项目完工后，中国派出了以李建业为组长的援刚朱埃电台技术合作小组，共3人。"①

中国为几内亚比绍提供4台1500千瓦柴油发电机组项目完成全部工程的施工、安装、调试任务。"中国为几内亚比绍提供4台1500千瓦柴油发电机组项目，在双方共同努力下，中方施工组克服了施工和安装条件差等困难，保证了项目正常实施，并通过验收该项目被评为优良工程。机组投入运行后，有效缓解了首都比绍电力短缺状况。根据几内亚比绍政府要求，中方派遣技术人员和翻译赴几内亚比绍，对中方提供的发电机组维修保养和正常运行提供技术指导，并培训几内亚比绍技术人员，合作期限为两年。"②

2月6日，中国向贝宁提供抗疟药品。这是继贝宁卫生部长2002年访华期间中方向贝赠送10万元的抗疟药品后的第二次赠送。该药品将提供给中国援贝医疗队在纳迪丹古地区医院和莫诺省洛科萨中心医院临床之用，对于缺医少药，特别是深受疟疾之害的贝宁人民身体健康起到积极作用。在中国对贝每年赠送的药品中，防治疟疾的中西药品都占有一定比例，在非洲防疟治疟医疗中起到积极推动作用。

2月10日，中国援助尼日尔塔瓦省（SALKADAMM地区）煤炭资源二期勘查施工合同在尼日尔矿业能源部会议室签署。这一项目总金额为560万元人民币，施工单位为中国地质工程集团。

2月26日，中国全国政协向坦桑尼亚国民议会赠送的47台电脑等办公用品正式办理移交。该批物资是李瑞环主席2月9日访问坦桑时随专机带来作为礼品赠送给坦方的。③

3月，在"南南合作"框架下，中国与联合国粮农组织、尼日利亚政府签署《粮食安全特别计划三方协议》。"根据该协议，中方将在四年内向尼派遣524名农业专家和技术人员，分布于36个州和首都阿布贾共109个项目点，进行水利、农业、畜牧和水产业的技术推广。首批专家和技术人员23人于2003年4月中旬抵尼。截至2007年3月，参加中尼

---

① http://cg.mofcom.gov.cn/article/zxhz/hzjj/200503/20050300025458.shtml
② 李广一：《列国志：赤道几内亚 几内亚比绍 圣多美和普林西比 佛得角》，社会科学文献出版社2007年，第192页。
③ 《中国全国政协向坦桑国民议会赠送电脑今日办理交接》，2003年2月27日，http://tz.mofcom.gov.cn/article/jmxw/200302/20030200071512.shtml

农业南南合作的中国技术人员共 15 批次，到位 496 人，分布于尼日利亚 36 个州。已有 450 人期满回国，另有 1 人病故于尼日利亚。中尼农业南南合作项目受到了广大尼日利亚农民和农技推广人员的欢迎，得到了尼方的高度评价，被联合国粮农组织誉为全世界南南合作的光辉样板。"①

3 月上旬，中国政府无偿赠送莱索托人民的 2000 吨玉米运抵首都马塞卢。在莱索托人民处于收获前饥荒最为严重的时刻，该批玉米的及时到达起到了雪中送炭的作用。莱索托政府特意印制了用英文和当地文书写的"中国政府赠送、非卖品"字样的包装袋 4 万条，待玉米磨粉后分发给当地饥民。②

3 月 7 日，中国全国人民代表大会向佛得角共和国全国议会赠送的 18 台电脑等一批办公用品正式办理移交。

3 月 17 日，中国政府向坦桑尼亚政府赠送的五辆丰田吉普车在坦桑内政部警察总署办理交接。③

3 月 18 日，中国援助埃远程教学系统项目交接仪式在开罗穆巴拉克教育城举行。"该项目是利用中国 1999 年向埃提供的 3000 万元人民币，为埃教育部建设一套覆盖埃全国的远程教学系统，共 33 个教学点，每个教学点之间可以进行语言交互、图象交互、白板交互和数据交互，具体实施单位是深圳中兴通讯股份有限公司。项目于 2002 年底竣工。"④

3 月 26 日，吉布提外交与国际合作兼与议会联络部（简称外交部）举行交接仪式，由中国援建的新办公楼外围工程正式竣工移交。⑤

3 月 26 日和 27 日，中国和几内亚比绍就中国援助几比发电设备技术合作项目事在比绍换文确认。"该换文确定，中国向几比提供 4 台 1500 千瓦的发电设备。2002 年 11 月，项目开工。中国施工组克服了施工和安装条件差等困难，保证了项目正常实施，2003 年 2 月完成施工、安装、

---

① http：//nigeria.mofcom.gov.cn/article/zxhz/hzjj/200704/20070404584797.shtml
② 《中国无偿援助 2000 吨玉米运抵莱索托》，2003 年 3 月 10 日，http：//ls.mofcom.gov.cn/article/jmxw/200303/20030300073744.shtml
③ 《中国政府向坦桑尼亚政府赠送五辆丰田吉普车办理交接》，2003 年 3 月 19 日，http：//tz.mofcom.gov.cn/article/jmxw/200303/20030300075906.shtml
④ http：//eg.mofcom.gov.cn/article/i/200312/20031200154631.shtml
⑤ 《中国援吉外交部办公楼外围工程正式交接》，2003 年 3 月 26 日，http：//dj.mofcom.gov.cn/article/jmxw/200303/20030300077868.shtml

调试任务。经验收,该项目被评为优良工程。① 项目完工后,根据几比政府要求,中国派遣3名技术人员和一名翻译到几比,对中国提供的发电机组维修保养和正常运行提供技术指导,并培训几比方技术人员,技术合作期限为两年。"②

3月28日,中国政府援助厄特2000吨黄玉米交接仪式在厄港口城市马萨瓦举行。

4月,中国援建贝宁的会议大厦竣工。

4月5日,中国援建几内亚比绍发电设备项目在比绍举行交接仪式。"几内亚比绍总理皮雷斯参加了交接仪式,他表示,几内亚比绍政府始终把能源、供水、交通等直接关系人民生活的部门作为优先考虑和发展重点,新机组投入使用,将会改善比绍水电供应和企业正常经营所需的外部条件。"③

4月25日,中国援助莫桑比克50万美元赠款仪式在马普托莫桑比克外交部举行,中国驻莫桑比克大使陈笃庆出席了支票移交仪式。④

4月29日,中国援助摩洛哥三幅地球化学填图项目正式开工。"2002年2月5日,摩洛哥国王穆罕默德六世访华期间,中国向摩政府提供了500万元人民币无偿援助,2002年8月27日,朱镕基总理访问摩洛哥期间,两国政府换文同意将上述无偿援助用于绘制摩古利朋—斯马拉地区三幅比例尺为1∶100000的地球化学填图。2003年3月20日,项目实施单位中国新疆宝地矿业有限责任公司与摩能源矿产部(地质司)签订《关于实施摩洛哥地球化学填图项目的会谈纪要》。根据纪要规定,中方将按照中华人民共和国地质矿产行业标准《1∶200000区域地球化学勘查规范》和IGCP259计划标准实施项目:按1个样/1km² 的密度采取样品,对样品进行包括Ag、As、Au等29个化学元素进行分析,提供3个图幅的地球化学样品分析结果、数字化信息(水系、地形、地质、矿

---

① 《中国援几比发电设备项目交接仪式在比绍隆重举行》,2003年4月6日,http://gw.mofcom.gov.cn/article/jmxw/200304/20030400080552.shtml

② 《中国与几比就发电设备技术合作项目换文确认》,2003年4月1日,http://gw.mofcom.gov.cn/article/jmxw/200304/20030400079506.shtml

③ 李广一:《列国志:赤道几内亚 几内亚比绍 圣多美和普林西比 佛得角》,社会科学文献出版社2007年,第192页。

④ 《中国援莫50万美元赠款仪式25日上午在莫举行》,2003年4月29日,http://mz.mofcom.gov.cn/article/jmxw/200304/20030400087171.shtml

产迹象等）的地质参考数据库。工期为20个月。4月23日，新疆宝地公司采样技术组人员抵达摩洛哥，26日，人员抵达采样现场，29日，项目正式开工。野外采样工作计划4个月内完成。目前，摩洛哥政府正实施国家地质填图计划，将通过地质填图、地球化学填图、地球物理填图等三种方式对全境范围进行填图，并主要通过国际招标实施。中国国内有关企业参考投标，但由于对摩市场及招标程序等缺乏了解，均告失败。上述项目的实施为中国企业了解摩市场提供了机会。"

5月13日，中国政府向多哥外交部赠送办公用品交接仪式在多外交部举行。多哥外交与合作部长波茨拉与中国驻多哥张史贤大使分别代表本国政府在交接证书上签字。这批办公设备包括复印机、电脑、空调机等，价值50万元人民币。

5月15日，中国政府向佛得角政府无偿提供1798吨大米正式办理移交。2002年，佛得角遭受特大旱灾，应佛方要求，12月5日，中国政府答应无偿援助佛方大米。

5月21日，阿尔及利亚首都阿尔及尔和布迈德斯等城市发生强烈地震，造成了严重的人员伤亡及财产损失。"中国政府决定向阿政府无偿提供500万元人民币的紧急人道主义援助，用以支持阿抗震救灾工作。5月23日，中国第一支被派往国外的中国国际救援队乘中国民航包机从北京国际机场起飞，到阿尔及利亚参加抗震救灾工作。首批中国政府紧急无偿援阿的物资也同机启运，这批物资主要为药品、帐篷、毛毯及手术器械等共计9吨367件。"①

5月23日，莱索托马哈里斯库新工业园项目一期8000平方米厂房工程举行隆重的开工仪式。"该工程由中国齐鲁公司驻莱索托公司（经理部和项目组）中标承建。莱索托首相莫西西里、工程大臣、贸工大臣、环境与旅游大臣及莱国家发展公司董事长等有关人士数千人参加了开工典礼。为进一步发展本国经济，莱索托国家发展公司在离莱索托首都马塞卢120公里的城市马哈里斯库建立一座占地20万平米的新工业园，整个工程分四期。中国齐鲁公司驻莱索托公司在六个A级施工单位投标竞争中，以1808万兰特（折合230万美元）的价格一举中标，合同工期为九个月。该工程是齐鲁公司驻莱索托公司成立以来所承建的由政府投资

---

① http：//dz.mofcom.gov.cn/article/jmxw/200305/20030500093297.shtml

的最大的一个工业厂房项目。"①

6月1日—8月30日,中国举办非洲地区中医针灸技术培训班,为非洲国家培训中医针灸技术人才。

6月2日—7月16日,中国举办非洲地区的沼气技术培训班,为非洲国家培训沼气技术的人才。

6月10日,中国政府援助厄立特里亚政府电力器材移交仪式在厄特首都阿斯马拉举行。

6月11日,中国援助阿尔及利亚第二批抗震救灾物资的包机抵达阿尔及尔国际机场。"这是继5月24日中国政府向阿政府无偿提供首批援助后的又一批救援物品,前后两批共价值500万元人民币。截止6月9日,包括中国在内的近70个国家已向阿提供了人道主义援助。中国是其中提供援助最早的国家之一。中国政府这次提供的救援物资有帐篷、毛毯、药品和净水器等,共计1665件,约重35.5吨。"②

6月25日,作为莫桑比克独立28周年国庆庆典活动的一项重要内容,中国援建的马普托国际会议中心举行揭幕仪式。

"新落成的会议中心被正式命名为希萨诺国际会议中心,由总统亲自进行揭幕剪彩。该中心由安徽省外经建设集团承建,占地面积4100平米,总建筑面积4598平米。建筑为一至二层、局部三层的钢筋混凝土框架结构。设有大会议厅、小会议厅、多功能厅、办公及附属配套用房。建筑物功能齐全,设备先进,完全能满足召开国际性会议的要求。2003年7月4日,非盟第二届首脑会议将在此举行。"③

6月26日,中、赞双方在赞比亚卢萨卡举行了中国援赞比亚政府建筑群主楼内装修项目竣工交接仪式。"中国援赞政府建筑群主楼为17层。建筑面积24000平米,设有电气、电声、防雷、自控、火灾报警、保安闭路电视、应急发电机、5部电梯等。99年12月29日两国政府换文,中国政府同意无偿帮助赞政府完成主楼的内装修。该项目由上海建工集团承建,于2002年5月9日项目开工,2003年6月竣工,对外合同价

---

① 《莱索托首相参加中国承建的莱新工业园开工仪式》,2003年6月4日,http://ls.mofcom.gov.cn/article/jmxw/200306/20030600096483.shtml

② http://dz.mofcom.gov.cn/article/jmxw/200306/20030600098750.shtml

③ 《中国援莫国际会议中心举行隆重的开幕仪式》,2003年6月30日,http://mz.mofcom.gov.cn/article/jmxw/200306/20030600104846.shtml

6920万元人民币。"①

6月30日，中国驻布隆迪大使冯志军与布外交合作部部长泰朗斯·西农古鲁扎代表双方政府签署新的经济技术协定，确认中国政府向布隆迪政府提供3000万元人民币赠款。②

中国向塞拉利昂政府无偿援助的53吨姜种移交。

7月，援摩洛哥三幅地球化学填图项目保质保量地完成了野外采样工作。采样组回国后，中方将对所收集样品进行化学分析、数据处理及图文解释，预计2004年底向摩方提交最终成果。

7月1日，由中国政府无偿援助莱索托兴建的布达布蒂工业园正式启用。该工业园项目坐落在布达布蒂市中心和从首都通往该市的主道边。该建筑设计独特、造型别致优美，共有44个单元，包括车间、办公室和商店。该建筑的落成将提供培训场所和商业机会，有助于这一地区的经济繁荣和发展。该工业园由贸工部所属小企业发展公司管理，车间租用费为24马洛蒂/平方米，商业用房28马洛蒂/平方米，办公用房32马洛蒂/平方米（带卫生间），已经有250余人申请使用这些场所。6月17日，在莱首都马塞卢举行布达布蒂工业园项目（包括部分木工、金属加工、缝纫设备和工具）交接证书签字仪式。布达布蒂工业园项目由中国江西国际公司承建，于2002年5月开工，2003年5月竣工。③ 7月24日，莱政府为中国援建的布达布蒂工业园举行隆重的开园仪式。

7月，湖南省向塞拉利昂派出第十一批医疗队，全队11人。

内蒙古自治区援卢旺达第十一批医疗队派出。这批医疗队2005年8月回国，由12人组成。医疗队完成任务回国前，为了表示对医疗队的感谢，卢旺达卫生部长代表卢旺达共和国政府向内蒙古自治区医疗队员颁发了"荣誉感谢状"，上面写着"为卢旺达人民提供了卓越的和亟须的医疗服务，为促进卢旺达共和国和中华人民共和国之间友谊的发展做出了贡献"。该批医疗队员贺希格三次赴卢旺达工作，2003年9月6日因心脏病突发，病逝于卢旺达。

---

① 《中国援赞比亚政府建筑群主楼内装修项目竣工移交》，2003年6月27日，http：//zm. mofcom. gov. cn/article/jmxw/200306/20030600103854. shtml

② 《中国政府向布隆迪政府提供3000万元人民币赠款》，2003年7月3日，http：//bi. mofcom. gov. cn/article/jmxw/200307/20030700105697. shtml

③ 《中国援建的莱布达布蒂工业园建成并交接》，2003年6月30日，http：//ls. mofcom. gov. cn/article/jmxw/200306/20030600104423. shtml

7月2日，中国援助吉布提人民宫二期维修工程开工仪式如期举行。①

7月6日，中国援助阿尔及利亚震后重建规划专家组抵达阿尔及尔。"2003年5月21日，阿尔及利亚发生5.8级地震，阿北部8省受灾较为严重，造成较大人员伤亡。5月23日，中国大使馆代表中国红十字会向阿尔及利亚红新月会主席布克鲁法转交了一张5万美元的支票。中国政府决定向阿政府提供500万元人民币紧急人道主义援助。与此同时，中国派出地震救援队赴阿救援。地震结束后，中国决定向地震后的阿提供震后救援。在阿住房与城市规划部的安排下，到震中进行了实地考察，与阿天文与地球物理研究中心、国家工程抗震研究中心、国家建筑设计研究中心、国家工程质量检测中心、国家住宅中心试验室、公共工程质量检测中心和阿尔及尔省规划局等单位进行了交流，并搜集到了许多重要的资料。阿尔及利亚发生'5·21'大地震后，中国不仅迅速向阿提供了紧急人道主义救援物资，还决定派遣援阿震后重建规划专家组，帮助阿政府对地震破坏程度进行评估，根据地震灾害和阿的实际情况，就阿建筑及市政设施震后恢复重建的结构选型、工程建设抗震设计、对震损房屋和危房的鉴定以及修复加固措施提出建议。"②

7月8日，佛得角总理约瑟·玛利亚·内维斯出席比利时提供给普拉亚市中心医院的断层扫描仪启动仪式和中国政府援建的该院新外科住院病房、区级卫生中心奠基仪式。中国政府援建的新外科住院病房楼由中国陕西国际经济技术合作公司承建，4个区级卫生中心由欧盟提供的400万美元贷款修建，它的建成有助于佛得角在未来10—15年内逐渐建立起自己的医疗体系及社会保障体系。

7月9日，卫生部发布了《关于印发〈卫生部关于援外医疗工作人员管理办法（试行）的通知〉》。

中国政府赠予多哥的一批价值45万元人民币药品的交接仪式在洛美市医院举行。

7月20日—11月20日，中国举办非洲地区的杂交水稻技术培训班，

---

① 《中国援吉人民宫二期维修工程开工》，2003年7月2日，http://dj.mofcom.gov.cn/article/jmxw/200307/20030700106385.shtml

② 关于本次地震及中国在地震中的救援可参见：http://news.xinhuanet.com/world/2003-05/22/content_882679.htm；http://dz.mofcom.gov.cn/article/jmxw/200307/20030700112975.shtml

为非洲国家培训杂交水稻种植方面的技术人才。

7月26日，中国援助尼日尔马拉迪·蒂贝里供水管连接项目竣工交接仪式在马拉迪举行。"该项目内容为铺设马拉迪至蒂贝里约7公里长的供水管道，以帮助蒂贝里近20000居民解决饮用水问题。合同额为3,451,360元人民币。该项目的特点是规模小，投资少，工期短，影响大。"①

7月29日，坦桑尼亚水利部在坦新都多多马为中国援建的多多马供水设施维修项目举行盛大的移交仪式。"多多马供水设施维修项目由中国广东国际合作（集团）公司承担，2001年2月22日正式开工，历时21个月施工，于2002年11月20日竣工并于2002年12月10日举行了技术移交仪式。该项目建成后，多多马市的日供水能力从24000立方米增加到40000立方米。"②

中国向尼日尔外交部赠送办公用品交接仪式在尼外交部举行。该赠送项目内容是中国外交部向尼日尔外交部赠送价值50万元人民币的办公用品和设备，以帮助改善其办公条件，加速办公现代化。③

7月31日，中国援建贝宁的会议大厦交付使用。"会议大厦占地面积7万余平方米，建筑面积约1万平方米，主要包括有一个1200座位的大礼堂、1个300座位的会议厅、1个300座位的多功能厅等。"④

中国援助贝宁会议大厦交接仪式在贝宁经济首都科托努隆重举行。

中国向布隆迪卡蒙盖医学院赠送的价值300万元人民币的医疗设备在布琼布拉举行了交接仪式。根据中华人民共和国政府和布隆迪共和国政府2002年11月5日和12日换文规定，中国政府向布隆迪卡蒙盖医学院赠送价值300万元人民币的医疗设备。⑤

---

① 《中国援尼日尔马拉迪·蒂贝里供水管连接项目竣工交接仪式2003年7月26日在马拉迪举行》，2003年8月1日，http：//ne. mofcom. gov. cn/article/jmxw/200308/20030800116576. shtml

② 《中国援坦桑尼亚多多马供水项目举行移交仪式》，2003年8月5日，http：//tz. mofcom. gov. cn/article/jmxw/200308/20030800115251. shtml

③ 《我向尼日尔外交部赠送办公用品交接仪式在尼外交部举行》，2003年8月11日，http：//www. mofcom. gov. cn/aarticle/i/jyjl/k/200308/20030800116741. html

④ 《中国援贝宁会议大厦交接仪式隆重举行》，2003年8月4日，http：//ccn. mofcom. gov. cn/swxw/show. php？eid＝2505

⑤ 《援布隆迪卡蒙盖医学院物资在布琼布拉交接》，2002年8月2日，http：//bi. mofcom. gov. cn/article/jmxw/200308/20030800114432. shtml

8月初,尼日尔政府总理哈马在对中国进行工作访问期间,中国政府同意给尼赠送5000万元人民币,以支持尼经济和社会的发展。

8月7日,中国和布隆迪在布隆迪的尼亚美孔切将军体育场举行设备交接仪式。"该项目内容为向孔切将军体育场赠送价值110万元人民币的设备和零配件,增加少量新设备,更新部分零配件,以缓解原有设备老化和物资短缺等带来的压力,确保设施的正常运转。"①

8月11日,莱索托国家会议中心举办的第二期电子专业人员培训班正式开班。"2003年5月,经莱索托旅游文化部招生和专家参与面试,确定了参加培训人员名单。经一再催促,莱索托国家会议中心举办的第二期电子专业人员培训班于8月11日正式开班,由中国派出的援莱电子专家负责授课。"②

8月13日,刚果共和国总统萨苏出席了中国援建的刚朱埃电台维修项目交接仪式。

8月14日,中国使馆向莱索托第一夫人办公室捐赠33745马洛蒂。"莱索托首相莫西西里夫人表示,莱索托将用这笔经费从事慈善事业,支持几所村庄建立诸如面包房、养猪场、制蜡作坊、儿童项目等。"③

8月15日,中国和几比政府在几内亚比绍换文确认中国提供的物资援助。为帮助几内亚比绍政府扑灭东北部发生的大面积蝗灾,中国政府决定紧急提供一笔现汇援助。中国政府是第一时间、第一个向几比政府提供紧急救灾援助的国家,并呼吁国际社会向其提供援助。④

8月26日,卫生部颁布《卫生部关于援外医疗工作人员管理办法(试行)》。

8月27日,中国和几比政府在几内亚比绍换文确认中国为几比提供500万元人民币紧急大米援助,以帮助几比克服面临的经济困难。

9月,中国援建几内亚比绍老战士住宅项目竣工并通过内、外验收。

---

① 《中国向尼日尔体育文化部赠送设备物资交接仪式2003年8月7日在尼亚美体育场举行》,2003年8月11日,http://ne.mofcom.gov.cn/article/jmxw/200308/20030800116579.shtml

② 《中国专家为莱国家会议中心举办第二期培训班》,2003年9月2日,http://ls.mofcom.gov.cn/article/jmxw/200309/20030900122279.shtml

③ 《中国使馆向莱第一夫人办公室捐赠超过33000马洛蒂》,2003年9月2日,http://ls.mofcom.gov.cn/article/jmxw/200309/20030900122277.shtml

④ 《中国政府向几内亚比绍政府提供紧急灭蝗援助》,2003年8月21日,http://gw.mofcom.gov.cn/article/jmxw/200308/20030800118181.shtml

"经过18个月的艰苦奋战,中方技术人员克服当地气候恶劣、原材料缺乏、疾病肆虐、经常停水缺电等不利因素的影响,获得好评。该项目实施期间,几内亚比绍前总统昆巴·亚拉四次视察工地,前总理等政府官员也多次考察。该项目由中国江苏国际经济技术合作公司施工,对内评为优良工程。项目建成后,是几内亚比绍质量最高、外观最好的住宅小区。"①

9月8日,正在马达加斯加访问的外交部乔宗淮副部长和马外长分别代表本国政府签署《中国政府和马达加斯加政府经济技术合作协定》。根据协定,中国政府向马达加斯加政府提供3000万元人民币的无偿援助,用于两国政府商定的项目。②

9月10日,中国政府向贝宁政府赠送价值30万元人民币办公用品交接仪式在贝工业、贸易和促进就业部举行。该批办公用品根据中、贝两国政府于2002年9月24日签署的换文规定,用于改善贝工业、贸易和促进就业部的办公条件。

9月22日,中国在阿尔及利亚的公司向"5·21"地震灾民捐赠1万台收音机的交接仪式在首都阿尔及尔文化宫举行。5月21日布迈德斯省和阿尔及尔市强震后,在阿的中资公司纷纷自发地向地震灾区捐赠抗震物资,当得知灾民急需收音机的消息后,不少企业再次慷慨解囊,共有25家公司捐款。在有关部门的配合下,在国内采购的收音机于今年7月空运到阿。阿已经将部分收音机分发到了灾民手中。③

9月24日,援科特迪瓦"议员之家"项目主体工程举行移交仪式。"该项目由安徽对外经济建设公司承建,位于科政治首都亚穆苏克罗,建筑面积21000平方米,是一座6层楼配有300套客房的专门为国会议员举行会议的三星级宾馆。'议员之家'项目是科政府盼望多年的迁都计划的第一个大型工程。"④

10月,首届中国与葡语国家经贸合作论坛在澳门成功举办。来自中

---

① 李广一:《列国志:赤道几内亚 几内亚比绍 圣多美和普林西比 佛得角》,社会科学文献出版社2007年,第193页。
② 《中国与马达加斯加政府签署经济技术合作协定中国向马提供3000万元人民币无偿援助》,2003年9月10日,http://mg.mofcom.gov.cn/article/jmxw/200309/20030900124603.shtml
③ http://dz.mofcom.gov.cn/article/jmxw/200309/20030900130397.shtml
④ 《中国援建科特迪瓦"议员之家"项目的施工合同正式签署》,2003年12月9日,http://ci.mofcom.gov.cn/article/jmxw/200312/20031200157690.shtml

国、巴西、葡萄牙、安哥拉、莫桑比克、佛得角、几内亚比绍和东帝汶 8 个国家主管经贸的部长级官员出席，在论坛期间，中国政府同 5 个亚非葡语国家签订了提供经济援助的协议。①

宁夏回族自治区向贝宁洛克萨派出第十三批医疗队，全队 13 人，于 2005 年 10 月完成任务回国。

中国援助坦桑尼亚的查林兹供水项目竣工。作为近年来中国向坦桑尼亚提供的最大的经援项目，该项目输水管线长约 160 公里，日供水能力 7200 立方米，解决了近 10 万人的安全用水问题。②

莱索托妇女、青年和体育部收到中国妇联捐赠的 99 台设备，主要包括缝纫机、编织机及其零配件。③ 2002 年 8 月 27 日，中国国务院总理朱镕基访问摩洛哥时，中国以总理夫人劳安的名义向摩穆罕默德五世救济基金会提供了一批小额赠送。

根据摩方要求，中国向其提供一批家具和家用电器，用于装备阿加迪尔一学生之家。该批物资于 2003 年 10 月运抵摩洛哥阿加迪尔港，11 月 10 日摩方进行了验收。

中国援助刚果（布）布昂扎水电站大修项目开工。2000 年 3 月 5 日和 8 日换文立项，同年 9 月，中国派组赴刚考察，并于 2000 年 10 月 26 日与刚方签署考察会谈纪要。维修内容主要包括：主机扩大性大修、辅助设备大修、电气大修、水工建筑物大修、输变电工程维修等。刚方于 2001 年 7 月 24 日派组赴华对设计文件进行了审查，并签署审查纪要。2002 年 4 月 4 日以刚外交合作部秘书长为团长的代表团赴中国商签施工合同。该项目于 2003 年 10 月 10 日正式开工。实施单位：中国水利电力对外公司设计，中国威海国际经济技术合作股份有限公司施工。

10 月 8 日，中国援卢旺达姆塔拉省第四垦区农田整治项目正式移交给卢方。"卢旺达农业部在项目现场举行了隆重的交接仪式，卢旺达总统卡加梅参加了该交接仪式，卡加梅总统为该农业项目剪彩。该农业项目于 2002 年 2 月 25 日开始建设，2003 年 8 月 25 日正式通过中方的竣工验收。该农业项目的竣工将极大的促进卢旺达农业的发展，帮助卢旺达人

---

① 参见：http://www.forumchinaplp.org.mo/?lang=zh
② 裴善勤：《列国志：坦桑尼亚》，社会科学文献出版社 2008 年，第 588 页。
③ 《中国妇联向莱索托捐赠一批小型机械》，2003 年 10 月 8 日，http://ls.mofcom.gov.cn/article/jmxw/200310/20031000133162.shtml

民解决粮食短缺的问题,为中卢友谊的长远发展起到了积极的作用。"①

10月10日,中国和多哥签署中、多两国政府间经济技术合作协定。根据协定,中国政府向多哥政府提供一笔2000万元人民币的无偿援助,用于多哥总统府项目建设资金的不足部分及其他两国政府待商定的项目。同日还进行了中国援多哥300万元人民币化肥的交接仪式。2002年,中国政府曾向多哥赠送价值300万元人民币的化肥。

10月14日,中国向尼日尔赠送1200条蚊帐交接仪式在尼亚美举行。

中国援助塞拉利昂议会大厦维修项目实施合同签署。"塞议会大厦建于近50年前,年久失修。塞总统卡巴于2000年致函江泽民主席,请求中国政府援助修复。项目实施合同的签署标志着该项目的正式启动,12月10日项目正式开工建设,根据合同规定,维修一新的塞议会大厦将于2004年6月交付塞方使用。商务部公开招标后由中国威海国际经济技术合作公司对外施工,合同工期8个月。"②

10月15日,中国政府援建几内亚比绍老战士住宅项目举行了交接仪式。③

10月23日,莱索托国防军收到6辆中国越野车和部分配件,总价值200万元人民币,举行交接仪式。④

10月24日,中国援助中非100套经济住房项目,总建筑面积为10450平方米,即4居室50套,3居室50套全面竣工。⑤ 12月23日,中非共和国总统博齐泽参加中国援中非100套经济住房移交仪式,总统授予中国专家"荣誉"和"骑士"勋章。

10月27日,中国向莱索托旅游文化部赠送办公设备。"这批办公设备价值12万马洛蒂,包括5台电脑、8台打印机、2台扫描仪……一套软件和20盒软盘。中国驻莱索托大使仇伯华和莱索托旅游文化大臣恩齐

---

① 《中国援卢旺达姆塔拉省第四星区农田整治项目正式移交给卢方》,2003年10月9日,http://rw.mofcom.gov.cn/article/jmxw/200310/20031000133669.shtml

② 《中国援塞拉利昂议会大厦维修项目正式启动,实现塞卡巴总统夙愿》,2003年10月21日,http://sl.mofcom.gov.cn/article/jmxw/200310/20031000137756.shtml

③ 李广一:《列国志:赤道几内亚 几内亚比绍 圣多美和普林西比 佛得角》,社会科学文献出版社2007年,第195页。

④ 《中国向莱索托国防军捐赠的军车交接》,2003年12月2日,http://ls.mofcom.gov.cn/article/jmxw/200312/20031200154973.shtml

⑤ 《中国援中非100套经济住房项目将于年底前全面竣工》,2003年10月26日,http://cf.mofcom.gov.cn/article/jmxw/200310/20031000139795.shtml

尼女士于 10 月参加了交接仪式。"①

10 月 31 日，中国赠送尼日尔药品、医用器械交接仪式在尼首都尼亚美举行。

中国向莱索托捐赠 2000 万元人民币，用于建设莱国家图书馆、档案馆和广播电视网扩建项目。该笔援款项下的两国政府经济技术合作协议，由外交大臣柴夸于 11 月 2 日—11 日在访华期间签署。②

11 月 6 日，中国援助多哥总统府项目举行隆重奠基仪式。

中国援助尼日尔津德尔市供水项目在津德尔市举行隆重开工典礼。

11 月 14 日，中国和几内亚比绍就中国政府向几比政府提供一笔美元现汇援助在比绍换文确认，帮助几比克服面临的经济困难。

11 月 24 日和 12 月 23 日，中国和坦桑尼亚就中国援助坦赞铁路轨枕厂技术合作延期事宜在达累斯萨拉姆分别代表本国政府签署换文。"根据换文规定，中方将继续向坦赞铁路轨枕厂派遣 9 名技术人员，提供生产培训和技术指导，并提供部分工具、器材和零配件，合作期限为一年，所需费用在中国政府向坦赞铁路提供的专项贷款项下支付。"③

11 月 27 日，中国政府援建几内亚比绍人民宫项目举行隆重奠基仪式。几内亚比绍总统恩里克·罗萨和高克祥大使共同为项目开工奠基。"援建几内亚比绍人民宫项目是该国议会的办公和会议场所，包括会议厅主体和南北两个配楼，主体结构为砼框架，总建筑面积 6315 平方米，总造价 5000 万元人民币。"④

12 月，中国将突尼斯确定为中国公民出国旅游目的地国。2004 年 6 月，中国和突尼斯签署《关于中国公民组团赴突旅游实施方案的谅解备忘录》。

商务部援外人力资源开发合作工作会议在北京召开。会上 19 家培训机构应邀介绍了培训经验。同时，会议就援外人力资源开发合作项目的

---

① 《中国向莱旅游文化部赠送办公设备》，2003 年 10 月 27 日，http://ls.mofcom.gov.cn/article/jmxw/200310/20031000139102.shtml

② 《中国向莱索托捐赠 2000 万元》，2003 年 12 月 2 日，http://ls.mofcom.gov.cn/article/jmxw/200312/20031200154976.shtml

③ 《中坦政府就坦赞铁路轨枕厂技术合作延期签署换文》，2004 年 1 月 6 日，http://tz.mofcom.gov.cn/article/jmxw/200401/20040100167705.shtml

④ 李广一：《列国志：赤道几内亚 几内亚比绍 圣多美和普林西比 佛得角》，社会科学文献出版社 2007 年，第 195 页。

管理办法、培训费用标准等事项进行了讨论，商务部有关领导部署了2004年的援外培训工作。

12月2日，全国援外医疗队派遣40周年纪念暨表彰大会在北京举行。中共中央政治局委员、国务院副总理兼卫生部长吴仪出席并讲话。吴仪表示要促进援外医疗工作持续健康的发展。

12月2日、26日，中国援建佛得角中国医生住房和佛议会堂电器维修工程分别开工。

12月5日，中国和刚果（金）就援刚人民宫、体育场技术合作项目的延续在金沙萨分别代表中刚两国政府签署换文。"人民宫是中国的一个援刚项目，该项目于1979年5月竣工，建筑面积为50157平米，总高度34米，内有一个大礼堂3500个座位，一个国际会议厅480个座位，一个电影厅800个座位，一个可容纳800人的宴会厅。体育场于1993年10月1日竣工，建筑面积62500平米，主场高度31.8米。内有一个可容纳8万观众的田径足球比赛场、一个拥有600座位的灯光篮球场；室外练习场有一个田径足球场、三个网球场、两个篮球场、两个排球场和一个手球场。

这两个项目落成后，中方每两年派遣一个小组，无偿提供技术合作和设备维修以及人员培训等。这次的延续是自1997年来的第四期技术合作，中方将为体育场观众席提供5000张塑料座椅，给人民宫大礼堂配备一套会议投影设备。"①

12月13日，亚的斯亚贝巴举行了中非合作论坛第三届高官会。中国国务院总理温家宝和埃塞俄比亚总理梅莱斯·泽纳维以及其他非洲国家的6位总统、3位副总统、2位总理、1位议长，以及非盟委员会主席阿尔法·乌马尔·科纳雷、联合国秘书长代表出席开幕式，并发表讲话。高官会是中非合作论坛的配套活动之一。

12月14日，第一届中非企业家大会在亚的斯亚贝巴举行。"有30多个国家的500多名企业家代表参加了会议，数位来自中非的官员和商界领袖到会并发表讲话。3天的会期里，来自中非的企业家们共进行了600多场洽谈，洽谈了296个项目，领域涉及到农业、投资、工程建筑、电子通讯、医疗医药、纺织和化工等行业。在签约仪式上，共有17家中

---

① 《中刚政府就援刚人民宫、体育场技术合作项目签署换文》，2004年1月1日，http://cd.mofcom.gov.cn/article/jmxw/200401/20040100166313.shtml

国企业与非洲国家的对口企业签署协议、意向书或备忘录,共 20 个项目,涉及金额近 7 亿美元。"①

12 月 15 日,中国援建中非的两万人座体育场项目对外正式开工。"中非共和国总统博齐泽率住房、装备运输、内政和公共安全部长级代表、总统府办公厅主任、总理府负责生产的顾问等,兴高采烈地来到中国援建的两万人座体育场项目建设工地,总统亲手启动了混凝土搅拌站机器设备按钮,亲自为该项目的正式开工启动了混凝土搅拌站机器设备按钮,瞬间,设备响起隆隆运转声,两万人座体育场项目正式开工。"②

12 月 15—16 日,中非合作论坛第二届部长级会议在埃塞俄比亚首都亚的斯亚贝巴举行。这是中非合作论坛部长级会议第一次在非洲国家举行,体现了中非合作论坛的平等性和非洲国家在其中的主导性。为准备第二届部长级会议,中非双方有中国和 44 个非洲国家负责外交和国际经济合作事务的 70 名部长及部分国际和非洲地区组织的代表参加会议。中国国务院总理温家宝和埃塞俄比亚总理梅莱斯·泽纳维以及其他非洲国家的 6 位总统、3 位副总统、2 位总理、1 位议长,以及非盟委员会主席阿尔法·乌马尔·科纳雷、联合国秘书长代表出席开幕式,并发表讲话。温家宝的发言题为《继往开来 全面推进中非友好合作》。会议围绕着"务实合作、面向行动"的主题而展开。会议回顾了第一届论坛的落实情况,通过了《中非合作论坛——亚的斯亚贝巴行动计划(2006 至 2009年)》,制定了未来三年中非合作的计划与规划。③

12 月 19 日—24 日,中国和坦桑尼亚就中国援坦桑尼亚查林兹和多多马供水项目技术合作在达累斯萨拉姆分别代表本国政府签署换文。"查林兹供水项目于 2003 年 10 月竣工,该项目输水管线长约 160 公里,日供水能力 7200 立方米,惠及近 10 万人;多多马供水项目于 2002 年 11 月竣工,保修期自 2003 年 11 月结束。该项目新打井 12 座,配套建设深井泵房 12 座,新建水厂泵站、中途泵站、网前泵站各一座,供水项目的建成使坦桑尼亚新都多多马的日供水能力从 24000 立方米增加到 40000立方米。根据换文规定,中方将派遣 9 人对上述两个供水项目分别进行

---

① 张忠祥:《中非合作论坛研究》,世界知识出版社 2012 年,第 141 页。
② 《中非总统博齐泽出席中国援建的两万人座体育场项目开工仪式》,2003 年 12 月 18 日,http://cf.mofcom.gov.cn/article/jmxw/200312/20031200161202.shtml
③ 参见 http://www.focac.org/chn/ltda/dejbzjhy/hyqk22009/

为期两年、一年的技术合作，内容包括对当地人员进行生产培训和技术指导，所需费用在中、坦两国政府 2002 年 12 月 19 日签订的经济技术合作协定规定的无偿援助项下支付。"①

12 月 22 日，中国和几内亚比绍就卡松果医院维修考察等事务在比绍换文确认。②

12 月 26 日，中国和突尼斯在突尼斯市签署五项援助与合作协议。这五项协议具体内容如下：1. 中国向突尼斯政府提供一笔无息贷款的协定；2. 中国向突尼斯政府提供一笔无偿援助的换文；3. 中国援突尼斯刺绣、首饰加工和钩针编织培训项目的换文；4. 中国援突尼斯沼气技术培训项目的换文；5. 中国向突尼斯外交部赠送一批电脑设备的换文。③

2004 年

中国政府在继续向非洲发展基金捐资 5000 万美元的基础上，又向亚洲开发银行的亚洲发展基金捐款 3000 万美元，而后又决定向亚洲开发银行额外捐资 2000 万美元，并在亚洲开发银行设立中国扶贫和区域合作特别基金，用于支持亚太地区的扶贫事业和区域合作。

根据中国和尼日利亚两国政府的相关换文，中国政府同意承担援尼打井供水项目。在尼全国 18 个州 180 个地方政府和首都 4 个区打 598 眼水井并提供和安装水泵、水箱、发电机房、铺设管道。这一项目的实施者是北京地矿工程建设有限公司的一个项目组，工期 32 个月。

商务部出台了《对外援助成套项目施工任务实施企业资格认定办法》《对外援助物资项目实施企业资格认定办法》。

1 月 7 日，中刚双方举行中国无偿援助刚果民主共和国外交部会客会议厅维修项目的交接仪式。

1 月 11 日，中国援建吉布提迪基尔县小型体育设施项目开工仪式举行。

1 月 21 日，中国国家气象局向刚果民主共和国无偿赠送国家气象与

---

① 《中国政府就援坦桑尼亚查林兹和多多马供水项目技术合作签署换文》，2014 年 1 月 5 日，http://tz.mofcom.gov.cn/article/jmxw/200401/20040100167364.shtml

② 李广一：《列国志：赤道几内亚 几内亚比绍 圣多美和普林西比 佛得角》，社会科学文献出版社 2007 年，第 195 页。

③ 《中国政府与突尼斯政府签署五项协议》，2003 年 12 月 26 日，http://tn.mofcom.gov.cn/article/jmxw/200312/20031200164590.shtml

卫星远距探测局一批气象仪器举行交接仪式。这次中国赠送的仪器可装备10个气象站，将在今后相当一个时期内为刚果（金）的经济建设发挥积极作用。

1月29日，中国与几内亚比绍换文确认中国政府将向几内亚比绍老战士住宅小区（"北京小区"）提供发电机组和水泵。为解决几内亚比绍政府财政困难和比绍市供电和供水问题，以及老战士住宅小区无法正常使用的问题，中国政府将向几比老战士住宅小区提供发电机组和水泵，以解决该小区内居民生活用电和用水问题。① 老战士住宅项目系中国政府援建，于2003年10月建成并移交几比方，但由于首都比绍市供电和供水均成问题，住宅尚无法使用。

1月底2月初，胡锦涛访问埃及、加蓬和阿尔及利亚三个非洲国家。这是胡锦涛任国家主席后首次出访非洲，是中国政府试图通过高层互动推动落实《亚的斯亚贝巴行动计划》的重要举动。

2月，胡锦涛主席访问阿尔及利亚。2月3日，中阿两国在阿尔及尔签署《中华人民共和国和阿尔及利亚民主人民共和国经济技术合作协定》《中华人民共和国政府向阿尔及利亚民主人民共和国政府提供优惠贷款的框架协议》和《中华人民共和国商务部和阿尔及利亚民主人民共和国中小企业和手工业部关于经济合作的谅解备忘录》。中国商务部副部长于广洲与阿财政部秘书长阿卜戴勒克利姆·拉克哈勒、阿中小企业和手工业部秘书长拉克拉尔·格努内分别在协议上签字。此外，中国外交部长李肇星和阿能源矿产部长沙基卜·哈利勒还分别签署《中华人民共和国国家发展和改革委员会与阿尔及利亚民主人民共和国能源矿产部关于在能源矿产领域开展合作的框架协议》。根据上述协议，中国政府将向阿政府提供优惠贷款等援助，主要用于两国政府间商定的经济技术合作项目或提供一般物资，并进一步加强双方在双边贸易、投资和能源矿产等领域的交流与合作。②

2月20日，援刚果（布）卢旺基里医院落成典礼在黑角市举行。"基里医院位于刚果（布）港口城市黑角，总建筑面积10095平方米，是一所日门诊量400人、200张住院床位的综合性医院，主要由门诊医疗

---

① 李广一：《列国志：赤道几内亚 几内亚比绍 圣多美和普林西比 佛得角》，社会科学文献出版社2007年，第195页。
② http://dz.mofcom.gov.cn/article/jmxw/200402/20040200178834.shtml

区、住院手术区及配套附属用房区等三个部分共 31 个单位工程（含建筑物）组成。该项目于 1975 年 3 月 2 日换文立项。施工图设计于 1987 年完成，但刚方于 1994 年另选场址，双方于 1994 年 7 月 22 日和 28 日换文确认，中方派组对新址进行考察。中国考察组同年 10 月来刚对新址进行了考察。1995 年 3 月 24 日签订设计补充合同。因刚方要求优先实施体育场维修等项目，该项目被推迟实施。1999 年底，萨苏总统要求尽快实施医院项目，并决定将医院场址改回到 1986 年选定的场址，拆迁工作由刚方负责。根据两国政府 2000 年 2 月 23 日和 3 月 8 日换文，中国于 2000 年 6 月派组对 1986 年选定的场址进行了补充考察，并与刚方签署设计合同。2001 年 2 月刚方派代表赴华对该项目的设计图进行了审查，并签署审查纪要。工程于 2002 年 5 月 1 日开工。刚果（布）总统萨苏于 2002 年 2 月参加了卢旺基里医院工程的奠基仪式，并多次视察该项目的工程进展情况。2004 年 2 月 19 日中刚双方联合验收并签署验收证书和交接证书，20 日举行竣工典礼，萨苏总统出席庆典并剪彩。实施单位为天津市建筑设计院设计，辽宁金帝建设集团股份有限公司施工。"①

2 月 21 日，中国向几内亚比绍无偿提供 500 万元人民币大米的交接仪式在比绍市港口举行。

2 月 24 日，摩洛哥北部地区发生强烈地震造成重大人员伤亡，国家主席胡锦涛致电穆罕默德六世国王表示慰问并提供援助。中国政府向摩洛哥政府提供 500 万元人民币紧急人道主义物资，中国红十字会向摩洛哥红新月会提供 3 万美元的人道主义援助。驻当地的中国医疗队也参加了救援工作。②

3 月，中国援助加纳军警营房交付使用。该项目于 2003 年开工。

中国援助刚果（布）莫萨卡、锡比提两城市供水工程开工。该工程 1992 年 10 月 12 日和 11 月 2 日换文立项，项目规模为莫萨卡市日供水 1000 吨，西比蒂市日供水 1500 吨。1992 年 8 月完成可行性考察，1995 年 9 月 29 日签订设计合同。探采结合勘探和打井工作于 1996 年 3 月份完成，1996 年 12 月完成施工图设计。但因刚内战，工程未能实施。根据刚方要求，中国同意在体育场和电台两个维修项目恢复施工后再对实施

---

① http://cg.mofcom.gov.cn/article/zxhz/hzjj/200503/20050300025458.shtml
② 肖克：《列国志：摩洛哥》，社会科学文献出版社 2008 年，第 369 页。

该项目做准备。因探采结合勘探和打井工作结束已近5年，现场情况和其他因素可能已发生比较大的变化，中国考察组于2001年11月16日来刚进行了补充考察。该项目于2004年3月开工。项目由中国地质工程公司设计，中国威海国际经济技术合作股份有限公司施工。

3月6日，中国援建佛得角普拉亚医院住院楼项目正式开工。

3月9日和10日，中国和突尼斯就中国帮助建设突尼斯加夫萨省埃尔·克比尔河水坝项目在突尼斯市换文确认。根据上述协议，中国将帮助建设一座长2000米、最大坝高20米、库容3900万立方米的水坝。项目建设资金，由两国政府共同负担。①

3月12日，商务部颁发《对外援助成套项目施工任务实施企业资格认定办法》（试行）和《对外援助物资项目实施企业资格认定办法》（试行）。

3月18日，中国和几内亚比绍在比绍签署换文确认，中方将派遣三名专家对几内亚比绍进行实地考察，以帮助其实施培训沼气技术项目。②

3月22日，中国和刚果（金）两国在金沙萨签署援刚果（金）金沙萨综合医院建设项目实施合同。这个项目是卡比拉总统2002年3月份访华期间确定的，总建筑面积7838平方米，拥有150张病床和日门诊量为450人的能力，是中国十多年以来对刚（金）援助最大的一个成套项目。2004年8月3日在刚果（金）首都金沙萨恩吉里区破土动工。

3月24日，中国向尼日尔赠送一批拖拉机及手扶拖拉机交接仪式在尼亚美农具制造厂举行。

4月2日，商务部副部长魏建国与莱索托副首相莱霍拉在京签署两国政府经济技术合作协议。中国政府向莱索托提供2000万元人民币无偿援助。鉴于莱索托目前面临的严重饥荒，该援款部分用于2000吨玉米援助，余额用于两国政府商定的有关项目。③

---

① 《中、突两国政府签署中国帮助建设突尼斯加夫萨省埃尔·克比尔河水坝项目立项换文》，2004年3月19日，http://tn.mofcom.gov.cn/article/jmxw/200403/20040300194452.shtml

② 李广一：《列国志：赤道几内亚 几内亚比绍 圣多美和普林西比 佛得角》，社会科学文献出版社2007年，第192页。

③ 《中国向莱索托捐赠2000万元人民币》，2004年4月28日，http://ls.mofcom.gov.cn/article/jmxw/200404/20040400214414.shtml

4月8日和14日，中国和多哥就中国政府向多哥政府提供化肥援助事在洛美换文确认。这是中国政府近几年来第三次向多哥提供此类援助。2002年和2003年，中国政府两次向多哥提供了一定数量的化肥，以帮助多哥农民改良土地，提高农业产量。对此，多农业部长多次表示，这完全符合多哥的需要，提高了当地农业产量，为多哥实现粮食自给做出了很大的贡献。鉴于此，中国政府决定2004年再次向多哥提供化肥援助。

4月23日，中国政府向贝宁政府赠送价值90万元人民币农机设备和配件交接仪式在中国援贝德伟垦区举行。该批物资将用于中国援助贝德伟和科威垦区的农业生产。

中国和加纳在阿克拉独立广场举行中国城市交通客车交接仪式。"加纳交通部与中国机械设备进出口总公司（CMEC）于2003年9月8日签订250辆城市交通客车销售合同，总金额达1600多万美元。该批车辆由中国银行提供买方信贷，中国中长期出口信用保险公司承保，江苏亚星股份客车有限公司进行生产。本次仪式交接首批到货36辆客车，其余车辆将于今年年底前分批到货。这批车辆将对提高阿克拉等城市交通建设起到积极的作用，同时也对中国客车进驻非洲提供了经验。"①

4月28日，中国和中非在班吉签订中国援助中非的银行账务处理细则。中国援助中非宾博发射台项目第三期合作的换文，于2004年5月19日和7月1日在班吉分别进行。②

4月29日，中国政府向贝宁政府援助价值430万元人民币医疗设备及器械交接仪式在贝宁洛克萨医院举行。此次交接的医疗设备和器械包括一台CT机，该批医疗设备有助于改善洛克萨医院的条件，提高医院的诊治水平，扩大中国对贝医疗合作的影响。贝宁洛克萨医院由中国于1997年援建而成，有13名中国医疗队医生在该医院工作。

4月30日，援建的摩洛哥三个游泳馆项目肯尼特拉馆通过对外验收。1995年8月7日，中、摩两国政府换文同意利用1988年和1992年两笔贷款在马拉喀什、肯尼特拉和菲斯三座城市各建一座小型游泳馆。

---

① 《中国向加纳提供城市交通客车交接仪式举行》，2004年4月26日，http://gh.mofcom.gov.cn/article/jmxw/200404/20040400213386.shtml

② 汪勤梅：《列国志：中非 乍得》，社会科学文献出版社2009年，第183页。

中、摩双方于 2000 年 5 月 19 日签订项目设计合同，2000 年 5 月 29 日签订项目施工合同，2001 年 10 月 2 日签署账务处理细则。2002 年 1 月 15 日施工组抵达现场，2002 年 6 月 20 日项目正式开工。经过中、摩双方技术人员的共同努力，特别是克服了因摩方原因项目所需施工设备、材料长期滞港造成的不利影响，肯尼特拉馆于 2004 年 3 月 30 日竣工并通过商务部派遣的项目中期质量检查组的内部验收。

5 月 6 日，中国援助摩洛哥三个游泳馆项目肯尼特拉馆交付摩方使用。

5 月 13 日，中国援助卢旺达沼气培训项目第一期培训班开学典礼在基加利举行。"卢旺达是个能源短缺的国家，随着人口迅速增加，能源压力日益增大，解决好能源问题已成为卢政府的当务之急。早在上世纪 90 年代初，卢就开始了沼气开发方面的研究并建设了一批沼气发生器，但 1994 年的大屠杀摧毁了卢开发沼气的努力。中国政府援助卢旺达进行沼气培训和示范，不仅资助了卢方技术人员到中国参加培训，还派了沼气专家来卢进行教学和示范，真是像一场及时雨。中国援卢沼气培训项目为期一年。中国专家组于今年 4 月 5 日抵达卢旺达，在进行前期准备后，第一期培训班于今天开学。该项目将举办两期培训班，共培训 40 名学员；并建设两个民用、一个工业用沼气示范池。培训班采用理论与实践相结合的教学方法，让学员们边学习、边实践，学以致用。"①

5 月 13 日，苏丹灌溉水资源部次长穆罕默德—阿尔丁与中石油非洲总经理王莎莉在苏丹友谊厅举行了麦罗维友谊大桥赠款备忘录的签字仪式。期间，吉林国际公司苏丹项目部与苏丹麦罗维大坝管理部签署麦罗维友谊大桥项目合同。麦罗维友谊大桥全长 396 米，宽为 20.5 米，主要是解决麦罗维大坝项目的物资运输及该地区的交通问题，计划 33 个月完工。

5 月 15 日，中国无偿援建的莱索托布达布蒂工业园项目顺利结束保修期，由莱中小企业发展公司承接管理。通过一年的试用，莱方对中国建筑质量表示满意。该工业园出租率已达 70%，有望逐渐发展成布达布

---

① 《中国援助卢旺达沼气培训项目举行开学典礼》，2004 年 5 月 14 日，http：//rw.mofcom.gov.cn/article/jmxw/200405/20040500220190.shtml

蒂地区的商业和小工业中心。①

5月26日，中国政府援助安哥拉政府的罗安达省医院工程项目开工奠基仪式在安哥拉首都罗安达举行。"罗安达省医院坐落在罗安达市的卡玛玛区，是一家拥有100个床位的以妇幼为主的综合性医院，总占地面积5公顷，总建筑面积8000平方米。工程由中国海外工程总公司承建并提供部分医疗设备和器械。"②

5月28日，中国与几内亚就中国援几内亚广播电视中心项目签署移交证书。该项目由中国广播电影电视总局设计院设计，北京建工集团有限公司组织施工，中国友发国际工程设计咨询公司负责监理。项目于2002年2月16日开工，2003年12月16日竣工。

5月31日，中国紧急援助塞拉利昂药品的交接仪式在塞副总统府举行。

6月，中国政府决定同坦桑尼亚政府在达累斯萨拉姆合建一处现代化的坦桑尼亚国家体育场。"这座体育场的建设包括一个拥有6万个座位的足球场、一个室内体育馆和一个剧场，体育场将按国际奥委会和国际足联有关标准修建，整个工程预计将耗资约5640万美元。根据协议，中国政府将为其出资1.7亿元人民币（合2000多万美元）。体育场建设工程于2005年1月开工。"③

中国向埃及提供8000万元人民币赠款，用于苏伊士经济开发区的建设，在北苏伊士湾经济特区建设一个一站式投资服务大楼。④

6月1日，中国同苏丹签署援苏太阳能移动电源设备项目交接证书，正式将设备交付苏方。"该项目于2003年8月7日和8月14日由两国政府换文确认，并由保利新能源科技（北京）有限公司负责实施。据悉，太阳能移动电源设备将分发至各州，主要用于改善偏远农村电力短缺状况。此前，中国同苏方还先后签署援苏抗疟药项目、援苏疟疾防治中心设备项目交接证书，向苏丹提供了一批抗疟药及疟疾诊疗设备，提高其

---

① 《援莱布达布蒂工业园保修期顺利结束》，2004年5月31日，http://ls.mofcom.gov.cn/article/jmxw/200405/20040500227710.shtml

② 《中国援建安哥拉医院工程破土动工》，2004年6月1日，http://ao.mofcom.gov.cn/article/sqfb/200406/20040600228331.shtml

③ 裴善勤：《列国志：坦桑尼亚》，社会科学文献出版社2008年，第588页。

④ 杨灏城、许林根：《列国志：埃及》，社会科学文献出版社2006年，第299页。

疟疾防治水平,落实2006年中非合作论坛北京峰会援非举措。"①

6月3日,塞拉利昂政府在首都弗里敦举行隆重的交接仪式。塞政府办公楼又名友谊大楼,是20世纪80年代初期中国援塞成套项目,因十年内战,且年久失修,损坏十分严重。应塞政府要求,中国政府决定以无偿援助方式承担该项目的维修,并由中国江苏国际公司于2002年12月开始具体组织实施,历时17个月。

6月16日,由中国援建的卢旺达基加利市基尼尼亚至纺织厂的2.6公里公路建设项目签署施工合同。按该合同规定,该工程将在短时间的施工准备后开工建设,工期6个月。此项目是由卢旺达总统卡加梅在2001年11月访华时亲自向中国政府提出的,2002年3月28日再次向中国提出援建要求。2003年3月18日和4月2日两国政府签署项目换文。卢旺达基尼尼亚至纺织厂道路整治工程是中国援卢议会大厦至基尼尼亚公路项目的后续工程。项目建成后将使基加利市二环道路全线贯通,对基加利市社会经济的发展起到重要作用。②

6月19日,中国援助吉布提母子中心、艺术中心(吉布提国家文化艺术培训学院)的一批电脑、乐器和家具等物资正式移交吉方。

6月24日,在曾庆红副主席访问多哥期间,商务部魏建国副部长和多外交与合作部长科库·托尊分别代表两国政府在卡拉签署下列协议:

"1. 中、多两国政府关于成立经济、贸易和技术合作混合委员会协定。

2. 中、多两国政府关于中国政府向多哥政府提供无偿援助的经济技术合作协定。

3. 中、多两国政府关于中国政府向多哥政府提供无息贷款经济技术合作协定。

4. 中、多两国政府关于中国政府提供优惠贷款框架协议(该笔优惠贷款用于支持中国企业实施阿贾哈拉电站项目)。

5. 中、多两国政府关于中国政府帮助多哥政府在洛美建设一座医院

---

① 《中国同苏方签署三个物资援助项目交接证书》,2004年6月1日,http://sd.mofcom.gov.cn/article/jmxw/201406/20140600635996.shtml

② 《中国援建卢旺达基尼尼亚—纺织厂公路项目开始实施》,2004年6月17日,http://rw.mofcom.gov.cn/article/jmxw/200406/20040600235071.shtml

进行考察的换文。"①

6月22日和27日，中国与中非签署中国援助中非一批物资的换文。换文规定，由中国政府向中非政府无偿提供一批物资，主要涉及办公设备和医疗设备。

6月23日，广东省向赤道几内亚派出第二十二批医疗队，全队21人，为期2年。

6月25日，莫桑比克独立29周年之际，中国援建的莫外交与合作部办公大楼正式启用。

7月1日，中国援马里"中马友谊刺绣培训中心"在巴马科落成。"刺绣中心成立后，中国举办了各种类型的技术培训和合作。2005年10月20日，中轻公司驻马里代表处与马里儿童基金会在巴马科签订了'援马里第二期刺绣培训技术合作项目实施合同'。第一期毕业的34名学员中，已有人用新学到的技能开办了自己的加工点，开始接收床单加工业务，并取得一定的经济效益。同一期合同一样，二期合同规定中方提供培训所需的全部经费，包括设备、工器具、原材料、办公用品和中国专家所需部分生活物资，并派遣三名技术人员赴马对儿童基金会的妇女进行刺绣技术培训，培训期限一年，计划培训马方50名学员，其中机绣40名，绘画设计和设备维护10名。马方负责提供培训中心的教室、负责培训中心的生产和管理工作等。"②

7月2日，中国援助莱索托国家图书馆兼档案馆工程举行隆重的开工仪式。首相莫西西里挥锹为工程奠基。莱索托国家图书馆兼档案馆是中国政府提供的无偿援助项目，2002年7月17日和8月16日换文，该项目为四层框架结构，占地面积1398平方米，建筑面积5275平方米，坐落在莱首都马塞卢市中心的国王大道旁，与首相府、外交部和财政部等政府办公楼毗邻。"该工程由青岛建筑设计研究院设计，中国青岛建设集团公司承包兴建。2006年4月28日，援莱索托国家图书馆兼档案馆举办了启用仪式。其建成结束了莱索托没有正规图书馆和档案馆的历史，

---

① 《曾庆红副主席访问多哥，两国签署新的合作协议》，2004年7月7日，http://tg.mofcom.gov.cn/article/jmxw/200407/20040700244808.shtml

② 《援马里第二期刺绣培训项目实施合同签定》，2005年10月21日，http://ml.mofcom.gov.cn/article/jmxw/200510/20051000618216.shtml

成为又一座象征中莱两国人民友谊的标志性建筑。"①

7月3日,刚果(金)农业部长桑加和中国湖北大地国际经济技术合作公司总经理赵利华在金沙萨签署关于继续加强中刚农业项目合作的议定书。根据上述协议,湖北大地公司从2005年2月起派遣7名技术人员,提供为期四年的技术援助,"出资530万元人民币,负责推广水稻栽培和种植技术、引进良种、培训刚方技术人员;刚方免费供该公司使用12公顷水稻田、30公顷旱地和经援项下现有的建筑设施(包括住房、仓库等)、机械设备以及水电,免征农用机械(包括零部件)和物资的进口税和项目生产经营的一切捐税。"②

7月5日,中国政府向中非政府赠送价值1000万元人民币的物资,用于修复或重建2003年3月15日遭毁坏的军队营房,并补给总统府、总理府及各部门办公用品。③

7月5日和27日,中国全国人大和多哥国民议会就中国全国人大向多哥国民议会无偿提供物资援助事在洛美换文确认。

7月5日,在中非首都班吉隆重举行了中国政府向中非政府赠送价值1000万元人民币的物资交接仪式。

7月6日,中国政府2004年赠送多哥卡拉及洛美两家医院的药品,以及今年6月份曾培炎副主席访问多哥时赠送该两家医院的医疗器械的交接仪式在洛美举行。

7月14日,中国援莱索托泌尿科器械举行交接。④

7月16日,中国援建的卢旺达马叙塞水泥厂投产20周年。中卢双方在该厂所在地——卢旺达西南部的尚古古省举行庆祝大会。"该厂于1984年建成投产,年产5万吨425号硅酸盐水泥。运营之初就与中国建材工业对外公司签订代管合同,由中国派出各级经营管理和技术专家在该厂任职,全面负责整个工厂的经营管理。卢方人员任各级副职,边干边由中国培训。在中国专家指导下又对工厂进行了技术改造,扩建成年

---

① 《莱首相为中国援建的国家图书馆兼档案馆奠基》,2004年7月5日,http://ls.mofcom.gov.cn/article/jmxw/200407/20040700243267.shtml。
② 《中刚农业合作的新尝试》,2004年7月10日,http://cd.mofcom.gov.cn/article/jmxw/200407/20040700246784.shtml。
③ 汪勤梅:《列国志:中非 乍得》,社会科学文献出版社2009年,第183页。
④ 《中国赠莱索托医疗器械》,2004年8月2日,http://ls.mofcom.gov.cn/article/jmxw/200408/20040800257522.shtml。

产10万吨的水泥厂。目前，该厂是卢旺达唯一的水泥厂，也是卢最大的工业企业之一，是年年名列前茅的利税大户。该厂20年来累计生产水泥120余万吨，为卢国创利税超过6千万美元，解决了500多名职工的就业，培训了一大批水泥生产和经营管理的技术骨干，中国经营管理专家组也由合作之初的84人减少到如今的18人，但各项生产经营活动进展顺利；今年上半年又超额完成了生产计划。该厂生产的水泥极大地支持了卢旺达的经济建设，还有少量出口。目前，卢政府正努力探索进一步扩大生产的办法，以缓解卢国水泥供不应求的局面。"①

7月28日，摩洛哥体育总局在肯尼特拉为中国援建的肯尼特拉游泳馆举行开馆及投入使用仪式。

8月，中国政府向博茨瓦纳提供的2亿元人民币用于建造住房的优惠贷款已获准通过博茨瓦纳议会审议。"该项优惠贷款支持的住房项目有助于博茨瓦纳完成第九个国家发展计划（NDP4）所制订的提高住房拥有率的目标。但对于中国公司承建该住房项目，博茨瓦纳提出了较高的要求，在工程施建中，有议员提出建造房屋必须考虑到气候条件带来的影响，并表示，为确保房屋的构造适合当地的气候条件，对承建的中国建筑公司加强监管；他们还建议中国的建筑公司员工学习英语或当地语言，以加强同各方面的交流。"② "12月6日，中国驻博茨瓦纳大使林迪夫和博茨瓦纳财政部部长MR. Baledzi Gaolatlhe分别代表两国政府签署中国向援助博茨瓦纳提供2亿元人民币优惠贷款的框架协议。该笔优惠贷款期限15年，将用于在博茨瓦纳的马翁、吉瓦宁、哈伯罗内、洛巴策和佛朗西斯顿等五个城市建造725套中、低造价住房。博财政部长表示该援款将有力地促进博茨瓦纳'提高住房拥有率'的远景规划。该住房项目将由中国海外工程总公司承建。"③

8月8日，中国援吉布提国民教育和高等教育部的2套64座语音教室设备和一批教学用品交接仪式正式举行。

8月17日，中国援建的莫桑比克马普托新军区住宅二期配套设施项

---

① 《援卢旺达水泥厂运营20年成绩辉煌》，2004年7月17日，http://rw.mofcom.gov.cn/article/jmxw/200407/20040700250234.shtml

② 《中国向博茨瓦纳提供两亿人民币优惠贷款已获博议会审议通过》，2004年8月5日，http://bw.mofcom.gov.cn/article/jmxw/200408/20040800259996.shtml

③ 《中国向博茨瓦纳提供2亿元贷款签署框架协议》，2004年12月12日，http://bw.mofcom.gov.cn/article/jmxw/200412/20041200318239.shtml

目正式移交给莫政府。"马普托新军区住宅二期配套设施项目是应莫政府要求使用中国提供的援款建设的，该项目包括军官俱乐部、小超市、托儿所、小学校、卫生所，总建筑面积2052平方米；另有连接小区和市区主要公路的两公里道路。中国友发国际工程设计咨询公司设计，安徽省外经建集团公司承建。2003年12月27日开工，2004年7月2日竣工。马普托新军区住宅项目一期工程总建筑面积9800平方米，包括12栋将军别墅、7栋校官楼。已于2002年2月竣工并对外移交。"①

8月19日，北京市向几内亚派出第十九批医疗队，全队15人，于2006年8月完成任务回国。

8月25日，中国赠送尼日尔的2090吨农用化肥移交仪式在尼首都尼亚美举行。

8月31日至9月1日，全国对发展中国家经济外交工作会议在北京召开。"国务院副总理吴仪作了《继往开来，与时俱进，努力开创对发展中国家经济外交工作新局面》的工作报告。关于对外援助，会议明确，今后一个时期，要更好地发挥对外援助的政治效应和经济效应，重点是择优援建与发展中国家人民生活密切相关的标志性项目，提供紧急救灾援助，派遣医疗队，扩大人才培训规模。"②

9月，宁夏回族自治区向贝宁纳迪丹古派出第十四批医疗队，全队10人，于2006年10月完成任务回国。

9月7日，中国援建的卢旺达国家体育场维修项目签署实施合同。"根据中卢两国政府2003年6月25日和7月7日签署的换文，该项目由中国提供援助对卢旺达国家体育场进行全面维修。卢旺达国家体育场是中国在20世纪80年代援助建设的，该工程于1984年动工，1988年竣工，历时近4年。该体育场不仅是卢面积最大的、设施最先进的体育场，也成为了卢旺达举行重大庆祝活动的场所。2003年8月，卢旺达卡加梅总统的就职典礼就在这里举行。"③

9月23日，商务部颁发了《援外青年志愿者选派和管理暂行办法》，

---

① 《中国援莫新军区住宅二期配套工程对莫移交》，2004年8月20日，http://mz.mofcom.gov.cn/article/jmxw/200408/20040800267145.shtml

② 《对发展中国家经济外交工作会议召开》，2004年9月3日，http://www.people.com.cn/GB/paper39/12850/1155458.html

③ 《中、卢双方签订援卢旺达国家体育场维修实施合同》，2004年9月8日，http://rw.mofcom.gov.cn/article/jmxw/200409/20040900276401.shtml

就援外青年志愿者范围、相应条件、招募方式、志愿服务期限、业绩考核和奖励、主管部门和管理机构等做出了明确规定,将援外青年志愿者服务纳入援外人员进行管理,援外青年志愿者成为援外人力资源开发合作的新方式。

9月27日,根据中阿两国政府2004年2月3日签订的经济技术合作协议和同年9月的换文规定,中国和阿尔及利亚在阿尔及尔签署中国援阿数字地震台网项目实施协议。"根据上述协议,中方将在阿尔及利亚境内负责建设一个由2个超宽带地震台、8个宽带地震台和一个台网中心组成的固定地震观测台网和一个由1套短周期流动数字地震仪组成的流动地震观测台网。为此,中方将派遣必要的技术人员赴阿进行设址的勘选,指导设备安装和调试,并对阿方技术人员进行必要的现场技术培训和赴华培训。按照双方商定的项目进度安排,中方技术人员将于今年11月来阿进行设址勘选。项目所需费用计1000万元人民币,在2004年2月初胡锦涛主席访阿期间签订的中阿两国政府经济技术合作协定的无偿援助项下支付。"①

9月28日,在中国驻布隆迪大使馆举行了2004年度的援布药品及医疗器械交接仪式。"根据中国政府和布隆迪共和国政府1999年10月18日签定,2003年11月12日和11月18日两国政府换文确定再延续两年的关于中国派遣医疗队赴布隆迪工作的议定书规定,中国政府每年向布隆迪政府赠送价值50万元人民币的药品及医疗器械。"②

9月30日,援坦桑尼亚体育场项目在坦劳动、青年发展和体育部举行开工仪式。

10月,甘肃省向马达加斯加派出第十五批医疗队,全队30人。

莱索托马塞卢警察局接到报案,由中华全国妇联捐赠给莱妇女青年体育部的179台缝纫设备中有47台丢失。"此批设备于2003年6月12日由中国政府赠送后,一直存放在该部的一间办公室中,没有开展后续使用和管理工作。"③

---

① http://dz.mofcom.gov.cn/article/jmxw/200510/20051000535538.shtml
② 《2004年度援布隆迪药品及医疗器械交接》,2004年9月30日,http://bi.mofcom.gov.cn/article/jmxw/200409/20040900286331.shtml
③ 《莱索托对中国捐赠物品使用管理不善》,2004年10月28日,http://ls.mofcom.gov.cn/article/jmxw/200410/20041000297441.shtml

10月14日，科摩罗外交和合作部举行了中国政府向科摩罗联盟政府提供美元现汇交接证书的隆重签字仪式。①

10月18—20日，中非人权研讨会在中国举行。

10月28日，由中国卫生部援助、中国齐鲁集团承建的中国援苏丹医疗队驻阿布欧什医疗队员住房工程开工。阿布欧什医疗队住房工程是集住房、娱乐和餐厅为一体的综合式建筑，总建筑面积为380平方米，工程建成后将大为改善现有医疗队员的居住条件。

10月29至2004年11月8日，吴邦国委员长访问肯尼亚、津巴布韦、赞比亚和尼日利亚四国。吴邦国的出访是继胡锦涛、温家宝和曾庆红访非后的又一次重要的外交活动。吴邦国在赞比亚国民议会发表了《增进相互信任 促进共同发展》的演讲。

11月2日，中国援助尼日尔价值50万元人民币（含运费）的药品和器械交接仪式在尼首都尼亚美举行。

11月10日，由中国科学器材进出口总公司利用中国对埃及援款建设的化学中试车间项目正式竣工，并举行了项目移交仪式。

11月19日，中国援卢旺达基加利国家体育场维修工程全面竣工移交。"该体育馆是由中国政府援助建设的，并于1988年4月竣工并移交卢方使用。体育场总面积36500平方米，建筑面积15697平方米，规模20000人座，是卢国唯一的现代化国际体育比赛场所，大型群众集会、阅兵、游行活动也都在此举行，2003年8月在此举行了卡加梅总统就职仪式。应卢政府要求，中国同意提供援助并于2004年12月20日开始实施该体育场维修改造工程，对各体育运动设施、电气照明、扩音、卫生系统等进行了全面修复更新，并在主体育场贵宾区安装了4950把蓝绿黄三色座椅，崭新的橙红色塑胶跑道在足球场茵茵绿草映衬下更显得鲜艳夺目。篮排球场增加了网架屋顶后改造成了室内体育馆，并安装了新的电子记分牌。"②

11月22日，卢旺达政府基础设施部在基加利为中国援卢旺达沼气

---

① 《科外交和合作部举行了中国政府向科摩罗联盟政府提供美元现汇交接证书隆重的签字仪式》，2004年10月15日，http：//km.mofcom.gov.cn/article/jmxw/200410/20041000291449.shtml

② 《中国援卢旺达国家体育场维修工程项目竣工移交卢方》，2005年11月19日，http://rw.mofcom.gov.cn/article/jmxw/200511/20051100826083.shtml

培训项目的两期培训班举行结业典礼。两期培训班共有 35 名学员。卢旺达政府非常重视环境保护和可再生能源的开发利用，如何更好地解决能源危机已成了卢政府发展的重中之重。中国援卢沼气培训和示范项目专家组于今年 4 月初到卢旺开始执行项目，共举行了两个技术培训班，建了两个小型、一个中大型沼气应用示范池，均产气充足，并已用于照明和烹调。按两国协议，该组还进行了卢旺达沼气运用条件和环境的考察，并向卢方移交建沼气池工具和有关考察报告。①

11 月 25 日，中国向毛里求斯赠送一批设备的交接仪式在毛里求斯首都路易港举行。"联合国发展中小岛国会议将于 2005 年 1 月 10 日至 14 日在毛里求斯举行，中国政府为此向毛赠送了一批设备，包括 12 辆中型面包车、20 台电脑、20 台打印机及 5 台复印机。"②

12 月，中国政府向毛里塔尼亚提供 50 万美元现汇赠款，以帮助毛里塔尼亚灭蝗。③

12 月 3 日，中国援助多哥 200 万元物资（办公用品和药品）的交接仪式在洛美大学举行。

12 月 8 日，由中国政府无偿援建的纳米比亚奥穆萨蒂省和卡万戈省两议会大厦项目正式开工。"中国援纳议会大厦项目是根据中纳两国政府 2002 年 1 月 30 日和 2 月 1 日换文规定进行建设。总建筑面积为 4400 平米，对外工期 14 个月，合同价 3000 万元人民币。"④

12 月 15 日，中国在摩洛哥援建的菲斯游泳馆举行开馆仪式。"菲斯游泳馆是中国在摩洛哥援建的三个游泳馆中的一个。摩洛哥三个游泳馆项目系我政府出资援建，即在肯尼特拉、菲斯和马拉喀什三个城市各建一座游泳馆。项目于 2002 年 6 月 20 日开工，2005 年 1 月 31 日竣工。三个游泳馆分别于 2004 年 5 月 6 日、9 月 28 日和 2005 年 2 月 1 日移交摩方使用。"⑤

---

① 《中国援卢旺达沼气培训项目举行结业典礼》，2004 年 11 月 22 日，http://rw.mofcom.gov.cn/article/jmxw/200411/20041100308547.shtml

② 《中国向毛赠送一批设备，获毛高度评价》，2004 年 11 月 29 日，http://mu.mofcom.gov.cn/article/jmxw/200411/20041100311654.shtml

③ 李广一：《列国志：毛里塔尼亚》，社会科学文献出版社 2008 年，第 124 页。

④ 《中国援纳两地方议会大厦项目正式开工》，2004 年 12 月 15 日，http://na.mofcom.gov.cn/article/jmxw/200412/20041200319478.shtml

⑤ 《援摩洛哥三个游泳馆项目交接证书》，2005 年 4 月 25 日，http://ma.mofcom.gov.cn/aarticle/jmxw/200504/20050400079372.html

2005 年

商务部全面启动各类援外项目合同标准文本的协定工作，并开始起草《援外成套项目安全生产管理办法》《对外援助物资项目管理办法》《对外援助人力资源项目管理办法》，同时制定并发布了《商务部关于进一步加快对外援助实施进度的意见》、《对外援助培训项目实施管理内部暂行规程》等规范性文件。

世界粮食计划署在北京宣布停止对华粮食援助，这标志着该组织对中国长达四分之一世纪的粮食援助画上了句号。

福建省向博茨瓦纳派出第十一批医疗队，全队46人，于2008年12月完成任务回国。

中国向马达加斯加派遣医疗队30周年，两国举办中国医疗队赴马达加斯加30周年纪念活动。

中国政府无偿援助马达加斯加政府5000吨大米。

1月，中国援助坦桑尼亚的国家体育场项目开工。坦桑尼亚人民酷爱运动，但他们的体育场还是20世纪早期建设的。拥有一座现代化的体育场，是坦桑尼亚人民长久以来的梦想。"国家体育场项目由中国政府与坦桑尼亚政府共同出资合作建设，工程造价超过6000万美元，中国政府承担大部分投资。体育场建设规模为6万人座，工程参照国内大型甲级体育场标准设计，满足国际比赛要求，场地及相关设施满足国际田联（IAAF）及国际足联（FIFA）标准，能满足举办洲际运动会和国际足联、国际田联比赛的要求。"①

中国开始展开为几内亚比绍援建的一座5万人座的综合体育场的考察。

中国政府决定单方面给予苏丹等25个最不发达国家特殊关税优惠政策，为其提供更多贸易机会。"这项特殊关税政策于2005年1月1日正式实施，从这天起，中国对原产于非洲最不发达国家的190个税目商品实施特惠零关税，商品分别涉及食品、矿产品、纺织品和机电产品等。享受特惠政策的25个国家分别是贝宁、布隆迪、佛得角、中非、科摩罗、刚果（金）、吉布提、厄立特里亚、埃塞俄比亚、几内亚、莫桑比

---

① 《坦桑尼亚国家体育场》，《建筑创作》2007年第1期。

克、几内亚比绍、莱索托、利比里亚、马达加斯加、马里、毛里塔尼亚、尼日尔、卢旺达、塞拉利昂、苏丹、坦桑尼亚、多哥、乌干达、赞比亚。"①

中国商务部派出由上海建工集团 3 名专家组成的专家验收组对中国援建的莱索托图书馆兼档案馆项目进行中期检查。

中非共同在北京召开了首届"中非教育部长论坛",来自非洲 17 个国家的教育部长和教育战线的重要官员参加了此次论坛。"在此次论坛上,国务委员陈至立宣布,中国未来将在以下几个方面开展与非洲的教育合作和人力资源培养方面的合作。1. 中国将进一步扩大中非留学生的交流。中国将接收更多非洲国家的青年来中国进入高等学校接受全日制的学历教育,特别是研究生的教育。中国将在今后五年里,使非洲享受政府奖学金的留学生人数在现有的基础上翻一番。2. 双边或多边联合举办不同领域的研讨和学术交流活动,围绕共同感兴趣的教育问题分别组织专家教育行政官员、职业学校和中小学校长等进行研讨交流。3. 围绕教育的组织管理,举办各种研修班。今后三年,中国将每年为非洲培训一千人左右,包括教育行政官员、大中小学、职业学校的校长和骨干教师。4. 在非洲国家开展汉语教学。根据当地的需要,在部分非洲国家建立孔子学院和汉语中心,从教材、师资、设备等方面加大对非洲汉语教学的支持力度。"②"本次论坛和未来合作纲要的提出,大大拓展了中非在教育方面合作的广度和深度,开辟了新的合作思路和领域。以人力资源培训的内容为例,教育战线人力资源的培训扩展到大中小学、职业学校的校长和教师,让更多的非洲教师有机会接受来自中国方面的教育理念。"③

在莱索托议长莫查梅 2004 年 11 月访华期间,中国政府向莱索托国民议会捐赠 100 万元人民币的办公设备,仇伯华大使和莱国民议会议长莫查梅分别签署换文确认。④

---

① 张忠祥:《中非合作论坛研究》,世界知识出版社 2012 年,第 102 页。
② 《中非教育部长论坛:网上直播》,2005 年 11 月 27 日,http://www.china.com.cn/zhibo/2005-11/27/content_8784800.htm
③ 教育部国际合作与交流司:《大展宏图的中非教育合作盛会——中非教育部长论坛纪》《西亚非洲》2006 年第 1 期。
④ 《中国向莱索托议会捐赠办公设备》,2005 年 1 月 26 日,http://ls.mofcom.gov.cn/article/jmxw/200501/20050100339287.shtml

1月4日，中国驻肯尼亚大使郭崇立代表中国政府在肯尼亚首都内罗毕向索马里过渡政府提供了10万美元的紧急现汇援助，用于救助受海啸灾害的索马里人民。这是此次海啸受灾以来，索马里政府接受的第一笔国家紧急援助。①

1月5日，中国大使馆向塞舌尔捐款6万美元，这是塞舌尔自受印度洋海啸袭击以来收到的第一笔国际捐款。②

1月6日，中国和卢旺达两国在基加利签署关于由中国政府援助卢旺达政府实施"姆塔拉农田整治项目补充工程"的换文。"位于卢旺达北部姆塔拉省的第四期农田整治项目是几年前中国政府实施的一个对卢旺达经援项目，包括将沼泽地改造成良田350余公顷，建设一个小水库和整个垦区的灌溉渠网等。该项目已于2003年10月建成并移交给卢方。昔日蚊蝇丛生的沼泽地变成了稻浪翻滚的米粮川，得到了卢政府和垦区广大人民群众的高度赞扬。应卢方要求，中国政府此次同意承担的补充工程包括对水库排淤工程进行改造，蓄水坝迎水面进行砌石护坡，整修垦区18公里道路及为管理中心配备家具和通讯设施。该补充工程建成后，将为垦区发挥更好的经济和社会效益。"③

1月7日，中国援尼日尔赛义尼·孔切将军体育馆维修项目实施合同在尼亚美签署。

1月10日，为支持贝宁成功举办第十四届非洲杯青年足球锦标赛，中国援助贝友谊体育场电子记分牌维修项目竣工。"该项目是应贝宁政府要求，于2004年11月23日开工的。由贝宁主办的2005年非洲杯青年足球锦标赛决赛阶段比赛将于1月15日至29日在科托努举行，中国援贝友谊体育场作为主要比赛场地将承接所有16场比赛中的14场比赛以及开、闭幕式。电子记分牌维修项目的及时完工并移交保证了该项赛事对记分牌的正常使用，贝政府及当地百姓给予了高度的评价。"④

---

① 《中国政府向遭受海啸灾害的索马里捐赠10万美元紧急援款》，2005年1月6日，http：//ke.mofcom.gov.cn/article/jmxw/200501/20050100329225.shtml

② 《中国大使馆向塞舌尔捐款六万美元》，2005年1月5日，http：//sc.mofcom.gov.cn/article/jmxw/200501/20050100328816.shtml

③ 《中卢两国签署新的经援项目协议》，2005年1月12日，http：//rw.mofcom.gov.cn/article/jmxw/200501/20050100331769.shtml

④ 《我援贝友谊体育场电子记分牌维修项目通过验收并对外移交》，2005年1月14日，http：//www.fmprc.gov.cn/zflt/chn/zfjmhz/t179725.htm

1月11日，中国和卢旺达在基加利签署中国政府援助卢旺达政府实施的"基本戈卫校增建工程项目交接证书"。"位于卢旺达东南部基本戈省的基本戈卫校是中国政府援助卢旺达政府建设的，已于2002年8月竣工移交卢方使用，该项目经双方技术人员验收后被评为优良工程。后应卢政府要求，中国政府又援助卢旺达政府实施了该增建工程项目，包括增建学校四周的围墙、大铁门、校外的水泥道路等工程。该项目于2004年10月开工，同年12月竣工，经中卢双方技术人员检查验收，对工程质量表示满意。"①

1月14日，中国援助布隆迪总统府、副总统府和对外关系与合作部计算机网络项目举行交接仪式。"中国政府援助的《布隆迪总统府、副总统府和对外关系与合作部计算机网络项目》，布方于2004年4月9日完成了设备安装调试，网络经过6个月的试运行，运转正常、性能良好。中布双方于2004年10月7日签定了该项目交接证书。建设网络项目是中布双方在该领域的第一次合作。中国为该项目向布隆迪提供了3台IB-Mx235服务器和160台电脑及相关配套设备278台（套）；承担3名布方技术人员到中国为期一周的各项费用；提供342039美元用于布方进行设备安装调试、维护保养及人员培训。项目总费用700万元人民币。"②

1月23日，中国捐赠给非洲海啸受灾国索马里和肯尼亚的一批总价值1085万元的救灾物资空运抵达肯尼亚首都内罗毕。"这批救灾物资包括食品、药品、帐篷、发电机、生活用品及办公设备等等，其中捐赠给索马里的物资价值800万元人民币，捐赠给肯尼亚的物资价值285万元人民币。此前中国政府已向遭受海啸袭击的索马里和肯尼亚分别捐赠了10万美元的救灾款，这次又专门包机运来大量救灾物资。这些物资来自中国北京、杭州、福州及深圳等地，代表着中国政府和人民对非洲海啸灾民的一片关爱和深情，帮助索马里和肯尼亚的海啸灾民尽快渡过难关，重建家园。这批救灾物资由中国政府包租的一架俄罗斯的大型货机

---

① 《中卢两国签署经援项目竣工移交证书》，2005年1月17日，http：//rw.mofcom.gov.cn/article/jmxw/200501/20050100334485.shtml
② 《援布隆迪总统府、副总统府和对外关系与合作部计算机网络项目交接仪式在布琼布拉举行》，2005年1月18日，http：//bi.mofcom.gov.cn/article/jmxw/200501/20050100335328.shtml

运送。"①

1月28日，新华社向塞拉利昂通讯社赠建卫星小型地面接收站的交接仪式在塞通社会议厅举行。

2月17日，中国政府向马达加斯加无偿援助5000吨大米的交接仪式在马首都塔那那利佛举行。马达加斯加2004年连续遭受飓风袭击，农业生产受到严重影响，造成大米供应短缺，米价成倍上涨。中国政府此次援助的大米对缓解马大米供应紧张局面和平抑米价起到一定的作用。②

2月24日，中国政府向利比里亚政府无偿提供的3650吨大米正式移交仪式在首都蒙罗维亚港举行。

2月25日，中国和安哥拉在罗安达签署《中华人民共和国政府和安哥拉共和国政府经济技术合作协定》。③

3月17日，中国驻贝宁大使李蓓芬向贝宁财政部赠送了一批包括电脑在内的办公用品。

中国驻赤几使馆紧急无偿援助赤几卫生部的12箱抗霍乱药品送交给赤几卫生部。近几个月来，赤几马拉博市发生霍乱痢疾疫情，由于是水源污染，致使疫情迅速蔓延。大约3600人先后感染发病，有数十人死亡。

3月20日，中国援助吉布提人民宫二期维修工程正式移交吉方。

3月22日，中国援助加纳国家剧院维修项目开工仪式在加纳国家剧院举行。"由中国援建的加纳国家剧院于1992年建成并投入使用，是加纳的标志性建筑。多年来，国家剧院在加强中加两国人民文化艺术交流和丰富加纳人民文化艺术生活方面，发挥了巨大作用。应加纳政府要求，中国政府同意对国家剧院进行维修。自开工之日起，项目将在11个月内完成。此次维修，不仅保持国家剧院原有功能，在施工过程中将尽量采用新工艺、新材料，更换新设备，工程结束后，国家剧院的功能将得到

---

① 《中国捐赠的海啸救灾物资抵达肯尼亚》，2005年1月24日，http://ke.mofcom.gov.cn/article/jmxw/200501/20050100338085.shtml

② 《中国向马达加斯加无偿提供5000吨大米的交接仪式举行》，2005年2月21日，http://mg.mofcom.gov.cn/article/jmxw/200502/20050200356140.shtml

③ 《中国与安哥拉签署经济技术合作协定》，2005年3月3日，http://ao.mofcom.gov.cn/article/sqfb/200503/20050300361785.shtml

进一步提升。"①

3月23日，中国援助利比里亚外交部办公大楼部分楼层内装修项目施工合同签字仪式在利外交部隆重举行。

3月23日，中国援建几内亚比绍人民宫项目交接仪式在比绍举行。"几内亚比绍共和国总统罗萨为项目交接剪彩。罗萨总统在仪式上积极评价中国和几内亚比绍的传统友谊，高度赞扬中国政府和人民长期以来向几内亚比绍政府和人民提供的无私援助，称赞中方援建的人民宫项目是两国友谊的象征。建成的人民宫后成为几内亚比绍最为瞩目的建筑。"②

3月31日，中国对埃塞经援项下的职教技术学院项目在亚的斯亚贝巴市项目工地举行了开工奠基仪式。"职教技术学院项目是中、埃塞两国建交以来中国对埃塞援款项下最大的成套项目。该项目由安徽省外经建设（集团）有限公司负责施工，工期为20个月。"③

4月5日，苏丹总统府部在苏丹首都喀土穆友谊厅隆重举行中国援苏国际会议厅项目竣工揭幕和交接证书签字仪式。④

4月19日和4月25日，中国和卢旺达在基加利签署关于确认中国政府同意援助卢旺达政府建设卢外交部办公楼项目的换文。"根据中国考察组介绍的设计方案，该办公楼占地2公顷，楼高6层，建筑面积约7300平方米，可供近200人办公。外交部办公楼建设项目将从根本上解决卢外交部办公的具体困难。"⑤

4月20日，中国援助突尼斯沼气技术项目第二期培训班结业，11名突学员获得结业证书。该沼气技术项目为江泽民主席2002年4月访突时中国提供的无偿援助项目。中国4名专家和技术人员于2004年7月来突开展为期一年的工作，帮助突方建立一个沼气技术实验室，举办两期沼

---

① 《中国援加纳国家剧院维修项目举行开工仪式》，2005年3月23日，http://gh.mofcom.gov.cn/article/jmxw/200503/20050300028668.shtml

② 李广一：《列国志：赤道几内亚 几内亚比绍 圣多美和普林西比 佛得角》，社会科学文献出版社2007年，第195页。

③ 《中国援埃塞职教技术学院项目开工》，2005年3月31日，http://et.mofcom.gov.cn/article/jmxw/200503/20050300031743.shtml

④ 《丹政府隆重举行中国援建苏丹国际会议厅交接仪式》，2004年4月5日，http://sd.mofcom.gov.cn/article/jmxw/200504/20050400033884.shtml

⑤ 《中卢两国签署援建卢旺达外交部办公楼协议》，2005年4月26日，http://rw.mofcom.gov.cn/article/jmxw/200504/20050400080940.shtml

气技术培训班,调研并制订该国沼气战略规划。①

4月22日,中国和摩洛哥签署中国援摩洛哥三个游泳馆项目的交接证书。②

4月26日,科特迪瓦邮政总局在阿比让隆重举行中国援科邮政物资交接仪式。

4月28日,在赞比亚副总统府举行了现汇和物资的交接仪式。为了表示向赞比亚 BGRIMM 炸药(赞比亚)有限责任公司爆炸事故中遇难和受伤者家属的同情与哀悼,中国政府向赞比亚政府提供了50万美元现汇和一批紧急救援物资。③

5月5日—18日中国商务部副部长于广洲率中国政府经贸代表团访问摩洛哥。16日,中国和摩洛哥方面签署中国向摩提供无偿援助的经济技术合作协定,双方同意该笔无偿援助用于举办双方商定的摩纺织领域管理和技术人员、地震学和防震技术人员以及经济管理官员等培训班。

5月10日,中国和科摩罗在科摩罗首都莫罗尼签订了中国政府和科摩罗联盟政府经济技术合作协定。该笔无偿援助将用于援科机场项目资金不足部分和两国政府商定的其他项目。④

5月13日,苏丹灌溉水资源部次长穆罕默德-阿尔丁与中石油非洲总经理王莎莉在苏丹友谊厅举行了麦罗维友谊大桥赠款备忘录的签字仪式,中石油向麦罗维友谊大桥赠款1000万美元。"麦罗维友谊大桥全长396米,宽为20.5米,主要是解决麦罗维大坝项目的物资运输及该地区的交通问题,计划33个月完工。吉林国际公司苏丹项目部与苏丹麦罗维大坝管理部还签署麦罗维友谊大桥项目合同。"⑤

5月30日,中国和贝宁签署中国向贝宁赠送一批会议大厦零配件的交接证书。根据中、贝两国政府2003年12月1日和2004年2月10日换

---

① 《中国援助突尼斯沼气技术项目第二期培训班举行结业仪式》,2005年4月21日,http://tn.mofcom.gov.cn/article/jmxw/200504/20050400077543.shtml

② 《援摩洛哥三个游泳馆项目交接证书签署》,2005年4月25日,http://ma.mofcom.gov.cn/aarticle/jmxw/200504/20050400079372.html

③ 《中国政府向赞比亚政府提供现汇和紧急救援物资举行交接仪式》,2005年4月29日,http://zm.mofcom.gov.cn/article/jmxw/200504/20050400083915.shtml

④ 《中科两国政府签署经济技术合作协定》,2005年5月11日,http://km.mofcom.gov.cn/article/jmxw/200505/20050500088019.shtml

⑤ 《中石油向麦罗维友谊大桥赠款1000万美元》,2005年5月14日,http://sd.mofcom.gov.cn/aarticle/jmxw/200405/20040500220557.html

文规定，中国政府赠送一批零配件给贝宁政府，用于保证中国援贝会议大厦设备的正常运转。该批物资已于5月运抵会议大厦现场。

6月8日，援助塞拉利昂议会大厦维修项目对外移交仪式在塞首都弗里敦隆重举行。塞议会大厦于1961年由以色列援建，此维修工程由中国威海国际公司负责实施，历时近1年半完工。维修后的议会大厦称为"议会友谊之楼"。塞议会大厦历经半个世纪，年久失修。塞总统卡巴于2000年致函中国国家主席江泽民，请求中国政府援助修复。

6月15日，中国向塞舌尔国庆节组委会赠送一批国庆庆典用品。6月18日是塞舌尔国庆日。同一日，大使馆还向塞舌尔卫生部赠送了部分医疗卫生器械。由6名大夫组成的中国医疗队时在塞工作。[①]

6月17日，中国援建的塞舌尔标准局大楼举行交接仪式。

中国和贝宁政府相关部门签署援助物资交接证书。根据中、贝两国政府换文规定，中国政府向贝宁政府赠送一批包括吉普车、空调、复印机、电话程控交换机等在内的物资。该批物资于2005年6月运抵科托努，并在贝政府主要受益部门——贝工业、贸易和促进就业部所在地举行交接仪式。[②]

6月24日，中国援尼日尔津德尔市供水项目竣工仪式在距尼首都尼亚美900余公里的津德尔市隆重举行。

7月，中国向桑给巴尔赠送了一批医疗器械。[③]

湖南省向塞拉利昂派出第十二批医疗队，全队10人。

浙江省向索马里派出第十九批医疗队，全队31人。

湖南省向津巴布韦派出第十批医疗队，全队9人。

7月6日和8月31日，中国与多哥签署中国对多无偿提供化肥援助换文。这两次赠送化肥总量达近1700吨。自2004年以来国际市场石油价格持续上涨，化肥价格急剧攀升，加上多今年雨水较少，粮食歉收，致使粮价上涨，给包括多哥在内的对农业依存度很高的西非穷国带来了很大的压力，中国此举可谓雪中送炭，为多哥解除了燃眉之急。

[①]《中国政府向塞舌尔赠送节日庆典用品和医疗卫生器械》，2005年6月16日，http://sc.mofcom.gov.cn/article/jmxw/200506/20050600121100.shtml

[②]《中国向贝宁提供一批援助物资》，2005年6月22日，http://www.mofcom.gov.cn/404.shtml

[③] 裴善勤：《列国志：坦桑尼亚》，社会科学文献出版社2008年，第591页。

7月9日，中国援助吉布提的塔朱腊、迪基尔两座小型体育设施项目竣工。①

7月14日，中国和尼日尔签署关于中国援助尼日尔体育场维修项目的实施合同。

7月18日，坦桑尼亚青体部在达累斯萨拉姆为中、坦两国共同出资建设的坦国家体育场项目举行隆重奠基仪式。中、坦两国于2004年6月1日正式换文立项建设坦桑尼亚国家体育场，它是一座拥有6万人座位、能够满足国际足联、国际田联标准的现代化体育场，建成后对改善坦桑尼亚的体育设施将会起到促进作用。②

7月20日，中国援助莱图书馆暨档案馆项目竣工，由商务部官员和上海建工集团专家组成的联合验收组于8月1日抵莱，开始进行验收工作。③

7月22日，中国向安哥拉提供农具物资项目交接仪式在罗安达举行。

8月，内蒙古自治区派出援卢第十二批医疗队。全队12人，在卢旺达执行援外医疗任务。该批医疗队已诊治病人1.3万多人次，开展各类手术1200多例，抢救危重病人200多人次。

坦赞铁路局公关部经理伦古先生在赞比亚第79届农展会上向媒体披露中国援助情况。"伦古先生表示，中国政府在第11期坦赞铁路经济技术合作项下向坦赞铁路提供了价值1200万美元的100辆新货车，这样坦赞铁路今年的货运量就可以从上一财政年度的63.2万吨增加到65—70万吨。

除此之外，坦赞铁路局耗资50万美元维修机车发动机，使得车皮运输数从每天14节增加到16节，满足了日益增长的货运之需。坦赞铁路局还从中国定购了30辆新客车，使得客运量从前5年平均100万人增加到120万人。坦赞铁路的主要货运客户是康克拉铜矿公司和姆帕尼铜矿公司，位于西北省的勘萨希矿和卢姆瓦那矿也是坦赞铁路的潜在客户。

---

① 《中国援吉布提体育设施竣工并签署交接证书》，2005年7月29日，http://dj.mofcom.gov.cn/article/jmxw/200508/20050800219275.shtml

② 《中国和坦桑尼亚共同建设的国家体育场举行奠基仪式》，2005年7月19日，http://tz.mofcom.gov.cn/article/jmxw/200507/20050700176221.shtml

③ 《援莱图书馆暨档案馆项目进行竣工验收》，2005年8月3日，http://ls.mofcom.gov.cn/article/jmxw/200508/20050800224915.shtml

铜矿公司认为通过铁路花费 4 天的时间将铜矿运到达市港要比花费 2 个星期的时间通过南部出海合算。去年铜及铜精矿的运量达到了 100000 吨。坦赞铁路局也在考虑帮助赞政府和其他客户运输大量的化肥,去年化肥的运量达到了 35000 吨。第一批中国企业坦赞铁路考察组于 6 月下旬至 7 月 24 日拜访了坦桑尼亚和赞比亚的主要部门。在坦桑主要拜访了坦桑国有企业改革委员会、坦桑投资中心、税务局、通讯部和劳动局。在赞比亚,考察组拜访了赞比亚投资中心、税务局、私有化署、财政部和交通部等。考察组来访的主要目的是考察两国的法律法规以及投资环境以便决定他们是否参与坦赞铁路的重组。第二批坦赞铁路考察组将于 8 月到赞,主要考察坦赞铁路的人力资源问题,并对坦赞铁路沿途所有的车站进行考察。"①

8 月 1 日,中国政府援助卢旺达的基加利市 2.6 公里城市公路建设项目举行了移交仪式。中国路桥集团公司承建。该条公路是基加利市区联结北部郊区的干线公路,于 2005 年 2 月竣工。②

8 月 14 日,根据中贝两国政府医疗合作协议,中国政府向贝宁卫生部无偿援助 50 万元人民币药品和医疗器械正式签订交接证书。这批药品和医疗器械共计 56 箱,交付使用后将有利于缓解贝宁药品短缺的现象。

8 月 18 日,在马里青年和体育部举行中国援助马里 3 个简易体育场施工合同签字仪式。"该项目的承建单位为齐鲁建设集团公司,该项目是在马里布古尼市、库佳拉市和桑市建设 3 个简易体育场,合同总价 2800 万元人民币,工期 17 个月。"③

8 月 26 日,中国和突尼斯确认中国向突尼斯提供 1000 万元无偿援助的换文。"这笔无偿援助主要用于为突尼斯政府举办 2005 年 11 月信息社会世界峰会第二阶段会议提供设备,这批设备包括 1000 台台式电脑和 100 台笔记本电脑。"④

---

① 《中国政府向坦赞铁路提供 100 辆新货车》,2005 年 8 月 5 日,http://zm.mofcom.gov.cn/article/jmxw/200508/20050800236014.shtml

② 《中国援卢旺达城市公路建设项目举行移交仪式》,2005 年 8 月 2 日,http://rw.mofcom.gov.cn/article/jmxw/200508/20050800219978.shtml

③ 《援马简易体育场项目施工合同签字》,2005 年 8 月 18 日,http://ml.mofcom.gov.cn/article/jmxw/200508/20050800280029.shtml

④ 《中国政府为突举办信息社会世界峰会提供援助》,2005 年 8 月 26 日,http://tn.mofcom.gov.cn/article/jmxw/200508/20050800315545.shtml

8月28日,由大连国际公司承建的中国援助赤几马拉博电视中心项目正式开工。"这个占地面积近一万平米、建筑面积为2930平米的框架结构建筑共2层,局部3层,工期为10个月。工程费用在中国政府援款中支付。这项工程包括电视节目制作、演播及发射等。"①

8月30日,中国和安哥拉经贸一揽子合作项下KIFANGONDO-CAXITO-UIGE-NEGAGE省际公路修复项目工地交接仪式在项目的起点KIFANGONDO举行。"仪式上,安哥拉财政部长德莫赖斯表示相信,公路项目的开工必将产生巨大的社会影响和良好的经济效益,特别是公路沿线三省的百姓将在就业、人员往来和促进地方经济发展等方面受益。此工程为中安经贸一揽子合作一期项下最大的项目,内容为罗安达、本戈和威热三省371公里公路和沿线桥涵的修复。"②

8月31日,中国政府决定向科特迪瓦提供2000万人民币的无息贷款。

9月,胡锦涛出席联合国首脑会议发展筹资高级别会议,发表题为《促进普遍发展,实现共同繁荣》的重要讲话。"胡锦涛在讲话中宣布了中国对外援助的'五大举措',这标志着中国多边援外工作开始进入深化阶段。胡锦涛在联合国发言中提出,要'加强国际发展合作,缩小南北差距,确保实现千年发展目标'。"③

宁夏回族自治区向贝宁洛克萨派出第十四批医疗队,全队13人,于2007年10月完成任务回国。

中国政府恢复向利比里亚首都派遣医疗队,在利比里亚国家医院工作,共有9名队员。黑龙江省选派;这是中国向利派出的第四批医疗队。中国于1984年7月开始向利派出首批援外医疗队,至1989年10月中利中止外交关系止,中国共派出3批医疗队,计42人次。④

9月4日—6日,中国全国人大常委会委员长吴邦国对摩洛哥进行正式友好访问。9月5日,中、摩两国政府签署政府间经济技术合作协议。

---

① 《中国援建赤几电视中心项目正式开工》,2005年9月2日,http://gq.mofcom.gov.cn/article/jmxw/200509/20050900345453.shtml

② 《中安经贸一揽子合作公路修复项目》,2005年8月31日,http://ao.mofcom.gov.cn/article/sqfb/200508/20050800332418.shtml

③ 《促进普遍发展,实现共同繁荣》,2005年9月14日,http://news.xinhuanet.com/mrdx/2005-09/16/content_3497748.htm

④ http://lr.mofcom.gov.cn/article/zxhz/hzjj/200712/20071205276380.shtml

商务部副部长魏建国与摩财政与私有化大臣法塔拉赫·瓦拉鲁签署《中华人民共和国政府和摩洛哥王国政府经济技术合作协定》。根据协定，中国政府将向摩洛哥政府提供 2000 万元人民币无偿援助，用于实施双方商定的经济技术合作项目；商务部副部长魏建国和摩就业和职业培训大臣穆斯塔法·曼苏里分别代表各自政府办理了《中华人民共和国政府和摩洛哥王国政府关于在中国举办摩洛哥纺织领域管理和技术人员研修班的换文》。根据换文，中国政府邀请摩洛哥政府派遣 60 名纺织管理和技术人员赴华研修，研修班分三期进行，每期 20 人 20 天，所需费用在中国无偿援助项下支付。访问期间，中国全国人大向摩洛哥议会赠送了价值 100 万元人民币的办公用品。由于摩洛哥议会分众、参两院，赠品分为两部分分赠。①

9 月 5 日，中国和布隆迪在布首都布琼布拉签署《中华人民共和国政府和布隆迪共和国经济技术合作协定》。这个协定项下的无偿援助主要用于援建布隆迪高等师范学校，其中包括教学大楼、行政办公楼以及体育运动场所等。项目建成后，将能为布隆迪培养更多的教师人才，缓解教师不足矛盾。该援建项目启动后，中国援建专家组很快就抵布组织施工。②

中国和贝宁签署中国政府援贝宁外交部办公楼项目对外施工合同。该项目承建单位——中国山西建工集团是经过商务部合作局的严格程序竞标确定的。该集团施工先遣组已进驻工地，积极认真地开展工程准备。中国援建贝外交部大楼工期 20 个月，是令贝宁各界十分关注的项目之一。

9 月 5 日和 9 月 27 日，中国和布隆迪就中国向布无偿提供美元现汇事换文确认。该款项主要用于布政府计算机网络技术人员的培训和布对外关系和国际合作部购买交通车辆。③

9 月 8 日，中国政府援助赞比亚卢萨卡、基特韦电台维修项目的交

---

① 《中国、摩洛哥两国政府签署两个政府间经济技术合作协议》，2005 年 9 月 11 日，http://ma.mofcom.gov.cn/article/jmxw/200509/20050900382410.shtml
② 《中国和布隆迪签署两国经济技术合作协定》，2005 年 10 月 14 日，http://bi.mofcom.gov.cn/article/jmxw/200510/20051000564845.shtml
③ 《中国向布隆迪无偿提供美元现汇》，2005 年 10 月 15 日，http://bi.mofcom.gov.cn/article/jmxw/200510/20051000564894.shtml

接仪式在卢萨卡举行。①

中国和多哥签署中国政府援建多哥洛美医院项目换文。"项目位于洛美Ⅱ区,占地约 3 公顷,包括 100 个床位的病房及相应的门诊、急诊、医技、办公、辅助用房。项目是由湖南省建筑设计院设计的。医院的建成有助于改善洛美卫生条件,也将为中国援多医疗队提供理想的工作环境。"②

9 月 10 日,中国援助吉布提紧急粮食举行交接仪式。此次紧急粮食援助的提供,旨在有效帮助吉国内灾民度过目前的困难。③

9 月 12 日,齐鲁公司与莱索托旅游文化部签定会议中心维修项目施工技术合同。"中国利用无偿经济技术援助资金,将修缮莱索托国家会议中心。合同工期 4 个月。修缮后的国家会议中心将对外墙和大厅透光顶等进行全面更换等,修缮后的国家会议中心将更加美观、实用。"④

9 月 16 日,中国驻科特迪瓦大使马志学到远离阿比让市 80 公里之外的农村向农村妇女组织赠送碾磨机。

胡锦涛主席在联合国发展筹资高级别会议上宣布了中国对外援助的五大举措。

9 月 19 日,中国政府向科特迪瓦政府提供一项无息贷款协议的签字仪式在科外交部会议厅举行。

9 月 21 日,在马里住房和城市规划部举行中国援助马里总统府扩建项目施工合同签字仪式。

9 月 23、24 日,在马里第三行政大区锡加索的布古尼、库加拉市和第四行政大区塞古的桑市分别举行了中国援马里三个体育场项目的奠基仪式。根据协议,中方将每个体育场规模由 2000 人座扩建为 4200 人座。

9 月 26 日,中国政府援助利比里亚 SKD 体育场维修项目开工仪式在利首都蒙罗维亚隆重举行。

---

① 《中国政府援赞比亚卢萨卡、基特韦电台维修项目的交接仪式在卢萨卡举行》,2005 年 9 月 9 日,http://zm.mofcom.gov.cn/article/jmxw/200509/20050900378410.shtml

② 《援多哥洛美医院项目换文及设计合同签署》,2005 年 9 月 8 日,http://tg.mofcom.gov.cn/aarticle/jmxw/200509/20050900430589.html

③ 《中国援吉布提紧急粮食援助举行交接仪式》,2005 年 9 月 11 日,http://dj.mofcom.gov.cn/article/jmxw/200509/20050900403264.shtml

④ 《援莱国家会议中心修缮工程开始》,2005 年 9 月 27 日,http://ls.mofcom.gov.cn/article/jmxw/200509/20050900465847.shtml

9月28日，中国政府复派援利比里亚医疗队首批3名队员抵达利首都蒙罗维亚。中国援利医疗队将在利全国最大的公立医院JFK医疗中心工作。

9月29日，中国援助尼日尔扎切将军体育馆维修项目移交仪式在尼首都尼亚美体育馆举行。

9月30日，在马里首都巴马科举行了中国政府2005年赠送马里药品和医疗器械的交接仪式。

10月3日，中国政府援助利比里亚道路维修设备交接仪式在利公共工程部隆重举行。

10月14日，中国为加蓬援建的"加蓬利伯维尔中加友好医院、弗朗斯韦尔中加友谊医院维修、新建利伯维尔中国医疗队员驻地"项目开工。"该项目总投资2250万元，在中国政府向加蓬政府提供无息贷款项下支付，总工期10个月。天津市卫生局承担加蓬医疗队的选派工作，每批27名医疗队员。至今已派出14批，30年来诊治病人达225万人次。"①

10月20日，中国援尼日尔药品交接仪式在援尼医疗队驻地举行。

10月27日，中国政府向布隆迪政府赠送价值50万元人民币的药品及医疗器械的移交仪式在布隆迪首都大王子医院隆重举行。"出席仪式的布隆迪卫生部总督察官路易·姆波内高先生表示，在布隆迪最困难的时候，中国给予了布隆迪无条件的援助，同时希望中国政府在布隆迪战后恢复重建中，提供更多的援助，不断扩大和发展双边经贸合作关系，加深中布之间的友谊。"②

10月28日，由中国卫生部援助、中国齐鲁集团承建的中国援苏丹医疗队驻阿布欧什医疗队员住房工程开工。"阿布欧什医疗队住房工程是集住房、娱乐和餐厅为一体的综合式建筑，总建筑面积为380平方米，工程建成后将大为改善现有医疗队员的居住条件。"③

11月，卢旺达教育、科学、技术及科研部负责高等教育的国务秘书

---

① 《中国驻加蓬大使薛金维出席了中国政府援建项目开工仪式》，2005年10月17日，http://ga.mofcom.gov.cn/article/jmxw/200510/20051000578994.shtml

② 《中国政府向布隆迪政府赠送药品及医疗器械》，2005年11月7日，http://bi.mofcom.gov.cn/article/jmxw/200511/20051100735084.shtml

③ 《中国援苏医疗队员住房工程开工》，2004年11月3日，http://sd.mofcom.gov.cn/article/jmxw/200411/20041100300059.shtml

穆贾瓦马里亚·让娜·达尔克女士来华出席中非教育部长论坛及联合国教科文组织第五届全民教育高层会议，与中方签署《中华人民共和国教育部与卢旺达教育、科学、技术及科研部合作协议》等文件。①

11月4日，中国援助加蓬参议院大厦项目正式落成。

11月5日，中国援助尼日尔赛义尼·孔切将军体育场维修项目移交仪式在尼亚美举行。

11月13日，大连筑成建设集团有限公司承担的《援布隆迪布琼布拉联合纺织厂部分设备更新和车间改造项目》与布方签定施工合同，为布隆迪援建一条圆网印花机生产线。"项目施工组立即抵达布隆迪并指导布方人员着手进行项目施工前的准备工程。2006年3月20日正式开工，9月16日通过内部验收，9月18日，进行项目交接。该项目为布纺织厂扩建了1202米的生产厂房，提供一台还原蒸化机、一台圆网印花机以及相应的配套设备。新增设备正常使用后，可大大提高布纺织厂的印染布质量，增加经济效益。"②

11月15日，中国与苏丹在喀土穆签署中国政府向苏丹政府提供无偿援助和无息贷款的经济技术合作协定。③

中国援助坦桑尼亚的一批农业机械设备的移交仪式在坦桑尼亚农业与粮食安全部举行。"此批援坦物资价值100万元人民币，包括拖拉机、重型犁、重型耙、旋转耙、碾米机、水泵等坦桑尼亚急需的农机设备。"④

11月21日，科特迪瓦农业部在阿比让举办了中国援科农业项目的水毁设施修复施工合同的签字仪式。"中国援科农业项目于1996年开始实施，是在科的第一个大型援助项目，缓解了当地粮食供应问题。但2003年由于特大洪水摧毁了部分设施，影响了农业生产，科方提出中国修复后，2004年两国政府签订了水毁设施修复的框架协议。水毁设施修

---

① 于红、吴增田：《列国志：卢旺达 布隆迪》，社会科学文献出版社2011年，第218页。
② 《援布隆迪纺织厂设备更新项目竣工交接》，2007年1月2日，http://www.cntma.com/Articles/2007-1-2/76287.html
③ 《中苏两国签订中国政府向苏丹政府提供无偿援助和无息贷款经济技术合作协定》，2005年11月15日，http://sd.mofcom.gov.cn/article/jmxw/200511/20051100803715.shtml
④ 《中国援助坦桑尼亚农业机械设备正式移交》，2005年11月16日，http://tz.mofcom.gov.cn/article/jmxw/200511/20051100800390.shtml

复施工合同的签署标志修复工程即将开始。"①

11月22日，中国援建的莱索托国家图书馆及档案馆项目举行隆重的对外交接仪式。"援莱国家图书馆及档案馆项目占地面积1398平方米，建筑面积5275平方米，坐落在首都马塞卢市中心主干道上，毗邻首相府和外交、财政、贸工等政府部门的办公楼群。由于该项目外形设计优美，色彩明快，风格既与当地建筑融合一致，又有自己独特的风采，形成了一道亮丽的风景线。该项目由青岛建设集团于2004年7月动工兴建，今年8月竣工，经中国商务部内部验收组专家评定为优良工程。"②

11月25日，新疆北新建设工程（集团）有限责任公司承担的《援布隆迪基孔杰和卢衣龙扎两水电站维修项目》竣工移交。新疆北新建设工程（集团）有限责任公司承担的《援布隆迪基孔杰和卢衣龙扎两水电站维修项目》于2005年7月15日与布方签定施工合同。该项目将为这两个水电站更新5套发电机组及其附属设备、自动控制系统和主变压器，同时对厂房局部土建工程进行改造。两水电站更新后的总装机容量为2500kw。

海南省建筑工程总公司承担的《援布隆迪高等师范学校扩建项目》与布方签定施工合同。"该项目总建筑面积10000平方米，包括1栋办公楼和4栋教学楼；并建有足球、篮球、手球运动场及附属设施；同时，中方将提供课桌椅、黑板、办公桌椅、实验台、书架等教学物资。目前，工程先遣组已抵达布隆迪并开始项目施工的前期准备工作。"③

12月，中国向坦桑尼亚政府赠送一批可供27800名疟疾患者使用的抗疟疾药（科泰新）。④

中国援助马里三个简易体育场项目开工。三个体育场分别位于库加拉市、桑市和布古尼市。2005年8月18日签订施工合同，同年9月奠

---

① 《中国援科特迪瓦农业项目的水毁设施修复施工合同签署》，2005年11月25日，http://ci.mofcom.gov.cn/article/jmxw/200511/20051100871552.shtml
② 《援莱图书馆及档案馆项目举行对外交接仪式》，2005年11月24日，http://ls.mofcom.gov.cn/article/jmxw/200511/20051100862506.shtml
③ 《中国政府援布隆迪的三个工程项目近期先后与布方签定施工合同》，2005年12月21日，http://bi.mofcom.gov.cn/article/jmxw/200512/20051201124637.shtml
④ 裴善勤：《列国志：坦桑尼亚》，社会科学文献出版社2008年，第591页。

基。合同工期17个月，实施单位是齐鲁建设集团。①

12月7日和9日，中国和刚果（布）就中国承担的刚果（布）布昂扎水电站维修项目进行补充设计事在布拉柴维尔换文确认。

12月12日，中国援利比里亚农业技术合作项下的水稻技术强化培训班开班仪式在利BWI职业技术学校隆重举行。

12月16日，中国驻莫桑比克大使洪虹和莫桑比克外交与合作部副部长科洛马分别代表各自政府出席洪灾物资捐款仪式并在交接证书上签字。"2005年以来，莫桑比克旱灾肆虐，出现粮荒，受灾人口达80万人。为支持莫政府和人民渡过难关，中国政府决定向莫桑比克政府无偿提供100万美元现汇，用于莫政府自行购买粮食，救济灾民。"②

12月19日，中国在肯尼亚成立一家孔子学院，由天津师范大学和内罗毕大学合办。这是中国在非洲的第一家孔子学院。

12月20日，在塞舌尔总统府举行了由中国向塞舌尔提供150万美元现汇援助的换文签字仪式。中国政府是应塞舌尔政府的请求而提供这一现汇援助的，以帮助塞舌尔度过经济困难。③

12月28日，中毛双方分别由中国驻毛里塔尼亚大使李国学和毛里塔尼亚卫生和社会事务部部长贝海德代表各自政府在毛里塔尼亚首都努瓦克肖特签订《关于中国派遣医疗队赴毛里塔尼亚工作的议定书》。"该议定书规定中方将派遣由27人组成的医疗队赴毛里塔尼亚工作，工作期限自2006年7月1日至2008年6月30日止。医疗队由黑龙江卫生厅组队，这是中国政府派往毛里塔尼亚的第27批医疗队。"④

到2005年止，对非洲的贷款额度总计达150亿美元，30倍于国外竞争对手。⑤

---

① 《中国援马里三个简易体育场项目顺利通过内部竣工验收》，2007年6月26日，http://ml.mofcom.gov.cn/aarticle/jmxw/200706/20070604825546.html

② 《中国向莫桑比克无偿提供壹佰万美元救灾现汇交接仪式在马普托举行》，2005年12月20日，http://mz.mofcom.gov.cn/article/jmxw/200512/20051201111735.shtml

③ 《中国向塞舌尔提供150万美元现汇援助》，2005年12月22日，http://sc.mofcom.gov.cn/article/jmxw/200512/20051201142084.shtml

④ 李广一：《列国志：毛里塔尼亚》，社会科学文献出版社2008年，第124页。

⑤ Chris Alden, *China in Africa*, London: Zed Books, 2007, p. 24.

第八章　中非合作论坛北京峰会后中非合作的全面提升（2006—2012）

第一节　北京峰会后中非合作的深入推进

一、第三、四、五届中非合作论坛与中非的推进

2006年11月3日，中非合作论坛第三届部长级会议在北京召开。中国和48个非洲国家的外交部长、负责国际经济合作事务的部长或代表出席了会议，24个国际和地区组织的代表作为观察员列席了会议开幕式。11月4—5日，中非合作论坛北京峰会举行，会议围绕着"友谊、和平、合作、发展"的主题展开。中国国家主席胡锦涛和非洲35位国家元首、6位政府首脑、1位副总统、6位高级代表以及非盟委员会主席科纳雷出席，中非峰会的召开和非洲国家的捧场让西方国家对过去6年间迅速发展的中非关系恍然大悟。然而，西方此刻的醒悟已经无法阻挡中非关系历史车轮的前进，峰会发布了《中非合作论坛北京峰会宣言》和《中非合作论坛——北京行动计划（2007—2009年）》，中非确定要建立和发展"政治上平等互信、经济上合作共赢、文化上交流互鉴"的中非新型战略伙伴关系。胡锦涛宣布8项政策措施加强中非间的务实合作，支持非洲国家的发展，具体包括增加对非援助、提供两优贷款（优惠贷款和优惠出口买方信贷）、援建非盟会议中心、免债等，为繁荣双方经贸往来，设立中非发展基金、免关税、建立经贸合作区，为增强民间往来，加强人力资源开发以及教育、医疗等领域的合作。中非合作关系在经过了将近20年的探索、中非合作论坛在经历了6年的摸索后进入一个新的历史阶段，即中非互以对方为发展的机遇，通

过合作寻找互利共赢的机会。①

2009年11月8—9日，中非合作论坛第四届部长级会议在埃及沙姆沙伊赫举行。会议围绕着"深化中非新型战略伙伴关系，谋求可持续发展"的主题展开，通过了《中非合作论坛沙姆沙伊赫宣言》和《中非合作论坛——沙姆沙伊赫行动计划（2010—2012年）》两个文件，规划了此后3年中非在政治、经济、社会、人文等各领域的合作。温家宝宣布的在农业、环境保护、促进投资、减免债务、扩大市场准入、应对气候变化、科技合作、医疗、教育、人文交流等方面的对非合作新8项举措表明，中非坚定地沿着近十年里合作中所累积的经验基础上深入前进，带领中非关系向更细、更专、更精、更深的领域和方向前进。②

2012年7月19—20日，中非合作论坛第五届部长级会议在北京举行。会议通过了《中非合作论坛第五届部长级会议北京宣言》和《中非合作论坛第五届部长级会议——北京行动计划（2013年至2015年）》两个文件，全面规划了今后3年中非关系的发展方向和中非合作的重点领域与行动纲领。胡锦涛宣布今后3年中国将在投融资、援助、非洲一体化、民间交往以及非洲和平与安全等五大领域支持非洲和平发展、加强中非合作。具体的举措包括：向非洲国家提供200亿美元贷款支持非洲基础设施、农业、制造业和中小企业发展；继续扩大对非援助，适当增加援非农业技术示范中心，为非洲培训3万名各类人才，提供政府奖学金名额18000个，并为非洲国家援建文化和职业技术培训设施，派遣1500名医疗队员，同时继续为非洲白内障患者提供相关免费治疗，继续援助打井供水项目；关注非洲跨国跨区域基础设施建设，鼓励有实力的中国企业和金融机构参与非洲跨国跨区域基础设施建设并提供相关支持；倡导多层次多主体的中非民间交往，如通过"中非民间友好行动"调动非政府援助、建设"中非新闻交流中心"推进媒体交流、"中非联合研究交流计划"促进学术和学者合作创新等；发起"中非和平安全合作伙伴倡议"，通过多种形式深化和推进同非盟和非洲国家在非洲和平安全领

---

① 具体参见 http://www.focac.org/chn/ltda/bjfhbzjhy/，以下涉及到第三届中非合作论坛的内容均参见该网站。

② 具体参见 http://www.focac.org/chn/ltda/dsjbzjhy/，以下涉及到第四届中非合作论坛的内容均参见该网站。

域的合作。①

二、峰会以来中非合作的全面提升

这一时期中非关系的发展与中国和非洲各自快速变化的国内政治经济形势紧密相连，如何确保中非合作的政策与中非各自的发展状态动态匹配，发现和寻找到更具前瞻性的合作领域，制定出更具创造力的合作方案成为挑战中非双方智慧的地方。这一时期的中非合作前所未有地广泛和深入，从总体上来看，可以从以下几点来概括其发展趋势。

第一，中非合作的范围在此前的基础上进一步扩大。中非之间的互动在进一步深化和细化，基础设施一直是中非合作中的重头戏，也是历届论坛商讨的重要领域，每经历一届论坛，基础设施建设便向前推进一步。北京峰会上，"鼓励和支持中国企业参与非洲基础设施建设"；第四届论坛则承诺，"提供100亿美元的优惠贷款"用于基础设施建设；到第五届论坛，基础设施建设的方案更加缜密，更多的融资方参与到这一合作当中来，倡导"同非盟在'非洲基础设施发展规划'和'总统支持基础设施倡议'的项目设计、考察、融资和管理等方面建立合作伙伴关系，并加强相关对话与交流，为项目规划和可行性研究提供支持"。中非在基础设施建设领域所开展的合作日益深入和细致，措施也更为丰富和多元。

通过几届论坛的酝酿和运行，中非之间的合作和互动策略越来越纯熟和丰富，为未来的中非基础设施合作开创了广阔的融资渠道，为非洲一体化进程中巨大的基础设施鸿沟出谋划策。每一届论坛举措都在前一届论坛举措的基础上有所拓展和深化。以论坛一直关注的农业问题为例，北京峰会提出"向非洲派遣100名高级农业技术专家，在非洲建立10个有特色的农业技术示范中心"。考虑到农业技术专家在非洲农业发展中的作用和非洲各国建立农业技术示范中心的积极性较高，第四届论坛承诺"向非洲国家派遣50个农业技术组"，并"将为非洲国家援建的农业技术示范中心的数量增至20个"。新的合作的出现可能是之前合作进一步推动的结果，也可能是进一步合作中所出现的瓶颈所造就的。随着中非关系的紧密，中非之间的人员和物资往来日益频繁而紧密，交通成为双方合作关系发展的瓶颈与障碍。北京峰会后，中方新开通了北京至拉各

---

① 具体参见 http://www.focac.org/chn/ltda/dwjbzzjh/，以下涉及到第五届中非合作论坛的内容均参见该网站。

斯、罗安达两条民航直达航线，并计划开通至喀土穆的直达航线。此外，埃及、埃塞俄比亚、津巴布韦、肯尼亚、阿尔及利亚 5 国航空公司已开通直达中国的定期航班，频繁往来于中非之间，加速物资和人员的沟通交流。①

第二，合作的策略和方式在此前合作成就和经验的基础上进一步细化和深化，系统性地提升非洲国家的发展能力，激活非洲国家的发展能量。为了让非洲的发展更好地借鉴中国成功的经验，中国在合作中将中国发展中某些重要经验搬到非洲，如在非洲建立经贸合作区。2007 年 2 月，第一个中非经贸合作区在赞比亚成立，成为中非经贸合作迈向新水平的重要标志。更深入合作中所出现的某些障碍和问题并不会成为中非合作的绊脚石，反而有可能成为激发更具创意灵感的源泉，推动中非合作走向深入。为促进中非间的双向贸易和相互投资，中国设立了"中非发展基金"和"非洲中小企业专项贷款"，为中国企业走进非洲和非洲企业发展的坚强资金后盾，成为支持中非企业发展的重要引擎。第二届中非合作论坛以来，中非间的贸易在迅速拓展，贸易数量和质量双提升，然而，一个新的问题开始凸显，非洲对华贸易的增长速度不如中国对非贸易的增长速度快，由此导致非洲对华的贸易逆差数字扩大。为了创造一个中非贸易发展的良好环境，促进中非间贸易向平衡方向发展，让中国和非洲均衡地受益于双边关系的推进，2005 年，中国对非洲输华 190 种商品、262 个税目的商品免关税。在中非峰会上，中方承诺进一步向非洲国家开放市场，将同中国有外交关系的非洲最不发达国家输华商品零关税待遇受惠商品由 190 个税目扩大到 440 多个税目，并尽快与有关国家进行磋商，早日签署协议并付诸实施。② 从 2015 年开始，三年内将逐步对非洲 95% 的输华商品免关税。此外，为了打开非洲商品在中国的市场，中国在浙江义乌设立了"非洲商品展销中心"，向中国和世界推广非洲的本土商品。从 2007 年开始举办非洲商品展览会，还定期组织中国商家赴非商品采购会等，多管齐下开拓非洲商品在中国的市场渠道。

第三，合作机制进一步完善和成熟。中非合作论坛机制运转顺畅，

---

① 《中非合作论坛北京峰会后续行动落实情况》，2009 年 11 月 10 日，http://www.focac.org/chn/ltda/bjfhbzjhy/hxxd32009/t627503.htm

② 《中非合作论坛北京行动计划（2007—2009 年）》，2006 年 11 月 5 日，http://www.focac.org/chn/ltda/bjfhbzjhy/hywj32009/t584788.htm

有力推动了峰会后续行动的落实。北京峰会后，论坛中方后续委秘书处与非洲驻华使团举行了 8 次磋商，论坛第六届高官会成功举行。2009 年，为筹办论坛第四届部长级会议和第七届高官会，中非双方进一步加强在论坛框架下的磋商与合作，取得了积极成效。中非双方积极致力于推动论坛在创新中发展，以不断赋予论坛新的内涵和生命力。除创立中非外长级定期政治对话机制、开展多边议会交流外，中非以论坛为平台在青年、妇女、新闻、法律、民间友好组织交流等方面开展了一系列活动。特别值得一提的是，马拉维成为中非合作论坛第 50 个成员国。

中非双方重视从政府层面加强对经贸合作的规划、指导和协调，促进双方经贸关系健康稳定发展。北京峰会后，中国与塞内加尔、马里、佛得角、几内亚比绍、马拉维建立了双边经贸联（混）委会机制，与苏丹、阿尔及利亚、赤道几内亚、刚果（金）、刚果（布）、莫桑比克等 22 个非洲国家召开了双边经贸联（混）委会进一步推进中非间的紧密联系。①

第四，民间力量日益广泛多元地参与到中国对非援助与合作当中来。伴随着中非合作的深化和合作主体的多元化，民间力量快速崛起，成为中非合作中的新生力军，日益广泛地参与到中国对非援助与合作中来。2011 年，中非在内罗毕召开了首届"中非民间论坛"，讨论中非民间合作的发展策略，让民间合作深入到更深更专业的层次上来。2012 年的第二届论坛启动了"中非民间友好伙伴计划"，旨在面向非洲民生需求提出合作计划，并成为中非合作论坛的配套活动。

各类民间基金会和民间组织开始深入非洲的发展事业当中来。中国扶贫基金会在苏丹的母婴安全项目，关注苏丹围产期妇女和婴儿的健康和医疗保健；"微笑儿童非洲项目"为非洲贫困儿童提供午餐，展示了来自中国民间和基层的温暖与关怀。

在 2012 年第五届中非合作论坛倡议"中非民间友好行动"的召唤下，2013 年中非民间友好行动在贝宁开启，来自中非民间的友好激情被迅速点燃，民间行动在非洲各国风起云涌，关注非洲基层的民生问题，从妇女儿童到中小学生，从环境保护到疾病预防治疗，从市政建设到农村农业发展，从职业和教育培训到民生权益维护等，旨在解决非洲民众

---

① 《中非合作论坛北京峰会后续行动落实情况》，2009 年 11 月 10 日，http://www.focac.org/chn/ltda/bjfhbzjhy/hxxd32009/t627503.htm

日常生活的维持、生命质量的提升等息息相关的现实问题。据相关资料透露，截至 2014 年底，"中非民间友好行动"共在 49 个非洲国家开展 141 个项目①，促进社会公益、帮扶弱势群体，让非洲民众体验到来自中国民间的温情与厚爱，增进中非基层的相互了解，建立中非民众间的情感纽带。

中非民间、智库、高校、新闻等领域交流也方兴未艾。"中非联合研究交流计划"落实顺利，3 年内如期实施 100 个研究项目，中非 20 家高校和研究机构建立"一对一"长期合作关系。"中非新闻交流中心"邀请 17 个非洲国家的 19 名记者来华长期访问交流，南非、尼日利亚、加纳等多国媒体派团到中国参访，中国主流媒体增加赴非洲实地采访。中非文化交流进一步扩大。"中非文化聚焦""中非文化人士互访""中非文化合作伙伴计划"顺利实施，文化交流日趋活跃。中非文化和旅游交流渐成热潮。截至目前非洲已有 45 所孔子学院和 24 个孔子课堂，24 个非洲国家成为中国公民组团出境旅游目的地。2014 年，中国公民首站访非 306.24 万人次，同比增长 61.6%。②

第二节　编　年

2006 年

中国政府与联合国开发计划署、世界银行集团、亚洲开发银行等国际组织共同发起、资助并组建了中国国际扶贫中心。该中心以创新扶贫理论、促进政策转换、增强国际互动、推动"南南合作"为宗旨，为广大发展中国家的发展提供智力支持。

商务部正式颁布了一系列援外管理办法。这些管理办法包括：《对外援助物资项目管理暂行办法》《援外成套项目安全生产管理办法》，同时制定了《对外援助成套项目考察设计评标办法（暂行）》和《商务部关于对外援助项目评标结果公示和质疑处理的规定（试行）》。由此逐步形

---

① 王毅：《中非人文交流蓬勃开展传统友好的社会和民意基础更加巩固》，2015 年 12 月 4 日，http://world.huanqiu.com/hot/2015 - 12/8100440.html

② 王毅：《中非人文交流蓬勃开展传统友好的社会和民意基础更加巩固》，2015 年 12 月 4 日，http://world.huanqiu.com/hot/2015 - 12/8100440.html

成了基本完备的援外项目法规制度,明晰了援外项目的分类管理,规范了援外项目招标制度和实施企业的资格认定,并加强了对援外项目的质量和安全的监督、管理。

1月,中国援助马里巴马科会议大厦维修项目竣工。根据两国政府有关项目的换文,2005年7月双方签定了项目实施合同,8月12日开工建设。该维修工程由中国对外建设总公司实施完成。巴马科会议大厦总建筑面积11811平方米,由中国政府于1995年援助建成投入使用,十多年来在马政治、文化及国际交流中扮演着重要角色。为了迎接去年底在巴马科召开的法非首脑峰会,应马方的要求,中国援助实施了会议大厦维修工程,并在很短的时间里完成了维修任务,保证了法非峰会期间会议大厦的正常使用,得到马各方的好评。① 竣工后的法非峰会就在该会议大厦举行。

1月3日,中国政府向利比里亚政府提供的美元现汇援助正式移交利方。

1月12日,中国政府发表《中国对非洲政策文件》,这是中国政府首份对非政策文件。"文件回顾了半个多世纪以来中非友好历程,阐述了中国对非洲地位和作用的看法,全面规划了新时期中非在政治、经济、文化、社会等各个领域的友好合作,成为今后一个时期中国开展对非工作的指导方针和基本原则。这份文件明确了中非新型战略伙伴关系的内涵,即政治上平等互信、经济上合作共赢、文化上交流互鉴。文件指出,加强同非洲国家的团结与合作,始终是中国独立自主和平外交政策的重要组成部分。中国对非洲政策的总体原则和目标——真诚友好,平等相待。坚持和平共处五项原则,尊重非洲国家自主选择发展道路,支持非洲国家联合自强。——互利互惠,共同繁荣。支持非洲国家发展经济、建设国家,同非洲国家开展形式多样的经贸及社会发展领域的合作,促进共同发展。——相互支持,密切配合。加强与非洲在联合国等多边机制内的合作,支持彼此正当要求与合理主张;继续推动国际社会重视非洲的和平与发展。——相互学习,共谋发展。相互学习借鉴治国理政和发展的经验,加强科教文卫领域的交流合作,支持非洲国家加强能力建

---

① 《我援马项目简介(2)》,2006年5月18日,http://ml.mofcom.gov.cn/article/zxhz/200605/20060502222747.shtml

设,共同探索可持续发展之路。"①

1月18日,国务院新闻办公室举行新闻发布会,商务部部长助理陈键介绍了2005年中国对外实施人道主义援助情况,并答记者问。

1月26日,中国援助几内亚400万农机具的交接仪式在科纳克里举行。

2月,中国政府同意再次为几内亚比绍老战士住宅小区修建发电设施和打井供水,解决水电问题。几内亚比绍老战士可以入住由中国政府为其修建的住宅小区,安度晚年。

2月3日,中国援助安医院项目举行隆重开业仪式。"罗安达总医院位于罗安达市南区,建筑面积8000平方米,由中国海外工程总公司承建,于2004年7月开工,2005年11月移交安方。医院开设妇产科、儿科、眼科、耳鼻喉科、皮肤科、检验科等。"②

2月7日,中国援助几内亚外交部办公用品的交接仪式在几内亚外交部会议大厅举行。

2月9日,中国和赞比亚就中国政府援助赞比亚政府100万美元现汇签署交接证书。"由于旱灾造成严重粮食短缺,赞比亚总统姆瓦纳瓦萨2005年11月宣布全国进入'灾难状态',并呼吁国际社会向赞比亚提供粮食援助。中国援助款项将用于赞比亚政府自行购买救济粮食。"③

2月16日,中国援助卢旺达沼气培训项目圆满结束。"援卢沼气培训项目始于2004年4月。中国专家组与卢方密切合作,共举办了两期沼气培训班;建起了两个小型、一个中大型沼气应用示范池;向卢方递交了关于运用沼气发电的可行性研究报告及一批沼气池建设器材和工具。卢方对双方合作和项目执行情况表示满意。比齐玛纳秘书长说,卢政府为解决能源短缺和搞好环境保护,今年已拨款100多万美元继续开展沼气培训及示范推广工作,将很快邀请中国专家再来卢旺达和基加利理工

---

① 参见《中国对非洲政策文件》,2006年1月12日,http://news.xinhuanet.com/politics/2006-01/12/content_4042317.htm
② 《安哥拉总统多斯桑托斯参加中国援建医院项目启用仪式》,2006年2月4日,http://ao.mofcom.gov.cn/article/sqfb/200602/20060201445524.shtml
③ 《中国与赞比亚政府就提供100万美元现汇援助举行交接仪式》,2006年2月12日,http://zm.mofcom.gov.cn/article/jmxw/200602/20060201491718.shtml

大学一起合作，共同执行有关项目。"①

2月19日，中国援助吉布提电脑设备在吉布提教育部举行交接仪式。

2月20日，吉布提政府在卡蒙盖培训中心举行了竹家具、藤编、木工和刺绣技术的结业典礼。根据2004年3月12日和15日的中、布两国政府换文规定，2004年9月，中国政府为布隆迪卡蒙盖手工艺培训中心派出了第6期技术合作专家组，对布隆迪学员实施竹家具、藤编、木工和刺绣技术的培训。经过中、布双方的共同努力，本期培训工作于2006年2月15日顺利结束。2月20日，卡蒙盖培训中心举行了结业典礼，为33名学员颁发了结业证书。②

2月25日，中国援助马里总统府扩建项目开工。2005年9月，双方签定了项目实施合同，2006年2月25日正式开工，青岛建设集团公司承担该项目的实施。总统府扩建项目是一座高三层、建筑面积为7093平方米的行政办公楼。它的建成有助于改善马里总统府的办公条件。③

3月，中国驻几内亚比绍使馆向几内亚比绍总统府赠送了一批办公设备，包括10台电脑、10台激光打印机、10台稳压电源器。④

3月1日，中国和摩洛哥就中国政府承担援助摩洛哥三个游泳馆项目技术合作事在摩洛哥首都拉巴特换文确认。"双方商定：中国政府将派遣4名技术人员赴摩洛哥对三个游泳馆项目设备的使用和维修进行技术指导，培训摩方人员并提供所需零配件，合作期限8个月，所需费用在中国政府提供的无偿援助项下支付。上述三个游泳馆为中国政府援建项目。中国政府在无息贷款项下帮助摩洛哥政府在马拉喀什、肯尼特拉和菲斯三座城市各建一座游泳馆，每座建筑面积1482平方米，泳池25m×16m，六泳道，总建筑面积4446平方米。项目于2002年6月30日开工，于2005年1月31日竣工，同年4月22日，双方签署交接证书。游泳馆

---

① 《中国援卢旺达沼气培训项目圆满结束》，2005年2月18日，http://rw.mofcom.gov.cn/article/jmxw/200502/20050200355318.shtml

② 《援布隆迪卡蒙盖手工艺培训中心第6期技术合作圆满结束》，2006年2月24日，http://bi.mofcom.gov.cn/article/jmxw/200602/20060201575820.shtml

③ 《我援马里总统府扩建项目开工》，2006年3月2日，http://www.fmprc.gov.cn/zflt/chn/zfjmhz/t237929.htm

④ 李广一：《列国志：赤道几内亚 几内亚比绍 圣多美和普林西比 佛得角》，社会科学文献出版社2007年，第192页。

项目的施工进度和工程质量得到了摩方的称赞。"①

3月6日，中国驻几内亚比绍使馆向几比总统府赠送一批办公设备举行交接手续。这批办公设备包括10台电脑、10台激光打印机、10台稳压电源器。②

3月15日，中国援助吉布提养路设备在吉布提交通和装备部举行交接仪式。

中国援助几内亚亚斯丁医院医用物资和药品捐赠仪式在亚斯丁医院举行。

3月20日，根据中、布两国政府2004年6月14日关于布隆迪布琼布拉联合纺织厂部分设备更新和车间改造项目换文规定和双方签定的项目施工合同，纺织厂项目正式开工。"大连筑成建设集团有限公司承担了该项目的施工任务。该项目工期7个月，于2006年3月20日正式开工；9月16日通过了商务部工程验收组的内部验收；9月18日，大连筑成建设集团有限公司与布纺织厂进行了项目交接。该项目为布纺织厂扩建了1202米的生产厂房，提供一台还原蒸化机、一台圆网印花机以及相应的配套设备。新增设备正常使用后，可大大提高布纺织厂的印染布质量，增加经济效益。"③

3月23日，莱索托财政部举行了中国对莱索托提供100万美元现汇粮食援助的交接仪式。④

3月27日，中国援塞拉利昂农机具交接仪式在弗里敦举行。中国政府援助塞拉利昂政府的农机具包括：16台拖拉机、8台联合收割机、6台水稻脱粒机和配套的拖车、圆盘犁、圆盘耙等。⑤

3月29日，中国援助科特迪瓦阿比让文化剧场技术合作组和阿比让文化剧场管理委员会举行了中国援科物资交接仪式。"阿比让文化剧场是

---

① 《中国、摩洛哥两国政府办理摩洛哥三个游泳馆项目技术合作换文》，2006年3月1日，http://ma.mofcom.gov.cn/article/jmxw/200603/20060301740541.shtml

② 《中国驻几内亚比绍使馆向几比总统府赠送办公设备》，2006年3月6日，http://gw.mofcom.gov.cn/article/jmxw/200603/20060301645914.shtml

③ 《援布隆迪纺织厂设备更新项目竣工交接》，2006年12月24日，http://bi.mofcom.gov.cn/article/jmxw/200612/20061204123774.shtml

④ 《中国援莱索托100万美元现汇举行交接仪式》，2006年3月24日，http://ls.mofcom.gov.cn/article/jmxw/200603/20060301741239.shtml

⑤ 《中国援塞拉利昂农机具交接仪式在弗里敦举行》，2006年3月28日，http://sl.mofcom.gov.cn/aarticle/todayheader/200603/20060301763772.html

中国的援建项目,坐落在阿比让风景秀丽的泻湖湖畔,雄伟壮丽的现代建筑风格给阿比让市增添了奇妙的风采。文化剧场自开放营业6年以来,已成为科政府和科各界组织举办各种大型活动的重要场所。由于科时逢战乱,经济不景气,政府无钱维修剧场设备和更换零配件,在科政府的要求下,中科两国政府签订协议,中方在第三期技术合作向科方提供急需的维修物资,这批物资价值60多万人民币。"[1]

3月30日,中国人大常委会赠送马达加斯加国民议会的70台手提电脑交接仪式在马国民议会大楼隆重举行。[2]

4月11日,中国和厄特关于中国向厄特提供优惠贷款的框架协议在阿斯马拉签订。"根据协议,中国政府同意由中国进出口银行向厄方提供不超过1.66亿元人民币的优惠贷款,用于实施厄特通信网络建设项目。该项目于2005年由厄总统确定由中国中兴公司承担。并于2005年12月13日正式签订合同,总金额2145万美元,工期18个月。该项目主要为PSTN固网交换设备和CDMA无线设备,以及智能网、语音信箱、客服中心、路由器、ADSL、光缆传输和微波传输等系统提供设备和安装调试。项目建成后,将全部替换厄特电信原有16个网元的爱立信设备。固定电话用户将覆盖厄主要大城市;CDMA无线用户将覆盖全境大城市、城镇,沿红海经济区内各岛屿;电信普及率将由目前的1.5%增至6.5%,从而极大地推动厄经济发展和促进双边经贸关系。"[3]

4月,中国援加纳阿克拉—库马西公路改扩建项目完工。"2002年11月1日,库福尔前总统访华期间,双方签订承担项目换文。2003年4月开始设计考察,2003年12月开工,库福尔前总统参加开工仪式。项目长度为17.424公里,一级公路,双向双车道(新建双车道,改建老路双车道),路面结构为沥青混凝土。"[4]

4月12日,中国援尼日尔农机具物资项目交接仪式在尼小农具制造

---

[1] 《中国援科剧场技术合作组向科方移交援助物资》,2006年4月3日,http://ci.mofcom.gov.cn/article/jmxw/200604/20060401811827.shtml

[2] 《中国人大赠马议会手提电脑交接仪式昨日举行》,2006年4月3日,http://mg.mofcom.gov.cn/article/jmxw/200604/20060401811740.shtml

[3] 《中国政府和厄立特里亚国政府签署优惠贷款框架协议》,2006年4月12日,http://er.mofcom.gov.cn/article/jmxw/200604/20060401895328.shtml

[4] 《温家宝出席我援加纳公路改扩建项目竣工移交仪式》,http://www.fmprc.gov.cn/ce/cegh/chn/xnyfgk/t259346.htm

厂举行。此批农机具包括 227 台拖拉机及配套犁铧。

4 月 13 日，中国援苏丹医疗队专家楼续建工程竣工。"苏丹恩图曼友谊医院是中国援建的一所综合性医院，1995 年 6 月正式对外开诊，中国医疗队在该院工作已 12 年。该工程位于医疗队驻地专家楼北楼的西侧，上下两层共十八间宿舍，总建筑面积为 676 平方米。新专家楼的投入使用进一步改善了中国驻苏医疗队员的居住条件。"①

中国和厄立特里亚关于中国向厄特提供医疗技术服务的换文在阿斯马拉签订。根据厄特政府要求，中国政府将派遣 6 名技术人员赴中国援建的厄奥罗特医院工作，就中国提供的医疗设备的操作和维修进行技术指导，培训厄方人员，并提供部分医疗专用仪器仪表、设备备件和耗材等。上述人员的工作期限为一年半。②

4 月 18 日，突尼斯议会全体会议通过关于中国援派医疗队驻突法案。"中突医疗合作历史悠久，可以追溯到 70 年代，针灸效果明显，在发达国家广泛使用，对风湿和戒烟治疗效果好。此外，中方将派四支医疗队伍在突尼斯、让都巴、西迪和克比里设点。而马尔萨医院与突尼斯医药大学合作，负责医理教学和针灸教学工作。"③

4 月 19 日，中国援马会议大厦维修项目移交。"本项目于 2005 年 8 月 12 日开工，2006 年 1 月 24 日竣工。巴马科会议大厦总建筑面积 11,811 平方米，由中国政府援助于 1995 年建成投入使用，10 多年来在马政治、文化及国际交流中扮演着重要角色。为了迎接 2005 年底在巴马科召开的法非首脑峰会，应马方的要求，中国又用援款实施了会议大厦维修工程，并在很短的时间里完成了维修任务，保证了法非峰会期间会议大厦的正常使用，得到马各方的好评。正像参加签字仪式的马外交部代表说的那样，大厦维修项目是中马两国之间不断深化合作的具体体现。"④

4 月 20 日，中国向苏丹无偿提供人道主义物资援助换文的签字仪式

---

① 《我援苏丹医疗队专家楼续建工程竣工》，2007 年 4 月 17 日，http://sd.mofcom.gov.cn/aarticle/jmxw/200704/20070404578604.html

② 《中国和厄立特里亚政府签署医疗技术合作换文》，2006 年 4 月 13 日，http://er.mofcom.gov.cn/article/jmxw/200604/20060401905613.shtml

③ 《突尼斯议会通过关于中国援突医疗队法案》，2006 年 4 月 24 日，http://tn.mofcom.gov.cn/article/jmxw/200604/20060401996717.shtml

④ 《援马会议大厦维修项目办理对外移交》，2006 年 4 月 20 日，http://ml.mofcom.gov.cn/article/jmxw/200604/20060401963702.shtml

在苏丹国际合作部举行。①

4月21日,中国与刚果(布)政府在布拉柴维尔签署中国援建刚果(布)两城市供水项目(莫萨卡部分)交接证书。"该项目于2005年5月5日开工,2006年2月28日竣工。中刚双方联合验收组于3月10日至13日对工程进行了验收。验收结论显示,该工程符合设计要求,质量优良,可以满足使用要求。至此,由威海国际经济技术合作公司实施的西比蒂和莫萨卡两城市供水项目全部完工。"②

4月24日,多哥为中国援建新总统府项目举行规模盛大的落成典礼仪式。多哥总统福雷向中国技术组组长和北京建工集团公司代表授以莫诺荣誉勋章。多哥新总统府项目位于洛美II区,占地面积13公顷,建筑面积7797平方米,是多哥总统办公、接见外宾、举行内阁会议的场所。是中、多两国继体育场项目之后又一重要合作项目。

4月24日—26日,国家主席胡锦涛对摩洛哥进行了国事访问。访问期间,中国向摩洛哥拉拉·萨尔玛公主抗癌协会赠送了一批小额物资,包括洗衣机、电视机、空调、烤箱、冰箱等。

4月28日,中国援建的纳米比亚奥穆萨蒂省和卡万戈省两议会大厦移交。"移交仪式是在新落成的奥穆萨蒂省议会大厦举行的,两议会大厦是中国无偿援助项下援建的。两议会大厦的建成,是中纳两国友谊的又一次见证,有力地宣传了中国,加深了两国政府的了解和互信,是中国对外援助工作在纳米比亚取得的新成绩。两议会大厦已成为奥穆萨蒂省和卡万戈省的标志性建筑之一。"③

4月28日和6月6日,中国和摩洛哥分别办理了《中国政府和摩洛哥政府关于在中国举办摩洛哥经济管理研修班的换文》。根据换文规定,中国政府邀请摩洛哥政府派遣60名经济、金融、贸易和外资等领域经济管理官员和工商人员赴华研修,研修班分两期进行,每期30人15天,所需费用在中国无偿援助项下支付。同时签署的还有《中国政府和摩洛哥政府关于在中国举办摩洛哥地震学和防震技术研修班的换文》,根据换

---

① 《中国再次向苏达尔富尔地区提供人道主义援助》,2006年4月23日,http://sd.mofcom.gov.cn/article/jmxw/200604/20060401986710.shtml

② 《中国援刚两城市供水项目(莫萨卡部分)对外移交》,2006年4月25日,http://cg.mofcom.gov.cn/article/jmxw/200604/20060402007895.shtml

③ 《中国援建的纳两议会大厦项目移交和揭幕仪式成功举行》,2006年5月8日,http://na.mofcom.gov.cn/article/jmxw/200605/20060502127520.shtml

文规定，中国政府邀请摩洛哥政府派遣 30 名地震学和防震技术领域管理和技术人员赴华参加为期 30 天的研修，所需费用在中国无偿援助项下支付。

5 月，中国援助的科特迪瓦议员之家项目移交。"项目 2004 年 5 月开工，2006 年 3 月竣工，同年 5 月移交科方。建设规模为一座集会议、休息和娱乐为一体的宾馆，建筑面积 21000 平米，占地面积 51730 平米。坐落于科特迪瓦政治首都亚穆苏克罗的议员之家，现已成为中科友谊的象征。"①

中国政府向几内亚比绍政府提供一笔美元现汇及一批物资，以帮助几内亚比绍政府于 2006 年 7 月主持的葡语国家首脑会议和北部清剿行动安置难民。②

中国向坦桑尼亚赠送了一批价值 100 万元人民币的体育运动器材，以帮助坦桑政府开展学校体育活动。③

中、贝两国政府签署换文，中国政府派出由 10 名中国技术人员组成的专家组对中国援建的贝宁会议大厦和友谊体育场设备的使用、维修和保养进行技术指导，并就地培训当地技术人员。这是原友谊体育场技术组和原会议大厦技术组合并后的最新一期技术合作，以保证上述两大设施的正常运转，并进一步提高当地技术人员的技术水平。

5 月 5 日，中国政府援利比里亚农具交接仪式在蒙罗维亚自由港举行。

5 月 9 日，中国和埃及签署中国援埃苏伊士经济区投资服务大楼、中文学校两项目换文。

5 月 11 日，中国政府赠送利比里亚政府抗疟药品交接仪式在利卫生部举行。"此次 2 万人份抗疟药品是时任商务部魏建国副部长访利期间承诺赠送的，分别由北京华立科泰医药有限责任公司和桂林南药股份有限公司提供。疟疾是导致利人口高死亡率和儿童高死亡率的罪魁祸首，也是阻碍利经济发展和社会进步的重要原因。中方捐赠抗疟药品不仅有利

---

① 《中国向科特迪瓦政府移交"议员之家"工程》，2006 年 5 月 28 日，http://news.xinhuanet.com/newscenter/2006－05/28/content_4610460.htm

② 李广一：《列国志：赤道几内亚 几内亚比绍 圣多美和普林西比 佛得角》，社会科学文献出版社 2007 年，第 192 页。

③ 裴善勤：《列国志：坦桑尼亚》，社会科学文献出版社 2008 年，第 589 页。

于增加利防治疟疾的能力,更有利于促进利经济发展。"①

5月12日,在赤道几内亚通讯部院内举行了中国大使馆向赤几交通通讯部赠送40部自行车的交接仪式。这40部自行车准备用于乡间邮电职工的交通工具。

5月13日,中国农业专家组第一批4名专家抵达多哥。由于当地种植技术落后,缺乏高产良种等原因,多哥粮食产量很低,2005年的干旱加重了多哥市场的粮食紧张,造成粮价上涨。为保证国家粮食安全,多哥向中国提出派遣中国专家开展农业合作的请求。为此,中国向多哥派遣了一支由5人组成的农业专家组,向多农民传授农业生产技术,培育优良品种,以提高当地粮食产量。5月18日,农业专家组赴多哥北方城市卡拉开展为期2年的技术工作。

5月24日,中国和中非就中国向中非政府提供现汇援助事在班吉换文确认。

5月25日,中国援助坦桑尼亚体育器材移交仪式在坦桑尼亚国家主体育场工地现场举行。这批体育器材价值100万元人民币,2004年10月29日和11月29日双方分别签署援助物资的换文。②

5月30日,中国通信建设总公司和埃及教育部教育基础设施局签署中国援埃远程教育二期项目施工合同。

5月31日,中国驻纳米比亚中资企业江苏正太集团纳米比亚公司向纳艾滋病预防及护理项目捐赠了价值14000元纳币(约折2200美元)的镀锌屋面瓦。本项目解决了奥克汉贾市的两个社区近60名艾滋病家庭、单亲家庭孤儿和失学儿童搭建临时教室所需的建筑材料。冬天,纳米比亚的黑人儿童依然在室外大树下进行学习,这些10岁左右小孩的境遇十分令人同情。通过经商处协调,江苏正太集团纳米比亚公司进行了这次捐赠活动。"③

2006年—2010年,河北省向刚果(金)派出第十三批医疗队。这批医疗队由一支先遣组和三支队伍组成。2006年6月派出先遣组2人,

---

① 《中国政府赠送利比里亚政府抗疟药品交接仪式在利举行》,2006年5月12日,http://lr.mofcom.gov.cn/article/jmxw/200605/20060502168316.shtml

② 《中国援坦桑尼亚体育器材正式移交》,2006年5月25日,http://tz.mofcom.gov.cn/article/jmxw/200605/20060502292637.shtml

③ 《中国驻纳中资公司向纳孤儿和失学儿童捐赠建教室所需的建筑材料》,2006年6月5日,http://na.mofcom.gov.cn/article/jmxw/200606/20060602371840.shtml

2010年5月先遣组回国。2007年10月第一支医疗队4人出发，2010年5月回国。2008年3月派出第二支11人，2010年5月回国。2008年6月派出第三支3人，2010年5月回国。

6月，中国援加纳阿克拉-库马西17.4公里公路改扩建（一级公路）交付使用。该项目2004年6月开工。

6月1日，全国人大向塞舌尔议会赠送一批办公用品交接仪式在塞舌尔维多利亚举行。

6月8日，科特迪瓦外交部在阿比让举行中国赠送4部外交警车的交接仪式。

中国援建莱索托议会大厦项目配套工程开工。"中国援建的莱索托议会大厦拟建在首都马塞卢市中心的山顶上，由莱方负责三通一平工程，2006年4月初破土动工。经过2个多月的爆破与施工准备，部分通往山顶的公路路基工程已经完成。莱工程大臣勒贝萨按下爆破点火装置，宣告大规模的道路施工正式开始。预计全部三通一平配套工程将于2006年10月底全部竣工。"①

中国援助多哥共和国的2430吨玉米正式交接。"交接仪式在多哥农业部粮食安全监控中心举行。受到2005年严重旱灾的影响，多哥国内出现较为严重的粮食危机，中、多两国政府于2006年2月13日换文确认，中国向多哥无偿提供玉米援助。经国内有关部门的努力，2006年4月上旬，该批玉米运抵洛美，这批玉米的运抵将有助于多哥稳定玉米的市场价格，在确保多哥粮食安全上起到积极的作用。该批物资输送任务由中国粮食贸易公司执行。"②

6月14日，中国驻安哥拉大使张备三在罗安达向安哥拉卫生部部长塞巴斯蒂昂（SEBASTIÃO SAPUILE VELOSO）递交了中国政府向安哥拉政府赠送的20万美元银行现汇支票。"2005年，安哥拉出现了马尔堡出血热疫情，中国政府曾向安哥拉卫生部门提供紧急医疗用品援助。2006年，安哥拉再次出现霍乱疫情，中国政府再次伸出援手，向安提供抗霍

---

① 《中国援建议会大厦项目的莱方配套工程开工》，2006年6月9日，http：//ls.mofcom.gov.cn/article/jmxw/200606/20060602407672.shtml

② 《我国援助多哥玉米正式交接》，2006年6月12日，http：//www.21food.cn/html/news/6/78735.htm

乱现汇援助，为帮助安哥拉政府和人民克服困难战胜疫情助一臂之力。"①

6月16日，中国援中非体育场项目交接仪式在班吉举行。

6月26日，广东省向赤道几内亚派出第二十二批医疗队，全队21人，为期2年。

7月4日，中国进出口银行向厄立特里亚政府提供优惠贷款的协议在阿斯马拉签定。"这是中国首次向厄立特里亚提供政府优惠贷款，表明了中国政府对厄经济发展一贯的援助支持，标志着中厄经贸关系进入新的阶段。"②

7月10日，中几双方在金康电站举行了隆重的交接仪式。"该项目为几内亚的金康和丁基索两水电站更换7台水轮发电机组及实施配套水工及土建工程、水利机械工程、电气工程、金属结构工程等，项目于2005年7月26日开工，计划9个月完工，但是因当地政府时局因素以及设计方临时变更设备型号等因素，致使工程进度略有滞后，2006年7月，中国援几内亚的金康、丁基索两电站大修项目顺利完工。此后进入双方的技术合作阶段。中国向水电站派遣中国技术人员，对水电站设备的使用和维护提供技术指导，就地培训几内亚技术人员，提供必要的部分零配件并负责运至技术合作地，并为技术合作组提供部分办公和生活用品，对水电站专家驻地房屋进行简单维修等等。"③

7月20日，中国驻苏丹使馆利用大使基金向苏丹国际合作部赠送一批办公设备的交接签字仪式在该部举行。④

7月26日，中国援助布隆迪高等师范学校扩建项目开工典礼在首都布琼布拉举行。"布隆迪高等师范学院扩建工程占地50000平米，建筑面积10000平米，由一座行政办公楼与四座教学楼以及足球场、篮球场、手球场等若干运动场地组合而成，是布目前规模最大的建筑。学院二期

---

① 《安哥拉政府感谢中国提供抗霍乱无偿援助》，2006年6月15日，http://ao.mofcom.gov.cn/article/sqfb/200606/20060602527847.shtml
② 《中国进出口银行和厄立特里亚政府签署优惠贷款协议》，2006年7月5日，http://er.mofcom.gov.cn/article/jmxw/200607/20060702608091.shtml
③ http://gn.mofcom.gov.cn/aarticle/jmxw/200607/20060702694388.html
④ 《中国驻苏丹使馆向国际合作部赠送办公设备》，2006年7月28日，http://sd.mofcom.gov.cn/article/jmxw/200607/20060702737812.shtml；《金康和丁基索水电站第二期技术合作项目（经援）》，2013年1月4日，http://www.cwe.cn/show.aspx?id=1928&cid=73

工程由 4 栋教学楼和 1 栋行政楼构成，共能容纳 2200 多名学生，院内还配套修建了足球场、篮球场、排球场等。2008 年 8 月 14 日移交，移交后的学校被布政府和社会各界称赞为中国送给布隆迪的一颗明珠。"①

8 月，山东省向塞舌尔派出第十一批医疗队，全队 6 人。

8 月 15 日，中国政府向尼日尔提供了价值人民币 150 万元的农具（铁锹和镐头）的交接仪式在尼亚美举行。

中国政府向塞拉利昂政府外交部提供办公用品交接仪式在弗里敦举行。

8 月 16 日，北京市向几内亚派出第二十批医疗队，全队 15 人，于 2008 年 8 月完成任务回国。

8 月 21 日，由中国驻利比里亚大使馆与利比里亚国家邮政和电讯部共同主办的、中国两大电讯公司共同出资承办的利比里亚"邮政和电讯部电讯技术研修班"在利邮政和电讯部大楼举行开班仪式。

4 月 24 日，国家主席胡锦涛访问摩洛哥期间，中国以胡锦涛主席夫人刘永清女士的名义向摩洛哥拉拉·萨尔玛公主抗癌协会赠送了一批物资。该批物资已于 2006 年 8 月 29 日运抵摩洛哥，摩方对物资进行了验收。物资主要为家用电器，包括洗衣机、电视机、音响、空调、冰箱等。

9 月，中国援几内亚比绍的总统卫队宿舍等三个维修项目开工。"该项目总建筑面积为 8962 平方米，包括总统卫队宿舍、军官住宅和军人俱乐部三个部分 2008 年 5 月完工。"②

9 月，宁夏回族自治区向贝宁纳迪丹古派出第十五批医疗队，全队 10 人，于 2008 年 10 月完成任务回国。

9 月，宁夏回族自治区向贝宁洛克萨派出第十五批医疗队，全队 13 人，于 2008 年 10 月完成任务回国。

9 月 2 日，中国援马达加斯加国际会议中心项目在马首都塔那那利佛市隆重举行开工典礼。

9 月 5 日，中国和博茨瓦纳签署中国向博茨瓦纳提供优惠贷款的框

---

① 《援布隆迪高等师范学校项目开工》，2006 年 8 月 15 日，http://bi.mofcom.gov.cn/article/jmxw/200608/20060802878995.shtml；《中国援建布隆迪的高等师范学院项目竣工移交》，2008 年 8 月 16 日，http://www.china.com.cn/international/txt/2008-08/16/content_16240605.htm

② http://gw.mofcom.gov.cn/article/zxhz/zhxm/200303/20030300077428.shtml

架协议。"中国进出口银行行长李若谷和 B. Gaolathe 共同签署上述贷款的银行借贷协议。本次签订的贷款协议是中国援助博茨瓦纳修建从莱特哈肯到克昂的公路二期工程项目贷款的一部分,该项目由中国建筑工程总公司博茨瓦纳分公司承建。莱特哈肯-克昂公路位于博茨瓦纳南部,是从莱特哈肯通往博西部地区的主要交通干道。该工程二期全长 85 公里,博方估计工程造价约 4000 万美元。莱特哈肯-克昂公路项目是博茨瓦纳第九个国家发展计划重点建设项目之一。该公路建成后,将为博西部地区经济和贸易的发展以及西部地区人民生活提供较大的便利。"①

9 月 7 日,中国援助利比里亚农业技术合作项目物资交接仪式在利举行。

9 月 7 日,中国政府向加蓬政府提供 2000 万元人民币无偿援助的经济技术合作协定在加蓬首都利伯维尔总统府签署。

9 月 15 日,援摩洛哥三个游泳馆项目对外技术培训工作正式开始。"根据协议,中国政府派遣 4 名技术人员对中国援建的摩洛哥三个游泳馆项目的设备的使用和维修进行技术指导,培训摩方技术人员,合作期限为 8 个月。经协商,在上述 8 个月的时间内,中国技术组将对三个游泳馆的技术人员各举行为期 2 个月的水、电、暖等设备的技术培训,其余 2 个月时间机动。经过 2 个月时间的精心准备,目前,马拉喀什游泳馆的技术培训工作已经开始,10 月底结束,此后,技术合作组将转至菲斯,最终将于 2007 年 2 月 28 日在肯尼特拉结束。马拉喀什、菲斯、肯尼特拉三个游泳馆项目是继首都拉巴特穆莱·阿卜杜拉亲王综合体育设施后中国对摩洛哥援建的第二个成套项目。该项目于 2002 年 6 月开工,2005 年 1 月竣工,4 月对外移交。项目竣工后,根据对外施工合同的规定,中国对项目进行为期 1 年的保修,此后,应摩方的要求,中国在援款项下对项目实施技术合作。"②

9 月 20 日,中建总公司和埃及教育建设总局在埃及教育建设总局签署中国援埃"中文学校项目"施工合同。

9 月 20 日,中国和贝宁举行赠贝国民议会办公用品交接仪式。该批

---

① 《中博签署经济援助新协议》,2006 年 9 月 12 日,http://bw.mofcom.gov.cn/article/jmxw/200609/20060903159147.shtml

② 《援摩洛哥三个游泳馆项目对外技术培训工作正式开始》,2006 年 9 月 20 日,http://www.mofcom.gov.cn/aarticle/i/jyjl/k/200609/20060903220819.html

物资是去年贝议长访华时全国人大赠送的。

9月22日，在赞比亚总统府举行了中国政府援赞卢萨卡、恩多拉和基特韦三城市供水设施改造项目设计图纸的交接仪式。"中国驻赞大使李保东出席交接仪式，发表讲话并向赞总统移交了设计图纸。李大使在讲话中表示，中国政府将向该项目提供近一千万美元的无偿援助，项目设计图纸的完成意味着工程项目的开始，有关中国公司正在积极准备相关设备、材料并准备发运至赞比亚。"①

9月25日，中国寰球工程公司和埃及苏伊士湾西北经济区总机构在埃及投资部签署中国援埃及"一站式"投资者服务大楼项目设计合同。

10月，江西省向突尼斯派出第十七批医疗队，全队45人，于2008年11月完成任务回国。

10月4日，中国和加蓬签署中国向加蓬外交部赠送办公用品交接证书。"该批办公用品总价值为200万元人民币，主要包括各类电脑、打印机、传真机、扫描仪和复印机等。此举为改善加蓬外交部的办公条件起到了一定的积极作用。"②

10月9日和10日，中国和中非就中国政府援助班吉友谊医院维修和部分设备更新项目互致换文。"班吉友谊医院是中国上世纪八十年代援建的项目，其在建筑规模和医疗设备配置方面堪称中非首都最大的医疗机构。经过近20年的风雨，医院的主体建筑已显破旧，医疗设备大部分或陈旧过时或无法使用，严重影响医院的正常运行。应中非政府的要求，中国政府同意对医院进行维修和更新部分设备。"③

10月18日，中国政府向刚果技术职业教育部赠送缝纫机仪式在技术职业教育部办公楼举行。这次中国政府向刚果技术职业教育部赠送了10台缝纫机，用于支持刚果的技术教育。

10月18日，中国援中非300万元人民币物资的交接仪式在中非首都班吉举行。

---

① 《赞比亚总统出席中国援助赞城市供水改造项目设计图纸交接仪式》，2006年9月26日，http://zm.mofcom.gov.cn/article/jmxw/200609/20060903247690.shtml
② 《向加赠送办公用品交接仪式在利伯维尔举行》，2006年10月8日，http://ga.mofcom.gov.cn/article/jmxw/200610/20061003343752.shtml
③ 《援中非班吉友谊医院维修项目换文签署》，2006年10月13日，http://cf.mofcom.gov.cn/article/jmxw/200610/20061003407648.shtml

10月18日，中国援津巴布韦维修体育场项目开工仪式在哈拉雷举行。①

10月24日，中国政府援建的突尼斯坦塔维省克萨尔·达巴卜和杜雷两座山区水坝项目的施工合同得到该国农业部长批准。"这两座山区水坝项目由江西省水利水电建设总公司承担，资金为中国政府向突尼斯政府提供的无息贷款，合同金额3000万人民币。工程于2007年上半年开工，工期为2年。建成后两座水库总蓄水量375万立方米。"②

10月28日，卡松果医院维修项目正式开工。项目新建部分建筑面积为1604平方米，同时维修医院门诊部和住院部，项目于2007年底竣工。③

11月，在中国人民银行与西非开发银行联合举办的"中国经济日"研讨会期间，中国进出口银行与西非开发银行在多哥首都洛美签署7000万欧元的信贷合作协议。本项合作协议旨在为促进中国和西非经济货币联盟中与中国有外交关系的成员国的经贸合作、投资业务的发展及为企业间的合作提供融资支持。

11月1日，新一批50名援外青年志愿者按期抵达埃塞，开始为期一年的对埃志愿者服务工作。"埃塞能力建设部、联邦事务部、新闻部、农业部、教育部、水资源部、贸易工业部、南方州州政府等志愿者接收单位的相关官员到机场迎接。本批青年志愿者的服务期由上一批的半年延长至一年，服务领域包括农牧业、工业、计算机网络、医疗卫生等，服务岗位将更广泛地分布于埃塞各机关和事业单位，力求通过与埃塞各阶层的深入接触，实现服务大众、构建友谊的宗旨。"④

11月1—2日，中非合作论坛配套高官会在北京召开。高官会为部长级会议的召开作准备。中非合作论坛部长级会议于3日召开，北京峰会于4—5日召开。参加此次会议的非洲国家元首有35位、政府首脑6位、副总统1位、高级代表6位以及非盟主席。24个国际和地区组织派

---

① 《中国援津维修体育场项目开工仪式在哈拉雷举行》，2006年10月24日，http://zimbabwe.mofcom.gov.cn/article/zxhz/zhxm/200610/20061003513074.shtml

② 《中国援突尼斯两座水坝项目施工合同签订》，2006年10月24日，http://tn.mofcom.gov.cn/article/jmxw/200610/20061003510842.shtml

③ http://gw.mofcom.gov.cn/article/zxhz/zhxm/200303/20030300077428.shtml

④ 《新一批中国援外青年志愿者抵达埃塞》，2006年11月3日，http://et.mofcom.gov.cn/article/jmxw/200611/20061103613300.shtml

观察员列席峰会相关活动。

11月3日—5日，中非合作论坛北京峰会第3届部长级会议在北京召开。来自中国和48个非洲国家的国家元首、政府首脑和代表团团长以及外交部长和负责经济合作事务的部长出席了会议。会议通过了《中非合作论坛北京峰会》草案和《中非合作论坛——北京行动计划（2007至2009年）》草案。

11月4日—5日，中非合作论坛北京峰会在北京召开。会议的主题是"友谊、和平、合作、发展"。在53个非洲国家中有48个与中国建交的国家参加了本次会议。会议通过了《中非合作论坛北京峰会》和《中非合作论坛——北京行动计划（2007至2009年）》。

11月4日，埃塞俄比亚总理梅莱斯在中非合作论坛北京峰会上发表讲话。

11月4日，中国援助埃塞俄比亚的竹编培训班再次在埃塞开班。埃塞竹子资源丰富（约100万公顷竹林，占整个非洲竹子资源的67%），劳动力充裕（埃塞人口约为7700万）。为了提高埃塞竹业的生产与加工水平，推动埃塞的经济发展，2005年中国政府援助埃塞的竹业技术培训班由中国林科院亚热带林业研究所和国际竹藤组织在埃塞实施，为埃塞培训了45名学员。该培训班实效显著、圆满成功，得到埃政府高官、国际组织、媒体、学员的高度评价，在埃塞俄比亚引起了轰动效应。2006年，应埃塞政府的要求，中国政府再次为埃塞举办竹业技术培训，5名中国专家赴埃举办为期两个月的竹子种植和竹产品加工培训，为埃塞培训40名学员。①

11月6日，第二届中非企业家大会在北京开幕。"温家宝出席会议并发表题为《加强中非合作 促进互利共赢》的讲话。共有1500多名中非企业代表展开了经贸洽谈，领域涉及农业、矿业、能源、水利、建筑、交通、汽车、电子、通讯、机械、纺织、轻工业、医药和金融等14个领域。国家开发银行、中国出口信用保险公司、中国土木工程集团公司、中国航空技术进出口总公司、中国有色矿业集团、华为公司等11家中国企业与非洲对口企业签订了十几项合作协议，包括金融保险合作、基础设施建设、资源开发、通信和技术设备交易等多项内容，非方签约的企

---

① 《中国援埃塞的竹编培训再次开班》，2006年11月5日，http://et.mofcom.gov.cn/article/jmxw/200611/20061103636380.shtml

业来自埃塞俄比亚、埃及、南非、尼日利亚、肯尼亚、加纳、赞比亚、乌干达、塞舌尔、莱索托、佛得角等国。这次会议上，中方企业与非洲国家的企业签署总金额约19亿美元的商务合同和协议。"①

11月9日，在马达加斯加总统府举行仪式，马国总统拉瓦卢马纳纳向来自6个省的小学生代表分发由中国政府无偿援助的校服。"拉瓦卢马纳纳总统在讲话中盛赞中马友谊，感谢中国政府向马国公立学校全体小学生赠送校服并称赞校服款式漂亮、做工精良，尤其感谢中国政府在短时间内生产出首批30多万套校服并空运到马达加斯加。"②

11月10日，中国援埃塞俄比亚格特拉立交桥项目施工合同由上海建工集团和亚的斯亚贝巴市公路局在亚的斯亚贝巴市政府签定。"援埃塞格特拉立交桥项目是埃塞的第一座立交桥。该项目位于埃塞首都亚的斯亚贝巴市中埃友谊大道的一端——格特拉路口，是四条主干道交汇之处，其中一条是亚的斯城市交通大动脉，连接亚的斯至吉布提港和埃塞南部城镇及农产区；另外，还有一条铁路线横穿这个交叉口。这个路口在亚市最为繁忙，经常有严重拥堵，极为忙乱，每天车流量近8万辆，当地人称之为混乱广场。"③

11月30日，中国和厄立特里亚在北京签订了关于中国向厄立特里亚提供优惠贷款的框架协议。"根据协议，中国将向厄提供3.5亿元人民币的优惠贷款，用于厄格代姆水泥厂项目建设。格代姆水泥厂项目位于格代姆地区，拟由中国新时代控股公司总承包，建成后日产1000吨水泥熟料，将极大缓解目前厄水泥供应紧张状况，有力地支持厄基础设施建设，促进厄社会经济发展。同时也带动中国技术、服务和成套设备的出口。中国新时代控股公司将承担该项目的勘查、设计、土建施工、设备成套供货、安装、调试以及对厄管理、生产人员的培训。这是中国第二次向厄立特里亚提供政府优惠贷款，表明了中国政府对厄社会经济发展一贯支持帮助，标志着中厄经贸合作关系进入稳步发展阶段。2007年2月4日，中国进出口银行向厄立特里亚政府提供优惠贷款的协议在北京

---

① 张忠祥：《中非合作论坛研究》，世界知识出版社2012年，第142页。
② 《马达加斯加总统向学生分发中国赠送校服仪式举行》，2006年11月9日，http://mg.mofcom.gov.cn/article/jmxw/200611/20061103687485.shtml
③ 《中国援埃塞格特拉立交桥项目施工合同签定》，2006年11月13日，http://et.mofcom.gov.cn/article/jmxw/200611/20061103721076.shtml

签订。"①

12月，甘肃省向马达加斯加派出第十六批医疗队，全队30人。

12月3日，中国援助吉布提会议用车项目在吉举行交接仪式。

12月13日，中国赠尼日尔抗疟药品交接仪式在尼日尔全国抗疟项目中心举行。

中国政府向加纳"公主抗疟基金会"（IMPF）捐赠了蚊帐。

12月14日，中国援尼日尔价值200万元人民币的一般物资换文在尼亚美签订。

12月18日，中国援助埃及的中文学校项目在经过施工前期准备工作后，正式开工。

中国和突尼斯就中国向突尼斯提供节能灯和灭蝗现汇援助签署交接证书。"根据有关协议，中国政府向突尼斯政府无偿提供价值300万元人民币的节能灯和50万美元现汇援助用于灭蝗。"②

12月21日，中国政府援助卢旺达外交部办公楼建设项目举行开工仪式，该项目由北京建工集团承建。

12月22日，由中国机械对外经济技术合作总公司（简称CMIC）建设的NK变电站通电投运获得一次性成功。"12月21日，由该公司承建的马布巴至齐凡贡多45公里输电线路项目举行竣工仪式。至此，由CMIC承建的罗安达城网改扩建项目二期工程和齐凡贡多至马布巴45公里输电线路项目全部竣工并交付使用。项目建成后，位于罗安达和彭戈两省的10多万居民将直接受益于此。"③

中国赠送利比里亚的86840盒抗疟药品移交。

12月29日，中国援尼日尔药品交接仪式在尼亚美医疗队驻地举行。

2007年

中国向世界银行集团国际开发协会捐款3000万美元，这是中国对世

---

① 《中国与厄立特里亚政府签署中国向厄提供3.5亿元优惠贷款用于厄水泥厂项目建设的框架协议》，2006年11月30日，http://er.mofcom.gov.cn/article/jmxw/200611/20061103902034.shtml

② 《中国向突尼斯提供两笔无偿援助》，2006年12月19日，http://tn.mofcom.gov.cn/article/jmxw/200612/20061204075545.shtml

③ 《一揽子合作项下罗安达城网改扩建项目顺利完成》，2006年12月24日，http://www.mofcom.gov.cn/aarticle/i/jshz/rlzykf/200612/20061204129626.html

界银行集团的首次捐资。

好利来集团向联合国环境规划署捐款200万元人民币,其中100万元用于肯尼亚纳库鲁湖的环境治理。

中国扶贫基金会开始关注非洲的母婴康健问题,提出了"非洲贫困母婴援助计划",开始涉足对非援助领域。2007年在几内亚比绍共和国开展援助项目。

中国免除了乌干达1700万美元的债务。①

1月2日和3日,中国和莱索托就中国援莱土地利用和城镇规划管理双边研修班项目进行换文确认。"鉴于莱索托土地利用和城镇规划人员极度缺乏的状况,莱多次向中国提出希协助培训该类专业人员的请求,中国商务部研究后表示同意。莱地方政府部将作为该项目的主要执行部门,着手在全国范围内选拔25名土地和城镇规划管理官员赴华参加为期20天的短期培训班。莱方希望通过此次培训,学习中国土地利用和城镇规划管理的先进经验,提高规划人员的管理水平和实际技能。"②

1月2日,正在赤道几内亚访问的中国外交部长李肇星为中国援建赤道几内亚电视中心竣工剪彩。1月11日,在赤几基础设施部举行了中国援建赤几电视中心技术交接证书签字仪式。

1月4日,中国援助马达加斯加第二批小学生校服交接仪式在马教育部仓储基地举行。"此次移交的校服总数为487715套,于2006年12月27日自中国海运至塔马塔夫港口。马教育部表示将于近期将这批校服分发到马小学生手中。"③

1月6日,中国和厄立特里亚签署关于中国免除厄立特里亚政府部分债务的议定书。"根据该议定书,中方同意免除截至2005年12月厄政府对中国政府已到偿还期的2笔无息贷款的还款义务。"④

1月7日,中国外交部长李肇星一行9人抵达博茨瓦纳首都哈博罗

---

① 魏翠萍:《列国志:乌干达》,社会科学文献出版社2012年,第523页。
② 《援莱索托土地利用和城镇规划管理双边研修班换文》,2007年1月4日,http://ls.mofcom.gov.cn/article/jmxw/200701/20070104213138.shtml
③ 《中国向马达加斯加政府移交第二批援助校服》,2007年1月5日,http://mg.mofcom.gov.cn/article/jmxw/200701/20070104219133.shtml
④ 《中、厄签署中华人民共和国政府和厄立特里亚国政府关于免除厄立特里亚政府部分债务议定书》,2007年1月8日,http://er.mofcom.gov.cn/article/jmxw/200701/20070104255425.shtml

内，对博进行为期两天的友好访问。"李肇星外长分别与博外交部长梅拉费、内政部长佩托和财政部长哈沃来齐进行了会谈，随后中博双方签署中国向博提供200万元人民币物资用于艾滋病防治的无偿援助换文。"①

1月11日，中国向安哥拉外交部移交了中国政府赠送的电脑、复印机和空调等办公设备。②

1月19日，中国赠贝宁司法机构办公用品交接仪式在贝宪法法院举行，双方签署交接证书。该批物资是在上述三法院院长2005年访华时由中国政府决定赠送的，有助于部分改善贝司法机构的办公条件。

1月23日，中国赴津巴布韦的15名青年志愿者抵达哈拉雷，开始为期一年的汉语教学、计算机培训、畜牧、体育教学、中医诊治等方面的志愿服务工作。③

1月26日，由中国援建的通往卢旺达大屠杀纪念馆的道路动工。"该项目系中共中央政治局常委、中央纪律检查委员会书记吴官正同志在2006年8月下旬访卢期间，根据参观大屠杀纪念馆的切身感受，向卢方提出的捐建工程。为了达到'要做就抓紧时间做好，争取早日立项，早日开工，早日竣工交卢方使用'的目标，商务部援外司打破常规、简化程序、特事特办，在该项目对内对外均未签妥施工协议的情况下，就同意和批准中国承建企业开工上马。大屠杀纪念馆一直是卡加梅总统对外彰显其执政十余年来政治稳固、经济恢复、民族和解、社会稳定的政治资本。而这条连接位于基加利市郊区的大屠杀纪念馆和附近干线公路800多米的道路，雨天泥泞湿滑，晴天尘土飞扬，给参观者和附近居民带来极大不便。"④

1月29日和3月6日，中国和加蓬在利伯维尔签署中国向加方派遣参议院技术合作组的换文。"中国政府将向加蓬参议院派遣一支由6名专家组成的技术合作组，以确保保修期结束后大厦设备的正常运转和对加

---

① 《中博签署"中国向博茨瓦纳提供200万元人民币赠款"协议》，2007年1月8日，http://bw.mofcom.gov.cn/article/jmxw/200701/20070104238576.shtml
② 《援安外交部办公设备正式交接》，2007年1月15日，http://ao.mofcom.gov.cn/article/sqfb/200701/20070104265510.shtml
③ 《津巴布韦隆重欢迎中国青年志愿者》，2007年2月27日，http://zimbabwe.mofcom.gov.cn/article/zxhz/zhxm/200702/20070204404650.shtml
④ 《中国援建的卢旺达大屠杀纪念馆道路正式开工》，2007年1月30日，http://rw.mofcom.gov.cn/article/jmxw/200701/20070104328792.shtml

方技术人员的培训。参议大厦项目2006年1月建成并移交加方使用,占地面积44075平方米（220×220）,建筑面积11176平方米,由上海建工集团总公司实施。"①

1月30日至2月10日,胡锦涛访问喀麦隆、利比里亚、苏丹、赞比亚、纳米比亚、南非、莫桑比克、塞舌尔等八国。这是胡锦涛任国家主席以来的第三次访问非洲,也是访问非洲国家最多的一次。

1月31日,中国援埃及远程教育二期项目在经过施工前期准备工作后正式开工。

2月,中国在非洲的第一个经贸合作区赞比亚—中国经贸合作区宣告成立,到访的胡锦涛与赞比亚总统姆瓦纳瓦萨共同为该区揭牌。"谦比希园区的定位为:以有色金属工业为主,延伸有色金属加工产业链,适当发展配套产业和服务业,建设具有辐射和示范效应的综合性园区。卢萨卡分区的发展定位为:立足于赞比亚地处南部非洲心脏地带的战略区位优势,以首都卢萨卡及国际机场为依托,面向赞比亚和南部非洲市场,重点发展商贸、物流、加工、房地产等行业,打造以自由贸易区为主要功能的现代空港产业园区。"②

"该经贸合作区的规划面积为17.28平方公里,是中国在非洲设立的第一个经济贸易合作区。目前,该区有17家企业入驻,吸引投资近10亿美元,实际完成投资近9亿美元,利税近5亿美元,累计实现销售收入43.5亿美元,为当地创造了1.2万个就业机会。中赞经贸合作区的建设速度很快,区内已建成的企业和机构有硫磺制酸厂、水处理厂、机修厂、路科建材厂和中赞友谊医院等。"③

2月,中方免除赞比亚8600万元人民币债务。

2月1日,胡锦涛在利比里亚首都蒙罗维亚为中国在非洲援建的首个抗疟中心——中国利比里亚疟疾防治中心揭幕,并为中心捐赠药品。

胡锦涛视察中国参加联合国利比里亚维和行动的维和分队。

2月3日,胡锦涛访问苏丹,就达尔富尔问题发表意见。"胡锦涛提

---

① 《中国—加蓬两国政府签署中国援加蓬参议院技术合作协议》,2007年3月20日,http://ga.mofcom.gov.cn/article/jmxw/200703/20070304474988.shtml

② 《赞比亚中国经贸合作区简介》,2016年6月14日,http://www.ccpit.org/Contents/Channel_4131/2016/0614/657566/content_657566.htm

③ 《赞比亚中国经贸合作区简介》,2016年6月14日,http://www.ccpit.org/Contents/Channel_4131/2016/0614/657566/content_657566.htm

出四点主张：第一，尊重苏丹的主权和领土完整；第二，坚持对话和平等协商，以和平方式解决问题；第三，非盟、联合国等应该在达尔富尔维和问题上发挥建设性作用；第四。促进地区局势稳定，改善当地人民生活条件。"①

2月6日，中国援助尼日尔500吨黄玉米粒交接仪式在尼亚美国家物资局举行。

2月12日，中国援助尼日尔620吨化肥交接仪式在尼亚美举行。

中国援助卢旺达姆塔拉第四垦区农田整治项目补充工程开工仪式在姆塔拉举行。"中国援助卢旺达东方省姆塔拉第四垦区农田整治工程于2003年9月完工，10月移交卢方使用。该项目包括将350余公顷沼泽地改造成高标准农田，修筑一个小水库和灌溉渠网，及晒谷场等。两年来，卢农民在该项目的350公顷良田上种植了多季水稻等作物，并获得了丰收，受益农户达900多家。根据卢旺达政府的要求，2004年中、卢两国又达成协议，由中国政府无偿援建上述项目的补充工程。该补充工程主要内容包括：对水库排淤系统进行改造，对堤坝和主要渠道迎水面加固，建设连接该垦区的主要道路15公里，以及配备部分办公家具和通讯设施。该工程总投资约600万人民币。"②

2月20日，在加蓬外交部举行援助加蓬320箱抗疟药品的交接仪式，由北京华立科泰医药有限责任公司负责实施。

3月1日，中国援助利比里亚外交部办公楼局部内装修项目移交仪式在利外交部隆重举行。

3月7日，中国驻赤道几内亚大使李仲良代表中国政府向赤几财政部捐赠10辆供税务警察使用的三轮摩托车。"赤几税务警察队伍于一年半前组建，经培训后拟于近期开始行使职责。中国政府捐赠的十辆供税务警察使用的摩托车无疑对该国的经济建设，特别是对赤几政府增加税收政策的顺利实施具有重要意义。"③

3月9日，中国驻加蓬大使薛金维与加蓬卫生部秘书长（代表国务

---

① 《人民日报》，2007年2月3日，第1版。
② 《中国无偿援助卢旺达农田整治项目补充工程正式动工》，2007年2月15日，http://rw.mofcom.gov.cn/article/jmxw/200702/20070204389419.shtml
③ 《中国驻赤道几内亚大使李仲良向赤几财政部捐赠三轮摩托车》，2007年3月10日，http://gq.mofcom.gov.cn/article/jmxw/200703/20070304443512.shtml

卫生部长波莱特·米桑博）共同签署中国援加两医院维修及设备更新项目交接证书。该项目2006年2月12日开工，2006年11月30日竣工，是由上海建工集团总公司负责实施的。医院已于2007年3月12日开诊接待病人。①

3月12日和14日，中国与多哥在多哥首都洛美正式签署关于中国给予原产于多哥的部分产品以零关税待遇的换文。

3月13日和4月4日，中国和刚果（布）两国政府换文确认建设援刚果（布）广电节目落地项目。2008年4月28日，援刚果（布）广电节目落地项目签署施工合同。项目内容为实施1个中国调频广播节目和CCTV-E&F电视节目地面无线覆盖布拉柴维尔和金沙萨。该项目由中国广播电视国际经济技术合作总公司承建，工期3个月。2009年3月13日开工，5月13日竣工，6月19日双方签署交接证书。

3月19日，中国援建尼日尔的尼亚美第二桥换文签字仪式在尼外交部举行。

4月5日，中国援助吉布提总统府附属办公楼项目正式开工。该项目由中国建筑技术集团有限公司设计，新疆国际经济合作公司承建，2007年下半年竣工。②

4月12日，中国政府援助卢旺达的大屠杀纪念馆道路建设项目举行了竣工典礼。

4月13日，中国援苏丹医疗队专家楼续建工程竣工。"苏丹恩图曼友谊医院是中国援建的一所综合性医院，1995年6月正式对外开诊，中国医疗队在该院工作已12年。该工程位于医疗队驻地专家楼北楼的西侧，上下两层共十八间宿舍，总建筑面积为676平方米。新专家楼的投入使用进一步改善了中国驻苏医疗队员的居住条件。"③

4月19日，在马里卫生部举行了药品交接仪式，中国向马里无偿提供一批抗疟药品。

4月21日，魏建国副部长在陪同贾庆林主席访问津巴布韦期间代表

---

① 《中国援加蓬两医院维修及设备更新项目竣工并正式移交加方》，2007年3月20日，http：//ga.mofcom.gov.cn/article/jmxw/200703/20070304474998.shtml
② 《中国援吉布提总统府附属办公楼项目开工》，2007年4月8日，http：//dj.mofcom.gov.cn/article/jmxw/200704/20070404554771.shtml
③ 《中国援苏丹医疗队专家楼续建工程竣工》，2007年4月17日，http：//sd.mofcom.gov.cn/article/jmxw/200704/20070404578604.shtml

中国政府、津巴布韦农业部长鲁加里·巩博代表津巴布韦政府共同签署中国为津建立农业技术示范中心的换文。农业技术示范中心的建立是为落实中非合作论坛北京峰会八项举措中"在非洲建立 10 个有特色的农业技术示范中心"的承诺而建的。①

根据中国和布隆迪两国政府 2006 年 8 月 1 日和 24 日换文规定，中国向布隆迪提供一批价值 100 万元人民币的抗疟药品。②

4 月 26 日，中国驻厄立特里亚使馆向厄卫生部捐赠手术电子显微镜设备及教学仪器交接仪式在奥罗特医院举行。"这批国产手术电子显微镜设备及教学仪器由天津国际合作公司援奥罗特医院技术组免费安装调试，完全达到了设计要求，运行状况良好。"③

5 月 12 日，援几内亚 5 万座体育场奠基典礼在科纳克里隆重举行。

5 月 16 日和 22 日，驻莱索托仇伯华大使和莱财政大臣塔哈尼分别签署换文确认决定为莱培训纺织管理和技术人才。"自美国实施对非洲增长和机会法案以来，莱索托成为撒哈拉以南最大的纺织服装基地。为帮助莱纺织服装业提高竞争力，中国方面决定为莱培训纺织方面的管理和技术人才。"④

5 月 18 日，中国和加蓬在加蓬国民议会大厦举行中国援加国民议会办公用品交接仪式。

5 月 20 日，中国政府免除加纳国家剧院 20 世纪 90 年代早期的建设费用，同时还免除了加纳其他一些建设项目的债务。"加纳国家剧院是中加友谊的象征，在加强中加两国人民友谊方面发挥了很大作用。随着时间的流逝，加纳国家剧院的一些设施和功能已经不能满足时代的需要，中国政府出资对加纳国家剧院进行了维修改造。加纳国家剧院维修工程恰好在加纳独立 50 周年大庆前夕完成，维修工程大量使用了新材料、新技术，同时安装了许多新的设备。中国全国政协主席贾庆林 4 月访问加

---

① 《贾庆林主席访问津巴布韦期间签署建立农业技术示范中心换文》，2007 年 5 月 10 日，http://zimbabwe.mofcom.gov.cn/article/zxhz/sbmy/200705/20070504653387.shtml

② 《中国援布隆迪抗疟药品举行交接仪式》，2007 年 4 月 27 日，http://bi.mofcom.gov.cn/article/jmxw/200704/20070404616188.shtml

③ 《中国驻厄使馆向厄卫生部捐赠手术电子显微镜设备及教学仪器》，2007 年 5 月 10 日，http://er.mofcom.gov.cn/article/jmxw/200705/20070504654198.shtml

④ 《中国将为莱索托举办纺织服装业管理研修班》，2007 年 5 月 24 日，http://ls.mofcom.gov.cn/article/jmxw/200705/20070504703719.shtml

纳时签订了 6 个双边协议。协议之一是中国政府免除了加纳政府于 2005 年底到期的部分债务，包括加纳国家剧院上世纪 90 年代早期的建设费用以及其他一些建设项目的费用。中国方面同时声明，中国政府向加纳政府提供了 200 万美元的无偿援助对加纳国家剧院进行了维修。维修工作采用了新材料和新设备，在加纳独立 50 周年大庆前完成。"[1]

5 月 21 日—22 日，中国援助莱索托菌草技术合作项目开始启动。该经济技术合作项目组长、菌草技术发明人、资深援外农业菌草专家林占喜教授与助手先期抵莱，考察了莱提供的厂房、培训基地等，并与莱农业部作物司长进行会谈。"根据中莱两国政府 2006 年 10 月签署的换文，中国政府决定派遣 4 名农业专家，为莱索托提供用菌草作为原料，进行食用菌种植的技术。该项目由福建农林大学菌草研究所负责实施，工作时间为 2 年。莱方表示，莱贫困人口占 70%，减贫和扩大就业是经济发展的主要目标，菌草技术项目非常适合莱的特点和需要，希望尽快实施。林教授表示，执行中国政府援助项目的目的是促进双边友好经贸关系发展，该项目中国已在非洲和大洋洲地区的三个国家取得成功经验，相信在莱索托能够搞得更好。林教授还表示，要使该项目达到千万家最贫困家庭受益，形成改进生态环境、增强食品安全和具有良好出口潜力和经济效益的新兴产业，培养一批当地管理和技术人才，长久持续发挥中国经援影响的效果。"[2]

5 月 23 日，苏丹人道事务部在喀土穆举行了 2006 年中国向达尔富尔地区无偿提供人道主义援助物资交接证书签字仪式。[3]

6 月 14 日，中国政府向马达加斯加政府无偿援助的抗疟药品（包括 39840 盒双氢青蒿素哌喹片和 41000 盒青蒿琥酯片+阿莫地喹片联合用药）交接仪式在马卫生部举行。[4]

6 月 15 日，中国援助贝宁的马朗维尔防洪堤维修项目正式开工。

---

[1]《中国政府免除加纳国家剧院债务》，2007 年 5 月 22 日，http://gh.mofcom.gov.cn/article/jmxw/200705/20070504693120.shtml

[2]《中国援莱索托菌草技术合作项目开始启动》，2007 年 5 月 24 日，http://ls.mofcom.gov.cn/article/jmxw/200705/20070504703716.shtml

[3]《中苏两国政府签订援苏人道主义物资交接证书》，2007 年 5 月 24 日，http://sd.mofcom.gov.cn/article/jmxw/200705/20070504707006.shtml

[4]《中国援马达加斯加抗疟药交接仪式在马举行》，2007 年 6 月 15 日，http://mg.mofcom.gov.cn/article/jmxw/200706/20070604788182.shtml

"马朗维尔防洪堤维修项目是根据中贝两国政府友好合作的安排而确定的,承担项目施工的单位为中铁五局(集团)有限公司。该项目地处贝宁、尼日尔两国交界,位于尼日尔河的贝宁一侧。由于长期河水泛滥,加之年久失修,河堤已坍塌。每年的河水上涨严重威胁着贝宁一侧的马朗维尔市居民的生产和生活,也威胁着中国农业专家组位于此地的 350 公顷水稻种植技术合作垦区。"①

6 月 21 日,中国援助利比里亚竹藤编技术合作项下的首期培训班开班仪式在利首都蒙罗维亚职业技术培训中心(MVTC)举行。

6 月 26 日,中非发展基金正式开业,成为国内唯一一支专注于对非投资的股权投资基金。

中国援助坦桑尼亚抗疟药品项目交接仪式在达累斯萨拉姆市举行。"中国驻坦桑尼亚临时代办范建民与坦桑尼亚卫生和社会福利部常秘威尔森·姆卡玛分别代表各自政府签署交接证书。疟疾是坦桑尼亚第一大疾病,每年约有上 10 万人因疟疾死亡,坦方表示,中国政府此次提供的抗疟药品科泰新疗效显著,安全可靠,是对坦桑尼亚疟疾防治工作的有力支援。"②

中国援建的科特迪瓦外交部会议厅项目举行奠基仪式。

6 月 28 日,科特迪瓦国家公共药品管理局(简称药局)举行中国提供抗疟药品交接仪式。

6 月 30 日,中国援埃远程二期项目竣工。中国援埃远程二期项目是由中国通讯建设集团公司总承包,中兴公司实施,2007 年 1 月 31 日开工,项目在实施工程中得到了埃方的积极配合与协助,顺利完成 110 个新站点的安装与调试。

7 月,尼日利亚广东经贸合作区正式启动。广东经贸合作区是由广东新广国际集团中非投资有限公司主办的。启动区占地 2.5 平方公里,资金投入 2 亿美元。合作区地理位置优越,距离州府阿贝奥库塔路程约 103 公里,距离拉各斯 Apapa 港约 30 公里,距离拉各斯 Murtala Mohammed 国际机场约 30 公里,距离奥贡州可供建新港口的地点约 20 公里。

---

① 《我援贝马朗维尔防洪堤项目正式开工》,2007 年 6 月 4 日,http://www.mofcom.gov.cn/404.shtml。
② 《中国援坦桑尼亚抗疟药品项目举行交接仪式》,2007 年 7 月 3 日,http://tz.mofcom.gov.cn/article/jmxw/200707/20070704848814.shtml。

经过数年的艰难发展及多方面的努力,合作区目前已拥有34家入园注册企业,投资者分别来自中国、黎巴嫩、印度。已入园注册企业主要生产经营项目有:陶瓷、钢铁、日用化工、家具、包装印刷、五金建材、鞋类和环保回收类产品、电力服务。计划10年内吸引700—800家企业入驻。

湖南省向塞拉利昂派出第十三批医疗队,全队10人。

浙江省向索马里派出第二十批医疗队,全队31人。

7月2日,中国援塞拉利昂抗疟药品交接仪式在弗里敦举行。

7月3日,中贝双方在农业技术组所在地科威市举行了中国赠贝农机交接仪式,贝宁的农业部长在仪式上称赞中国农机设备很适合贝宁农民。

7月9日,中国和刚果(布)在刚果(布)卫生、社会事务和家庭部举行了中国政府向刚果赠送抗疟药品的交接仪式。

7月10日,中国援助乍得恩贾梅纳市政道路整治项目开始启动。"此项目包括乍得首都恩贾梅纳市的6条市政道路的整治,全长9.7公里,是中乍两国复交以来中国援乍首个基础设施项目。工程完成后将大大改善该市的道路状况。项目由富有施工经验的广东省建筑工程集团有限公司承建。"①

7月19日和30日,中国和加蓬政府签署中国向加无偿提供抗疟药品换文,这是中国政府半年内第二次向加无偿提供抗疟药品。

7月26日,由中国驻肯尼亚大使馆出资与联合国志愿者合作援建的"姆赛多—北京小学"在肯尼亚首都内罗毕的马萨莱贫民区落成。"联合国副秘书长、环境规划署执行主任阿希姆·施泰纳对中国政府出资帮助建造这所小学表示感谢,认为这一善举将为肯尼亚其他扶贫行动提供很好的榜样。为表达对中国的感谢,校方决定将校名改为'姆赛多—北京小学'。"②

7月26日—27日,全国援外培训工作会议在北京召开。"会议旨在进一步贯彻落实中央领导的指示精神,总结援外培训工作经验,分析援

---

① 《援乍得道路整治项目开始启动》,2007年7月16日,http://tchad.mofcom.gov.cn/article/jmxw/200707/20070704892499.shtml。

② 《中国援建小学在内罗毕贫民区落成》,2007年7月3日,http://ke.mofcom.gov.cn/article/jmxw/200707/20070704846427.shtml。

外工作的新形势、新任务,部署并做好今后的援外培训工作。商务部与中央政研室、中联部、外交部、财政部、教育部、科技部、农业部、卫生部等共39个中央和国务院有关部门、部分省市领导和地方商务主管部门以及援外培训承办单位包括国家行政机关、大学、企事业单位和科研院所的代表共260多人出席了会议。"①

7月31日,内蒙古自治区向卢旺达派出第十三批医疗队,全队12人。

8月,山东省向坦桑尼亚派出第二十批医疗队,全队25人,于2009年8月完成任务回国。

8月1日,中国驻加蓬大使薛金维与加蓬副总理兼外交部长让平共同签署中国援加蓬总统家乡邦戈维尔市政道路维修和改造项目施工合同。"该项目内容包括17条道路的维修、改建和修复,总长约9.96公里。新建路将加宽路基、新铺沥青混凝土路面。完善排水设施,破损的沥青路面将得到修补、补强,该项目由中国地质工程集团公司负责实施。"②

8月7日,中国政府向中非政府赠送的价值80万元人民币抗疟药品移交仪式举行。

8月8日,中国和马达加斯加两国政府代表就中国援马达加斯加首都阿拉卢比亚体育场塑胶跑道维修项目竣工暨向马国政府赠送体育器材和物资项目在首都塔那那利佛阿拉卢比亚体育场举行交接仪式。"体育场塑胶跑道维修项目竣工后将作为本届印度洋岛国运动会田径赛事的主会场。"③

8月9日至19日,为促进中国和马达加斯加两国体育文化合作,帮助马国备战在马举办的第七届印度洋岛国运动会,应马国政府要求,中国向马派遣了5名体育教练员(排球、举重、游泳、跆拳道、乒乓球)和1名翻译。"体育教练组于5月中旬抵马,从5月18日起陆续接手马国家队队员的训练工作。在不到3个月的时间里,各位教练员克服了种

---

① 《全国援外培训工作会议在北京召开 薄熙来等出席》,2007年7月27日,http://www.gov.cn/gzdt/2007-07/27/content_698575.htm
② 《中国加蓬签署中国援加蓬邦戈维尔市政道路项目施工合同》,2007年8月3日,http://ga.mofcom.gov.cn/article/jmxw/200708/20070804955838.shtml
③ 《援马达加斯加阿拉卢比亚体育场塑胶跑道维修项目暨向马赠送体育器材和物资项目举行交接仪式》,2007年8月9日,http://mg.mofcom.gov.cn/article/jmxw/200708/20070804973860.shtml

种困难,因人而异,制定了详细的训练计划,对运动员进行有针对性的训练,使上述 5 个项目的竞技水平有了明显的提高。本次岛国运动会共有 7 个国家和地区(马达加斯加、毛里求斯、塞舌尔、科摩罗、留尼汪、马约特、马尔代夫)参加,设 16 个比赛项目。马国运动员共取得 101 块金牌,名列金牌总数第一。其中中国教练员带队训练的 5 个项目共取得 32 块金牌,比赛成绩全面突破上届水平。8 月 23 日,马体育部长为中国教练组每位成员颁发了荣誉奖章和荣誉证书,以感谢中国教练员为本次岛国运动会做出的贡献。"①

6 月 20 日和 8 月 14 日,中国政府向布隆迪提供的一批建材、通讯及安检设备运抵布琼布拉。根据中布两国政府换文规定,中国政府向布隆迪提供一批建材、通讯及安检设备。中方于 8 月 29 日与布隆迪政府在布琼布拉举行了物资交接仪式。②

8 月 29 日,由中国人民政治协商会议全国委员会向马达加斯加参议院无偿提供的 55 台手提电脑交接仪式在马达加斯加参议院举行。

9 月,福建省向塞内加尔派出第十二批医疗队,全队 16 人,于 2009 年 9 月完成任务回国。

9 月 1 日,中国和坦桑尼亚在达累斯萨拉姆签署中国政府援助坦桑尼亚国家体育场项目竣工移交证书,项目正式移交坦桑尼亚政府管理。"坦桑尼亚国家体育场位于达累斯萨拉姆市内,是中坦两国政府共同出资建设的大型体育场,是自坦赞铁路之后中国对坦桑尼亚援建的又一重大工程。体育场总占地面积约 12 万平方米,观众容量 6 万人,可满足举办洲际大型田径运动会、国际重大足球比赛的需要。体育场工程由北京建工集团有限责任公司总承包,北京建筑设计研究院设计,工程建设合同于 2004 年 11 月 2 日签订,2005 年 1 月 2 日开工建设,2007 年 8 月 30 日基本完工。"③

9 月 5 日,中国湖南省人民政府向塞拉利昂政府赠送医疗器械的交接仪式在弗里敦塞总统府举行。"2006 年 11 月,塞总统卡巴在参加中非

---

① 《中国援马达加斯加体育教练组在马执教 3 个月取得圆满成功》,2007 年 8 月 26 日,http://mg.mofcom.gov.cn/article/jmxw/200708/20070805027868.shtml

② 《中国援布物资在布隆迪举行交接仪式》,2007 年 9 月 5 日,http://bi.mofcom.gov.cn/article/jmxw/200709/20070905065785.shtml

③ 《中国政府援坦桑尼亚国家体育场项目签署竣工移交证书》,2007 年 9 月 3 日,http://tz.mofcom.gov.cn/article/jmxw/200709/20070905056116.shtml

合作论坛北京峰会期间访问了湖南省,湖南省人民政府决定向塞政府赠送一批医疗器械。上述医疗器械已于 2007 年 8 月中旬运抵弗里敦,包括 X 光机、心电图仪、数字超声诊断仪等 6 台设备。"①

9 月 7 日,中国政府 2007 年度向马里政府无偿提供供中国援马医疗队使用的药品和医疗器械的交接仪式在马里卫生部举行。

中国和乍得举办中国援助乍得医疗器械和药品交接仪式。"此次援乍医疗物资总价值 450 万元人民币,包括医疗器械、常用药品和抗疟药品。乍中复交后,中国向乍复派医疗队,并为乍提供所需的药品和医疗器械。两国在卫生医疗领域的合作,是乍公共卫生部《全国卫生计划》的重要组成部分,同时为代比总统《全国扶贫计划》的实施发挥重要作用。"②

9 月 10 日,中国和吉布提在吉布提签署关于中国政府免除吉布提政府部分债务的议定书。

9 月 14 日,中国驻塞舌尔大使馆在塞舌尔总统儿童村向塞舌尔转交了刘永清同志赠送的一批物资。③

9 月 17 日,中国驻塞舌尔使馆向塞舌尔大学基金捐赠 10 万卢比,塞舌尔大学基金主席巴伊特博士称这是"来自大国的感人之举"。④

9 月 18 日,中国援助几内亚体育场开工典礼在首都科纳克里工地现场隆重举行。

9 月 26 日,根据中国与莱索托两国政府换文,由陕西省林业厅为主组成的中国援莱友谊林项目考察组到莱进行可行性考察。"中莱友谊林项目将作为 MOTAPO(莫太坡)流域治理的示范样板,建在莱首都附近的历史文化遗产地塔巴布休地区,项目建设目标不但要恢复历史面貌,美化旅游区环境,还要通过营造水土保持林,改善植被景观,控制水土流失;通过物草改良,提高产草量,遏制草场退化;通过营造经济林,提高农民收益;通过参与项目劳动,给项目区农民提供就业机会等目的。

---

① 《塞拉利昂总统卡巴参加中国湖南省人民政府向塞政府赠送医疗器械交接仪式》,2007 年 9 月 7 日,http://sl.mofcom.gov.cn/aarticle/zxhz/zzjg/200709/20070905070514.html
② 《中国政府向乍得政府捐赠医疗器械和药品》,2007 年 9 月 7 日,http://wcm.fmprc.gov.cn/pub/chn/gxh/cgb/gj/fz/1206_45_11/1206x2/t434684.htm
③ 《中国使馆转交刘永清同志赠送总统儿童村物资》,2007 年 9 月 17 日,http://sc.mofcom.gov.cn/article/jmxw/200709/20070905102517.shtml
④ 《中国使馆向塞舌尔大学基金捐赠 10 万卢比》,2007 年 9 月 20 日,http://sc.mofcom.gov.cn/article/jmxw/200709/20070905117083.shtml

考察组在做了大量调查研究与资料分析的基础上,认为在莱方指定的地点建设中莱友谊林项目是可行的。10月8日,莱林业大臣、旅游文化大臣和自然资源大臣听取了项目考察情况介绍,考察组组长与莱林业部常秘签署备忘录。"①

9月28日,由中国政府向乍得政府无偿赠送的一批新闻设备、器材在乍得政府大厦会议厅举行了隆重的交接仪式。此次援乍新闻设备器材包括微波通讯系统、接收机、摄像机、录像机、电脑、数码相机等。中方赠送的设备和器材有助于提高乍得广播电视的硬件水平和新闻报道质量。

10月9日,中国援助埃塞职业教育学院项目交接仪式在学院主楼内隆重举行。"援埃塞职业教育学院项目占地近12公顷,建筑面积约23000平方米,是埃塞最大的职教学院,将大大促进埃塞职教事业的发展,为工业发展提供源源不断的技术人才。"②

10月12日,中国驻刚果(布)使馆与刚国民议会在议会大厦举行办公用品赠送交接仪式。

中国和刚果(布)政府签署援刚果(布)布昂扎水电工程维修项目移交证书。"2002年4月9日,中国和刚果(布)签订布昂扎水电项目的维修合同,双方约定由威海国际经济技术合作股份有限公司实施该项目。2002年10月10日项目开工,2007年9月13日项目竣工。为表彰和鼓励中国专家在维修水电项目付出的辛苦和取得的成绩,总统萨苏签署总统令,向中国专家组长潘培凯和总工赵殿方授予骑士勋章。"③

中国和布隆迪就中国援布隆迪一所综合医院(150个床位)事签署项目考察换文。"在部分非洲国家援建30所医院是胡锦涛主席在2006年中非合作论坛北京峰会期间对外宣布的援非八项举措之一,布隆迪政府对此表示十分欢迎,并已确定将这所医院建在距离首都25公里的布邦扎省姆邦达县境内。这个省是布隆迪境内唯一没有公立医院的省份。根据

---

① 《中国派组考察援莱友谊林项目》,2007年10月9日,http://ls.mofcom.gov.cn/article/jmxw/200710/20071005154635.shtml

② 《援埃塞俄比亚职业教育学院项目交接仪式隆重举行》,2007年10月10日,http://et.mofcom.gov.cn/article/jmxw/200710/20071005155573.shtml

③ 《援刚布昂扎水电工程维修项目完工并对外移交》,2007年10月16日,http://cg.mofcom.gov.cn/article/jmxw/200710/20071005161740.shtml

原定计划，中国政府将于近期派出项目考察组赴布工作。"①

中国和布隆迪就中国援助布隆迪抗疟防治中心事签署立项换文。"布隆迪是疟疾病高发国家，长期内战造成医疗科研人员的流失，全国范围内没有这方面的机构。这次中国援助的布隆迪疟疾防治中心将设立在国家卫生学院内，中方根据当地实际需要将提供抗疟所必需的诊治和科研仪器和设备，且还将派遣专家工作小组巡回访问和捐赠一定数量的抗疟药品。"②

10月16日，中国援助乍得恩贾梅纳市政道路整治项目开工。"此次援乍恩贾梅纳市政道路共有6条，全长9.7公里，为沥青混凝土道路，包括道路、排水、照明等工程。项目施工单位为广东建工对外建设有限公司，设计工期为18个月。"③

10月18日，中国和赤道几内亚举办中国向赤几政府捐赠价值50万元人民币抗疟药品仪式。

中国驻刚果（布）使馆与刚外交部举行中国政府向外交部赠送办公用品交接仪式。

10月18日和23日，中国和吉布提在吉布提就援吉养路设备项目换文确认。

10月19日，中国援摩洛哥政府水务与环境国务秘书处工程机械交接仪式在摩洛哥王国首都拉巴特举行。这批援助包括39台工程机械和零配件，是2006年中国国家主席胡锦涛访问摩洛哥确定的援助项目。

10月21日，中国政府向塞拉利昂政府提供青蒿素类抗疟药品交接仪式在弗里敦举行。

突尼斯能源署巴里处长带队一行7名突技术人员启程前往北京，进行为期10天的天然气空调技术考察培训。"中国政府帮助突尼斯政府实施天然气空调项目正式启动。该项目是中方为帮助突方充分利用其天然气资源制冷，缓解突电力紧张的现状。根据项目换文，中方还将向突方提供一套天然气教学设备，并派遣两批专家赴突，对突方使用天然气空

---

① 《中布两国签署有关援建医院的换文》，2007年10月16日，http://bi.mofcom.gov.cn/article/jmxw/200710/20071005161546.shtml

② 《中布两国签署有关援助抗疟防治中心的换文》，2007年10月17日，http://bi.mofcom.gov.cn/article/jmxw/200710/20071005161551.shtml

③ 《中国援乍得恩贾梅纳市政道路整治项目开工》，2007年10月17日，http://td.china-embassy.org/chn/xwdt/t373177.htm

调和安装设备进行技术指导。"①

10月24日，中国援助马达加斯加农用物资交接仪式在塔那那利佛举行。"此次中国援马农用物资包括30台手扶拖拉机及其配套设备，是根据两国政府2006年9月18日签订的换文规定实施的无偿援助。"②

10月25日，中国昆明制药集团股份有限公司董事长何勤向科特迪瓦政府捐赠了价值4200万西非法郎的青蒿素类抗疟药品复方ARCO片和蒿甲醚针。疟疾是科特迪瓦发病率和死亡率最高的流行病，多年来严重制约当地社会和经济发展。中国作为青蒿素类产品的发明国，一直对困扰非洲的疟疾问题予以深切关注。中国驻科特迪瓦大使馆经参处"大力协调和推动昆明制药从2005年在当地注册和销售其抗疟药，此次捐赠的抗疟药为其最具特色的急救用药蒿甲醚针和一次服药治愈疟疾的复方口服剂。巴博总统承诺此批捐赠药品用于刚摆脱战乱危机的中部、西部和北部地区。"③

10月29日，中国援莱索托议会大厦项目开工仪式在莱首都马塞卢隆重举行。援莱议会大厦项目由中国政府提供无偿援助，由山东烟台建设集团公司负责承建。"该项目于2007年6月8日签订对外施工合同，项目地点位于首都市中心高点Mpilo山，总建筑面积约6720平方米，预计工期2年。议会大厦建成后，这里不仅将成为莱首都的一个标志性建筑，还将成为莱民主政治的一个象征。"④

11月5日，总部位于天津的天狮集团公司在肯尼亚首都内罗毕举行的天狮集团2007年全球销售商会议上，集团总裁李金元宣布，天狮集团将为非洲学校建设和艾滋病防治项目提供捐助。这是该公司履行企业社会责任，将企业利润回报当地社会的公益行动。"李金元表示，该公司已经为各国慈善和公益事业捐助超过1.5亿美元，对非洲的捐助将通过该

---

① 《中国援突天然气空调项目启动》，2007年10月19日，http://tn.mofcom.gov.cn/article/jmxw/200710/20071005165527.shtml
② 《中国援马达加斯加农用物资交接仪式在塔那那利佛举行》，2007年10月25日，http://mg.mofcom.gov.cn/article/jmxw/200710/20071005173612.shtml
③ 《科特迪瓦总统接受中国企业捐赠抗疟药》，2007年10月29日，http://ci.mofcom.gov.cn/article/jmxw/200710/20071005181553.shtml
④ 《中国援莱议会大厦项目开工仪式在马塞卢隆重举行》，2007年10月30日，http://ls.mofcom.gov.cn/article/jmxw/200710/20071005186733.shtml

公司在各国的代表处具体办理，捐款将提供给当地教会。"①

中国援助尼日尔的尼日尔河二桥项目在尼首都尼亚美举行了奠基仪式。

11月7日，新近纳入双边合作框架的援马里刺绣培训及童装设计、剪裁、缝制项目实施合同签字仪式在马里儿童基金会总部会议厅举行。"根据两国政府今年6月22日和7月24日的换文规定，中国政府将派遣5名技术人员赴马里，与马里儿童基金会开展为期两年的刺绣和童装设计、剪裁和缝制培训方面的技术合作。目的是通过培训，提高妇女的就业能力。马里的刺绣培训项目始于2004年7月，先后进行了两期四个教学班的培训，计有85名青年妇女参加。培训取得了良好的社会效果。本期合作是在原来刺绣培训的基础上增加了童装设计、裁剪、缝制内容并纳入双边合作范畴。"②

11月8日，中国公路桥梁总公司在巴塔向赤道几内亚政府捐赠了一批价值1亿中非法郎的物资，包括电脑、电视机、自行车及办公文具等。

11月17日，中国援助马达加斯加杂交水稻示范中心项目开耕仪式在项目所在地——马义奇镇的农业科研中心举行。"马国是个传统的农业国家，80%的人口在农村。马国拥有可耕地约3500万公顷，仅占国土面积的5%左右，目前仅有10%的土地得到开发。其水稻产量每公顷平均仅2.5吨，粮食不能自给，每年需要进口粮食30万吨。根据马政府制定的未来五年发展规划，马国计划到2010年在现有基础上翻番水稻产量。为此，中国决定在马国建立农业技术示范中心，开展杂交水稻技术方面的示范与合作，湖南农科院承担了建设该杂交水稻中心的援助任务。2006年11月，湖南省农科院派出的5名杂交水稻专家来到马达加斯加，随后在距首都塔那那利佛西北约35公里、面积两公顷的试验田里进行杂交水稻比较试验，现已筛选出适合在当地推广的品种。初步结果显示，中国杂交水稻优势明显，最高产量达每公顷10.4吨，最低为7.5吨。"③

"开耕仪式的举行标志着中国援马达加斯加杂交水稻示范中心项目正

---

① 《天狮集团将捐助非洲学校建设和艾滋病防治项目》，2007年11月8日，http://tz.mofcom.gov.cn/article/jmxw/200711/20071105212996.shtml

② 《援马里刺绣培训及童装设计、剪裁、缝制项目实施合同签字》，2007年11月8日，http://ml.mofcom.gov.cn/article/jmxw/200711/20071105210746.shtml

③ 《中国承建的杂交水稻中心在马达加斯加揭幕》，2008年6月22日，http://www.gov.cn/jrzg/2008-06/22/content_1023727.htm

式开始实施。在开耕仪式上，当地的村长按照马国传统习惯，将象征着吉祥的朗姆酒洒入示范中心的实验地，祈祷来年风调雨顺。杂交水稻示范中心实验面积为3公顷，其中，中方2公顷，马方1公顷。双方从开耕之日起进行为期三年的杂交水稻试验合作。中方除试种从中国带来的30个优良品种外，还将试种由马方精心挑选的2个当地优良品种。此外，马方技术人员除继续试种马方的传统优良品种外，还将试种由中方提供的2个杂交水稻优良品种，双方技术人员将通过综合试验和比较，确定最适合马国特点的高产品种。据中国专家组预测，中国杂交水稻在马试种并推广后，推广面积内的水稻产量可达到6吨以上。"①

"马政府对中国杂交水稻示范中心项目非常重视，希望通过与中方合作，尽快实现马国粮食自给并向周边国家出口的目标。2007年11月，'援马达加斯加杂交水稻开发示范中心'技术组在马开始杂交水稻高产示范栽培，参加品比实验的34个中国杂交水稻品种，有27个比马对照品种增产。其中M729最高产量达到10.41吨/公顷，比对照品种增产114.6%，筛选出来的10个品种平均产量8.8吨/公顷，大大高出当地单产（2.8吨）。"②

11月22日，中国援助坦桑尼亚体育场管理与维护研修班在北京举行开班仪式。"根据中国和坦桑尼亚两国政府的换文规定，商务部委托中国体育国际经济技术合作公司承办'坦桑尼亚体育场管理与维护研修班'项目，举办地点为北京，考察地点为湖北省和四川省，项目实施时间为2007年11月21日至2008年2月18日。由坦桑尼亚信息、文化和体育部体育局副局长MPWAJI带队的13名坦方体育场管理和专业技术人员将参加研修交流。"③

11月27日，中国国家审计署向坦桑尼亚审计署捐赠电脑仪式在中国驻坦桑尼亚使馆举行。"犹他审计长强调，坦桑尼亚审计署正在实施国家审计工作扩充战略，亟需改善办公条件，提高审计效率，中方的援助

---

① 《援马达加斯加杂交水稻示范中心项目正式启动》，2007年11月20日，http://mg.mofcom.gov.cn/article/jmxw/200711/20071105235297.shtml
② 《马农业部在我援马杂交水稻示范中心召开杂交水稻现场会》，2010年3月26日，http://mg.mofcom.gov.cn/article/jmxw/201003/20100306839468.shtml
③ 《中国援助坦桑尼亚体育场管理与维护研修班在北京举办》，2007年11月23日，http://tz.mofcom.gov.cn/article/jmxw/200711/20071105243790.shtml

可谓是雪中送炭。"①

12月1日，马里政府在总统府所在地"总统山"上举行了中国援助马里总统府办公楼扩建项目落成典礼。马里原总统府库鲁巴宫已有100年的历史。"身着白色外衣的新落成的办公楼，在夕阳下格外醒目、漂亮，同原总统府建筑交相辉映，建筑风格浑然一体、和谐一致，成了'总统山'上的又一道亮丽风景。马里总理西迪贝盛赞新的大楼在设计上实现了现代设计理念同传统建筑风格的有机统一以及同周围环境的一致和谐。并强调，2006年5月马里见证了总统府库鲁巴宫100周年，新办公楼的落成揭开了马里总统府历史新的一页。"② 该项目由中国青岛建设集团公司承建。

12月2日，中国援助马达加斯加五星级宾馆项目内部开工仪式在工地举行。"2009年7月，为迎接将在马首都举行的非盟国家首脑会议，马达加斯加决定建设一座五星级宾馆，作为中国正在援建的马国国际会议中心项目的配套工程，中国承担了这一项目的建设，所需费用由中国向马国提高优惠贷款的方式提供。7月28日，由正在马国进行访问的中国商务部崇泉部长助理，与马外交部长马塞尔·兰杰瓦共同签署优惠贷款框架协议，并在当日与马总理夏尔·拉贝马南雅拉共同出席项目奠基仪式。"该宾馆项目建筑面积约3万平方米，共24层（其中，地上23层），设有272个客房，其中，标准间240个，商务套间30个，总统套间2个，建筑物地面高度97.1米，是马国目前建筑物高度最高、接待能力最大的宾馆。该项目由安徽外经建设集团承担设计和施工，施工监理则由沈阳市监理咨询公司承担。项目工期19个月，2009年6月底建成移交。"③

12月4日，中国驻厄立特里亚使馆向厄卫生部捐赠100套课桌椅交接仪式在奥罗特医院医学院举行。

12月5日，中国援助吉布提抗疟药品项目在吉布提卫生部药品采购中心举行交接仪式。

---

① 《中国家审计署向坦桑尼亚捐赠电脑仪式在达累斯萨拉姆举行》，2007年12月6日，http://tz.mofcom.gov.cn/article/jmxw/200712/20071205270325.shtml

② 《援马里总统府办公楼扩建项目落成盛典隆重举行》，2007年12月3日，http://ml.mofcom.gov.cn/article/jmxw/200712/20071205259013.shtml

③ 《援马达加斯加五星级宾馆项目正式开工》，2007年12月3日，http://mg.mofcom.gov.cn/article/jmxw/200712/20071205259004.shtml

12月11日，中国政府援建多哥洛美地区中心医院举行奠基仪式。新医院占地3公顷，100张床位，对外工期19个月。医院建成后，中国援多洛美医疗队将搬进该医院工作。

12月14日，中国和纳米比亚签署两项中国向纳提供优惠贷款的框架协议。"根据这两项协议，纳方将使用中方提供的优惠贷款分别购买清华同方威视技术股份有限公司的集装箱检测设备和北京中软冠群软件技术有限公司的电子文件和档案管理系统。"①

12月17日，由中国提供优惠贷款建设的乍得巴阿赫水泥厂举行奠基仪式。该水泥厂位于乍得西南部马约西凯比省省会帕拉以东40多公里处，设计年产20万吨、日产700吨硅酸盐水泥。

12月18日，中国援助厄立特里亚建材物资交接仪式在阿斯马拉举行。"根据2005年8月中国政府向厄特政府赠送一般物资的换文规定，中国政府分两批向厄特政府提供总价值约为六千万元的建材物资。目前全部货物已分批运抵马萨瓦港并移交厄方。"②

12月19日，中国有色矿业集团总经理罗涛向非洲第一夫人捐赠物资。"这笔物资是罗涛捐赠给第一夫人主持的防治艾滋病协会（防艾协会）的，这批捐赠物资主要包括电脑、打印机、复印机、传真机、投影仪等办公设备，总价值约4万美元，赞比亚第一夫人Maureen Mwanawasa代表防艾协会接收了上述物资。根据罗涛的介绍，非洲矿业公司将在搞好生产经营的同时，投入资金服务赞比亚社会。2007年7月，非洲矿业公司投入68万美元实施10个社会公益项目。非洲第一夫人防治艾滋病协会于2002年由非洲39个国家的第一夫人发起成立，旨在通过宣传防治知识和统一行动，减少非洲妇女和婴儿的艾滋病感染率。该协会秘书处设在赞比亚，现任轮值主席为赞比亚第一夫人。"③

中国江苏国际公司在博茨瓦纳外交部举行电脑捐赠仪式，博外交部

---

① 《任大使与纳财政部长签署中国向纳提供优惠贷款框架协议》，2007年12月19日，http://na.mofcom.gov.cn/article/jmxw/200712/20071205293722.shtml
② 《中国援助厄立特里亚六千万元人民币建材物资交接仪式在阿斯马拉举行》，2007年12月19日，http://er.mofcom.gov.cn/article/jmxw/200712/20071205293033.shtml
③ 《中国有色矿业集团向非洲第一夫人防治艾滋病协会捐赠办公设备》，2007年12月22日，http://zm.mofcom.gov.cn/article/jmxw/200712/20071205298386.shtml

代表马哈拉佩和帕拉佩地区的 3 所小学接受江苏国际捐赠的 18 台台式电脑。①

12 月 21 日，中国和毛里求斯签署《中华人民共和国政府和毛里求斯共和国政府关于中国向毛里求斯提供优惠贷款的框架协议》。中国向毛提供的此项优惠贷款用于污水项目建设。②

12 月 26 日和 2008 年 1 月 11 日，中国和刚果（布）签订中国援刚果（布）抗疟中心项目的换文。

12 月 27 日，中国援助马达加斯加救灾物资项目交接仪式在塔那那利佛举行。"本次救灾物资是用于抗击飓风等自然灾害。马达加斯加四面环海，每年均遭受飓风等自然灾害的袭击，导致大量的灾民无家可归。上述救灾物资交付使用后，对于帮助马国提高抗灾、防灾能力将发挥积极的作用。"③

12 月 28 日，中国和几内亚在政府网项目优惠贷款框架协议上签字。该项目由华为公司与几邮电部、电信公司商定，拟铺设 90 公里光缆，将政府所有部门、国际组织办事机构、港口、海关、主要大公司等相互连接，提供宽带上网、国际在线会议、固网电话等项服务。该项目的建成，有助于大幅度提高政府行政效率，解决首都通讯问题。

12 月 31 日，中国和坦桑尼亚在达累斯萨拉姆签署中国和坦桑尼亚关于免除坦桑尼亚政府部分债务议定书。"根据该议定书，中方同意免除截至 2005 年 12 月坦政府对中国政府已进入偿还期的 7 笔无息贷款的还款义务。"④

中国援助中非共和国小学校项目奠基仪式在首都班吉举行。小学校项目是两国政府落实 2006 年中非合作论坛北京峰会八项举措的又一具体行动，项目的实施将使中国和中非两国的友好合作迈上新台阶。"该小学校是中国政府援助非洲国家 100 所农村小学校之一，占地面积 5100 平方

---

① 《江苏国际公司向博茨瓦纳小学捐赠电脑》，2007 年 12 月 20 日，http：//bw.mofcom.gov.cn/article/jmxw/200712/20071205295906.shtml

② 《中国政府和毛里求斯政府签署中国向毛提供优惠贷款的框架协议》，2007 年 12 月 24 日，http：//mu.mofcom.gov.cn/article/jmxw/200712/20071205300474.shtml

③ 《马达加斯加总理出席中国援马救灾物资项目交接仪式》，2007 年 12 月 27 日，http：//mg.mofcom.gov.cn/article/jmxw/200712/20071205309110.shtml

④ 《中国、坦桑尼亚两国政府签署关于免除坦桑尼亚政府部分债务议定书》，2008 年 1 月 4 日，http：//tz.mofcom.gov.cn/article/jmxw/200801/20080105320368.shtml

米,建筑面积约 1100 平方米,采用广西华蓝设计(集团)有限公司提供的设计方案,由中国成套设备进出口集团公司承建。"①

2008 年

中国政府倡导建立禽流感防控多边援助筹资机制,并向该机制捐款 1000 万美元。

中国向联合国达尔富尔问题政治进程信托基金捐款 50 万美元,是首个向该基金捐款的发展中国家。

商务部部长吴仪在对人力资源培训的具体布置中要求承办培训的单位,选好培训的国别和对象、定好培训基地(初步确定为商务部培训中心、外交学院、浦东干部学院、福建外经贸干部培训基地、湖北农业官员培训中心等)。

财政部对原有援外培训班管理办法进行了大幅修订,制定了《举办援外培训班费用开支标准和财务管理办法》,制定了援外培训财务管理与结算实施细则。

商务部援外业务对主管部门进行机制调整。"基于各项援外业务工作有很多交叉和重叠,商务部主持此次机制调整,增设国际经济技术交流中心和国际商务官员研究学院,分担物资项目和培训项目的实施,国际经济合作事务局继续承担成套项目和技术合作项目的实施,中国进出口银行则继续负责优惠贷款项目的实施。援外医疗队由卫生部管理,由各省市自治区选派,志愿者由团中央管理。为了在政策层面更好地协调各相关部门,由商务部(正主任单位)、外交部(副主任单位)和财政部(副主任单位)等三部委领衔,24 个中央部委和单位于 2008 年 10 月组成的'对外援助部际联系机制',2011 年升格为部际协调机制,不仅负责统筹援外归口管理和多方联动,发挥各方专业功能的优势,就中国援外问题进行沟通,而且定期就政策问题进行协调,强化对外援助领域的发展战略规划、政策规划和制度建设。"②

坦桑尼亚基奎特总统访华期间,中国和坦桑尼亚达成中国援建尼雷尔国际会议中心的协议。

---

① 《援中非共和国农村小学校项目举行奠基仪式》,2008 年 1 月 1 日,http://cf.mofcom.gov.cn/article/jmxw/200801/20080105314173.shtml

② 周弘、熊厚:《中国援外 60 年》,社会科学文献出版社 2013 年,第 41 页。

中国开始向突尼斯派遣青年志愿者。第一批志愿者6名,进行为期一年的武术训练、舞蹈和汉语教学等志愿服务。中国向非洲派遣青年志愿者,是中非合作论坛北京峰会上中国政府承诺的援助非洲的举措之一。

1月3日,中国政府向马达加斯加政府赠送药品和医疗器械在马国卫生部举行交接仪式。

1月9日,中国援建的中国—布隆迪友谊学校奠基仪式在布隆迪首都布琼布拉市举行。

中国政府在援款项下向贝宁政府提供800万元人民币农机的交接仪式在波依贡市举行。波依贡市是贝宁重要农业产区。此批农业机械系中国在亚伊总统2006年访华期间为支持其实现农业机械化、振兴国民经济的施政纲领而安排的。

中国和布隆迪两国经济技术合作协定在布首都布琼布拉市签署。"中国政府提供的这笔无息贷款将用于中方在布隆迪援建的工程项目,支持布隆迪政府经济振兴和社会发展规划,帮助布增强自主发展的能力。"①

1月12日,中国援助马里妇女、儿童活动中心项目在首都巴马科举行奠基仪式。

1月15日,中国和马里在马里总理府签署中国向马里提供优惠贷款的框架协议。"该协议规定,中国进出口银行向马里财政部提供优惠贷款,用于建设双方商定的马里第三糖厂项目。第三糖厂项目总投资约748亿西非法郎(约1.6亿美元),建成后年产103680吨白糖和9600000升酒精,由中国轻工业对外经济技术合作公司同马里政府合资兴建。建设资金来源于中国进出口银行的优惠贷款、商业贷款和企业融资。"②

中国驻卢旺达大使孙树忠和卢爱国阵线总书记恩加兰贝·佛朗索瓦代表中卢双方就中国向卢旺达爱国阵线提供物资援助项目签署交接证书。该批物资的交付使用将极大地改善卢爱国阵线总部的办公条件,提高办公效率。③

1月17日,中国援助吉布提肾透析病房项目在吉布提贝尔蒂中心医

---

① 《中布两国签署新的经济技术合作协定》,2008年1月11日,http://bi.mofcom.gov.cn/article/jmxw/200801/20080105332006.shtml

② 《中国向马里提供优惠贷款框架协议在巴马科签字》,2008年1月16日,http://ml.mofcom.gov.cn/article/jmxw/200801/20080105339630.shtml

③ 《赠卢旺达爱国阵线办公用品交付使用》,2008年1月16日,http://rw.mofcom.gov.cn/article/jmxw/200801/20080105339081.shtml

院举行交接仪式。

1月20日,中国援助吉布提电脑设备在吉布提大学举行交接仪式。

1月24日,中国援助利比里亚医疗队住房项目交接仪式在利外交部举行。

1月29日,中国新疆国际经济合作公司吉布提农村学校项目技术组组长孙戈与吉布提外交和国际合作部在吉签署中国援助吉布提两所农村小学项目施工合同。该项目是落实中非合作论坛北京峰会八项举措的具体内容,体现了中国政府对吉布提基础教育事业的关心和支持。①

2月1日,新疆北新建设工程(集团)有限责任公司项目经理齐敦文和布隆迪水利水电总局在布隆迪首都布琼布拉签署中国援助布两水电站维修项目工程的交接证书。

2月1日和26日,中国和马里就为落实中非合作论坛北京峰会成果、中国援建医院项目考察事宜换文确认。

2月1日,中国和莱索托在马塞卢签署中国政府向莱贸易、工业、合作社与市场部赠送一批办公设备的交接证书。"根据2005年10月25日中莱两国政府签署的换文规定,中国政府向莱贸易、工业、合作社与市场部赠送一批电子办公设备。该项目由中国海外工程总公司负责实施,办公设备于2007年11月运抵马塞卢。"②

2月5日,卫生部颁发《关于进一步加强和改进援外医疗工作队的意见》。

2月7日,中国路桥公司向肯尼亚红十字会捐助15吨玉米粉,以帮助因大选骚乱而无家可归的难民渡过难关。在捐助的15吨玉米粉中,5吨玉米粉捐助给内罗毕难民营,10吨玉米粉捐助给纳库鲁的两个难民营。③

2月20日和3月16日,中国和吉布提在吉布提就中国援建吉布提医

---

① 《中国援吉布提两所农村小学项目签署施工合同》,2008年1月30日,http://dj.mofcom.gov.cn/article/jmxw/200801/20080105363009.shtml

② 《中国驻莱索托大使仇伯华与莱贸工部长签署设备交接证书》,2008年2月1日,http://ls.mofcom.gov.cn/article/jmxw/200802/20080205367708.shtml

③ 《中国路桥公司向肯尼亚难民营提供人道主义援助》,2008年3月10日,http://ke.mofcom.gov.cn/article/jmxw/200803/20080305420309.shtml

院项目签署换文。①

2月22日，商务部副部长魏建国与多哥合作、发展与领土整治部长巴瓦拉分别代表各自政府签署经济技术合作协定及关于建立中国农业技术示范中心合作议定书等6项合作协议，同时魏建国与多哥外交与地区一体化国务部长尼宁维签署《中、多经贸混委会第一次会议纪要》。

2月25日，为支持赞比亚政府和人民的抗洪救灾，中国向赞比亚捐助20万美元现金。2008年，赞比亚遭遇了三十年一遇的洪水灾害，损失惨重。

2月25日，为响应世贸组织有关倡议，中国政府首次向世贸组织捐款。中国本次向世贸组织促贸援助活动提供20万美元的捐助，用于帮助发展中国家，特别是最不发达国家提高参与国际贸易的能力。

2月27日，中国援助吉布提总统府小型办公楼举行隆重的交接仪式。

2月29日，中国派往突尼斯的6名青年志愿者抵达突尼斯。"这是中国首次向阿拉伯国家派遣青年志愿者，这一任务由贵州省志愿者协会承担。首批6名中国志愿者将在突尼斯进行为期一年的武术训练、舞蹈和汉语教学等志愿服务。6名志愿者平均年龄27岁，他们在国内的职业分别为武术教练、体育教师、文艺工作者和广播电台主持人。"②

在几内亚比绍卡松果市举行了中国援助几内亚比绍卡松果医院维修项目竣工交接仪式。

3月6日，中国和毛里求斯签署中国向毛赠送20万面国旗和10万美元现汇用于毛国庆40周年庆典的交接证书。③

3月9日，在中国驻赞比亚使馆的号召下，在赞华人华侨通过"龙行天下耀中华"活动筹得1.1亿克瓦查（合约3.1万美元）。

3月14日，中国华为技术有限公司向肯尼亚红十字会捐助4吨玉米粉。"2007年12月29日，肯尼亚选举委员会宣布齐贝吉赢得总统大选，反对党指责其舞弊，拒绝接受选举结果。随后肯尼亚爆发了全国范围的

---

① 《中吉两国政府签署援建医院项目换文》，2008年3月19日，http://dj.mofcom.gov.cn/article/jmxw/200803/20080305434632.shtml
② 《中国青年志愿者抵达突尼斯》，2008年3月3日，http://tn.mofcom.gov.cn/article/jmxw/200803/20080305408305.shtml
③ 《中国向毛里求斯40周年庆典赠送现汇和物资的交接仪式隆重举行》，2008年3月11日，http://mu.mofcom.gov.cn/article/jmxw/200803/20080305422636.shtml

骚乱。官方统计数字显示，骚乱造成了超过1000人死亡，25万人流离失所，暂住在由肯尼亚红十字会搭建的难民营栖身。为帮助流离失所的难民渡过难关，华为公司提供了该批玉米粉的援助，这批援助送往内罗毕难民营，接济无家可归的难民。联合国前任秘书长安南率非洲名人小组赴肯尼亚进行为期40天的调解，最终齐贝吉与反对党'橙色民主运动'领导人奥廷加于2月28日就组建联合政府达成协议。"①

3月15日，中国水利水电建设集团公司东非经理部向肯尼亚红十字会捐助5吨玉米粉、2吨大米。该批物资将被运往肯尼亚埃多地区红十字会，以帮助因大选骚乱而无家可归的难民渡过难关。②

3月17日，中国政府向突尼斯政府提供纺织培训项目交接证书签署。"纺织服装业是突尼斯的支柱产业，纺织服装出口占突出口的第一位，纺织服装业就业人员占制造业就业人员近一半。2005年世界多种纤维协议到期，突纺织服装业面临来自中国产品的巨大压力。为此，中国政府在中突混委会第七次会议纪要中承诺，向突尼斯纺织服装业提供技术支持。2006年3月27日，双方签订项目换文。换文约定，中国向突尼斯方面提供技术指导和培训，邀请突方25名职业培训管理和教学人员到中国参加为期21天的研修班，派遣4名中国针织和印染专家到突尼斯对突职业培训署的教师提供为期6个月的技术指导和培训。项目于2006年7月启动，2007年底全部完成。共培训突方相关人员127人次，为突尼斯纺织服装业的发展发挥了积极作用。"③

3月20日，中国援建塞舌尔议会大楼举行了奠基仪式。"这是塞舌尔自殖民时代、独立、主权国家的250年以来，国民议会拥有的第一座办公楼。项目承建单位为沈阳国际经济技术合作公司。"④

由中国政府给几内亚比绍政府无偿提供的一批农业机械、办公设备和化肥等农业物资的交接仪式在几内亚比绍首都比绍进行。

---

① 《中国华为技术有限公司向肯尼亚难民营提供人道主义援助》，2008年3月15日，http://ke.mofcom.gov.cn/article/jmxw/200803/20080305429389.shtml

② 《中水电公司向肯尼亚难民营提供人道主义援助》，2008年3月18日，http://ke.mofcom.gov.cn/article/jmxw/200803/20080305432108.shtml

③ 《中国援突尼斯纺织培训项目签署交接证书》，2008年3月19日，http://tn.mofcom.gov.cn/article/jmxw/200803/20080305434610.shtml

④ 《中国援塞议会大楼奠基动工》，2008年6月11日，http://sc.mofcom.gov.cn/article/jmxw/200806/20080605592101.shtml

3月21日，江西华昌基建工程有限责任公司与多哥财政部、农业部在洛美签署援多农业技术示范中心项目施工合同。根据合同规定，示范中心项目总占地面积10万平方米，建筑面积4100平方米。根据项目计划，该项目将于今年4季度开工建设，2009年底前建成。

3月26日，中国和埃及签署中国援助埃蘑菇种植技术项目交接证书。该项目由中国农业部对外经济合作中心承办，2005年7月开始实施，2007年7月完工。该项目帮助埃方实现了自产草菇、平菇，同时为埃方培训了技术人员。

3月27日，中国—布隆迪疟疾防治中心举行挂牌仪式。

3月31日，中国援助吉布提农村学校奠基仪式在Hol Hol地区举行。

4月2日，尼日尔卫生部在尼亚美举行中国赠尼价值150万人民币的抗疟药品交接仪式。

4月7日，中国援助吉布提第二所农村学校奠基仪式在YOBOKI地区隆重举行。①

4月8日，中国援助刚果（布）3所农村小学校项目奠基仪式在Ignie地区隆重举行。为非洲援建农村小学是中非合作论坛北京峰会八项举措的重要内容，这些农村小学校舍的建设将极大地改善当地教学条件。刚果（布）的3所小学校项目由山东威海国际公司承建。②

4月11日和18日，中国和马里就中国援助马里建设中国—马里疟疾防治中心项目事宜换文确认。

4月14日，中国援助苏丹达尔富尔地区打井项目实施合同由天津华北建设工程有限公司苏丹分公司经理李昆鹏和苏丹人道援助专员哈斯卜·穆罕默德分别代表各自政府签署。

中国和马里签署中国政府援马里医院项目设计合同。

中国援助贝宁外交部大楼交接仪式在位于科托努的外交部新楼前广场举行。"三位贝宁青少年以说唱形式表现了贝宁政府和人民对这一崭新的'次地区最漂亮的外交部大楼'的喜爱，并特别用中文唱道'谢谢中国政府给我们这么美丽的大楼'。"

---

① 《中国援吉布提第二所农村学校举行奠基仪式》，2008年4月9日，http://dj.mofcom.gov.cn/article/jmxw/200804/20080405469529.shtml

② 《中国援刚果（布）农村小学校举行奠基仪式》，2008年4月10日，http://cg.mofcom.gov.cn/article/jmxw/200804/20080405469873.shtml

4月15日，中国援赤道几内亚外交部巴塔办公楼开工奠基仪式在该构筑地顺利举行。

4月16日，中国与马里公共债务总局就关于执行两国政府2007年12月12日签订的《中华人民共和国政府和马里共和国政府经济技术合作协定》签署相关的银行账务处理细则。

4月16日和25日，中国和马里就中国政府帮助马里政府在巴马科市建设一所150床位的综合性医院，并提供部分医疗设备事宜换文确认。

4月22日，中国驻莫桑比克大使田广凤前往距离莫首都马普托市14公里处的银贝都区出席中国援助莫国家体育场项目奠基仪式。

4月23日，尼日尔政府在尼首都尼亚美隆重举行了中国援建尼二桥项目的施工合同签订仪式。

4月28日，塞舌尔财政部长与中国进出口银行在北京签署"Y－12飞机优惠贷款协议"，用于购买两架Y－12E轻型多用途飞机。"Y－12E飞机由中国航空技术进出口总公司生产，尤其以出色的短程起降、易于维护备受青睐。它可以通过配置，用于客货运输、紧急营救、航拍、农药喷洒、海上监管。目前在19个国家有139架此型飞机在飞。"①

中国援助刚果（布）广电节目落地项目签署施工合同。项目内容包括：实施1个中国调频广播节目和CCTV-E&F电视节目地面无线覆盖布拉柴维尔和金沙萨。该项目由中国广播电视国际经济技术合作总公司承建，工期3个月。

5月，中国四川汶川发生8.0级强烈地震，在这一危难时刻，非洲国家政府、人民和非政府组织向汶川受灾群众捐款捐物，用自己的行动表达对多年来援助他们的中国人民表示慰问和支持。所有与中国有外交关系的49个非洲国家政府以及非洲联盟委员会均向中国领导人致电表示慰问和哀悼。"有12位总统、6位副总统、13位总理、19位议长亲赴中国驻当地使馆吊唁在地震中的罹难者。科摩罗和佛得角两国政府还分别宣布5月22日和5月23日为'全国哀悼日'，所有政府机关降半旗志哀。"② 据不完全统计，非洲政府和人民为中国汶川捐款7831.44万元。

---

① 《中塞签署Y－12飞机贷款协议》，2008年6月11日，http：//sc.mofcom.gov.cn/article/jmxw/200806/20080605592661.shtml

② 《灾难面前，非洲朋友与中国在一起》，2008年5月30日，http：//news.xinhuanet.com/world/2008－05/30/content_8280206.htm

湖南省向津巴布韦派出第十一批医疗队，全队9人。

中国无偿援建马达加斯加国际会议中心建成。自1960年独立，马达加斯加人民就有一个梦想，拥有一个会议中心举办国际性会议，中国援建的国际会议中心的落成帮助马达加斯加人民圆了这长达半个世纪的梦想。"2009年，非盟首脑会议在塔那那利佛举行，为了筹办会议中心，马达加斯加政府向中国方面提出援建的请求。中国政府以无偿援助的形式承担了这一援助项目，于2006年9月破土动工，选址于塔那那利佛国际机场附近，由安徽外经集团承建。国际会议中心总占地面积4公顷多，建筑面积近1万平方米。拥有1000个座位的主会议厅，还有4个小会议厅和多功能厅、独立的新闻中心和餐饮区。"①

中国为肯尼亚援建的长城小区开工。长城小区是一个中低收入住宅区，旨在为中低收入者提供安身之所。长城小区项目由武夷公司承建，合同金额12亿先令，约合5000万美元。

5月2日，中国援助加纳库马西青年活动中心竣工。2007年5月3日开工，2008年5月2日竣工。总建筑面积2567平方米，包括1500平方米室内运动馆，提供篮球、羽毛球、乒乓球设施。库马西青年活动中心由江苏江都建设工程有限公司承建。

中国和卢旺达在卢旺达外交部签署《中华人民共和国政府和卢旺达共和国政府关于中国援助卢旺达农业技术示范中心项目议定书》。"援建农业示范中心是中非论坛北京峰会8项举措之一。建成后的农业示范中心主要开展稻谷种植（包括水、旱稻）、菌草、种桑养蚕和水土保持四项工作，同时具备试验研究、示范种植、养殖、产品加工、技术培训等多种功能。"②

5月4日和5月10日，中国和吉布提就中国援吉布提科研中心和外交部培训中心项目签署项目换文。③

5月6日，中国驻纳米比亚大使任小萍向纳第一夫人佩内瑚皮佛·波汉巴担任主席的姆库瓦姆朗格·突孔德詹尼（Mukwamalanga Tukondje-

---

① 《中国援建的马达加斯加国际会议中心落成并正式移交》，2008年6月20日，http://news.sdinfo.net/gjxw/440637.shtml
② 《援卢旺达农业技术示范中心项目议定书签署》，2008年5月5日，http://rw.mofcom.gov.cn/article/jmxw/200805/20080505513039.shtml
③ 《中国援吉布提科研中心和外交部培训中心项目签署换文》，2008年5月20日，http://dj.mofcom.gov.cn/article/jmxw/200805/20080505544201.shtml

ni）社区扶贫基金会提供 5 万纳元捐赠仪式在纳总统府举行。波汉巴夫人接受捐赠，2008 年纳北部发生洪涝灾害，该社区基金会开展的各种项目将使受灾群众受益。①

中国和埃塞俄比亚在埃塞卫生部签定了中国援助埃塞抗疟疾药项目交接证书。凯贝德表示，埃塞感谢中国政府在提供抗疟疾药、设立疟疾防治中心和援建医院等方面的援助，希双方继续加强合作。凯贝德还说，埃塞将把中国援建医院命名为"中埃友谊医院"。②

5 月 7 日，中国援助科特迪瓦防治禽流感物资援助交接仪式在科畜产品与水产资源部兽医局举行。

5 月 8 日，中国援助坦桑尼亚的一批电脑的移交仪式在坦桑尼亚财政部举行。

5 月 9 日，中国进出口银行与莱索托财政和发展计划部就优惠贷款协议在莱财政部举行了签字仪式。"该笔优贷的框架协议已于 2007 年 12 月 20 日在马塞卢签订。其后双方经过多轮协商，最终达成一致。这是中国向莱提供的首笔优惠贷款，还款期限为 20 年，并附 5 年的宽限期。该笔款项将由莱财政部转贷给莱电信公司，用于莱全国电信网络的扩容和更新，改善和提高莱农村和偏僻地区的通讯状况和覆盖率。合同将由中兴通讯公司执行。"③

5 月 12 日，中国政府向乍得政府无偿赠送的抗疟药品经空运运抵乍得首都恩贾梅纳。

5 月 16 日至 26 日，由马里装备和运输部长艾哈迈德·迪亚纳·赛梅加先生率领的马里代表团一行 6 人，应邀赴华在北京对中交公路规划设计院有限公司完成的援助马巴马科第三大桥项目初步设计文件进行了审查。5 月 21 日双方签署"会谈纪要"。

5 月 16 日，在援乍得农业项目下，中国政府向乍得政府无偿赠送一批农业机械物资。这次赠送的农业机械物资包括大型拖拉机、手扶拖拉机、大型柴油机水泵、农机具、化肥等。

---

① 《中国驻纳米比亚大使任小萍向纳扶贫发展项目捐赠》，2008 年 5 月 12 日，http：//na.mofcom.gov.cn/article/jmxw/200805/20080505527650.shtml

② 《援埃塞抗疟疾药项目交接证书签定》，2008 年 5 月 8 日，http：//et.mofcom.gov.cn/article/jmxw/200805/20080505521403.shtml

③ 《中国进出口银行与莱签订优惠贷款协议》，2008 年 5 月 11 日，http：//ls.mofcom.gov.cn/article/jmxw/200805/20080505524664.shtml

5月20日，中国援建的突尼斯坦塔维省克萨尔·达巴卜和杜雷两座山区水坝项目举行开工典礼。"这两座山区水坝项目由江西省水利水电建设总公司承担，使用中国政府向突尼斯政府提供的无息贷款，合同金额3000万元人民币。工期2年，工程预计于2010年4月建成，建成后两座水库总蓄水量89万立方米。"①

5月20日和6月3日，中国和马里就中国派遣高级农业技术专家事宜换文确认。

5月23日，青海省向布隆迪派出第十三批医疗队，全队29人。

5月30日，中国驻博使馆及江苏国际公司向博皮奎西区10所学校捐赠35个足球和6台传真机举行移交仪式。②

由中国青岛建设集团承建的中国援博茨瓦纳农村学校项目举行开工仪式。2006年11月中国国家主席胡锦涛在中非合作论坛北京峰会上代表中国政府宣布了加强中非务实合作，支持非洲国家发展的八项政策措施。"其中承诺为非洲国家援助100所农村学校，这次中国政府援博的两所农村学校就是其中的一部分。根据博方要求，这两所农村学校将分别建在塞罗韦和马翁。"③

6月，马达加斯加国际会议中心举行落成交接仪式，马达加斯加杂交水稻示范中心项目落成。④

陕西省向马拉维派出第一批医疗队，全队19人。

6月2日，中国援建乍得3所农村小学开工仪式在恩贾梅纳举行。"2008年是乍得的'建设年'，援建小学校不但有助于乍教育系统的和谐发展，并将对推动乍社会经济发展发挥积极作用。中国政府于2006年11月在中非合作论坛北京峰会上承诺为非洲援建100所农村学校。援乍3所农村小学是落实上述承诺的组成部分。该项目由中国广东省建筑工程集团有限公司承建，总工期为10个月。"⑤

---

① 《中国援突尼斯两座水坝项目开工》，2008年5月21日，http://tn.mofcom.gov.cn/article/jmxw/200805/20080505547067.shtml
② 《丁大使出席中国驻博使馆向当地学校捐赠物品仪式》，2008年6月3日，http://bw.mofcom.gov.cn/article/jmxw/200806/20080605576629.shtml
③ 《中国援博茨瓦纳农村学校项目举行开工仪式》，2008年6月3日，http://bw.mofcom.gov.cn/article/jmxw/200806/20080605575868.shtml
④ 王建：《列国志：马达加斯加》，社会科学文献出版社2011年，第228页。
⑤ 《中国援乍3所农村小学举行开工仪式》，2008年6月2日，http://www.fmprc.gov.cn/mfa_chn/wjdt_611265/zwbd_611281/t488510.shtml

6月4日,由中国政府援建的几内亚比绍共和国总统卫队宿舍、军官住宅和军人俱乐部等3个维修项目在比绍举行竣工交接仪式。

6月12日,中国援助马里的两个农村学校项目签署项目实施合同。这两所农村学校由青建集团和齐鲁建设集团承建。

6月16日,中国和马里就关于执行两国政府2007年12月31日签订的《中华人民共和国政府和马里共和国政府经济技术合作协定》签署相关的银行账务处理细则。

6月5日和21日,中国和吉布提就中国向吉布提派遣农业专家项目签署换文。派遣农业专家是中非论坛北京峰会八项举措之一。"根据该换文,中国政府将向吉布提派遣温室种植、农业水利灌溉和兽医等方面的高级专家,并提供规划、指导和技术培训。"[1]

6月7日,中国援助加纳农村学校项目开工仪式在加纳中部省的Assin地区举行。

6月12日,中国援助厄立特里亚农灌设备交接仪式在阿斯马拉举行。"根据2006年11月24日中国政府向厄特政府赠送一般物资的换文规定,中国政府向厄特政府提供总价值为3750万元的农灌设备。目前全部货物已分批运抵马萨瓦港并移交厄方。"[2]

6月13日,中国和坦桑尼亚签署中国援助坦多多马市供水物资项目交接证书。"该批物资将为扩大多多马市供水范围发挥重要作用,至少使4万市民直接受益。"[3]

6月17日,中国援助莱索托议会大厦项目开工。"由中国政府提供援助、由烟建集团承担的援莱索托议会大厦项目于2007年10月22日形式开工后,由于莱方提出设计变更问题,项目未实际开工,推到2008年6月17日。当天,烟建集团援莱议会大厦项目部举行了内部开工誓师大会。"[4]

---

[1]《中国向吉布提派遣农业专家项目签署换文》,2008年6月22日,http://dj.mofcom.gov.cn/article/jmxw/200806/20080605616673.shtml

[2]《中国援助厄立特里亚三千七百五十万元人民币农灌设备交接仪式在阿斯马拉举行》,2008年6月18日,http://er.mofcom.gov.cn/article/jmxw/200806/20080605608989.shtml

[3]《中国援坦桑尼亚多多马市供水物资项目签署交接证书》,2008年6月18日,http://tz.mofcom.gov.cn/article/jmxw/200806/20080605610089.shtml

[4]《中国援莱索托议会大厦项目举行项目开工誓师大会》,2008年6月30日,http://ls.mofcom.gov.cn/article/jmxw/200806/20080605635695.shtml

6月18日,中国驻赤道几内亚大使严小敏在出席世界卫生组织成立60周年庆祝活动时,代表中国政府向赤几卫生部捐赠价值100万元人民币的抗疟药品。

6月19日,中国援助马达加斯加国际会议中心项目落成交接仪式在项目现场举行。援马国际会议中心项目建筑面积9141平方米,主要包括可容纳1000人座的大会堂、新闻中心、贵宾餐厅及相关设施。该项目于2006年9月2日开工,2008年5月10日竣工。①

6月21日,援马达加斯加杂交水稻示范中心项目落成仪式在项目所在地举行。至此,该项目所需的中、马专家住房、实验室、办公楼及附属配套设施全部建成并投入使用。中方专家组于2007年11月抵马。在示范中心各项基础设施配备还不齐全的情况下,专家组克服种种困难,开始了水稻试种。"马国是个传统的农业国,拥有可耕地面积约3500万公顷。其中,可用于农业开发的面积约800万公顷。截至目前,仅有200余万公顷得到开发,其中用于稻谷种植的面积约130万公顷。目前,马国水稻产量平均仅2.5吨/公顷,粮食不能自给。根据马政府推出的'绿色革命'规划,马国计划到2012年,水稻产量比2007年翻两番。马政府对中国杂交水稻示范中心项目非常重视,希望通过与中方合作,尽快实现粮食自给的目标。"②

6月24日,中国和多哥在洛美签署援多抗疟药品交接证书。2007年8月28日和10月2日,中国和多哥换文规定,中国向多哥政府赠送一批抗疟药品。赠送药品包括双氢青蒿素哌喹片、青蒿琥酯针剂和复方磷酸萘酚喹片三个品种,分别由北京华立科泰公司、上海复星制药公司和云南昆明药厂提供。

6月26日,广东省向赤道几内亚派出第二十四批医疗队,全队25人,为期2年。

6月27日,中国援助塞舌尔3500吨玉米举行交接仪式,并签署交接证书。③

---

① 《马达加斯加总统出席中国援马国际会议中心项目落成交接仪式》,2008年6月20日,http://mg.mofcom.gov.cn/article/jmxw/200806/20080605614537.shtml

② 《马达加斯加农牧渔业部长出席中国援马杂交水稻示范中心项目落成仪式》,2008年6月22日,http://mg.mofcom.gov.cn/article/jmxw/200806/20080605617138.shtml

③ 《中国援助塞舌尔3500吨玉米》,2008年7月2日,http://sc.mofcom.gov.cn/article/jmxw/200807/20080705638704.shtml

6月28日,中国援助尼日尔二桥项目典礼在尼日尔河畔举行。

7月,浙江省向中非派出第十三批医疗队,全队16人。

7月3日,中国政府援建的马拉维卡隆加—奇提帕公路项目举行13公里路段施工合同签字仪式。该公路项目的启动是中国政府献给马拉维建国44周年的特殊礼物。该公路项目全长101公里,一期工程长13公里,施工合同签定后很快投入施工阶段。①

7月10日,中国援助刚果(布)3所农村学校项目签订项目设计和实施合同。该项目属于2006年11月中非合作论坛北京峰会上推出的八项举措内容。每所小学校建筑面积为一千多平方米,包括普通教室、音乐教室、图书室、办公室、室外篮球场等。工程由威海国际公司刚果(布)正威技术公司负责实施。2009年6月9日,刚方举行了项目竣工仪式并签署项目交接证书。

7月16日和28日,中国和马里就巴马科会议大厦第七期技术合作事宜换文确认。

7月17日,中国援助埃塞俄比亚医院项目考察团团长吴永顺代表中方项目设计单位,与埃塞卫生部国务部长凯贝德·沃尔库博士在埃塞卫生部签订了中国援埃塞医院项目设计合同。②

7月18日,中国政府援助多哥的阿古—卡扎贝农村小学奠基仪式在多哥阿古省举行。该农村小学占地面积4800平方米,将建设小型篮球场一个,教室6间,办公室3间,图书阅览室一间并配备必要的桌椅和教学设备,可容纳300名小学生就学。

7月18日和22日,中国援助贝宁两所农村小学分别在凯图(KE-TOU)和朱古(DJOUGOU)开工。两所小学分别由宁波建设集团和中铁五局承建。

7月21日,中国政府援助中非政府办公及农用物资在班吉举行交接仪式。

温家宝签署第527号国务院令,公布《对外承包工程管理条例》。《对外承包工程管理条例》共5章35条,旨在规范对外承包工程,促进

---

① 《中国援建马拉维的公路项目举行施工合同签字仪式》,2008年7月12日,http://malawi.mofcom.gov.cn/article/jmxw/200807/20080705660321.shtml

② 《中国援埃塞医院项目设计合同签订》,2008年7月21日,http://et.mofcom.gov.cn/article/jmxw/200807/20080705677106.shtml

对外承包工程健康发展，提高对外承包工程的质量和水平。

7月22日，中国赠送马里政府抗疟药品交接仪式在马里卫生部举行。

8月，北京市向几内亚派出第二十一批医疗队，全队16人，于2010年10月完成任务回国。

8月1日，由中国政府援建的加纳库马西青年中心项目举行竣工移交仪式。

8月4日，驻利比里亚使馆经商处代表中国卫生部向利比里亚卫生与社会福利部在蒙罗维亚移交了一批抗疟药品和治疗拉沙热的药品。"该批药品由卫生部副部长陈啸宏于2008年2月率中国卫生代表团访利时承诺向利方捐赠，包括1万人份青蒿琥酯片和2100盒利巴韦林注射液。"①

8月7日，中国政府无偿援助博茨瓦纳政府防治艾滋病医疗设备在博卫生部举行交接仪式。

8月10日，华为公司向马里儿童基金会赠送一套价值50万美元视频设备的捐赠仪式在北京举行。

8月13日，中国援助刚果（布）抗疟中心项目交接。该项目属于2006年11月中非合作论坛北京峰会推出的八项举措内容。2007年12月26日和2008年1月11日，两国政府为该项目换文。2008年8月13日，中心举行挂牌仪式并签署赠送抗疟中心药品和物资的交接证书。

中国援助刚果（布）抗疟中心揭牌仪式在刚果国家公共卫生化验研究所举行。"落实中非合作论坛北京峰会八项举措，抗疟中心在中刚两国共同努力下成立了，这是两国在医疗卫生领域合作的成果。中方4名抗疟专家对中心的工作人员在预防与治疗疟疾、化验室仪器使用等方面进行了一个半月的培训，希望抗疟中心用已经掌握的知识尽快服务于刚果人民。"②

8月14日，中国援建项目高等师范学院的扩建工程在布隆迪首都布琼布拉举行竣工移交仪式。

中国政府向马达加斯加赠送抗疟药品交接仪式在马卫生部举行。"此

---

① 《中国卫生部向利比里亚卫生部赠送的抗疟药及治疗拉沙热的药品在蒙罗维亚移交》，2008年8月5日，http://lr.mofcom.gov.cn/article/jmxw/200808/20080805705823.shtml

② 《驻刚果（布）李大使为援刚抗疟中心揭牌》，2008年8月14日，http://cg.mofcom.gov.cn/article/jmxw/200808/20080805724852.shtml

次赠送的药品共183440盒，全部为青蒿琥酯片和阿莫地喹片，对治疗当地疟疾具有良好的疗效，被马卫生部列为抗疟首选药品。"①

8月15日至2010年8月14日，中国对刚果（布）的马桑巴·代巴体育场开展第四期技术合作。"根据两国政府有关换文规定，中方派遣4名中国技术人员对刚果马桑巴·代巴体育场的设备使用和维护提供技术指导，培训刚方技术人员等。实施单位为中国威海国际技术合作公司。"②

8月20日，中国援助毛里求斯广电大楼项目经过半年多的精心筹备破土动工。③

8月24日，中国援助厄立特里亚首批10名青年志愿者（包括7名农业志愿者和3名体育志愿者）和湖北团省委工作组2人抵达厄首都阿斯马拉。

8月26日，贝宁政府为中国援建的戈多美立交桥项目举行奠基仪式。"戈多美立交桥项目是中国近年来对贝援助中投资最多、规模最大的项目。该项目位于贝宁经济首都科托努市西北部戈多美路口，该路口是由科市前往贝宁北方和邻国多哥的重要交通枢纽，由于交通流量大、缺乏疏通手段而长期拥堵。立交桥建成后，将会极大舒缓科托努市西出口交通瓶颈难题，对贝经济发展发挥重要作用。桥长5公里，造价近120亿西非法郎（1美元约合440西非法郎），全部由中国出资。是近年来中国对贝宁援助项目中投资最多、规模最大的一个。"④

中国援莱索托两所农村中学项目在莱塔巴柴克区举行了开工典礼。"在开工典礼仪式上，莱教育与培训大臣哈凯特拉女士赞扬中国政府对莱提供的无偿援助，中方在莱塔巴柴克和夸查斯乃克两个区开始援建的两所中学将极大地改善当地教育环境，使更多的小学生毕业后能继续进入中学学习。莱方将在下一学年开始使用两所援建的中学。"⑤

---

① 《中国向马达加斯加政府赠送一批抗疟药品》，2008年8月14日，http：//mg.mofcom.gov.cn/article/jmxw/200808/20080805724891.shtml
② http：//cg.mofcom.gov.cn/article/zxhz/hzjj/200911/20091106637506.shtml
③ 《中国援毛里求斯广电大楼项目开工》，2008年8月28日，http：//mu.mofcom.gov.cn/article/jmxw/200808/20080805750500.shtml
④ 《中国援建贝宁的戈多美立交桥项目奠基》，2008年8月27日，http：//news.xinhuanet.com/overseas/2008-08/27/content_9721014.htm
⑤ 《中国援莱索托两所农村中学项目举行隆重开工典礼》，2008年8月27日，http：//ls.mofcom.gov.cn/article/jmxw/200808/20080805747450.shtml

8月27日，中国和埃及签署中国援助埃及农村学校对外设计合同，中国援埃农村学校项目进入实施阶段。

中国政府向埃塞俄比亚提供40万美元现汇粮食援助交接仪式在亚的斯亚贝巴举行。①

8月28日，中国驻厄立特里亚使馆向厄移民局捐赠边检柜台和电脑设备仪式在阿斯马拉机场举行。"2007年，中国驻厄特使馆应厄特方面的请求为其捐赠了两套电脑和服务器，这次援助是第二次援助。此次援助设备包括16套边检柜台、16套电脑、主服务器及配套软件，为厄首都机场边检的标准化助一臂之力。"②

8月29日，中国和贝宁在马朗维尔垦区举行中国援助贝宁马朗维尔防洪堤项目竣工移交仪式。

8月30日和9月13日，中国和吉布提就中国向吉布提派遣青年志愿者换文。"根据换文，中国将向吉布提派遣14名青年志愿者，在吉政府指定的公共服务机构从事武术、游泳、乒乓球教练和汉语教学等服务。"③

9月，宁夏回族自治区向贝宁纳迪丹古派出第十六批医疗队，全队11人，于2010年9月完成任务回国。

9月3日，中国政府向多哥政府提供的紧急援助物资在洛美国际机场正式移交。7月末，多哥南部数省发生严重水灾造成重大经济损失。中国政府对多哥政府的求助请求立即做出响应，紧急提供帐篷、抽水机等救灾物资，帮助多哥救助灾民。

9月7日，中国援建的埃及—中国友好示范学校在埃及十月六日城省举行了交接仪式。

9月10日，中国援助中非友谊医院维修项目开工仪式在班吉举行。

9月16日，中国和乍得进行了中国向乍得赠送抗疟药品的换文。

9月22日，中国援助中非的勃亚利农场技术合作组举办了为期一周的农机培训班。"举办培训班是为使中非勃亚利农场周边农民掌握柴油机

---

① 《中国政府向埃塞俄比亚提供粮食现汇援助交接仪式在埃塞举行》，2008年9月3日，http://et.mofcom.gov.cn/article/jmxw/200809/20080905761265.shtml
② 《驻厄立特里亚使馆向厄移民局捐赠边检柜台和电脑设备》，2008年8月29日，http://er.mofcom.gov.cn/article/jmxw/200808/20080805750559.shtml
③ 《中国向吉派遣青年志愿者签署换文》，2008年9月16日，http://dj.mofcom.gov.cn/article/jmxw/200809/20080905781720.shtml

基本工作原理和常见故障排除方法及手扶拖拉机驾驶技术。来自中非农村发展部和比萨市农业合作社的 39 名学员参加了培训。该农场曾选派的一名技术工人参加了'隆平高科杂交水稻培训班',这也是该农场第一次派人参加此类培训。该农场于 2007 年 12 月中旬由中非方接管了生产、经营权,初步发挥了当地发展农业的主体作用,在中国新一期援助技术合作组的技术指导和帮助下,建立了农场财务、物资等经营管理制度,制定了生产规划,积极开拓市场,为今后中国农业技术援助提供了宝贵经验。"①

9 月 23 日,中国政府援助非盟会议中心项目施工合同签署仪式在位于亚的斯亚贝巴的非盟委员会大楼举行。②

9 月 25 日,温家宝在联合国千年发展目标高级别会议上发表讲话。"温家宝倡议,坚持鼓励和支持各个国家走适合本国国情的发展道路,探索有利于本国发展和消除贫困的发展模式。要把尊重各国人民自主选择发展道路和模式的权利,作为民主政治的基础和前提。坚持加强国际援助,发达国家尤其要承担起帮助不发达国家的责任,援助应当是无私的和不附加任何条件的。特别要加大对最不发达国家和地区的援助力度,重点解决饥饿、医疗和儿童求学问题。倡议各捐助国在未来五年内将其向世界粮食计划署捐款增加一倍。国际社会应进一步减免最不发达国家债务,给予最不发达国家出口产品零关税待遇。"③

9 月 26 日,中国路桥公司驻赤几有限公司向赤道几内亚赠送两辆大型客车。

中国政府向乍得政府无偿赠送的一批人道主义物资在乍得首都恩贾梅纳举行交接仪式。此批人道主义物资包括大米、帐篷、棉被、蚊帐和凉席。

10 月,江西省向突尼斯派出第十八批医疗队,全队 46 人,于 2010 年 10 月完成任务回国。

10 月 9 日,中国援助贝宁抗疟药品交接仪式在贝宁卫生部举行。

---

① 《援勃亚利农场项目组举办首期农机培训班》,2008 年 10 月 3 日,http://cf.mofcom.gov.cn/article/jmxw/200810/20081005810352.shtml

② 《中国政府援非盟会议中心项目施工合同签署仪式在埃塞举行》,2008 年 9 月 25 日,http://et.mofcom.gov.cn/article/jmxw/200809/20080905800864.shtml

③ 《温家宝在联合国千年发展目标高级别会议上的讲话》,2008 年 9 月 26 日,http://news.xinhuanet.com/world/2008-09/26/content_10112612.htm

10月10日，中国援助几内亚粮食和化肥交接仪式在几首都科纳克里隆重举行。

10月15日，中国和布隆迪签署一批物资的交接证书。为支持布隆迪政府打击贪污腐败、徇私舞弊行为，树立良政新风气，中国政府特向其提供一批办公用品。①

10月15日，在中国驻厄立特里亚使馆和使馆经商处的组织下，中国援厄医疗队举行三天义诊。"参加此次义诊的共有9名队员，他们携带价值2万元人民币的药品，在奥伽罗义诊三天，共接待患者600余人，预约手术24台。医疗队的义诊活动得到了厄卫生部和在奥作业的厄中矿业公司（中厄合资）的大力支持和配合，厄卫生部从加省特塞尼县调遣1名医生和2名医助全程配合了此次义诊活动。"②

10月16日，中国政府针对在苏丹建设一个农业技术示范中心展开调研。根据中苏两国政府2008年6月10日换文规定，中国政府将帮助苏丹建设一个农业技术示范中心。16日，该项目实施单位中国山东对外经济技术合作集团有限公司总经理马骥一行三人来到苏丹，与苏方商签该项目实施合同、指导并督促开展施工准备工作、对中心建成后的运营模式进行现场调研。26日，双方签署该项目实施合同。

10月18日，中国援助几内亚比绍的政府办公大楼项目开工，项目主体包括三栋主要建筑物，总建筑面积约18000平方米。

10月19日，中国援助莫桑比克农业技术示范中心奠基。③

10月21日，中国和马里签署中国政府2008年度向马里政府无偿提供供中国援马医疗队使用的药品和医疗器械的交接证书。

10月22日，中国援建多哥农业技术示范中心项目奠基。该项目是2006年10月中非合作论坛北京峰会上中方向多方承诺的项目之一，由江西华昌基建工程有限公司承建，于2009年底完成。

10月24日，中国和卢旺达签署关于中国政府向卢旺达政府提供一笔优惠贷款的框架协议。"本协议是中、卢两国建交以来签署的第一个优

---

① 《中国援布办公用品举行交接仪式》，2008年10月16日，http://bi.mofcom.gov.cn/article/jmxw/200810/20081005832636.shtml

② 《舒展大使出席援厄立特里亚医疗队义诊药品捐赠仪式》，2008年10月20日，http://er.mofcom.gov.cn/article/jmxw/200810/20081005840972.shtml

③ 《中国援莫农业技术示范中心项目举行奠基仪式》，2008年10月22日，http://mz.mofcom.gov.cn/article/jmxw/200810/20081005845840.shtml

惠贷款协议,该笔贷款将用于卢首都基加利市政道路升级改造项目。"①

10月28日,中国和肯尼亚在内罗毕签署《关于向肯尼亚青年服务队设备采购项目提供优惠贷款的框架协议》。②

10月30日,中国援加纳国防部办公楼项目竣工。"国防部办公楼项目由青岛建设集团公司承建,2007年5月18日开工,2008年10月30日竣工,总建筑面积7593平方米。该项目于2010年3月由中国方面提供的家具装饰一新,被当地人民誉为加纳首都最好的办公楼。"③

中国政府援助埃塞俄比亚3所农村小学校项目施工合同在埃塞签署。"安徽外经、江西国际、铁四局等3家公司代表分别与埃塞教育部签署小学校项目的施工合同。"④

10月31日,中国援助莫桑比克150套经济适用房现场举行项目奠基仪式。

11月,商务部高虎城副部长访苏丹期间,中苏两国政府签署经济技术合作协定。根据该协定,中国政府将向苏丹政府提供一笔无偿援助,用于帮助苏丹实施南方地区项目。

11月4日,中国援助安哥拉300万元人民币办公设备交接仪式在安贸易部举行。

11月10日,贝宁卫生部在洛科萨市的莫诺—库福省医疗中心举行隆重典礼,庆祝中国援贝宁抗疟中心的设立。

甘肃省向马达加斯加派出第十七批医疗队,全队31人。

11月10日至11月11日,由商务部经济合作局夏云贵副局长带队的商务部援外项目评估小组赴莱索托对中国政府援建的莱索托国家会议中心项目进行实地评估。"莱国家会议中心是由中国政府提供无息贷款(到期债务已由中国政府全部免除),由山东齐鲁公司负责承建的。该项目于1996年4月开工,1998年11月竣工。该会议中心总占地面积16984

---

① 《中、卢两国政府首次签署优惠贷款框架协议》,2008年10月24日,http://rw.mofcom.gov.cn/article/jmxw/200810/20081005851002.shtml
② 《中肯签署肯尼亚青年服务队设备采购项目优惠贷款框架协议》,2008年10月29日,http://ke.mofcom.gov.cn/article/jmxw/200810/20081005859949.shtml
③ 《中国援建加纳新国防部大楼项目竣工》,2008年12月5日,http://gb.cri.cn/23204/2008/12/05/882s2350270_1.htm
④ 《援埃塞三所农村小学校项目合同签署》,2008年10月30日,http://et.mofcom.gov.cn/article/jmxw/200810/20081005862132.shtml

平方米，总建筑面积 6600 平方米。由一个 800 人会议厅，一个 200 人会议厅，二个各 50 人、30 人会议室，正门厅，咖啡厅，展厅等组成。配备消防报警，电话，投影，舞台灯光，舞台通讯，同声传译，广播，监视等系统。该项目建成后，又由中国政府提供无偿援助款，于 2000 年 6 月至 2003 年 12 月为该项目提供了两期技术合作，派遣技术人员对会议中心设施的使用和维修进行技术指导并培训莱方技术人员。并于 2005 年 10 月至 2006 年 2 月对会议中心进行了一次维修。莱国家会议中心的建成，结束了莱无法举办较有规模的地区和国际会议的历史，为提升莱在南部非洲的地位发挥了一定作用。"

"莱国家会议中心由莱旅游与文化部负责管理，设有专门管理人员和技术人员具体负责日常运营。目前已成为莱承办国际和地区会议、政府机关会议、各种庆典活动、文艺和服装表演、公司商品展示、宗教活动、私人婚礼、悼念仪式等活动重要场所。该会议中心已建成和运转了 10 年时间，主体建筑和主要功能完好，但存在屋面漏水问题，一直没有完全解决好。另外，由中国提供的一些配套设备设施出现老化及不同程度损坏问题，有的已不能使用，需要更换或需要大修。莱方提出希望中国政府能继续提供帮助。"①

11 月 14 日，中国和科摩罗在科摩罗首都莫罗尼科国家水电公司举行了援助科摩罗供水材料及设备交接仪式。②

12 月 11 日和 14 日，中国援助吉布提的两所农场学校分别竣工移交。

援吉两所农村学校是落实中非合作论坛北京峰会八项举措的项目之一。"该项目由新疆国际经济技术合作公司承建，自 2008 年 3 月底和 4 月初举行开工仪式以来，进展顺利。2008 年 11 月，该项目通过了内部验收，2008 年 12 月 11 日和 14 日分别在优博克和霍尔霍尔举行隆重交接仪式。两所学校分别建在吉布提阿里萨比区的霍尔霍尔和迪基尔区的优博克，远离首都，都在偏远的边境山区，人脉关系复杂，交通不便，没有水、电、通讯设施；施工点是吉国内最热地区，气温最高达 60℃以上，昼夜温差小，蚊虫成灾，现场条件异常艰苦。但援外项目组全体人员牢

---

① 《商务部援外项目评估小组对援莱索托国家会议中心项目进行实地评估》，2008 年 11 月 12 日，http://ls.mofcom.gov.cn/article/jmxw/200811/20081105888397.shtml

② 《中国援助科摩罗供水材料及设备交接仪式在莫罗尼举行》，2008 年 2 月 19 日，http://km.mofcom.gov.cn/article/jmxw/200902/20090206052074.shtml

记崇高的使命,团结一致,战高温、斗酷暑,不怕苦、不怕累,克服重重困难,确保工程质量与工期,得到吉方教育部、住房部等项目官员的高度评价。""当地民众见了中国人都伸出大拇指高喊:CHINE! CHINE!两所农村学校落成,校门的墙上用中法文写着'中国—吉布提友谊学校'的红字,在阳光的照耀下熠熠生辉,蓝白相间的校舍在蓝天白云下显得格外亮丽。"①

11月22日,中国和马里在马里布古尼市举行了中、马合作建设的小体育场项目竣工剪彩仪式。"布古尼市小体育场项目包括两个部分,一、中国援马三个简易体育场及扩建工程项目(中国分别在马里布谷尼、库加拉和桑市建设三个4200人座的简易体育场),该项目于2005年12月开工,2007年9月竣工移交马里政府。二、在上述工程基础上,马方根据需要,自筹资金为上述三个体育场配套增加了发电机组、场内灯光、扩声、停车场等工程。配套工程议标交由中国齐鲁建设集团公司实施。"②

11月24日,中国援助摩洛哥国家人文发展计划物资交接仪式在摩洛哥王国最大的港口城市卡萨布兰卡举行。这批援助物资包括会议桌椅、电脑、电视、投影仪、打印机、发电机等物资,是2006年中国国家主席胡锦涛访问摩洛哥时确定的援助项目。

11月25日—26日,中国进出口银行行长李若谷率银行、企业代表一行11人对马里进行了工作访问。26日,李若谷行长与马里特拉奥雷财政部长在总理府签署新糖联项目的优惠贷款协议,款额为5亿元人民币。

11月30日,中国和苏丹在苏丹首都喀土穆签署关于中国向苏丹提供一笔无偿援助的经济技术合作协定。该笔援款将用于实施苏丹南方经济技术合作项目,发展中国与苏丹南方的经济技术交流活动,促进苏丹南北关系发展,维护苏丹社会稳定。

12月,中国援助刚果(布)恩古瓦比大学图书馆项目施工合同签订。

中国援助坦桑尼亚的坦桑尼亚国家体育馆竣工。坦桑尼亚国家体育

---

① 《中国援吉布提农村小学项目顺利竣工》,2008年11月20日,http://dj.mofcom.gov.cn/article/jmxw/200811/20081105902653.shtml。

② 《中、马合作结晶布古尼市小体育场落成剪彩》,2008年11月24日,http://ml.mofcom.gov.cn/article/jmxw/200811/20081105908496.shtml。

馆由北京建工集团承建,合同金额4.085亿元人民币。

12月5日,中国和马里签署中国向马里提供无偿援助和无息贷款的两个经济技术合作协定。

12月7日—9日,中非中小企业合作论坛在浙江温州举行。本次会议是中共中央对外联络部和浙江省人民政府联合主办的,来自利比里亚、刚果(金)、乌干达、赞比亚、埃塞俄比亚、马达加斯加、毛里求斯和马拉维等8个国家的非洲执政党领导人或负责经济事务的官员率领企业家代表参加了会议。

12月8日,由中国科技部主办、北京华立科泰医药有限公司承办的援外培训项目"肯尼亚疟疾防治与控制技术培训班"在内罗毕举办。该培训班为期一周,由中国抗疟专家授课,将培训25名肯尼亚卫生部门疟疾防治官员和医务人员。①

12月8日,在莱索托首都马塞卢举行了中国政府通过世界粮食计划署向莱索托政府捐赠100万美元用于购买粮食的捐赠仪式。"此次中国政府通过世界粮食计划署向莱索托政府捐赠100万美元,用于购买粮食,旨在帮助莱政府度过目前所面临的饥荒,体现了中国政府和中国人民对莱索托政府和人民的友好情谊。近年来,莱由于不断遭遇严重的干旱灾害,粮食大幅度减产,使原本存在的粮食供应不足问题更加突出,莱今年有40万人口面临饥饿威胁。中国政府此次通过世界粮食计划署向莱索托政府捐赠的100万美元用于购买了1336吨玉米,帮助莱政府解决了75000人3个月的吃粮问题。"②

12月9日,由天津市副市长张俊芳率领的天津市教育代表团访埃塞俄比亚,并向中国政府援建的埃塞职业教育学院捐赠办公和教学设备。"这批援助物资价值80万元人民币。目前中国教育部已委托天津工程师范学院具体承担埃职教学院的培训合作计划。"③

福建省向博茨瓦纳派出第十二批医疗队,全队47人,于2011年12月完成任务回国。

---

① 《中国援肯疟疾防治与控制技术培训班在内罗毕开班》,2008年12月9日,http://ke.mofcom.gov.cn/article/jmxw/200812/20081205943145.shtml
② 《中国政府向莱索托政府捐赠100万美元用于购买粮食》,2008年12月10日,http://ls.mofcom.gov.cn/article/jmxw/200812/20081205945510.shtml
③ 《天津市政府向埃塞职教学院捐赠一批教学设备》,2008年12月9日,http://et.mofcom.gov.cn/article/jmxw/200812/20081205941985.shtml

12月10日，布隆迪政府在基特加省隆重举行有近千人参加的中国援助布隆迪基孔杰和卢依龙扎两小水电站改建项目正式移交仪式。①

12月12日，中国和贝宁在科托努签署关于中国政府向贝宁政府提供一笔无偿援助、一笔无息贷款以及为缓解中贝合资纺织公司财务困难而提供一笔专项无息贷款的三个经济技术合作协定。

12月18日，中国和马里在马里装备、运输部会议大厅签署中国援助马里巴马科第三大桥项目施工合同。

12月18日，中国政府援助塞拉利昂政府博城体育场项目开工仪式在博城举行。"博城体育场是中国援塞的第二座体育场，它的开工建设，符合博城及周边地区人民的意愿，为当地百姓提供了重要的运动、休闲和集会场所。博城体育场建成后，将为3所大学、12所中学、60所小学及15所技校约150万人提供服务。"②

12月19日，援刚果（布）奥约市供水项目正式开工，工期11个月。项目规模和内容：新建3眼水源井，4座取水泵房，1套水处理系统，2个清水池，1座加压泵，1座水塔，铺设输水管线等。项目工程由中国威海国际技术合作公司负责承建，设计单位为北京市水利规划设计研究院。

12月23日，中国援建厄立特里亚第一所农村小学开工奠基仪式在南方省首府曼德法拉举行。"该小学校是中国政府援助非洲国家100所农村小学校之一，占地面积约2441平米，建筑面积近900平米，由天津国际经济技术合作公司承建，预计2009年6月竣工交付使用。"③

12月24日，中国石油天然气管道局在内罗毕向肯尼亚人道主义基金会捐赠2000万肯尼亚先令（约合26万美元），用于支持该国的人道主义援助活动。"齐贝吉总统称赞该局在肯尼亚成品油管道一号线扩容增输工程项目中表现出色，并说这一工程将有效提升肯尼亚石油产品的输送能力，促进整个东非地区以及肯尼亚当地社会经济的发展。齐贝吉总统还祝贺中国石油天然气管道局再次中标肯尼亚西部管道扩容工程。该工

---

① 《中国援布隆迪两小水电站举行正式移交仪式》，2008年12月19日，http://bi.mofcom.gov.cn/article/jmxw/200812/20081205962015.shtml

② 《援塞拉利昂博城体育场项目开工仪式在博城举行》，2008年12月19日，http://sl.mofcom.gov.cn/article/jmxw/200812/20081205964179.shtml

③ 《中国援厄立特里亚农村小学举行开工奠基仪式》，2008年12月26日，http://er.mofcom.gov.cn/article/jmxw/200812/20081205977266.shtml

程是在肯尼亚首都内罗毕至西部城市埃尔多雷特之间现有的一条输油管道附近新建一条管道，总长 325 公里，项目建成后预计可以满足当地 20 年内的油料传输需求。中国石油天然气管道局将负责工程的主要建设，其合同金额约为 1.79 亿美元。"①

中国援莱索托议会大厦项目主体工程 5 层办公楼举行了隆重的封顶仪式。"中方援建的莱索托议会大厦项目主体工程 5 层办公楼举行封顶仪式，标志项目主体工程的框架结构建设基本完成，项目建设进度正在按照中莱双方确定计划进行。援莱议会大厦项目是由中国政府提供无偿援助，烟台建设集团负责承建。该项目于 2008 年 6 月 17 日正式开始施工，按照中莱双方确定的计划于 2009 年底建成。"②

12 月 25 日，中国援助吉布提清洁发展机制能力建设培训班结业。"本次培训班为期 10 天时间。清洁发展机制是一种有效和成功的合作机制，本次培训向吉方传授清洁发展机制知识，帮助吉开展清洁发展机制项目的能力，促进经济的可持续发展。培训班结束后，中国专家组还将就可再生能源在吉进行考查，并向吉方提出具体的项目建议。"③

全国援外医疗队派遣 45 周年纪念暨表彰大会在北京召开。中央政治局常委、国务院副总理李克强会见了与会代表并做了重要讲话。

12 月 26 日，中国驻塞舌尔大使王卫国在塞舌尔自由厅向塞舌尔指定部长兼财政部长丹尼·福尔交付了 146 万美元现汇支票。当时塞舌尔正经历严重的经济困难，这笔现汇援助是根据 2008 年 11 月 13 日吴邦国委员长访塞期间签署的经济技术合作协定提供的，根据该协定，中国政府将向塞舌尔政府提供相当于 1000 万元人民币的现汇援助。④

12 月 27 日，中国和马里在马里卫生部会议大厅签署中国援马里医院项目施工合同。

12 月 28 日，中国政府向多哥政府无偿援助的 120 千瓦发电机交接仪

---

① 《中国石油天然气管道局向肯尼亚捐赠 26 万美元》，2008 年 12 月 25 日，http://ke.mofcom.gov.cn/article/jmxw/200901/20090105990570.shtml

② 《中国援莱索托议会大厦项目主体工程举行封顶仪式》，2008 年 12 月 24 日，http://ls.mofcom.gov.cn/article/jmxw/200812/20081205972765.shtml

③ 《中国援吉布提清洁发展机制能力建设培训举行结业典礼》，2008 年 12 月 29 日，http://dj.mofcom.gov.cn/article/jmxw/200812/20081205980655.shtml

④ 《中国援助塞舌尔 146 万美元现汇签署交接证书》，2008 年 12 月 26 日，http://sc.mofcom.gov.cn/article/jmxw/200812/20081205977012.shtml

式在多外交部举行。

12月29日，中国援助贝宁立交桥项目举行开工仪式。"这一天正值中国与贝宁恢复外交关系36周年的纪念日。亚伊总统和耿文兵大使共同为立交桥工地揭牌，并兴致勃勃地登上推土机操作，宣布工程启动。戈多美立交桥位于贝宁经济首都科托努市西北，是由科市经由阿波美—卡拉维前往贝宁北方和邻国多哥的重要交通枢纽。立交桥建成后，将会提高交通速度，使人员出行及物资流通更加方便快捷。"①

12月30日，中国政府无偿援助突尼斯政府教学设备交接证书签字仪式在突尼斯教育和培训部举行。此次教学设备援助，是中方落实中非峰会八项承诺举措之一，于政协主席贾庆林2007年4月访突期间承诺提供的，包括用于突尼斯中小学教育和各类实验室的1470台笔记本电脑、520台台式电脑、200台投影仪、相关多媒体设备和铁皮柜，价值2000万人民币。②

2009年

进出口银行与民主刚果签署一笔60亿美元的贷款协议。③

由中国政府援建的埃塞俄比亚—中国职业技术学校投入使用。中方委托天津职业技术师范大学负责该学校的教学管理和运营工作。中国已经在该项目上为埃塞俄比亚提供了3000多万美元的资金支持。

中国政府向坦赞铁路提供了3900万美元的长期低息贷款用于改善铁路状况。

中国全年培训赞方各类人员210名，并派遣28名医生、4名防疟专家和3名农业专家赴赞交流。

中国政府向乌干达派遣3名高级农业技术专家。"这3名农业专家在乌干达农牧渔业部工作一年，在灌溉规划、淡水养殖和畜牧业生产等领域为乌干达政府提供政策及规划咨询、理论指导和技术培训。"④ 中国政府还向乌干达派遣5名青年志愿者。他们主要在软件设计和硬件维护、

---

① 《贝宁总统亚伊出席中国援贝宁戈多美立交桥项目开工仪式》，2008年12月30日，http://bj.mofcom.gov.cn/aarticle/ddfg/200812/20081205983252.html
② 《中国政府援突尼斯教学设备交接证书签字仪式在突举行》，2008年12月30日，
③ Reuters, "Congo to downsize Chinese Deal in Debt Relief Bid", August 18, 2009, http://www.reuters.com/article/companyNewsAndPR/idUSLI37257520090818
④ 魏翠萍：《列国志：乌干达》，社会科学文献出版社2012年，第523页。

乒乓球、篮球和田径教练等领域进行为期1年的服务。①

1月,中国援建的非盟会议中心动工。"2006年北京峰会期间,胡锦涛宣布,中国政府无偿为非盟援建会议中心。2006年底,商务部就启动了非盟大厦设计工作的全国招标。非盟大厦的建设项目由中建八局承建,于2009年1月破土动工,2011年12月26日竣工,共有1200名中国和埃塞俄比亚工人参与了建设。"②

1月6日和7日,中国和苏丹签署援苏丹伦拜克医院项目考察换文。"这份换文是苏丹《全面和平协议》签署四周年之际签署的。根据上述换文规定,中国政府将派专家组赴苏丹对在苏丹南方伦拜克市建设医院项目进行考察。1月9日,苏丹总统巴希尔出席于马拉卡勒举行的庆祝苏丹南北和平4周年的隆重庆典仪式时,将该项目公布于众,称该项目的实施将为改善苏丹南方人民的医疗条件,促进南北和平与稳定发挥积极作用。"③

1月6日,在科摩罗财政、预算、经济、公职、对外贸易和促进妇女创业部举行了中国政府向科摩罗联盟政府提供美元现汇交接证书的签字仪式。"这是中国在国际货币基金组织对实施科后冲突援助计划的关键时刻再次伸出援助之手。"④

1月7日,多哥卫生国务部长马利和中国驻多大使杨民共同为中国援建的中国—多哥疟疾防治中心揭牌,双方同时签署关于中国政府向抗疟中心项目提供药品和医疗器械的交接证书。根据中、多两国政府有关协议,中国政府帮助多哥建立抗疟中心。援多抗疟中心药品与医疗器械于2008年11月先后运抵多哥。中国抗疟专家组一行四人于12月1日抵达多哥后,即着手清点物资,与多方商定工作方案,为开展培训和实验工作做准备。12月26日培训工作正式开始,多方11名学员参加培训。由于时间有限,专家们着重介绍了中国疟疾防治经验、抗疟药物作用机理和用药方案、血片制作和镜检知识、PCR原理和操作。

---

① 魏翠萍:《列国志:乌干达》,社会科学文献出版社2012年,第523页。
② Antje Diekhans:《非盟总部大厦落成标志着非洲崛起》,2012年12月31日,http://www.fmprc.gov.cn/ce/cgfrankfurt/chn/zg/t900206.htm
③ 《援苏丹南方伦拜克医院项目考察换文已签署》,2009年1月11日,http://sd.mofcom.gov.cn/article/jmxw/200901/20090105998664.shtml
④ 《中国政府向科摩罗联盟政府提供美元现汇援助》,2009年1月12日,http://km.mofcom.gov.cn/article/jmxw/200901/20090106000681.shtml

1月8日,在中吉建交三十周年的纪念日,中国援助吉布提体育器材项目在吉布提港口举行交接仪式。

中国和苏丹在苏丹人道事务部签署中国为苏丹打井项目交接证书。"2007年10月21日和12月2日,中国和苏丹签署的项目换文规定,中国政府为苏丹达尔富尔地区打10口水井。2008年11月底,10口水井的施工任务全部完成。这些水井可解决达区数万人的饮水问题,将为改善达区人民生存条件,促进难民返乡和地区稳定发挥积极作用。"①

1月10日,中国全国人大向突尼斯众议院赠送的价值50万元人民币的电脑设备交接证书签字仪式在突众议院举行。"该批物资是2008年12月全国人大副委员长司马义·铁力瓦尔地访问突尼斯期间由全国人大向突众议院赠送的。"②

1月14日,中国和卢旺达签署中国援助卢旺达外交部办公楼项目交接证书,正式将该项目移交卢方。"援卢旺达外交部办公楼项目由北京建工集团有限责任公司承建,项目总建筑面积约7700平方米,包括主楼、附属用房和大门,于2006年12月22日开工,2008年10月31日竣工,总工期20个月。"③

1月16日,贝宁在东加省朱古市举行中国援助贝宁朱古农村小学项目竣工移交仪式。

中国援助贝宁100床位医院项目开工仪式在帕拉库举行。

中国援助多哥1号公路三座桥梁修复项目举行奠基仪式。2008年7月多哥发生水灾后,中国政府十分关注多哥受灾情况,及时提供了物资援助,在第一时间派出考察组对多哥一号公路被洪水冲毁的桥梁进行了项目考察,并决定提供专项援款为多哥修复1号公路三座桥梁。中方实施单位中国路桥公司仅用12天时间在新年来临之前修通了便桥,恢复了南北公路交通,同时使南北铁路线也恢复通车。

1月19日,中国商务部部长陈德铭和赞比亚财政部长在赞比亚总统府签署5个中国援助赞比亚的协议。"这五个协议主要涉及粮仓、体育

---

① 《援苏丹达尔富尔地区打井项目交接证书已签署》,2009年1月11日,http://sd.mofcom.gov.cn/article/jmxw/200901/20090105998663.shtml

② 《中国全国人大向突尼斯众议院赠送电脑设备交接证书签字仪式在突举行》,2009年1月12日,http://tn.mofcom.gov.cn/article/jmxw/200901/20090106000636.shtml

③ 《中卢正式交接中国援卢旺达外交部办公楼项目》,2009年1月15日,http://rw.mofcom.gov.cn/article/jmxw/200901/20090106006388.shtml

馆、政府大楼等援助项目,中国还将提供160万人民币用于向赞方提供农业专家进行技术援助。班达总统与陈德铭部长及其代表团召开了闭门会议,并见证了协议签署仪式。"①

1月23日,中国政府援建科特迪瓦两所农村中学交接仪式在学校所在地图巴(Toupah)、安尼亚玛(Anyama)隆重举行。两所农村学校建设总金额约为6亿西朗。

1月31日,中国向利比里亚援助一批抗击粘虫灾害的物资。"利比里亚受到粘虫的袭击和伤害,中国的这批援助物资主要包括杀虫喷雾器、消毒剂、水泵、水桶等,总价值约1万美元。2009年1月初,在利邦州、洛法州和加尔波鲁州的67个村镇爆发了大规模的粘虫灾害,给当地植物和水源造成严重破坏。"②

2月3日,中国路桥集团布隆迪分公司捐赠给布隆迪本都基金会一所小学的交接仪式在布琼布拉省金英雅县举行。"中国路桥集团援建的这所小学校舍坐落在首都布琼布拉市郊,临近四号国道,远眺美丽的坦噶尼喀湖。校舍建筑面积近500平方米,有7间教室和2间办公室,还配备两套厕所和一个大操场,可容纳大约300名小学生就学。中国路桥集团布隆迪分公司作为路桥施工领域的一个跨国公司,在布隆迪已经经营了近30年,即使在长达10余年的内战时期都没有撤点,先后实施了3号、4号、7号、13号、16号国道和各式道路、桥梁等建设和维修工程,给布隆迪人民留下了非常深刻的印象,如今在首都布琼布拉市,提到中国路桥公司,没有不知道的,都会将其视为中国企业的代表。这次中国企业给布隆迪捐赠小学校舍,不仅仅是一种经济上的援助,更是体现了中布两国的友好关系。"③

2月4日,马里举行了中国援助马里两所农村学校交接证书签字仪式。

2月11日和3月20日,中国和刚果(布)政府签署关于会议大厦第十二期技术合作换文。换文规定,中方派遣6名中国技术人员,对大

---

① 《中国援助赞比亚3270亿卡瓦查》,2009年1月20日,http://zm.mofcom.gov.cn/article/jmxw/200901/20090106012175.shtml

② 《中国向利比里亚政府捐赠抗击虫灾物资》,2009年2月3日,http://lr.mofcom.gov.cn/article/jmxw/200902/20090206025369.shtml

③ 《中国路桥集团向布隆迪捐赠一所小学校》,2009年2月4日,http://bi.mofcom.gov.cn/article/jmxw/200902/20090206027390.shtml

厦设施、设备的使用、维修和保养提供技术指导，培训刚方技术人员等，合作期限2年。第十二期技术合作从2008年10月12日至2010年10月11日止。实施单位为中国建筑工程总公司。

2月12日，国家主席胡锦涛和马里总统杜尔共同出席了两国政府4份合作文件的签字仪式。双方签署中华人民共和国政府和马里共和国政府关于《经济技术合作协定》《关于成立经济、贸易和技术合作联合委员会的协定》《关于相互促进和保护投资协定》，以及中国政府向马里政府赠送一批抗疟药品的换文。①

2月13日，国家主席胡锦涛和马里总统杜尔共同出席了巴马科第三大桥开工仪式。援马里巴马科第三大桥是迄今中国在西非实施的最大无偿援助项目。该项目由葛洲坝集团公司负责承建，合同金额为4亿元人民币。

由中国政府援建的中国—马里疟疾防治中心在巴马科卡地医院正式挂牌启动。"疟疾防治中心的揭牌仪式是由正在马里进行正式访问的胡锦涛主席与马里总统杜尔共同揭牌的。疟疾防治中心不仅防治疟疾，而且还为马里培训防治疟疾方面的专业人才。3月3日，抗疟中心首批学员培训班开班，并举行了开班仪式。来自全国8个行政大区的临床医生和抗疟署官员共20人参加本次培训。马里是疟疾高发区，举办培训班旨在帮助马里医疗专业人员更好地掌握疟疾诊断与治疗技术。中国专家组长在开办仪式上表示，希望利用这个机会，将中国引以为傲的青蒿素类抗疟药和中国四十年来成功的抗疟经验介绍给马里同行，为马里人民的健康事业作出贡献，并希望该中心成为中马抗疟疾技术交流的永久平台。"②

2月17日，中国援助厄立特里亚医疗队向厄卫生部捐赠了一批价值约20余万元人民币的药品和医疗器械。

2月18日，中国援助卢旺达的竹业项目启动。通过竹子研发中心，卢旺达从中国引进了青皮竹、麻竹、勃氏甜龙竹、小叶龙等4个优良竹种，分别用来开发编织、笋用、材用等，并配套建立了引种苗圃和示范基地。

---

① 《胡锦涛主席和杜尔总统出席两国政府4份合作协议的签字仪式》，2009年2月14日，http://ml.mofcom.gov.cn/article/jmxw/200902/20090206043223.shtml

② 《中国-马里抗疟中心启用并举办首次学员培训班》，2009年3月4日，http://ml.mofcom.gov.cn/article/jmxw/200903/20090306079108.shtml

湖北省联丰海外农业开发有限公司驻莫桑比克负责人同莫科技部常秘在马普托签署中国援莫农业技术示范中心项目设计和施工合同。"该项目为中非合作论坛八项政策措施项下的援助项目。位于马普托省博阿内县的示范基地占地 52 公顷，建设内容包括灌溉设施、田间道路及生产和生活用房，中国公司将提供必要的农机设备；建成后将实现作物实验、农田示范和技术人员培训等功能。"①

2 月 24 日，山东省向塞舌尔派出第十二批医疗队，全队 6 人，于 2010 年 8 月完成任务回国。

2 月 26 日，中国建筑股份有限公司埃及代表处与埃及教育设施总局签署中国援埃曼努菲亚省农村学校项目施工合同。

中国援助厄立特里亚第二所农村小学项目开工奠基仪式在厄北红海省金达镇举行。"该小学校是中国政府援助非洲国家 100 所农村小学校之一，占地面积 4300 平米，建筑面积约 692 平米，由中国成套设备进出口集团公司承建，预计 2009 年 9 月竣工交付使用。"②

3 月，苏丹联邦卫生部长塔毕莎·舒卡娅谈中国对苏丹医疗援助。"她指出，中国已向苏南方政府提供了 800 万人民币（300 万抗疟药品，500 万医疗设备）用于支持苏丹医疗卫生事业。她还指出中国现正计划在达马津和伦拜克建 2 所医院，并且中国医疗队现已有 36 名医护人员分别在恩土曼和阿布欧舍医院工作，这些都体现了中国对苏丹医疗卫生事业的支持。塔毕莎·舒卡娅充分肯定了两国在培训和医疗卫生相关领域的合作。青尼罗州卫生部长阿里·伊德里斯称赞中国将在达马津援建一所医院，包括一个疟疾防治中心。他说，该院的建设将对中国传统医学在该州发挥积极作用。"③

3 月 2 日，中国政府援助博茨瓦纳政府的一批办公设备在博财政部举行交接仪式。④

---

① 《中国援莫农业技术示范中心设计和施工合同已签署》，2009 年 2 月 23 日，http://mz.mofcom.gov.cn/article/jmxw/200902/20090206058363.shtml

② 《中国援厄立特里亚第二所农村小学举行开工奠基仪式》，2009 年 3 月 1 日，http://er.mofcom.gov.cn/article/jmxw/200903/20090306070681.shtml

③ 《中国向苏丹援建两所医院》，2009 年 3 月 4 日，http://sd.mofcom.gov.cn/article/jmxw/200903/20090306078473.shtml

④ 《援博茨瓦纳办公设备举行交接仪式》，2009 年 3 月 2 日，http://bw.mofcom.gov.cn/article/jmxw/200903/20090306073201.shtml

3月3日，中海油赤道几内亚公司向卫生部所属医院捐赠5台发电机，该发电机主要用于改善当地医院的供电和照明条件。

3月4日，中国援助几内亚农村学校交接仪式在几首都郊区高亚隆重举行。

3月5日，中国和科特迪瓦在科政治首都雅穆苏克罗举行中国大使馆信息设备赠送仪式，中国使馆赠送的信息设备总金额为1000万西朗。

3月10日，中国援助多哥三座桥梁建设与维修项目正式开工。2008年7月底，多哥1号公路75公里处一座中型桥梁被洪水冲垮。应多方要求，中国政府同意帮助多哥修复1号公路K18、K60、K75三座桥梁，其中K18和K75两座桥为重建；K60桥为修复。为保证这条南北交通大动脉，该项目承建单位中国路桥工程有限责任公司已于2008年12月底修通了一座临时便桥。该项目预计10月底前全部竣工。

3月13日，中国援助刚果（布）广电节目落地项目开工。

3月14日，中建股份刚果（布）国家1号公路项目经理部向工程所在地刚果（布）英达县中心小学捐赠文体用品。"刚果（布）国家1号公路黑角—多利吉段工程是中刚一揽子合作项目之一，全长约164公里。1号公路于2008年5月20日正式开工，进展顺利，项目经理部出资向英达县中心小学捐赠文体用品，为学校购买了教材、练习本、小黑板、圆珠笔、铅笔、足球、文件资料柜等学习、体育用品，并对该学校的教室、场地进行了修缮、平整等工作，初步改善了该小学的学习环境。"[1]

中国援建毛里求斯两所乡村小学中的一所ALBION小学建成移交。[2]

中国政府向乍得政府无偿赠送一批办公设备。此批办公设备包括台式电脑、手提电脑、打印机、复印机、摄录像设备等。

在乍得对外关系部签署中国援乍第二期农业项目换文。"2006年8月中乍两国复交后中国政府实施的援乍第一期农业项目期满，在这一项目中，中国向乍得派遣了11名农业技术人员。根据乍方要求，中方将实施援乍第二期农业项目。除继续在邦戈尔3000公顷稻区提供技术指导、

---

[1] 《中建股份刚果（布）经理部向当地小学捐赠文体用品》，2009年3月16日，http://cg.mofcom.gov.cn/article/jmxw/200903/20090306103309.shtml

[2] 《中国援毛第一所小学项目举行移交仪式》，2009年3月24日，http://mu.mofcom.gov.cn/article/jmxw/200903/20090306123740.shtml

进行农田水利设施维修外，还将在首都郊区建立 30 公顷农业示范基地。"①

3 月 19 日，由贵州省团委选派的援助突尼斯第二批青年志愿者在管理工作组人员陪同下抵达突尼斯。"第二批援突青年志愿者共 12 名，其中 6 名武术教练、4 名乒乓球教练将服务于突尼斯国家武术协会和乒乓球协会，指导国家队训练，并在地区俱乐部执教，推广中国传统武术，展示中国'国球'风采。另外 1 名中文教师和 1 名舞蹈教师将在突尼斯青年文化体育中心执教，主要针对青少年儿童进行教学，旨在推广汉语文化和加强艺术交流。即将离任的援突第一批青年志愿者共 6 名，在一年的服务期内，其授课总人数达 2800 人，他们充分发扬志愿者无私奉献的精神，通过自己的辛勤工作和不懈努力取得了突出的成绩，得到了当地政府部门和协会的认可，也增进了中突两国人民之间的友谊。武术志愿者执教的突尼斯武术国家队在非洲武术锦标赛中摘得两金两银，在马格里布地区武术锦标赛中首次荣获团体第一，取得历史最好成绩，并在国际散打比赛诞生了突尼斯首个世界散打冠军。援突第一批志愿者与第二批志愿者完成工作交接后于 3 月 24 日返回祖国。"②

3 月 20 日，中国政府无偿援助塞舌尔政府 10 辆公交汽车的交接仪式在塞舌尔公交公司新港总站（SPTC New Port Depot）隆重举行。③

3 月 24 日和 4 月 8 日，中国援建的喀麦隆会议大厦第十三期技术合作项目换文确认。"换文确认，中方将继续派遣技术专家组来喀为雅温得会议大厦提供技术支持、实施必要维修并培训喀方技术人员，中方还将继续向喀方提供会议大厦所需的各种零备件和设备。雅温得会议大厦是中国政府援助喀麦隆的首批大型建设项目之一，该项目于 1978 年 3 月动工，1981 年 10 月竣工。项目建成并移交喀方后，应喀方要求，中国政府开始派遣专家组提供技术支持，至今已成功进行了十二期技术合作。"④

---

① 《中乍两国签署援乍第二期农业项目换文》，2009 年 3 月 18 日，http：//finance.sina.com.cn/roll/20090318/08022736367.shtml

② 《援突尼斯第二批青年志愿者抵突服务》，2009 年 3 月 26 日，http：//tn.mofcom.gov.cn/article/jmxw/200903/20090306127026.shtml

③ 《中国援助塞舌尔 10 辆公交汽车》，2009 年 3 月 20 日，http：//sc.mofcom.gov.cn/article/jmxw/200903/20090306116909.shtml

④ 《中国援建的喀麦隆会议大厦第十三期技术合作换文在雅温得签署》，2009 年 4 月 10 日，http：//cm.mofcom.gov.cn/article/zxhz/sbmy/200904/20090406163094.shtml

3月30日，中国和加蓬在援助加邦戈维尔市市政道路项目移交证书上签字。"邦戈维尔市是加蓬总统家乡所在地，该项目于2007年12月5日开工，2009年1月4日竣工，由中国地质工程集团公司负责实施。此前，加外交部、总统家乡所在州、中地公司和驻加经商处四方代表共同签署援建公路的验收报告。"①

3月31日，中国援助几内亚医院项目正式开工。该项目由中南建筑设计院设计，四川华西集团联合江苏金亚集团几内亚工程公司承建，北京希达建设监理公司负责工程监理。

中国援助贝宁农业示范中心项目开工仪式在贝宁塞美波吉市举行。援贝宁农业示范中心为中国在2006年中非合作论坛北京峰会援非八项举措确定的14个农业示范中心项目中第一个开工建设的项目，贝宁总统亲自参加开工仪式。贝农业部长在致辞中强调农业生产的重要性和人才培养对贝宁发展的特殊意义，他指出中国援助的农业示范中心项目实现了培养人才与促进农业生产这两大发展要务的有机结合，希望中心为贝宁的经济发展特别是农业生产现代化做出贡献。援贝宁农业示范中心投资4000万人民币，占地170公顷，其中位于塞美波吉市的培训及研究中心占地60公顷，位于保贝市的示范发展用地110公顷。该项目由中农发集团总承包，负责设计、建设及运营。

4月，位于达喀尔的塞内加尔国家大剧院竣工。塞内加尔国家大剧院参照中国国家大剧院的标准设计，建成后成为达喀尔最为独到的文化风景之一。这是2005年中塞复交后中国和塞内加尔敲定的第一个项目，剧院总造价2.3亿元，2009年2月奠基，也是中国在塞内加尔实施的最大的援助工程。据介绍，剧院占地面积3.442公顷，观众席1800座。国家大剧院的建成有助于塞内加尔国家历史与文化的传承与传播。

4月2日，中国援助卢旺达农业技术示范中心项目开工奠基仪式在位于卢旺达呼耶市的农业技术示范中心基地举行。②

4月4日，中国援建科特迪瓦医院奠基仪式在巴博总统的家乡Gagnoa市举行。"中国援建的Gagnoa医院占地面积约3公顷，建筑面积约

---

① 《中加签署援加邦戈维尔市市政道路项目移交证书》，2009年4月1日，http://ga.mofcom.gov.cn/article/jmxw/200904/20090406141383.shtml

② 《援卢农业技术示范中心项目开工奠基仪式隆重举行》，2009年4月4日，http://rw.mofcom.gov.cn/article/jmxw/200904/20090406149020.shtml

7000 平方米，104 张床位，设有内科、外科、妇科、儿科、牙科等，是一所现代化综合性医院。建设工期 14 个月，预计 2010 年上半年完工。"①

4 月 6 日，中国政府援助博茨瓦纳政府的人力资源培训项目所需的培训设备在哈博罗内举行交接仪式。②

4 月 7 日，科特迪瓦公共卫生研究院举行"中国—科特迪瓦疟疾防治中心"挂牌仪式。

由中国向乍得政府无偿赠送的一批抗疟药品在乍得公共卫生部药品采购中心举行了交接仪式。

中国援助多哥的阿古和比利塔两所农村小学举行交接仪式。"根据两国政府有关协议，中国政府同意帮助多哥政府建设两所农村小学。阿古小学于 2008 年 7 月 18 日开工，12 月 28 日竣工；比利塔小学于 2008 年 10 月 23 日开工，2009 年 2 月 15 日竣工。每所小学均可容纳 6 个班级的 300 名学生上课。中方负责阿古小学和比利塔小学建设的单位分别是福建建工集团公司和北京建工集团公司。在多哥政府和技术人员的大力配合下，这两个项目工程技术人员克服困难，加班加点，只用了 5 个多月的时间就完成了两个项目的建设任务。"③

4 月 8 日，中非政府在班吉市宾博 2 区举行中国政府援建的友谊小学校项目移交仪式。

4 月 11 日，中国和苏丹在苏丹格达里夫州法乌镇举行中国政府援助苏丹农业技术示范中心项目奠基仪式。"该项目由山东对外经济技术合作集团公司和山东省农业科学院联合承建。两单位于 2008 年完成了该项目的专业考察任务和设计施工合同的签署工作，并已先期派出多名农业专家来苏开展农业研究和作物试种，5 月底开始土建工程的施工。"④

4 月 20 日和 7 月 10 日，由大连国际公司承建的中国援赤道几内亚两所农村小学相继于在马拉博和巴塔开工。两所小学是为落实 2006 年中非

---

① 《中国援建科特迪瓦医院奠基仪式隆重举行，巴博总统出席》，2009 年 4 月 6 日，http://ci.mofcom.gov.cn/article/jmxw/200904/20090406149780.shtml

② 《援博茨瓦纳人力资源培训设备举行交接仪式》，2009 年 4 月 7 日，http://bw.mofcom.gov.cn/article/jmxw/200904/20090406152620.shtml

③ 《援多哥两所农村小学对外移交》，2009 年 4 月 8 日，http://www.mofcom.gov.cn/aarticle/i/jyjl/k/200904/20090406153437.html

④ 《李成文大使出席援苏丹农业技术示范中心项目奠基仪式》，2009 年 4 月 13 日，http://sd.mofcom.gov.cn/article/jmxw/200904/20090406166817.shtml

合作论坛北京峰会八项举措而援建的,分别于 10 月 20 日和 12 月 20 日竣工。

4 月 22 日,中国援助加纳国防部办公楼项目交接证书签字仪式在加纳国防部举行。项目于 2007 年 5 月 18 日正式开工,于 2008 年 10 月 30 日按期竣工。2008 年 12 月 4 日举行交接仪式。

中国援乍得 3 所农村小学校交接仪式在新落成的恩贾梅纳小学举行。恩贾梅纳中乍友谊学校是中非合作论坛北京峰会上中国承诺的援乍 3 所学校之一,阿古和比利塔两所农村小学已于 4 月 7 日交接。"3 所学校于 2008 年 6 月开工。每所学校均可容纳 336 名学生,包括 6 间教室、1 间校长办公室、2 间教师办公室、1 间阅览室、1 间实验室、1 间音乐教室、1 个小型足球场、1 个公共卫生间、1 间库房和围墙等,各教室和办公室均配备课桌椅、讲台和办公桌等。马萨盖特和邦戈尔的 2 所学校还各备有 1 口水井。"①

4 月 24 日,津巴布韦总统穆加贝在总统府会见了由中国外交部部长助理翟隽率领的外交部代表团。双方就关心的政治和经济问题进行了友好会谈。"会谈后,在穆加贝总统的见证下,两国政府签署《中津经济技术合作协定》和《中国对津巴布韦现汇援助换文》。按照两份协议的内容,中国以无偿援助的形式向津巴布韦援助农业技术示范中心的建设,同时,向津巴布韦政府和人民提供现汇援助用于缓解当前的经济危机。"②

4 月 28 日,中国援助利比里亚农业技术示范中心项目在位于利邦州的利中央农业研究院举行。

5 月,中国政府无偿援助肯尼亚政府价值 1300 万元人民币波形铁皮物资。

中国和津巴布韦签署中国援助津巴布韦 50 万美元现汇援助交接证书。该援助将用于津巴布韦政府购买防治霍乱的医疗物资。③

中国进出口银行与多哥电信公司在洛美签署中国向多哥电信 CDMA

---

① 《中国援乍得 3 所农村小学校正式交接》,2009 年 4 月 24 日,http://www.mofcom.gov.cn/aarticle/i/jyjl/k/200904/20090406199770.html

② 《穆加贝总统见证中津双方签署经济技术协定和对津现汇援助换文》,2009 年 5 月 7 日,http://zimbabwe.mofcom.gov.cn/article/jmxw/200905/20090506226334.shtml

③ 《中津双方签署 50 万美元现汇援助交接证书》,2009 年 5 月 7 日,http://zimbabwe.mofcom.gov.cn/article/jmxw/200905/20090506226335.shtml

和传输项目提供优惠贷款的协议。"贷款金额为2.2亿元人民币,由中国的华为技术公司负责实施该项目。"①

5月4日,中国援助马里库里科罗大区妇女儿童活动中心落成交接。"库里科罗妇儿中心是中国援马里10座妇儿中心中第一个落成的。该妇儿中心建筑面积为610平方米,设有活动室、办公室、医务室、食堂、餐厅,并有适合儿童和残疾人使用的卫生设施。"② 活动中心为马里妇女和儿童提供了良好的活动场所,为马里妇女扫盲、培训、卫生、就业和为开发儿童的智力和体质创造了条件。

"根据中马双方达成的协议,中国援建马里10个妇女儿童活动中心,其中首都巴马科左岸和右岸各1个,其余的8个分布在马里8个大区的首府。8个妇儿活动中心于2009年竣工,2010年1月11日和13日,通布图和莫布提2个中心经中、马双方有关部门验收合格,分别签署有关交接证书。至此,10个妇儿中心全部竣工并向马方移交完毕。

该援建项目工程点分散,最远的基达尔地处撒哈拉沙漠南端,离首都约1600公里,交通运输、施工环境、生活条件均存在较大困难,安全问题也令人堪忧。项目承建单位中国土木工程集团公司项目组克服重重困难,按期、按质完成了建造任务,得到马方好评。"③

5月7日,位于卢旺达首都基加利市东南基丘基罗市玛萨卡镇的中国援卢旺达综合医院项目现场举行开工典礼。④

5月8日,中国援刚果(布)恩古瓦比大学图书馆项目开工建设。本项目位于恩古瓦比大学校园内,由湖南省建筑设计院勘察设计,中国地质工程集团公司负责实施,设计工期18个月。项目为四层建筑,建筑面积6042平方米。

5月9日,中国援助肯尼亚玉米粉厂项目交接仪式在博美特举行。"中国援肯玉米粉厂项目投资逾2亿肯先令,日均产量50吨。"⑤

---

① 沐涛、杜英:《列国志:布基纳法索 多哥》,社会科学文献出版社2011年,第330页。
② 《中国援马里库里科罗妇女儿童活动中心移交》,2009年5月5日,http://ml.mofcom.gov.cn/article/jmxw/200905/20090506219818.shtml
③ 《中国援建马里10个妇女儿童活动中心全部竣工》,2010年1月15日,http://ml.mofcom.gov.cn/article/jmxw/201001/20100106746483.shtml
④ 《中国援卢旺达综合医院项目开工典礼隆重举行》,2009年5月8日,http://rw.mofcom.gov.cn/article/jmxw/200905/20090506232899.shtml
⑤ 《中国援助肯尼亚玉米粉厂项目举行交接仪式》,2009年5月11日,http://ke.mofcom.gov.cn/article/jmxw/200905/20090506267742.shtml

5月11日，中国援建科特迪瓦外交部会议厅举行了移交仪式。"外交部会议厅和文化宫一样精美舒适，总造价20亿西朗（中方提供了15亿西朗）。会议厅一共三层（含地下室），大会议厅362个座位并配备有自动翻译系统，还有宴会厅，部长办公室，会客室，秘书办公室和两个贵宾休息房间。"①

5月12日，中国援建坦桑尼亚摩梭嘎农村小学开工仪式在巴格莫约市举行。"援坦摩梭嘎农村小学项目由北京建工集团有限公司承建，总工期为6个月，2009年底建成移交。"②

5月13日，中国援助刚果（布）广电节目落地项目竣工。

5月15日，中国援助埃塞俄比亚外交部办公用品交接仪式在埃塞外交部举行。③

5月17日，中国援建的中非勃亚利农场召开动员大会，宣布"2009年农业生产总动员"活动正式启动。"中国援中非勃亚利农业组积极响应号召，迅速开展了系列支农助农活动。6月10日，中国专家在勃亚利农场举办旱作稻生产技术专项培训班，对旱作稻生产关键技术和田间管理方法作了细致讲解和示范，发放了'旱作稻栽培实用手册'。比萨市各路农业生产精英共28人参加了培训。为解决当地农民的垦荒难题，6月15日，技术合作组利用农场的二台大型拖拉机积极向农民提供代耕服务，平整、翻耕荒地15公顷。这些土地将免费提供给当地六个合作社，用于特困农户种植旱作稻。旱作稻是洛巴伊省的重要农作物。2008年，技术合作组曾与当地合作社合作，共开垦22公顷旱作稻示范田，受到中非农业国务部长的表扬。为配合农业生产的需要，中国技术合作组与当地农业生产合作社成立'农业生产合作协调委员会'，并在勃亚利农场设立了'合作社协调办公室'，帮助当地农民提高组织化程度，开展产销合作，互助解决产销过程中的各种困难，提高生产、经营、管理能力。根据计划，专家组还将陆续开展养鸡、养猪、蔬菜栽培等系列培训。同

---

① 《中国援建的精品建筑——外交部会议厅移交给科政府》，2009年5月17日，http://ci.mofcom.gov.cn/article/jmxw/200905/20090506253375.shtml

② 《中国援坦桑尼亚摩梭嘎农村小学举行开工仪式》，2009年5月12日，http://tz.mofcom.gov.cn/article/jmxw/200905/20090506241588.shtml

③ 《援埃塞外交部办公用品正式交接》，2009年5月22日，http://et.mofcom.gov.cn/article/jmxw/200905/20090506270932.shtml

时努力发挥农场潜力，做好产中及产后服务。"①

5月18日，中国援助吉布提养路设备交接仪式在吉隆重举行。

5月20日，中国援助加纳三所农村学校项目全部移交。"由青岛建设集团公司承建，其中位于西部省 Wassa 东区 Mpohor 和中部省 Assin 北区 Assin Jakai 的两所学校于2008年6月19日开工，2008年12月30日竣工；位于大阿克拉省 Ga 西区 Weijia 的学校于2008年7月20日开工，2009年1月15日竣工。"②

5月21日，中国—赤道几内亚疟疾防治中心举办的疟疾检验技术培训班结束。"来自巴塔医院检验科的6名检验技术人员参加了培训。培训班的学习内容包括了疟原虫形态、疟疾血检、疟疾快速诊断卡和 PCR 的原理和操作以及中国援助设备的使用方法，共进行了3天的理论学习和实践操作。通过培训，6名学员掌握了中心设备的使用方法，对疟疾血检的涂片方法也有了较深的认识，了解了几种疟疾快速诊断卡的使用方法，并教学员如何对仪器和设备进行操作、利用和保养。"③

5月22日，科特迪瓦巴博总统和中国驻科大使会谈，双方达成中国政府赠送科总统大选物资事宜。"为了支持大选，为选举独立委员会组织选举工作提供帮助，中国政府决定向科方赠送部分大选物资。包括双轮摩托车、三轮摩托车、移动电话和应急灯等这批物资将在大选两个月前到达阿比让港。"④

5月25日，中国援助利比里亚三所农村学校移交仪式在中国援建的三所学校先后举行。

5月26日，中国援助多哥洛美医院竣工并通过内部验收。"援多哥洛美医院项目于2007年12月18日正式开工，占地3.16公顷，建筑面积6282平方米，是一座拥有100床位的现代化综合性医院，医院设内、外、妇、儿、眼、骨科及中医等科室。项目建设内容还包括中国医生住

---

① 《援中非勃亚利农业组开展系列支农助农活动》，2009年6月21日，http://cf.mofcom.gov.cn/article/jmxw/200906/20090606348898.shtml

② 《中国援加纳三所农村学校项目全部移交》，2008年5月21日，http://gh.mofcom.gov.cn/aarticle/slfw/200905/20090506267095.html

③ 《援赤道几内亚抗疟中心"疟疾检验技术培训班"顺利结束》，2009年5月29日，http://gq.mofcom.gov.cn/article/jmxw/200905/20090506284247.shtml

④ 《中国政府决定向科方赠送总统大选物资》，2009年5月24日，http://ci.mofcom.gov.cn/article/jmxw/200905/20090506272033.shtml

房（819.4平方米）和体育专家楼（592.7平方米）。6月17日，双方在洛美签署援多哥洛美医院项目交接证书。项目承建单位是福建建工集团总公司。"①

5月27日，中国和塞舌尔在塞舌尔卫生部隆重举行了援塞药品和医疗器械交接仪式。②

5月28日，根据2006年中非合作论坛北京峰会提出的援非八项举措所确定的中国援莱索托2所农村中学项目在莱索托教育部举行了项目交接证书的签字仪式。"援莱2所农村中学项目是落实中非合作论坛北京峰会成果的具体体现，中方希望通过援建学校项目促进莱教育事业的发展，同时促进两国的友好合作。中国援莱索托2所农村中学项目由山东齐鲁公司负责承建。该项目于2008年10月15日开工，2009年4月15日竣工。"③

5月29日，中国援助吉布提食品项目交接仪式在吉举行。

6月，江苏省向桑给巴尔派出第二十三批医疗队，全队21人，于2011年7月完成任务回国。

四川省向安哥拉派出第一批医疗队，全队18人。

5月21日至6月1日，验收组对中国援助卢旺达两所农村小学之一的东方省小学项目进行了中期质量检查和验收。"中国援卢旺达两所小学之一的东方省小学，经过中国土木工程公司9个多月的精心施工，于2009年4月底竣工。"④

6月1日，中国和赤道几内亚在马拉博举行了中国政府向赤几政府捐赠价值100万元人民币的防治疟疾药品交接仪式。

6月3日，江西省向乍得派出第八批医疗队，全队11人，于2011年6月18日完成任务回国。

6月4日，中国和突尼斯在突尼斯市签署中国援突天然气空调项目

---

① 《援多哥洛美医院项目顺利竣工》，2006年5月27日，http://www.mofcom.gov.cn/aarticle/i/jyjl/k/200905/20090506279745.html

② 《中塞举行援塞医疗药品和器械交接仪式》，2009年5月31日，http://sc.mofcom.gov.cn/article/jmxw/200905/20090506289748.shtml

③ 《中国援建莱索托2所学校项目举行交接证书签字仪式》，2009年5月31日，http://ls.mofcom.gov.cn/article/jmxw/200905/20090506289007.shtml

④ 《援卢旺达两所农村小学之一的东方省小学通过终期质量验收》，2009年6月1日，http://rw.mofcom.gov.cn/article/jmxw/200906/20090606293985.shtml

交接证书。"此项目是依据 2006 年两国政府换文规定，由中国政府帮助突尼斯政府实施天然气空调项目，对突尼斯发展天然气空调的规划提出具体建议，并派遣中方专家赴突考察，向突方提供天然气教学示范设备，并培训突方技术人员。2007 年 10 月 21 日，项目开始执行，2008 年 12 月 23 日圆满结束。突方对此项目极为重视，并分别在突尼斯大湖区诊所和商业中心使用此项技术。为商业化推广该技术，突能源署正与财政部协商解决设备进口关税瓶颈问题，并在凯鲁昂专业培训中教授维修技术，进行技术培训。"①

中国和加纳签署中国政府向加纳政府捐赠抗疟药品交接证书，并交接了中国第三批援加抗疟药品。

6 月 5 日，中国政府援建的加蓬邦戈维尔中加友谊小学项目竣工。该项目由中国地质国际工程总公司承建，于 2008 年 9 月 5 日开工。

6 月 6 日，中非合作论坛八项举措之一中国援助埃塞俄比亚"提露内丝—北京医院"在亚的斯亚贝巴举行奠基仪式。"'提露内丝—北京医院'是中非合作论坛北京峰会确定的中国政府援非八项举措之一。医院以'提露内丝'和'北京'命名生动地体现了两国人民之间的深情厚谊。医院以'提露内丝—北京'命名将使下一代永远记住中埃人民之间的深厚友谊。"②

6 月 7 日，中国援助赤道几内亚疟疾防治中心揭牌仪式在赤几大陆陪都巴塔总医院举行。

6 月 9 日，刚果（布）初中级教育和扫盲部在首都布拉柴维尔城郊马桑沟 Massango 为中国援助刚 3 所农村小学校项目举行了竣工仪式。"三所小学分别位于布拉柴维尔城郊马桑沟 Massango，布拉柴维尔附近的伊涅 Igné 和恩甘嘎 Ngangalingola。③ 该项目属于 2006 年 11 月中非合作论坛北京峰会上推出的八项举措内容。项目规模和内容：每个小学校建筑面积为 1 千多平米，包括普通教室、音乐教室、图书室、办公室、室外篮球场等。2008 年 7 月 10 日签订项目设计和实施合同。该工程由威海国

---

① 《中国援突尼斯天然气空调项目交接证书在突签订》，2009 年 6 月 4 日，http://tn.mofcom.gov.cn/article/jmxw/200906/20090606305948.shtml

② 《中国援建埃塞"提露内丝—北京医院"举行奠基仪式》，2009 年 6 月 9 日，http://et.mofcom.gov.cn/article/jmxw/200906/20090606317586.shtml

③ 《援刚果（布）3 所农村小学项目竣工并顺利移交》，2009 年 6 月 10 日，http://cg.mofcom.gov.cn/article/jmxw/200906/20090606320780.shtml

际公司刚果（布）正威技术公司负责实施。2009年6月9日，刚方举行了项目竣工仪式并签署项目交接证书。"①

6月11日，中国援助吉布提阿尔塔综合医院项目开工仪式在吉举行。吉布提共和国总统盖莱参加开工仪式并致辞，他提到，这所医院位于阿尔塔大区入口位置，建成后将成为阿尔塔大区具有象征意义的新地标。这所医院的建立不仅有利于阿尔塔医疗卫生领域的进步，还将推动道路交通等领域的发展，这所医院的建成将有望成为带动阿尔塔地区经济发展的新起点。②

6月16日，中国援助非盟会议中心项目开工仪式在非盟项目营地举行。施工单位是中建总公司，设计单位是同济大学设计院，监理单位是沈阳市工程监理公司。③

中国和塞舌尔举行中国援助塞舌尔安塞罗亚莱医院奠基仪式。"2008年6月26日中塞双方确定实施援塞舌尔安塞罗亚莱医院项目，建筑面积约2300平方米，施工费用约合350万美元（未包括勘察设计以及在中国发生的费用），由青建集团股份公司承建，工期10个月。"④

6月19日，中国与刚果（布）双方签署中国援助刚果（布）广电节目落地项目的交接证书。"2007年3月13日和4月4日，两国政府换文确认建设该项目。2008年4月28日，签署施工合同。项目内容：实施1个中国调频广播节目和CCTV-E&F电视节目地面无线覆盖布拉柴维尔和金沙萨。该项目由中国广播电视国际经济技术合作总公司承建，工期3个月。2009年3月13日开工，5月13日竣工，6月19日双方签署交接证书。"⑤

6月20日，中国援助尼日尔两所小学校项目在中尼友谊学校第二小学校举行。

6月22日，中国向乍得政府无偿赠送的一批电气设备和供水物资在

---

① http://cg.mofcom.gov.cn/article/zxhz/hzjj/200911/20091106637506.shtml
② 《中国援吉阿尔塔综合医院项目开工仪式在吉举行》，2009年6月11日，http://dj.mofcom.gov.cn/article/jmxw/200906/20090606328027.shtml
③ 《援非盟会议中心项目正式开工》，2009年6月18日，http://et.mofcom.gov.cn/article/jmxw/200906/20090606344694.shtml
④ 《中国援塞安塞罗亚莱医院奠基》，2009年7月6日，http://sc.mofcom.gov.cn/article/jmxw/200907/20090706380329.shtml
⑤ 《援刚果（布）广电节目落地项目举行交接仪式》，2009年8月28日，http://cg.mofcom.gov.cn/aarticle/jmxw/200908/20090806485872.html

乍得水电公司举行了交接仪式。"代比总统把水电部门放在减少贫困斗争的最优先领域,乍得水电公司正在进行供水网和电网改造,中国援助的这批水电物资正是在最合适的时机到达。中国赠送的水电物资包括柴油发电机组、电缆、电能表、潜水泵、供水管、法兰盘、弯头等。"①

6月26日,中国政府向安哥拉政府赠送的一批抗疟疾药品交接仪式在罗安达药品发放中心举行。

中国援助赞比亚疟疾防治中心揭牌仪式在首都卢萨卡举行。疟疾是赞比亚死亡率最高的疾病,赞比亚政府一直致力于消除疟疾,中国援赞疟疾防治中心是中国政府送给赞比亚政府的宝贵礼物,将为赞比亚抗疟工作产生巨大的影响。"中国政府于2006年11月在中非合作论坛北京峰会上提出8项举措,中国援赞比亚疟疾防治中心是落实8项举措的重要成果,该中心由赞比亚华港公司承建,于2009年1月交付使用,2009年5月15—6月27日,由中国政府派出4名疟疾防治专家在赞比亚开展疟疾防治工作,安装调试设备,并培训了20余名赞比亚疟疾工作人员。"②

6月30日上午,中国和津巴布韦在津奥利文工业公司(Olivine Industrtries Ltd)举行中国援助津巴布韦4000吨大豆的官方交接仪式。③

7月,湖南省向塞拉利昂派出第十四批医疗队,全队10人。

浙江省向索马里派出第二十一批医疗队,全队31人。

重庆派出10名青年志愿者赴毛里求斯提供志愿服务。"派出的10名志愿者中,4名为汉语教师,3名为体育教练,3名为信息技术员。一年的时间里,他们牢记嘱托,不辱使命,在毛里求斯甘愿奉献,勤恳工作,团结互助,与毛国同事友好合作,尊重当地风俗习惯,受到毛国各界人士好评。青年志愿者离毛回国前纷纷表示他们没有辜负党和祖国的重托,为促进中毛友谊发展做出努力,同时也锻炼了意志,增长了才干,丰富了知识,这些都将转化为更加服务祖国的精神财富。2009年6月25日,

---

① 《中国援乍电气设备和供水物资举行交接仪式》,2009年6月23日,http://www.mofcom.gov.cn/aarticle/i/jyjl/k/200906/20090606352139.html

② 《中国援赞比亚疟疾防治中心举行揭牌和交接仪式》,2009年6月29日,http://zm.mofcom.gov.cn/article/jmxw/200906/20090606366863.shtml

③ 《中津双方举行中国援津4000吨大豆交接仪式并签署交接证书》,2009年7月8日,http://zimbabwe.mofcom.gov.cn/article/jmxw/200907/20090706385923.shtml

10 名援毛志愿者顺利地平安回国。"①

在中国和厄立特里亚两国政府高度重视和使馆经商处督促协助以及承包单位中兴公司积极努力之下，援厄优惠贷款项目——厄特全国电信网络改造项目于 2009 年 5 月 28 日获得厄特电信颁发的全部 24 类产品的项目初验证书。"至此，中国首个援厄优惠贷款项目成功完成，项目全面进入维保期。整个厄特电信一期项目主要为固定电话网和 CDMA，以及综合营帐、数据、传输、电源、电话终端、附加业务产品及配套设备。作为中国对厄首个优惠贷款项目，该工程将为厄特的所有国际电话和互联网网民提供不间断的服务，并通过扩充网络容量提高电信覆盖率，目前厄特 10 个大城市的居民已经能够在自己家中享受到迅捷和高质量的国内和国际电话服务，而无需像几年前一样挤在营业厅排队等话务员转接电话。厄特一期项目最重要的子项目之一的阿斯马拉—马萨瓦—阿萨布的微波传输干线现已开始为沿线的 GSM 和 CDMA 基站提供业务；与以往依靠卫星相比，不仅大幅降低了成本，也极大的提高了可靠性。"②

7 月 2 日和 9 日，中国和布隆迪签署援布抗疟药换文。"根据换文，中国政府向布隆迪政府提供一批抗疟药品，布隆迪政府 8 月 7 日书面确认了中方提供的抗疟药品清单。这是中国自 2006 年以来向布隆迪赠送的第四批抗疟药品，帮助布隆迪人民与疟疾作斗争。"③

7 月 4 日，由中国政府提供无息贷款建设的赞比亚体育场项目在恩多拉市举行开工典礼。

7 月 5 日，中国与刚果（布）签订关于援建农业技术示范中心项目施工合同。该项目由中国热带农业科学院承办，建设工期 11 个月。该项目属于 2006 年 11 月中非合作论坛北京峰会上推出的八项举措内容。中心位于布拉柴维尔市以南约 17 公里的贡贝农场，占地 59 公顷。项目建设内容包括办公、培训、生产和生活设施用房；平整试验及生产示范田；修建灌溉设施和田间道路；维修高、低压电线路；提供必要的仪器设备和农业机械。建成后的农业示范中心具备试验研究、示范种植、养殖、

---

① 《中国援毛里求斯青年志愿者服务队安全圆满完成志愿服务任务》，2009 年 7 月 1 日，http：//mu.mofcom.gov.cn/article/jmxw/200907/20090706372387.shtml
② 《中国援厄首个优惠贷款项目—厄特全国电信网络改造项目成功完成》，2009 年 7 月 17 日，http：//er.mofcom.gov.cn/article/jmxw/200907/20090706405924.shtml
③ 《中国政府向布隆迪政府无偿赠送一批抗疟药品》，2009 年 8 月 11 日，http：//bi.mofcom.gov.cn/article/jmxw/200908/20090806452334.shtml

产品加工、技术培训等多种功能，实现农业开发和可持续发展。

7月7日，第三批援助埃塞俄比亚青年志愿者抵达埃塞首都亚的斯亚贝巴。"此次中国向埃派遣志愿者10名，主要服务于食品卫生和科学、生物医学和计算机领域，在埃将进行为期1年的服务。截至目前，中国共向埃派遣志愿者3批共72名。"①

中国和苏丹签署援助苏丹达尔富尔地区30口水井项目的换文。"2008年，中国已帮助达区打了10口水井，解决了上万名当地居民的饮水问题。此类项目解决了达区人民的用水问题，改善了当地的生存条件，受到当地人民的热烈欢迎。此次中国将为达区再打30口水井，将为达区人道状况的改善发挥更大的作用。"②

7月9日，中非举行中国赠送抗疟药交接仪式。

7月17日，中国援助中非医疗队得知比萨市有位重病人，即派人携带药物驱车100多公里前往诊治。"这位男性俾格米人，颈、面部肿胀明显，高热，初步诊断为颈部蜂窝组织炎，如不及时采取治疗措施，将会危及生命。医疗队员们立即对病人采取抗菌、消炎治疗，并留下一些药物，向村子里唯一能听懂一点法语的村长介绍了药物的详细用法和注意事项。时隔七天后，医疗队再次到俾格米人部落为病人复查。此时病人体温已下降，颈部肿胀明显消退，病情稳定。医疗队员为病人作了创口处理后，给他留下足够的药物，并祝愿他早日康复。"③

7月21日，中国河北省水利工程局与布隆迪水电总局签订援助布隆迪穆杰雷水电站维修项目施工合同。"根据合同规定，施工单位近期将派遣技术先遣组来布进行前期工作，力争在2个月内做好施工准备并尽快开工，该项目工期为8个月。穆杰雷水电站是中国政府援建的重要成套工程项目，1977年开工，1982年竣工，总装机容量8000千瓦，至今仍是布隆迪重要的供电电站。电站建成30年来，中国政府曾分别于1987、1993和2000年帮助进行了3次大修，有力保证了电站的正常运转，本次

---

① 《中国向埃塞俄比亚派出第三批援埃青年志愿者》，2009年7月29日，http://et.mofcom.gov.cn/article/jmxw/200907/20090706428594.shtml

② 《援苏丹达尔富尔地区30口水井项目换文已签署》，2009年7月15日，http://sd.mofcom.gov.cn/article/jmxw/200907/20090706400829.shtml

③ 《援中非医疗队救治俾格米部落重症病人》，2009年7月30日，http://cf.mofcom.gov.cn/article/jmxw/200907/20090706430997.shtml

大修对保证电站继续为布隆迪经济建设和人民生活发挥作用有重要意义。"①

7月24日，第三批中国援助塞舌尔青年志愿者服务队顺利抵达塞舌尔。"本批援塞青年志愿者共有12名，由广东省中山市选派，其中有六名医生、两名护士、两名音乐老师、一名汉语老师和一名调琴师，他们将分别在卫生、音乐及汉语教学等领域从事为期一年的志愿服务工作。前两批援塞青年志愿者由广东省广州市选派。这是中山市第一次承担援塞青年志愿者选派工作。迄今，中国援塞舌尔青年志愿者共派出34人次。"②

7月26日，中国援助赤道几内亚高级农业专家组一行8人（专家6人，翻译2人）抵赤几。

7月27日和8月27日，中国和刚果（布）签署关于朱埃电台第四期技术合作的换文。"换文规定，中方派遣3名中国技术人员对刚果朱埃电台的设备使用和维护提供技术指导，培训刚方技术人员等。"合作期限2年，第四期技术合作从2009年4月15日至2011年4月14日止。实施单位为中国广播电视国际经济技术合作公司。③

7月底，中国援助马拉维议会大厦项目封顶。中国援助马拉维议会大厦项目自2月16日正式开工以来，在500名中、马工人的共同努力下，经过近5个月的紧张施工完工。

7月30日，中国援助苏丹高级农业专家组一行3人抵达苏丹开展为期一年的农业援助工作。"为贯彻落实2006年胡锦涛主席在中非合作论坛北京峰会上提出的对非八项举措，开展100名高级农业技术专家援非工作，该专家组将分别在苏丹农业部经济规划司、技术引进司与农业园艺司负责农业发展规划编制、农业机械管理及温室技术等工作。"④

7月31日，中国驻尼日尔使馆经商处和尼青体部联合举行了援助尼亚美体育场维修工程交接仪式。

---

① 《援布隆迪穆杰雷水电站维修项目签订施工合同》，2009年8月12日，http://bi.mofcom.gov.cn/article/jmxw/200908/20090806454406.shtml

② 《第三批援塞青年志愿者抵达塞舌尔》，2009年7月27日，http://sc.mofcom.gov.cn/article/jmxw/200907/20090706421751.shtml

③ http://cg.mofcom.gov.cn/article/zxhz/hzjj/200911/20091106637506.shtml

④ 《中国援苏丹高级农业专家抵苏》，2009年8月4日，http://sd.mofcom.gov.cn/article/jmxw/200908/20090806438885.shtml

8月，山东省向坦桑尼亚派出第二十一批医疗队，全队25人，于2011年8月完成任务回国。

8月4日，云南省派出第十四批援乌干达医疗队，全队8人。

8月5日，中国政府向刚果（布）政府赠送了一批办公用品，刚果（布）合作、人道主义行动和互助部举行了交接仪式。

中国援建加蓬体育场施工合同的签字仪式在加蓬总理府会议大厅隆重举行。中国援加体育场坐落在加蓬首都利伯维尔市西北部近郊，可容纳观众4万人。它是加蓬和赤道几内亚联合承办2012年非洲杯足球赛的主赛场。

8月6日，中国援助几内亚比绍3名高级农业技术专家抵达比绍。由卢远华带队的赴几比3名高级农业专家，分别来自四川省自贡市农业局植保站、西北农林科技大学林学院和四川宜宾市农业局种子管理站。他们将分别在几比农业部农科所、植保站和林业局工作，帮助几比政府制订农林业发展规划、改良培育种子、提高植保水平、传授适用农业生产技术和管理经验，并培训农林技术人员等。

8月11日和9月5日，中国和刚果（布）签署黑角医院第二期技术合作的换文。换文规定，中方派遣7名中国技术人员对刚果（布）黑角卢旺基里医院医疗设备的使用和维护提供指导，培训刚方人员等。合作期限2年，第二期技术合作从2009年6月4日至2011年6月3日止。实施单位为中国医疗卫生对外技术合作公司。

8月13日，中国路桥工程有限责任公司代表与布隆迪公共工程和装备部代表在布隆迪首都签署援布穆杰雷水电站进场道路修复项目施工合同。"项目工期为8个月。穆杰雷水电站进场道路总长度大约8.4公里，是进入穆杰雷水电站的唯一通道，修复前沿线地质灾害频繁，山体滑坡、泥石流、路基水毁及塌陷随处可见，部分路段车辆已无法通过，该项目对保证即将开工的中国援布穆杰雷水电站维修项目顺利进行及日后的电站运营具有重要现实意义。"①

8月16日，受商务部和共青团中央委托，由海南团省委组建的援贝宁青年志愿者服务队抵达贝宁经济首都科托努。服务队由20名志愿者组成。

---

① 《援布隆迪穆杰雷水电站进场道路修复项目签订施工合同》，2009年8月21日，http://bi.mofcom.gov.cn/article/jmxw/200908/20090806473018.shtml

8月19日，尼日尔农业部隆重举行中国赠送拖拉机零配件交接仪式。

8月27日，在中国援助刚果（布）广电节目落地项目所在地举行了该项目的交接仪式。"该项目于2009年3月13日开工建设，5月13日竣工，6月19日双方签署交接证书。由于正逢总统选举关键时期，当时未能举办交接仪式。9月1日中国国际广播电台和中央电视台的有关节目将正式开始转播。"①

中国援建毛里求斯第二所小学交接证书签字仪式在毛教育部举行。中国和毛里求斯在交接证书上签字。在中非合作论坛北京峰会对非援助八项措施项下，中国援建毛里求斯两所乡村小学，两所小学均由北京住总集团有限责任公司承建。其中一所阿尔比昂（Albion）小学已于2009年3月17日移交毛方。另一所贝利·梅尔小学于8月27日移交毛方。②

9月，内蒙古自治区向卢旺达派出第十四批医疗队，全队12人，于2011年10月完成任务回国。

福建省向塞内加尔派出第十三批医疗队，全队13人，于2011年9月完成任务回国。

9月4日，中非政府在班吉体育场举行中国政府援助物资项目交接仪式。"该批物资主要是向中国援建的体育场配备会议室和贵宾室家具、电器等办公用品。中非是2009年'中部非洲经济和货币共同体'轮值主席国（喀麦隆、乍得、刚果布、加蓬、赤几和中非），将于11月承办'共同体'六国首脑峰会，届时该体育设施将成为六国峰会的重要会议场所，并举办'共同体六国'足球赛。"③

9月7日，中国政府赠送尼日尔政府的抗疟药品在尼卫生部举行交接仪式。

9月8日，马拉维国际会议中心及附属酒店项目优惠贷款协议签字仪式在利隆圭举行。"国际会展中心及附属酒店项目对刺激马拉维的旅游

---

① 《援刚果（布）广电节目落地项目举行交接仪式》，2009年8月28日，http://cg.mofcom.gov.cn/article/jmxw/200908/20090806485872.shtml

② 《中国和毛里求斯签署援助毛里求斯BELLE MARE小学交接证书》，2009年8月29日，http://mu.mofcom.gov.cn/article/jmxw/200908/20090806486003.shtml

③ 《中非政府举行中国政府援助物资交接仪式》，2009年9月7日，http://cf.mofcom.gov.cn/article/jmxw/200909/20090906499931.shtml

业有着重要的意义。项目建成后,马拉维将有能力承接包括非盟会议在内的各类国际和区域性会议和商业展览,将极大的促进马拉维旅游市场的繁荣。此外,国际会议中心和毗邻的议会大厦项目建成后利隆圭市中心的面貌将极大的改观。这是中国首次向马拉维提供政府优惠贷款,表明了中国政府对马经济发展一贯的援助支持,标志着中马经贸关系进入新的阶段。"① 2010 年 5 月 21 日,马拉维政府在首都利隆圭举行中国援马议会大厦落成庆典。

9 月 10 日,中国援助纳米比亚两所农村小学(分别建在奥姆西亚市和楚奎市)的交接仪式在楚奎市举行。②

9 月 14 日,中国成立首个杂交水稻技术援外培训基地。商务部将袁隆平农业高科技股份有限公司确定为"中国杂交水稻技术援外培训基地"。这是商务部批准的首个杂交水稻技术援外培训基地。"自 1999 年以来,袁隆平农业高科技股份有限公司已受中国商务部委托,举办了 20 多期援外杂交水稻技术培训班,为来自亚洲、非洲、加勒比及南太平洋地区的近 50 个国家培训了近千名农业管理官员和科研技术人员。"③

9 月 16 日,毛里求斯的晋非经贸合作区开工建设。晋非经贸合作区由山西天利实业集团有限公司实施,由太原钢铁(集团)有限公司、山西焦煤集团有限责任公司及天利集团有限公司共同出资设立。毛里求斯西北部的 Baie du Tombeau 地区,距离毛里求斯首都路易港 3.5 公里,距离港口 2 公里。规划面积 2.11 平方公里(土地租赁年限为 99 年)。计划投资约 6000 万美元,实际完成投资 3831 万美元。产品加工及物流仓储、商务商贸、教育培训、房地产、旅游餐饮、绿色能源等板块。"④

9 月 18 日,受商务部援外司委托,中铁五局(集团)公司对中国援赤几外交部巴塔办公楼进行了验收。10 月 29 日,该工程施工项目组与赤几外交部大陆代表签署项目验收及临时交接证书,继而项目进入为期

---

① 《马拉维国际会议中心及附属酒店项目优惠贷款协议签署》,2009 年 9 月 9 日,http://malawi.mofcom.gov.cn/article/jmxw/200909/20090906507346.shtml
② 《中国援纳两所农村小学交接仪式在楚奎市举行》,2009 年 9 月 14 日,http://na.mofcom.gov.cn/article/jmxw/200909/20090906515723.shtml
③ 《中国成立首个杂交水稻技术培训基地》,2009 年 9 月 14 日,http://gb.cri.cn/27824/2009/09/14/1845s2621028.htm
④ 《晋非经贸合作区在毛里求斯开工》,2008 年 9 月 28 日,http://www.mofcom.gov.cn/aarticle/resume/n/200909/20090906539913.html

一年的保养期。

由中国政府援建卢旺达的两所友谊小学项目举行竣工移交仪式。①

9月20日，中国和苏丹在苏丹阿布什医院举行中国—苏丹疟疾防治中心项目挂牌仪式。"阿布什医院院长对中国政府多年来向苏丹提供的医疗援助表示赞赏，期望中国—苏丹疟疾防治中心在帮助苏丹防治疟疾方面发挥积极作用。中国在该项目项下提供的两批抗疟药品均已运抵喀土穆，疟疾诊疗设备运抵喀土穆后用于建立防治中心实验室，开展诊疗服务。"②

9月21日，刚果（布）农业和畜牧业部在布拉柴维尔郊区贡贝农场举行了中国援刚果（布）农业技术示范中心项目的开工仪式。该项目属于2006年11月中非合作论坛北京峰会上推出的八项举措内容。"中心位于首都布拉柴维尔市以南约17公里的贡贝农场，占地59公顷。项目建设内容包括办公、培训、生产和生活设施用房；平整试验及生产示范田；修建灌溉设施和田间道路；维修高、低压电线路；提供必要的仪器设备和农业机械。建成后的农业示范中心具备试验研究、示范种植、养殖、产品加工、技术培训等多种功能，实现农业开发和可持续发展。2009年7月5日，双方签订关于援建农业技术示范中心项目施工合同。该项目由中国热带农业科学院承办，建设工期11个月。"③

9月23日，中国和刚果（布）签署援刚果（布）综合医院和医疗队宿舍项目的施工合同。该项目工期19个月。"该项目属于2006年11月中非合作论坛北京峰会上推出的八项举措内容。项目规模和内容：建设一个综合医院（95床位）和医疗队宿舍，提供部分医疗设备等。项目由中建总公司负责承建。"④

9月25日，在中国援博茨瓦纳塞罗韦学校现场举行了中国援博两所农村学校交接仪式（这两所学校分别建在博茨瓦纳塞罗韦和马

---

① 《中国援卢旺达两所小学项目举行移交仪式》，2009年9月21日，http://rw.mofcom.gov.cn/article/jmxw/200909/20090906527024.shtml
② 《中国—苏丹疟疾防治中心举行挂牌仪式》，2009年10月21日，http://sd.mofcom.gov.cn/article/jmxw/200910/20091006572441.shtml
③ 《援刚果（布）农业技术示范中心项目开工仪式隆重举行》，2009年9月28日，http://jjhzj.mofcom.gov.cn/article/ldhd/shaanxi/bx/200909/20090906539114.shtml
④ 《援刚果（布）综合医院项目施工合同在布拉柴维尔签订》，2009年9月24日，http://www.mofcom.gov.cn/aarticle/i/jyjl/k/200909/20090906533892.html

翁地区）。①

毛里塔尼亚友谊港4、5号泊位扩建项目开工仪式举行。"友谊港始建于1979年，曾一度为中国对非洲援助的第二大工程项目。友谊港设计的年吞吐量为90万吨，1986年竣工以来，对毛里塔尼亚的主权维护和社会经济发展起到了不可或缺的作用。随着毛经济不断发展，现有的港口基础设施满足不了实际需要，经常引起船舶装卸延迟、海上运输成本以及港口通行费增加，年实际吞吐量超过了230万吨。由中国路桥工程有限责任公司承建的友谊港扩建项目，将建设2个2万吨级多用途泊位、通用泊位和1个5千吨级油泊位。扩建后，年实际吞吐能力预计超过400万吨，将对毛里塔尼亚及周边地区经济发展起到巨大的推动作用。"

"友谊港是毛塔经济发展的生命线，由中国路桥承建的4、5号泊位建成后，将大大提高港口的吞吐能力，解决目前货船积港现象，为毛塔经济社会发展再添活力。友谊港4、5号泊位扩建项目的正式开工，标志着该项目进入实施阶段，此项目意义重大，在新的历史时期对于进一步深化两国经贸合作、巩固两国人民友谊具有深远意义。"②

9月28日，在博茨瓦纳哈博罗内媒体中心举行了中国援博信息技术人力资源培训项目交接仪式。根据两国达成的协议，中国政府向博茨瓦纳政府无偿提供7套可视电话设备，并对博相关部门40多人进行了技术培训。③

9月30日，中国援助苏丹综合医院项目在青尼罗州首府达马津市举行开工仪式。④

10月，中国扶贫基金会前往苏丹进行扶贫考察，并与当地民间组织比尔特瓦苏签署合作备忘录。

宁夏回族自治区向贝宁洛克萨派出第十六批医疗队，全队13人，于2011年10月完成任务回国。

---

① 《中国援博茨瓦纳两所农村学校项目竣工并举行交接仪式》，2009年9月29日，http://bw.mofcom.gov.cn/article/jmxw/200909/20090906542165.shtml

② 《毛里塔尼亚友谊港扩建项目举行开工奠基仪式》，2009年11月11日，http://mr.mofcom.gov.cn/article/jmxw/200911/20091106610946.shtml

③ 《中国援博茨瓦纳信息技术人力资源培训项目举行交接仪式》，2009年9月29日，http://bw.mofcom.gov.cn/article/jmxw/200909/20090906542288.shtml

④ 《援苏丹综合医院项目举行开工仪式》，2009年9月21日，http://sd.mofcom.gov.cn/article/jmxw/200909/20090906490749.shtml

10月5日，中国援马达加斯加疟疾防治中心项目揭牌仪式在马达加斯加首都传染病专科医院举行。"疟疾是马达加斯加的主要传染疾病之一，全国发病率10%左右。中马疟疾防治中心建立后，将由马方负责运行和管理，中方专家将定期到马进行短期指导和交流。"①

10月6日，中国向索马里过渡联邦政府无偿提供的50万美元现汇和价值100万元人民币抗疟疾药在中国驻肯尼亚使馆举行交接仪式。在此次交接仪式上，双方还同时签署中国政府同意免除索马里过渡联邦政府截止至2005年12月已到偿还期六笔债务的议定书。②

中国援乍得农业技术示范基地开工仪式在恩贾梅纳市郊杜几亚举行。"技术示范基地将建在恩贾梅纳市郊杜几亚地区，占地面积30公顷，建筑总面积500余平方米。基地建设内容包括办公、培训、生产和生活用房，水稻、蔬菜生产示范田，修建泵站和灌溉设施等。基地建成后将具备示范种植、养殖、农产品加工、技术培训等多种功能。"③

10月7日，中国援多哥三座桥梁修复项目落成典礼在阿马帕佩大桥工地举行。"2008年7月，多哥遭遇30年一遇洪水，南北主干道1号公路上75公里处桥梁被洪水冲毁，造成南北交通大动脉中断。应福雷总统和多哥政府的紧急请求，中国政府快速反应，指定中国路桥工程公司负责该项目的设计与施工。该公司设计人员第一时间抵达现场进行了考察设计。考察后两国政府商定新建阿马帕佩大桥和布雷利佩桥，加固利利波贝桥。至12月底，项目技术组即完成了75公里处便桥的搭建，恢复了南北交通。项目于2009年3月12日正式打下第一根桩基后，技术组克服了重重困难，仅用了6个多月时间，于9月底即完成全部施工任务，比对外工期提前40天。新建阿马帕佩大桥全长107米，比原桥长1倍。"④

10月8日，中国援建博茨瓦纳多功能青年活动中心在首都哈博罗内

---

① 《中国援马达加斯加疟疾防治中心项目揭牌》，2009年10月6日，http://mg.mofcom.gov.cn/article/jmxw/200910/20091006545035.shtml

② 《中国援索马里过渡联邦政府现汇和抗疟药正式交接》，2009年10月8日，http://ke.mofcom.gov.cn/article/jmxw/200910/20091006552798.shtml

③ 《援乍得农业技术示范基地开工仪式在乍举行》，2009年10月16日，http://tchad.mofcom.gov.cn/article/jmxw/200910/20091006562050.shtml

④ 《福雷总统出席我援多三座桥梁修复项目落成典礼》，2009年10月9日，http://tg.mofcom.gov.cn/aarticle/jmxw/200910/20091006547853.html

施工现场举行奠基仪式。"青年活动中心是中博两国友好合作的又一成果。多年来,中国在经济、技术和文化等方面对博给予了很大帮助,促进了博经济社会的发展。多功能青年活动中心建成后将服务于全国青年,成为青年从事积极健康活动的中心。哈博罗内多功能青年活动中心是使用中国政府提供的无息贷款建设的项目,中资企业中鼎国际工程有限责任公司负责实施。该活动中心预计于 2011 年竣工,建成后将成为哈博罗内最大的青年活动中心。"①

10 月 12 日,赤道几内亚总统奥比昂参加中国援建赤几外交部巴塔办公楼项目的竣工揭幕仪式。

10 月 13 日,中国援中非班吉中心小学项目举行交接仪式。援班吉中心小学是中非合作论坛八项举措项下中国政府援建非洲国家 100 所小学校之一。"由中国成套设备进出口集团公司承建,项目占地面积 5196 平方米,建筑面积 859.68 平方米,包含 6 间教室、1 个图书阅览室、1 个教师办公室、1 个校长办公室和一些附属设施,可容纳学生 300 人。"②

10 月 22 日,中国援津巴布韦农业技术示范中心项目开工仪式举行。"通过技术示范中心的形式,中国向津巴布韦人民展示先进的农业生产技术,与津巴布韦分享过去几十年里粮食问题解决和发展农业生产的经验,并为津巴布韦培养农业人才,帮助降低农业生产成本,提高农产品产量和质量,解决津巴布韦的饥饿与贫困。中国援津农业技术示范中心是北京峰会中的一项重要承诺,由现代农装北方(北京)农业机械有限公司具体承建。"③

中国援埃塞俄比亚医院项目举行正式开工仪式。④

10 月 23 日,中国援助摩洛哥国民教育、高等教育、干部培训与科学研究部教学物资交接仪式在拉巴特举行。这批援助包括校车、太阳能

---

① 《中国援博茨瓦纳多功能青年活动中心举行奠基仪式》,2009 年 10 月,http://bw.mofcom.gov.cn/article/jmxw/200910/20091006547941.shtml
② 《援中非班吉中心小学项目举行交接仪式》,2009 年 10 月 14 日,http://cf.mofcom.gov.cn/article/jmxw/200910/20091006555197.shtml
③ 《中国援津农业技术示范中心举行开工仪式》,2009 年 11 月 2 日,http://zimbabwe.mofcom.gov.cn/article/jmxw/200911/20091106594566.shtml
④ 《援埃塞医院项目举行正式开工仪式》,2009 年 10 月 23 日,http://et.mofcom.gov.cn/article/jmxw/200910/20091006577590.shtml

发电设备及零配件等物资，是中方落实胡锦涛主席在2006年中非合作论坛北京峰会上宣布的对非务实合作8项政策举措的后续行动之一。

10月25日，中国援津巴布韦10名高级农业专家乘坐UM771航班顺利抵达津巴布韦，开始为期一年的农业技术援助工作。"农业是津巴布韦的支柱产业，受制于多方面的原因，津巴布韦农业连年减产，粮食危机严重，此次来津的10名中国专家将帮助津政府制订切实可行的农业规划，传授先进的农业生产技术和管理经验，培训出优秀的技术人才，帮助津巴布韦摆脱困境，构架起两国农业领域合作的桥梁。中国援津10名高级农业专家是北京峰会援非100名高级农业专家的组成部分，在所有受援国家中，津巴布韦是派遣人数最多的国家。"①

10月26日，为帮助多哥开展水灾救援工作，中国向多哥无偿提供价值200万元人民币救灾用帐篷一事在洛美换文确认。多哥南部地区2009年遭遇了特大洪水袭击，多哥政府向国际社会发出紧急援助呼吁，中国政府积极响应多哥政府援助请求，紧急向多哥政府提供价值200万元人民币救灾用帐篷。该批救灾物资由中国商务部协调有关单位以最快速度空运洛美。360顶帐篷可安置灾民2000余人。

10月27日，中国—南非农业技术示范中心开工奠基典礼在南非自由州省哈瑞普举行。"该项目由中国政府出资3000万元人民币，旨在帮助当地从事淡水养殖品种实验研究并开展技术示范推广和人员培训。作为北京峰会的八项举措之一，该农业技术示范中心是扩大和进一步促进中国和南非经济贸易及技术合作的重要步骤，重点发展水产养殖业，目标定位在解决国家食物安全与脱贫上。中国在淡水养殖领域取得了成功经验，建立南非农业技术示范中心对推广中国先进的淡水养殖经验、丰富当地人民的食物结构以及帮助解决当地的贫困问题具有积极意义。"

"中国—南非农业技术示范中心项目将包括培训中心大楼、实验室、鱼苗繁育中心、饲料厂等工程，总建筑面积3000平方米。农业技术示范中心建成后，每年将为南非培训500名淡水养殖技术人员。该中心每年举办10期培训班，每期培训50名技术人员。农业技术示范中心的建设，对在南非大力推广淡水养殖技术，促进当地经济发展将发挥重

---

① 《中国援津10名高级农业专家抵津》，2009年11月2日，http://zimbabwe.mofcom.gov.cn/article/jmxw/200911/20091106594564.shtml

要作用。"①

10月28日，纳米比亚奥姆西亚市举行了中国援纳医院项目现场交接开工仪式。②

中国援坦桑尼亚农业技术示范中心开工典礼在中心所在地摩洛哥洛举行。"农业技术示范中心的建立为中坦两国合作树立了新的里程碑。农业对坦桑尼亚至关重要，坦政府一直实行优先发展农业的政策。农业技术示范中心的建成将使当地农民认识到农业技术在发展农业中的重要性，对坦农业的发展起到积极的推动作用。"③

10月30日，中非政府为中国援中非综合医院项目举行奠基仪式。

中国援埃塞俄比亚农业技术示范中心开工典礼在项目现场举行。"中埃双边农业合作源远流长，该农技示范中心项目进一步促进中埃农业发展经验及技术交流与合作。中国的农业职教老师在过去六年中为埃塞培养了6万多名学员。这些学员毕业后服务于埃全国的农业技术部门，为提升农民的种植技术起到了重要作用。该农技示范中心将成为中埃技术交流与合作的典范。"④

津巴布韦举行中国援津医院项目开工和奠基仪式。⑤

中国—塞拉利昂疟疾防治中心挂牌仪式在塞首都弗里敦成功举行。

10月31日，中国援助中非抗疟中心项目举行挂牌仪式。

11月，天津泰达控股有限公司的埃及苏伊士经贸合作区揭牌。"到2013年年底，已初步建成1.34平方公里的起步区，累计投资近9000万美元，入驻企业58家，吸引合作投资额近6.1亿美元，提供了2000多个就业岗位，其中90%为埃及本地员工。初步形成了石油装备制造、高低压电器制造、纺织服装、新型建材和农用机械制造5大产业园区。与此同时，苏伊士经贸合作区配套工程和服务设施也

---

① 《中国援建南非农业技术示范中心项目开工》，2009年10月30日，http://za.mofcom.gov.cn/article/zxhz/sbmy/200910/20091006592827.shtml

② 《援纳医院项目正式开工》，2009年10月30日，http://na.mofcom.gov.cn/article/jmxw/200910/20091006592745.shtml

③ 《中国援坦农业技术示范中心开工典礼顺利举行》，2009年11月3日，http://tz.mofcom.gov.cn/article/jmxw/200911/20091106598017.shtml

④ 《援埃塞农业技术示范中心举行开工典礼》，2009年11月1日，http://et.mofcom.gov.cn/article/jmxw/200911/20091106594333.shtml

⑤ 《中国援津医院项目举行开工和奠基仪式》，2009年11月2日，http://zimbabwe.mofcom.gov.cn/article/jmxw/200911/20091106594574.shtml

日臻完善。"①

中国国家开发银行开罗代表处成立，这是该银行在国外的首个分支机构，也是中国金融业在北非设立的首家分支机构。

中国向多哥赠送了大批筑路工程机械。"中国此次向多哥赠送的工程机械包括：履带式推土机、轮式装载机、平地机、压路机、挖掘机、洒水车、自卸卡车、沥青洒布车、沥青脱桶设备、沥青混凝土搅拌设备、沥青保温运输车、沥青碎石同步封层车、混凝土搅拌机、拖拉机、空气压缩机等。"②

11月3日，中国援博茨瓦纳12名青年志愿者及工作组顺利抵达哈博罗内。根据两国换文，中国青年志愿者将在博政府指定的公共部门服务12个月。③

11月4日，中国援助卢旺达的竹子项目组第一期培训圆满结束，为期14天。在中国专家的精心指导下，15名学员均独立完成了凳子或者竹筐等产品制作，顺利完成第一期培训任务。④

11月6日，中国—几内亚疟疾防治中心揭牌仪式在科纳克里亚斯丁医院举行。援非疟疾防治中心是中国在中非合作论坛北京峰会承诺的八项举措之一。根据中几两国政府签署的相关换文，中国为该中心无偿提供疟疾诊疗设备和抗疟药品，并将在中心建成的三年内每年派遣抗疟专家小组来几进行短期工作访问，对几疟疾防治人员进行技术培训，指导抗疟中心工作。该中心设立在中国援几医疗队所在的亚斯丁医院，于10月25日挂牌，中国抗疟专家组28日抵几。为提高该中心医护水平，在中国专家抵达几内亚的最初几周内，专家组对几方的临床医生、护士和化验人员进行专题培训。⑤

11月7日，中国援赞农业示范中心项目奠基仪式在卢萨卡赞比亚大学Liempe农场举行。

---

① 《埃及苏伊士经贸合作区》，2014年1月2日，http://www.mofcom.gov.cn/aarticle/subject/jwjjmyhzq/subjectp/201011/20101107232235.html
② 沐涛、杜英：《列国志：布基纳法索 多哥》，社会科学文献出版社2011年，第330页。
③ 《中国援博茨瓦纳青年志愿者及工作组顺利抵达》，2009年11月4日，http://bw.mofcom.gov.cn/article/jmxw/200911/20091106600346.shtml
④ 《援卢竹子项目组第一期培训圆满结束》，2009年11月5日，http://rw.mofcom.gov.cn/article/jmxw/200911/20091106603209.shtml
⑤ 《中国—几内亚疟疾防治中心举行揭牌仪式》，2009年11月6日，http://www.mofcom.gov.cn/aarticle/i/jyjl/k/200911/20091106605687.html

第三届中非企业家大会在埃及的沙姆沙伊赫召开。"大会围绕'携手前行、共同繁荣'的主题展开，通过全体会议、主题研讨、对口洽谈等多种形式就推动中非金融、贸易投资、基础设施与新能源等领域合作进行深入探讨，并按照金融与投资、能源与化工、轻工与纺织、机械制造、工程承包与建筑、通讯与电子、医疗卫生、食品与农业、旅游、贸易等行业进行了面对面的对口洽谈。在大会的签约仪式中，来自中国与埃及、埃塞俄比亚、马里、尼日利亚、乌干达等国的企业签署10个投资和工程承包合作项目，总金额达28.5亿美元。"①

11月8日，中非合作论坛第四届部长级会议在埃及海滨城市沙姆沙伊赫开幕。来自中国和40多个非洲国家的外交部长、负责对外经济合作事务的部长和代表汇聚于此，共同探讨如何深化中非新型战略伙伴关系，谋求可持续发展。"这是国际金融危机大背景下召开的，也是北京峰会后中非之间的又一次盛会，不仅是中国和非洲国家对本次会议满怀憧憬，世界也对本次会议充满期待。"②

11月9日，安哥拉计划部长洛伦索女士在埃及沙姆沙伊赫表示，中非合作论坛已经成为南南合作的典范。"洛伦索女士在第四届中非合作论坛部长级会议上发言指出，中国发展同非洲的关系信守7项基本原则，平等、互利、尊重主权、无条件援助、考虑受援方的努力、信守承诺、进出口平等对待，这种合作有别于非洲国家传统模式。中国政府最高层出席本次部长级会议，是对安方论断的一个有力证明。洛伦索女士在回顾中非合作历程时表示，中非合作已历经50年，中国始终是一个实在且开放合作的朋友。她说，根据已达成的共识，沙姆沙伊赫大会将使中国和非洲能进一步研究合作的主题，使2010—2012年的合作更具活力。上述合作内容于去年在开罗举行的第三届部长级会议上确立，主要内容是农业、粮食安全和基础设施。而农业在中国经济增长战略中发挥的作用令人关注，是值得非洲学习和重视的。中国近三十年来经济强劲增长以及中国之经验在全球化进程中不愧是一个成功范例。此外，她还对论坛秘书处以及非洲各国驻华使馆所做的工作表示满意。"③

---

① 张忠祥：《中非合作论坛研究》，世界知识出版社2012年，第142—143页。
② 参见 http://www.focac.org/chn/ltda/dsjbzjhy/
③ 《安哥拉计划部长表示中非合作论坛是南南合作典范》，2009年11月10日，http://ao.mofcom.gov.cn/article/sqfb/200911/20091106608786.shtml

11月10日,马里卫生部举行2009年度中国政府向马里政府赠送中国医疗队工作所需药品和医疗器械的交接仪式。"自1968年开始派遣马里医疗队开始,浙江省已累计派出21批医疗队,707人次。随着援助力度加大,近几年中国政府每年向马方赠送的供医疗队用药械均超过五十万元,医疗队派出省卫生厅累计赠送药械已超过500万元,其中有X光、B超机,麻醉机,腹腔、胃、关节镜和监护仪等。为中国援外医疗队员高质量的完成医疗服务工作提供了物质保证。"①

11月13日—14日,中非合作论坛——妇女论坛2009在埃及首都开罗举行。来自中非合作论坛成员国29个国家的110名负责妇女事务的政府部长和妇女组织的负责人出席了会议。此次论坛是为了落实《中非合作论坛北京峰会宣言》提出的"增进在文化、科技、教育、环保、旅游等领域以及妇女事务的交流与合作"精神而举行的。论坛是由中华全国妇女联合会和埃及国家妇女委员会联合主办的。②

11月15日,中国援助纳米比亚医院项目奠基典礼在奥姆西亚举行。

11月16日,中国援助几内亚疟疾防治中心在亚斯丁医院举办首期培训班。"由福建省卫生厅选派的疟疾防治专家组包括疟疾防治专家、临床专家、实验室镜检专家及法语翻译各1人。此次培训班将分两部分进行:第一部分培训对象为40名临床医生和护士,第二部分培训对象为20名实验室检验人员。在接下来的两周时间内,专家组将有针对性地开展教学培训,传授中国疟疾防治经验,指导青蒿素类抗疟药品的使用,利用中国为抗疟中心配备的仪器、设备对当地医务人员进行操作培训,提高受训学员疟疾诊断、治疗、重症病人抢救、疟疾研究及预防控制等综合能力。"③

11月17日,在中国援助埃塞俄比亚三所农村学校项目之一的南方州萨尔特区农村学校现场,举行了援埃三所农村学校集体移交仪式。三所学校的建成交接,是中非合作论坛北京峰会八项举措如期落实的体现。"此次移交仪式吸引了当地大批小学生及民众参加,现场摆放了区政府特

---

① 《巴马科举行2009年度中国赠送马里医疗药械交接仪式》,2009年11月11日,http://ml.mofcom.gov.cn/article/jmxw/200911/20091106613051.shtml

② 张忠祥:《中非合作论坛研究》,世界知识出版社2012年,第145页。

③ 《我援几内亚疟疾防治中心举办首期培训班》,2009年11月17日,http://gn.mofcom.gov.cn/article/todayheader/200911/20091106620943.shtml

意赶制的'感谢中国政府'、'感谢中国人民'的中英文横幅,当地学生及民众还以热情的歌舞,充分表达了对中国政府和人民的感激之情。"①

11月23日,中国和几内亚正式办理了中国援助几内亚抗疟药物移交手续。根据2009年7月13日和23日中几双方在科纳克里签署的换文规定,中国向几内亚政府赠送一批青蒿素类抗疟药。此项援助系落实中非合作论坛北京峰会八项举措的后续行动之一。移交手续办理前,药品分两批运抵科纳克里。

11月24日,由中国援建的位于马里锡加索大区的白索巴农村学校举行启用仪式。"白索巴农村学校建有12间教室和校长办公室、教师办公室各2间,建筑面积1214平方米,有一个标准篮球场,并配备了必要的课桌椅和教学设备。工程于2008年6月18日开工,2009年1月10日竣工,2月4日移交马方,由中国齐鲁建设集团承建。"②

11月25日,中国和莫桑比克举行援莫抗疟疾中心对外揭牌仪式并签署交接证书。

11月26日,中国和纳米比亚两国政府经济技术合作协定签字暨中国援纳第三所农村小学交接仪式在纳国家计委举行。

中、几两国政府换文确定中国对丁基索水电站二号发电机进行整机更换。"中国援几丁基索水电站建成于1976年,2006年大修改造后总装机容量为1650kW。2007年因山火烧断树木导致高压线短路,二号机组严重损毁。"③ 二号发电机整机更换后,缓解了几内亚内地电力紧缺的状况。

11月30日,中国援助坦桑尼亚疟疾防治中心在阿马纳医院举行揭牌仪式。④

12月,中国、赞比亚和坦桑尼亚3国签署坦赞铁路第14期经济技术合作协议。中国政府将提供3900万美元无息贷款用于恢复铁路运营及设

---

① 《我援埃塞俄比亚三所农村学校项目举行集体交接仪式》,2009年11月24日,http://et.mofcom.gov.cn/article/jmxw/200911/20091106637858.shtml

② 《马里举行中国援非农村学校启用仪式》,2009年11月27日,http://ml.mofcom.gov.cn/article/jmxw/200911/20091106640317.shtml

③ 《援几内亚丁基索水电站二号机更换项目顺利完成》,2009年6月11日,http://gn.mofcom.gov.cn/aarticle/jmxw/200906/20090606324462.html

④ 《援坦桑尼亚疟疾防治中心举行揭牌仪式》,2009年12月2日,http://tz.mofcom.gov.cn/article/jmxw/200912/20091206648488.shtml

备维修采购。①

广东省向加纳派出第一批医疗队，全队 11 人。

12 月 9 日—10 日，中国全军援外工作会议在北京召开。

12 月 11 日，中国政府向马达加斯加无偿提供一批救灾物资的交接仪式在马救灾管理局仓库举行。"中方此次赠送的救灾物资包括柴油发电机组、水泵机组、帐篷、蚊帐、棉被和床单等。"②

12 月 18 日，中国医疗队向在刚果（布）工作的三所医院提供部分常用药品和医疗器械。"2009 年度援刚果（布）药品和医疗器械共计 60 箱、价值约 10 万美元，于 2009 年 9 月运抵刚果。12 月 12 日，刚方在首都马格莱格莱医院举行了该批药品和医疗器械的交接仪式。"③

12 月 20 日，中国援建马拉维的乔洛中学项目举行奠基典礼。

12 月 20 日—21 日，中非合作论坛——法律论坛在埃及开罗举行，会议主题为"加强中非法律交流，促进中非关系全面发展"。

12 月 21 日，中国和突尼斯签署中国帮助突尼斯实施水产养殖项目的交接证书。该项目通过向突尼斯提供养殖设备，派遣中国养殖专家，进行现场技术培训，并邀请突方水产养殖官员和技术员赴华进行考察和培训，达到向突方传授淡水鱼养殖技术的目的。项目的实施不仅有力地配合了突政府提高淡水鱼产量的目标，还对突尼斯水库水渠及自然环境起到了一定的保护作用。④

12 月 24 日，中国和厄立特里亚关于中国援助厄奥罗特医院维修扩建项目换文确认仪式在厄首都阿斯马拉举行。"奥罗特医院为中国向厄援建的第一个大型成套项目，在 2002 年竣工投入使用以来在厄医疗卫生领域发挥了重要作用，已成为厄首都最大的综合性医院。应厄特政府的请求，中国将对该医院进行一次全面维修和扩建工程，从而解决作为厄特转诊医院不断增加之需求。这是今年 11 月中非论坛之后，中国政府将在

---

① 《中国为坦赞铁路提供 3900 万美元无息贷款》，2010 年 1 月 14 日，http://zm.mofcom.gov.cn/article/jmxw/201001/20100106746132.shtml

② 《中国援马达加斯加救灾物资交接仪式举行》，2009 年 12 月 12 日，http://mg.mofcom.gov.cn/article/jmxw/200912/20091206667447.shtml

③ 《2009 年度援刚果（布）药品和医疗器械交付刚方医院》，2009 年 12 月 18 日，http://cg.mofcom.gov.cn/article/jmxw/200912/20091206681359.shtml

④ 《中国援突尼斯水产养殖项目交接证书在突尼斯签署》，2009 年 12 月 23 日，http://tn.mofcom.gov.cn/article/jmxw/200912/20091206693284.shtml

厄实施的首个项目，有利于促进中厄在医疗卫生领域的交流与合作，进一步巩固两国传统友好关系，实现互利共赢的发展目标。"①

12月28日，由中国政府援助的乍得恩贾梅纳市政道路整治项目工程移交仪式在恩贾梅纳举行。

12月29日，中国援助坦桑尼亚达累斯萨拉姆大学教学设备项目交接仪式在达累斯萨拉姆大学举行。

中国援助马达加斯加医疗队药品和医疗器械交接仪式在马卫生部举行。"根据两国政府签署的中国向马派遣医疗队议定书规定，中国每年向马提供一批药品和医疗器械，供中国医疗队在马工作的医疗点使用。目前在马工作的第17批中国医疗队员共30人，分布在马国四个医疗点工作。"②

12月30日，为进一步发展中津两国间的友好关系和经济技术合作，根据津巴布韦政府的需要，中国和津巴布韦签署《中国向津巴布韦提供优惠贷款的框架协议》。根据该框架协议，中国政府同意由进出口银行向津巴布韦政府提供优惠贷款用于津巴布韦Netone电信改造项目。③

2010年

中石油尼罗河公司向中国扶贫基金会捐赠60万美元。该笔资金主要用于支持"苏丹妇幼保健系统援建项目"的建设资金，旨在为改善苏丹农村地区的妇幼保健水平提供援助。④

中国政府向乌干达派遣15名青年志愿者。他们主要在软件设计和硬件维护、乒乓球、篮球和田径教练等领域进行为期1年的服务。2009年，中国向乌干达曾派遣了5名青年志愿者。⑤

为规范对官员培训班的管理，商务部制定了《对外援助培训项目管理规定》。

---

① 《中国和厄立特里亚政府就中国援厄奥罗特医院维修扩建项目换文确认》，2009年12月26日，http://er.mofcom.gov.cn/article/jmxw/200912/20091206701761.shtml

② 《中国援马达加斯加医疗队药品和医疗器械交接仪式在首都举行》，2009年12月30日，http://mg.mofcom.gov.cn/article/jmxw/200912/20091206713225.shtml

③ 《中津签署向津巴布韦提供优惠贷款框架协议》，2010年1月7日，http://zimbabwe.mofcom.gov.cn/article/jmxw/201001/20100106729794.shtml

④ 《中石油尼罗河公司再签公益事业捐赠协议》，2010年11月23日，http://www.chinaoilonline.com/wz/2010-11-23-00-00-0089223.html

⑤ 魏翠萍：《列国志：乌干达》，社会科学文献出版社2012年，第523页。

中国政府向多哥政府提供8000万元人民币的无偿援助和3000万元人民币的无息贷款。两项协定总额合计为1.1亿元人民币,将用于实施两国政府商定的项目。

1月到2011年12月,中国开始援助喀麦隆体育馆第一期技术合作项目施工任务。"援喀麦隆体育馆总投资1643.48万元人民币。技术合作项目是体育馆项目的重要组成部分,主要任务有三个:①派遣技术合作组赴喀,对体育馆的运行以及设施的使用维护提供技术指导;②提供各种备件和设施零件;③培训喀方技术人员,教他们学会使用和运营各种机器设备。"①

1月7日,中国和贝宁在科托努签订了中国向贝宁提供无偿援助和无息贷款的两项经济技术合作协定和用于科托努行政大楼项目的中国向贝宁提供优惠贷款的框架协议。

中国和塞内加尔签署2010年度赠送塞抗疟药品交接仪式。

1月8日,中国援助尼日尔药品及医疗器械交接仪式在中国援尼医疗队驻地举行。

1月9日,中国援建塞拉利昂两所农村小学交接仪式在弗里敦举行。

1月13日,厄立特里亚人阵党和中国共产党在阿斯马拉签署协议。根据协议,中方向厄人阵党捐赠一批电脑和文具。②

1月14日,中国援助尼日尔共和国外交部外长会客厅装修项目交接仪式在尼外交部举行。

1月15日,中国援助厄立特里亚第六批医疗队队员举行义诊活动。"为增进中、厄两国人民之间的友谊和了解并为更多的患者解除病痛,援厄第六批医疗队十余名队员在队长闫文学的带领下,来到距厄首都50余公里的南方省首府曼德法拉市医院为当地患者进行了义诊并向医院捐赠了当地急需的部分药品。此次义诊8:30开始工作,下午4:00结束。经过一天的紧张工作,中国医生为当地患者260余人进行了各项体格检查和诊治并收住院患者8人。并诊断出肺先天性发育不良、先天性脑瘫、

---

① 《中国与喀麦隆签署援雅温得多功能体育馆技术合作换文》,2009年12月6日,http://cm.mofcom.gov.cn/aarticle/jmxw/200912/20091206710964.html
② 《中国向厄立特里亚人民民主正义阵线捐赠电脑和文具》,2010年1月19日,http://er.mofcom.gov.cn/article/jmxw/201001/20100106752721.shtml

陈旧性骨折等疑难病人。"①

中国和坦桑尼亚在达累斯萨拉姆签订优惠贷款框架协议，中国向坦桑尼亚全国光缆骨干传输网（二期）项目和桑给巴尔国际机场 2 号航站楼项目提供优惠贷款。②

1 月 21 日，中国向几内亚比绍捐赠 100 多万美元供中国在比绍援建的新政府大楼的装配。

中国援助乍得抗疟药品交接仪式在乍公共卫生部医药管理局举行。新政府大楼将于 2010 年年中落成，各部委和总理办公室都将迁至新楼办公。中国驻几内亚比绍大使严邦华称，所有办公设备和家具都将使用中国政府资助的 700 多万元（100 多万美元）购买。中国政府提供这笔捐款是希望在把这座大楼交给比绍当局时就可以直接使用。③

1 月 23 日，中国援助的加蓬体育场项目正式开工。"该体育场项目规模为 40000 座，是迄今为止中国援助加蓬最大的成套项目。按照项目计划，建成后将承接 2012 年初在加蓬举行的足球非洲杯比赛。由上海建工集团承建。"④

1 月 25 日至 2 月 3 日，受商务部委托，上海建工集团有限公司和援外司、经济合作局有关项目管理人员联合组成援莱索托议会大厦项目竣工验收组，对援莱索托议会大厦项目进行了竣工验收。经验收，该项目施工管理规范，各项指标符合设计和规范要求，该项目由中国建筑东北设计研究院负责设计，山东烟建集团有限公司负责施工，新疆建设监理公司负责施工监理。现项目通过竣工验收，但仍留有新增加的挡土墙和场地回填等部分单位室外工程因特殊原因经国内同意结项竣工。⑤

1 月 28 日，在科摩罗昂岛布谷尼举行了隆重的援科友谊小学项目交

---

① 《援厄立特里亚医疗队到厄南方省曼德法拉进行义诊》，2010 年 1 月 19 日，http：//er.mofcom.gov.cn/article/jmxw/201001/20100106762556.shtml

② 《中、坦签署优惠贷款框架协议》，2010 年 1 月 20 日，http：//tz.mofcom.gov.cn/article/jmxw/201001/20100106754121.shtml

③ 《中国向几内亚比绍捐赠 100 多万美元供新政府大楼的装修及配置》，2010 年 1 月 21 日，http：//gw.mofcom.gov.cn/article/jmxw/201001/20100106758473.shtml

④ 《援加蓬体育场项目正式开工》，2010 年 1 月 25 日，http：//ga.mofcom.gov.cn/article/jmxw/201001/20100106760189.shtml

⑤ 《援莱索托议会大厦项目通过竣工验收》，2010 年 2 月 4 日，http：//ls.mofcom.gov.cn/article/jmxw/201002/20100206776263.shtml

接仪式。

1月29日，中国航空技术国际控股有限公司和肯尼亚青年事务与体育部在肯首都内罗毕市郊举行"肯尼亚国家青年服务队工程机械设备采购"项目交接典礼。该项目总金额5586万美元，涉及推土机、吊车、消防车等各类设备3700多件，得到了中国政府贴息优惠贷款的支持。肯尼亚青年服务队成立于1964年，主要职能是通过培训提高肯年青一代的知识水平和技能，并参与公路、水库等重要基础设施项目的建设。青年服务队成立以来，只在1978年至1982年间采购过一批机械设备，此次通过中国政府优惠贷款采购的设备是该机构20多年来首次更新装备，对于提高其工作效率，为更多年轻人创造学习和工作机会，以及推动肯尼亚各项建设都将起到重要作用。①

1月31日，中国援助刚果（布）农业技术示范中心项目工程开工建设，工程由中国热带农业科学院总承包，中国威海国际经济技术合作公司承建。

2月，中国扶贫基金会给苏丹民间组织比尔特瓦苏捐赠价值38.8万元的医疗物资。

2月4日，苏丹国家选举委员会副主席阿卜杜拉·艾哈迈德签署回文对中方去文确认中国的物资援助。根据该换文，中国将向苏丹提供一笔现汇援助和数百台电脑、打印机、电视等办公设备，用于支持即将于4月举行的苏丹全国大选。此举将为苏丹全国大选顺利进行提供有力的资金和技术支持，为促进苏丹政治稳定和社会进步发挥积极作用。②

贝宁政府在贝卫生部举行中国无偿赠送抗疟药品移交仪式。

2月5日，中非政府为中国援建的中非友谊医院维修项目举行了隆重而热烈的交接仪式。

2月11日，中国政府向几内亚比绍提供了2500吨大米的粮食援助。

2月18日，中国向马拉维提供马拉维科技大学项目优惠贷款的政府间框架协议签字仪式在马财政部举行。

2月28日至3月9日，由商务部国际经济合作局组派验收组，对中

---

① 《中国政府优惠贷款支持的肯国家青年服务队工程机械设备采购项目在肯正式交接》，2010年1月30日，http://ke.mofcom.gov.cn/aarticle/jmxw/201002/20100206799229.html

② 《向苏丹全国大选提供支持项目换文已签署》，2010年2月8日，http://sd.mofcom.gov.cn/article/jmxw/201002/20100206780356.shtml

国援建的贝宁农业示范中心工程项目进行竣工验收。"本次竣工验收核查了 2000 多份工程图纸、技术资料,在现场对建筑物进行实量实测,对提供的设备、农机具进行清点。援贝宁农业示范中心工程项目由教学楼、专家宿舍、学员宿舍、附属用房及室外工程共 4 个部分组成,总建筑面积 2380.72m^2,由中国农业发展集团公司总承包,土建工程项目由中铁五局分包,北京中宇瑞德建筑设计有限公司设计,新疆建筑科学研究院工程建设监理公司监理,施工工期 12 个月。项目于 2009 年 4 月 30 日正式开工,2010 年 2 月 28 日全部完工,比规定工期提前了 2 个月。该项目在中国援非 10 个农业示范中心工程项目中,是最早开工建设、最先竣工的工程项目。援贝农业示范中心工程项目的竣工,为中贝农业示范合作项目的开展奠定了基础。"①

3 月 3 日,中国向科特迪瓦外交部提供 15 辆红旗 300 型礼宾轿车交接仪式在科外交部院内举行。

3 月 4 日,中国援助厄立特里亚体育物资交接仪式在阿斯马拉举行。"2009 年 7 月,拉马丹将军访问中国期间,中国体育总局承诺向厄特政府提供总价值为 10 万元人民币的体育用品物资援助,包括体育设备、运动器材和服装等。"②

3 月 10 日,中国和几内亚签署中国政府为科纳克里打井项目的交接证书。2007 年 11 月 29 日和 30 日,中几两国换文确认,中国帮助几内亚在科纳克里及周边地区打 85 眼民用水井,每眼井建造一个井台并安装一台脚踏泵。"2009 年 7 月 18 日,项目开工建设,2010 年 2 月 26 日,所有水井项目竣工。该项目的建成和移交有助于缓解几首都及周边地区人民吃水难的问题。"③

3 月 16 日,中国援助博茨瓦纳外交与国际合作部一批一般物资的交接仪式在哈博罗内举行。

3 月 23 日,中国援助毛里求斯维多利亚医院手术中心和病房项目设计合同签字仪式在毛里求斯卫生部举行。维多利亚医院是毛里求斯最大

---

① 《援贝宁农业示范中心工程项目通过竣工验收》,2010 年 3 月 6 日,http://bj.mofcom.gov.cn/aarticle/ddfg/201003/20100306815018.html

② 《中国援助厄立特里亚体育物资交接仪式在阿斯马拉举行》,2010 年 3 月 5 日,http://er.mofcom.gov.cn/article/jmxw/201003/20100306807867.shtml

③ 《我援几内亚 85 眼井项目签署交接证书》,2010 年 3 月 15 日,http://gn.mofcom.gov.cn/aarticle/jmxw/201003/20100306822569.html

的公立医院之一,有着75年的历史。①

3月24日,中国援建苏丹最大水电站富拉电站开工建设。

中国援助毛里求斯城市监控和无线通讯系统项目开工仪式在毛警察总署举行。毛里求斯城市监控和无线通讯系统项目是中国政府使用无息贷款向毛政府提供的援助项目,主要工程为在毛首都路易港和岛北大湾旅游区安装摄像头,以及为毛警察配备无线通讯设备等。②

3月25日,马达加斯加农业部在中国援马杂交水稻示范中心召开杂交水稻现场讨论会。"为了进一步推广杂交水稻技术,湖南农科院还派出了以党委书记黄仲先为团长的代表团专程与会。2007年11月,中国'援马达加斯加杂交水稻开发示范中心'技术组在马开始杂交水稻高产示范栽培,参加品比实验的34个中国杂交水稻品种,有27个比马对照品种增产。其中M729最高产量达到10.41吨/公顷,比对照品种增产114.6%,筛选出来的10个品种平均产量8.8吨/公顷,大大高出当地单产(2.8吨)。2009年,中国政府无偿援助马达加斯加56吨杂交水稻种子。据不完全统计,2010年种植了680.7公顷,最高产量10.2吨/公顷,该批稻种可种植2400公顷,预计可增产稻谷6000吨左右。"③

4月,浙江义乌市在埃及开罗举行了"非洲商品展销中心"推介会。④

中国扶贫基金会与中国国际扶贫中心共同举办"苏丹民间组织扶贫能力建设培训班"。

华北有色工程勘察院有限公司承担实施援助多哥打井(EPC)任务。为解决当地农村居民、学校的用水问题,中国援助多哥200眼水井,卡拉和中央区各100眼。"工作内容包括:成井、建造井台、围栏、水槽、渗井、手压泵安装。技术要求:井深70米以内;终孔口径165毫米;单井出水量大于等于0.7m/h;水质化验合格。"⑤

---

① 《中国援助毛里求斯维多利亚医院配建项目设计合同签字仪式在毛里求斯卫生部举行》,2010年3月29日,http://mu.mofcom.gov.cn/article/jmxw/201003/20100306843166.shtml

② 《中国援助毛里求斯城市监控和无线通讯系统项目正式开工》,2010年3月29日,http://mu.mofcom.gov.cn/article/jmxw/201003/20100306843179.shtml

③ 《马农业部在中国援马杂交水稻示范中心召开杂交水稻现场会》,2010年3月26日,http://mg.mofcom.gov.cn/article/jmxw/201003/20100306839468.shtml

④ 《义乌市"非洲商品展销中心"推介会在埃举行》,2010年4月20日,http://finance.ifeng.com/roll/20100420/2077568.shtml

⑤ http://jjhzj.mofcom.gov.cn/article/z/201112/20111207886716.shtml

4月1日，中国和苏丹签署中国向苏丹全国大选提供物资项目交接证书。此次提供的物资主要为电脑、打印机、液晶电视机等电子设备。3月26日，物资空运至喀土穆国际机场并交付苏方。①

4月2日，由贵州省团委选派的援突尼斯第三批青年志愿者及工作组三人抵达突尼斯。"这是中国向突尼斯派出的第三批志愿者，本批援突志愿者共16名，其中6名武术教练、8名乒乓球教练将分别服务于突尼斯国家武术协会和乒乓球协会。另有1名中文和1名舞蹈教师继续服务于突尼斯青年文化体育中心。16名志愿者肩负传播中华文化、播撒中突友谊的使命，他们在突将提供为期一年的志愿服务。援突第二批12名志愿者已于3月18日结束一年任期回国，他们的工作为促进两国民间友好、弘扬中国文化作出了贡献。"②

4月7日，中国向莱索托赠送50万美元粮食援助仪式在莱首都马塞卢粮食仓库举行。世界粮农组织（WFP）驻莱机构负责人高度赞赏中国对莱的粮食捐赠和与世粮组织的合作。"此次50万美元的粮食捐赠是中国以向世界粮农组织认购捐赠金额的形式对莱进行的第二次粮食援助，捐赠的粮食品种全部为玉米。2009年中国曾以同样的合作方式对莱捐赠了价值100万美元的粮食。"③

4月8日，中国援助莫桑比克议会办公用品交接仪式在莫议会大楼会议厅举行。

赤道几内亚能矿部与中国签署中国援助赤几恩科隆博变电站设备改造项目的验收和临时接收证书。该项目于2009年8月1日开始，于2009年11月7日完成。

4月13日，中国向科摩罗援助供水材料和机械设备交接仪式在科国家水电公司举行。中国政府向科联盟政府援助此批供水材料和机械设备，体现了中国人民对科摩罗人民的深厚情谊。除了物质援助，中方还为科培训相关技术人员，旨在提高科员工素质和企业自我发展能力。这批物资投入使用后，将显著改善科城镇供水条件，为科国家建设和经济复苏

---

① 《李成文大使签署向苏丹全国大选提供物资项目交接证书》，2010年4月3日，http://sd.mofcom.gov.cn/article/jmxw/201004/20100406852709.shtml

② 《中国援突第三批志愿者抵突》，2010年4月9日，http://tn.mofcom.gov.cn/article/jmxw/201004/20100406860687.shtml

③ 《中国向莱索托赠送价值50万美元的粮食》，2010年4月9日，http://ls.mofcom.gov.cn/article/jmxw/201004/20100406859182.shtml

注入新的活力。①

几内亚为中国援几内亚医院项目举行盛大移交仪式。援几内亚综合医院项目 120 床位，建筑面积 9200m²，主要设置内科、外科、神经内科、神经外科、脑外科和其他科室，配套建设中国援几医疗队住房。

中国和肯尼亚签署奥卡瑞四号区地热钻井项目的贷款协议。"肯尼亚拥有丰富的地热资源，据可探明储量估算，肯尼亚地热发电潜力为 7000 兆瓦，而目前已开发量仅为 200 兆瓦左右。根据协议，中国政府将向肯尼亚政府提供 9000 万美元的优惠贷款，用于帮助肯尼亚在奥卡瑞地区钻探 26 口地热井。据了解，水力发电量占肯尼亚发电总量的 55%，去年肯尼亚旱情严重，其他发电形式根本无法满足用电需求，首都内罗毕不得不实行电力配给制。地热的有效利用将有助于缓解内罗毕的电力供给紧张局面。"②

4 月 14 日，中国电子工程设计院与阿尔及利亚文化部国家文化大项目实施管理局签署"援阿尔及利亚歌剧院项目设计合同"。

4 月 16 日，中国援莫桑比克国防部农机具物资在莫首都马普托举行交接仪式。中国政府援助的这批农机具设备将对改善莫军队自身经济状况发挥重要作用。

4 月 19 日，中国和中非签署中国政府给予中非 60% 的产品特殊优惠关税待遇的换文，享受该待遇后，中非受惠商品税目扩大到 4700 多种，有利于中非扩大对华出口。

4 月 24 日，中国援吉布提科研中心项目开工典礼仪式在该项目施工现场举行。建成后的科研中心项目有助于改善吉科研条件，促进吉科研发展。

4 月 18—27 日，中国国际扶贫中心合作举办了"苏丹民间组织扶贫能力建设培训班"。本次培训班邀请 20 位苏丹的民间组织及相关政府部门官员来华培训。培训内容包括介绍中国社会经济发展与减贫的总体概况、中国民间组织的发展历程及经验以及相关民间组织实施减贫与发展

---

① 《中国驻科摩罗大使王乐友出席援科水材料及机械设备交接仪式》，2010 年 4 月 15 日，http：//km. mofcom. gov. cn/article/jmxw/201004/20100406868448. shtml

② 《中国向肯尼亚提供 9000 万美元优惠贷款》，2010 年 4 月 14 日，http：//ke. mofcom. gov. cn/article/jmxw/201007/20100707002338. shtml

项目的模式及成效。①

4月底，萨苏来华参加上海世博会开幕式时表示，刚方愿意在玉树灾区捐建一所小学。2012年7月，捐建的学校落成，这所有着浓郁藏族建筑特色的学校拥有先进完备的设施，取名为中刚友谊小学。②

5月，河北省向刚果（金）派出第十四批医疗队，全队18人，于2012年5月完成任务回国。

5月5日，中国和塞舌尔签署奥凯普地区小学及幼儿园项目交接证书。③

5月9日至21日，由商务部经济合作局、中土公司等5名项目主管和技术人员组成的验收组对中国援厄立特里亚阿迪凯耶人文社科科学院工程进行了项目移交前的内部质量检查，项目顺利通过了验收并被评定为合格。"该项目位于距厄首都阿斯马拉100公里外的厄南方省阿迪凯耶市，该地海拔2500米，是厄独立以来中国向其提供的无偿援助项下的第二个大型成套项目。项目占地面积8702平米、建筑面积17878平米，由行政教师办公楼、教学楼、学生宿舍楼、学生食堂等8个单位工程组成，合同工期20个月，于2008年9月25日开工。工程承建单位中国山西建筑工程（集团）总公司克服海拔高、生活和施工条件异常艰苦等困难，按期、保质完成了任务。"④

5月10日，中国和突尼斯在突尼斯市签署中方向突尼斯共和国参议院赠送办公设备的交接证书。这批办公设备为中共中央政治局委员、全国人大常委会副委员长王兆国在2010年3月访突时所赠。⑤

5月17日，中非政府就中国援助两套移动式集装箱/车辆检测设备举行了移交仪式。

5月19日，中国援助桑给巴尔阿玛尼体育场维修项目交接仪式在桑

---

① 《中国与苏丹民间组织开展减贫领域合作》，2010年4月21日，http：//www.chinanews.com/gn/news/2010/04-21/2238275.shtml

② 《玉树绽开中非友谊之花——写在中刚友谊小学竣工前夕》，2012年7月18日，http：//news.xinhuanet.com/world/2012-07/18/c_123429577.htm

③ 《中国援建塞舌尔奥凯普小学竣工移交》，2010年5月8日，http：//sc.mofcom.gov.cn/article/jmxw/201005/20100506904453.shtml

④ 《中国援厄阿迪凯耶人文社科科学院项目顺利通过竣工验收》，2010年5月21日，http：//er.mofcom.gov.cn/article/jmxw/201005/20100506926554.shtml

⑤ 《中国赠突尼斯参议院办公设备交接证书在突尼斯市签署》，2010年5月11日，http：//tn.mofcom.gov.cn/article/jmxw/201005/20100506909116.shtml

给巴尔举行。①

5月20日，中国和苏丹签署中国援助苏丹两所农村学校项目交接证书。"该项目由南通建工集团有限公司组织实施，于2009年2月开工，2009年底竣工，两所学校分别位于苏丹红海州辛卡特镇和北科尔多凡州胡维镇。"②

5月24日，中国和苏丹签署中国援助苏丹友谊厅家具更新项目交接证书。"友谊厅是中国早年援助苏丹的项目，历经30多年仍在发挥正常作用，成为苏丹承办各类大型活动的重要场所。但因年代久远，设备陈旧老化，为让这一项目重新焕发生机，中国向友谊厅提供了价值400万元人民币的新家具。苏盛赞苏中两国政府和人民间的传统友谊，称友谊厅已成为苏中友谊的标志。"③

5月27日，中国援外医疗队工作研讨会议在河南洛阳举行。"会议针对援外医疗队在新形势下面临的新任务和突出问题，探讨如何与时俱进，进一步提高援外医疗队出国前培训质量，会议部署了下一阶段加强援外医疗队培训中心建设的相关措施和方案。"④

6月，中国扶贫基金会前往苏丹进行医院运作情况调研，并捐赠价值6.22万元的办公设备给比尔特瓦苏。

6月1日，中国援中非高级农业专家组在中非农业部会议室举行了首场学术报告会。2009年7月1日，受商务部和农业部派遣，中国专家来到中非，对中非政府各部委、各省市做将近1年的深入调查研究工作。专家组考察农产品加工企业、农业生产合作社、科研教学机构、生产基地和现场，行程20000多公里，访谈工人、农民、企业家、知识分子、国家公务员等，最终完成了中非农业国别报告的编写工作，撰写了学术研究报告：高级农艺师黄日保探讨如何在中非推广先进适用的农业技术，提高中非农业的生产效率和生产水平；高级工程师苏常军则针对中非农

---

① 《桑给巴尔总统参加中国援桑体育场维修项目交接仪式》，2010年5月20日，http://tz.mofcom.gov.cn/article/jmxw/201005/20100506922648.shtml
② 《李成文大使签署援苏丹两所农村学校项目交接证书》，2010年5月23日，http://sd.mofcom.gov.cn/article/jmxw/201005/20100506927194.shtml
③ 《李成文大使签署援苏丹友谊厅家具更新项目交接证书》，2010年5月26日，http://sd.mofcom.gov.cn/article/jmxw/201005/20100506934210.shtml
④ 《卫生部：援外医疗队工作研讨会议在河南洛阳举行》，2010年6月1日，http://www.gov.cn/gzdt/2010-06/01/content_1618307.htm

产品加工产业存在的问题,提出了发展农产品加工业和相关产业的对策;专家组组长、高级农经师李平站在宏观的角度,对中非农业未来发展的方向、规划建设的重点以及采取的农业政策和主要措施提出了自己的学术观点。此外,专家组成员到农业部的下属机构、有关科研院校举行系列学术演讲、培训和交流活动。①

6月1日和6月4日,中国政府援助乍得政府的一批人道主义物资交接仪式分别在乍总统府和社会行动、民族团结和家庭部举行。此次人道主义援助物资包括大米、残疾人三轮车、毛巾被、凉席、遮雨布、太阳能灶等。根据双方商定,该批物资的一半移交给乍得总统府,另一半移交乍得社会行动、民族团结和家庭部。

6月2日,中国和苏丹签署援苏丹达尔富尔人道主义物资项目交接证书。"2009年12月,这批物资运抵苏丹港。这批物资主要包括20辆移动医疗车及配套医疗设备,2500个便携式手摇应急灯。这是自2006年以来中国向达尔富尔提供的第6批人道主义援助物资。"②

教育部第八次对发展中国家教育援外工作会议暨"中非高校20+20合作计划"启动仪式在南方医科大学举行。

6月10日,中国和埃及签署中国援建埃穆巴拉克领袖学校交接证书,正式将该校移交埃方使用。"援埃穆巴拉克领袖学校是中国在埃落实对非合作八项举措的重要项目,由中国建筑工程总公司负责实施。该学校位于穆巴拉克总统家乡曼努菲亚省,集小学、初高中于一体,共有40个班,含一个残疾人班,总建筑面积5000平方米。"③

6月10日,中国政府近期向加蓬卫生部无偿提供了一批抗疟药品和注射剂,共计204箱。

6月11日,设在乍得自由医院内的中国援乍得抗疟中心举行运营仪式。

中国援建的厄立特里亚人文社科学院正式交付厄方。"中国援建的厄立特里亚人文社科学院已于10月11日正式投入使用,主要为厄培养本

---

① 《援中非高级农业专家组举行首场学术报告会》,2010年6月7日,http://cf.mofcom.gov.cn/article/jmxw/201006/20100606953573.shtml。

② 《援苏达尔富尔人道主义物资项目交接证书签署》,2010年6月3日,http://sd.mofcom.gov.cn/article/jmxw/201006/20100606947919.shtml。

③ 《我援埃穆巴拉克领袖学校交接证书签署》,2010年6月10日,http://www.mofcom.gov.cn/aarticle/i/jyjl/k/201006/20100606960877.html。

科和研究生。学院现有教师80名,本期招收学生800名,设置有考古、英语语言、地理、政治科学、厄特语言研究、新闻等专业。该学院耗资约合2.55亿纳克法(厄货币),于2010年5月竣工。学院由8个建筑群组成,包括30间不同规格的教室、可容纳1800名学生的宿舍、60间教工宿舍及实验室、图书馆等设施。"①

6月14日,中国3名援助埃及的高级农业专家工作报告会在埃及农业部举行。这3名中国农业专家是2009年6月30日抵达埃及的,在埃开展了为期1年的农业调研和技术指导工作,得到埃方的充分肯定。

6月17日,中国政府向穆罕默迪亚穆来阿卜杜拉医院赠送了医疗药械。中方自1986年开始向穆罕默迪亚派遣中医特色医疗队。中国医生以精湛的技术和优良的服务态度赢得摩洛哥民众的好评。

中国进出口银行与肯尼亚财政部签署优惠贷款协议。"中国向肯尼亚财政部提供7.45亿人民币(合9.85亿肯先令)的优惠贷款,援建肯雅塔大学教学与转诊医院。该项目计划于今年底开工,5年内竣工,建成后拥有700个床位和教学设施。"②

6月18日,中国援助马达加斯加塔马塔夫小学项目在当地举行了移交仪式。"塔马塔夫小学校项目是中国援助马达加斯加的三所小学校之一,另外两所小学分别位于首都塔那那利佛和中部城市菲亚南楚,均已顺利完工并移交给马国政府。上述项目的建成对于提高马达加斯加教育质量和改善授课环境将起到积极作用。"③

6月18日,相关技术专家对中国援助埃及的苏伊士经济区一站式投资服务大楼项目进行竣工验收。"援埃苏伊士经济区一站式投资服务大楼是中埃两国领导人互访的重要成果。项目位于苏伊士湾西北经济区,是集办公服务大楼、商务中心于一体的'一站式'服务楼,总建筑面积16808平方米。该项目由中国建筑工程总公司负责实施,2008年11月20日正式开工。该项目的建成将大大提高苏伊士湾西北经济区的投资服务

---

① 《中国援建的厄立特里亚人文社会科学院正式投入使用》,2010年11月5日,http://er.mofcom.gov.cn/article/jmxw/201011/20101107229733.shtml

② 《中国进出口银行与肯财政部签署肯雅塔大学医院项目优惠贷款协议》,2011年6月21日,http://ke.mofcom.gov.cn/article/jmxw/201106/20110607608709.shtml

③ 《中国援马达加斯加塔马塔夫小学项目隆重移交》,2010年6月21日,http://mg.mofcom.gov.cn/article/jmxw/201006/20100606975843.shtml

水平，改善当地投资环境。"①

6月，中国援助马达加斯加杂交水稻示范中心项目经过中国专家三年的精心耕作，已取得令人瞩目的丰硕成果，杂交水稻试验田产量为当地水稻平均产量的三倍。"该示范中心中国专家组长陈剑宝介绍说：'马达加斯加水稻平均产量仅为2.7吨/公顷，而中国的平均产量则达到了8吨/公顷，有个别稻种的产量甚至达到11吨/公顷。'根据中马两国政府2007年1月签订的协议规定，中国政府派遣的5名中国专家于当年11月抵马，在位于马国首都近郊马义齐镇的杂交水稻示范中心项目基地进行为期三年的杂交水稻试验。中国专家组使用'杂交水稻之父'袁隆平研制的优良稻种在马国土地上播种并大获丰收。陈组长指出：'马国的土壤和气候条件比较适宜杂交水稻的生长。由于杂交水稻与传统水稻的种植方法差异不大，当地农民通过相关培训即可掌握杂交水稻的种植技术。'此外，应马国政府要求，中国政府于2009年向马国无偿提供了56吨杂交水稻稻种，试种面积达2000多公顷，平均产量超过6吨/公顷。据了解，中国政府还将向马国提供同等数量的稻种。上述杂交水稻示范中心项目在马产生了良好影响，对促进马国农业发展、提高粮食安全保障能力具有积极意义。马国政府对该项目所取得的成果非常满意，希望继续加强与中国在此领域的合作，在马进一步推广杂交水稻的种植，争取在未来几年内，使马国由大米进口国转变为大米出口国。"②

6月21日，广东省向赤道几内亚派出第二十五批医疗队，全队25人，为期2年。

6月25日，经过两天的工作谈判，北京房地集团公司项目施工合同签约组组长与贝宁国防部总参谋长正式签署项目施工合同。

7月，黑龙江省向毛里塔尼亚派出第二十七批医疗队，全队27人，为期2年。

由中国扶贫基金会与比尔特瓦苏合作援建的苏丹阿布欧舍医院竣工。为支持该医院项目，中国石油公司定向捐款60万美元给中国扶贫基金会，扶贫基金会参与阿布欧舍医院董事会。

---

① 《援埃苏伊士经济区一站式投资服务大楼进行竣工验收》，2010年6月22日，http://www.mofcom.gov.cn/aarticle/i/jyjl/k/201006/20100606980469.html

② 《中国援马达加斯加杂交水稻示范中心项目取得丰硕成果》，2010年6月22日，http://mg.mofcom.gov.cn/article/jmxw/201006/20100606980811.shtml

7月7日，中国和津巴布韦签署中国援助津巴布韦医疗设备换文。根据换文，中国政府将向中国援津医院项目提供价值1000万元人民币的医疗设备。①

7月13日，中国政府援建的纳米比亚总统官邸竣工移交，总统波汉巴参加仪式并发表讲话。在移交仪式上，波汉巴表示，中方援建总统官邸是中国政府和人民向纳米比亚政府和人民赠送的"历史性礼物"，是纳中传统友谊的又一象征，纳方将悉心维护，确保其能长久使用。②

7月18日，中国援建的贝宁帕拉库医院项目通过了商务部组织的工程技术验收小组的竣工验收。"该项目占地面积1.8公顷，总建筑面积 7406m^2，全框架结构，园林式建筑风格，由门诊楼、医技楼（含连廊）、住院部（100个床位）及附属用房、地下消防水池和水泵房等建筑构成。是一所功能齐全、医疗设备较先进，具有教学、培训功能的较现代化的医院。该项目由中铁五局（集团）有限公司承建，建设工期15个月，2009年4月28日开工建设，2010年6月28日完工，在项目建设过程中，承建单位在设计和监理的配合下，严把工程质量关，克服缺电、疾病等诸多困难，保质保量，提前完工。经中贝双方协商，同意将该医院移交给贝宁国防部作为军队医院来使用管理，除了以军人为服务主体外，并兼顾当地百姓的医疗就诊。"③

7月19日，北京市向几内亚派出第二十二批医疗队，全队16人，于2012年9月完成任务回国。

7月20日，中国政府援助利比里亚大学芬德尔分校校舍项目交接仪式在新落成的利比里亚大学芬德尔分校学术交流中心举行。"援利比里亚大学芬德尔分校校舍项目由中国政府援建、广东新广国际集团有限公司承建，2008年4月动工，2010年6月竣工。项目占地总面积11万平方米，建筑面积2.48万平方米。校内共有1座四层楼的综合教学楼、4幢

---

① 《中津签署医疗设备援助换文》，2010年7月9日，http://zimbabwe.mofcom.gov.cn/article/jmxw/201009/20100907122331.shtml

② 《驻纳米比亚大使魏瑞兴和波汉巴总统共同出席中国政府援建的总统官邸竣工移交仪式》，2010年7月15日，http://na.mofcom.gov.cn/article/jmxw/201007/20100707026239.shtml

③ 《我援建贝宁帕拉库医院项目通过验收》，2010年7月7日，http://bj.mofcom.gov.cn/aarticle/ddfg/201007/20100707043488.html

两层楼的学生宿舍楼、5 幢三层楼的教工宿舍楼以及其他辅助设施。"①

7月23日，中国援助厄立特里亚体育青年志愿者顺利完成第二阶段培训教学任务，厄教育部和体委联合在教育部礼堂举行第二批学员结业典礼。这批志愿者共20名，为中国在中非论坛北京峰会"八项举措"框架下向厄派遣的第二批青年志愿者，分别在体育、教育和农业领域从事为期一年的志愿服务工作。②

中国政府援助利比里亚塔佩塔医院项目交接仪式在新落成的塔佩塔医院前门广场举行。"塔佩塔医院由中国政府援建，广东新广国际集团有限公司承建，位于宁巴州塔佩塔市，距离首都蒙罗维亚360多公里。2009年3月25日正式开工，2010年7月竣工。医院占地面积2.3万平方米，总建筑面积约7200多平方米，项目建设工程主要包括：门诊楼、医技楼、住院楼、综合楼和连廊，以及其他辅助用房。塔佩塔医院是一所100床位的综合性医院，包括内科、外科、妇产科、儿科、五官科、急诊等，同时配套建有专家公寓住房6套；中国政府提供了比较齐全的医疗设备。"③

7月28日，由中国政府提供优惠贷款建设的经济住宅"协和小区"项目举行奠基仪式。"'协和小区'住宅项目位于科特迪瓦经济首都阿比让阿博博区，占地面积50公顷，由科国家住宅建设与管理公司开发，项目一期488套即将竣工，二期2190套由中国海外工程有限责任公司承建，总投资4亿元人民币，工期3年半，主要面向中低收入人群。小区内配套小学、中学、医院、商店、教堂等设施，功能比较齐全，建成后将是阿比让最大的综合社区之一。中国政府提供优惠贷款建设的'协和小区'经济住宅项目完工后，按保守每套4口之家计算，2190套住宅也可解决一万多人的住房问题。"④

7月29日，中国援助塞拉利昂农机具项目交接仪式在塞首都弗里敦

---

① 《中国援利比里亚大学芬德尔分校校舍项目交接仪式隆重举行》，2010年7月23日，http://lr.mofcom.gov.cn/article/jmxw/201007/20100707038931.shtml
② 《中国援厄立特里亚体育青年志愿者顺利完成第二阶段培训教学任务》，2010年7月26日，http://er.mofcom.gov.cn/article/jmxw/201007/20100707042154.shtml
③ 《中国援利比里亚塔佩塔医院项目交接仪式隆重举行》，2010年7月26日，http://lr.mofcom.gov.cn/article/jmxw/201007/20100707043474.shtml
④ 《中国优贷建设〈协和小区〉经济住宅项目举行隆重奠基仪式》，2010年7月30日，http://ci.mofcom.gov.cn/article/jmxw/201007/20100707054038.shtml

举行。

8月，山东省向塞舌尔派出第十三批医疗队，全队6人，于2012年8月完成任务回国。

8月3日，中国援助埃及贸工部电脑等办公设备和援助埃及苏伊士运河大学语音教学设备交接证书签署仪式在埃及经商参处举行。

中国援贝宁青年志愿者服务队20名志愿者圆满完成了商务部和共青团中央交付的志愿服务任务，乘坐肯航班机离贝回国。

8月5日，中国援助科摩罗柴油发电机组和输变电材料交接仪式。[①]

8月11日—12日，中非农业合作论坛在北京召开。论坛由中共中央对外联络部、农业部共同主办。参加本次会议的有来自18个非洲国家的130多位代表，包括5位非洲国家的党政高层领导人和11位农业部长。中国方面的代表包括政府相关部门以及18个省市的相关领导。这次论坛是迄今为止中国和非洲在农业合作领域级别最高、规模最大的一次盛会，充分体现了中非双方共同发展农业、维系粮食安全的愿望和决心。

8月12日—16日，由商务部、外交部、财政部等29个部门共同举办的《大道无疆——中国对外援助60周年纪念展》在北京举行。展览通过实物、图片、视频、模型等，全面介绍中国对外援助的基本情况，表现了60年来中国推进南南合作、对发展中国家开展援助及参与多边援助的丰硕成果。

8月13日至14日，第九次全国援外工作会议在北京召开。会议全面总结了60年来中国对外援助的基本经验，在科学分析形势的基础上，对今后一个时期对外援助工作进行了战略部署。

8月15日至2012年8月14日，中国为马桑巴·代巴体育场提供为期2年的第四期技术合作，派出4人组成的技术合作队伍。

8月17日，浙江省向中非派出第十四批医疗队，全队16人。

8月20日，中国向塞舌尔议会捐赠10台笔记本电脑举行捐赠仪式。塞议长帕克里克先生感谢中国使馆的捐赠，并表示这批电脑将用于改善塞议会大楼办公条件，提高办公效率，方便议员外出办公需求。[②]

[①]《中国驻科摩罗大使王乐友出席中国援科发电机组和输变电线路材料交接仪式》，2010年8月6日，http://km.mofcom.gov.cn/article/jmxw/201008/20100807066560.shtml

[②]《王卫国大使参加对塞笔记本电脑捐赠仪式》，2010年8月23日，http://sc.mofcom.gov.cn/article/jmxw/201008/20100807094425.shtml

坦桑尼亚中华总商会向达累斯萨拉姆省捐赠了10辆摩托车。这些摩托车配发给达市各警察局,以提高警力,维护社区治安。①

9月,宁夏回族自治区向贝宁纳迪丹古派出第十七批医疗队,全队10人,于2012年9月完成任务回国。

9月17日,中国政府赠送给马里的20辆红旗HQ3型轿车完成交接仪式。"这笔援助是胡锦涛主席在杜尔总统出席上海世博会时许诺的,胡锦涛表示,为祝贺马里独立50周年,中国赠送马里50辆礼宾车。中国一汽集团作为项目执行单位,在收到马方确认后一个多月就完成了第一批车辆的生产,赶在马里独立50周年纪念日前顺利运抵巴马科。该厂派出的技术服务组,与马方共同完成验货手续并为总统府车队35名司机和维修人员进行了驾驶、保养及维修培训,得到马方好评。"②

中国和马里签署援建的马里医院项目交接证书。"援建的马里医院2009年4月10日开工奠基,历时一年半竣工移交。马里医院占地28000平方米,建筑面积7216平方米,拥有150张床位,中方还提供了部分医疗设备。30名未来将在马里医院工作的马方医护、管理人员,赴中国接受培训。"③

9月27日,中国和马里签署《关于中国向马里提供优惠贷款的框架协议》,实施巴马科—赛古公路整治项目。"巴—赛公路是连接行政中心和马经济发展中心的重要纽带,也是西非公路网的重要组成部分,将为发展区域经济提供重要保障。该协议的签署是中马政府第一次混委会召开推动的成果,是马里独立五十周年和中马建交五十周年之际中国对马里的一个献礼。"④

9月28日,中国向尼日尔提供的价值1000万元人民币的紧急粮食援助交接仪式在尼亚美举行。

10月,江西省向突尼斯派出第十九批医疗队,全队45人。

---

① 《中华总商会向达累斯萨拉姆省捐赠摩托车》,2010年8月21日,http://tz.mofcom.gov.cn/article/jmxw/201008/20100807093344.shtml

② 《马里总统出席中国赠送礼宾车交接仪式》,2010年9月21日,http://ml.mofcom.gov.cn/article/jmxw/201009/20100907151809.shtml

③ 《中国援马医院项目交接证书签字仪式在巴马科举行》,2010年9月22日,http://ml.mofcom.gov.cn/article/jmxw/201009/20100907153812.shtml

④ 《中马签署赛古公路整治项目优惠贷款框架协议》,2010年9月29日,http://ml.mofcom.gov.cn/article/jmxw/201009/20100907166697.shtml

中国商务部正式为"非洲小商品展销中心"授牌，2011年5月正式开业。中心设在浙江省义乌市的国际商贸城，总面积5000平方米，重点引进非洲特色商品。为吸引非洲客商，中心将对入驻的非洲企业给予一定期限的免场地使用费、物业管理费等多项优惠措施。[①]

毛里求斯冰威廉地区污水管网一期Lot2项目使用中国进出口银行提供的优惠贷款，承建企业为北京建工集团。"该项目前期因资金、气候、施工难度以及管理等多方面原因，曾一度进展缓慢。2010年2月，承建单位针对进度慢、住户投诉多等问题进行综合整改，包括增加人员和设备数量等。整改后，施工进度明显加快，目前每月工程量相当于2月的2倍以上，近7个月工程量超此前18个月总和。毛污水局官员亲自向中国参赞表示对目前项目进展感到满意，并对整改后的工程进度和质量予以充分肯定，同时赞扬项目组长工作出色，住户投诉已明显减少。"[②]

10月2日，中国政府援助赤道几内亚刺绣技术培训项目在马拉博开班。赤道几内亚人民酷爱中国刺绣，学习刺绣的热情高涨。首期培训13名刺绣学员，第二天开课时，15台机器都坐满了求学者。马拉博位于海岛上，赤几大陆巴塔等地的学员也赶来培训。如有大陆学员因事回家了，空出的位置马上就被新学员补上。短短半年时间，学员们从门外汉到基本掌握机绣技能，能独立绣出一件件优秀的作品。

10月7日，塞舌尔教育部在中国援建的奥凯普小学及幼儿园举行揭牌典礼。"中国政府近年来一直帮助非洲改善教育条件，承诺将在非洲农村援建100所小学。援建的奥凯普小学是中非合作论坛对非八项举措的具体落实，是继去年援建的拉扎尔湾小学后的又一成果。尽管目前国际经济危机仍在延续，中国面临着许多困难，但中国对非无任何附加条件的援助工作还将继续。目前应塞方要求，中国正积极研究考虑援建第三所小学。援塞奥凯普小学及幼儿园始建于2008年8月，2010年4月底竣工，总建筑面积3500平米。土耳其政府向学校捐赠了全部教学家具。"[③]

中国援建贝宁的帕拉库医院交接。"该工程项目由中铁五局（集团）

[①]《"非洲商品展销中心"介绍》，2011年11月23日，http://www.mofcom.gov.cn/aarticle/i/jyjl/k/201111/20111107844998.html

[②]《中国援建的毛里求斯污水管网工程整改效果明显，受到毛方充分肯定》，2010年10月28日，http://mu.mofcom.gov.cn/article/jmxw/201010/20101007214912.shtml

[③]《王卫国大使出席中国援塞奥凯普小学揭牌典礼》，2010年10月8日，http://sc.mofcom.gov.cn/article/jmxw/201010/20101007172989.shtml

有限公司承建,对外合同工期18个月,2009年4月28日开工建设,2010年6月底竣工。中铁五局(集团)有限公司援贝宁帕拉库项目组,除克服缺电、缺水困难外,与地方高发病——疟疾作斗争,按时高质量地完成项目工程,得到了贝宁总统亚伊及贝宁政府和广大民众的高度赞扬。该援建医院稍后将最终移交给贝宁国防部作为军队医院管理使用,服务对象以军人为主,兼顾所在地普通民众的医疗就诊。"①

10月8日,中国政府援助莱索托外交部办公设备项目交接仪式在马塞卢举行。②

2010年10月12日至2012年10月11日,中国援助的刚果(布)会议大厦展开第十三期技术合作(6人),为期2年。

10月11日,苏丹人道援助专员苏莱曼·阿拜尔与天津华北有色建设工程公司(苏丹)公司经理郭俊生签署帮助达尔富尔地区打30口井的施工合同。"根据中苏两国政府签署的换文规定,中国政府将帮助苏丹政府在达尔富尔地区打30口水井。达尔富尔地区大批难民流离失所,他们返乡首先要解决用水等基本生活保障问题。中方帮助该地区打井将促进难民返乡,为维护当地和平、安定的生活环境创造条件。"③

10月14日,塞舌尔国家主流报刊《民族报》头版刊登了《塞舌尔信息技术人员在中国开展培训》的文章,并配发了开班典礼巨幅合影图片,在塞舌尔民众间引起积极反响。"这是塞中之间举行的第一次双边培训,创新了援塞人力资源培训方式,信息技术培训将解决塞方亟需。本次培训是应塞舌尔政府要求,由中国政府全额援助的。学员来自塞舌尔政府十多个不同部门,由塞外交部礼宾司司长孔哈德带队。主办方根据塞方需求,为学员'量身定做'了为期20天的培训课程,教学方式采取授课、研讨和实地考察相结合的方式,学员将有机会参观上海世博园信息中心、中科院计算技术研究所和IBM中国研究网等信息化前沿单位。塞政府计划由本次参培学员回国后继续培训各自部门的专业人员,扩大

---

① 《中国援建贝宁的帕拉库医院交接》,2010年10月7日,http://bj.mofcom.gov.cn/article/ddfg/201010/20101007189409.shtml
② 《中国援助莱索托办公设备项目交接仪式在马塞卢举行》,2010年10月10日,http://ls.mofcom.gov.cn/article/jmxw/201010/20101007177514.shtml
③ 《李成文大使出席援达尔富尔地区30口水井项目签字仪式》,2010年10月12日,http://sd.mofcom.gov.cn/article/jmxw/201010/20101007181661.shtml

培训成果，提高塞政府信息化水平。"①

10月26日，中国援塞内加尔外交部办公楼项目开工仪式在塞首都弗里敦举行。

广西区向尼日尔派出第十六批医疗队，全队37人，于2012年11月7日完成任务回国。

10月27日，中非卫生部举行中国援助中非抗疟药项目交接仪式。

10月28日，中国和埃及签署中国援埃国际合作部电梯、材料和办公家具项目交接证书。根据两国政府2009年签署的换文规定，中方向埃方国际合作部大楼改造项目提供部分设备、材料和家具。该项目由中国友发国际工程设计咨询公司负责实施。

由中国成套公司和南京住宅建设总公司联合体承建的莫总检察院办公楼项目含司法部、反贪局等四处建筑正式对外移交。10月10日，该项目的四个单体工程全部竣工并达到验收标准，10月13—15日，业主委派专家组对项目进行了验收，业主方对验收结果十分满意。②

11月10日，中国援助几内亚比绍的政府办公大楼项目正式移交。承担该项目的施工单位还继续承担该项目的后期保养工作，为期12个月。③"几比总统萨尼亚表示，政府办公大楼的建成和投入使用将为改善几内亚比绍政府办公条件、便利各部门协调发挥重要作用。援助几内亚比绍政府办公大楼项目是中国对该国的最大经济援助项目，大楼占地面积近4万平方米，由北京建工集团有限责任公司承建。"④

中国援助莫桑比克农业加工项目之一马尼卡（MANICA）省GURO县棉花加工厂举行了开工仪式。"据测算，工厂开工后将至少需要雇用150多名当地员工，并将会吸引其他各个行业在当地的投资，促进当地棉花生产，增加当地棉农收入，使当地经济得到进一步发展。"⑤

11月11日，甘肃省向马达加斯加派出第十八批医疗队，全队30人，

---

① 《塞舌尔驻华大使勒加尔参加中国援塞信息技术培训班开班典礼》，2010年10月14日，http://sc.mofcom.gov.cn/article/jmxw/201010/20101007186457.shtml
② 《中国援莫总检察院办公楼项目顺利移交》，2010年11月4日，http://mz.mofcom.gov.cn/article/jmxw/201011/20101107226798.shtml
③ http://gw.mofcom.gov.cn/article/zxhz/zhxm/201101/20110107346151.shtml
④ 《中国援建几内亚比绍政府办公大楼项目交接仪式隆重举行》，2010年11月12日，http://www.focac.org/chn/zxxx/t768618.htm
⑤ 《中国援建莫桑比克棉花加工厂项目开工》，2010年11月25日，http://mz.mofcom.gov.cn/article/jmxw/201011/20101107267038.shtml

为期2年。

非洲中小企业发展专项贷款向埃及旺奇照明公司发放首笔20万美元贷款。"这是自专项贷款设立以来,该项目发放的首笔贷款。这一贷款项目总金额为100万美元,在2010年年底前全部发放给旺奇照明,贷款期限为3年,利率大大低于埃及银行向本土企业发放的贷款。旺奇照明为注册地在埃及的个人独资企业,成立于2005年,目前注册资本为1200万埃镑(约208万美元),主要从事灯泡、日光灯、节能灯等电光源产品生产。"① "截至2011年9月30日,首期专项贷款累计承诺项目24个,金额6.32亿美元,覆盖25个非洲国家,贷款资金支持了非洲农产品种植与加工、畜牧业养殖与加工、轻工机械、小商品贸易等与民生紧密相关的行业领域,项目通过合资公司、加工厂、装配厂等形式直接提供了6000多个当地就业岗位,带动贸易额2.88亿美元。"②

11月12日、12月28日,中国和阿尔及利亚签署关于盐碱地土壤改良项目的换文。根据换文,中国将向阿派遣专家从事研究和培训工作,并接受阿官员赴华考察、培训,双方在阿共同建立盐碱地治理技术示范中心和示范基地。③

11月15日,中国援布隆迪穆杰雷水电站维修项目在电站现场举行竣工典礼。布隆迪供电能力严重不足,穆杰雷水电站承担布琼布拉近30%的供电量,对保证首都正常电力供应意义重大,布隆迪政府对中国援助的穆杰雷水电站维修项目高度重视,对此次庆典活动做了精心安排,邀请富有民族特色的打鼓队及歌舞表演现场助兴。④

11月19日,中国国家副主席习近平在罗安达披露,中国已向安哥拉提供了100亿美元的贷款。习还向安通社发表声明,2010年1—9月中安双边贸易额已经达到198亿美元,比2009年同期相比增加了80.8%。此会谈旨在签署基础设施重建、矿产开发以及提供铁路物资

---

① 《国开行发放首笔非洲中小企业发展专项贷款》,2010年11月12日,http://www.caijing.com.cn/2010-11-12/110565483.html。
② 《国开行大力推进向非洲中小企业专项贷款增资10亿美元》,2011年10月27日,http://money.163.com/11/1027/19/7HD60I9A00253B0H.html。
③ http://dz.mofcom.gov.cn/article/jmxw/201001/20100106724342.shtml。
④ 《中国援布隆迪穆杰雷水电站维修项目举行隆重竣工典礼》,2010年11月16日,bi.mofcom.gov.cn/article/jmxw/201011/20101107248540.shtml。

的协定。①

11月20日，中国和安哥拉在罗安达发表《中华人民共和国和安哥拉共和国关于建立战略伙伴关系的联合声明》，联合声明主要内容如下："中国和安哥拉互为战略合作伙伴，加强两国全面合作符合两国人民根本和长远利益。为此，并为在新的国际形势下抓住机遇、应对挑战，双方决定建立战略伙伴关系。双方同意继续保持高层对话，加强两国政府部门、立法机构、政党交流合作，就双边关系和其他共同关心的重大问题加强沟通。双方愿根据2008年12月17日签署的《中华人民共和国和安哥拉共和国合作框架协议》，尽早确定双边委员会的运作机制，以加强对两国各领域合作的指导和协调。双方还将根据两国关系发展水平，就完善和调整合作机制进行协商。双方同意，将本着平等互利、共同发展的原则，不断完善合作机制，提高经贸合作水平和质量。双方将在积极落实现有合作项目基础上，继续鼓励和支持两国企业和金融机构扩大双边贸易和投资，重点加强在农业、工业、基础设施建设、城市化建设、能源和矿产资源勘探开发、水利、通信、环境和文化等重点领域的互利合作，制定上述领域的长期规划作为两国合作的重要文件，深化在中非合作论坛、中国—葡语国家经贸合作论坛等多边机制内的合作。双方将进一步加强在教育、卫生、科技、体育、新闻等人文领域的交流合作，扩大两国人力资源培训合作规模，促进两国关系全面发展。双方确认在维护发展中国家共同权益、推动国际政治经济秩序朝着更加公正合理的方向发展等方面具有广泛共识和一致诉求，愿继续加强在联合国、世界贸易组织等国际机构中的磋商和合作，就重大国际和地区热点问题保持沟通和协调。"②

11月26日，中国援助马达加斯加医疗队药品和医疗器械交接仪式在马卫生部举行。根据中马两国政府签署的中国向马派遣医疗队议定书规定，中国每年向马无偿提供一批药品和医疗器械，供中国医疗队在马工作的医院使用。本次交接的药品和医疗器械价值为128万元人民币。③

---

① 《中国向安哥拉提供了100亿美元贷款》，2010年11月26日，http://ao.mofcom.gov.cn/article/sqfb/201011/20101107270304.shtml
② http://ao.mofcom.gov.cn/article/sqfb/201011/20101107270316.shtml
③ 《中国援马达加斯加医疗队药品和医疗器械交接仪式在首都举行》，2010年11月27日，http://mg.mofcom.gov.cn/article/jmxw/201011/20101107270349.shtml

中国政府向利比里亚政府捐赠价值 21 万元人民币的药品移交。

12 月，中国无息贷款援助毛里求斯的广电大楼移交投入使用。"毛里求斯国家广播公司（MBC）总经理 Callikan 先生在接受记者采访时表示，目前广电公司的迁址工作已经开始，已有部分设备进入新广电大楼并试运转，毛方技术人员也在做最后的调试工作。他表示，新广电大楼将为 MBC 工作人员提供更好的工作条件和环境，MBC 也将利用更好的条件制作出更加精致的节目，在为广大观众服务的同时吸引更多广告商和赞助商，以增加公司收入。他强调，为使 MBC 工作人员能够更好地熟悉新大楼内的各项设施，同时保障各项设备正常运转，中方承建单位将为毛方提供一年的维护是非常重要的。毛广电大楼项目使用中国援毛无息贷款修建，承建单位为北京建工集团。大楼坐落于毛主干道高速公路旁，交通便利，已成为毛标志性建筑之一。"①

12 月 1 日，中国和突尼斯在突尼斯市签署中方就援突对虾养殖项目派遣考察专家组的换文。②

12 月 2 日，中国援助加纳非工统学生宿舍楼项目移交。该项目由中国对外建设总公司承建。2008 年 6 月 10 日正式开工，2009 年 9 月中旬主体部分（宿舍楼和变电室）基本完工。总建筑面积 5205 平方米，宿舍楼面积 4340 平方米，建筑层数地上两层，含 122 间宿舍以及网球场、餐厅食堂和羽毛球场，使用无偿援助建成。该项目于 2010 年 7 月底进行了联合验收，并于 12 月 2 日成功举行移交典礼。

12 月 3 日，中国援助马普托经济住房项目正式向马普托市政府移交。"马普托任佩多区是一个富有文化体育特色的新建小区，近年来随着中国援建的体育场馆、经济住房等项目的建设，该区面貌发生了日新月异的变化。经济住房项目是莫政府改善人民生活居住条件的一个示范工程。该项目由山东外经公司承建，于 2009 年 9 月 12 日开工，2010 年 10 月 22 日竣工。"③

12 月 4 日，中国援助乍得自由医院维修和新建医疗队住房项目施工

---

① 《中国援建的毛里求斯广电大楼即将投入使用，毛方寄予高期望值》，2010 年 12 月 31 日，http://mu.mofcom.gov.cn/article/jmxw/201012/20101207342606.shtml

② 《中突签署对虾养殖项目考察换文》，2010 年 12 月 1 日，http://tn.mofcom.gov.cn/article/jmxw/201012/20101207279047.shtml

③ 《中国援莫马普托经济住房项目正式移交》，2010 年 12 月 6 日，http://mz.mofcom.gov.cn/article/jmxw/201012/20101207288087.shtml

合同在乍卫生部举行签字仪式。

12月8日，中国援助科摩罗国家旅游局办公楼举行奠基仪式。①

12月10日，中国和塞舌尔在塞首都维多利亚举行中国援塞公交汽车捐赠仪式。

中国援助尼日尔一批用于总统大选的办公用品、药品和医疗器械的交接仪式在尼亚美举行。

12月15日，世界银行在布鲁塞尔召开主要捐款国会议，国际开发协会（IDA）获得包括中国在内的51个捐款国总额为493亿美元的捐款承诺，比2008—2010三年的417亿美元增加了18%。"在未来3年，国际开发协会（IDA）将向居民日收入少于2美元的79个国家提供赠款和无息贷款，帮助这些世界上最贫困的国家投资基础设施建设、改善医疗服务、教育、加快体制建设、应对气候变化，从而实现反贫困促增长的目的。79个国家有一半以上位于非洲，撒哈拉以南非洲将继续成为IDA支持的主要重点。2011—2014年非洲国家获得的援助将达近250亿美元。国际开发协会是世界银行面向最贫困国家的基金组织，主要用于推动实现千年发展目标，是世界上最大的援助来源之一。"②

12月21日，中国援助加纳综合医院项目移交。"援加综合医院位于阿克拉市特西区（Tesie）从立项之初即被加总统米尔斯在国情咨文中列入医疗卫生领域重点项目，视其为民生领域亮点工程。中国地质工程集团公司承建，2009年4月29日开工，2010年7月11日完工，100床位，使用中国无偿援助建成。该项目于2010年12月21日顺利移交加方使用，医院于当日正式开始对外营业。"③

12月28日，中国援助吉布提人民宫失火会议厅修复及人民宫电气维修项目正式开工，工期为10个月。"2009年7月4日，由中国政府援建的吉布提人民宫发生火灾，其中250座的小礼堂严重烧毁。被烧毁的小礼堂是吉布提议会临时所在地，同时也是每周部长例会及各种国家、国际会议的召开场所，这起事故严重影响了吉政府各项事务的正常运作，

---

① 《援科摩罗国家旅游局办公楼项目奠基仪式在首都莫罗尼举行》，2010年12月9日，http://km.mofcom.gov.cn/article/jmxw/201012/20101207294609.shtml

② 《2011—2014年非洲国家将获得近250亿美元的援助》，2010年12月20日，http://dz.mofcom.gov.cn/article/jmxw/201012/20101207318612.shtml

③ 《我援加综合医院项目举行盛大移交典礼》，2010年12月23日，http://gh.mofcom.gov.cn/article/slfw/201012/20101207324269.shtml

故吉方恳请中国帮助其对人民宫失火会议厅进行修复重建。在吉方的请求下，2009年9月30日和10月5日，双方签署换文，中国政府同意承担援吉人民宫失火会议厅修复和人民宫电气维修项目。"①

12月28日，中国政府无偿援助的厄立特里亚奥罗特医院维修及扩建项目在厄首都阿斯马拉举行开工仪式。厄奥罗特医院系中国政府经援项目，2002年8月竣工移交。此后应厄政府要求，中方又在该医院实施了四期技术服务合作。2009年，应厄方请求，中国政府同意无偿对奥罗特医院实施维修及扩建。②

2011年

中国青少年发展基金会成立非洲部，专门负责对非洲希望小学的援建工作。"希望工程走进非洲"项目由青基会与世界杰出华商协会于2010年底共同发起，世界杰出华商协会负责募集善款，青基会负责捐款管理和项目管理。③

埃塞俄比亚陷入旱灾和饥荒，中国政府和中国红十字会先后宣布为埃塞俄比亚提供3.532亿元人民币和200万元人民币的人道主义紧急援助。

四川省向安哥拉派出第二批医疗队，全队17人。

1月，湖南省向津巴布韦派出第十二批医疗队，全队10人。

中国援助刚恩古瓦比大学图书馆项目竣工移交。

中国援助刚果（布）恩古瓦比大学图书馆项目移交。"2008年12月，中刚签订项目施工合同，2009年5月8日开工建设，由中国地质工程集团公司负责实施，工期18个月。图书馆为四层建筑，建筑面积6042平方米，位于布拉柴维尔市恩古瓦比大学校园内。工程由湖南省建筑设计院勘察设计，中国地质工程集团公司承建，2011年1月竣工移交。"④

---

① 《中国援吉人民宫失火会议厅修复及人民宫电气维修项目正式开工》，2011年1月4日，http://dj.mofcom.gov.cn/article/jmxw/201101/20110107354118.shtml

② 《援厄奥罗特医院维修及扩建项目开工仪式在阿斯马拉举行》，2010年12月28日，http://er.mofcom.gov.cn/article/jmxw/201012/20101207336509.shtml

③ 《希望工程走进非洲》，http://www.cydf.org.cn/xwgczjfz/

④ 《探访刚果（布）恩古瓦比大学图书馆》，2013年3月30日，http://news.xinhuanet.com/photo/2013-03/30/c_124522940_4.htm

1月3日，中国向乍得赠送物资举行交接仪式。

1月10日，中国援助赞比亚卢萨卡体育场奠基仪式举行，总统班达参加并致辞。"班达总统在致辞中表示：由于体育基础设施的落后，赞比亚已多年没有举办大型的体育活动。中国作为赞比亚全天候的朋友，在赞最需要的时候提供优惠贷款建设卢萨卡体育场并修复独立体育场西看台，赞政府对此心存感激。班达要求赞政府各个部门全力支持卢萨卡体育场的施工，确保其如期完工，尽快为丰富赞人民体育生活发挥作用。卢萨卡体育场位于赞比亚首都卢萨卡北郊，总规划用地面积约18万平方米，总建筑面积43859平方米，设计座位50009个。项目由上海建工集团承建，工期30个月。"①

中国援助博茨瓦纳高级农业技术专家使用物资赠博农业部交接仪式在中国驻博大使馆举行。项目结束后，应博农业部的要求，中国政府将农业技术专家在博工作期间的工作用车及两台空调赠送博农业部。②

1月11日和18日，中国和布隆迪换文确认中国政府帮助布隆迪对穆杰雷、卢依龙扎和基孔杰三个水电站开展技术合作。上述三个水电站均系中国援建项目，此次换文确认的水电站技术合作项目对保证布隆迪首都、穆拉维亚和吉特加三个重要城市的电力供应意义重大。③

1月12日，中国和塞内加尔在达喀尔桑戈尔体育场举行了中国援塞体育场维修项目四期马塔姆、圣路易和济金绍尔三地方体育场施工合同签字仪式。

中国和塞拉利昂在塞首都弗里敦签订了《关于中国向塞拉利昂提供优惠贷款的框架协议》。"根据协议，该优惠贷款将用于实施塞拉利昂国家安全网项目。项目实施后，可以有效地提高塞政府应对突发事件的反应能力，完善塞政府通信系统的保密性能，为塞政府维护国家安全提供更有力的保障。"④

---

① 《回良玉副总理出席卢萨卡体育场奠基仪式》，2011年1月12日，http：//zm. mofcom. gov. cn/article/jmxw/201101/20110107358510. shtml

② 《中国援博茨瓦纳高级农业技术专家使用物资赠送博农业部》，2011年1月11日，http：//bw. mofcom. gov. cn/article/jmxw/201101/20110107358160. shtml

③ 《中国政府决定对布隆迪三个水电站开展技术合作》，2011年1月25日，http：//bi. mofcom. gov. cn/article/jmxw/201101/20110107377890. shtml

④ 《中国政府与塞拉利昂政府签订关于提供优惠贷款的框架协议》，2011年1月14日，http：//sl. mofcom. gov. cn/article/jmxw/201101/20110107364171. shtml

1月17日，中国援助坦桑尼亚摩梭嘎小学移交仪式在小学所在地滨海省查林兹地区摩梭嘎村举行。①

1月17日，中国援助莫桑比克国家体育场项目在马普托隆重举行交接仪式。该体育场是中国政府援非大型项目之一，对推动莫社会经济发展、促进体育事业进步有积极意义。"国家体育场的建成使莫桑比克自独立后首次拥有了国际标准的综合性体育设施，将为莫政府2011年举办第10届全非运动会提供现代化的比赛场馆。该项目由安徽外经集团承建，于2008年11月开工，2010年10月竣工。项目建筑面积约4.2万平方米，拥有4.2万个座位。"②

1月18日，中国援建的马里第三大桥最后一根桥梁落定，实现了南北两岸全线贯通，承建单位葛洲坝集团项目组举行了贯通仪式。

1月19日，中国援布隆迪穆邦达综合医院项目在布班扎省举行竣工典礼，布总统恩库伦齐扎出席典礼仪式。"穆邦达综合医院是中非论坛北京峰会宣布的对非八项举措项下的援助项目，是布班扎省第一家公立医院，该院的落成有利于当地民众享受良好的医疗卫生条件和服务，改善当地民众的生活质量。"③

1月20日，中国政府减免坦赞铁路50%的债务。赞比亚财政部长穆索科塔瓦尼、坦桑尼亚财政部副部长思立玛和在赞访问的中国商务部副部长钟山分别代表各自政府签署免债议定书。④

中国援助贝宁的农业技术示范中心举行竣工典礼，总统亚伊出席并发表讲话。"亚伊总统在讲话中高度赞扬和感谢中国对贝农业合作，强调农业是发展中国家的生命线，解决农业问题对社会稳定和发展具有重要作用，中国对此感同身受，两国农业合作硕果累累，贝宁也因此成为中国援非农业示范中心的第一个受益国。农业示范中心首期培训班于2月28日隆重开班，参加首期培训班的贝宁学员共19名，其中14名学员为

---

① 《中国援坦桑尼亚小学举行移交仪式》，2011年1月19日，http://tz.mofcom.gov.cn/article/jmxw/201101/20110107368663.shtml

② 《中国援莫国家体育场项目签署交接证书》，2011年1月19日，http://mz.mofcom.gov.cn/article/jmxw/201101/20110107368638.shtml

③ 《布隆迪总统出席中国援布穆邦达综合医院项目竣工典礼》，2011年1月20日，http://bi.mofcom.gov.cn/article/jmxw/201101/20110107372069.shtml

④ 《中国政府减免坦赞铁路50%债务》，2011年1月25日，http://zm.mofcom.gov.cn/article/jmxw/201101/20110107378159.shtml

贝宁省级农业技术主管官员，另外4名为培训中心贝方技术员。培训班由中国农业专家授课，培训内容为玉米栽培技术理论和田间现场示范讲授，培训时间为6天。按照计划，2011年拟为贝宁培训200名农业技术人才。贝宁农牧渔业部将根据贝方需要，选派学员参加培训。"①

1月25日，中国驻厄立特里亚大使李连生代表使馆向阿斯马拉音乐学校捐赠了价值2.5万美元的音乐器材。②

中国和刚果（布）签署中国援助刚果（布）恩古瓦比大学图书馆项目的交接证书。

中国向利比里亚移交中国政府捐赠的一批抗疟药品。

2月，华为公司为安哥拉邮电部捐建了一座信息技术培训中心，并赠送了全套通信培训设备和家具等硬件设施。"该中心位于安哥拉首都罗安达市内的信息高级科技园区，距市中心约5公里，占地约4000平方米，建筑面积2344平方米，集教学、办公、住宿为一体，预计每年可为安哥拉电信行业培养600多名专业人才，总费用700万美元。中心于2010年2月竣工，根据双方协议，华为公司2011年将其正式赠送给安哥拉邮电部。之后，华为公司将协助安邮电部做2—3年的运营服务，包括提供高级教学顾问和教师，直至安方完全有能力自行运营。该培训中心的建成填补了安哥拉高等专业通信人才培训基地的空白，为安哥拉战后电信业的恢复和发展发挥重要作用。"③

2月3日，安哥拉驻华大使贝纳尔多在安外交部举办的扩大咨询会上表示，"自2004年起，中国开始大举参与安哥拉战后重建，向安哥拉伸出援手，但从未象其他国家那样附加苛刻条件。安中双方7年来的合作成果良好。2011年，安哥拉希望进一步巩固和加强与中国在金融、通讯，特别是民建领域的合作。随着安政府继续大力开展国家重建，两国的合作伙伴关系将得到进一步发展。"④

---

① 《中国农业技术示范中心促进贝宁发展》，2015年3月23日，http：//news. xinhuanet. com/2015－03/23/c_1114730770. htm

② 《中国向厄立特里亚捐赠一批音乐器材》，2011年1月26日，http：//er. mofcom. gov. cn/article/jmxw/201101/20110107380334. shtml

③ 《华为公司为安哥拉捐建信息技术培训中心回馈当地社会》，2011年2月27日，http：//ao. mofcom. gov. cn/article/sqfb/201102/20110207419903. shtml

④ 《安哥拉驻华大使称赞中国援安不附加苛刻条件》，2011年2月10日，http：//ao. mofcom. gov. cn/article/sqfb/201102/20110207391991. shtml

2月10日,中国援贝宁阿克萨多—博伊贡公路首段紧急维修项目开工仪式在阿克萨多镇举行。

2月10日和2月21日,赞比亚和中国在卢萨卡签署中国援赞卡皮里农村学校项目的交接证书。卡皮里农村学校系中国八项举措项下在赞援建的两所小学之一,项目于2010年4月1日开工,2010年10月20日竣工,2010年12月20日完成内部验收。①

2月12日,中国援助利比里亚的塔佩塔医院隆重开院。"塔佩塔医院位于利宁巴州境内,距首都蒙罗维亚约370多公里。2009年1月奠基,3月正式开工,建筑面积7200多平方米,设计容纳100个病床,医院的建成将改变利比里亚东南地区无大医院的现状,为该地区民众提供医疗服务便利。医院主楼大门前台阶上立碑,上面刻有'杰克逊·D.多伊医院是中华人民共和国政府和人民赠予利比里亚共和国政府和人民的厚礼'的碑文。据称,利政府决定为医院立碑,并以多伊的名字命名该院,一是为感念中国政府和人民的善意,二是为纪念该州已故杰出人物多伊,以鼓励当地民众行善积德和爱国奉献。"②

2月13日,中国援助贝宁的帕拉库医院竣工移交。"援贝宁帕拉库医院占地面积1.8公顷,总建筑面积7406m^2,全框架结构,园林式建筑风格,由门诊楼、医技楼(含连廊)、住院部(100个床位)及附属用房、地下消防水池和水泵房等建筑构成。是一所功能齐全、医疗设备较先进,具有教学、培训功能的较现代化的医院。该项目由中铁五局(集团)有限公司承建,建设工期15个月,2009年4月28日开工建设,2010年6月28日完工,2010年7月18日通过了商务部组织的工程技术验收小组的竣工验收,2月13日正式竣工移交给贝宁方面。"③

该项目是中国政府中非合作论坛北京峰会上承诺的八项举措项目之一,现医院建成并移交贝宁军队管理,既为军人服务,也面向民众,是一所设备先进的军民医院,也是中国援外项目的创新,是中贝两国政府、人民、军队友好合作的见证。

---

① 《中国政府援赞比亚卡皮里农村学校项目交接证书在卢萨卡签署》,2011年2月23日,http://zm.mofcom.gov.cn/article/jmxw/201102/20110207414781.shtml

② 《我国援利塔佩塔医院隆重开院》,2011年6月26日,http://www.scio.gov.cn/hzjl/hdjj/tp/Document/860023/860023.htm

③ 《我援建贝宁帕拉库贝医院项目通过验收》,2010年7月20日,http://bj.mofcom.gov.cn/aarticle/ddfg/201007/20100707043488.html

2月16日，中国援建乍得议会大厦项目奠基仪式在恩贾梅纳举行。"由山东对外经济技术合作集团公司承建的援乍得议会大厦项目总建筑面积8000多平方米，是一座综合性的办公设施，包括会议厅、宴会厅、会议室及各类办公室100余间，其建筑风格融合了中乍两国的建筑设计元素，充分体现了乍得的风俗和传统。"①

2月17日，中国和阿尔及利亚在阿尔及尔签署中国政府向阿提供无偿援助的经济技术合作协定。

3月，运用中国提供的优惠贷款建设的莫桑比克国家体育场投入使用，中方无偿援建的150套经济适用房项目、3所农村学校已经完工。

3月7日—17日，中国援助喀麦隆会议大厦技术合作组组织了一期技术培训。"此次培训的主要内容是空调、音响、电器、管道等设备的维护和操作，旨在提高喀方技术人员的综合能力，正确操作有关设备，保证会议大厦的正常运转。援喀麦隆会议大厦技术合作项目目前是第14期，由沈阳国际经济技术合作公司承担。"②

3月7日和4月6日，中苏双方签署关于中国向苏丹派遣农业技术组的项目换文。"换文规定，中国将派遣旱作农业专家、农机推广宣传、水稻生产销售和果树栽培等专业的4位农业专家赴苏提供上述领域的技术指导和人员培训工作。"③

3月8日，中国和坦桑尼亚签署优惠贷款框架协议，用于实施桑给巴尔光传输承载网和电子政务项目。④

3月14日和5月3日，中国和喀麦隆就中国援喀会议大厦技术合作项目在雅温得签署换文。"根据双方换文，中国政府派遣七名技术人员赴喀，对会议大厦的运行和管理、设施的使用和维护提供技术指导，培训喀技术人员，并提供部分工具和零配件。换文签署后，援喀会议大厦技术合作项目即进行到第14期，为期两年，从2011年1月1日起，至

---

① 《中国援建乍得议会大厦项目奠基仪式在乍隆重举行》，2011年2月20日，http://www.mofcom.gov.cn/aarticle/i/jyjl/k/201102/20110207408328.html
② 《援喀麦隆会议大厦技术合作组举办技术培训》，2011年3月19日，http://cm.mofcom.gov.cn/article/jmxw/201103/20110307455321.shtml
③ 《中苏签署向苏丹派遣农业技术组项目换文》，2011年6月12日，http://sd.mofcom.gov.cn/article/jmxw/201106/20110607594886.shtml
④ 《中、坦签署桑给巴尔光传输承载网和电子政务项目优惠贷款框架协议》，2011年3月8日，http://tz.mofcom.gov.cn/article/jmxw/201103/20110307436451.shtml

2012年12月31日止。"①

3月16日，中国和摩洛哥在摩洛哥经济与财政部共同签署中国向摩洛哥派遣农业专家的换文。"双方在换文中约定，中国农业专家将赴摩在水稻种植领域对摩技术人员进行指导和人员培训，并提供摩方一批农业示范设备等物资。在中非合作论坛北京峰会框架内，中国与摩农业技术合作始于2008年，这是中国第二次向摩派遣农业专家，对水稻种植进行指导和培训，期限一年。"②

3月18日，中国政府援建尼日尔的"中—尼友谊大桥"通车典礼在尼亚美举行。

3月21日，由中国援建的吉布提外交部培训中心项目奠基仪式在工地现场举行。

中国无偿援助多哥200眼井项目在多哥北方卡拉地区巴萨省举行开工庆典仪式。由于饮水不洁，卡拉地区几内亚蠕虫、霍乱等疾病流行。中国向多哥卡拉地区和中央区各赠送100眼饮用水井，将惠及多哥5万民众，并提高当地可饮用水人口比例，卡拉地区由43%提升至47%，中央区由45%提升至48%。该项目由中国华北有色工程勘察院有限公司承担。为了让多哥人民早日喝上干净的水，项目组克服了天气炎热、蚊虫叮咬和疟疾等困扰，于2011年8月完成全部打井任务。

3月30日，中国援助塞内加尔农业技术组在Sangalkam培训中心举办首期为期两天的蔬菜种植技术培训班。

4月，中国石油公司捐款在中国扶贫基金会设立"中国石油援非公益项目基金"。

中国援助刚果（布）农业技术示范中心项目完工。

4月8日，喀麦隆水泥公司（CIMENCAM）在喀中部大区援建的埃萨佐克（Essazok）小学校正式交付。"新建的小学校包括两间教室、一个行政楼群（含图书馆、档案室、办公室等）、一口水井和四间卫生间，工程总造价为5000万非郎。该小学创办于1990年，现有

---

① 《援喀麦隆会议大厦技术合作项目换文正式签署》，2011年5月5日，http://cm.mofcom.gov.cn/article/jmxw/201105/20110507534837.shtml

② 《中国摩洛哥两国政府签订关于中国向摩洛哥派遣农业技术专家的换文》，2011年3月17日，http://ma.mofcom.gov.cn/article/jmxw/201103/20110307452715.shtml

65 名学生和 3 名教师。"①

4月14日,中国援助赞比亚议会媒体中心项目奠基仪式举行。议会媒体中心是中赞友好合作的又一重要项目,将为赞比亚议会提供一个使用方便、功能完备的媒体和公众接待中心,有助于增进议会与媒体、公众的交流,帮助民众进一步了解议会。② 该项目有关换文于2009年7月13日和27日分别签署,总建筑面积720.1平方米,由上海建工(集团)总公司实施。

4月14日至2013年4月15日,刚果(布)朱埃电台进行第五期技术合作,中国派出 3 名技术合作人员,展开为期 2 年的技术合作。

4月15日,中国和塞内加尔在中国援塞内加尔国家大剧院内举行竣工典礼仪式。"援塞内加尔国家大剧院项目是 2005 年中塞复交后中国援塞最大单体成套项目,由中国成套设备进出口(集团)总公司承建。2008 年 12 月开建,2011 年 3 月竣工,历时 27 月。"③

4月19日,中国和塞舌尔在塞首都维多利亚共同签署两国《关于安塞罗亚莱医院改扩建项目交接证书》。"安塞罗亚莱医院于 2009 年 7 月 9 日正式开工,医院建筑面积为 2300 平方米,由中国青岛建工集团承建。"④

4月21日,中国援塞拉利昂独立 50 周年庆典物资项目在塞首都弗里敦举行交接仪式。"中国政府在向塞政府提供的无偿援款项下,应塞方请求为塞 4 月 27 日国庆 50 周年庆典活动提供了一批物资。该项目由苏州恒润进出口有限公司实施,虽然时间紧、任务重,但在中方各部门、企业的协作和努力下,在短短两周内完成了全部 40 万件产品的加工,并于 4 月 16 日空运至塞隆基国际机场,有力支持了塞独立 50 周年的庆典活动。"⑤

---

① 《喀麦隆水泥公司援建小学校正式交付》,2011 年 4 月 12 日,http://cm.mofcom.gov.cn/article/jmxw/201104/20110407492699.shtml

② 《全国政协副主席阿不来提·阿不都热西提出席中国援赞比亚议会媒体中心项目奠基仪式》,2011 年 4 月 17 日,http://zm.mofcom.gov.cn/article/jmxw/201104/20110407501223.shtml

③ 《援塞内加尔国家大剧院举行盛大交接仪式》,2011 年 4 月 17 日,http://senegal.mofcom.gov.cn/article/jmxw/201104/20110407501342.shtml

④ 《中国援建塞舌尔安塞罗亚莱医院竣工移交》,2011 年 4 月 20 日,http://sc.mofcom.gov.cn/article/jmxw/201104/20110407506175.shtml

⑤ 《塞拉利昂外交部与中国签署中国援塞独立 50 周年庆典物资项目交接证书》,2011 年 4 月 24 日,http://sl.mofcom.gov.cn/article/jmxw/201104/20110407514210.shtml

中国向赤几马拉博 Pilar Buepoyo 学校赠送一批包括书包、课本、画笔在内的教学物资。

国务院新闻办公室发布《中国的对外援助》白皮书,全面介绍了中国的对外援助政策、资金、方式、分布、管理以及援外国际合作,这是中国政府首份对外援助白皮书。

4月24日和5月1日,中国和苏丹双方签署关于延长2005年中国对苏两项无息贷款使用期的换文。换文规定,上述两个无息贷款使用期延长2年,偿还期相应推迟2年。①

4月28日,塞拉利昂政府为中国援塞议会大厦增建办公室项目举行交接仪式。"该项目是中国政府在向塞政府提供的无偿援款项下,根据塞政府请求而实施的成套援建项目。该项目由重庆国际经济技术合作公司承建,自2010年3月正式开工,历时一年多于2011年4月竣工,总建筑面积1057平方米,并提供和安装配套的办公家具、吊扇和空调。"②

4月28日和5月4日,中国和刚果(布)签署中国为刚果(布)举办两个双边研修班的换文。"根据本换文,中国政府将为刚果(布)新闻部培训20名记者和新闻发言人;为内政部身份信息化中心培训20名身份信息化管理人员。应刚果(布)政府请求举办这两个研修培训班,将为刚提高新闻工作者素质和警察的信息化管理水平做出贡献。"③

4月29日,在乍得自由医院举行中国援乍得自由医院维修项目开工暨医院更名仪式。"自由医院是中国政府1996年为乍得援建的,中国医疗队长期驻扎在该医院工作。2010年中国政府同意对医院进行维修改造,并新建中国援乍医疗队宿舍,2010年12月4日,乍得政府与承揽该项目施工任务的中国地质工程集团公司代表在合同书上签字。乍得总统代比对项目非常关心,并亲自批准将自由医院更名为中乍友

---

① 《中苏签署关于延长两项无息贷款使用期的换文》,2011年6月12日,http://sd.mofcom.gov.cn/article/jmxw/201106/20110607594822.shtml

② 《塞拉利昂政府为中国援塞议会大厦增建办公室项目隆重举行交接仪式》,2011年4月29日,http://sl.mofcom.gov.cn/article/jmxw/201104/20110407524210.shtml

③ 《中国和刚果(布)签署两个双边研修培训班换文》,2011年5月12日,http://cg.mofcom.gov.cn/article/jmxw/201105/20110507545097.shtml

谊医院。"①

4月30日，中国援助莫桑比克农业加工项目之一赞比西亚省那马库拉大米加工厂举行开工仪式。"赞比西亚大米厂2011年年底竣工，其大米加工能力达到2.5万吨。赞比西亚省是莫桑比克的农业大省，盛产大米、玉米、木薯等农作物。该大米厂的建成，不仅能带动赞比西亚省的农业经济发展，还将促进该地区民众就业。同时，该厂作为2007年胡锦涛主席访莫的重要成果之一，也是中莫两国传统友谊的又一见证。"②

5月，中国扶贫基金会援建苏丹妇幼保健系统示范项目第一所援建的医院——苏中阿布欧舍友谊医院竣工。"位于苏丹首都以南140公里处的阿布欧舍医院是中国第一个援苏医疗点，在过去的40年中，中国政府先后派出了29批医疗队在此工作。扶贫基金会并未就此止步，而是将援建范围定位在苏丹全国的妇幼保健体系，在苏丹试点成功后，在全非洲推进。"③

5月6日，中国政府援建的苏丹南方板房学校项目正式竣工。"该校位于朱巴西北郊，占地面积1.2万平方米，建筑面积1380平方米，包括12间教室、4间办公室，可同时容纳800名学生就学。该校主要设施造价860万人民币，由中国政府无偿援助；学校围墙、道路等附属设施造价10万美元，由中国石油天然气集团公司捐助；学校的项目设计、施工及相关配套工作由中国海外工程有限公司承担。"④

5月6日—13日，中国援卢旺达农业技术示范中心首期培训班正式开班。"首期培训班的48位学员来自卢旺达农业科学研究院、卢旺达国立大学、南方省胡业县（布塔雷）妇女种菇协会等单位。福建农林大学专家组、卢旺达农科院代表等出席了开班仪式和结业仪式。为了办好培训班，专家组深入乡村和农户进行调研，并作了精心设计和充分准备。本次培训班从卢旺达当前农业生产的实际情况出发，重点介绍当地适用

---

① 《援乍自由医院维修项目开工暨医院更名仪式隆重举行》，2011年4月29日，http://tchad.mofcom.gov.cn/article/jmxw/201104/20110407526825.shtml

② 《中国援建莫桑比克赞比西亚大米厂正式开工》，2011年5月6日，http://mz.mofcom.gov.cn/article/jmxw/201105/20110507536764.shtml

③ 《中国扶贫基金会拓展援外模式 援建苏丹医院竣工》，2011年6月3日，http://www.chinanews.com/gn/2011/06-03/3087345.shtml

④ 《中国援建的苏丹南方板房学校项目正式竣工》，2011年6月3日，http://wcm.fmprc.gov.cn/preview/chn/slglgk/t821839.htm

的水稻塑料软盘抛秧技术、旱稻种植技术和菌草技术，并开展了菌草技术示范。"①

5月7日，中国和刚果（布）合作兴建的英布鲁水电站落成典礼举行。"英布鲁水电站坐落于刚莱菲尼河上，是中刚两国合作最重要的项目之一。项目由CMEC承建，于2005年6月动工，2009年1月实现大坝截流，2010年1月首台机组启动运行，6月全部建成发电。水电站共装备4台水轮机组，总装机容量120兆瓦，其建成终结了刚电力供应短缺的局面。"②

5月13日，由中国天津市派出的第21期医疗队共计32名队员抵刚果（布），工作期限2年，分布在布拉柴维尔和黑角的3所医院。

塞拉利昂政府为中国援塞医院项目隆重举行交接仪式。"作为胡锦涛主席在2006年中非论坛北京峰会宣布的援非八项举措之一，该项目由安徽建工集团有限公司承建，自2009年7月16日正式开工，历时近两年于2011年3月31日完工，项目占地16579.20平方米，建筑面积7738.90平方米，总床位100张，由综合楼、食堂、辅助用房、设备用房、垃圾站等组成，并配备相应的B超、CT、X光等医疗设备。"③

5月27日和6月20日，中国和刚果（布）两国政府换文，确认中国将向刚果政府无偿提供一批价值100万元人民币的体育物资。

6月，江苏省向桑给巴尔派出第二十四批医疗队，全队21人，于2013年1月完成任务回国。

6月1日，中国援助吉布提外交部车辆及办公用品在吉外交部举行交接仪式。该批物资包括一辆皮卡、一辆巴士以及电脑、打印机等办公用品。④

中国和乍得合资的恩贾梅纳炼油有限公司向当地捐赠小学仪式在距炼厂东北15公里的阿勒库都村举行。"炼厂阿勒库都小学是由中乍合资

---

① 《中国援卢旺达农业技术示范中心举办首期培训班》，2011年5月13日，http://rw.mofcom.gov.cn/article/jmxw/201105/20110507549169.shtml
② 《刚果（布）总统出席中刚合作项目英布鲁水电站落成典礼》，2011年5月10日，http://cg.mofcom.gov.cn/article/jmxw/201105/20110507542319.shtml
③ 《塞拉利昂政府为中国援塞医院项目举行交接仪式》，2011年5月14日，http://sl.mofcom.gov.cn/article/jmxw/201105/20110507549361.shtml
④ 《中国援吉布提助外交部车辆及办公用品举行交接仪式》，2011年6月2日，http://dj.mofcom.gov.cn/article/jmxw/201106/20110607583767.shtml

恩贾梅纳炼油有限公司、中国石油工程建设公司、阳光国际共同出资捐建，包括2间教室、1间教师办公室和1个操场以及必要的课桌椅等，建筑面积120平方米，操场面积1500平方米，可容纳100名学生上课。"①

6月2日，江西省向乍得派出第九批医疗队，全队11人，于2013年6月28日完成任务回国。

6月4日至2013年6月3日，中国向刚果（布）黑角卢昂基里医院派出第三期技术合作组7人，进行为期2年的技术合作。

6月2日—10日，商务部派组就援苏丹太阳能示范项目进行可行性考察。"苏丹日照资源丰富，适合发展太阳能资源。根据苏方要求及中国考察情况，中国拟为苏丹友谊厅援建一批太阳能路灯。援苏丹太阳能示范项目为中非合作论坛第四届部长级会议提出的对非八项新举措项下，为非洲国家援助100个沼气、太阳能、小水电等小型清洁能源项目之一，旨在为加强苏丹清洁能源综合利用发挥示范作用。"②

6月7日—27日，中国援赞比亚卢萨卡农村学校项目竣工验收。"项目系中国在八项举措项下援赞的两所农村小学之一，位于赞首都卢萨卡Zaffico地区，总建筑面积1069m^2。项目于2010年8月29日开工建设，2011年4月25日竣工，2011年6月7日—27日由中铁七局集团有限公司承担竣工验收工作。该项目施工单位为江西省建工集团，设计单位为江西省冶金设计院，施工监理单位为中国友发国际工程设计咨询公司。"③

6月9日和14日，中国和中非签署换文，中国决定向中非派出打井项目考察组，并大幅增加对中非的抗疟药援助额度。

6月9日，中国援刚果（布）3所农村学校项目移交。"该项目属于2006年11月中非合作论坛北京峰会上推出的八项举措内容。项目规模和内容：每个小学校建筑面积为1千多平米，包括普通教室、音乐教室、图书室、办公室、室外篮球场等。2008年7月10日签订项目设计和实施合同。该工程由威海国际公司刚果（布）正威技术公司负责实施。2009

---

① 《中乍合资恩贾梅纳炼油有限公司举行捐赠小学仪式》，2011年6月2日，http://tchad.mofcom.gov.cn/article/jmxw/201106/20110607581733.shtml
② 《援苏太阳能示范项目完成可行性考察》，2011年6月12日，http://sd.mofcom.gov.cn/aarticle/jmxw/201106/20110607594888.html
③ 《援赞比亚卢萨卡农村学校项目通过竣工验收》，2011年6月29日，http://zm.mofcom.gov.cn/article/jmxw/201106/20110607623686.shtml

年6月9日,刚方举行了项目竣工仪式并签署项目交接证书。"①

6月14日,中国驻尼日尔使馆向中国援建的两所小学赠送一批教学用品,交接仪式在尼亚美市二区的 Lazaret 第四小学举行。"Lazaret 四小和四区的 Talladji 五小是在中非合作论坛框架下,由中国政府援建的两所小学,又被称为中尼友谊一小和二小。中国地质工程集团承建,2008年10月开工,2009年5月竣工并交付尼方。两所小学总建筑面积为2299.52平方米,每所学校拥有10间教室、一间教师办公室和校长办公室。学校配备的课桌椅和教学设备均由中方提供。目前两所小学在校学生分别为617名和550名。"②

6月16日,中国和苏丹签署关于中国援苏农业示范中心项目的交接证书。"中国援苏农业示范中心项目为中国对非八项举措之一,2009年4月开工,2011年3月正式竣工。项目位于格达里夫法乌镇,占地60公顷,旨在通过良种培育、生产示范和技术培训,帮助苏丹提高农业生产水平,扩大两国农业合作。"③

塞舌尔首都维多利亚国际机场举行中国援塞飞机移交仪式。此次移交的是两架Y-12飞机。"早在2006年,塞方计划以优惠贷款方式购买两架Y-12飞机,2008年突发的世界金融危机席卷全球,塞舌尔也未能幸免,在这种关键时刻,中国政府决定以无偿援助方式捐赠飞机给塞舌尔。这两架飞机中的一架用于塞舌尔专属经济区的空中视察和巡逻,打击海盗和非法捕鱼及毒品海上运输;另一架飞机将用于马埃岛和外岛的运输联络,发展外岛旅游和经济。塞方正在考虑在更多产品同中方飞机制造商的商业合作。此外,三天后就是塞舌尔国庆日,这两架飞机将在国庆阅兵仪式上进行飞行表演。"④

6月17日,中国援赞比亚农业技术示范中心项目竣工典礼在首都卢萨卡隆重举行。"中国援赞农业技术示范中心占地120公顷,建筑面积3175平方米。项目由吉林农业大学负责实施,土建工程由安徽外经集团

---

① http://cg.mofcom.gov.cn/article/zxhz/hzjj/200911/20091106637506.shtml

② 《驻尼日尔使馆向中国援建小学赠送一批教学用品》,2011年6月16日,http://ne.mofcom.gov.cn/article/jmxw/201106/20110607601956.shtml

③ 《中苏签署援苏农业示范中心项目交接证书》,2011年6月16日,http://sd.mofcom.gov.cn/article/jmxw/201106/20110607612790.shtml

④ 《塞舌尔总统米歇尔出席中国援塞飞机移交仪式》,2011年6月17日,http://sc.mofcom.gov.cn/article/jmxw/201106/20110607603563.shtml

承建。"①

受卢旺达农业部长邀请，中国援卢农业技术示范中心（以下简称"农业中心"）参加了在首都基加利举行的第6届卢旺达农业展览会。经过精心准备，农业中心向当地百姓展示了中国先进的菌草和旱稻栽培技术、蚕桑养殖技术和农机具设备，并在参展的近140家展商中脱颖而出，荣获本届农展会"最佳展览奖"。②

中国援助贝宁纳吉丹古女子军校宿舍项目经过多方共同努力，按期完工，并举行了交接仪式。

6月20日，应几内亚比绍政府的请求，中国将帮助几比修缮首都9·24国家体育场。"该体育场是中国政府于1985年为几比援建的，可容纳15000名观众。由于该国1998/1999年内战导致体育场严重损坏，无法正常使用。几比政府请求中国政府对体育场全面维修，希望于10月按期举行国家队与安哥拉队之间为进入2012年非洲杯的淘汰赛。"③

6月22日，中国医疗队向加纳克里布教学医院捐赠了一批价值13.5万美元的医疗设备。"该批设备将用于克里布医院儿科、神经科、麻醉科和外科等多个部门的接诊和治疗工作。克里布教学医院是加纳乃至西非地区最大的医院之一，该批医疗设备的投入使用将为更多患者提供服务保障。中国医疗队在加纳克里布医院已经服务15个月，为加纳公共医疗事业和中加友谊做出了突出贡献。此次是医疗队第二次向加方捐赠医疗设备。"④

中国和厄立特里亚在阿斯马拉签署中国援厄重型机械设备轮胎交接证书。"总金额约2000万元人民币的援厄重型机械设备轮胎项目，系厄政府于2009年7月提出并获中国同意的物资援助项目。该项目由中国出国人员服务总公司代理供货，两批物资分别于今年1月和3月运抵厄马萨瓦港并交付厄方，厄方对轮胎质量表示满意。该项目的顺利执行给厄

---

① 《援赞农业技术示范中心项目竣工典礼隆重举行》，2011年6月21日，http://zm.mofcom.gov.cn/article/jmxw/201106/20110607610185.shtml
② 《中国援卢农业技术示范中心获卢旺达农展会最高奖》，2011年6月17日，http://rw.mofcom.gov.cn/article/jmxw/201106/20110607605484.shtml
③ 《中国政府将帮助几比全面修缮"9·24"国家体育场》，2011年6月21日，http://gw.mofcom.gov.cn/article/jmxw/201106/20110607610356.shtml
④ 《中国医疗队向加纳克里布医院捐赠医疗设备》，2011年6月24日，http://gh.mofcom.gov.cn/article/jmxw/201106/20110607615038.shtml

提供了一批其基础设施建设所急需的重型机械设备轮胎，对厄经济社会发展具有重要意义。"①

在贝宁农机中心举行中国援贝宁农机具项目移交仪式。

6月24日，中国政府援助赤道几内亚外交部10辆礼宾车举办交接仪式。

6月25日，中国援赞比亚卢萨卡农村学校项目竣工。

6月27日，中国援助尼日尔抗疟药品交接仪式在尼亚美举行。

6月28日，中国政府援建莫桑比克尼亚萨农村学校项目在莫教育部举行签字仪式。"该项目是在中葡论坛项下援建的农村学校，总投资500万元人民币，由山东对外经济技术合作集团有限公司负责实施，于2011年4月20日竣工。至此，中国政府在中非合作论坛和中葡论坛的框架下已先后援建莫桑比克4所农村学校，并已全部移交莫方，深受莫方赞赏。"②

7月，湖南省向塞拉利昂派出第十五批医疗队，全队10人。

浙江省向索马里派出第二十二批医疗队，全队31人。

由中国石油捐款60万美元、由扶贫基金会与苏丹的比尔特瓦苏民间组织合作援建的阿布欧舍医院竣工。

7月8日，塞舌尔国家体育场举行中国援塞舍尔国家游泳池移交仪式。"印度洋岛国运动会自1979年首次举办以来，每四年举办一次。在马达加斯加举办的上一届运动会期间，来自印度洋7个国家和地区的2000多名运动员参与了包括田径、篮球、足球、排球、乒乓球、拳击、自行车、游泳和举重等16个赛项的角逐。"③

中国援助莫桑比克农业技术示范中心在马普托博阿内县举行交接仪式。该项目由湖北联丰集团承建，于2009年7月开工，2010年9月竣工。④

---

① 《援厄重型机械设备轮胎交接证书在阿斯马拉签署》，2011年6月22日，http://er.mofcom.gov.cn/article/jmxw/201106/20110607612708.shtml

② 《中国向莫桑比克政府移交尼亚萨农村学校项目》，2011年6月29日，http://mz.mofcom.gov.cn/article/jmxw/201106/20110607624215.shtml

③ 《王卫国大使出席援塞舌尔国家游泳池移交仪式》，2011年7月13日，http://sc.mofcom.gov.cn/article/jmxw/201107/20110707643474.shtml

④ 《中国援莫农业技术示范中心项目正式移交》，2011年7月10日，http://mz.mofcom.gov.cn/article/jmxw/201107/20110707639394.shtml

7月11日,中国向利比亚人民提供价值5000万元人民币的人道主义援助物资。中国此次向马其顿"捐助23辆校车,帮助改善当地学生学习环境"①。

7月14日,中国援助莫桑比克公交车项目在马普托隆重举行移交仪式。马普托的公交车辆缺乏,交通运力十分紧张,为缓解这一紧张局势,中国政府紧急提供了72辆公交车,对缓解城市交通紧张和解决居民出行难等问题将发挥重要作用。②

7月17日,中国和毛里塔尼亚在努瓦克肖特签订了中国政府援毛里塔尼亚农业技术示范中心项目议定书。"该项目是中非合作论坛第四次部长级会议新八项举措项下的项目,根据议定,中国政府将在毛里塔尼亚建设一个农业技术示范中心,以改善粮食安全现状,提高项目所在地区人民生活水平。中心将建于布拉克纳省姆巴涅县,占地面积50公顷。建设内容包括:办公楼、培训中心、生产车间、生活用房、农作物试验田、生产和灌溉装置示范田、田间道路和灌溉设备用房。中心将承担农业研究与开发、技术培训等任务。"③

7月19日,中国和厄特签署中国向厄立特里亚提供优惠贷款的框架协议。"根据该框架协议,中国政府将向厄政府提供一笔优惠贷款用于厄特电信改造和升级二期项目。中国政府曾于2006年向厄政府提供优惠贷款用于厄特电信改造和升级一期项目,该项目的成功实施使厄通信覆盖范围和通讯质量得到大幅度提升。二期项目将由华为技术和中兴通讯两家公司共同执行,项目完成后厄通信覆盖范围和通讯质量将会得到进一步提升。"④

7月19日,中国和厄立特里亚在阿斯马拉签署援厄农业技术专家项目换文。"根据该换文,中国将向厄派遣3名农业技术专家开展粮食、蔬菜和菌草示范种植、技术推广和培训等工作。中国政府曾于2008年向厄

---

① 《中方向利比亚人民提供5000万元人道主义援助物资》,2010年7月11日,http://www.gov.cn/jrzg/2011-07/11/content_1903499.htm

② 《中国援莫桑比克公交车项目移交》,2011年7月15日,http://mz.mofcom.gov.cn/article/jmxw/201107/20110707649267.shtml

③ 《中国援毛里塔尼亚农业技术示范中心项目签订议定书》,2011年7月19日,http://mr.mofcom.gov.cn/article/jmxw/201107/20110707652444.shtml

④ 《中厄签署厄特电信二期优惠贷款框架协议》,2011年7月19日,http://er.mofcom.gov.cn/article/jmxw/201107/20110707653798.shtml

派遣 3 名农业技术专家,他们在厄成功进行了谷物、豆类和油菜作物的试验种植并引起厄农业部的高度重视。应厄政府申请,今年中国政府决定继续向厄派遣 3 名农业技术专家赴厄工作。"①

7 月 25 日,利用中国政府优惠贷款建设的贝宁政府办公楼项目奠基,贝宁总统亚伊参加奠基。该项目由安徽外经建设公司负责承建,项目总投资大约 2.2 亿人民币,建设面积近 2 万平方米,工期为 24 个月。②

7 月 26 日,中国和塞舌尔在塞卫生部共同签署援塞药品和医疗器械的交接证书。中方还将捐助塞国家医院一套开颅手术器械,解决塞目前脑科医疗器械短缺的现状,切实改善塞舌尔民众医疗条件,惠及塞舌尔民众。③

7 月 29 日,中国政府援助多哥 200 眼人工水井工程圆满完成。"在整个施工过程中,成井 201 眼,干孔 99 个,废孔 11 个,总进尺 15715 米,其中有效进尺 10627 米,无效进尺 4866 米,废尺 209 米。在没有物探设备的情况下,达到成井率 66.9%,已经超越了欧美、日本、加纳等国在使用物探设备条件下 60%的成井率。"④

7 月 30 日,根据中国和刚果(布)2010 年 4 月 20 日的有关换文,中国向刚果(布)赠送第 4 批抗疟药品,在卫生与人口部举行了赠送抗疟药品的交接仪式。"该批共计 330 箱抗疟药品,目的是为零至五岁儿童和孕妇免费治疗疟疾的计划。"⑤

7 月,中国向非洲之角提供援助。"由于气候干旱、粮价上涨与武装冲突等因素,非洲之角各国出现严重饥荒,受灾人数达到 1130 万人。8 月,扶贫基金会与联合国世界粮食计划署(WFP)和新浪网共同发起紧急救援行动。10 月与 WFP 前往肯尼亚进行灾情考察。最后,该项目总计

---

① 《中厄签署援厄农业技术专家项目换文》,2011 年 7 月 21 日,http://er.mofcom.gov.cn/article/jmxw/201107/20110707658497.shtml
② 《利用我国政府优惠贷款建设的贝宁行政大楼举行交接仪式》,2013 年 8 月 3 日,http://china.huanqiu.com/News/mofcom/2013-08/4205567.html
③ 《王卫国大使出席援塞舌尔药品和医疗器械交接仪式》,2011 年 7 月 27 日,http://sc.mofcom.gov.cn/article/jmxw/201107/20110707665054.shtml
④ http://jjhzj.mofcom.gov.cn/article/z/201112/20111207886716.shtml
⑤ 《中国向刚政府赠送抗疟药品交接仪式在布拉柴维尔举行》,2011 年 8 月 3 日,http://cg.mofcom.gov.cn/article/jmxw/201108/20110807676954.shtml

募集资金 31.6 万元，其中 70% 来自公众捐款，已全部转赠 WFP 执行。"①

8月，内蒙古自治区向卢旺达派出第十五批医疗队，全队 16 人，于 2013 年 8 月完成任务回国。

山东省向坦桑尼亚派出第二十二批医疗队，全队 25 人，于 2013 年 8 月完成任务回国。

8 月 8 日，中国援赞比亚卢萨卡综合医院项目竣工仪式在首都卢萨卡隆重举行。"中国援赞卢萨卡综合医院建筑面积 7500 平方米，是一所有 159 张床位的综合性医院。该项目于 2009 年 10 月 29 日正式开工，2011 年 7 月竣工。施工单位为江苏国际经济技术合作公司，设计单位为城市建设研究院，监理为中国建筑技术集团有限公司。"②

8 月 9 日，中国援刚果（布）姆非鲁医院项目在首都布拉柴维尔举行项目奠基仪式。

中国援刚果（布）综合医院和医疗队宿舍项目在首都布拉柴维尔举行了项目奠基仪式。10 月 18 日内部正式开工。

8 月 10 日，中国和莱索托在莱首都马塞卢签署中国向莱索托提供优惠贷款的框架协议，用于实施莱索托全国通讯网络二期项目。③

8 月 14 日，云南省派出第十五批援乌干达医疗队，全队 8 人。

8 月 15 日，深圳华为公司向埃塞教育部捐赠了价值 10 万美元的电脑、打印机等学习器材和配件。华为公司希望埃塞教育部将这些器材分配给有需要的学校。埃塞教育部表示，这些器材将会分给一些小学和初中使用。④

8 月 22 日，中国向吉布提提供价值 5000 万元人民币的紧急粮援换文签字仪式在吉外交部举行。"为帮助吉方度过因干旱引起的粮食危机，中国在第一时间先后提供了价值 1000 万和 5000 万元人民币的粮食援助。

---

① 赖钰麟：《民间组织从事对外援助：以中国扶贫基金会援助非洲为例》，《国际论坛》，2013 年第 1 期。
② 《援赞卢萨卡综合医院项目举行隆重竣工仪式》，2011 年 8 月 9 日，http://zm.mofcom.gov.cn/article/jmxw/201108/20110807686787.shtml
③ 《中国莱索托两国政府签署优贷框架协议》，2011 年 8 月 11 日，http://ls.mofcom.gov.cn/article/jmxw/201108/20110807690608.shtml
④ 《华为公司向埃塞学校捐赠价值 10 万美元的学习器材》，2011 年 8 月 15 日，http://et.mofcom.gov.cn/article/jmxw/201108/20110807695670.shtml，转引自《埃塞先驱报》，2011 年 8 月 11 日。

中国一贯在吉政府和人民遇到困难的时候慷慨解囊,体现了无私的人道主义精神以及中吉两国政府和人民之间的深厚友谊。"①

8月24日和9月29日,中国和赞比亚在卢萨卡签署中国援赞卢萨卡医院项目的交接证书。

8月29—30日,中非在肯尼亚首都内罗毕举行首届中非民间论坛。"论坛通过《中非民间论坛内罗毕宣言》,全面展示并高度评价论坛成果,认为论坛围绕联合国千年发展目标进行了认真探讨和交流,取得了积极成效;认为中非民间论坛业已成为中非民间组织开展多边活动的重要平台,已达到推进务实合作目的;强调今后要不断完善论坛机制,丰富论坛内涵,充分发挥论坛对中非民间友好的引领作用,将中非民间论坛打造成为富有成效的中非民间机制化交流合作平台,为中非友好合作注入新的活力。"②

9月,根据中国和刚果(布)政府2010年4月20日的有关换文,中国向援建的3所小学校赠送的教学物资(1082箱)运抵黑角港,转运到布拉柴维尔后与刚初中级教育和扫盲部办理移交手续。

中国援助赞比亚恩多拉体育场项目竣工,经验收组验收合格。"恩多拉体育场项目位于铜带省恩多拉市,总建筑面积45208平方米。项目于2009年8月28日开工。施工期间,施工单位克服了诸多不利因素,在驻赞使馆和经商参处的指导和协调下,全力以赴完成施工任务。该项目设计单位为北京市建筑设计研究院,施工单位为安徽外经建设(集团)有限公司,施工监理单位为新疆工程建设监理公司。"③

福建省向塞内加尔派出第十四批医疗队,全队13人,于2013年完成任务回国。

湖北省向莱索托派出第八批医疗队,全队9人,于2013年9月完成任务回国。

9月6日,中国援助乍得妇女培训中心项目设计合同签字仪式在乍得首都恩贾梅纳举行。

---

① 《向吉提供紧急粮援5000万元换文仪式在吉举行》,2011年8月27日,http://dj.mofcom.gov.cn/article/jmxw/201109/20110907722502.shtml

② 具体内容可参见http://cpc.people.com.cn/GB/67481/94156/229159/

③ 《中国援赞恩多拉体育场项目通过竣工验收》,2011年9月1日,http://zm.mofcom.gov.cn/article/jmxw/201109/20110907723816.shtml

9月11日至28日，援刚果（布）中学项目和恩古瓦比大学扩建项目综合考察组一行9人对上述项目进行可行性考察。9月26日考察组与初、中级教育和扫盲事务部研究和规划局长签署《援刚果（布）中学项目设计合同》，27日与高教部研究和规划局长签署《援刚果（布）恩古瓦比大学扩建项目可行性考察会谈纪要》。中学项目属于在中非合作论坛第四届部长级会议上推出的对非新举措框架下的内容。①

9月17日，中非共和国能源和水利部在博阿利3号水电站大坝现场召开第一次援中非博阿利3号水电站及其配套输变电项目工程运行跟踪混合办公会议。该项目是中国对中非的最大援助项目，主要施工内容为2台5MW水轮发电机组安装、38公里110kV高压输电线路架设、新建1座变电站（110kV）及博阿利2号现有输电线路的改造等，合同总工期23.5个月。项目的实施完成将明显改善首都班吉地区的用电"窘况"。②

9月23日，中国和埃塞俄比亚在亚的斯亚贝巴签署《埃塞俄比亚紧急粮食援助项目对外供货合同》。③

9月28日，第二届中阿、中非中小企业合作论坛在山东潍坊举行。"本次论坛的主题为'发挥中小企业作用，谋求互利共赢发展'，来自阿拉伯和非洲地区的17个国家的23个政党和组织领导人率领本国企业家参与论坛。本次论坛是在中东国际形势急剧变迁的背景下召开的，旨在推动中阿、中非中小企业加强合作，应对危机，为促进中国与西亚北非地区的经济繁荣贡献力量。本次论坛涉及的领域包括电器、石油化工、公用事业、金融、地产、物流、旅游和木材加工等。"④

中国与埃及规划与国际合作部签署换文确认，中国政府将向埃及政府提供700辆警用车辆，包括400辆吉普车、150辆轿车和150辆小型巴士。"该批车辆于2011年年底运抵埃及。援埃警用车辆项目是中方近年来最大规模援埃物资项目，也是'1·25'事件以来中国对埃最大规模援

---

① 《刚果（布）初教部长、高教部长分别接见中国援刚项目综合考察组》，2011年9月15日，http://www.mofcom.gov.cn/aarticle/i/jyjl/k/201109/20110907739896.html
② 《援中非博阿利3号水电站项目前期准备全面展开》，2011年9月22日，http://cf.mofcom.gov.cn/article/jmxw/201109/20110907751225.shtml
③ 《中国政府与埃塞政府签署紧急粮援供货合同》，2011年9月24日，http://et.mofcom.gov.cn/article/jmxw/201109/20110907754813.shtml
④ 《第二届"中阿、中非中小企业合作论坛"在潍坊举行》，2011年9月28日，gb.cri.cn/27824/2011/09/28/5311s3388104.htm

助项目，系中方积极响应埃方要求，择优提供中国自主品牌、拥有自主知识产权的车辆。"①

9月28日和10月13日，中国和刚果（布）就无偿援助集装箱和行李检测设备事宜换文确认。

9月29日，中国和苏丹签署援苏丹达马津综合医院项目交接证书。"达马津综合医院为中国对非八项举措项下援苏项目，项目于2009年8月开工，2011年2月竣工并通过双方竣工验收。"②

9月30日，马里医院举办中国政府向马里政府赠送药品器械的交接仪式。"此次中方向马方捐赠的总价值80万元人民币的药品和器械，及浙江省卫生厅赠送的价值60万元人民币的医疗设备，将用于援马医疗队员在马里医院开展医疗服务。"③

10月，中国政府向中埃友好示范学校捐赠了价值10万美元的教学设备。

宁夏回族自治区向贝宁洛克萨派出第十七批医疗队，全队13人，于2013年10月完成任务回国。

10月4日，中国援中非宾博综合医院项目竣工典礼在翁贝拉—姆波科省举行。"中国政府援建的这座医院是该省第一家公立医院，该院的落成让当地民众能享受到良好的医疗卫生条件和服务，极大改善和提高他们的生活质量。宾博综合医院是中非论坛北京峰会宣布的对非八项举措项下的援助项目，是一所拥有100张床位的综合性医院。该项目于2010年3月开工，2011年9月竣工。施工单位为山西省建设工程（集团）公司，设计单位为中国电子工程设计院，监理单位为浙江省江南工程管理股份有限公司。"④

10月13日，中国对吉布提第一批紧急粮援交接仪式在吉多哈雷港口举行。在吉政府向国际社会发出抗旱救灾人道主义救援呼吁后，"中国

---

① 《"1·25"事件后我对埃最大援助项目——援埃警用车辆项目正式启动实施》，2011年9月29日，http：//eg. mofcom. gov. cn/aarticle/i/201109/20110907763355. html

② 《中苏签署援达马津综合医院项目交接证书》，2011年9月30日，http：//sd. mofcom. gov. cn/aarticle/d/201109/20110907763385. html

③ 《中马政府签署药品器械赠送交接证书》，2011年10月5日，http：//ml. mofcom. gov. cn/article/jmxw/201110/20111007766760. shtml

④ 《中国援中非宾博医院项目隆重交接》，2011年10月7日，http：//cf. mofcom. gov. cn/article/jmxw/201110/20111007767439. shtml

政府第一时间做出反应,先后提供1000万和5000万,共计6000万元人民币的紧急粮食援助,首批价值约850万元人民币的粮援已于10月11日抵达吉多哈雷港口,其余部分将陆续到达。吉政府发出抗旱救灾援助呼吁后,中国政府不仅迅速作出反应,而且所承诺的援助数额是所有援助方中最多的,这再次反映了中吉之间非同寻常的亲密关系。根据此次抵吉的援助粮食数量以及目前旱灾的情况来看,有超过16000户家庭可以受益"①。

10月14日,黑龙江省向利比里亚派出第七批医疗队,全队9人。

10月17日,中国和纳米比亚签署楚奎小学扩建项目官方交接证书。"楚奎小学是中非合作论坛八项举措下援建的农村小学。应纳方要求,中国政府同意为楚奎小学增加8间教室,以解决教室数量不够的问题。楚奎位于纳米比亚北部边远山区,是纳米比亚最落后的地区之一。楚奎小学扩建项目的完成改善了当地就学条件,受到了当地政府和民众的好评。"②

10月20日,中国援吉布提1000万人民币粮食援助中的第二批物资在吉布提多哈雷港码头举行交接仪式。

10月22日,中国驻埃及大使馆与埃及农业部共同举办中国援埃首批紧急粮援交接仪式。"中国粮食援助是帮助埃及人民渡过粮食危机而提供的第一批援助物资。旺德拉德·曼德弗洛国务部长表示,中国粮援表明中国政府和人民对埃的深厚情谊,中国政府的援助在关键时刻对缓解埃境内饥荒起到了巨大作用。"③

10月24日和12月13日,中国和卢旺达就中国援卢农业技术示范中心技术合作事在基加利签署换文。"该项合作内容包含稻谷生产、桑蚕生产、菌草生产和水土保持四个方面,将有12名中国专家赴卢开展为期3年的技术合作工作。"④

---

① 《中国对吉首批紧急粮援交接仪式在吉举行》,2011年10月13日,http://dj.mofcom.gov.cn/article/jmxw/201110/20111007779280.shtml

② 《中国援纳米比亚楚奎小学扩建项目签署官方交接证书》,2011年10月18日,http://na.mofcom.gov.cn/article/jmxw/201112/20111207881532.shtml

③ 《中、埃塞政府签署中国援埃首批紧急粮援交接证书》,2011年10月25日,http://et.mofcom.gov.cn/article/jmxw/201110/20111007796171.shtml

④ 《中卢签署援卢农业技术示范中心技术合作换文》,2011年12月15日,http://rw.mofcom.gov.cn/article/jmxw/201112/20111207884932.shtml

10月25日—29日，中国援塞内加尔农技组在姆巴克省Darou Salam村和Darou Masty村为当地种植能手、技术骨干以及各蔬菜协会代表进行了为期5天的蔬菜种植技术培训。"本次培训采用专家授课和田间实地指导结合的方式，讲授了蔬菜育苗床场地选择、苗床准备、播种、苗床管理、大田移栽、田间水肥管理、病虫杂草防治、收获注意事项等种植栽培管理技术。专家组编写了教材、资料片和幻灯片。其中，苗床准备、大田整地、基肥施用、水分管理、移栽等技术环节由专家现场演示操作。"①

10月26日，中国援吉布提阿尔塔医院交接仪式在吉举行。

中国援纳米比亚青年培训中心项目举行开工典礼。

10月27日，国家开发银行为非洲中小企业发展专项贷款增资10亿美元。"国家开发银行的增资旨在帮助非洲国家进一步改善非洲企业的产业结构，增强非洲企业的创汇能力，解决当地就业并惠及民生。"②

10月31日，中国赠贝宁政府的抗疟药品交接仪式在贝宁卫生部举行。

11月1日，中国赠摩洛哥两台水稻收割机和两台稻谷烘干机在摩举行交接仪式。"中国赠送的收割机演示表现十分优越，稻谷漏谷、损毁和掺杂率均低于2%，收割倒伏稻秧的效果也十分出色。中摩两国政府于2011年3月16日签署换文，规定中国向摩派遣水稻农业专家并向摩赠送农业示范机械。"③

11月4日和11月15日，中国和赞比亚就中国政府向赞比亚政府提供一批车辆事在卢萨卡换文确认。④

11月10日，中国政府援助安哥拉抗疟药品交接仪式在安哥拉卫生部公共卫生司举行。

11月15日，由中国政府提供优惠贷款、上海建工集团承建的开罗会议中心新建五号馆项目举行对外交接仪式。2011年11月4日和23日，

---

① 《援塞农技组成功举办蔬菜种植技术培训》，2011年10月31日，http://www.mofcom.gov.cn/aarticle/i/jyjl/k/201110/20111007807259.html

② 《国开行大力推进向非洲中小企业专项贷款增资10亿美元》，2011年10月27日，http://money.163.com/11/1027/19/7HD60I9A00253B0H.html

③ 《我向摩赠送农机示范设备举行交接仪式》，2011年11月2日，http://ma.mofcom.gov.cn/aarticle/jmxw/201111/20111107811408.html

④ 《中赞两国政府就援赞车辆事在卢萨卡换文确认》，2011年11月18日，http://zm.mofcom.gov.cn/article/jmxw/201111/20111107837512.shtml

中国和刚果（布）政府换文确认双方3年的技术合作。"该馆的建成将进一步增强开罗国际会议中心的办展能力，为加强埃及与世界的交流做出贡献。该项目建设投资约1.1亿元人民币，建筑面积1.35万平方米。"①

11月16日，中国援塞拉利昂公路修复项目合同签字仪式在塞总统府举行。"该项目新建公路长约11.26公里，连接弗里敦科索镇和丽晶村，建设工期25个月，全线设置大小桥梁5座，涵洞32道，路基宽度10米，沥青混凝土路面，双向两车道。该项目建成后，将极大地改善弗里敦路网结构，缓解弗里敦城区日益拥挤的交通压力，打通弗里敦通向内陆各地的中部通道。该项目是继上个世纪八十年代完工的国家体育场、友谊大厦之后，中国援助塞拉利昂的又一重大建设项目，得到中塞两国政府的高度重视和大力支持。"②

11月18日，中国援刚果（布）医院项目开工。该项目属于2006年11月中非合作论坛北京峰会上推出的八项举措内容。"项目工程由中建总公司承建。2009年9月23日，双方签署援刚果（布）综合医院和医疗队宿舍项目的施工合同，工期19个月。由于刚方建设用地在2011年一季度问题才得到解决，导致工程开工时间滞后。8月9日，在首都布拉柴维尔举行了项目奠基仪式，10月18日内部正式开工。"③

11月16日和11月25日，中国和赞比亚在卢萨卡签署中国援赞比亚农业技术示范中心项目的交接证书。"该项目系中非合作论坛北京峰会八项举措项目之一，于2010年6月1日开工，2011年1月5日竣工。中心位于赞首都卢萨卡市区赞比亚大学利艾姆普农场内，总占地面积120公顷；项目合作双方分别为吉林农业大学和赞教育部下属的赞比亚大学。"④

11月20日，中国援助几内亚比绍总统府维修扩建项目动工仪式在英雄广场附近举行。"1988—1989年的几比战乱毁坏了总统府的建筑。

---

① 《我援开罗国际会议中心五号馆对外交接》，2011年11月17日，http://eg.mofcom.gov.cn/aarticle/i/201111/20111107835587.html
② 《塞拉利昂总统科罗马出席中国援塞公路修复项目合同签字仪式》，2011年11月17日，http://sl.mofcom.gov.cn/article/jmxw/201111/20111107833742.shtml
③ http://cg.mofcom.gov.cn/article/zxhz/hzjj/201112/20111207908779.shtml
④ 《中国政府援赞比亚农业技术示范中心项目交接证书在卢萨卡签署》，2011年11月29日，http://zm.mofcom.gov.cn/article/jmxw/201111/20111107853349.shtml

由于几比经济困难,这座建筑长时间没能恢复原貌,中国政府慷慨解囊,为总统府恢复原貌提供资金支持。"①

11月24日,中国和塞拉利昂在塞首都弗里敦签署援塞第十期农业技术合作换文。"中国援塞农业技术合作始于1988年,迄今已20多年,每期两年。第十期农业技术合作自2011年12月21日至2013年12月20日,将继续以博城站为中心,开展多种形式的农业技术培训,进行实验性育种和种植技术推广,并提供必要的农机设备和农用物资。"②

11月25日,中国援建科特迪瓦加尼瓦医院举行移交仪式。"加尼瓦医院由甘肃海外工程总公司承建实施,2009年4月18日开工,2010年8月31日竣工。建筑面积6727.69平方米,是一所设置内科、外科、儿科、妇科、医疗影像科、化验室、行政办公室等,104张床位的综合医院。该项目的移交因科总统大选危机而一再延迟。"③

11月27日,中国和加蓬在新近落成的中加友谊体育场大厅签署交接证书。

11月28日,中国援中非博阿利3号水电站及其配套输变电工程项目开工。"2011年7月22日,中国和中非签署援中非博阿利3号水电站及其配套输变电工程项目的施工合同,项目主要内容包括:安装2台5兆瓦发电机组、新建C变电站、新建3号至2号电站、C变电站—A变电站、C变电站—B变电站等3条输变电线路。项目的建成有助于缓解班吉等地的用电紧张状况。"④

12月,广东省向加纳派出第二批医疗队,全队11人,于2013年12月完成任务回国。

12月2日,中国科技部和博茨瓦纳基础设施科技部签署双方开展科技合作的谅解备忘录。备忘录旨在推动双方在联合研发、学术交流、实验交流、信息交流、科技会议等方面的合作。重点合作领域为:主要科

---

① 《几比总统萨尼亚、总理戈麦斯出席援几比总统府维修扩建项目开工仪式》,2011年11月20日,http://gw.mofcom.gov.cn/article/jmxw/201110/20111007790893.shtml
② 《中国援塞拉利昂第十期农业技术合作换文签署仪式在塞首都弗里敦举行》,2011年11月25日,http://sl.mofcom.gov.cn/article/jmxw/201111/20111107849215.shtml
③ 《中国援科特迪瓦加尼瓦医院移交仪式隆重举行》,2011年11月29日,http://ci.mofcom.gov.cn/article/jmxw/201111/20111107853900.shtml
④ 《援中非博阿利3号水电站项目举行开工典礼》,2011年11月29日,http://cf.mofcom.gov.cn/article/jmxw/201111/20111107852078.shtml

技规划的制订和执行；科技园区和孵化器的设计和规划；科技促进农村经济发展和科技减贫的政策设计；信息通信技术；水资源技术；食品技术；能源技术；环境技术；本土知识体系等。①

12月3日，中国驻加纳大使龚建忠视察布维电站。"布维电站总装机容量为40万千瓦，位于布朗阿哈佛省得塔因地区。受全球金融危机的影响及不可预见的工程量，布维电站的建设资金超过预算，面临短缺的问题，目前资金缺口高达1.68亿美元。布维电站迄今已安置拆迁移民1216人，涉及8个村庄的人口。加纳布维电站管理局首席执行官贾贝希·阿密萨·阿瑟表示，布维电站已完成90%的工程量，将于2012年10月份首次发电。"②

12月3—12日，由商务部组织、中铁五局专家组成的援贝宁立交桥项目技术验收组展开验收。"按照中国工程项目技术规范和要求，经综合评定，确认工程质量合格，项目通过了技术验收。商务部合作局杜大祥处长、援外司殷惠处长、驻贝宁经商参赞张胜利在项目验收末次会议上分别作了发言，他们对项目施工单位及其工程技术人员，在艰苦的工作环境下，克服原材料价格大幅上涨、气候炎热，人员易患疟疾疾病和施工中遇到的各种不可预见的困难和问题，在项目设计代表、工程监理组的密切配合下，制定了科学的施工方案。在工程施工中，做到精心组织，严格管理，坚持质量第一的原则，始终把质量、安全放在首位，并在合同规定的时间范围内，按质按量全面完成了项目工程的建设任务。该项目由中交设计院设计，广州万安工程监理公司担任工程监理。"③

12月5日，中国政府援助几内亚政府100辆摩托车在几国际合作部举行交接仪式。

12月6日，中国和厄立特里亚签署中国援厄立特里亚太阳能示范项目换文。"厄太阳能资源丰富，该项目将在厄首都阿斯马拉市约5公里长的街道上安装太阳能路灯，建成后将对厄首都基础设施建设和清洁能源

---

① 《中博签署部级科技合作备忘录》，2011年12月2日，http：//bw.mofcom.gov.cn/article/jmxw/201112/20111207867529.shtml

② 《中国援加纳布维电站接近完工》，2011年12月6日，http：//gh.mofcom.gov.cn/article/jmxw/201112/20111207863574.shtml

③ 《我援贝宁立交桥项目通过技术验收》，2011年12月14日，http：//www.mofcom.gov.cn/aarticle/i/jyjl/k/201112/20111207877495.html

利用起到良好的示范效应。"①

毛里塔尼亚政府在毛国家药品储藏中心举行交接仪式,接受中国援赠毛里塔尼亚的抗疟药物资。

12月6日和15日,中国和摩洛哥在摩洛哥签署中国援摩洛哥政府教学物资设备换文。该批物资主要包括食堂设备、炊具和床垫等,用于帮助改善摩南部农村住宿学校的住宿和食堂条件。

12月7日,中国和吉布提签署中国向吉布提提供优惠贷款的框架协议。根据该协议,中国进出口银行向吉提供一笔优惠贷款,该贷款将用于建设吉多哈雷—那嘎德铁路连接线项目。②

12月10日,中国—喀麦隆胶囊内镜新型诊疗技术示范与培训中心在喀麦隆雅温得妇儿医院落成。"该中心由中国科技部援建,重庆金山科技(集团)有限公司负责实施,公司已向雅温得妇儿医院赠送一批胶囊内镜设备和胶囊,并对当地医生进行了为期四天的技术培训。胶囊内镜是一种新型无创无痛的消化道影像无线检测系统,患者通过口服智能胶囊即可完成胃肠道影像检查,克服了传统的推进式内窥镜体积大,检测过程痛苦,不适用于老年、纤弱和危险病人等缺陷,具有体积小、重量轻、检查方便、无创伤、无痛苦、无交叉感染、不影响受检者正常工作等优点。"③

12月11日,中国援吉布提医疗器械及药品交接仪式在吉贝尔蒂医院举行。

12月18日,中国援吉布提哈桑·古莱德国家体育场维修项目设计合同签字仪式在吉青体部举行。古莱德体育场由中方援建,落成以后一直是吉最重要的体育设施,并是中吉友好的象征。④

中国向吉布提提供的最后一批紧急救灾粮食交接仪式在吉外交部举行。至此,中国援吉紧急救灾粮食全部移交吉方。

---

① 《中厄签署援厄立特里亚太阳能示范项目换文》,2011年12月6日,http://er.mofcom.gov.cn/article/jmxw/201112/20111207865448.shtml

② 《中国向吉布提提供优惠贷款框架协议在吉签署》,2011年12月8日,http://dj.mofcom.gov.cn/article/jmxw/201112/20111207872007.shtml

③ 《中国—喀麦隆胶囊内镜新型诊疗技术示范与培训中心落成》,2011年12月12日,http://cm.mofcom.gov.cn/article/jmxw/201112/20111207872898.shtml

④ 《吉青体国务秘书出席中国援吉哈桑·古莱德国家体育场维修项目设计合同签字仪式》,2011年12月21日,http://dj.mofcom.gov.cn/article/jmxw/201112/20111207891638.shtml

12月19日，中农发集团国际农业合作开发有限公司与阿尔及利亚农业科学研究院签署援阿盐渍土治理示范项目实施合同。"受中、阿两国政府的委托，中农发集团和阿农科院将共同实施盐渍土治理示范项目。该项目为中国政府援助项目，中方将向阿方派遣专家进行盐渍土治理工作，并为阿方提供实验设备、农机等，同时接受阿方官员和技术人员赴华接受短期培训。"①

中国援刚果（布）农业技术示范中心项目交接。"中心位于首都布拉柴维尔市以南约17公里的贡贝农场，占地59公顷。项目工程由中国热带农业科学院总承包，中国威海国际经济技术合作公司承建，于2010年1月31日开工建设，2011年4月完工，12月19日李树立大使与农业部长签署援刚农业技术示范中心项目交接证书。有关3年的技术合作双方政府于2011年11月4日和23日换文确认。"②

12月20日，中国援塞拉利昂坡特洛科小水电站项目施工合同签字仪式在中国驻塞使馆经商处举行。"该项目建设场址位于塞北方省坡特洛科地区，总装机容量为2000千瓦，新建溢流坝、挡水土坝、溢洪道、输水系统和发电厂房，输变电线路全长1.6公里，工期26个月。该项目建成后，将增加塞发电能力，改善坡特洛科地区的供电状况。"③

12月21日，中国和尼日尔在尼日尔卫生部国家药品局举行中国援尼抗疟药品交接仪式。

12月22日，中国和中非在中非公共卫生、人口和艾滋病防治部举行的交接仪式上，中国政府再次向中非政府赠送一批抗疟药。

12月23日，中国政府援助几内亚政府100辆公交车和50辆垃圾车交接仪式在中国援建的人民宫广场举行。

12月28日，中国政府援助几内亚政府办公用品在几国际合作部举行交接仪式。

12月29日，为加强中阿两国在新能源领域的合作，中国和阿尔及利亚政府签署关于太阳能照明项目的换文。根据换文，中国政府将向阿

---

① 《我援阿盐渍土治理示范项目实施合同签署》，2011年12月20日，http://dz.mofcom.gov.cn/aarticle/jmxw/201112/20111207889487.html

② 《中国援刚果（布）农业示范中心》，http://www.catas.cn/zgb/

③ 《中国援塞拉利昂坡特洛科小水电站项目施工合同在弗里敦签署》，2011年12月26日，http://www.mofcom.gov.cn/aarticle/i/jyjl/k/201112/20111207897397.html

尔及利亚政府提供一批太阳能道路照明设备,并负责安装、调试等技术服务。①

中国和苏丹在喀土穆签署援苏丹恩图曼职业培训中心改造项目设计合同。2011年9月25日和10月25日,中、苏两国政府换文确认,中国政府委派机械工业第六设计研究院于12月11日—31日对苏丹恩图曼职业培训中心改造项目进行考察。根据现场踏勘及苏方需求情况,双方商定项目设计方案,并签署设计合同。"恩图曼职业培训中心为中国上世纪80年代对苏援建项目,是苏丹最重要的职业培训中心之一,历经三十年,中心主体结构完好,但部分设备老化严重、专业设置落伍,对该项目进行升级改造,可更好维护并发挥中国援外老项目作用,推动苏丹职业培训发展,进一步加强两国人力资源领域合作。"②

12月30日,由中铁四局承担的中国援安哥拉罗安达总医院改扩建项目开工。"中国政府将无偿承担安哥拉罗安达省总医院改扩建工程,对医院门诊楼进行加固维修,住院楼拆除扩建,改造场区内排水系统,完善医院功能和流程,改善医疗条件。安哥拉罗安达总医院位于罗安达市南15公里处的卡玛玛区。中方援助的改扩建工程拟于今年年底前开工,预计工期两年。改扩建完成后,该院总建筑面积将由目前的8000平方米增加到2.2万平方米,床位由100张增至270余张,成为安哥拉最大、也是软硬件设施一流的医院,大大提高安哥拉的医疗救治能力。"③

2012年

年初,中国承建南苏丹打井供水援助项目。2011年7月9日,南苏丹独立建国,成为世界上最年轻的国家。由于长期内战,南苏丹公路等基础设施落后,医疗、水、电等公共服务严重缺乏,商品基本依靠进口,价格高昂,是非洲最不发达的地区之一。

"为缓解首都朱巴的用水紧张,中国政府决定向南苏丹提供打井供水方面的援助。援南苏丹打井供水项目位于南苏丹朱巴市郊科托尔地区,

---

① 《中阿签署关于太阳能道路照明项目的换文》,2012年1月9日,http://dz.mofcom.gov.cn/article/jmxw/201201/20120107920618.shtml

② 《中苏签署援苏丹恩图曼职业培训中心改造项目设计合同》,2012年1月4日,http://sd.mofcom.gov.cn/article/jmxw/201201/20120107913730.shtml

③ 《援安哥拉罗安达总医院改扩建项目开工》,2011年12月31日,http://ao.mofcom.gov.cn/article/sqfb/201112/20111207910387.shtml

为2套独立的局部供水设施，包括8眼水井、10个发电机（含水泵）房，两个100立方的储水池和两个16.5米高、储水量50立方的水罐，项目于8月15日开工，12月10日圆满完成了本项目的各项施工任务。"①

1月4日，中国和赞比亚在卢萨卡签署中国援赞比亚恩多拉体育场项目的交接证书。该项目于2009年8月28日开工，2011年8月12日竣工；中、赞双方分别于2011年8月底和11月底完成对项目的技术验收工作。②

1月5日，中国山东五征集团向毛里塔尼亚国民教育国务部捐赠了三辆新型农用三轮车。

1月13日，中国优惠贷款援助的赞比亚政府大楼会议中心和宴会厅项目交接仪式在卢萨卡举行。"赞比亚政府大楼会议中心和宴会厅项目由中国政府提供优惠贷款支持，由上海建工集团实施，于2010年1月开工，2011年8月底完工。会议中心共1249个座位，并有4间中型会议室和4间小型会议室；宴会厅可同时容纳1000人就餐。"③

1月18日，中国和厄立特里亚在阿斯马拉签署中国向厄立特里亚国提供优惠贷款的框架协议。"根据协议，中国此次向厄提供优惠贷款，将用于在厄实施三个涉农工厂项目，即建设一个食品罐头盒加工厂、一个聚氯乙烯和聚乙烯水管生产厂及三个冷库。该项目建成后，对厄农业生产发展、提高农产品深加工和储藏水平及实现粮食安全均有较大促进作用。"④

中国政府援助几内亚政府的5万人体育场在科纳克里举行交接仪式。"项目工程总占地面积约239610平方米，总建筑面积34011平方米，座位50036座，室外训练场1块，机动停车位566个，主体建筑平面分为四个区。是中国在西非地区最大的经援项目。建成后将成为中国援该地

---

① 《中国援助南苏丹打井供水项目顺利竣工验收》，2013年5月23日，http://yws.mofcom.gov.cn/article/b/201305/20130500136923.shtml
② 《中国政府援赞比亚恩多拉体育场项目交接证书在卢萨卡签署》，2012年1月6日，http://zm.mofcom.gov.cn/article/jmxw/201201/20120107917310.shtml
③ 《中国援赞政府大楼会议中心和宴会厅项目举行隆重交接仪式》，2012年1月18日，http://zm.mofcom.gov.cn/article/jmxw/201201/20120107933331.shtml
④ 《中、厄签署优惠贷款的框架协议》，2012年1月18日，http://er.mofcom.gov.cn/article/jmxw/201201/20120107933639.shtml

区最大的综合性体育场。该项目由上海建工集团公司承建,于 2007 年 9 月 18 日开工,2011 年 11 月 29 日竣工。"①

2 月 1 日,中国和阿尔及利亚在阿尔及尔签署中国政府向阿尔及利亚政府提供无偿援助的经济技术合作协定。

2 月 6 日,中国援助坦桑尼亚心脏外科诊疗培训中心项目签字仪式在达累斯萨拉姆举行。过去坦桑人民到国外治疗心脏病费时费力,如今心脏病患者也能在本国得到治疗,人民受益良多。上述医院是中国政府在中非合作论坛北京峰会上做出的八项承诺之一。"该医院于 2010 年 3 月开工,2011 年 8 月建成,包括门诊部、医技部、手术部和病房,共 96 个床位,配套的医疗设备由中方提供。"②

2 月 7 日,中国和阿尔及利亚签署关于援建歌剧院项目的换文。根据换文,中国政府将在阿尔及尔援建一座 1400 座位的歌剧院。

2 月 8 日,中国和摩洛哥在摩洛哥签署中国援摩洛哥政府太阳能照明设备换文。"该批物资主要包括 300 套太阳能照明路灯及附属设备。2009 年 11 月,在埃及举办的中非合作论坛第四届部长级会议上温家宝总理宣布对非援助新八项举措,包括为应对气候变化,加强中非新能源领域合作等内容,该项目是对上述举措的具体落实。"③

2 月 16 日,中国援助乍得巴阿赫水泥厂开工仪式隆重举行。

2 月 17 日,中国援埃塞俄比亚车辆交接仪式在埃塞财经发展部举行。"此批车辆为埃塞大大缓解了国宾用车问题。车辆的快速抵达和及时使用(第 18 届非盟首脑会议)充分证明是中、埃塞两国关系良好和政府部门高效合作的成果。"④

2 月 22 日,中国援塞拉利昂两批抗疟药品交接仪式在塞卫生部国家医药中心仓库举行。

2 月 29 日,中国和厄立特里亚签署厄涉农工厂项目优惠贷款协议。

---

① 《援几内亚 5 万人体育场举行交接仪式》,2012 年 1 月 20 日,http://gn.mofcom.gov.cn/aarticle/jmxw/201201/20120107935160.html

② 《援坦桑尼亚心脏外科诊疗培训中心项目交接证书签署》,2012 年 2 月 7 日,http://tz.mofcom.gov.cn/article/jmxw/201202/20120207955751.shtml

③ 《中国摩洛哥两国政府签署援摩太阳能照明设备项目换文》,2012 年 2 月 9 日,http://www.ne21.com/news/show-24318.html

④ 《中国援埃塞车辆交接仪式举行》2012 年 2 月 18 日,http://et.mofcom.gov.cn/article/jmxw/201202/20120207972168.shtml

"涉农工厂是厄政府期盼已久,但由于缺乏资金一直未能落实的重点项目之一。项目完成后将极大提高厄农产品加工、储藏及农灌设备生产水平,对厄实现粮食安全将起到积极促进作用。"①

3月1日,中国政府援助几内亚政府的100辆城市公交车正式投入运营。"该批公交车投入使用将极大地改善科纳克里在高峰时间段交通拥挤的状况。1月12日,几专门成立了几内亚运输公司(SOTRA-GUI),负责上述公交车的管理运营。"②

3月3日,中国援吉布提抗疟检测设备试剂等物资交接仪式在吉医药中心举行。③

中华人民共和国驻赤道几内亚大使王世雄在中国驻赤道几内亚大使馆向赤几民主党捐赠了一批办公用品。

3月4日,福建省向博茨瓦纳派出第十三批医疗队,全队46人,于2015年2月完成任务回国。

埃塞俄比亚联邦卫生部和亚的斯亚贝巴市政府为中国援建的埃综合医院提露内丝—北京医院举行正式开业仪式。④

3月6日,乍得卫生部举行中国援乍抗疟药品交接仪式。

3月7日,中国驻厄立特里亚使馆代表全国妇联向厄妇联捐赠健身器材及厄妇联活动中心重新装修对外开放仪式在阿斯马拉隆重举行。

3月7日和9日,中国援肯尼亚卡通都医院改扩建项目一期工程立项换文在内罗毕签署。中方将为肯卡通都地区医院援建一座医疗综合楼和配套设施用房,同时提供一批医疗设备。⑤

3月8日,塞舌尔首都维多利亚市莱蒙斯区举行中国援塞住房项目奠基仪式。中国政府从2000年开始以优惠贷款的方式对该区进行了两期项目改造,居民住房条件得到很大改善。2012年,中国政府又以无偿贷

---

① 《厄涉农工厂项目优惠贷款协议签署》,2012年2月29日,http://er.mofcom.gov.cn/aarticle/y/201202/20120207989556.html

② 《中国援助几内亚100辆公交车3月1日投入运营》,2012年3月2日,http://www.mofcom.gov.cn/aarticle/i/jyjl/k/201203/20120307994358.html

③ 《吉卫生部长出席中国援吉抗疟检测设备物资交接仪式》,2012年3月5日,http://dj.mofcom.gov.cn/article/jmxw/201203/20120308007266.shtml

④ 《中国援建埃塞综合医院正式开业》,2012年3月5日,http://et.mofcom.gov.cn/article/jmxw/201203/20120307998318.shtml

⑤ 《中国援助肯尼亚卡通都医院项目签署立项换文》,2012年3月28日,http://ke.mofcom.gov.cn/article/jmxw/201203/20120308040787.shtml

款的方式进行第三期项目。该期项目完工后，莱蒙斯社区部分居民将告别原来简陋的住宅，搬进崭新的新居，该区的居民生活也将更加舒适、更加安全。始建于20世纪60年代的莱蒙斯区旧房属于殖民期间的简易房，结构简单、通风不畅、采光较差、私密性低。①

3月13日，中国向遭受台风袭击的马达加斯加提供援助。2—3月间，马达加斯加连续遭受两次台风袭击，受灾地区民众的生命和财产受到严重损失。为了响应马政府赈灾的号召，3月13日，中国驻马达加斯加中资企业协会在马"中国之友俱乐部"的协助下，根据马内政部风险灾害管理办公室的安排，向位于首都塔那那利佛郊区的TANJONBATO镇的部分灾民赠送了大米、食用油、餐具、毛毯以及书包等学习用品。②

3月15日，中国政府向刚果（布）三所小学赠送的一批教学物资运抵布拉柴维尔。

3月17日，中国政府援建的塞舌尔国家司法大楼项目举行开工仪式。

3月21日，江西华昌基建工程有限责任公司与多哥财政部、农业部在多哥首都洛美签署援多农业技术示范中心项目施工合同。"援多哥农业技术示范中心项目位于离多哥首都洛美以西30公里，中国援建多哥的农业技术示范中心于2008年10月正式开工建设，2012年4月30日完成验收。该项目占地10公顷，包括8公顷示范田，建筑面积4100平方米。中国农业专家将在这里定期向多哥农民传授水稻、玉米等农作物的种植技术。中国的农业技术示范中心项目是在多哥政府计划实施总额达数千亿西非法郎（1美元约合500西非法郎）的农业投资计划的大背景下实施的。"③

3月22日，中国和佛得角签署中国援佛太阳能示范项目施工合同。根据合同，中国为佛援建两座15千瓦太阳能光伏发电站并为佛政府办公大楼、议会大厦、普拉亚十字广场安装太阳能照明系统。该项目由中国

---

① 《史忠俊大使出席援塞舌尔住房项目奠基仪式》，2012年3月9日，http://sc.mofcom.gov.cn/article/jmxw/201203/20120308005035.shtml

② 《驻马达加斯加中资企业向马灾民提供赈灾物资》，2012年3月13日，http://mg.mofcom.gov.cn/article/jmxw/201203/20120308017834.shtml

③ 《中国援多哥农业技术示范中心项目进入技术合作期》2011年4月12日，http://www.chinanews.com/gn/2011/04-12/2966977.shtml

辽宁国际经济技术合作集团有限责任公司实施。①

3月26日,中国援马拉维集装箱扫描检测仪设备交接仪式在中国援建的国际会议中心及酒店举行。

中国和苏丹在喀土穆签署援苏丹友谊厅维修项目设计合同,待两国政府签署该项目立项换文后生效。"友谊厅是中国在20世纪70年代的一个援助项目,年久失修,设备陈旧,苏丹请求中国对友谊厅进行维修。2011年11月23日,中国和苏丹签署的换文规定,中国政府委托上海建筑研究设计院于2012年3月12日至29日对友谊厅维修项目进行考察。根据考察结果,中国拟对友谊厅进行一次较全面的修缮,主要包括:会议楼、会议厅、宴会厅、展览厅、影剧院和友谊厅总体等六部分,使之在保留原有风格基础上,全面改善其总体面貌和设备功能。"②

中国和喀麦隆在雅温得签署交接证书,正式将一批工具和零配件交付喀方。中喀两国于2011年签署换文,中方同意在援喀麦隆会议大厦技术合作项目(第十四期)框架下,向喀方赠送一批设备和零配件。"此次提供的设备和零配件主要涉及扩音、电力、管道和电梯等设备,将用于大厦日常维护,保障大厦正常运转。"援喀麦隆会议大厦技术合作项目由沈阳国际经济技术合作公司负责实施。③

经友好协商,塞拉利昂政府与山东临朐朐山医院就经营管理中国援塞新医院达成一致意见,双方签署合作协议。"按照协议,塞方将该医院交临朐朐山医院经营管理,塞卫生部选派代表参与协助管理,医院将设立管理委员会。2011年5月13日,中国援塞新医院移交塞政府,医院总占地16579平方米,床位100张,配备有B超、CT、X光等多种先进医疗设备。临朐朐山医院是山东潍坊市一家国立二级甲等医院,有60年历史,拥有丰富的管理经验和先进的管理理念。"④

3月26日—27日,习近平访问南非,并参加在南非举行的第五届金

---

① 《中国援佛得角太阳能示范项目施工合同签署》,2012年3月23日,http://www.mofcom.gov.cn/aarticle/i/jyjl/k/201203/20120308031505.html
② 《中苏签署援苏丹友谊厅维修项目设计合同》,2012年3月26日,http://sd.mofcom.gov.cn/article/jmxw/201204/20120408052010.shtml
③ 《援喀麦隆会议大厦技术合作项目设备和零配件交接证书签署》,2012年3月28日,http://cm.mofcom.gov.cn/article/zxhz/sbmy/201203/20120308039387.shtml
④ 《塞拉利昂政府与山东临朐朐山医院就经营中国援塞新医院签订合作协议》,2012年3月28日,http://sl.mofcom.gov.cn/article/jmxw/201203/20120308041301.shtml

砖峰会。在与南非总统的会谈中，习近平表示，南非是中国发展对非关系的优先方向，希望将中南关系打造为新兴战略伙伴关系和发展中国家团结合作的典范。金砖国家领导人第五次会晤于 26—27 日在德班举行，主题为"金砖国家与非洲：致力于发展、一体化和工业化的伙伴关系"。3 月 27 日下午，围绕"释放非洲潜力：金砖国家和非洲在基础设施领域的合作"，金砖国家领导人与非洲领导人展开会谈和讨论。习近平指出，中国将继续在非洲国家建立跨国跨区域基础设施方面做出努力，以伙伴关系的方式促进非洲的互联互通。习近平承诺，中国每年为非洲培训培养 300 名基础设施建设和管理人才；继续通过多种形式鼓励中国企业和金融机构参与非洲跨国跨区域基础设施建设和运营管理；承诺到 2015 年，给予非洲最不发达国家 97% 税目产品零关税待遇。① 会议期间，金砖五国决定开办合作开发银行。金砖开发银行是由金砖国家建立的发展银行，旨在促进发展中国家的发展，共同应付发展中国家发展过程中遇到的各种问题，为大型的建设项目提供新的融资渠道。②

3 月 27 日，中国政府援助几内亚比绍政府 7 辆公务用车，以帮助几比政府解决一些部门公务用车的困难。

3 月，中国为肯尼亚内罗毕建设的东北环城路建成通车。"内罗毕南环路项目是中国路桥公司继完成内罗毕东环路和北环路建设后的又一大型道路建设项目。南环路将依照肯尼亚 A 级高速国道标准进行施工，道路全长 28.6 公里，总宽度达 23 米，采用双向四车道，设计行驶最高时速每小时 100 公里。南环路建成后，将成为连接肯尼亚 A109 国道和基库尤市的一条重要干道，并将和已经建成的东环路、北环路共同构成环绕内罗毕市区的第一条环线路，是'肯尼亚 2030 远景规划'的重要组成部分。环路的建设将让往返肯尼亚南部海港蒙巴萨和乌干达的车辆不必再进入内罗毕城区，这将极大缓解内罗毕城区目前严重的交通拥堵状况。此次南环路项目总耗资 2.16 亿美元，其中 85% 由中国进出口银行提供优惠贷款，15% 由肯尼亚政府承担。"③ 这次完成的东北环城路不仅为肯尼

---

① 《永远的朋友、真诚的伙伴》，2013 年 3 月 31 日，http://politics.people.com.cn/n/2013/0331/c70731-20978591-4.html

② 《习近平抵达比勒陀利亚开始对南非进行国事访问并出席金砖国家领导人第五次会晤》，2013 年 3 月 26 日，http://news.xinhuanet.com/world/2013-03/26/c_124501755.htm

③ 《中国援建肯尼亚首都南环路项目启动仪式在内罗毕举行》，2012 年 3 月 17 日，http://gb.cri.cn/27824/2012/03/17/5005s3604837.htm

亚内罗毕市区道路和 A2 国道交通提供了优质的绕城交通疏解方案，有效疏通了内罗毕严重的交通拥堵状况，更为沿线居民区和商业区提供了前所未有的高等级道路服务，带动了当地经济发展。①

3月29日，使用中国政府优惠贷款的巴加代尔水坝项目举行开工仪式。②

4月3日，中国援塞拉利昂坡特洛科水电站开工典礼在塞北方省坡特洛科地区举行。"中国援塞坡特洛科水电站总装机容量为2000千瓦，新建溢流坝、挡水土坝、溢洪道、泄洪排砂洞、输水系统、发电厂房、机组等，输变电线路全长1.6公里，建设工期26个月。"③

4月6日，中国援几内亚比绍医疗队和专家住房项目竣工验收。"该项目由江苏江都建筑有限公司承接。建筑面积2500平方米，从2011年6月26日开工，2012年3月28日竣工，工期仅用了9个月。住房项目为全框架结构，每个房间配有厨房、卫生间和中央空调。有室内乒乓室，排球场和羽毛球场。院内有水塔（深井挖水），配有90千瓦的发电机组。保证医疗队员和经合组专家的用水、用电需求。自1976年向几比派出第一支医疗队以来，中国共向几比派出13批178人次。"④

4月7日，中国援科摩罗国家旅游局办公楼交接暨落成仪式在新办公楼院内隆重举行。⑤

4月7日和12日，中国和吉布提签署关于向吉布提派遣高级农业技术专家换文。根据该换文，中国政府将向吉布提派遣4名高级农业技术专家和2名法语翻译。⑥

4月12日，中国援建吉布提科研中心办公楼启用仪式在办公楼前广

---

① 《中国环路工程助力解决内罗毕拥堵问题》，2013年5月20日，http://news.xinhuanet.com/world/2013-05/20/c_124736481_2.htm
② 《戴敏参赞出席毛里求斯巴加代尔水坝项目开工仪式》，2012年4月12日，http://mu.mofcom.gov.cn/article/jmxw/201204/20120408065767.shtml
③ 《塞拉利昂总统科罗马出席中国援塞特洛科水电站开工典礼》，2012年4月5日，http://sl.mofcom.gov.cn/article/jmxw/201204/20120408053053.shtml
④ 《援几比医疗队和专家住房项目竣工并通过验收》，2012年4月13日，http://gw.mofcom.gov.cn/article/jmxw/201204/20120408065903.shtml
⑤ 《援科摩罗国家旅游局办公楼交接暨落成仪式举行》，2012年4月8日，http://km.mofcom.gov.cn/article/jmxw/201204/20120408059235.shtml
⑥ 《中吉两国政府签署向吉布提派遣高级农业技术专家换文》，2013年4月12日，http://dj.mofcom.gov.cn/article/jmxw/201204/20120408069268.shtml

场举行。

4月13日,中国政府向埃及提供9000万人民币无偿援助,用于双方商定的项目,在著名旅游景区卢克索建立一个中国公园。①

4月16日,为增进两国人民的友谊,加强南南合作,促进贝宁经济社会的发展,中国政府免除贝宁政府近8000万元人民币的债务,签字仪式在贝宁外交部黄河厅举行。

4月18日,中国政府援助几内亚政府500辆三轮保洁车在几总统府举行交接仪式。

中国援乍得农业专家组举办大规模的农业技术培训班。"该培训班计划招收64人,实到98人,其中包括乍得农业部、哈吉尔—拉密大区及省、县技术官员共10人,水稻种植技术员12人,水稻种植示范农户15人,各村农民61人。培训当天,中国农业专家耐心讲解水稻种植理论和技术,乍方学员踊跃提问,气氛热烈。本次培训计划20天,分三个阶段进行,每阶段一周。第一阶段以讲授水稻栽培技术为主,第二阶段以讲授实践操作技能为主,第三阶段以观摩总结为主。"②

4月23日和6月18日,中国和苏丹签署援苏丹恩图曼职业培训中心改扩建项目的换文。"为帮助苏丹提高职业技术培训水平,增强相关行业专业人员就业技能,适应现代社会对职业门类和人员素质的需要,应苏政府要求,中国政府同意帮助苏丹实施恩图曼职业培训中心改扩建项目,这将对人力资源培训和能力建设发挥积极作用。"③

4月24日,中国援卢旺达农业技术示范中心举行启动仪式。

4月25日,莱索托自然资源部能源司农村电器化主管官员和中兴通讯公司代表在马塞卢签署《援莱索托太阳能示范项目实施合同》。"该项目将在莱首都及附近3个城镇商业区安装太阳能街灯,总路段4600米,由中兴通讯公司负责实施,预计2012年完成,建成后将对改善莱基础设

---

① 《中国政府将向埃及提供9000万人民币无偿援助》,2012年4月13日,http://www.chinadaily.com.cn/hqgj/jryw/2012-04-13/content_5678519.html

② 《援乍得农业专家组杜几亚示范基地举办培训班》,2012年4月20日,http://tchad.mofcom.gov.cn/article/jmxw/201205/20120508101322.shtml

③ 《中苏签署援苏丹恩图曼职业培训中心改扩建项目换文》,2012年7月3日,http://sd.mofcom.gov.cn/article/jmxw/201207/20120708211203.shtml

施和清洁能源利用起到良好的示范作用。"①

中国援多哥农业技术示范中心举行竣工仪式。

5月，河北省向刚果（金）派出第十五批医疗队，全队18人，于2014年5月完成任务回国。

5月6日，中国援助吉布提水罐卡车及蓄水罐项目交接仪式在吉举行。"中国政府援助的10辆水罐卡车和30个蓄水罐恰逢其时，当前吉正处于炎热初期，上述水罐卡车和蓄水罐能有效帮助解决吉布提缺水地区人民的实际问题。"②

5月7日，中国和吉布提签署中国援吉科研中心增供家具和会议系统项目交接证书。上述家具和会议系统项目由中国大连筑成建设集团有限公司负责实施，并于3月11日安装调试完毕。③

5月8日，援非盟会议中心项目举行了对外移交仪式。非盟会议中心已成为亚的斯亚贝巴市的地标性建筑，使非盟总部的形象焕然一新，提升了非盟的影响力。非盟会议中心作为中非合作新的里程碑，集中体现了中国与非盟的友好合作关系，表达了中国政府支持非洲联合自强及一体化建设的一贯立场。④

5月11日，中国政府向中非政府赠送一批物资交接仪式在国际合作、地区一体化和法语国家事务部举行。该批物资主要以农用物资为主，将对中非农业发展起到一定的促进作用。

5月15日，中国和苏丹在苏丹卫生部举行援苏项目签字仪式，双方签署关于援苏医疗设备项目的供货合同、关于援苏综合医院增建医生公寓项目的施工合同。"根据相关合同，中国向苏丹提供一批医疗设备，用于青尼罗州达马津综合医院、恩图曼友谊医院和杰齐拉州阿布舍医院；为达马津综合医院增建一个含44套医务人员宿舍和餐厅、建筑面积1500平方米的医生公寓，可有效解决该院医务人员的住房问题。"⑤

---

① 《援莱索托太阳能示范项目签署对外实施合同》，2012年4月26日，http：//ls. mofcom. gov. cn/article/jmxw/201204/20120408091504. shtml

② 《吉内政部长出席援吉水罐卡车及蓄水罐项目交接仪式》，2013年5月6日，http：//dj. mofcom. gov. cn/article/jmxw/201205/20120508107654. shtml

③ 《援吉科研中心增供家具和会议系统项目交接证书在吉签署》，2012年5月7日，http：//dj. mofcom. gov. cn/article/jmxw/201205/20120508110044. shtml

④ 《援非盟会议中心项目对外正式移交》，2012年5月8日，

⑤ 《中苏签署2份援苏项目合同》，2012年5月16日，http：//sd. mofcom. gov. cn/article/jmxw/201205/20120508128203. shtml

5月15日和17日，赞比亚国民议会和中国政府在卢萨卡签署中国援赞议会媒体中心项目的交接证书。该项目于2011年6月11日开工，同年12月10日竣工。2012年1月19日完成内部竣工验收。①

5月16日，中国援塞舌尔5辆救护车正式移交塞卫生部。

5月23日，中国向毛里塔尼亚捐赠设备交接仪式在毛塔首都举行。"根据毛里塔尼亚卫生部的需要，中国卫生部向毛里塔尼亚国家公共卫生研究院提供了一批中国产医疗试验检测设备。中国所提供的这批设备可加强毛塔在检测食品和水中的农药残留物的能力，提高对传染性疾病的监察能力，增强毛国家公共卫生研究能力。"②

中国援喀麦隆会议大厦第14期技术合作专家组召开对外培训动员大会。本次培训为期10天，截至2012年6月5日，计划培训喀方技术人员20余人，涉及制冷、扩音、电梯、给排水、电话等专业，旨在通过培训使喀方技术人员掌握各专业机械设备的使用原理，提高实际操作技能。③

5月24日，青海省向布隆迪派出第十五批医疗队，全队29人。

5月28日，中国援助科摩罗的昂儒昂岛邦巴澳市医院项目举行开工仪式。④

5月28日和30日，中国和厄立特里亚在阿斯马拉签署经贸合作换文。根据换文，中国将向厄立特里亚提供一架新舟60飞机及配品配件。⑤

6月，广东省向赤道几内亚派出第二十六批医疗队，全队27人，于2014年7月完成任务回国。

6月1日，中国驻乍得大使杨广玉向援建的马萨格特中国—乍得友谊学校赠送书包、足球等学习用品。

---

① 《中国政府援赞比亚议会媒体中心项目交接证书在卢萨卡签署》，2012年5月22日，http：//zm.mofcom.gov.cn/article/jmxw/201205/20120508139797.shtml

② 《中国向毛塔提供一批医疗试验检测设备》，2014年5月24日，http：//mr.mofcom.gov.cn/article/jmxw/201205/20120508144363.shtml

③ 《援喀麦隆雅温得会议大厦第14期技术合作项目对外培训拉开帷幕》，2012年5月25日，http：//cm.mofcom.gov.cn/aarticle/jmxw/201205/20120508144466.html

④ 《中国援科摩罗医院项目举行隆重开工暨奠基仪式》，2012年5月30日，http：//km.mofcom.gov.cn/article/jmxw/201206/20120608182205.shtml

⑤ 《中国向厄立特里亚提供新舟60飞机项目换文在阿斯马拉签订》，2012年5月30日，http：//er.mofcom.gov.cn/article/jmxw/201205/20120508153882.shtml

6月2日，中国援赞比亚恩多拉体育场举行启用仪式，总统萨特参加并发表讲话。"恩多拉体育场的建成使用，对赞基础设施建设及体育事业发展具有重要意义，有助于带动周边地区工业、医院、酒店、物流、旅游等领域的发展，有助于赞解决失业率高的问题。恩多拉体育场及当时仍在施工的卢萨卡体育场让赞比亚有能力举办各类国际性赛事。到会的总统萨特督促赞青体部要妥善管理好体育场，进行商业化运作，自负盈亏，保持可持续发展。"①

6月5日，由厄立特里亚高等教育委员会与中国贵州财经大学合作建立的厄孔子学院揭牌仪式在阿斯马拉隆重举行。②

6月7日，中国援马达加斯加政府药品和医疗器械举行交接仪式。③

中国与塞拉利昂在塞首都弗里敦签署援塞集装箱检查设备项目交接证书。"该项目由同方威视技术股份有限公司负责执行，向塞提供两台车载移动式集装箱检查设备并负责安装调试及人员培训，用于帮助塞财政部税务局下属的海关加强进出口集装箱及其他大型货物的 X 光透视检查，以甄别货物、查堵走私、提高关税收入。"④

6月12日，中国援刚果（金）外交部围墙项目交接仪式在刚外交部举行。

6月13日，中国援卢旺达竹子种植和加工利用二期技术合作项目第五期竹子加工技术培训班结业仪式在基加利马萨卡工业园举行。共有34名学员完成了为期30天的培训。⑤

6月14日，应厄立特里亚卫生部申请，中国援厄奥罗特医院维修扩建项目第一批工程正式移交厄方使用，中厄双方代表在阿斯马拉举行了交接仪式。此批次交接的工程包括奥罗特医院康复中心和住院楼西楼

---

① 《援赞比亚恩多拉体育场举行启用仪式》，2012年6月3日，http://zm.mofcom.gov.cn/article/jmxw/201206/20120608159252.shtml

② 《厄孔子学院揭牌仪式在阿斯马拉隆重举行》，2012年6月7日，http://er.mofcom.gov.cn/article/jmxw/201306/20130600156480.shtml

③ 《中国援马达加斯加药品和医疗器械举行交接仪式》，2012年6月9日，http://mg.mofcom.gov.cn/article/jmxw/201206/20120608170058.shtml

④ 《援塞拉利昂集装箱检查设备项目交接证书在塞首都弗里敦签署》，2012年6月8日，http://sl.mofcom.gov.cn/article/jmxw/201206/20120608169876.shtml

⑤ 《援卢竹子种植和加工利用二期技术合作项目举行第五期培训班结业仪式》，2012年6月13日，http://rw.mofcom.gov.cn/article/jmxw/201206/20120608177521.shtml

2—4 层病房及其附属设施。厄方对工程质量很满意。①

6月19日，中国援埃塞俄比亚农业技术示范中心项目移交仪式在埃塞农业部举行。移交后的示范中心进入技术合作阶段，未来三年的技术合作将以技术示范推广、试验研究和培训为主，为埃塞的粮食安全、农业可持续发展做出贡献。②

6月20日，江西省政府向埃塞迪雷达瓦市"埃塞俄比亚—意大利职业技术学院"捐助了1万美元现金，助力该校办学。③

6月22日，中国援多哥100眼井项目在滨海区齐奥省举行了开工仪式。中国政府和人民为多哥滨海地区赠送的100眼饮水井，旨在帮助解决当地民众的饮水困难和饮水不洁问题，告别水源性传染疾病，提高当地可饮用水人口比例。仪式结束后，全体与会人员参观了中国华北有色工程勘察院有限公司100眼井项目组在建饮水井的演示现场。④

6月25日，马拉维运输工程部在首都利隆圭为中国援马拉维国际会议中心举行移交仪式。

6月28日，中国援埃塞俄比亚沼气设备交接仪式在埃塞水资源能源部举行。⑤

6月29日，中国政府向布隆迪政府提供一架中国产新舟60飞机在布琼布拉国际机场举行交接仪式。

6月30日，中国援尼日尔70口人工饮水井项目交接仪式在尼Kollo区Dantchiandou镇Garbey Tombo村顺利举行。

7月，山东省向塞舌尔派出第十四批医疗队，全队6人。

7月3日和8月21日，中国和莱索托就中国援莱索托第三期菌草技术合作项目在莱首都马塞卢换文确认。根据换文规定，中方将派遣4名技术人员赴莱进行菌草种植技术指导、培训莱方技术人员并提供必要的

---

① 《中国援厄奥罗特医院维修扩建项目第一批工程移交厄方使用》，2012年6月15日，http：//er. mofcom. gov. cn/article/jmxw/201206/20120608181211. shtml
② 《中国援埃塞农业技术示范中心项目举行移交仪式》，2012年6月20日，http：//et. mofcom. gov. cn/article/jmxw/201206/20120608189116. shtml
③ 《江西省政府向埃塞迪雷达瓦市一学校捐款1万美元》，2012年6月28日，http：//et. mofcom. gov. cn/article/jmxw/201206/20120608202589. shtml
④ 《中国援多哥100眼井项目举行开工仪式》，2012年6月24日，http：//tg. mofcom. gov. cn/article/jmxw/201206/20120608193809. shtml
⑤ 《中国援埃塞埃沼气设备交接仪式于亚的斯举行》，2012年6月29日，http：//et. mofcom. gov. cn/article/jmxw/201206/20120608204179. shtml

材料、工具和仪器设备，合作期限2年。①

7月5日，中国向尼日尔提供的1282吨紧急粮食援助移交。

7月6日，中国进出口银行与安哥拉财政部在安哥拉首都罗安达签署两国互惠贷款合作项下17个项目的单项贷款协议。上述17个项目涉及安哥拉医院、供水、交通、教育等多个领域，建成后将为安哥拉的经济发展和民生改善做出重大贡献。②

7月10日—11日，中国苏州举行第二届中非民间合作论坛，共同议定并宣布启动了"中非民间友好伙伴计划"。习近平参加会议并发表题为《推进中非新型战略伙伴关系新发展》的讲话。"中非民间友好伙伴计划"提出从2013年到2015年中非民间组织面向非洲民生需求合作开展的系列活动，旨在助力非洲脱贫发展，如期实现联合国"千年发展目标"。③ 从第二届开始，中非民间论坛成为中非合作论坛部长级会议的机制性配套活动。④

7月12日，中国援刚果（金）农业技术示范中心项目奠基仪式在金沙萨恩塞莱区举行。上述项目是中非合作论坛第四届部长级会议确定的"八项举措"之一，"由中兴能源刚果（金）子公司负责实施。项目占地60公顷，包括办公、培训、生产和生活设施，作物试验及生产示范田，灌溉设施和田间道路等基建工程的建设，以及配备部分仪器设备和农业机械。项目建成后，中刚双方将在良种繁育、生产加工、农业技术和人员培训方面进行为期3年的技术合作，以推广先进农业技术，进一步促进刚农业发展"⑤。

7月13日，中国和卢旺达签署中国政府向卢旺达政府提供7.4亿元人民币优惠贷款的协议。该贷款用于建设位于西方省的基伍湖沿湖公路第四第五标段。"西方省是卢重要的农业区，其咖啡和茶叶产量分别占卢总产量的70%和40%，拥有丰富的旅游资源和渔业资源，该道路的建设

---

① 《中国援莱索托第三期菌草技术合作项目换文确认》，2012年8月27日，http://ls.mofcom.gov.cn/article/jmxw/201208/20120808305778.shtml
② 《中国进出口银行与安哥拉财政部签署互惠贷款合作项下17个项目的单项贷款协议》，2012年7月7日，http://ao.mofcom.gov.cn/article/sqfb/201207/20120708218291.shtml
③ 《中非民间论坛简介》，2014年5月9日，http://theory.people.com.cn/n/2014/0509/c384919-24997648.html
④ 会议详情参见http://www.xinhuanet.com/politics/2012zfmjlt/
⑤ 《援刚果（金）农业技术示范中心项目举行奠基仪式》，2012年7月13日，http://cd.mofcom.gov.cn/article/jmxw/201207/20120708228116.shtml

将极大促进卢经济作物的出口,并有利于卢同周边国家的交通运输。"①

7月16日,马拉维农业部在萨利马地区为中国援马农业技术示范中心举行开工仪式。

7月18日,中国政府援助摩洛哥王国政府教学物资交接仪式在卡萨布兰卡举行,这批物资援助包括学校食堂和宿舍相关的设备和用品等物资。

中国援马拉维中非友好小学项目在马首都利隆圭隆重开工。

第四届中非企业家大会在北京召开,中非双方20余家合作单位在闭幕式上共同签署8个投资和经济合作项目文件,总金额近3.41亿美元。②中国国际贸易促进委员会联合国家开发银行、中国有色集团、中国重汽集团、中国土木工程集团等共同发布了《中非企业家大会——中国企业社会责任宣言》。③

7月19日—21日,第五届中非合作论坛部长级会议在北京召开。中国国家主席胡锦涛、南非总统祖马、贝宁总统亚伊、赤道几内亚总统奥比昂、吉布提总统盖莱、尼日尔总统伊素福、科特迪瓦总统瓦塔拉、佛得角总理内韦斯、肯尼亚总理奥廷加、埃及总统特使阿姆鲁、联合国秘书长潘基文以及50个论坛非洲成员国外交部长和主管对外经济合作事务的部长、非洲联盟委员会主席让·平、部分非洲地区和国际组织代表等出席。

7月20日,中国和喀麦隆签署交接证书,正式将中方向喀麦隆两所小学赠送的一批办公设备和教学文体用品交付喀方。"此次赠送的物资包括电脑、打印机、书包以及各类教具和体育器材,将用于中国在喀麦隆援建的吉德小学和楠加-埃博科小学。"该项目被列入中非合作论坛第四届部长级会议确定的援非"新八项举措",2011年2月换文立项,广东恒深进出口有限公司负责实施。④

---

① 《中国卢旺达签署优惠贷款框架协议》,2012年7月17日,http://rw.mofcom.gov.cn/article/jmxw/201207/20120708236365.shtml

② 《中非企业家大会闭幕,达成合作项目金额近3.4亿美元》,2012年7月19日,http://gb.cri.cn/27824/2012/07/19/3365s3775936.htm

③ 《中非企业家大会闭幕,发布中国企业社会责任宣言》,2012年7月19日,http://www.chinanews.com/gn/2012/07-19/4044837.shtml

④ 《中国向喀麦隆两所小学赠送一批办公设备和教学文体用品》,2012年7月21日,http://cm.mofcom.gov.cn/article/jmxw/201207/20120708243876.shtml

中国援贝宁阿卡萨多—波伊贡公路前4公里紧急修复与扩建项目验收组举行最后一次会议。项目施工企业——中铁14局项目经理、项目监理、设计代表,分别做工作汇报,验收组经对项目资料进行核查,对项目工程实地测量,对工程质量进行严格检查后,确认工程质量符合中国项目技术质量要求,项目工程评定为合格。该项目为中国紧急援贝项目,道路建成通车后,解决了本路段原道路状况差、车辆通行流量小、经常堵车的问题,同时,将减少道路交通事故频发的问题。①

7月23日,由华为公司捐赠的安哥拉电信学院技术培训中心开班典礼在罗安达举行。"培训中心包括8间教室、1个实验室等,可容纳200人,该项目将被写进安哥拉通讯领域战略计划白皮书中。"②

利比里亚中资企业重庆外建公司捐赠利比里亚政府30辆警用摩托车仪式在首都蒙罗维亚自由港举行。

7月25日,中国援马拉维农村六个地区水井项目在马拉维水利发展与灌溉部举行签约仪式。

7月29日至8月9日,根据中国和厄立特里亚两国于2012年5月9日签署的换文,由商务部援外司、农业部外经中心及有关专家组成的援厄农业技术示范中心项目可行性考察组一行赴厄对项目可行性进行了实地考察。考察组7月29日抵厄,随后迅速开展工作。该示范中心项目地距厄首都阿斯马拉37公里,紧靠厄国家农业研究所。考察组对该地的气候环境、土壤条件、水利设施、电力供应及交通通讯等进行了针对性较强的综合考察。此外,考察组还与厄农业部工作组举行了多轮会谈,深入了解厄农业现状、发展方向及思路,同厄方就项目的建设地点、合作领域等相关问题达成了一致意见,并于8月7日与厄农业部签署考察备忘录。③

8月3日,中国援乍得农业专家组在杜几雅农业示范中心成功举办"水稻分蘖期管理和农家肥高效使用"专题培训班。该培训班计划招收50人,实到85人,其中包括多名乍得农业部和地方农发局技术官员。

---

① 《援贝宁道路紧急维修与扩建项目通过商务部验收》,2012年7月21日,http://bj.mofcom.gov.cn/aarticle/ddfg/201207/20120708245065.html

② 《中国企业捐赠的安哥拉电信技术培训中心开班》,2012年7月24日,http://ao.mofcom.gov.cn/article/sqfb/201207/20120708247752.shtml

③ 《中厄签署农业技术示范中心项目可行性考察备忘录》,2012年8月9日,http://er.mofcom.gov.cn/article/jmxw/201208/20120808277370.shtml

8月6日，喀麦隆总统瓦塔拉参加利用中国优惠贷款建设的阿比让城市供水项目开工仪式。"由中国政府提供6.02亿元人民币优惠贷款的阿比让城市供水项目由中国地质工程集团公司承建，工期24个月。工程包括钻井18眼，建加压泵站4座，铺设供水管线93公里，并将为当地提供就业机会1000多个。项目建成后，将解决科首都阿比让近百万民众严重缺少可饮用水的问题。"①

喀麦隆水资源和能源部举办仪式，正式对外公布7月30日与甘肃地质工程有限责任公司签署的中国援喀麦隆打井项目对外实施合同。"该项目是中国政府援助项目，是中非合作论坛2009年部长级会议提出的援非'新八项举措'框架下的项目之一，由甘肃地质工程有限责任公司负责实施，主要内容是在喀麦隆北部大区和极北大区打80口深井，并安装手压泵，旨在缓解当地人畜饮水困难，使当地居民饮用到干净卫生的地下水。"②

8月12日和9月5日，中国和吉布提签署中国援吉阿尔塔医院增项换文。根据该换文，中国政府将为中国援吉阿尔塔医院增建放射楼并提供CT、DR等设备。③

8月13日，中国无偿援助乍得3000吨大米的交接仪式在乍恩贾梅纳举行。

8月14日，中国援赞比亚利维·姆瓦纳瓦萨综合医院（原卢萨卡综合医院）交接一周年庆典活动在医院举行。2011年8月至2012年6月，利维·姆瓦纳瓦萨综合医院共接待门诊病患25696人次，住院病人9325人，分娩2565人，共实施手术1821次。④

浙江省向中非派出第十五批医疗队，全队16人。

8月15日，中国援埃塞俄比亚风电太阳能规划报告发布会在埃塞首都亚的斯亚贝巴举行。该规划项目2010年中埃两国政府正式换文，至此

---

① 《瓦塔拉总统参加中国优惠贷款城市供水项目开工仪式》，2012年8月7日，http://ci.mofcom.gov.cn/article/jmxw/201208/20120808273669.shtml
② 《中国援喀麦隆打井项目对外实施合同在雅温得签署》，2012年8月7日，http://cm.mofcom.gov.cn/article/zxhz/sbmy/201208/20120808271894.shtml
③ 《中吉两国政府签署援吉阿尔塔医院增项换文》，2012年9月6日，http://dj.mofcom.gov.cn/article/jmxw/201209/20120908325613.shtml
④ 《中国援赞比亚综合医院交接一周年庆典活动在赞举行》，2012年8月23日，http://zm.mofcom.gov.cn/article/jmxw/201208/20120808299666.shtml

已完成资料收集、现场勘查、主体报告等工作。"该项目旨在帮助埃塞充分了解、利用丰富的风能和太阳能资源,进一步促进新能源的开发利用,为埃塞提供今后 10 年甚至更长时间内风能和太阳能的开发思路,指导埃塞电力整体发展规划,减少其对非可再生能源的消耗和依赖,为其经济和社会发展乃至全球的节能减排作出贡献。"①

8 月 16 日,北京市向几内亚派出第二十三批医疗队,全队 19 人,于 2014 年 8 月完成任务回国。

8 月 28 日,中国和厄立特里亚在阿斯马拉签署中国援厄轮胎交接证书。这批援厄轮胎,系应厄政府要求的物资援助项目。该项目由中国纺织机械和技术进出口有限公司负责供货,该批轮胎已于 7 月运抵厄马萨瓦港并交付厄方,厄方对轮胎质量表示满意。该项目为厄提供了一批交通运输行业急需的轮胎,保证了厄国内物流的正常进行,对厄经济社会发展具有重要意义。②

8 月 31 日,中国向贝宁政府赠送青蒿素类抗疟药品仪式在贝宁卫生部举行。

9 月,宁夏回族自治区向贝宁纳迪丹古派出第十八批医疗队,全队 10 人,于 2013 年 10 月完成任务回国。

9 月 3 日,中国政府援赞比亚议会媒体中心项目启用仪式在赞比亚国民议会举行。"议会媒体中心项目为中国无偿援建项目,2011 年 6 月 11 日正式开工,同年 12 月 10 日竣工。2012 年 5 月 15 日,中赞双方签署项目交接证书。"③

9 月 6 日,中国援建卢旺达职业技术学校项目举行开工奠基仪式。"援卢职业技术学校项目是落实中非经贸合作新八项举措项目之一,建设场址位于卢北方省姆桑泽区,建筑面积约 8700 平方米,将由酒店旅游、农业食品、建筑工艺、电子通讯四个专业组成,预计在校学生

---

① 《中国援埃塞俄比亚风电太阳能规划报告发布仪式暨水资源普查谅解备忘录签字仪式隆重举行》,2012 年 8 月 16 日,http://et.mofcom.gov.cn/article/jmxw/201208/20120808289174.shtml

② 《援厄轮胎交接证书在阿斯马拉签署》,2012 年 9 月 4 日,http://er.mofcom.gov.cn/article/jmxw/201209/20120908321327.shtml

③ 《中国援赞比亚议会媒体中心项目启用仪式举行》,2012 年 9 月 5 日,http://zm.mofcom.gov.cn/article/jmxw/201209/20120908323689.shtml

1100名。"①

9月7日,中国援科摩罗三所小学校项目正式开工。"该项目分布于科摩罗的大科摩罗岛、莫埃利岛及昂儒昂岛,每所小学校建设6间教室及2间办公室,以满足当地的教学场所问题。"②

9月8日,中国驻阿尔及利亚使馆、阿中友协和在阿中资企业协会在阿尔及尔市生态园林举行"中阿友谊园"开工仪式。"中阿友谊园"由驻阿使馆和中建、中石化、中石油、中信、中铁建、中土等22家在阿中资企业共同捐资建设,建成后将成为中阿友谊标志性公园。③

9月11日,南昌对外工程总公司与厄立特里亚教育部就中国援助厄特中非友好小学项目的有关事宜达成一致意见,签署项目实施合同。援建的中非友好小学包括教学楼、操场等设施,能容纳1500名学生,预计工期15个月。该项目将提升厄特中央省和阿斯马拉市的基础教育水平,厄特政府和中央省政府对该项目高度重视。该项目将进一步加深中厄传统友谊。④

9月18日,中国援喀麦隆打井项目举行开工仪式。

9月19日,中国和安哥拉签署经济技术合作协定。根据该协定,中国将向安哥拉提供一笔无偿援助,用于中国援安哥拉罗安达总医院改扩建项目和双方商定的其他项目。⑤

9月20日,中国援乍得妇女培训中心项目施工合同在恩贾梅纳顺利签署。该项目占地面积1万平方米,建筑面积4200平方米,全部使用中国援款实施。⑥

9月29日,中国沈阳国际经济技术合作公司和科摩罗能源、矿业和

---

① 《中国援卢旺达职业技术学校项目举行开工奠基仪式》,2012年9月7日,http://rw.mofcom.gov.cn/article/jmxw/201209/20120908327116.shtml

② 《援科摩罗三所小学校受当地各界欢迎》,2014年3月31日,http://yws.mofcom.gov.cn/article/jyjl/201403/20140300534296.shtml

③ 《"中阿友谊园"举行开工仪式》,2012年9月10日,http://www.mofcom.gov.cn/aarticle/i/jyjl/k/201209/20120908331029.html

④ 《援厄中非友好小学项目合同在阿斯马拉签署》,2012年9月12日,http://er.mofcom.gov.cn/article/jmxw/201209/20120908336237.shtml

⑤ 《中安两国政府签署新的经济技术合作协定》,2012年9月20日,http://ao.mofcom.gov.cn/article/sqfb/201209/20120908348342.shtml

⑥ 《援乍得妇女培训中心项目施工合同顺利签署》,2012年9月20日,http://tchad.mofcom.gov.cn/article/jmxw/201209/20120908350668.shtml

水利局分别代表中科双方签订《援科摩罗火电设备配套土建和设备安装新增工程施工合同》。"根据合同规定,中方将在科方配合下于8个月内完成在大科摩罗岛、昂儒昂岛和莫埃利岛三岛八台发电机组的土建和安装工程。八台发电机组总装机容量为10.6兆瓦,一经安装,将极大程度上改善科摩罗全国电力供应问题。"①

10月1日,援桑给巴尔广电节目落地技术合作项目正式开始。"援桑给巴尔广电节目落地技术合作项目的主要工作内容是全面指导桑方中高层专业管理人员、专业技术人员对援桑给巴尔广电组2座发射台设备进行技术指导和技术维修等工作,培训桑方技术人员,提高他们的专业管理能力及技术维护能力。"②

10月10日,中国援阿尔及利亚歌剧院项目施工合同在阿尔及尔签署。

10月11日,中国首批援乌干达青年志愿者抵乌,开始为期一年的志愿服务工作。"首批志愿者共15名,涵盖汉语教学、水产养殖、体操、篮球、乒乓球、田径等六个专业,工作地点包括麦克雷雷大学、中乌友谊农业技术示范中心、Luyanzi 中学、Emma 中学等。"③

10月12日,中国援布隆迪穆邦达综合医院医疗物资在穆邦达举行交接仪式。此批医疗物资包括救护车、医疗器械、医用物资及耗材、生化试剂等。

10月15日,广西区向尼日尔派出第十七批医疗队,全队37人,为期2年。

10月16日,中国和多哥在洛美签署中国援多哥医疗设备和医用物资的交接证书。

10月17日,中国援尼日尔紧急救灾物资交接仪式在尼亚美国际机场举行。

10月18日,中国援吉布提阿尔塔医院启用仪式在阿尔塔医院举行。

10月23日,中国政府援毛里塔尼亚农机设备项目交接仪式在毛首

---

① 《援科摩罗火电设备配套土建及安装工程施工合同签订》,2012年10月5日,http://km.mofcom.gov.cn/article/jmxw/201210/20121008369744.shtml

② 《让桑岛人民早日听到广播》,http://yws.mofcom.gov.cn/article/b/cop/201307/20130700201337.shtml

③ http://ug.mofcom.gov.cn/article/zxhz/zzjg/201305/20130500117040.shtml

都努瓦克肖特举行。

10月29日，中国援坦桑尼亚的查林兹供水维修与扩建项目交接。"该项目一期为中方无偿援助项目，应坦方要求，2010年4月，中国政府开始为该项目进行自动控制系统维修，并实施供水管道扩建延伸工程，2012年9月竣工验收。该项目辐射人口众多，在坦产生了重要经济、社会影响，得到坦政府和民众高度称赞，是中坦两国人民友谊日久弥新的又一见证。"①

10月31日，中国和安哥拉签署关于中国政府给予安哥拉95%输华产品免关税的换文。根据换文，自2013年起，原产于安哥拉95%的输华产品将享受零关税待遇。②

11月1日，中国政府援毛里塔尼亚总统府办公楼、国际会议中心维修项目交接仪式在毛首都努瓦克肖特国际会议中心内维修一新的50人会议厅举行。"2011年7月6日，中国援毛总统府办公楼、国际会议中心维修项目正式开工，2012年10月29日竣工，实施单位为中铁四局集团有限公司，主要内容包括更换总统府空调系统、总统府别墅空调系统和淋浴设备；更换国际会议中心空调系统、4套同声传译系统和800人会议扩声系统。"③

11月3日，江西省向突尼斯派出第二十批医疗队，全队45人，于2014年12月完成任务回国。

11月5日，中国援阿尔及利亚歌剧院项目开工仪式在阿尔及尔举行。

11月6日，中国援埃及苏伊士运河大学渔业与水产教学培训中心项目验收专家组组织召开会议，通报施工质量竣工验收工作情况和质量评定结果。经实测实量和资料查阅等程序，验收专家组评定该项目质量为合格。该项目投资3500万元人民币，由新疆国际经济合作公司承建，设计单位为北京大洋碧海渔业规划设计院，施工监理单位为广

---

① 《林治勇商务代表陪同付吉军代办出席援坦查林兹供水维修与扩建项目交接仪式》，2012年11月5日，http://www.mofcom.gov.cn/aarticle/i/jyjl/k/201211/20121108419369.html

② 《中安两国签署关于中国给予安哥拉95%的输华产品免关税换文》，2012年10月31日，http://ao.mofcom.gov.cn/article/sqfb/201211/20121108413499.shtml

③ 《中国政府援毛里塔尼亚总统府办公楼和国际会议中心维修项目顺利交接》，2012年11月4日，http://mr.mofcom.gov.cn/article/jmxw/201211/20121108417441.shtml

州万安建设监理有限公司,验收工作由中国土木工程集团有限公司承担。①

11月9日,河南国际合作集团在纳米比亚Ebenhaeser小学捐赠的教室正式移交。"这间捐赠教室项目的施工方是河南国际合作集团,价值15万纳币,总共有三间教室,主要用于该校五年级及两个学前班的日常授课使用。"②

中国援中非政府抗疟药品和诊疗设备物资交接仪式在中非国家药品公司举行。

中国援乍得妇女培训中心奠基仪式在恩贾梅纳举行。"该项目位于恩贾梅纳市,总建筑面积近4200平方米,建设内容包括一个中心楼、两个侧楼及附属设施,工期20个月,建成后将成为恩贾梅纳地标性建筑和中乍两国友谊新的象征。"③

11月11日,中国和吉布提签署中吉两国政府优惠贷款框架协议。根据协议,中国进出口银行向吉布提经济与财政部提供优惠贷款,用于实施吉布提盐码头项目。④

中国和吉布提签署援吉笔记本电脑换文。根据换文,中国将向吉提供1000台学生用笔记本电脑。⑤

11月13日,中国和马达加斯加签署中国援马2012年度药品和医疗器械交接证书。

11月17日,中国援吉布提医疗器械及药品交接仪式在吉贝尔蒂医院举行。

11月20日,甘肃省向马达加斯加派出第十九批医疗队,全队30人,为期2年。

---

① 《援埃苏伊士运河大学渔业与水产教学培训中心项目通过施工质量竣工验收》,2012年11月8日,http://www.mofcom.gov.cn/aarticle/i/jyjl/k/201211/20121108425772.html

② 《刘如宁参赞参加河南国际合作集团有限公司向Karibibi地区Ebenhaeser小学捐赠教室仪式》,2012年11月18日,http://na.mofcom.gov.cn/article/jmxw/201211/20121108446822.shtml

③ 《中国援乍得妇女培训中心奠基仪式在乍举行》,2012年11月10日,http://tchad.mofcom.gov.cn/article/jmxw/201211/20121108428024.shtml

④ 《中吉两国政府签署优惠贷款框架协议》,2012年11月11日,http://dj.mofcom.gov.cn/article/jmxw/201211/20121108428940.shtml

⑤ 《中吉两国政府签署援吉笔记本电脑换文》,2012年11月11日,http://dj.mofcom.gov.cn/article/jmxw/201211/20121108428942.shtml

11月23日，中国援毛里塔尼亚农业技术示范中心项目奠基仪式在距毛首都努瓦克肖特市400余公里的布拉克纳省姆巴涅市隆重举行。

11月26日，刚刚抵达埃塞俄比亚的援埃塞农业技术示范中心14名专家参加了中国处召开的首次工作会议。"14名专家由项目承建单位广西八桂派出，技术专业涵盖农学、植物园艺、畜牧兽医、农机水电等领域。"①

11月27日，中国援毛里塔尼亚太阳能示范项目奠基仪式在距毛首都努瓦克肖特市260公里的因奇利省阿克儒特市隆重举行。"太阳能示范项目主要内容为在阿克儒特市安装404套单头、杆高6米的LED太阳能路灯，供4条总长5.2公里的道路和市政府院内照明使用，双向对称排列布设，由保利新能源科技（北京）有限公司负责实施。"②

12月，安徽省向南苏丹派出第一批医疗队，全队12人，于2014年1月完成任务回国。

12月4日，卢旺达卫生部主管官员对中国援卢医院附属中国医疗队宿舍及红线外排水明渠项目进行了技术验收。"中国援卢医院附属中国医疗队宿舍及红线外排水明渠项目于2011年9月开工建设，由华山国际工程公司承建，今年11月竣工，比原计划提前2个月完成。"③

12月4日，中国援塞拉利昂防治霍乱药品交接仪式在塞卫生部国家医药中心仓库举行。

12月5日，中国和马里签署2份经济技术合作协定，并就中国赠马政府一批办公物资和免除马里95%输华产品关税分别签署换文确认。

12月8日，中国援尼日尔二桥延长线竣工仪式在尼亚美举行。

12月10日，中国援吉布提的10辆公交车项目签署交接证书。

12月13日，中国援塞拉利昂大选物资交接仪式在塞国家选举委员会举行。

中国援建的"中尼（日尔）疟疾防治中心"揭牌仪式在尼亚美国家医院举行。

---

① 《援埃塞农业技术示范中心项目启动技术合作》，2012年11月27日，http://et.mofcom.gov.cn/article/jmxw/201211/20121108454657.shtml
② 《援毛里塔尼亚太阳能示范项目顺利交接》，2012年11月29日，http://mr.mofcom.gov.cn/article/jmxw/201211/20121108459371.shtml
③ 《中国援卢旺达综合医院附属中国医疗队宿舍及红线外排水明渠项目通过卢方验收》，2012年12月5日，http://rw.mofcom.gov.cn/article/jmxw/201212/20121208468289.shtml

12月14日，莫桑比克举行中莫友谊小学奠基仪式。中莫友谊小学项目由两国政府合作设立，由南京住宅建设总公司承建。①

12月16日，中国援塞拉利昂坡特洛科水电站大坝右岸上游横向围堰顺利合拢，截流成功。"中国援塞坡特洛科水电站总装机容量为2000千瓦，新建溢流坝、挡水土坝、溢洪道、泄洪排砂洞、输水系统、发电厂房、机组等，输变电线路全长1.6公里，建设工期26个月。"②

12月17日，中国援中非农业示范中心项目开工仪式在姆波科农场举行。该项目是中非合作论坛第四届部长会议提出的新八项举措之一，并在今年举行的中非合作论坛第五届部长会议上得到重申。该示范中心的建成将推广中国先进实用的农业技术，并帮助当地农民增加收入，在一定程度上促进中非农业进一步发展。③

12月19日，中国援尼日尔津德尔供水工程项目优惠贷款框架协议签字仪式在尼亚美举行。

12月20日，中国共产党代表、中组部副部长王秦丰和卢旺达执政党爱国阵线总书记弗朗索瓦·恩加兰贝签署中国共产党向卢旺达爱国阵线赠送一批电脑、打印机等办公设备的物资交接证书。④

12月21日，正在毛里求斯实施国际机场扩建项目施工的中建八局履行企业社会责任、向当地社会捐赠340万卢比（约12万美元）仪式在路易港拉巴岛内宾馆举行。这是中建八局继12月上旬向毛红十字会捐赠100万卢比（约3.5万美元）后第二次捐助。"本次接受捐赠的有毛红十字会等16个毛非政府组织，捐赠款项将用于扶持贫困儿童、危重病人、学校活动等社会公益事业。"⑤

12月31日，由中国政府援建的赞比亚Tiyende Pamodzi小学项目（原名卢萨卡农村小学）交接仪式在卢萨卡Matero地区举行。"Tiyende

---

① 《王利培参赞出席中莫友谊小学奠基仪式》，2012年12月18日，http：//mz.mofcom.gov.cn/article/jmxw/201212/20121208488514.shtml

② 《中国援塞拉利昂坡特洛科水电站截流成功》，2012年12月18日，http：//sl.mofcom.gov.cn/article/jmxw/201212/20121208488448.shtml

③ 《援中非农业示范中心项目正式开工》，2012年12月18日，http：//cf.mofcom.gov.cn/aarticle/jmxw/201212/20121208487783.html

④ 《中国共产党向卢旺达爱国阵线党赠送一批办公设备》，2012年12月27日，http：//rw.mofcom.gov.cn/article/jmxw/201212/20121208502747.shtml

⑤ 《王贺亮参赞出席中建八局向毛社会捐赠仪式》，2012年12月27日，http：//mu.mofcom.gov.cn/article/jmxw/201212/20121208502104.shtml

Pamodzi 小学为中非合作论坛项下中国为赞援建的两所农村小学之一，得名于赞开国总统卡翁达 1989 年录制的同名歌曲（意为"携手共进"）。另一所小学位于卡皮里姆博希，已于 2011 年 2 月移交。"①

---

① 《援赞比亚农村小学项目交接仪式在卢萨卡举行》，2013 年 1 月 4 日，http://zm.mofcom.gov.cn/article/jmxw/201301/20130108510204.shtml

第九章　新时期的中国对非援助（2013—2015）

新世纪以来的中国对外援助规模持续增长，亚非拉依然是中国对外援助的主要地区。根据2014年公布的《中国的对外援助》白皮书，2010—2012年，中国对外援助金额为893.4亿元人民币。三年间，中国向非洲地区51国提供援助，此外，中国还向非洲联盟等区域组织提供了援助。① 这些数据表明，中国对外援助无论是数量还是质量都与日俱进，进入一个全新时期。与这一趋势相伴随的是新一届领导班子的更迭，中国的对外援助既站到了一个更高的起点上，也让中国的对外援助有了一次飞跃性调整和进步的机会。

第一节　新时期中国对非援助前进的新步伐

一、习近平访问非洲与中非合作新蓝图的铺开

2013年3月，习近平以国家最高领导人的身份访问非洲，与其他国家领导人不同的是，习近平的首访选择了一系列发展中国家作为访问对象，包括来自非洲的坦桑尼亚、刚果（布）和南非。习近平任国家最高领导人后不久就安排了访非之旅，表明非洲在中国外交中的重要性正在凸显，也预示着中非关系将有进一步的大发展。

习近平访问的第一个非洲国家是"全天候朋友"坦桑尼亚。3月25日，习近平在达累斯萨拉姆尼雷尔国际会议中心发表题为《永远做可靠朋友和真诚伙伴》的重要演讲，总结中非友好关系发展历史经验，全面

---

① 《中国对外援助白皮书（2014）》，2014年7月，http://www.china.com.cn/news/2014-07/10/content_32911130.htm

阐述新时期中非共谋和平、同促发展的政策主张。习近平在演讲中谈到中国对非洲的几项基本的原则：第一，对待非洲朋友，我们讲一个"真"字；第二，开展对非合作，我们讲一个"实"字；第三，加强中非友好，我们讲一个"亲"字；第四，解决合作中的问题，我们讲一个"诚"字。① 真、实、亲、诚四个字概括了过去的半个多世纪里中国处理对非关系的基本原则，同时也是未来中非关系的重要准则。在访问南非时，习近平与金砖国家领导人会晤时指出，中国将继续在非洲国家建设跨国跨区域基础设施方面做出努力，以伙伴关系的方式促进非洲的互联互通，并承诺中国每年为非洲培训培养 300 名基础设施建设和管理人才；继续通过多种形式鼓励中国企业和金融机构参与非洲跨国跨区域基础设施建设和运营管理；承诺到 2015 年，给予非洲最不发达国家 97% 税目产品零关税待遇。②

非洲国家对习近平的访问充满期待，向往未来中非的合作向前推进。西非国家经济共同体副秘书长奥贡·桑尼表示，习近平主席此访开创了中非友好合作的新时代，他表示，近年来中国对西非国家的投资和积极参与基础设施建设极大地带动了该地区的经济发展。中国经济的快速增长将为西非国家摆脱贫困走向富裕提供更多的机遇，西非国家的资源储备及巨大的市场潜力也将为中国经济腾飞提供强有力的支持。贝宁总统亚伊指出，中非合作"分享资源，创造财富……共同创造一个更加美好的世界"③。

2014 年 5 月 4 日至 11 日，国务院总理李克强出访埃塞俄比亚、尼日利亚、安哥拉和肯尼亚等四国。5 月 5 日，李克强在非盟总部的演讲中强调新时期中非合作的"四项原则"，即真诚平等相待、增进团结互信、共谋包容发展、创新务实合作。为落实习近平访非时的各项规划，李克强提出打造中非全面合作的升级版，通过积极推进六大工程建设推进中非合作的全面深入。这六大工程包括：第一，实施产业合作工程；第二，实施金融合作工程；第三，实施减贫合作工程；第四，实施生态环保合

---

① 《永远做可靠朋友和真诚伙伴——在坦桑尼亚尼雷尔国际会议中心的演讲》，2013 年 3 月 25 日，http://news.xinhuanet.com/2013-03/25/c_124501703.htm
② 《永远的朋友、真诚的伙伴》，2013 年 3 月 31 日，http://politics.people.com.cn/n/2013/0331/c70731-20978591-4.html
③ 徐惠喜：《非洲各界高度评价习近平主席访非成果》，《经济日报》，2013 年 4 月 13 日。

作工程；第五，实施人文合作工程；第六，实施安全合作工程。① 在中非合作论坛的框架内，中非未来将重点推进这六大领域的合作与发展。从六大领域所涉及的内容来看，这些都是非洲国家现阶段所面临的经济社会发展的最关键的领域，也是非洲发展中最需要优先发展的领域。

二、新时期中国对非援助新进展

在新的领导集体和新的合作思想的共同推动下，中国对非援助进入一个新的时代，这一时期中国对非援助的新进展主要可以从以下几个方面来总结。

其一，颁布了新时期《中国对外援助》白皮书和新《中国对非洲政策文件》。

2011年，中国国务院新闻办公室发布《中国的对外援助》白皮书，回顾了中国过去六十年里对外援助的成就与经验，在推进中国对外援助数据的公开性和透明度上迈出了关键性的一步，此举在中国对外援助的历史上是第一次。2014年7月，国务院新闻办公室发布《中国的对外援助（2014）》白皮书，展示了中国在2010—2012年间的对外援助进展。根据白皮书可知，当前中国对外援助主要是以无偿援助、无息贷款和优惠贷款三种形式提供的，其中优惠贷款占中国对外援助的55.7%，成为中国对外援助的主流形态；最不发达国家是中国对外援助的主要对象，其中非洲占中国对外援助数量的51.8%，是中国最主要的受援地；包括经济基础设施和社会基础设施在内的基础设施建设是中国对外援助最为重要的分布领域，基础设施援助占中国对外援助的72.4%。②此外，中国还在为非洲国家免除债务、减轻发展包袱方面取得重要进展。中国还通过与非盟等区域性组织、其他国际组织合作等方式，在共享发展经验、探索多样化发展路径和发展方式的可能性上取得积极的进展。

2015年12月4日，中国政府在约翰内斯堡发表《中国对非洲政策文件》。③ 这是继2006年中国政府发布首份《中国对非洲政策文件》后

---

① 《李克强在非盟总部演讲 用埃塞谚语赞中非团结》（全文），2014年5月5日，http://www.chinanews.com/gn/2014/05-05/6135352.shtml

② 参见中国国务院新闻办公室：《中国的对外援助（2014）》，http://www.fmprc.gov.cn/ce/cohk/chn/xwdt/jzzh/t1173111.htm

③ 具体内容参见http://www.focac.org/chn/ltda/dwjbzzjh_1/hywj/t1321590.htm

的第二份对非洲政策文件，旨在进一步明确中国致力于发展对非友好合作关系的坚定决心和良好意愿，若干对非洲政策的新理念、新主张、新举措，进一步完善了中非关系的内涵。文件更新中非战略伙伴关系为"全面战略伙伴关系"，并将"真、实、亲、诚"的原则写进文件之中，密切关注非洲发展中所面临的关键问题，提出非洲当前发展中最受关注的工业化、农业现代化、公共卫生体系建设等方面的合作计划，希望通过政策文件的形式让中非间的合作成为一种常态，通过合作进一步建设和夯实中非命运共同体的基础和未来。

其二，进一步完善中国对外援助的制度建设。

2014年被称为中国对外援助的"改革年"，主要体现在中国对外援助制度的改革。2014年，商务部启动了全面深化对外援助管理体制改革的工作，围绕对外援助的管理、实施和监督进行了一系列的深化改革。2014年11月，商务部颁布了《对外援助管理办法（试行）》，当年12月15日正式开始实施，这是中国在对外援助管理方面颁布的第一个综合性的部门规章。① 考虑到对外援助项目在运作过程中的廉政风险较大，援外项目在境外监管较难，在援外企业资质审批、项目立项、预算管理、招投标等环节问题比较突出，调整预算项目过多，违规支出情况比较严重等问题，商务部经过多次讨论论证后制定了该管理办法。该管理办法是围绕新时期中国对外援助发展的新趋势和新变化，结合近年来对外援助实践中所出现的新问题进行反思和革新的集中体现，在一定程度上弥补了中国没有对外援助法的遗憾，在确保对外援助项目的质量和提升援外资金的效益上发挥了重要作用。②

2015年12月，商务部发布《对外援助技术项目管理办法（试行）》《对外援助物资项目管理办法（试行）》《对外援助成套设备项目管理办法（试行）》《对外援助项目采购管理规定（试行）》，这一系列法规，为增进对外援助项目的科学管理、提高对外援助资金的使用效益、规范对外援助项目的实施等提供了依据。

其三，中非合作论坛第六届部长级会议在南非举行。

2015年12月5—7日，在南非的比勒陀利亚召开了中非合作论坛第

---

① www.mofcom.gov.cn
② 《商务部召开〈对外援助管理办法〉解决媒体吹风会》2014年12月8日，www.mofcom.gov.cn/article/ae/slfw/201412/20141200824824.shtml.

六届会议。第六届中非合作论坛是在特殊的历史背景下召开的中非合作盛会。中国正在大力推进"一带一路"建设,非洲正处在工业化和一体化的关键阶段,为了寻找相互合作的机会与平台,双方以"中非携手并进:合作共赢、共同发展"为主题召开了本次盛会。无论中国还是非洲国家,都处于建设和发展的关键时期,因此,双方都对本次盛会予以高度重视。本届论坛是首次在非洲大陆举行的中非峰会。中非领导人围绕"中非携手并进:合作共赢、共同发展"这一主题,共叙友谊、共话合作、共谋发展,会议通过了《中非合作论坛约翰内斯堡峰会宣言》和《中非合作论坛——约翰内斯堡行动计划(2016—2018年)》。本次会议是中非合作走向深入的一次盛会,会议确定了以下几个方面:

其一,习近平主席代表中国政府宣布将中非新型战略伙伴关系提升为全面战略合作伙伴关系。中非全面战略合作伙伴关系继承和发扬了新型战略伙伴关系,其"五大支柱"为政治上平等互信、经济上合作共赢、文化上交流互鉴、安全上守望相助、国际事务中团结合作。

其二,在非洲的工业化、农业现代化、基础设施、金融、绿色发展、贸易和投资便利化、减贫惠民、公共卫生、人文、和平和安全等领域推出中非"十大合作计划",规划了中非务实合作的宏伟蓝图,开启了中非关系新的历史篇章。中非双方共同实施中非工业化合作计划、中非农业现代化合作计划、中非基础设施合作计划、中非绿色发展合作计划、中非贸易和投资便利化合作计划、中非减贫惠民合作计划、中非公共卫生合作计划、中非人文合作计划和中非和平与安全合作计划等十大合作计划。非洲国家对"十大合作计划"充满信心,非盟轮值主席、津巴布韦总统穆加贝在开幕式上表示,"十大合作计划"是非洲国家"期待已久的计划,具有重大历史意义,注定将为非中之间业已十分活跃的合作关系注入新的强大的动力"。①

其三,为合作计划注入资金支持,确保合作的顺利开展。为确保合作的全面展开,中国决定提供总额 600 亿美元的资金支持。这 600 亿美元分别用于以下几项计划:提供 50 亿美元的无偿援助和无息贷款;提供 350 亿美元的优惠贷款及出口信贷额度,并提高优惠贷款优惠度;为中非发展基金和非洲中小企业发展专项贷款各增资 50 亿美元;设立首批资

---

① 《穆加贝:中方对非"十大合作计划"具有重大历史意义》,2015 年 12 月 8 日,http://www.focac.org/chn/ltda/dwjbzzjh_1/hyqk/t1321822.htm

金100亿美元的"中非产能合作基金"。①

三、埃博拉疫情时期中国对非援助

2014年3月,埃博拉疫情首先在西非爆发,8月8日,世界卫生组织将其定性为"国际突发公共卫生事件"。② 埃博拉疫情爆发后,中国第一时间对外宣布援助举措,第一个向西非提供埃博拉疫情专项援助,第一个向疫区派出专家组和医疗队指导并直接参加一线救治,第一个用专机运送医疗防护物资,援助物资在第一时间运抵疫区并迅速分发使用,是累计向非洲提供援助批次最多和医疗物资最多的国家之一。③ 中国的援助工作主要分为以下几个部分:

第一,向疫区国家和国际组织提供资金援助,为抗击埃博拉提供资金支持。2014年4月,中国政府以中国红十字会名义向几内亚提供5万美元援助,这是几内亚接受的第一笔外国援助。随后,中国政府又向几内亚、利比里亚、塞拉利昂、几内亚比绍四国各提供了100万元人民币的防控救治物资,并于第一时间投入防疫救治现场。9月18日,习近平宣布,中国政府向非洲提供价值2亿元的紧急援助,向世界卫生组织和非盟各提供200万美元现汇援助。④ 10月24日,中国政府启动第4轮紧急援助,再向利比里亚、塞拉利昂、几内亚三国和有关国际组织提供总价值为5亿元人民币的急需物资和现汇援助。⑤ 2014年12月2日,中方向联合国应对埃博拉疫情多方信托基金捐款600万美元。⑥

第二,中国派出了专门的抗埃博拉的医疗队。几内亚是西非地区最早爆发埃博拉疫情的国家,首都科纳克里第一例感染者就是在中国—几

---

① 参见:《习近平在中非合作论坛约翰内斯堡峰会开幕式上的致辞》,2015年12月5日,http://www.fmprc.gov.cn/zflt/chn/ltda/dwjbzzjh_1/t1321569.htm

② 《世界卫生组织:非洲埃博拉出血热疫情为国际关注的突发公共卫生事件》,2014年8月8日,http://www.nhfpc.gov.cn/yjb/s3578/201408/98264694a5c24720a67b4fd003a042fe.shtml

③ 吴黎明、郭骏:《抗击埃博拉:中国有情有义有担当》,《解放军日报》2014年12月4日。

④ "习近平宣布中国政府将再次向国际社会抗击埃博拉疫情提供援助",2014年09月18日,http://news.xinhuanet.com/2014-09/18/c_1112538295.htm

⑤ "习近平宣布中国政府将向西非国家抗击埃博拉疫情提供第4轮援助",2014年10月24日,http://www.gov.cn/xinwen/2014-10/24/content_2770424.htm

⑥ 《中国向联合国应对埃博拉多方信托基金捐款600万美元》,2014年12月2日,http://finance.chinanews.com/cj/2014/12-02/6837568.shtml

内亚友好医院接受治疗的。2014年3月，中国维和医疗分队抵达利比里亚，开始承担起防止埃博拉的任务。2014年8月17日，中国派出的第24批援助几内亚医疗队抵达埃博拉疫区，与几内亚人民并肩作战，对抗埃博拉。9月17日，中国政府增派59名队员抵达塞拉利昂，至此，中国共派遣174名医护人员参与西非的埃博拉防控。① 2015年1月，由第四军医大学唐都医院17名医护人员组成的西北地区首支抗击埃博拉医疗队，在接受培训后飞往非洲，执行埃博拉出血热疫情防控任务。②

第三，建立医院，为抗埃博拉提供可靠的物质支持。

非洲不仅缺少应对疾病的资金和医生，医院还缺少应对这种爆发性流行病的隔离病房。利比里亚是埃博拉疫情的重灾区，中国以第三军医大学为主体，派出163人的医疗队赴利比里亚建埃博拉医院。中国一个月时间内在利比里亚紧急援建了一座埃博拉诊疗中心。在塞拉利昂的塞中友谊医院，成立了中国援塞拉利昂埃博拉留观中心。

第四，为防止病毒蔓延，中国在非疫区开展预防工作，积极提供各类援助遏制疫情向疫区周边国家扩散。中国及时向马里、刚果（金）、科特迪瓦等疫区周边10个国家提供了防疫物资设备援助，并向联合国应对埃博拉疫情多方信托基金、世界卫生组织和非盟分别提供了600万美元、200万美元和200万美元捐款。③ 经过一系列的努力，埃博拉疫情得到了有效的防控。

第二节　编　年

2013年

1月5日、6日，贝宁总统亚伊出席中国援建的100口井项目、阿克萨多至博伊贡道路修复项目和中等技术学校项目开工仪式。阿克萨多至博伊贡公路项目是中贝两国领导人共同商定的项目，将为贝扩大转口贸

---

① 倪涛：《抗击埃博拉，中国医疗队再出发》，《人民日报》2014年9月18日。
② 《西北地区首支医疗队赴非洲抗击埃博拉》，2015年1月7日，http://www.fmprc.gov.cn/zflt/chn/jlydh/mtsy/t1226104.htm
③ 《中国援助非洲抗击埃博拉疫情重大举措》，2014年12月3日，http://news.xinhuanet.com/world/2014-12/03/c_1113502982.htm

易,方便尼日尔、马里、布基纳法索与外界的贸易往来,实现贝宁千年发展目标将起到积极作用。"中国援建的中等技术学校,将为贝年轻人学习专业技能,增加就业机会提供条件。长期以来贝宁高失业率,尤其是青年人就业机会少困扰着贝宁的经济社会发展,也是本届政府特别关注的问题。亚伊总统希望中国援建的学校成为培养贝青年人就业的摇篮,培养更多的年轻人,使其增强就业能力,学有所成,减少贫困,使贝宁尽快成为新兴国家。"①

1月9日,由中国进出口银行贷款融资的苏布雷水电站项目贷款协议签字仪式在科特迪瓦总理府举行。"苏布雷水电站位于科特迪瓦西部,项目采用 EPC 总承包管理模式。建成后将成为科特迪瓦最大的水电站。电站最大坝高约20米、大坝全长4.5公里,水库总库容约8300万方,有效库容2000万立方米。电站总装机容量达27万千瓦,年发电量1038GWh。总工期56个月。"本项目由中国电力集团承包建设,合同金额5.72亿美元。这是中方30年来与科特迪瓦签署的最大一笔贷款协议。在科特迪瓦选举危机结束及总统访华5个月之后,恰逢中科建交30周年之际签署这一贷款协议。②

1月10日,中国驻苏丹使馆向苏丹的比尔特瓦苏慈善组织捐赠物资举办交接仪式。

1月14日,中国援佛得角太阳能示范项目顺利移交。

1月25日,中国援中非议会物资交接仪式在中非国民议会举行。

1月31日,由中铁十七局集团有限公司承建的中国援助安哥拉"中安友谊小学校"项目奠基仪式在安哥拉万博省首府万博市举行。中安友谊小学是中非合作论坛第四届部长级会议宣布的旨在促进中非经贸合作的政策措施框架内项目。"该校占地面积约5168平米,建筑面积1523平米,设有教室、多功能室、教师办公室、图书馆、食堂、操场等。"③

中国驻津巴布韦大使林琳出席中国公司承建马佐威孤儿学校交接仪式。

---

① 《贝宁总统亚伊出席中国援助贝宁三个项目的开工仪式》,2013年4月22日,http://yws.mofcom.gov.cn/article/c/201304/20130400097082.shtml。

② 《中国电建承建的科特迪瓦苏布雷水电站获5.72亿美元贷款》,2013年1月15日,http://www.cec.org.cn/zdlhuiyuandongtai/qita/2013-01-15/96158.html。

③ 《中国援助安哥拉友谊小学项目举行奠基仪式》,2013年1月31日,http://ao.mofcom.gov.cn/article/sqfb/201301/20130100018538.shtml。

2月5日，中国援尼日尔国民议会办公用品交接仪式在尼亚美举行。

2月11日，中国向马里政府赠送一批办公设备和公务用车物资举办交接仪式。

2月15日，中国援刚果（金）抗疟药品交接仪式在刚卫生部药品仓库举行。

2月27日，华北有色工程勘察院有限公司的施工技术组完成了向多哥滨海区水利局移交100眼水井项目。"该项目2012年3月30日开工，于2013年2月5日竣工，10个月时间内共计施工水井168眼，成井100眼，成井率59.5%。"① 2013年2月18—20日，由施工技术组、监理及多哥水利部官员组成联合验收小组，验收所有水井的工程质量。

3月，习近平以国家最高领导人的身份访问非洲，首访选择了一些发展中国家，包括坦桑尼亚、刚果（布）和南非。访非期间，习近平签署和宣布了20多项中非政府间合作成果，涉及机制建设、投资、民生和发展援助等多个方面。中坦双方签署巴加莫约港综合开发项目合作备忘录，中国公司将承建这一预算达100亿美元的项目。建成后，这个连接坦桑尼亚与中国、中东、欧洲市场的港口将拥有集散中心、开发区等一系列基础设施。香港招商局国际有限公司负责承建巴加莫约港的建设。②

3月1日，中国商务部为安哥拉举办的海关官员培训班在浙江警察学院开班，共有来自安哥拉海关的9名学员参加。"本次培训班为期14天，开设中国情、警务制度、出入境管理、海关与反走私以及国际警务执法合作、中非经贸合作现状与前景、国际移民管理制度等专题讲座。邀请公安部、浙江省公安厅相关业务部门资深警官、浙江警察学院教授、学者授课，并将安排学员赴上海、浙江义乌进行实地考察。此次安哥拉海关官员培训班是中安两国政府于2012年9月19日换文规定的中方为安方无偿举办的三期双边培训班之一。其中，安哥拉移民局官员培训班已于2012年12月举行，安哥拉交通警察培训班拟于2013年4月在济南举行。③

---

① 《我援多哥滨海区100眼水井项目竣工》，2013年3月19日，http：//cccme.mofcom.gov.cn/article/i/jyjl/201303/20130300058573.shtml

② 《习近平开始访问坦桑尼亚》，2013年3月25日，http：//news.sina.com.cn/o/2013-03-25/013926627409.shtml

③ 《中国为安哥拉海关培训9名官员》，2013年3月8日，http：//ao.mofcom.gov.cn/article/sqfb/201303/20130300047627.shtml

3月4日，科特迪瓦总统瓦塔拉亲自主持了中国援科加尼瓦医院正式启用仪式。加尼瓦医院位于科特迪瓦中西部地区，由中国援助建设，2009年4月动工，2010年8月竣工，时值科国动荡时期，直至2011年底完成项目交接，经过多方努力于2013年3月正式启用。该医院拥有104张床位，是一家综合性地区医院，正式启用后将大大提高该地区居民的就医环境和健康水平。该医院总投资额60亿西郎，约合900万欧元；其中中方援助建设部分约40亿西郎，科方投入约20亿西郎。①

中国和苏丹在喀土穆举行中国援助苏丹达尔富尔农业机械交接仪式。

3月10日至3月20日，为落实2009年8月新疆自治区同厄立特里亚农业部签署的农业合作谅解备忘录，新疆天业节水灌溉有限公司专家考察组受自治区政府委托，在厄对自治区援厄节水灌溉项目实施考察并签署合作协议。考察组专家3月10日抵厄后即开展工作，多次前往厄农业部选定的拟建区域进行现场踏勘。该区域面积67公顷，毗邻厄国家农业研究所及规划中的中国援厄农业示范中心。考察后专家认为，该地水源充足，交通便利，气候土壤条件相对优良，较适合开展以滴灌技术为主的节水灌溉项目，项目完成后将起到良好的示范作用，有利于帮助厄发展节水灌溉，提高农业技术发展水平。此外，考察组与厄方相关负责人举行多次会谈，并同厄方就项目建设地点、合作内容、双方责任等相关问题达成了一致意见。3月19日与厄农业部签署合作备忘录。②

3月17日，中国援吉布提笔记本电脑项目交接仪式在吉举行。吉国民教育与职业培训部长哈桑表示，这批援助的笔记本电脑对于改善吉基础教育条件、提高教学质量十分重要。③

3月22日，中国援尼日尔医疗设备交接仪式在尼亚美举行。

3月25日，习近平在达累斯萨拉姆尼雷尔国际会议中心发表题为《永远做可靠朋友和真诚伙伴》的重要演讲，总结中非友好关系发展历史经验，全面阐述新时期中非共谋和平、同促发展的政策主张。习近平在演讲中谈到中国对非洲的几项基本的原则：第一，对待非洲朋友，中

---

① 《科总统主持中国援建加尼瓦医院正式启用仪式》，2013年3月6日，http://ci.mofcom.gov.cn/article/jmxw/201303/20130300046255.shtml

② 《新疆援厄节水灌溉项目合作协议在阿斯马拉签署》，2013年3月20日，http://er.mofcom.gov.cn/article/jmxw/201303/20130300060943.shtml

③ 《吉教育部长出席中国援吉笔记本电脑项目交接仪式》，2013年3月17日，http://dj.mofcom.gov.cn/article/jmxw/201303/20130300057128.shtml

国讲一个"真"字；第二，开展对非合作，中国讲一个"实"字；第三，加强中非友好，中国讲一个"亲"字；第四，解决合作中的问题，中国讲一个"诚"字。①

3月27日，多哥卫生部长孔迪·夏尔·阿格巴和中国驻多哥经商参赞胡平在洛美分别代表中、多两国政府签署中国援多抗疟药品交接证书。这批药品将分发至各有关医疗机构开展抗疟和预防的医疗工作。根据两国政府2012年5月的换文规定，中国政府向多哥政府赠送一批价值200万元人民币的抗疟与治疟药品。②

3月28日，中国援尼日尔车辆交接仪式在尼亚美举行。

4月，湖南省向塞拉利昂派出第十六批医疗队，全队10人。

湖南省向津巴布韦派出第十三批医疗队，全队10人。

中国援助赞比亚维多利亚瀑布机场扩建项目开工。"该项目由中国进出口银行提供10.25亿人民币的优惠贷款，由中国江苏国际经济技术合作公司承建，新建了航站楼以及登机、安检、海关、候机室、贵宾室、行李提取厅、机场跑道等设施。项目于2015年底完工。"③

4月12日，中国驻津巴布韦大使林琳出席中国公司承建的维多利亚瀑布机场扩建项目启动仪式。该项目是中津友谊与合作的又一典范，将有力促进当地乃至整个津巴布韦旅游业的发展。"该项目由中国江苏国际经济技术合作集团有限公司承建，包括新建4000米跑道、10万平方米停机坪、2万平方米候机楼以及停车场等配套设施。机场扩建后年旅客吞吐量将由目前的50万人次增至150万人次，可起降波音747—400等大型宽体客机。"④

4月15日，中国商务部为安哥拉举办的交通警察培训班在山东警察学院开班，共有来自安哥拉交通部门的20名学员参加。"本次培训班为期14天，开设中国情和文化、道路交通设施的设置及应用、车辆与驾驶

---

① 《永远做可靠朋友和真诚伙伴——在坦桑尼亚尼雷尔国际会议中心的演讲》，2013年3月25日，http://news.xinhuanet.com/2013-03/25/c_124501703.htm
② 《中多两国签署援多疟疾诊疗设备交接证书》，2013年5月23日，http://tg.mofcom.gov.cn/article/jmxw/201304/20130400074702.shtml
③ 《黄屏大使考察维多利亚瀑布机场扩建项目》，2015年12月15日，http://www.chinaembassy.org.zw/chn/xwdt/t1324575.htm
④ 《驻津巴布韦大使林琳出席津维多利亚瀑布机场扩建项目启动仪式》，2013年4月15日，http://www.chinaembassy.org.zw/chn/xwdt/t1031254.htm

人管理制度、危险物品事故现场处置、道路交通事故现场勘察等专题讲座。邀请山东省公安厅官员、山东警察学院教授、学者授课，并将安排学员赴北京、上海进行实地考察。此次安哥拉交通警察培训班是中安两国政府于2012年9月19日换文规定的中方为安方无偿举办的三期双边培训班之一。其中，安哥拉移民局官员培训班已于2012年12月举行，安哥拉海关稽查警培训班已于2013年3月举办。"①

4月16日，中国援赞比亚太阳能移动电源项目在赞首都卢萨卡举行交接仪式。萨塔总统要求让赞全国大多数人民有电可用，赞比亚正努力发展能源业。此次援助的太阳能移动电源属于清洁能源，可为赞能源业多元化发展提供新的助力。②

中国政府援助厄立特里亚的援厄中非友好小学项目开工仪式，4月23日在厄首都阿斯马拉举行。"援厄中非友好小学由南昌对外工程总公司承建。小学位于阿斯马拉，总建筑面积3200平方米，共有24个教室，建成后可为1500名学生提供学习机会。"③

中国政府向几内亚比绍捐赠110根太阳能路灯，以解决比绍市供电不稳定、影响夜间照明的问题。"几比发电厂不是缺乏柴油，就是出现技术故障，公共电网经常缺电，导致几比首都和国内其余地区经常漆黑一片。为解决问题，几比政府寻求联合国和中国帮助，实现部分路灯使用太阳能发电，取代传统能源。几比过渡政府总理巴罗斯在交接仪式上指出，这些太阳能路灯，可以大大改善首都比绍市的治安，这些路灯主要安装在比绍市政厅、总统府和附近小区周围。"④

4月27日，中国和埃及签署中国援苏伊士西北湾经济区投资服务大楼项目政府间交接证书。

4月30日，中国政府向南苏丹提供太阳能照明和电源设备交接仪式在南苏丹首都朱巴举行。南苏丹是世界上最贫穷国家之一，基础设施落

---

① 《中国为安哥拉培训20名交通警察》，2013年4月16日，http://ao.mofcom.gov.cn/article/sqfb/201304/20130400091377.shtml
② 《援赞太阳能移动电源项目举行交接仪式》，2013年4月17日，http://zm.mofcom.gov.cn/article/jmxw/201304/20130400093527.shtml
③ 《援厄中非友好小学开工仪式在阿斯马拉举行》，2013年4月24日，http://er.mofcom.gov.cn/article/jmxw/201304/20130400102196.shtml
④ 《中国向几内亚比绍捐增太阳能路灯》，2013年4月26日，http://gw.mofcom.gov.cn/article/jmxw/201304/20130400104116.shtml

后，绝大多数地区尚无市政供电。"中方提供的这批物资包括70套太阳能照明设备和70套太阳能电源，将主要用于返乡难民和国内无家可归者安置项目。"

5月1日，贝宁总统博尼·亚伊出席中国援贝宁阿卡萨多—博伊贡公路第一标段开工仪式并发表讲话。

5月3日，卢旺达卫生部和中国驻卢旺达大使馆在中国援建马萨卡综合医院举行了中国政府向援建马萨卡综合医院赠送一批医疗设备和医用物资交接仪式。

5月9日，中国援科摩罗救灾物资交接仪式在科民事安全总署举行。"2012年4月，科摩罗遭遇史上最强降雨袭击，灾情严重。中国政府不仅在第一时间向科政府和人民提供了紧急人道现汇援助，助其克服难关，重建家园，并决定援科一批救灾物资，以增强科方自身抗洪救灾的能力。期间，中国红十字会亦向科红新月会伸出援助之手。该批援助物资包括：4台移动式发电机组，4台剪扩器，6个铁皮剪，4个液压千斤顶，10台手提式汽油切割机，10台电动双轮异向切割锯，2600条毛毯，500顶帐篷及组件。"①

5月9日，科特迪瓦阿比让举行中国援助科特迪瓦文化宫升级改造项目开工仪式。

5月15日，根据塞舌尔最高法院及上诉法院要求，塞舌尔最高法院大法官佛雷德里克·恩贡达·恩坦德与项目施工单位青建集团代表邴起宏签署技术移交证书，司法大楼自此移交塞方使用。在中塞双方的共同努力下，援塞舌尔司法大楼项目于5月初完工并顺利通过对内、对外竣工验收。根据协商，正式移交仪式于6月中旬举行。②

5月15日、16日，中国援纳米比亚优惠贷款项目北方公路升级改造工程DR3608、MR67路段分别举行开工仪式。③

5月16日，中国地质工程集团公司、中交第一公路工程局有限公司代表分别与加蓬国民教育、高等和技术教育、职业培训、文化、青年和

---

① 《援科救灾物资交接仪式顺利举行》，2013年5月20日，http://km.mofcom.gov.cn/article/jmxw/201405/20140500593594.shtml

② 《援塞舌尔司法大楼项目完成竣工验收并对外技术移交》，2013年5月15日，http://sc.mofcom.gov.cn/article/jmxw/201305/20130500127289.shtml

③ 《中国援纳米比亚优惠贷款项目北方公路升级改造工程举行开工仪式》，2013年5月16日，http://na.mofcom.gov.cn/article/jmxw/201305/20130500144707.shtml

体育部签署中国在加蓬首都利伯维尔和恩古涅首府穆伊拉市援建两所小学校项目对外施工合同。

5月27日，中国为马里巴马科大学援建的阶梯教室举行交接仪式。"援马里巴马科大学临建项目由中国葛洲坝集团股份有限公司承建，项目主要为两间各250座的阶梯教室和一间250座的食堂，建设工期6个月。"[1]

5月31日，中国政府援建莱索托广电网扩建（提供设备）项目交接仪式在莱国家电视台举行。[2]

6月3日，中国援刚果（金）新闻和文化部门办公用品交接仪式在刚媒体部举行。

6月5日，江西省向乍得派出第十批医疗队，全队12人。

6月10日，中国援贝宁中等职业技术学校及太阳能示范项目举行开工仪式。

6月13日，中国第十三批援博茨瓦纳医疗队在博首都哈博罗内马丽娜公主医院向博方捐赠一批医疗器械。[3]

6月21日，中国援乍得中乍友谊医院维修和新建医疗队住房项目交接仪式顺利举行。

6月24日，中国和乍得在恩贾梅纳签署中国向乍赠送移动式集装箱检测设备交接证书。

6月28日，中国政府向利比里亚政府捐赠的一批抗疟药品移交。

6月29日，中国援安哥拉罗安达省总医院项目最大单体工程住院楼顺利封顶。这标志着该项目主体结构施工取得关键胜利，为项目首次中期验收奠定了坚实的基础。这是中国政府当前最大的援非在建工程。"该住院楼系本项目项下最大单体工程，建筑面积达10686.1m^2，为3层钢混框架结构，设计床位268个。经施工单位中铁四局近200名员工夜以

---

[1] 《中马两国政府就援马巴马科大学临建项目签署交接证书》，2013年5月31日，http://ml.mofcom.gov.cn/article/jmxw/201305/20130500148410.shtml

[2] 《驻莱索托大使胡定贤出席中国援莱广电网扩建（提供设备）项目交接仪式》，2013年6月7日，http://ls.mofcom.gov.cn/article/jmxw/201306/20130600155990.shtml

[3] 《中国医疗队向博捐赠医疗器械》，2013年7月8日，http://bw.mofcom.gov.cn/article/jmxw/201307/20130700190911.shtml

继日紧张作业,住院楼较原计划提前11天完成封顶。"①

7月,浙江省向索马里派出第二十三批医疗队,全队31人。

7月8日,中国港湾工程有限责任公司与苏丹机场控股公司在喀土穆举行新国际机场项目合同签字仪式。

7月9日,中国援科摩罗联盟政府500台套太阳能移动电源交接仪式在科生产、环境、能源、工业和手工业副总统府举行。②

7月11日,中国援科摩罗联盟政府三所中非友好小学校项目落成暨移交仪式在大科摩罗岛援建小学校内举行。"援科三所小学校项目,实际建筑面积1864.42平米,开建于2012年9月7日,竣工于2013年5月22日,由中国沈阳国际经济技术合作公司承建。"③

7月12日,中国援塞舌尔莱蒙斯住房项目正式移交。④

7月25日,中国和纳米比亚签署关于中国政府向纳米比亚政府提供旱灾紧急现汇援助的交接证书。"鉴于纳米比亚全国大范围内出现严重干旱,大量人口出现饮水和粮食危机,纳总统波汗巴呼吁国际社会提供救灾援助。为帮助纳米比亚政府和人民应对旱灾,中国政府向纳米比亚政府提供20万美元紧急现汇援助。"⑤

7月31日,由中国政府提供优惠贷款,安徽外经公司承建的两座贝宁行政大楼项目交接仪式在贝宁科托努举行。该行政大楼移交贝方后,将解决贝宁政府四个部的办公用房,部分缓解政府办公用房紧缺的局面。

8月,山东省向坦桑尼亚派出第二十三批医疗队,全队25人。

8月1日,中国和厄立特里亚在阿斯马拉签署援厄太阳能路灯示范项目交接证书。"该太阳能路灯示范项目系中非合作论坛新八项举措项下的惠民项目,由中国政府向厄无偿提供覆盖长度约3.5公里、121盏双臂双灯头太阳能路灯。项目于2013年4月开工,经过两个月的精心施工,

---

① 《援安哥拉医院项目最大单体工程顺利封顶》,2013年7月17日,http://ao.mofcom.gov.cn/article/sqfb/201307/20130700204726.shtml

② 《中科两国政府举行援科500台套太阳能移动电源交接仪式》,2013年7月10日,http://km.mofcom.gov.cn/article/jmxw/201307/20130700200296.shtml

③ 《援科三所中非友好小学校项目落成暨移交仪式隆重举行》,2013年7月12日,http://km.mofcom.gov.cn/article/jmxw/201307/20130700206303.shtml

④ 《援塞舌尔莱蒙斯住房项目正式对外移交》,2013年7月12日,http://sc.mofcom.gov.cn/article/jmxw/201307/20130700198001.shtml

⑤ 《中国政府向纳米比亚政府提供旱灾紧急现汇援助的交接证书在温得和克签署》,2013年7月29日,http://na.mofcom.gov.cn/article/jmxw/201307/20130700219950.shtml

现已全部安装调试完毕。路灯主要安装在厄首都阿斯马拉国际机场迎宾路、展览路、总统府花园等重要地带，为阿斯马拉市民夜晚出行、娱乐、学习等提供了便利，受到厄政府高层及广大民众的一致好评与称赞。"①

中国—莱索托太阳能街灯示范合作项目交接仪式在莱莱瑞贝地区 Pitseng 镇举行。②

8月7日，中国和厄立特里亚在阿斯马拉签署2013年度援厄药品及医疗器械交接证书，同时将药品及医疗器械移交厄卫生部。按照两国政府间签署的中国派遣医疗队赴厄工作议定书，中国政府定期向厄捐赠一定金额的药品及医疗器械。③

8月21日，中国驻苏丹使馆、萨纳德慈善基金会在喀土穆州卡拉里市洪水受灾地区举行驻苏使馆及在苏中资企业捐助救灾物资发放仪式。

8月27日，中国驻苏丹使馆、比尔特瓦苏慈善组织共同举行驻苏使馆及在苏中资企业捐助救灾物资移交仪式。

8月29日，中国驻苏丹大使罗小光代表中国红十字会向苏丹红新月会移交30万苏丹镑现汇援助并签署交接证书。

9月2日，中国和马达加斯加在塔那那利佛签署援马达加斯加打井项目交接证书。"中国在中非合作论坛框架下的援马饮用水打井项目于2012年12月26日开工，并于2013年8月20日竣工。8月30日，中马双方签署项目竣工验收纪要。该项目的实施有效地解决了马东南部瓦多瓦卫·菲多维纳尼和阿西莫·阿西纳纳纳2个大区5个县部分农村居民的饮水问题，得到了马国政府和当地民众的高度评价。"④

8月22日，中国政府援赞比亚呼吸机项目交接仪式在赞比亚卫生部举行。"中国援助的30台呼吸机是中国政府和人民帮助赞解决医疗卫生领域存在的挑战，帮助爱国阵线政府实现为人民提供高质量医疗卫生服

---

① 《援厄太阳能路灯示范项目交接证书在阿斯马拉签署》，2013年8月1日，http://er.mofcom.gov.cn/article/jmxw/201308/20130800224710.shtml
② 《驻莱索托大使胡定贤出席中莱太阳能街灯示范合作项目交接仪式》，2013年8月9日，http://ls.mofcom.gov.cn/article/jmxw/201308/20130800236145.shtml
③ 《中厄签署援厄药品及医疗器械交接证书》，2013年8月7日，http://er.mofcom.gov.cn/article/jmxw/201308/20130800233708.shtml
④ 《中国援马打井项目竣工移交》，2013年9月5日，http://mg.mofcom.gov.cn/article/jmxw/201309/20130900288318.shtml

务的承诺。"①

8月23日，中国驻津巴布韦大使林琳出席在维多利亚瀑布市举行的中国政府援津翻译与音响设备交接仪式。

9月，福建省向塞内加尔派出第十五批医疗队，全队13人，于2015年完成任务回国。

9月10日，中国和马达加斯加签署中国向马无偿提供抗疟药品的交接证书。

9月11日，中国进出口银行优贷部王法德副总经理和吉布提财政部长伊利亚斯在吉签署吉埃引水项目贷款协议。该项目由中国进出口银行提供贷款，中地海外公司负责实施。该引水项目建成后，能彻底解决长期困扰吉布提的缺水和水质差的问题，该项目是中国在非洲支持建设的第一个跨境基础设施引水项目。②

9月17日，中国援赞比亚医疗设备和医用物资、抗疟设备交接仪式在中国援赞利维·姆瓦纳瓦萨综合医院（原卢萨卡综合医院）举行。经过近50年的发展，两国已成为"全天候朋友"，在政治、经济、卫生和教育等多个领域开展了全方位合作。"中国援建了利维·姆瓦纳瓦萨综合医院，为解决卢萨卡及周边地区老百姓看病难的问题做出了重要贡献，中国援赞比亚医疗队部分医生就在利维·姆瓦纳瓦萨医院工作。此次，中国政府和人民为利维·姆瓦纳瓦萨综合医院提供了一批医疗设备和医用物资，正是两国传统友谊的延续。为增强赞比亚治疗疟疾的能力，中国政府和人民还向赞比亚抗疟中心捐赠了一批抗疟设备。"③

9月18日，中国援塞拉利昂抗疟药品交接仪式在塞卫生部国家医药中心仓库举行。

9月22日至10月3日，由商务部经济合作局鲁军处长率领的专家组对援佛得角国家体育场项目进行了竣工质量检查，专家组检查后认定，该项目施工符合设计图纸及相关规范要求，工程质量合格。

9月22日，中国政府发布《2015年后发展议程中文立场文件》。

---

① 《中国政府援赞比亚呼吸机项目交接证书在卢萨卡签署》，2013年8月26日，http://zm.mofcom.gov.cn/article/jmxw/201308/20130800266537.shtml

② 《吉埃引水项目贷款协议在吉签署》，2013年9月11日，http://dj.mofcom.gov.cn/article/jmxw/201309/20130900301113.shtml

③ 《援赞医疗设备和医用物资、抗疟设备交接仪式在赞举行》，2013年9月17日，http://zm.mofcom.gov.cn/article/jmxw/201309/20130900310125.shtml

9月26日，中国援喀麦隆太阳能示范项目举行奠基仪式。"该项目是在雅温得市区至雅温得第二大学的公路以及大学校内安装409盏太阳能路灯，由华为技术有限公司负责实施，年底竣工交付。"①

9月30日，中国驻加蓬大使孙继文与加蓬经济、就业和可持续发展部长卢克·欧由毕在利伯维尔签署两国政府间优惠贷款框架协议。"根据该协议，中国政府将向加方提供总金额不超过8.1亿元人民币的优惠贷款，用于加蓬让蒂尔港—翁布埃沿海路及博韦大桥项目。"②

10月，内蒙古自治区向卢旺达派出第十五批医疗队，全队20人。

宁夏回族自治区向贝宁派出第十九批医疗队，全队22人，于2015年10月完成任务回国。

10月1日，中国援尼日尔综合医院举行开工仪式。"援尼综合医院是中国政府在尼援建的又一里程碑项目。该院总计500个床位，并配有现代化的诊疗设备，建成后将会是尼日尔乃至西非地区规模最大、设备最先进的医院，将会为尼日尔人民提供更多的、更便利的、更先进的医疗服务，为尼医疗卫生事业的发展起到巨大的推动作用。"③

10月17日，中国援马拉维医疗队和卡姆祖中心医院在利隆圭举行中国援马医药器械交接仪式。

中国援太阳能路灯项目实施合同签字仪式在乍得首都恩贾梅纳市政厅举行。"援乍得太阳能路灯项目是利用中国无偿援助实施，由中兴公司承担，项目内容为在恩贾梅纳古基—拉玛基和瓦利亚—杜库哈两条总长度5公里的道路两侧安装太阳能路灯。"④

10月18日，中国政府向津巴布韦捐赠3台车载式集装箱检查设备交接仪式在津首都哈拉雷举行。

10月22日，援赞警车项目交接仪式在卢萨卡举行。此次中方捐赠

---

① 《中国援喀麦隆太阳能示范项目举行奠基仪式》，2013年9月26日，http://cm.mofcom.gov.cn/article/jmxw/201309/20130900325796.shtml

② 《中加签署加蓬让蒂尔港 翁布埃沿海路项目优贷框架协议》，2013年9月30日，http://finance.ifeng.com/a/20130930/10789116_0.shtml

③ 《中国援尼日尔综合医院开工仪式在尼亚美举行》，2013年10月4日，http://ne.mofcom.gov.cn/article/jmxw/201310/20131000333988.shtml

④ 《中国援乍得太阳能路灯项目实施合同签字仪式在恩贾梅纳市政厅举行》，2013年10月18日，http://tchad.mofcom.gov.cn/article/jmxw/201310/20131000355068.shtml

的警用车辆,可增强赞比亚警察的执法能力。①

10月28日和11月1日,中国驻赤几医疗队巴塔分队和马拉博分队分别赴MACHINDA镇健康中心和BASUPU镇健康中心开展大型送医送药下乡义诊活动。"马拉博与巴塔两分队义诊共诊治病患者800余人次,向参加义诊的病患者免费赠送了一疗程药品。义诊结束后,两分队还向义诊地健康中心赠送了价值10余万人民币药品,马拉博分队还向当地的小学生派发了糖果、小点心等食品,赠送了乒乓球、羽毛球及球拍、毽子等文体娱乐用品。挥别时,当地群众恋恋不舍,拉着医疗队员的手不停地询问:中国好朋友,什么时候再来?医疗队员微笑着说:'中国都是好朋友,象兄弟姐妹一样,有空中国一定还会再来的!'"②

10月29日,中国援吉医疗器械及药品交接仪式在吉贝尔蒂医院举行。

10月30日,赞比亚查玛技能培训中心举行揭牌仪式,这里将成为赞比亚开展中赞教育合作的重要基地。中赞教育方面的合作由来已久。中方已向赞提供500余个留学生名额,目前约有400名赞留学生仍在华学习。中国每年还在经贸、卫生、农业、能源等领域为赞近200名专业人才提供短期培训。该培训中心创新性地将承包工程与技能培训相结合,希望创建中赞技能培训合作新模式,加深两国教育文化交流。"该项目由中国土木工程集团承办,目的是在施工过程中培养机械操作、民用工程及道路施工方面的技术人才。项目首期计划培训50名管理及技术人员,并逐步推广,持续为赞输出相关人才。"③

中国和几内亚在科纳克里签署关于中国向几内亚赠送1000盏路灯的交接证书。

11月11日,中国水利电力对外公司向加纳奥苏孤儿院捐资。"本次捐赠的总价值约为25000赛地(约合12500美元)的物资,包括笔记本

---

① 《援赞警车项目举行交接仪式》,2013年10月23日,http://zm.mofcom.gov.cn/article/jmxw/201310/20131000363070.shtml

② 《中国驻赤几医疗队开展送医送药下乡大型义诊活动》,2013年11月26日,http://gq.mofcom.gov.cn/article/jmxw/201311/20131100402742.shtml

③ 《周欲晓大使参加赞比亚查玛技能培训中心揭牌仪式》,2013年10月31日,http://zm.mofcom.gov.cn/article/jmxw/201310/20131000374054.shtml

电脑、冰箱、电视、水箱、炉灶、体育用品等孤儿院最需要的设施器具。"①

11月12日，中国援埃塞俄比亚两所中非友好小学项目开工仪式在亚的斯亚贝巴举行。"中埃教育合作始于上世纪70年代，覆盖领域包括培训、学位教育、援建学校和提供教学设备等，2009年，中国政府为埃塞援建了三所农村小学和一所职业技术教育学院。中国援建两所小学的开工是两国友好关系的又一具体表现，将对推动埃塞实现增长与转型计划（GTP）发挥积极作用。中国政府于2009年11月在中非合作论坛第四届部长级会议上承诺为非洲国家援助50所中非友好小学，援埃两所中非友好小学是落实上述承诺的组成部分。该项目由江苏国际经济技术合作集团有限公司承建。"②

11月18日，中国援吉布提300盏太阳能路灯项目交接仪式在吉举行。"吉民族团结国务秘书和吉布提市长在仪式上表示，中国援建的300盏太阳能路灯在保障吉人民的人身和财产安全方面发挥重要作用，并为吉布提大力发展绿色新能源提供了很大支持和宝贵经验。"③

11月19日，中国援塞舌尔格拉斯小学及幼儿园项目对外合同签字仪式在塞外交部举行。该项目包括修建小学和幼儿园教室以及图书室、音乐室、计算机室、学校会堂等。④

11月22日，中国援毛里塔尼亚畜牧业技术示范中心项目奠基仪式在毛特拉扎省瓦德纳加县举行。

11月26日，中国援毛里塔尼亚努瓦克肖特大学新校园医学院建设项目竣工移交仪式隆重举行。"医学院项目为毛规划努瓦克肖特大学新校园下设4个学院之一，总建筑面积8952平方米，包括教学实验楼、行政办公楼、配套动物房、阶梯教室和教师公寓等建筑及一批教学实验设备，

---

① 《中国水利电力对外公司向加纳孤儿院捐赠物资》，2013年11月11日，http://gh.mofcom.gov.cn/article/jmxw/201311/20131100386626.shtml
② 《中国援埃塞两所中非友好小学举行开工仪式》，2013年11月14日，http://et.mofcom.gov.cn/article/jmxw/201311/20131100391666.shtml
③ 《吉民族团结国务秘书出席中国援吉太阳能路灯项目交接仪式》，2013年11月18日，http://dj.mofcom.gov.cn/article/jmxw/201311/20131100395983.shtml
④ 《援塞舌尔格拉斯小学及幼儿园项目举行对外合同签字仪式》，2013年11月20日，http://sc.mofcom.gov.cn/article/jmxw/201311/20131100397376.shtml

由中国地质工程集团公司实施。"①

11月29日，中国援马里两所小学扩建项目在首都巴马科索克尼克小学举行项目交接仪式。

11月29日，中国援乍得议会大厦项目举行交接仪式。

12月5日，四川省向安哥拉派出第三批医疗队，全队11人。

12月12日，中国援建的中非友好小学在利隆圭举行交接仪式。

12月13日，广东省向加纳派出第三批医疗队，全队11人，于2014年12月30日完成任务回国。

马拉维科技大学交接仪式在大学所在地巧乐地区举行。

中国和几内亚在科纳克里签署援几内亚四所农村小学项目交接证书。该项目由河南国际公司承建，于2012年9月1日开工，2013年11月26日竣工，并通过中、几双方的共同验收。②

12月16日，贝宁举行中非民间友好行动启动仪式。

12月17日，中国驻埃塞俄比亚使馆向阿贝贝克·高本纳儿童救助中心提供捐助物资的交接仪式在该中心举行。

12月18日，中国和安哥拉两国政府签署经济技术合作协定。根据协定，中国将向安哥拉提供一笔无偿援助，用于援助安哥拉的罗安达省总医院改扩建项目和双方商定的其他项目。③

12月23日，中国和莱索托签署《援莱首相府项目施工设计意见和答复备忘录》和《援莱首相府项目实施合同》。该项目由安徽建工集团负责承建，计划2016年完工。④

12月26日，中国援几内亚比绍国立卫生学院项目移交仪式在比绍举行。

12月30日，中国援吉布提人民宫整体维修项目交接仪式在吉举行。"此次人民宫整体维修项目通过技术革新等手段使人民宫成为了具备召开

---

① 《援毛里塔尼亚努瓦克肖特大学新校园医学院建设项目竣工移交仪式隆重举行》，2013年11月29日，http://mr.mofcom.gov.cn/article/jmxw/201311/20131100407210.shtml

② 《我援几内亚四所农村小学建成移交》，2013年12月21日，http://www.mofcom.gov.cn/article/i/jyjl/k/201312/20131200433484.shtml

③ 《中国和安哥拉签署新的经济技术合作协定》，2013年12月19日，http://ao.mofcom.gov.cn/article/sqfb/201312/20131200430224.shtml

④ 《中莱两国政府签署援莱索托首相府项目施工设计意见备忘录和实施合同》，2014年1月21日，http://ls.mofcom.gov.cn/article/jmxw/201401/20140100467729.shtml

重大会议和活动的现代化场所。"①

中国向佛得角政府正式移交援佛普拉亚中心医院二期工程项目。中国援佛得角普拉亚中心医院二期工程项目由辽宁国际经济技术合作集团有限责任公司实施，2013年11月完工并通过验收。②

2014年

1月8日，中国在贝宁援建的水井项目在卡拉维市凡尔杜尔中学举行移交仪式。"2013年初，亚伊总统亲自主持了中国政府援助100眼水井项目的开工典礼。中贝工程技术人员克服井位分散、地质复杂等重重困难，经过一年的艰苦努力，于2013年底全面竣工验收。100口井分布于贝宁6个省的缺水村寨，将使20多万人喝上洁净水，既利于健康又免去村民远道汲水的劳苦，直接惠及百姓。"③

1月9日，中国援卢旺达太阳能项目物资交接仪式在卢旺达基础设施部举行。"中国援卢太阳能项目为中非经贸合作八项新举措的一部分，由保利新能源科技有限公司负责实施，根据两国协定，共向卢旺达提供了416套太阳能移动式电源设备，并派专家赴卢开展安装和使用的培训。"④

1月14日，北京桑达太阳能技术有限公司与南苏丹朱巴市政府签署《援南苏丹太阳能交通信号灯项目实施合同》。

1月15日，中国援建吉布提塔朱腊县小型体育设施项目开工仪式举行。

1月16日，中国援塞拉利昂外交部办公楼启用典礼在塞首都弗里敦举行。"援塞拉利昂外交部办公楼项目建筑面积6316平方米，由上海建工集团承建，于2012年7月2日竣工移交。"⑤

---

① 《吉民族团结国务秘书出席中国援吉人民宫整体维修项目交接仪式》，2013年12月30日，http：//dj.mofcom.gov.cn/article/jmxw/201312/20131200445072.shtml

② 《援佛得角普拉亚中心医院二期工程项目正式移交》，2013年12月31日，http：//www.mofcom.gov.cn/article/i/jyjl/k/201312/20131200445440.shtml

③ 《驻贝宁大使陶卫光参加水井项目移交仪式》，2014年1月12日，http：//bj.china-embassy.org/chn/zxxx/t1118024.htm

④ 《援卢太阳能项目举行物资交接仪式》，2014年1月10日，http：//rw.mofcom.gov.cn/article/jmxw/201401/20140100456914.shtml

⑤ 《塞拉利昂总统科罗马出席中国援塞外交部办公楼启用典礼》，2014年1月23日，http：//sl.mofcom.gov.cn/article/jmxw/201401/20140100471580.shtml

1月21日，中国与喀麦隆政府在雅温得签署中国援喀麦隆太阳能示范项目的交接证书。

1月23日，中国和安哥拉签署《排水系统改造项目会议纪要》和《提供医疗设备项目会议纪要》。经过11天的考察和商谈，中国商务部委派的考察组与安哥拉罗安达省政府就中国援罗安达省总医院排水系统改造和中方向医院提供部分医疗设备两项事宜达成一致。"罗安达省总医院改扩建工程于2011年12月31日正式开工，计划于2014年12月30日前建成移交。扩建后的医院规模约为原医院的3倍，建筑面积由原医院的7900平米增至22000平米，床位由100张增至268张，各科室设置更齐全，功能更完善，建成后每日能容纳800人同时就诊，可以满足更多安哥拉人民的就医需要。此次双方商谈的排水系统改造和为医院配备部分医疗设备也是保证医院建筑物结构安全和完善医院使用功能的重要举措。"根据会议纪要，排水系统改造后，医院的雨水以及经处理过的污水将排入市政管网，最大程度减少雨水下渗。[1]

2月3日，中国政府向中国—加蓬友谊医院捐赠药品交接仪式在中加友谊医院举行。

2月4日和6日，中国和吉布提在吉布提签署援吉"光明行"项目换文。根据换文，中国政府将派遣眼科专家组赴吉实施"光明行"项目，为吉白内障患者实施复明手术，进行现场手术示范和培训，并提供一批白内障复明手术医疗设备、耗材和药品等。[2]

2月6日，中国政府向南苏丹政府移交了9个集装箱的人道主义援助物资。

2月7日，中国和马达加斯加在塔那那利佛签署援马达加斯加太阳能道路照明项目交接证书。"中国在中非合作论坛框架下的援马太阳能道路照明项目于2013年10月21日正式开工，并于2014年2月4日竣工。该项目的实施有效地解决了马塔马塔夫、马哈努鲁及塔那那利佛等三座城市部分道路交通干线的照明问题，得到了马国政府、当地市政府及民

---

[1] 《中安双方就中国援罗安达省总医院排水系统改造和提供医疗设备事达成共识》，2014年1月25日，http://ao.mofcom.gov.cn/article/sqfb/201401/20140100473169.shtml

[2] 《中吉两国政府签署"光明行"项目换文》，2014年2月8日，http://dj.mofcom.gov.cn/article/jmxw/201402/20140200481607.shtml

众的高度评价。"①

2月11日，中国与津巴布韦在津财政部签署中津两国无偿援助协议。财政部长奇纳马萨表示，此笔援助款项将用于津可持续社会经济转型计划指导下的基础设施建设。根据该计划，津政府将在农业、基础设施、社会服务和工矿业附加值等方面加大投资力度，将年经济增长率由2013年的3.4%逐步提高至2018年的9.9%。②

2月14日，中水电安哥拉分公司在安哥拉援建的中安友谊小学正式移交当地政府。"中水电安哥拉分公司积极履行社会责任，在自身发展的同时不忘回馈安哥拉当地社会，为所承建的项目所在地马兰热省捐建了一所'中安友谊小学'，'中安友谊小学'占地面积 4000m^2，建筑面积1103m^2，包括6间教室，3间办公室，1间秘书室和1间安保室，可满足540名小学生分时段就读。中水电安哥拉分公司不仅为学校配备了完整的电力照明系统和供排水系统，还为学校的孩子们捐赠了专业定制的3万套衣服及运动鞋，受到当地政府和百姓的好评。"③

2月18日，在津巴布韦的华侨华人、中资企业向遭受洪灾的马旬戈省奇威地区群众捐赠总价值超过4.4万美元的物资。

2月21日，科特迪瓦北部城市科霍戈（KORHOGO）红十字会举行翻建后的"辅助营养中心"钥匙交接仪式。"该中心是中国'中非民间友好行动'在科实施的第一个项目，是由中国红十字会和科特迪瓦红十字会合作，由中国使馆协助而实施的翻新工程。该中心成立于上世纪90年代末，隶属科霍戈红十字会。科危机爆发后，各种设施严重损毁。在中方支持下，当地红十字会选择了当地建筑企业翻新了相关建筑，新建了厕所等卫生设施，提供了部分设备，使中心重新恢复生机，更好地辅导当地妇女营养育婴，救治严重营养不良的婴幼儿。"④

2月24日，由中铁十七局集团有限公司承建的中国无偿援助安哥拉

---

① 《中国援马太阳能道路照明项目竣工移交》，2014年2月11日，http：//mg.mofcom.gov.cn/article/jmxw/201402/20140200483912.shtml

② 《驻津大使林琳出席无偿援助协议签署仪式》，2014年2月17日，http：//www.chinaembassy.org.zw/chn/xwdt/t1129212.htm

③ 《中水电安哥拉分公司捐建中安友谊小学》，2014年3月1日，http：//ao.mofcom.gov.cn/article/sqfb/201403/20140300503898.shtml

④ 《驻科特迪瓦大使张国庆出席科霍戈"辅助营养中心"翻修启用仪式》，2014年2月25日，http：//ci.chineseembassy.org/chn/zxyw/t1131658.htm

"中安友谊小学校"项目移交仪式在安哥拉万博省首府万博市举行。在交接仪式上,中铁十七局向学生们捐赠了文具,驻安哥拉中资企业商会向学校捐赠了两台微波炉,中国驻安哥拉大使高克祥捐赠了8台手提电脑和10部照相机。"小学校占地面积5168.4平方米,建筑面积1523.73平方米,包括6间教室、多功能室、教师办公室和图书馆等,可以容纳200个孩子就学。为纪念和传承中安友谊,中安友谊小学将常年悬挂中、安两国国旗。"①

2月26日,安徽省向南苏丹派出第二批医疗队,全队12人,于2015年3月完成任务回国。

2月28日,中国向马里移交中国赠送的6台垃圾车。

3月,埃博拉疫情首先在西非爆发,疫情最先发现于几内亚东南部的丛林深处。

中国维和医疗分队抵达利比里亚,这时,埃博拉疫情蔓延至利比里亚,因此,中国维和医疗队开始承担起防止埃博拉的任务。当时在利比里亚的两家联合国的医院已经禁收发热病人,只有中国维和医疗队继续收治发热病人。此时,疫情严重,当地医护人员感染埃博拉的比例超过40%,当地的医疗卫生机构几乎陷入瘫痪,医疗队肩负起这一重任,组建埃博拉紧急医治小组。为了更有效地控制疫情,医疗队队员奔赴各个疫区进行宣讲,为疫区民众讲解预防埃博拉的基本知识,力图从源头上减少感染。

3月4日,中国政府向赞比亚提供变电优惠贷款框架协议的签署仪式在赞比亚财政部举行。赞比亚现有电网承担的电力配送能力有限。"卡里巴北—卡富埃西输变电项目作为国家电网中的骨干性输变电工程项目,其建成将有效地缓解赞比亚电力供应紧张的现状。"②

中国和喀麦隆在雅温得签署中国援喀麦隆林业设备与办公用品项目交接证书。

3月5日,中国援助加纳外交部大楼家具与办公用品运抵加纳外交部。

---

① 《中国援助安哥拉小学校项目建成移交》,2014年2月24日,http://ao.mofcom.gov.cn/article/sqfb/201402/20140200497843.shtml

② 《中赞两国政府在卢萨卡签署输变电优贷框架协议》,2014年3月5日,http://zm.mofcom.gov.cn/article/jmxw/201403/20140300508440.shtml

3月6日，中国援马拉维600眼水井项目交接仪式在马拉维奇拉祖鲁地区举行。"该600眼水井将为马6个地区共15万人提供清洁的饮用水，极大地改善了当地民众的生活质量，项目意义重大。该项目为中非合作论坛项下确定的项目，于2012年11月1日正式开工，于2013年11月29日竣工，由甘肃地质工程有限责任公司马拉维公司承建。"①

3月10日，援马里巴马科大学卡巴拉教学区项目奠基仪式隆重举行。

3月15日，中国援乍得化肥项目交接仪式在乍第二大城市蒙杜举行。

3月17日，中国援吉外交部培训中心项目交接仪式在吉举行。"吉外交与国际合作部长在仪式上表示，中国援建的外交部培训中心项目对吉布提非常重要，吉方将充分利用该培训中心良好的设施举办语言、技术、外交等多类型培训。"②

3月20日，"中非民间友好行动"首个在利比里亚项目的交接仪式在蒙罗维亚举行。这个项目包括：沃而丰能源工业有限公司为乔克潘市场安装太阳能照明灯，中煤工程集团有限公司为乔克潘市场打1口手压井，LC机遇自然资源公司向社区学校提供部分桌椅和黑板。③

3月24日和6月9日，中国驻安哥拉大使馆临时代办李翀与安哥拉外交部合作国务秘书布拉甘萨分别代表各自国政府签署关于中方承担援罗安达省总医院排水系统改造项目换文。"根据换文，中国政府将帮助安哥拉政府实施罗安达省总医院排水系统改造项目，包括提高医院污水处理设计标准，在医院集水池安装高标准处理设备，在场地四周新建雨水管道并连接市政雨水系统等内容。中国援助安哥拉罗安达省总医院项目2011年12月开工，预计2014年底竣工。由于该院建设场址地质状况特殊，排水系统改造工程对确保医院建筑物的稳定性至关重要。"④

---

① 《中国援马拉维600眼水井项目举行交接仪式》，2014年3月7日，http://malawi.mofcom.gov.cn/article/jmxw/201403/20140300519852.shtml

② 《吉外交与国际合作部长出席中国援吉外交部培训中心项目交接仪式》，2014年3月17日，http://dj.mofcom.gov.cn/article/jmxw/201403/20140300521494.shtml

③ 《刘侃总领事出席"中非民间友好行动"项目完工交接及捐赠仪式》，2014年10月23日，http://lagos.china-consulate.org/chn/xwfb/zxhd/t1203141.htm

④ 《中国将帮助安哥拉实施罗安达省总医院排水系统改造项目》，2014年6月16日，http://ao.mofcom.gov.cn/article/sqfb/201406/20140600627037.shtml

3月30日，中国"南南合作"农业专家组完成援助任务离开利比里亚。2011年11月3日，中国政府、利比里亚政府及联合国粮农组织签署《中华人民共和国政府、利比里亚政府与联合国粮食及农业组织实施"南南合作"项目三方协议书》。根据协议，中国于2012年5月派出24名农业专家和技术人员赴利工作，向当地农业技术人员传授水稻种植、牲畜饲养、渔业养殖等技术，项目的实施由FAO管理协调。此次派出的24名农业专家及技术人员全部由湖南省选派，2014年3月结束任期。①

4月，中国政府以中国红十字会名义向几内亚提供5万美元的埃博拉援助。这是几内亚接受的第一笔外国援助。随后，中国政府又向几内亚、利比里亚、塞拉利昂、几内亚比绍四国各提供了100万元人民币的防控救治物资，并于第一时间投入防疫救治现场。②

4月2日，中国驻苏丹使馆在"中非民间友好行动"框架下，与苏丹萨纳德慈善基金会合作，向苏丹喀土穆州东尼罗镇捐赠40套太阳能照明系统及其他太阳能便携照明设备，用于该镇未通电地区卫生站照明。

4月3日，中国援贝宁帕拉库医院二期项目交接仪式在医院举行。二期项目于2013年4月22日正式开工，12月22日按期完工。2014年1月8、9日完成对外验收。

4月7日，中国援助佛得角打井和供水设备正式移交。

4月8日，中国首批赴利比里亚维和警察防暴队获联合国和平勋章。

4月9日，中国和苏丹签署援苏丹公交车项目交接证书。"该项目于2013年8月6日由两国政府换文确认，中国政府同意向苏丹政府无偿援助100辆公交车，中国第一汽车集团进出口有限公司负责实施。2014年1月22日，车辆运抵苏丹。在完成车辆检验调试及技术人员培训工作后，中方正式将车辆交付苏方。这批援助物资将显著改善喀土穆的交通条件。"③

4月11日，中国援塞拉利昂博城体育场项目在博城进行技术交接，实施企业新疆北新建设工程集团有限公司和塞拉利昂体育部联合对该项

---

① 《驻利比里亚大使张越出席"南南合作"农业专家组送行仪式》http：//lr. china-embassy. org/chn/sghdhzxxx/t1143701. htm

② 《中国援助非洲抗击埃博拉疫情重大举措》，2014年12月3日，http：//news. xinhuanet. com/world/2014 – 12/03/c_1113502982. htm

③ 《援苏丹公交车项目交接证书签署》，2014年4月11日，http：//sd. mofcom. gov. cn/article/jmxw/201404/20140400547599. shtml

目进行了技术验收。

4月14日，中国商务部部长高虎城同南苏丹外交与国际合作部部长本杰明通话，宣布中国政府向南提供新的人道主义物资援助，帮助南应对因内部武装冲突造成的人道主义挑战。

据马拉维《每日时报》报道，9个月前开工建设的中国援马拉维国家体育场项目现进展顺利，工期有望比原定30个月缩短数月。"马方表示，中国施工企业夜以继日抓紧施工，前9个月完成工程量巨大，给人留下深刻印象。体育场可容纳逾4万观众，是中国政府继马拉维议会大厦和马拉维科技大学之后援马的又一重要项目。建成后，体育场将成为马拉维国家足球队主场地，并可用于承办地区性比赛。该项目使用中国政府提供的优惠贷款，由中国安徽外经公司承建。"①

4月16日，中国援马拉维太阳能路灯及移动电源项目交接仪式在利隆圭首都山举行。"该项目所提供的250套太阳能路灯的成功实施改善了马中央政府部门办公环境，533套太阳能移动电源有效地解决了马农村医院用电问题，项目将对马拉维开发利用太阳能等清洁能源产生很好的示范效应。"②

4月17日，中国援马医疗队与马里医院共同创立腔镜中心。"该中心是为了更好的利用援赠马里医院的一批腔镜设备，服务病人，提升马里医院的整体实力并扩大影响力而设立的。中心下设腹腔镜组、宫腔膀胱镜组、纤维支气管镜组、纤维喉镜组、胃食管肠镜组、关节镜组、神经内镜组。"③

4月20日，中国为南苏丹的朱巴教学医院援建胃镜室。有关胃镜设备由安徽省捐助，胃镜室房间装修和空调等辅助设备设施由华为公司资助。上述胃镜室的建立，填补了朱巴教学医院的学科空白。④

4月25日，在中佛建交38周年之际，中国援佛总统府改扩建工程举行隆重的开工仪式。"佛总统府是一栋具有政治与历史双重意义的建筑，

---

① 《中国在马拉维最大援助项目之一有望提前完工》，2014年4月15日。
② 《中国援马太阳能路灯及移动电源项目交接仪式》，2014年4月17日，http://malawi.mofcom.gov.cn/article/jmxw/201404/20140400553405.shtml
③ 《中国援马里医院腔镜中心成立》，2014年4月21日，http://ml.mofcom.gov.cn/article/jmxw/201404/20140400557406.shtml
④ 《我厅组团赴南苏丹考察并看望我省援南苏丹医疗队》，2014年4月30日，http://www.ahwjw.gov.cn/ywb/gzdt/201504/67f6a021cb26430aa2bf982621f5b359.html

见证了佛民族独立与民主发展的伟大进程,妥善保护历史文物是该项目施工中面临的一大技术难题,佛政府相信中国技术人员一定能够带给佛一座既具有现代化的、有尊严的办公条件,又完好地保有其文物古迹与历史气息的总统府。""援佛总统府改扩建工程主要包括原主楼加固和局部改建,扩建部分行政和宴会等附属设备用房,拆除开放式凉亭等设施,并相应配备部分家具和设备。项目总建筑面积约4000平方米,工期16个月,由中元国际公司和华山国际工程公司总承包和合作实施。"①

4月26日,塞拉利昂独立53周年国庆日前夕,塞总统欧内斯特·巴伊·科罗马参加中国援建公路项目交接启用典礼,宣布中国援建公路正式开通启用。"中国援建公路项目耗时两年建成,总长11.26公里,双向两车道,路基宽10米,含大桥两座,中桥一座,小桥两座,管涵34座,公路建设质量上乘,沿线地势险峻,风景秀美。修建过程中,中国实施企业逢山开路,遇水架桥,克服种种困难,在塞拉生动展现了愚公移山的精神,得到各方赞扬。"②

5月,中国扶贫基金会和灵山公益慈善促进会联合共同发起了"微笑儿童非洲项目",在中国扶贫基金会设立公益非洲慈善基金。"该基金选定埃塞俄比亚为首个援助国家。灵山慈善基金会作为首家支持机构捐赠300万人民币,并承诺今后5年内将累计捐赠1000万人民币为埃塞俄比亚的儿童(含艾滋孤儿)提供免费营养餐。该项目每筹集到50万美元即启动一个新的国家作为援助国。"③

5月4日至11日,李克强总理出访埃塞俄比亚、尼日利亚、安哥拉和肯尼亚等非洲四国,再一次将全世界的眼光聚集到中非关系上。这次访问既是习近平访非后,中国高层领导人的又一次访非之旅,也是周恩来访非50周年之际,中国总理的再次非洲之行,这次访问有着特殊的现实和历史意义。

5月5日,津巴布韦红十字会总部举行中国驻津使馆向津12所学校捐赠24台小型发电机交接仪式。

---

① 《中国援佛得角总统府改扩建工程项目举行开工仪式》,2014年5月3日,http://www.mofcom.gov.cn/article/i/jyjl/k/201405/20140500569952.shtml

② 《塞总统参加中国援建公路项目交接启用典礼》,2014年4月28日,http://sl.mofcom.gov.cn/article/jmxw/201404/20140400565961.shtml

③ 《中国公益的非洲尝试:从政府到民间》,2014年5月20日,http://www.gongyishibao.com/html/yaowen/6478.html

李克强在非盟总部发表演讲。李克强在演讲中首先明确了新时期中非合作的四项原则,即真诚平等相待、增进团结互信、共谋包容发展、创新务实合作。他提出为打造中非全面合作的升级版,未来的中非合作将积极推进六大工程建设:"第一,实施产业合作工程;第二,实施金融合作工程;第三,实施减贫合作工程;第四,实施生态环保合作工程;第五,实施人文合作工程;第六,实施安全合作工程。"① 中非将在中非合作论坛的框架内重点推进这六大领域的合作与发展。②

5月9日,在李克强总理与安哥拉多斯桑托斯总统共同见证下,中国国家开发银行胡怀邦董事长与安哥拉财政部长马努埃尔签署新一期融资贷款合作协议。"根据协议,中国国家开发银行将向安方提供25亿美元贷款额度,用于支持安哥拉基础设施建设,主要包括房建、交通、农业、医院、学校、通信、水电等领域。中国国家开发银行曾于2009年向安方提供了第一期15亿美元贷款额度,目前已经全部安排使用完毕。"③

5月12日,第三届中非民间论坛在苏丹的喀土穆举行,会议通过了《中非友好伙伴计划报告书》,即"喀土穆报告",旨在推进中非民间友好伙伴关系。

中国港湾工程有限公司向纳米比亚哈格·根哥布中学捐赠10万纳元。"根哥布中学位于温得和克卡图图拉地区,以纳总理根哥布的名字命名,有32名教师和1031名学生。根哥布总理代表学校接受了捐赠。校方表示将用这笔捐款购置电脑和修建校舍。"④

5月12日至6月10日,为提高加纳各机场安保人员应对和处理爆炸等安全隐患的能力,中国政府为加纳机场举办为期30天的反爆炸行动研修班。邀请20名来自科托卡机场、库玛西机场、塔马力机场的安保人员来华参加爆炸物检测与处理等相关内容培训。⑤

---

① 《李克强在非盟总部演讲 用埃塞谚语赞中非团结》(全文),2014年5月5日,http://www.chinanews.com/gn/2014/05-05/6135352.shtml
② 《李克强在非盟会议中心的演讲(全文)》,2014年5月6日,http://news.xinhuanet.com/world/2014-05/06/c_1110547295.htm
③ 《中国家开发银行与安哥拉财政部签署新一期融资贷款合作协议》,2014年5月14日,http://ao.mofcom.gov.cn/article/sqfb/201405/20140500590705.shtml
④ 《中国港湾工程有限公司向纳米比亚根哥布中学捐款10万纳元》,2014年5月13日,http://na.mofcom.gov.cn/article/jmxw/201405/20140500584860.shtml
⑤ 《中国政府为加纳举办反爆炸行动研修班》,2014年5月17日,http://gh.mofcom.gov.cn/article/jmxw/201405/20140500590552.shtml

5月23日，中国政府向南苏丹政府移交了31个集装箱的人道主义援助物资。

5月28日，中国捐建的联合国朱巴平民保护所工程项目举行竣工移交仪式。

5月30日，中国政府援建的南苏丹朱巴市古德勒烈士小学举行奠基仪式。

6月，广东省向赤道几内亚派出第二十七批医疗队，全队27人，为期2年。

青海省向布隆迪派出第十六批医疗队，全队29人。

6月6日，中乍友谊医院举行病理科成立揭牌仪式。"中乍友谊医院病理科是乍得第一个同类科室，将由中国医疗队员主持，能对肿瘤等重症进行切片化验后分析诊断，以后乍得肿瘤患者再也不用远赴喀麦隆、苏丹进行诊治，将进一步提高医院医疗水平。"[①]

6月11日，中国援助利比里亚竹藤编与蔬菜种植技术项目组向利残疾人和孤儿组织"77小组"捐赠一批竹藤编家具。"竹藤编技术培训是中国有关部门与利青体部合作开展的一项技术援助项目，自2007年以来已培训了500多名青年人，他们中的很多人已实现了自主创业，项目取得了良好效果。此次捐赠的这些家具既是学员们学习成果的展示，同时也是中国援利项目组对利人民、特别是利残疾人和孤儿的一份心意。"[②]

6月12日，中国和厄立特里亚在阿斯马拉签署《关于中国向厄立特里亚提供优惠贷款的框架协议》，此笔贷款主要用于厄国家电厂扩建项目。[③]

6月21日，中国援厄立特里亚中非友好小学移交仪式在阿斯马拉隆重举行。"中非友好小学由南昌对外工程总公司承建，2013年6月20日开工，2014年6月20日竣工，工程通过了中厄双方的联合验收。厄方对中国援建小学的施工质量、施工进度、完善设施赞不绝口，对施工单位南昌对外工程总公司在施工组织管理、培训当地工人以及解决当地就业

[①] 《中乍友谊医院举行病理科成立揭牌仪式》，2014年6月7日，http://tchad.mofcom.gov.cn/article/jmxw/201406/20140600616077.shtml

[②] 《中国援利项目组向利残疾人组织捐赠竹藤编家具》http://lr.china-embassy.org/chn/sghdhzxxx/t1165103.htm

[③] 《中厄签署优惠贷款框架协议》，2014年6月16日，http://er.mofcom.gov.cn/article/jmxw/201406/20140600626467.shtml

等方面所做的努力给予了高度评价。厄驻华大使也深有感触的说："'没有想到在厄特也能看到如此美丽而又现代化的小学，作为厄驻华大使深感骄傲和自豪'。"①

6月23日，中非民间商会向坦桑尼亚警察总署捐赠50辆警用摩托车举办交接仪式。②

6月25日，中国和几内亚在科纳克里签署援几总金伯利进程物资的交接证书，该批物资包括办公、通讯和钻石检测设备及交通工具，将全部用于几内亚金伯利进程机构。

6月26日，中国政府援坦桑尼亚电视转播车举办交接仪式。③

7月，华为公司在阿布贾宣布，与纳尔逊·曼德拉学院合作，投入53万美元，支持非洲高科技人才培养。这笔资金中将有约3万美元用于在纳尔逊·曼德拉学院下属的非洲科技大学启动"华为信息与通信技术奖学金"，为该校计算机科学与工程硕士研究生提供科研经费。华为公司还将向纳尔逊·曼德拉学院赠送价值50万美元的通信设备，协助其在非洲建立科研实验室。此外，设在阿布贾的华为西部非洲通信技术培训中心也将对学生开放，鼓励他们将理论与实践相结合，提高科研水平。④

7月2日，圆满完成援赤道几内亚医疗任务即将回国的第26批中国医疗队27名队员在马拉博总统府接受赤几政府表彰，赤几总统奥比昂亲自为每位队员颁发勋章与荣誉证书。

7月3日，由中国路桥工程有限责任公司全额资助的首批11名赤道几内亚留学生毕业典礼在湖南长沙理工大学举行。"这批留学生是中国中央企业与国内重点高校合作培养的首批接受正规大学本科教育并取得学士学位的赤几留学生，也是中国校企合作助力非洲人才培养的新尝试。路桥公司与赤几政府于2009年签署留学生培养协议，从赤几引进优秀的青年学生前往长沙理工大学进行为期五年的大学学习，并全额负担所有

---

① 《援厄中非友好小学移交仪式在阿斯马拉隆重举行》，2014年6月24日，http://er.mofcom.gov.cn/article/jmxw/201406/20140600637840.shtml

② 《李金早副部长陪同李源潮副主席出席摩托车捐赠仪式》，2014年6月27日，http://tz.mofcom.gov.cn/article/jmxw/201407/20140700646860.shtml

③ 《李金早副部长参加中国援坦桑尼亚电视转播车交接仪式并剪彩》，2014年6月28日，http://tz.mofcom.gov.cn/article/jmxw/201407/20140700647106.shtml

④ 《华为资助非洲高科技人才培养》，2014年7月20日，http://news.xinhuanet.com/2014-07/20/c_1111701304.htm

费用。"①

7月8日，中国援布隆迪消防物资在布琼布拉举行交接仪式。"此批物资包括6辆消防车以及10000米镀锌钢瓦。此批物资运抵布琼布拉恰逢其时，有助于增强布隆迪的消防抗灾能力。"②

中国向科特迪瓦红十字会主席交付由中方出资修复的阿加梅区医疗卫生站。

中国驻苏丹使馆在"中非民间友好行动"框架下，向苏丹妇女总联盟捐赠了数十台电脑和打印机等办公及培训设备。

7月10日，中国援助赞比亚学校物资项目在赞首都卢萨卡举行交接仪式。③

7月11日，中国政府发布《中国的对外援助（2014）》白皮书，这是中国颁布的第二份此类白皮书。④

中国援科摩罗医院项目对外移交仪式在昂如昂岛援建医院内正式举行。"为表达感激之情，科方将该院命名为'科中友谊医院'。科中友谊医院不仅科室齐全，配备先进，拥有螺旋CT、彩超、X光机和化验等设备，同时安装了科摩罗第一部电梯，必将极大程度地解决科民众赴国外就医的难题。""该院建筑面积为7200平米，可容106张床位，配备先进的诊疗设备，可满足当地民众看病需求，以至服务全国。"⑤

中国和喀麦隆在雅温得签署中国援喀医疗设备项目交接证书。

7月12日，中国援南苏丹伦拜克基尔·马亚尔迪特妇女医院在湖泊州首府伦拜克举行正式开诊仪式。"该项目为中国援助医院，由中国江西国际经济技术合作公司承建，2013年11月竣工，同年12月10日正式对外移交。该医院占地约32000平方米，总建筑面积约3700平方米，是南

---

① 《中国校企合作培养的首批赤道几内亚留学生毕业》，2014年7月24日，http://gq.chineseembassy.org/chn/xwdt/t1177603.htm

② 《我援布隆迪消防物资举行交接仪式》，2014年7月11日，http://news.eastday.com/eastday/13news/auto/news/china/u7ai1986540_K4.html

③ 《援赞学校物资项目举行交接仪式》，2014年7月16日，http://zm.mofcom.gov.cn/article/jmxw/201407/20140700664301.shtml

④ 内容参见：http://www.scio.gov.cn/zfbps/ndhf/2014/document/1375013/1375013_3.htm

⑤ 《援科医院项目举行交接仪式》，2014年7月21日，http://km.mofcom.gov.cn/article/jmxw/201407/20140700668831.shtml

苏丹目前设施最齐全、设备最先进的医疗设施之一。"①

7月21日,中国援助乍得新能源节能产品交接仪式在乍石油、矿业和能源部举行。

7月22日,山东省向塞舌尔派出第十五批医疗队,全队6人。

7月24日,中国援吉布提哈桑·古莱德体育场维修项目交接证书签字仪式在吉举行。该项目由中国江西国际负责承建。10月19日,在哈桑·古莱德体育场举行的启用庆典上,吉总理卡米勒高度赞扬了江西国际经济技术合作公司的施工质量和进度,并称该项目为"中吉友谊的重要象征"。②

中国和几内亚比绍签署援几比司法大楼项目施工合同。"该项目于10月30日开工建设,工期2年。根据合同,中国政府将为几比援建司法大楼。该项目位于祖国解放战士大道,安哥拉使馆旁。占地面积为98550平方米,建筑面积约6650平方米。"③ "项目包括最高法院、最高检察院、审计法院、行政法院以及审判楼五部分。其中最高法院、最高检察院为地上四层,建筑面积均为 $1800.5m^2$;行政法院、审计法院为地上四层,建筑面积均为 $1202.63m^2$;审判楼为地上一层,建筑面积 $800.86m^2$ 。2016年1月16日,项目通过内部竣工验收。"④

埃塞俄比亚亚的斯亚贝巴市教育局局长迪拉姆奥特拉与江苏国际有限公司负责人签订中国援埃塞两所中非友好小学项目对外施工合同。这一项目是中非合作论坛第四届部长级会议发布的中非务实合作新8项举措之一,是继2009年中国在埃塞援建3所小学校后在教育领域的又一援助项目,建成后将解决亚的斯亚贝巴宝利区和立法斯克区教育资源短缺

---

① 《援南苏丹伦拜克基尔·马亚尔迪特妇女医院开业》,2015年10月26日,http://yws.mofcom.gov.cn/article/b/201510/20151001146551.shtml

② 《中国驻吉布提大使符华强出席中国援吉体育场维修项目交接证书签字仪式》,2014年7月26日,http://dj.mofcom.gov.cn/article/jmxw/201407/20140700675322.shtml;《中国援吉布提哈桑·古莱德体育场启用庆典在吉隆重举行》,2012年10月20日,http://dj.mofcom.gov.cn/article/jmxw/201410/20141000772988.shtml

③ 《援几比国家司法大楼项目举行开工仪式》,2014年10月30日,http://gw.mofcom.gov.cn/article/jmxw/201411/20141100781187.shtml

④ 《中国帮助几比设计建设的司法大楼项目照片》,2016年1月16日,http://gw.mofcom.gov.cn/article/todayheader/201601/20160101235827.shtml

问题，为当地居民提供便利。① 援建的两所小学，一所位于宝利区，另一所位于立法斯克区，建筑面积相同，包括教学楼及配套消防水池、水泵房、发电机房和门卫。教学楼建筑面积 4128.7m²；水泵房及发电机房建筑面积 105.3m²；门卫建筑面积 9m²。每所学校可容纳学生约 1200 人。经过 19 个月的努力，于 2015 年 4 月 27 日顺利通过了商务部国际经济合作事务局组织的竣工验收，提前两个月移交给埃方使用。② 2015 年 5 月 28 日，中非友好小学正式移交。③

7 月 25 日，中国驻津巴布韦使馆在津西马省文巴地区举行向当地民众捐赠水泵及提供奖学金仪式。"此次使馆捐赠了 40 台水泵及足球等体育用品，并宣布华联会将每年向当地小学提供 5000 美元奖学金。"④

8 月 5 日，中国政府援建加纳太阳能路灯项目移交证书签字仪式在加纳能源部举行。"由于阿克拉该项目建设路段长期缺少路灯照明，给当地居民出行带来不便，有些路段由于缺乏照明导致夜间治安案件频发。中国援建加纳太阳能路灯项目于 2013 年 9 月 20 日开工，2014 年 5 月 30 日竣工并投入使用。该项目共建设了 275 盏太阳能路灯，采用高效的 LED 照明技术，可全自动工作，为总长共约 9 公里的路段提供照明，大大改善了道路的夜间安全状况。采用了太阳能发电储能设备和高效 LED 照明等高技术，尤其适用于加纳这种电力缺乏但光照充足的国家。"⑤

8 月 7 日，中国政府决定向埃博拉疫情严重的利比里亚、塞拉利昂、几内亚等西非国家提供总价值 3000 万元人民币的紧急人道主义物资援助。

8 月 8 日，中国援布隆迪布琼布拉职业技术学校项目举行交接仪式。援布职业技术学校项目系北京城建集团承建，于 2012 年 12 月 10 日开工，2014 年 6 月 9 日竣工。作为落实 2009 年中非合作论坛第四届部长级会议提出的"新八项"举措的项目之一，中国援布职业技术学校包括多

---

① 《埃塞政府举行援埃塞两所中非友好小学项目对外施工合同签约仪式》，2013 年 7 月 24 日，http://et.mofcom.gov.cn/article/jmxw/201307/20130700212385.shtml

② 《中国联合监理的援埃塞俄比亚中非友好小学举行交接仪式》，2015 年 9 月 6 日，http://www.sinomach.com.cn/xwzx/zgsdt/2015_zgsdt/201509/t20150906_62620.html

③ 《中国援建埃塞俄比亚中非友好小学正式移交》，2015 年 5 月 28 日，http://news.eastday.com/eastday/13news/auto/news/world/u7ai4026913_K4.html

④ 《驻津大使林琳出席水泵捐赠仪式》，2014 年 7 月 30 日，http://www.chinaembassy.org.zw/chn/xwdt/t1178963.htm

⑤ 《援加纳太阳能路灯项目移交证书正式签署》，2014 年 8 月 7 日，http://gh.mofcom.gov.cn/article/jmxw/201408/20140800688647.shtml

功能厅、教学楼、办公楼、培训车间等 12 座建筑,配有 26 间教室、图书馆和计算机房,能容纳机械自动化、旅游和酒店管理、农产品及食品加工、信息技术等 4 个专业的 480—500 名学生和 28 名教师同时上课,建筑面积 5736.4 平方米。① 在学校交接后,中国还将为其提供 80 万美元资金用于购置所需设备。布隆迪政府将学校定位成示范性职教中心和实训基地。②

8 月 9 日,中国决定派出 3 个公共卫生专家组分别前往几内亚、利比里亚、塞拉利昂三国,对当地防控埃博拉疫情进行技术援助。这是中国首次以公共卫生专家组的形式对外援助。

中国驻刚果(金)使馆和援刚医疗队联合举办埃博拉出血热专题讲座。

8 月 10 日,国家主席习近平分别致电几内亚总统阿尔法·孔戴、塞拉利昂总统欧内斯特·巴伊·科罗马、利比里亚总统埃伦·约翰逊－瑟利夫,对三国近期爆发埃博拉疫情造成重大人员和经济损失表示慰问,并赞赏三国政府全力以赴抗击疫情所做的努力。"习近平表示,中非是患难与共、风雨同舟的好兄弟、好朋友、好伙伴。中国政府和人民不会忘记,每当中国人民遇到困难时,非洲人民都及时伸出援手,给予支持和帮助。值此艰难时刻,中国政府和人民同三国政府和人民站在一起,愿向三国紧急援助一批传染病防治物资,支持三国抗击疫情。习近平强调,面对埃博拉疫情,中方呼吁国际社会积极行动起来,向疫区国家紧急提供援助,携手支援疫区人民共渡难关,战胜疫情,早日恢复正常生产和生活秩序。"③

8 月 11 日,中国向利比里亚运送抗击埃博拉疫情的紧急人道主义援助物资的专机降落在利比里亚首都蒙罗维亚郊区的罗伯茨国际机场。该批救援物资主要包括药品、医疗器械以及卫生防疫用品,将运往利比里

---

① 《中国援布隆迪职业技术学校项目举行交接仪式》,2014 每年 8 月 12 日,http://bi.mofcom.gov.cn/article/jmxw/201408/20140800694808.shtml

② 《中国援建布隆迪现代职业技术学校举行揭牌仪式》,2015 年 2 月 11 日,http://www.gov.cn/xinwen/2015-02/11/content_2817656.htm

③ 《习近平就埃博拉疫情致电几内亚、塞拉利昂、利比里亚三国总统表示慰问》,http://lr.china-embassy.org/chn/sghdhzxxx/t1182154.htm

亚自由港。①

运送援几内亚抗击埃博拉疫情的医疗物资的专机抵达科纳克里机场，双方在机场举行了物资交接仪式。

中国援塞拉利昂抗击埃博拉紧急人道主义物资货运专机顺利抵达塞首都隆吉机场。

埃及的艾因·夏姆斯大学医院举行"中埃消化医学科技合作中心"启动仪式。该中心是"中非消化医疗技术及一体化手术室联合开发"项目组成部分，将利用中方先进诊疗设备进行消化疾病的诊疗示范、技术培训和临床学术交流。②

8月12日，中国赴塞拉利昂公共卫生三人专家组抵塞，将在塞开展为期3天的埃博拉疫病防控工作。

中国向利比里亚提供抗击埃博拉疫情紧急人道主义援助物资举行接收仪式。

中塞（拉利昂）两国政府在塞总统府签署中国援塞抗击埃博拉两批医疗物资和药品、援中塞友谊医院医疗设备和医用物资、援塞抗疟药等4批物资项目的交接证书。塞总统府8月12日发布消息称，中国已向塞拉利昂提供了二批共计约179万美元的抗击埃博拉物资援助。对塞提供抗击埃博拉援助的国际组织和国家主要包括：世行（2亿美元，向西非三国提供）、世卫组织（1亿美元，向西非三国提供）、欧盟（390万欧元，向西非三国提供）、加拿大（141万美元，向西非三国提供）、韩国（50万美元，向西非三国提供）、尼日利亚（10万美元）、德国（5万欧元）、印度（1.3万美元）等，中国在对塞拉利昂实施双边援助的国家中位居前列。

8月12日，"塞拉利昂多家主要报纸对中国援塞抗击埃博拉物资成功运抵进行了报道，中国对塞拉利昂迅速、及时的物资和人员援助受到了塞媒体的普遍赞誉。《Awoko》以醒目消息和图片'中国共同抗击埃博拉'作为头条，全篇幅描述了中国物资运抵的整个过程，并报道了塞外交部、卫生部、交通部等政要对这批物资的感谢与赞许。《Exclusive》在

---

① 《中国抗埃博拉救援物资专机抵达利比里亚》，2014年8月12日，http：//news.xinhuanet.com/world/2014-08/12/c_1112030144.htm

② 《驻埃及使馆临时代办齐前进出席"中埃消化医学科技合作中心"启动仪式》，2014年8月12日，http：//eg.china-embassy.org/chn/zxxx/t1182114.htm

第 2 版和第 12 版先后刊发两篇文章，感谢中国政府习近平主席对西非国家埃博拉疫情的关注，感谢中国在自身遭受云南鲁甸地震时仍然对塞拉利昂提供宝贵的援助。《New Citizen》在头版盛赞中国使用专机运输物资及时、迅速，特别说明这批物资已是中国政府向塞拉利昂提供的第二批紧急物资援助。《Torchlight》刊发文章，大力称赞中国此次物资援助，并将其与美国停止向塞 KENIMA 埃博拉治疗中心热带病研究提供资金援助的行为进行对比，称美国的行为与其在美非峰会上 370 亿美元的对非承诺完全不符。"①

8 月 15 日，中国派驻南苏丹医疗队向其所工作的朱巴教学医院赠送药品及医疗器械，该批捐赠总货值约 40 万元人民币。此批药品器械将在很大程度上改善朱巴教学医院缺乏必要医疗器械和药品的现状，对中国医疗队开展工作也将提供很大帮助。朱巴教学医院院长代表院方接受了该批物资，并对中国政府一直以来对南苏丹政府、人民的无私帮助表示衷心感谢。院长盛赞了中国医疗队的辛勤工作，同时还表示，将尽最大努力为中国医疗队提供更好的工作环境，努力与其配合，提升朱巴教学医院的医疗水平。

8 月 15 日和 10 月 15 日，中国和乍得两国政府就中国给予乍 97% 输华商品免关税待遇签署换文。

8 月 17 日，中国派出的第 24 批援助几内亚医疗队抵达埃博拉疫区，与被埃博拉肆虐的几内亚人民并肩作战，对抗埃博拉。此前，整个西非地区因埃博拉已死亡 1145 人。

8 月 19 日，北京市向几内亚派出第二十四批医疗队，全队 19 人。

喀麦隆地产、地籍和土地事务部与国家社会保险管理局在雅温得签署喀政府部委一号办公大楼移交协议。"该办公楼原为烂尾楼，由国家社会保险管理局出资 147 亿非郎续建并装修，山西建筑工程（集团）总公司中标承建，工期共 3 年，现已竣工并将于 22 日举行竣工仪式。移交后，喀政府将向国家社会保险管理局偿还上述资金。"②

8 月 21 日，中国援赞比亚卡里巴北岸水电站扩机项目举办竣工交接

---

① 《我援塞抗击埃博拉医疗物资和药品、抗疟药、医疗设备等 4 批物资交接证书签署》，2014 年 8 月 15 日，http：//www.mofcom.gov.cn/article/i/jyjl/k/201408/20140800698639.shtml

② 《喀麦隆政府部委一号办公大楼移交协议在雅温得签署》，2014 年 8 月 20 日，http：//cm.mofcom.gov.cn/article/jmxw/201408/20140800704917.shtml

仪式。"赞比亚副总统盖伊·斯科特和赞相关政府部门官员及承建方中国水利水电建设集团十一局和业主方赞国家电力公司有关负责人等参加仪式。卡里巴北岸水电站扩机项目历时5年多,包含两台18万千瓦水轮发电机组。项目融资总额4.21亿美元,其中中国进出口银行为其融资3.15亿美元。"①

8月22日,中国援赞比亚的奇阿瓦大桥项目举办竣工仪式。"奇阿瓦大桥位于赞南部齐龙渡地区,横跨卡富埃河,是连接卢萨卡和下赞比亚的主要通道,也是通往南部非洲的国际交通要道。桥梁全长140m,桥面宽10.4m,造价1115万美元,建设单位为赞比亚国家公路局,投资方为世界银行,承包方为河南国际合作有限公司。"②

8月24日,中国浩远集团在安哥拉注册的中安雷俊建筑有限公司(中安雷俊)资助的30名安哥拉青年赴中国留学欢送仪式在罗安达塔拉多纳酒店举行,这是在安中国民营企业首次赞助安哥拉青年赴华留学。"中安雷俊2007年进入安哥拉市场以来一直积极承担企业的社会责任和回报安哥拉当地社会,与安哥拉交通部共同发起人才培养计划,计划投资200万美元资助30名安哥拉青年赴中国厦门集美大学学习五年。这些安哥拉青年第一年将在厦门接受汉语语言培训,之后四年分别攻读计算机专业或国际贸易专业,他们有望成为安哥拉发展和经济建设的栋梁之才和中安友谊的见证人。"③

8月26日,莫桑比克"中非民间友好行动"打井项目在马普托省莫安巴县举办移交仪式。

8月28日,中国向南苏丹政府移交紧急人道主义救援粮食。此次移交的是中方援南3800吨大米中首批抵南的70个集装箱。

8月29日,中国驻津巴布韦大使馆在哈拉雷省的津格林森林职业培训中心向该中心捐赠54台缝纫机的交接仪式。

9月,来自中国和非洲10个国家的法律界和企业界的代表,在出席"国际投资贸易法律风险及对策——以非洲为视角"的研讨会时,发表

---

① 《柴之京参赞出席卡里巴北岸水电站扩机项目竣工交接仪式》,2014年8月26日,http://zm.mofcom.gov.cn/article/jmxw/201408/20140800711545.shtml

② 《柴之京参赞出席奇阿瓦大桥项目竣工仪式》,2014年8月26日,http://zm.mofcom.gov.cn/article/jmxw/201408/20140800711587.shtml

③ 《中国浩远集团赞助30名安哥拉青年赴华留学》,2014年8月26日,http://ao.mofcom.gov.cn/article/sqfb/201408/20140800711625.shtml

了《在非中国企业社会责任宣言》。

《在非中国企业社会责任宣言》宣誓以下几个方面的内容：

"——自觉遵守当地国家的法律，诚实守信，合法经营，依法纳税，公平竞争，用优质产品和优良服务促进非洲经济发展，造福当地人民。

"——加快企业本地化进程，尽可能吸纳当地居民就业；尊重当地员工的文化差异、地方风俗和民族习惯，保障当地员工安全、健康条件和相应福利待遇。

"——重视绿色低碳发展和生态环境保护，防范工业污染，保护当地环境和自然资源，科学、合理、清洁、高效地开发利用资源、能源，在保护中发展，在发展中保护，为实现非洲国家经济社会的可持续发展做出贡献。

"——授人以鱼更要授人以渔。加强对当地员工的培训，加大技术转让力度，分享技术与管理经验，增强非洲自我发展能力。

"——关注当地民生并积极促进相关产业发展。积极参与和支持当地的基础设施建设，在农田水利、道路交通、信息通讯、金融服务等领域加大投入，惠及当地人民。

"——热心当地的文化教育和医疗卫生事业，积极投身社会公益，协助当地改善学校和医疗设施，提高教育普及率和人民健康水平。"[1]

9月1日，中国驻津巴布韦大使馆在马尼卡兰省向 Makoni West 地区捐赠水泵、课桌椅、运动用品等物资的交接仪式。

中国政府向南苏丹政府移交紧急人道主义药品。这次向南政府移交的是一批南人民急需的抗疟药品和抗生素等药品。

9月4日，中国援助刚果（金）农业示范中心对外交接仪式在金沙萨郊区恩塞莱举行。

9月5日，中国和南苏丹签署中国政府和南苏丹政府经济技术合作协定，中国政府将向南苏丹政府提供新的无偿援助，用于双方商定的项目。

9月8日，联合国开发计划署（UNDP）常驻加纳代表吉塔·韦尔奇与加纳能源委员会执行秘书阿尔弗雷德·奥弗苏在加纳首都阿克拉签署"中国—加纳南南合作可再生能源技术转移项目"协议。"该项目由丹麦

---

[1] 《在非中国企业社会责任宣言》，http://world.people.com.cn/n/2014/0918/c157278-25689368.html

政府出资 272 万美元，为期 4 年，将在 2015—2018 年间由中国科技部向加纳能源委员会提供可再生能源方面的技术支持，如风能、太阳能、沼气能、小水电等，以帮助那些未能接入国家电网的偏远地区家庭切实提高生活质量，帮助该国减少贫困人口、应对气候变化。8 月 19 日，有关各方已在中国北京签署相关总体协议，由丹麦政府出资，联合国开发计划署推动中国向非洲的加纳和赞比亚两国实现可再生能源技术转移，旨在通过一揽子创新项目促进南北南三方合作。"①

9 月 9 日，山西省向喀麦隆派出第十七批医疗队，全队 45 人。

9 月 10 日，中国政府援助厄立特里亚科学学院项目开工仪式在厄首都阿斯马拉隆重举行。科学学院项目对于厄高等教育和经济建设具有十分重要的意义。援厄科学学院项目由中国土木工程集团有限公司承建，项目位于阿斯马拉西南 25 公里的麦那菲镇，总建筑面积 18000 平方米，包括行政楼、图书馆、教学楼和实验楼等。②

9 月 11 日，科特迪瓦红十字会在阿比让大区阿加美市举行儿童中心学校竣工交接仪式。阿加美儿童中心学校是中国"中非民间友好行动"继科霍戈辅助营养中心和阿加美卫生站后，在科实施的第三个项目。该学校始建于 1975 年，包括小学和幼儿园，因自然折旧及科选后危机破坏，各种设施严重损毁。在中方支持下，7 月 8 日起当地红十字会开始修缮校舍。科霍戈辅助营养中心和阿加美卫生中心是"中非民间友好行动"在科实施的第一个和第二个项目。③

中国援乍得妇女培训中心项目交接证书签字仪式在乍首都恩贾梅纳举行。

驻阿尔及利亚使馆向阿红新月会捐赠轮椅、康复垫等医疗器材仪式在红新月会总部举行。

9 月 17 日，中国政府新增派遣 59 名队员抵达塞拉利昂，开展埃博拉检测工作，高福任检测队负责人。至此，中国共派遣了 174 名医护人员参与西非的埃博拉防控。中国医疗援助人员的派遣会随着疫情国家情况

---

① 《中国—加纳南南合作可再生能源技术转移项目"协议在加签署》，2014 年 9 月 10 日，http://gh.mofcom.gov.cn/article/jmxw/201409/20140900725196.shtml

② 《援厄科学学院工程开工仪式在阿斯马拉隆重举行》，2014 年 9 月 10 日，http://er.mofcom.gov.cn/article/jmxw/201409/20140900726387.shtml

③ 《张国庆大使出席阿加美儿童中心学校修缮工程竣工交接仪式》，2014 年 9 月 12 日，http://ci.chineseembassy.org/chn/zxyw/t1190797.htm

的变化和控制疫情的需要做出调整。"考虑到塞拉利昂每天都有几十名新增的感染病例,塞拉利昂非常需要检测专家和医护人员,为此,此次59名医护人员中有29名是来自中国疾病预防控制中心实验室的技术人员,还有30名医生和护士来自中国人民解放军302医院,他们将在塞拉利昂工作半年,并全部部署在塞拉利昂—中国友好医院,医院将建立一个留观中心。"①

中国援贝宁抗疟药品移交仪式在贝宁卫生部举行。

9月18日,华为公司联合ZAIN以及联合国教科文组织,向朱巴科技中学捐赠了一批电脑设备,以帮助其学生更好地学习,该校电教室也由此建成。②

9月18日,国家主席习近平在印度新德里宣布,中国政府将再次向国际社会抗击埃博拉疫情提供新一轮价值2亿元的人道主义紧急援助。"这笔援助主要为支持利比里亚、塞拉利昂、几内亚等国抗击埃博拉疫情,帮助疫区周边国家加强防疫能力建设,支持有关国际地区组织在抗疫斗争中继续发挥领导和协调作用,中国政府决定在此前提供两批援助的基础上,再次向上述国家提供金额为2亿元人民币紧急现汇、粮食和物资援助,向世界卫生组织和非盟各提供200万美元现汇援助。"③

9月18日,中国驻赞比亚大使杨优明赴卢萨卡肯尼思·卡翁达机场出席中国航空技术国际控股有限公司(中航国际)预防埃博拉红外测温仪捐赠仪式。中航国际捐赠的两台红外测温仪有助于赞比亚机场做好国际旅客的边境检疫和排查,限制埃博拉病毒感染者入境。④

9月21日,中国驻赞比亚使馆经济商务参赞柴之京出席海格客车(赞比亚)有限公司向卢萨卡Embassy警察局捐赠一辆海格四驱皮卡的交车仪式并讲话。⑤

9月22日,中国政府援贝宁政府防控埃博拉物资政府换文在科托努

---

① 倪涛:《抗击埃博拉,中国医疗队再出发》,《人民日报》2014年9月18日。
② 南苏丹《公民报》(《CITIZEN》,2014年9月6日,http://nsd.mofcom.gov.cn/article/jmxw/201409/20140900736083.shtml。
③ "习近平宣布中国政府将再次向国际社会抗击埃博拉疫情提供援助",2014年09月18日,http://news.xinhuanet.com/2014-09/18/c_1112538295.htm。
④ 《杨优明大使出席预防埃博拉红外测温仪捐赠仪式》,2014年9月24日,http://zm.mofcom.gov.cn/article/jmxw/201409/20140900742153.shtml。
⑤ 《柴之京参赞参加海格公司捐赠仪式》,2014年9月25日,http://zm.mofcom.gov.cn/article/jmxw/201409/20140900744113.shtml。

举行签字仪式。"贝宁外长代表亚伊总统出席并发表讲话,对作为第一个向贝宁政府无偿提供埃博拉防控物资的中国政府和人民表示最诚挚的感谢! 他表示,中国政府提供的埃博拉防控物资将大大提升贝宁防控埃博拉疾病的水平和能力,对贝宁的经济发展和社会稳定提供强大的动力,再一次体现了中贝兄弟加朋友的友好合作情谊。"①

南苏丹举行中国政府援南大米分发仪式。南冲突爆发后,中国率先并持续向南苏丹提供了药品、粮食、帐篷等人道主义援助物资和款项。"在南救灾委的有力组织下,此次在首都朱巴 Mahad、Gumbo、Lologo 三个地点举行大米分发仪式,同时将各有 5000 袋大米空投到南北部的马拉卡勒、本提乌和博尔等饥荒地区,保证这些大米将尽快发放到每一个难民手中。"②

9月23日,中国驻苏丹使馆、比尔特瓦苏慈善组织共同举办向苏灾民捐助抗洪救灾物资交接仪式。

9月24日,中国政府向加蓬卫生部捐赠医疗物资交接仪式在中加友谊医院举行。

中国援赤道几内亚第 27 批医疗队眼科医生张剑利在没有显微镜的情况下顺利完成二例眼科手术。张剑利是来自广东省廉江市人民医院的眼科医生,2014 年 6 月下旬随医疗队来赤几工作,被分配到巴塔分队。医疗队工作所在的医院是巴塔市国立医院,虽然这所医院在当地也算是一家有名的大医院,但条件简陋、仪器设备陈旧落后。中国援外医生在日常工作中经常需要克服许多国内同行难以想象的困难。③

中国向利比里亚提供抗击埃博拉疫情新援助换文签字仪式在利总统府举行。"中国国家主席习近平高度关注西非疫情,心系疫区朋友,9月18日在印度访问期间宣布,为支持利比里亚、塞拉利昂、几内亚等国抗击埃博拉疫情,中国政府决定在此前提供两批援助的基础上,再次向上述国家提供金额为 2 亿元人民币紧急现汇、粮食和物资援助,其中将向利比里亚提供 100 万美元现汇援助和 200 万美元粮食援助,并向世界卫

---

① 《中国援贝宁防控埃博拉物资举行政府换文签字仪式》,2014 年 9 月 23 日,http://bj.mofcom.gov.cn/article/ddfg/201409/20140900740843.shtml
② 《马强大出席中国政府援南大米分发仪式》,2014 年 9 月 22 日,http://ss.chineseembassy.org/chn/sbwl/t1194392.htm
③ 《湛江援非医疗队已救助 312 人次》,2014 年 8 月 23 日,http://culture.gmw.cn/newspaper/2014-08/23/content_100152852.htm

生组织和非盟各提供200万美元现汇援助。"

"在2014年3月疫情伊始，就先后向利方提供2万美元现汇和价值100万人民币的医疗物资。上个月，中国政府又率先响应世卫组织和利比里亚等国呼吁，通过包机向利等疫区国家提供价值3000万人民币紧急人道主义援助物资并派遣医疗专家组赴疫区国家协助抗疫，中国医疗队也都坚守岗位。中国使馆和中资企业也积极资助利有关政府部门、非政府组织和社区，提供抗疫物资，鼓励他们到社区进行防疫宣传和指导。根据中方抗击非典经验，增强民众防疫意识并采取防范措施与建立健全卫生体系对抗疫同等重要。通过防治并举，就能尽快阻断传播链条。"①

9月26日，中塞（拉利昂）友好医院留观检测中心举行启用仪式。

中国和刚果（金）签署援刚埃博拉防控救治物资的换文。"非洲埃博拉疫情的加剧蔓延引起国际社会的高度关注，中国高度关注非洲国家埃博拉疫情，在第一时间向有关国家提供了紧急援助，并派遣医护人员帮助非洲国家抗击埃博拉。为支持西非等疫区国家抗击埃博拉疫情，帮助疫区周边国家加强防疫能力建设，支持有关国际地区组织在抗疫斗争中继续发挥领导和协调作用，中国政府决定向上述国家和组织提供金额为2亿元人民币的现汇、粮食和物资援助。其中大部分将提供给有关国家，同时，中方还向世界卫生组织和非盟各提供200万美元现汇援助。4月和8月，中方先后向西非疫区国家提供了两批总额为3400万元人民币的援助。中方还派遣了100余名医疗专家赴有关国家协助防疫工作，并要求驻疫区国家医疗队坚持工作。9月18日，习近平主席宣布了新一轮总额为2亿元人民币的一揽子援助计划，显示了中国的国际责任和中非患难真情。刚赤道省博恩代县出现疫情后，刚政府向国际社会发出了援助请求，中国是第一个积极回应并提供切实帮助的国家。为协助刚政府和人民抗击疫情，中国政府此前已向刚派出三名医疗专家。此次又决定向刚援助一批价值500万元人民币的防护救治物资。"②

9月27日，中国承建的由中国进出口银行提供1.44亿美元贷款实施的津巴布韦哈拉雷水处理项目启动。"该项目由中国机械设备工程有限公

---

① 《利比里亚总统瑟利夫出席中国向利提供抗击埃博拉疫情新援助换文签字仪式》ht-tp://lr.china-embassy.org/chn/sghdhzxxx/t1194507.htm

② 《驻刚果（金）大使王英武与刚方签署援刚埃博拉防控救治物资的换文》，2014年9月27日，http://cd.chineseembassy.org/chn/xwdt/t1195677.htm

司实施,解决备受哈拉雷居民抱怨的供水不足和水输送网络老化的问题。哈拉雷目前通过爱德华王子和诺顿水厂每天生产450万升水,其中100万升水因管道破旧而泄漏,但居民每天需要900万升水,且由于天气变热,9月需求已上升到1200—1500万升,目前的供应量远不能满足正常需求。项目实施后,爱德华王子和莫顿水厂预计每天将生产705万升水。"①

9月29日,中国援马里防控埃博拉疫情物资换文签字仪式在马里首都巴马科举行。

中国和马里在马卫生部签署中国政府向马提供防控埃博拉疫情援助物资的换文。

9月30日,《多哥新闻报》头版刊登了标题为《中国支持多哥抗击埃博拉》的文章。中国驻多哥大使刘豫锡和多哥总理阿胡梅·祖努分别代表两国政府签订医疗援助协定,商定中国政府向多哥提供一批防控埃博拉物资,总额达4.2亿非郎(合500万人民币)。②

10月1日,中国政府援助贝宁职业技术学校和太阳能示范项目在贝宁卡拉维市举行交接仪式。

10月2日,中国援吉布提"光明行"项目启动。该项目旨在派遣眼科专家组,为当地约500名白内障患者实施手术,并进行现场手术示范和培训。

10月6日,中国驻索马里使馆向索外交与投资促进部捐赠一批办公设备,这批办公设备包括电脑、打印机、墨盒、不间断电源等。

10月7日,中国政府为帮助几内亚政府抗击埃博拉疫情向几提供新一批援助举办换文签字仪式。"几国际合作部长穆斯塔法·萨诺,社会行动、妇女和儿童促进部长卡马拉·萨那巴·卡巴参加并表示,中国在几人民抗击埃博拉疫情的困难时刻及时伸出援手,充分展现出中国人民对几人民的深厚情谊。中国的援助覆盖资金、医疗物资、食品等各个方面,正是几人民迫切需要的,可谓'雪中送炭',将有力助几抗击疫情。几

---

① 《中国承建哈拉雷水处理项目启动》,2013年9月27日,http://china.huanqiu.com/News/mofcom/2013-09/4402909.html

② 《中国向多哥提供防控埃博拉物资》,2014年10月13日,http://tg.mofcom.gov.cn/article/jmxw/201410/20141000754162.shtml

政府将妥善管理和使用有关援助，保证物尽其用。"①

10月8日和9日，中国和塞拉利昂在塞首都弗里敦签署中国向塞提供无偿援助的换文。该笔无偿援助是中国帮助塞应对埃博拉疫情的一部分，将通过联合国世界粮食计划署采购粮食、食品等物资，运送至塞拉利昂，帮助受埃博拉影响的民众。

10月11日，中国援突尼斯养虾示范中心项目在项目地举行落成仪式。"中国养虾示范中心项目由广东农林牧渔国际公司承办，位于突东南部马赫迪亚省，占地面积约4000平米，预计明年初正式投产。"②

坦赞铁路15期技术合作项下项目变更换文签署仪式在达市客运站举行。"根据该换文内容，双方同意将15期技术合作项下的大修42辆客车项目变更为提供18辆新客车。该项目的实施将有效改善坦赞铁路现有的客运车厢条件，提高铁路客运服务质量。"③

10月14日，中国援助纳米比亚欧姆西亚医院医疗设备和医用物资及浙江省捐赠的救护车在纳卫生部举行交接仪式。

中国援厄立特里亚奥罗特医院维修扩建项目竣工移交仪式在阿斯马拉隆重举行。"援厄奥罗特医院维修扩建项目由天津国际经济技术合作集团公司承建，历时三年，于今年9月竣工。工程包括对医院进行全面维修，新建心脏手术楼、氧气站、泵房、救护车停车棚、病人等候区，以及提供一批医疗设备等。工程通过了中厄双方的联合验收。"④

10月15日，中国援南苏丹朱巴市太阳能交通信号灯项目开工仪式举行。"该项目为在朱巴市15个交通路口和环岛设立太阳能交通信号灯。南苏丹此前无交通信号灯，该项目将填补当地设施空白。"⑤

10月19日，中国援吉布提哈桑·古莱德体育场维修项目举行对外移交仪式。"古莱德体育场建于1994年，是中国最早的援吉项目之一。

---

① 《中国政府向几内亚提供抗击疫情新援助》，2014年10月7日，http://gn.mofcom.gov.cn/article/jmxw/201410/20141000760423.shtml
② 《援突尼斯对虾养殖中心项目举办落成仪式》，2014年10月22日，http://www.mofcom.gov.cn/article/shangwubangzhu/201410/20141000768119.shtml
③ 《坦赞铁路15期技术合作项下项目变更换文签署仪式在达市客运站举行》，2014年10月15日，http://tz.mofcom.gov.cn/article/jmxw/201410/20141000759889.shtml
④ 《援厄奥罗特医院维修扩建项目竣工移交仪式在阿斯马拉隆重举行》，2014年10月15日，http://er.mofcom.gov.cn/article/jmxw/201410/20141000760608.shtml
⑤ 《中国援南苏丹太阳能交通信号灯项目举行开工仪式》，2014年10月29日，http://yws.mofcom.gov.cn/article/b/201510/20151001150472.shtml

为进一步促进吉青年体育事业发展、丰富民众文体生活,中国公司对体育场进行维修。"①

10月20日,广西区向尼日尔派出第十八批医疗队,全队37人,为期2年。

10月21日,中国政府援助赤道几内亚政府的4套太阳能电池项目举行了正式交接仪式。

10月22日,中国援乍得太阳能示范项目交接证书签字仪式在乍首都恩贾梅纳市政厅举行。

10月22日和27日,中国和乍得就中国向乍赠送非盟峰会物资签署换文。

10月24日,中国援马拉维巧乐中学二期项目举行交接仪式。"巧乐中学二期为中国政府无偿援助项目,于2014年3月26日开工,2014年9月5日竣工。马拉维科技大学为中国政府优惠贷款项目,于2013年12月13日移交马方。"②

考虑到当前埃博拉疫情发展和疫区国家需要,中国政府决定启动第4轮紧急援助。"中国再向利比里亚、塞拉利昂、几内亚3国和有关国际组织提供总价值为5亿元人民币的急需物资和现汇援助,派出更多中国防疫专家和医护人员,并为利比里亚援建一个治疗中心。"③

"中方将启动中非公共卫生合作计划,一是在2015年内为疫区3国、非盟、西共体举办12期公共卫生和疫情防控培训班;二是整合中方在非洲援建医院、抗疟中心、检测实验室和医疗队资源,开展中非热带病联合研究;三是帮助非洲国家建设公共卫生信息平台和流行病防控监测网络。

在国际合作方面,中方加强同联合国、世界卫生组织的沟通协调,参与联合国全球应对埃博拉联盟核心小组定期会议,派员出任联合国应对埃博拉特派团高级官员,并在充分尊重受援国意愿前提下,同美国、法国、英国等有关国家在疫情分析、人员培训、检测治疗、信息共享等

---

① 《中国驻吉布提大使符华强出席我援吉体育场维修项目交接证书签字仪式》,2014年7月26日,http://finance.ifeng.com/a/20140726/12802641_0.shtml

② 《张清洋大使出席巧乐中学二期项目交接仪式及马拉维科技大学开学典礼》,2014年10月25日,http://malawi.mofcom.gov.cn/article/todayheader/201410/20141000773117.shtml

③ 《习近平宣布中国政府将向西非国家抗击埃博拉疫情提供第4轮援助》,2014年10月24日,http://www.gov.cn/xinwen/2014-10/24/content_2770424.htm

领域开展合作。中方还将向联合国应对埃博拉疫情多方信托基金捐款600万美元，以支持联合国应对埃博拉特派团的工作。"①

10月25日，中国援刚果（金）金沙萨圣保罗复合小学校舍修缮工程竣工仪式在刚举行。2009年，中国政府援建了这所小学，并一直关心这个学校的情况。"中国企业和侨民关注并支持刚经济、社会、民生和教育发展，积极履行社会责任，不仅提供资金和技术支持，还捐赠了大量学习用品。"为了改善学校的教学条件，在"中非民间友好行动"框架内，中方出资通过 GIADEBA 协会为圣保罗复合小学校舍进行修缮。②

10月28日，塞拉利昂总统科罗马盛赞中国为塞抗击埃博拉所提供的多项援助。"科罗马总统说，中国是特别的朋友，早在今年5月爆发埃博拉疫情前，中国就提供了援助。后来又陆续提供了人员、设备、实验室和食品等各项援助。特别是为塞建设永久性热带病实验室，将有利于地区性热带病控制中心的建立，而这将对塞拉利昂和西非地区公共卫生体系的完善起到关键的作用。"③

10月29日，中国政府紧急援助加纳抗击埃博拉物资运抵加纳首都阿克拉。"该批物资包括防护服、体温测量仪等防护物品，总价值500万元人民币，主要用于增强加纳防护能力，降低埃博拉疫情输入风险。"④

10月30日，中国政府援贝宁埃博拉疫情防控物资交接仪式在贝宁科托努国际机场举行。

10月31日，中国援非埃博拉防护救治物资大型包机（航班号为VDZ2496）抵达比绍奥斯瓦尔多维埃拉国际机场。"这批物资体积约79立方米，重量约9700公斤，共计1052个货箱。这是中国2014年第二次向几比提供埃博防护救治物资（中国2014年第一次援助时间为5月22日）。这批援助物资包括17000套防护服、17000个口罩、17000付一次性灭菌橡胶手套、17000双靴套、17000副防护眼镜、200个温度计、200

---

① 《习近平宣布中国政府将向西非国家抗击埃博拉疫情提供第4轮援助》，2014年10月30日，http：//na.chineseembassy.org/chn/sgxw/t1205687.htm

② 《中国援建小学公益修缮工程竣工仪式在金沙萨举行》，2014年10月28日，http：//cd.chineseembassy.org/chn/xwdt/t1204799.htm

③ 《塞拉利昂总统盛赞中国援助》，2014年10月31日，http：//www.mofcom.gov.cn/article/i/jyjl/k/201410/20141000779278.shtml

④ 《中国政府紧急援助加纳500万元人民币抗击埃博拉物资运抵首都阿克拉》，2014年10月30日，http：//gh.mofcom.gov.cn/article/jmxw/201410/20141000779155.shtml

个喷雾器、5 部体温检测仪、3000 个尸体袋等。"①

中国政府紧急援助科特迪瓦的一批价值 500 万元人民币（含运保费）的防控埃博拉物资运抵阿比让。

11 月 1 日，中国政府紧急援助多哥的一批价值 500 万元人民币的防控埃博拉物资由专用货运包机运抵洛美。"本次援助物资主要包括防护服、防护眼镜、体温检测仪、紫外线消毒灯等，将有助于多哥政府进一步加强埃博拉病毒一线防控工作。"②

11 月 3 日，"中地海外汉盛马里公司教育物资捐赠仪式"在 Mamadou Konate 小学操场隆重举行。"中地海外汉盛公司此次向 Mamadou Konate、Nelson Mandela、Doumanzana 3 所学校的一至三年级学生捐助了包含书包、文具、篮球、足球在内的总金额约 2400 万西非郎（约合 30 万元人民币）的学习和文体用品。"③

贝宁农业部与中农发国际农业合作开发有限公司签署援贝农业技术示范中心二期合作协议。援贝宁农业示范中心自 2009 年开始建设以来，就成为中国援非农业示范中心项目中"第一个开工建设、第一个竣工并第一个开始技术合作"的项目。援贝农业示范中心建成以来开展的试验研究、技术培训和示范推广等工作，这一系列活动加深了贝中两国农业领域经验交流。二期合作协议的签署标志着农业中心运营进入自主运营、自负盈亏的新阶段，贝农业部表示全力支持中心运营，使二期合作取得更大成功。④

11 月 6 日，纳米比亚首都温得和克举行中国援纳中学项目的开工仪式。

11 月 7 日，中国和南非签署两国核能合作的政府间框架协议。⑤

11 月 8 日，南苏丹副总统瓦尼出席了中兴公司捐建的亚帕（YAPA）

---

① 《中国援助几比第二批抗埃博拉物资到达几比》，2014 年 11 月 2 日，http://gw.mofcom.gov.cn/article/jmxw/201411/20141100781555.shtml

② 《中国政府紧急援助多哥防控埃博拉疫情物资运抵洛美》，2014 年 11 月 7 日，http://www.mofcom.gov.cn/article/i/jyjl/k/201411/20141100789378.shtml

③ 《关爱马里未来，巩固中马友谊》中地海外汉盛马里公司向当地三所小学捐赠教育物资》，2014 年 11 月 11 日，http://ml.mofcom.gov.cn/article/jmxw/201411/20141100791436.shtml

④ 《贝宁农业部与中农发集团签署援贝农业技术示范中心》，2014 年 11 月 5 日，http://www.fmprc.gov.cn/ce/cebenin/chn/zbgx/t1207386.htm

⑤ 《南非与中国签署核能合作协议》，2014 年 11 月 17 日，http://za.mofcom.gov.cn/article/jmxw/201411/20141100799246.shtml

中学学生宿舍落成仪式,盛赞中兴公司在南积极履行其社会责任,并呼吁中兴及其他合作伙伴帮助南提高教育水平和条件。

中国政府向马里援赠防控埃博拉物资交接仪式在马总理府举行。

11月9日,华为公司向苏丹的亚帕(YAPA)中学捐赠了一批文体用具,包括笔记本、铅笔、T恤衫、羽毛球拍、足球等。南苏丹副总统瓦尼和华为苏丹片区总经理段爱国参观了YAPA中学,YAPA中学校长代表学校接受了捐赠。①

2014年11月9日到2015年3月19日,中国公共卫生培训队在塞拉利昂共开展了三期公共卫生培训,先后培训学员6000多名,覆盖6个疫情重点地区,受训人群包括基层卫生工作者、社区领袖、宗教人士、军警、农会代表和教师等。②

11月10日,中国和毛里塔尼亚签署中国从2015年开始给予毛塔97%输华产品以零关税待遇的换文。

中国驻津巴布韦大使林琳前往哈拉雷庆典中心孤儿院看望孤儿,并代表使馆向孤儿院捐赠1万美元。"孤儿院距离哈拉雷市中心约60公里,地理位置较偏。此次捐赠是今年7月津巴布韦'北京之夜'演出门票收入的一部分,另一部分将捐赠给津南部洪水受灾区。"③

11月11日,在科特迪瓦防控埃博拉指导委员会会议期间,中国驻科特迪瓦大使馆在总理府举行防控埃博拉物资交接仪式。

中国驻南苏丹大使馆向南苏丹议会妇女小组捐赠电脑、打印机等办公用品。

11月13日,中国援塞埃博拉防控培训项目在塞国家图书馆正式启动。

中国援塞拉利昂防控埃博拉公共卫生培训项目举办启动仪式。

11月15日,商务部颁布《对外援助管理办法(试行)》,自2014年12月15日起施行。④ 这是中国颁布的第一部有关对外援助管理方面的综

---

① 《华为公司向亚帕中学捐赠文体用具》,2014年11月27日,http://nsd.mofcom.gov.cn/article/jmxw/201411/20141100813120.shtml。

② 《塞拉利昂百余教师接受中国防控埃博拉培训》,2015年3月20日,http://world.huanqiu.com/hot/2015-03/5969318.html。

③ 《林琳大使出席哈拉雷庆典中心孤儿院捐赠仪式》,2014年11月13日,http://www.chinaembassy.org.zw/chn/xwdt/t1210603.htm。

④ 具体参见http://www.gov.cn/flfg/2011-06/15/content_1884564.htm。

合性部门规章，标志着中国的对外援助管理步入规范化和标准化的管理道路。

中国人民解放军援助利比里亚医疗队 163 名医护人员乘专机抵达利首都蒙罗维亚。

中国驻索马里使馆、索卫生与公共服务部和贝纳迪尔医院共同举行使馆向医院捐赠物资的交接仪式。

中国援建加纳职业技术学院扩建项目举行落成启用仪式。"中国援建加纳职业技术学院扩建项目于 2013 年 6 月开工建设，地点在加纳阿克拉市唐苏曼区，包括职业学院教学楼和中小学教学楼两个部分，总建筑面积 4500 平米，并配套提供学生桌椅、办公家具及一辆校车。"①

运送中国援塞拉利昂抗击埃博拉疫情第二批实验室检测队和医疗队队员的包机抵达塞拉利昂，首批检测队和医疗队队员同机离塞。

11 月 16 日，华为纳米比亚分公司向当地 IBBU 联合小学捐赠电脑等教学设备实现交接。

11 月 17 日，中国援助尼日利亚抗击埃博拉疫情物资交接仪式在尼卫生部举行。

11 月 20 日，中国援塞拉利昂固定生物安全实验室举行开工奠基仪式。

11 月 21 日，中国和南苏丹签署六项援助协议，其中包括食品、药品等人道主义物资援助，30 万美元抗霍乱援助，朱巴教学医院改扩建项目，伦拜克基尔妇女医院二期工程。

11 月 21 日，中国援乍得一般物资项目交接仪式在乍首都恩贾梅纳举行。

11 月 23 日，中国与多哥在洛美签署太阳能照明系统项目优惠贷款框架协议，为多哥 18 个主要城市的主干道提供先进的太阳能路灯照明服务。

11 月 25 日，中国和南苏丹签署关于援建南外交部会议厅与农业物资援助两项援助换文。

中国援利比里亚抗击埃博拉疫情治疗中心启用仪式在利首都蒙罗维亚举行。在绝大部分物资、设备等需从国内携运的情况下，仅用一个月

---

① 《中国援建加纳职业技术学院扩建项目举行落成启用仪式》，2014 年 11 月 18 日，http://gh.mofcom.gov.cn/article/jmxw/201411/20141100801073.shtml

时间建成 100 张床位的现代化传染病医院，充分体现了中国速度、中国标准。"治疗中心位于中国援建的 SKD 体育场旁，占地面积 2 万多平方米，建筑面积 5800 平方米，包括主病房区和门诊、培训中心、库房、医护人员休息区等辅助建筑，共 19 栋板房，配备 100 张床位。该中心按照传染病防治医院的高标准建设，在世界卫生组织规定标准的基础上，增加了电子监控、对讲、电子病历等信息系统，病区设置上，在清洁区与污染区之间增加了缓冲区，防护更加严密，是利目前所有治疗中心中条件最好的一个。该治疗中心建成后，由中方独立运营和管理。中国人民解放军派出医疗卫生专业队伍担任诊疗重任，将由三批近 500 名医护人员运营 6 个月，对埃博拉疑似患者开展留观，对确诊患者进行治疗。"此外，治疗中心还将为利比里亚培训医护人员和卫生防疫人员。①

11 月 25 日，中国援利诊疗中心举行启用仪式正式交付使用。"该诊疗中心位于利首都蒙罗维亚中国援建的 SKD 体育场北侧，占地面积 2 万多平米，建筑面积 5800 余平米，大小共 19 栋板房，配备 100 张床位，是严格按照埃博拉出血热烈性传染病诊治要求高标准建设，为利比里亚埃博拉诊疗中心中条件最好的一个。"②

11 月 27 日，中石油南苏丹国家总经理贾勇与南教育部副部长波尔·马库恩签署协议，向南捐赠 50000 册教科书，该批教科书将主要用于帮助受南内乱影响地区的儿童，特别是来自于上尼罗州的儿童。

中国援助毛里塔尼亚友谊港挡沙堤和清淤项目举行开工仪式。

11 月 28 日，中国企业援助的津巴布韦中马绍纳兰省的 Rukururwi 小学举行新建校舍移交仪式。"Rukururwi 小学成立于 2003 年 5 月，目前有学生 300 余名，但该校成立以来一直没有教室。为协助解决该问题，在津的安徽外经建设集团、中非阳光能源有限公司、南通建工集团、金洋矿业公司和南昌工程公司 5 家中资企业共捐资 3.5 万美元购买建材新建教室，航津物流公司免费将建材从首都哈拉雷运送至小学所在地。仪式上，华联会宣布在该小学设立 5000 美元的年度奖学金，并现场提供了首

---

① 《中国援建利比里亚埃博拉治疗中心正式交付使用》，2014 年 11 月 27 日，http://ga.mofcom.gov.cn/article/jmxw/201411/20141100813116.shtml

② 《中方援利医疗队收治首批埃博拉疑似患者》，http://lr.china-embassy.org/chn/sgh-dhzxxx/t1218135.htm

年度奖学金。"①

11月28日至30日,中国援南苏丹医疗队赴东赤道州义诊,为当地百姓送医送药和传播健康知识。本次义诊分别在东赤道州首府 Torit 市的东赤道州州立医院及该市附近的村庄进行。据不完全统计,义诊共接诊1000多人次,实施了三台手术,在当地引起很大反响。②

11月29日,中国援乍得议会大厦项目交接仪式在恩贾梅纳市举行。

11月30日,中国政府援助南苏丹粮食物资交接仪式在朱巴市世界粮食计划署仓库举行。"南苏丹人民正面临饥荒威胁,中方自今年7月始,即通过 WFP 向南苏丹北部三州罹受饥荒的灾民提供价值500万美元的粮油食品物资。此批物资包括大米、大豆、食用油等,通过空投、伞降等方式送到北部三州灾民手中。"③

12月,甘肃省向马达加斯加派出第二十批医疗队,全队30人,为期2年。

中国向刚果(金)派遣维和部队。这是中国派往刚果(金)的第十八批维和部队。该维和部队由工兵分队和医疗分队组成,共计218人。

12月1日,中国驻南苏丹使馆向南苏丹总统夫人办公室旗下关心妇女儿童协会提供援助物资交接仪式在朱巴举行。

12月2日,中国政府与联合国系统驻华协调员兼联合国开发署驻华总代表诺德厚就中方向联合国应对埃博拉疫情多方信托基金捐款600万美元一事签署协议。这笔捐款属于习近平宣布的中国政府第四轮抗击埃博拉疫情援助举措之一,用于支持联合国应对埃博拉疫情特派团的行动。特派团成立于2014年10月,旨在与相关部门协作,治疗感染者、确保关键服务、维持稳定和预防疫情蔓延。④

12月3日,中国与马里签署中国援马医疗队住房项目交接证书。"本项目于2013年11月13日正式开工,工期12个月,按照合同规定

---

① 《崔春临时代办出席中方援建小学校舍移交仪式》,2014年12月2日,http://www.chinaembassy.org.zw/chn/xwdt/t1216137.htm

② 《中国医疗队到南苏丹东赤道州首府托里特义诊》,2015年11月30日,http://yws.mofcom.gov.cn/article/b/201510/20151001151596.shtml

③ 《马强大使出席中国政府援助南苏丹粮食物资交接仪式》,2015年12月9日,http://ss.chineseembassy.org/chn/sbwl/t1322921.htm

④ 《中国向联合国应对埃博拉多方信托基金捐款600万美元》,2014年12月2日,http://finance.chinanews.com/cj/2014/12-02/6837568.shtml

2014年11月12日竣工。施工单位为中国土木工程集团有限公司。"①

12月4日，中国驻塞拉利昂大使赵彦博向塞拉利昂疫情重灾区之一北方省马克尼市埃博拉幸存者和孤儿捐赠物资。

中国驻利比里亚大使张越会见利非盟医疗队队长奥克特将军，就双方诊疗中心和医疗队加强交流合作、共同抗击埃博拉交换意见。

12月5日至6日，中国人民解放军援利比里亚医疗队先后收治3名埃博拉疑似患者。"这3名疑似患者的收治标志着由中方独立运营管理的援利埃博拉诊疗中心正式开始收治埃博拉疑似患者。上述3名疑似患者中，一名是在家里发病多日后自行前往就诊，另两名则是由利比里亚埃博拉指挥中心和当地一所医院转入。"

12月5日，"中非民间友好行动"抗击埃博拉物资捐赠仪式在中国人民解放军援助利比里亚医疗队驻地举行。医疗队联合中国援利竹藤编与蔬菜种植技术项目组、中国东方国际集团有限公司，共同向中国援建的利比里亚埃博拉治疗中心附近的塞缪尔·卡尼翁·多伊（SKD）社区、警察局和红灯市场捐赠了消毒桶、消毒粉、摩托车、大米和食用油等物资。②

12月6日，在中几友好医院举行中国政府援赠该院一批医疗器械交接仪式。

中国向科特迪瓦"保护、动员、自立"项目的示范点KATIOLA妇女联合会捐赠一批农业机械。这批农机包括10台脱壳机、10台粉碎机和10台发电机组，旨在解决当地妇女在稻米、木薯生产和加工过程中遇到的困难。

12月8日，中国援南苏丹太阳能交通信号灯项目在朱巴中赤道州州长府邸正式交接。

12月10日，中国政府同南苏丹政府签署《基尔妇女医院技术合作换文》和《中国第四批援南医疗队备忘录》。

12月11日，中国援助毛里塔尼亚2套集装箱检测设备举行交接仪式。

---

① 《援马里医疗队住房项目签署交接证书》，2014年12月5日，http://www.mofcom.gov.cn/article/i/jyjl/k/201412/20141200820939.shtml

② 《中国驻利比里亚大使张越出席"中非民间友好行动"抗击埃博拉物资捐赠仪式》http://lr.china-embassy.org/chn/sghdhzxxx/t1217476.htm

12月12日，广东省向加纳派出第四批医疗队，全队11人，为期一年。

中国驻塞拉利昂使馆举行"中非民间友好行动"项目启动仪式，共同签署实施协议。

中国政府援科特迪瓦办公设备项目交接仪式在科外交部会议厅举行。该批援助物资主要包括电脑、打印机、复印机等办公设备，投入使用后将有助于进一步改善科相关部委的办公条件，提升科政府执政能力。①

12月14日，中国驻阿尔及利亚大使杨广玉会见阿培训和职业教育部长贝都依，商讨两国教育方面的合作事宜。"中方在上世纪90年代阿恐怖主义活动猖獗的困难时期曾给予阿支持，当前阿教育体系和教育设施均遭受很大破坏，重建工作任重道远。贝都依表示，目前阿方在基本技能和实用技能培训方面缺口很大，希中方发挥自身优势，向阿提供支持。"②

12月15日，中国援卢旺达职业技术学校正式移交卢方。"援卢职业技校总建筑面积8700平方米，能容纳1100名学生，2012年11月15日开工，2014年11月26日竣工，12月12日通过卢方验收。"③

由中铁十四局承建的援佛得角国家体育场场外连接道路项目开工。

坦桑尼亚当地主要英文报刊《每日新闻》、《卫报》、《公民报》分别以《中国公司启动非洲航空技术服务中心》《中国公司将在达市创办非洲最大航空服务中心》《中国航空公司在达市打造非洲航空技术基地》等标题报道了12月12日中航国际坦桑尼亚技术支援中心的启动仪式。主要内容摘录如下："中国航空技术国际控股有限公司将在达市创办第一家海外民航技术支援中心，此外该公司还将就成立合资公司与坦桑尼亚航空有限公司进行商谈，并向后者提供民航飞机。该航空技术援助中心的设立旨在为中国向非洲提供民航飞机创造便利条件，支持高效准时的地面信息技术服务，并提供飞机零配件等。坦交通部副常秘 Mnica Mwamunyange 代表坦交通部发言。她表示，本项目是基奎特总统成功访

---

① 《中国援科特迪瓦办公设备项目交接仪式在科举行》，2014年12月12日，http://ci.mofcom.gov.cn/article/jmxw/201412/20141200834237.shtml

② 《驻阿尔及利亚大使杨广玉会见阿培训和职业教育部长》，2014年12月14日，http://dz.china-embassy.org/chn/xw/t1219777.htm

③ 《援卢职业技术学校移交卢旺达劳动力发展局》，2014年12月17日，http://rw.mofcom.gov.cn/article/jmxw/201412/20141200836652.shtml

华期间所签署一揽子合作计划内容之一，该中心的启动为双边航空领域合作指明了发展方向。中航技在成立合资公司和提供飞机之前启动该技术中心，充分显示了其与坦方合作的诚意，坦方对此表示赞赏。中航技副总经理张光建表示，该技术中心项目的成功启动不仅体现了该公司对坦桑市场的重视，更迈出了该公司建立非洲航空服务网的第一步。此外，相配套的零配件库、航空培训设施和维修站的建设也将按照其与坦航空公司所制定的合作计划陆续展开。"①

12月16日，在乌希摩尼教师培训学校举行了中国和联合国教科文组织关于非洲教师培养计划乌干达项目的启动仪式。

由联合国教科文组织发起、中国信托基金资助的"加强教师培训，缩小非洲教育质量差距"项目在刚果（金）启动。"该项目旨在广泛培训非洲教师，对非洲国家提高教育水平、加快发展步伐具有重要意义。2012年11月22日在'全民教育全球会议'闭幕之际，联合国教科文组织中国信托基金（CFIT）发起名为'加强教师培训，缩小非洲教育质量差距'的项目。根据中国对外援助与合作政策以及教科文组织计划的优先国家名单，八个非洲国家入选该项目，分别是埃塞俄比亚、纳米比亚、科特迪瓦、刚果（金）、刚果（布）、利比里亚、乌干达和坦桑尼亚。项目旨在利用现代信息通信技术，通过远程教育方式提高各国在岗前教师培训和教师继续教育领域的能力。"②

12月17日，中国政府援助几内亚粮食物资交接仪式在世界粮食计划署科纳克里仓库举行。在几内亚埃博拉疫情爆发后，中国政府先后提供多轮现汇和物资援助，并派遣4批公共卫生专家来几抗疫。"此次中国政府通过世界粮食计划署向几政府提供的这批价值200万美元的粮食物资，有助于几内亚人们渡过困难时期。这批价值200万美元的粮食援助共约1800吨，包括大米、面粉及高能量饼干等，可保证15万名疫区居民45天的食物供应，有力支持几抗疫努力。"该批粮食和食品在2015年1月底前全部分发到疫区民众手中。这是计划署在助几抗疫行动中首次

---

① 《关于中航国际坦桑尼亚技术支援中心启动仪式的报道》，2014年12月17日，http://tz.mofcom.gov.cn/article/jmxw/201412/20141200835644.shtml

② 《联合国教科文组织—中国信托基金非洲教师培训项目在刚果（金）启动》，2014年12月19日，http://cd.chineseembassy.org/chn/xwdt/t1221008.htm

与中国的合作,具有开创性和历史性。①

中国驻津巴布韦大使馆向津外交部捐赠了电脑、打印机、手机等办公用品。

12月18日,中国驻津巴布韦使馆向津中马省马佐威中部选区捐赠水泵、毛毯、电脑和足球等物资。

中国驻毛里求斯使馆向当地1600多名贫困儿童捐赠了一批书籍和学习用品。

12月21日,中国援塞拉利昂P3固定实验室物资设备由中国包机运抵塞拉利昂首都弗里敦,物资主要包括实验室建设材料、生物安全柜和埃博拉病毒PCR检测试剂等。

莫桑比克政府数据中心项目落成仪式举行。莫政府数据中心是莫经贸、科技和融资合作的成果。该项目不仅促进莫电子政务发展,提升莫社会信息化水平,也为莫带来巨大经济和社会效益,其投入运营标志着莫信息化水平迈上新平台。项目实施单位是华为公司,华为是全球电信设备第一大生产商、手机市场第三大销售商。华为公司于2001年进入莫桑比克市场,向在莫的电信运营商提供有竞争力的产品和优质服务,并参与实施多个莫信息化科技项目。华为公司为莫培养了一批优秀工程师、信息技术专家,传递知识和技能,还持续履行社会责任,向莫青年提供奖学金、接受莫大学生实习、培训,参与救灾赈灾、赞助科技节和青少年体育活动,实施"莫未来种子"技术人才培训计划。②

12月22日,中国援吉布提药品、器械交接仪式在吉贝尔蒂医院举行。③

12月22日,中国援塞拉利昂固定P3实验室举行封顶仪式。中国援建的固定P3实验室11月20日奠基开工,12月20日,主体建筑完成封顶,前后仅用了一个月时间。塞卫生部长福法纳在仪式上称赞中国的施工速度令人惊叹和佩服。他表示埃博拉疫情的爆发虽然是个灾难,却为中塞合作创造了机会,加强了中塞在医疗卫生领域的合作,中国援建的

---

① 《中国向几内亚提供粮食援助》,2014年12月19日,http://gn.mofcom.gov.cn/article/jmxw/201412/20141200839959.shtml

② 《驻莫桑比克大使苏健出席莫政府数据中心落成仪式》,2015年12月21日,http://mz.chineseembassy.org/chn/sgyw/t1326591.htm

③ 《中国援吉布提药品、器械交接仪式成功举行》,2013年12月23日,http://dj.mofcom.gov.cn/article/jmxw/201412/20141200843917.shtml

固定 P3 实验室将为中塞双方长期深入合作奠定坚实的基础。①

中国和塞拉利昂签署中国援塞抗击埃博拉公共卫生培训项目换文。

12 月 23 日，中国驻津巴布韦使馆向津东马省穆托科北部选区捐赠水泵、课桌椅和足球等物资。

中国驻塞拉利昂大使赵彦博向塞方捐赠 20 辆摩托车，用于支持塞政府抗击埃博拉疫情工作。加强基层民众抗疫知识普及是控制疫情的关键步骤，因此中方将援塞抗疫公共卫生培训项目作为中国全方位援塞抗疫的重要内容之一。"目前中国已派遣 25 名公共卫生培训专家对塞 2000 多名基层社区人员进行了相关培训，并计划在 2015 年 2 月前培训完 4000 名塞基层社区人员和医护人员。"②

12 月 26 日，为帮助佛得角政府应对火山喷发灾情，中国政府向佛得角政府提供 50 万美元的紧急现汇援助。2014 年 11 月 23 日以来，佛得角福戈岛火山持续喷发，灾情不断加剧，大量房屋建筑被摧毁，当地通讯与供电中断，1300 多名灾民流离失所，该援助主要用于支持佛政府安置灾民。

12 月 29 日，中国援毛里塔尼亚电动三轮车项目举办交接仪式。

中国为帮助塞拉利昂抗击埃博拉疫情提供的粮食援助在弗里敦举行交接仪式。此次粮食援助由中国政府与世界粮食组织（WFP）合作实施。该批粮食援助由中国政府提供支持，WFP 负责具体执行，共采购了 500 吨糖、192 吨黄豆、927.75 吨大米和部分棕榈油。③

12 月 30 日，中国驻乌干达使馆向乌国际刑警组织捐赠办公用品仪式。

12 月 31 日，摩洛哥"中非民间友好行动"的妇女缝纫培训项目结业并交接。

2015 年

到年初，维和医疗队共接诊病人 2100 人次，其中发热可能感染埃博

---

① 《中国援塞固定 P3 实验室举行封顶仪式》，2013 年 12 月 24 日，http：//sl.mofcom.gov.cn/article/jmxw/201412/20141200845898.shtml

② 《驻塞拉利昂大使赵彦博与塞外长卡马拉签署中国援塞抗击埃博拉公共卫生培训项目换文》，2014 年 12 月 23 日，http：//sl.china-embassy.gov/chn/sgxxs/dssghd/t1221864.htm

③ 《中国援塞粮食项目举行交接仪式》，2014 年 12 月 30 日，http：//sl.mofcom.gov.cn/article/jmxw/201412/20141200851260.shtml

拉的病例200多人。联合国利比里亚维和特别团称赞中国维和医疗分队是一支特别值得信赖的高素质队伍。①

1月,第四军医大学唐都医院17名医护人员组成西北地区首支抗击埃博拉医疗队,在接受培训后飞往非洲,执行埃博拉出血热疫情防控任务。②

1月5日,中国援助加纳大客车顺利运抵加纳特马港。"该批大客车于11月19日在中国天津港发运,共计17辆,为中通牌25座空调豪华旅游客车,车身喷涂中国援助标记。"③

1月6日,中国和南苏丹签署朱巴教学医院改扩建、朱巴中国医疗队宿舍和伦拜克基尔·马亚尔迪特妇女医院专家宿舍等三个项目的可行性研究工作现场考察会谈纪要。

1月7日,中国援塞拉利昂埃博拉留观中心升级为留观诊疗中心,开始收治埃博拉患者。在原留观中心的基础上开展了病区调整、床位扩充、信息系统改进等基础性工作,增设了确诊患者专用的诊疗病区,加强了消毒隔离措施,开始为埃博拉患者提供留观诊疗"一站式"服务。④

1月8日,中国向塞拉利昂提供新增现汇和物资援助项目的交接证书在塞签署。"这批新增援助包括利用现汇在当地采购的15辆皮卡车、200辆摩托车和一笔现汇款项。该批援助是应塞方请求提供,将用于帮助塞加强社区公共卫生防疫力量,加大病例追踪力度,以及向抗埃一线人员发放奖励津贴。"⑤

1月12日,中国援助利比里亚医疗队援利埃博拉治疗中心首批3名利比里亚埃博拉患者出院。"此次出院的3名患者为两名女性和一名7岁男童。他们于2014年12月入院后血液检测呈埃博拉阳性,病情一度危重。经医疗队近20天的努力工作,悉心治疗,3人连续两次血液检测呈

---

① 《坚守埃博拉疫区的200个日夜》,2015年1月7日,http://tv.people.com.cn/n/2015/0107/c25060-26339842.html

② 《西北地区首支医疗队赴非洲抗击埃博拉》,2015年1月7日,http://www.fmprc.gov.cn/zflt/chn/jlydh/mtsy/t1226104.htm

③ 《中国援助加纳17辆大客车运抵特马港》,2015年1月8日,http://gh.mofcom.gov.cn/article/jmxw/201501/20150100860953.shtml

④ 《中国援塞埃博拉留观中心功能转型》,2015年1月7日,http://world.people.com.cn/n/2015/0107/c1002-26337740.html

⑤ 《中国向塞新增现汇和物资援助项目交接证书签署》,2015年1月9日,http://sl.mofcom.gov.cn/article/jmxw/201501/20150100861360.shtml

阴性，根据世卫组织规定，可确认为治愈。这标志着中国援利抗击埃博拉工作取得了阶段性成果。康复出院的患者代表金女士是利国家女子乒乓球队队员。她不仅是利乒乓球全国冠军，也成为抗击埃博拉战斗的冠军。她表示，在中国诊疗中心，她得到了中国医护人员的精心诊治和照顾，并很快康复。她对中国医护人员、诊疗中心给她第二次生命表示深切感谢。"①

几内亚科纳克里国际机场举行中国政府为帮助几内亚政府抗击埃博拉疫情提供新一批医疗物资的交接仪式。该批物资包括6万套防护服和1万支体温计。

1月14日，中国援助赤道几内亚外交部马拉博办公楼举行了交接仪式。中国经援赤几外交部马拉博办公楼项目实际开工日期是2012年3月22日，2014年12月30日通过了中国政府选派的竣工验收专家组的技术验收。"该楼占地面积12300m²，总建筑面积8412m²，由主楼、电气设备房、水泵房、门卫室、围墙及室外道路等组成。主楼包括200m²招待大厅、200人中型会议室、300人会议室、办公用房6730m²及设备用房520m²。"楼高五层，建在赤几首都马拉博新行政区的中心地段。建筑造型采用古典元素与现代风格相结合，建筑外形方整、庄严、厚重、大气、简洁。大尺度柱廊象征赤道几内亚人民的力量与勇气，而竖向构建的形态则是赤道几内亚国徽中木棉树的抽象和变异，寓意中赤几两国人民手拉手、友谊长存。②

1月15日，中国援坦桑尼亚运动员培训项目设备交接仪式在达累斯萨拉姆隆重举行。2014年5至8月应坦方请求，中国政府帮助坦政府培训了20名运动员参加2014年英联邦运动会，并提供配套训练器材，部分器材已于去年在中国交付坦方，此次交接的为剩余的由中方负责运至达市的器材。③

---

① 《驻利比里亚大使张越出席埃博拉患者康复出院仪式》，http://lr.china-embassy.org/chn/sghdhzxxx/t1227947.htm
② 《中国援赤几外交部马拉博办公楼项目会议纪要在赤几签署》，2009年12月22日，http://gq.mofcom.gov.cn/article/jmxw/200912/20091206689962.shtml；《国援赤几外交部马拉博办公楼举行交接仪式》，2015年1月24日，http://gq.mofcom.gov.cn/article/jmxw/201501/20150100877189.shtml
③ 《吕友清大使参加援坦桑尼亚运动员培训项目设备交接仪式》，2015年1月17日，http://tz.mofcom.gov.cn/article/jmxw/201501/20150100869917.shtml

中国和佛得角在佛首都普拉亚签署中国政府向佛提供50万美元紧急现汇援助的交接证书。2014年11月23日以来,佛福戈岛火山持续喷发,中国的及时援助受到佛政府及当地媒体称赞。①

1月16日,中国防埃培训专家组在加纳首都阿克拉GS广场酒店举办第一期防范埃博拉公共卫生培训。阿克拉市109名社区工作人员参加了培训。"这是中国防埃培训专家组抵达加纳后与阿克拉市委会合作开展的以社区工作人员和社区志愿者为对象的防埃培训,目标是提高社区工作人员防控意识,普及埃博拉病毒基本知识,提高社区工作人员应急处理能力。"②

中国和马达加斯加在塔那那利佛签署援马中非友好小学项目交接证书。"中国在中非合作论坛框架下的援马中非友好小学项目于2014年5月1日开工,并于2015年1月13日竣工。1月14日,中马双方签署项目竣工验收纪要。"③

中国援贝宁的工程兵装备举行交接仪式。

1月17日和18日,中国援利比里亚公共卫生师资培训队分别对利最大的综合医院JFK医院的医护人员和利留华学生会成员进行了两场埃博拉出血热预防和控制知识的培训讲座。

"1月19日,中国援莫桑比克的军官住宅区学校被命名为若阿金·希萨诺中学。教育部长和国防部长出席并主持了学校的命名和揭牌仪式。该校共有8间教室、4个卫生间、1个行政大厅、实验室、电脑室、卫生室,在校生为8—10年级。学校是中国援建的莫桑比克马普托新军区住宅二期配套设施,去年8月17日正式移交给莫政府。"④

中国政府援助几内亚抗击埃博拉疫情公共卫生培训班项目启动仪式在科纳克里人民宫隆重举行。"此次中国政府在几组织的公共卫生培训班将举办10期,每期100人,共将为几培训200名医护人员和800名社区

---

① 《中佛两国签署紧急现汇援助交接证书》,2015年1月17日,http://cv.mofcom.gov.cn/article/jmxw/201501/20150100869958.shtml
② 《中国公共卫生专家组为加纳社区工作人员提供防范埃博拉公共卫生知识培训》,2015年1月19日,http://gh.mofcom.gov.cn/article/jmxw/201501/20150100870064.shtml
③ 《中国援马达加斯加中非友好小学项目竣工移交》,2005年1月20日,http://mg.mofcom.gov.cn/article/jmxw/201501/20150100872790.shtml
④ 《中国援莫的军官住宅区学校被命名为若阿金.希萨诺中学》,2005年1月27日,http://mz.mofcom.gov.cn/article/jmxw/200501/20050100340016.shtml

工作者。本次培训班是中国政府援助几内亚抗击埃博拉疫情行动的重要组成部分，旨在提高几医护人员和社区工作者的防疫意识和能力，并通过他们向更多的市民传播健康知识。本次培训是围绕着几方提出的'埃博拉60日零感染'战略计划而作出的，支持几政府和人民的抗疫斗争，直至最终战胜疫情。"①

1月21日，中国援乍得一般物资项目交接仪式在乍首都恩贾梅纳举行。

中国向乍得政府赠送体育物资交接仪式在恩贾梅纳第盖尔体育场举行。

1月22日，中国援塞拉利昂抗击埃博拉医疗物资举行交接仪式。

1月27日，中国公共卫生医疗队结束了在贝宁为期37天紧张有序的工作，圆满地完成了中国援助贝宁防控埃博拉出血热公共卫生师资培训任务。"中国公共卫生医疗队根据与贝宁卫生部确定的培训方案，在贝宁4个地点共举办了10场培训班，培训贝方人员共计593人，超额完成了培训任务。此次培训覆盖了8个省（占贝宁全国2/3）的所有17家公立医院的医务人员以及4家省卫生厅的管理人员。"②

中国在多哥的桑格巴纳小学教学楼项目竣工移交。

1月28日，中国援马里埃博拉疫情防控公共卫生培训班在马里医院举行开课仪式并进行首次培训。

1月29日，继在加纳首都阿克拉和西部城市塔克拉底成功举办培训后，三位来自广东疾控中心的防控埃博拉专家在加纳中部省省会海岸角市举办了第三批培训班。"疫情没有国界，埃博拉疫情爆发后，中国政府反应迅速，在西非13个国家开展了各种形式的援助，并首次采用专机运输物资的方式援助加纳等有关国家。接受培训后的医务工作者会像火种一样，用当地语言向中部省民众传播防病知识。加卫生部负责人表示，基层医务人员和志愿者是防埃博拉的关键力量，但他们普遍培训不足，中方援助恰逢其时。医务工作者、社区工作人员及志愿者110人参加

---

① 《中国政府援几公共卫生培训班项目启动仪式》，2015年1月21日，http://gn.mofcom.gov.cn/article/jmxw/201501/20150100872887.shtml
② 《我援助贝宁防控埃博拉出血热公共卫生师资培训工作圆满结束》，2015年2月12日，http://news.eastday.com/eastday/13news/auto/news/china/u7ai3465178_K4.html

培训。"①

《中华人民共和国政府和马里共和国政府关于中国派遣医疗队赴马里工作的议定书》及《中华人民共和国国家卫生和计划生育委员会与马里共和国外交、非洲一体化和国际合作部关于中国派遣埃博拉出血热公共卫生专家组赴马里开展埃博拉出血热公共卫生培训工作的谅解备忘录》签字仪式在巴马科举行。

1月30日,中国援助多哥埃博拉防控培训班开班仪式在洛美国家卫生研究院举行。

中国政府优惠买方信贷项目——清华紫光集团承建的加纳大学远程教育二期项目建成交接仪式在加纳大学城市学院举行。教育领域是中加合作的重要领域,中国政府用援款为加纳建设了多所学校,并提供奖学金为加纳学生留学中国。"该项目旨在保证教学质量的前提下,为更多的学生提供了教育机会,使得加纳大学拥有了高技术的远程教育系统。该二期项目是一期项目的延续,在加纳全国建立了12个分校的网络基础设施,并订制开发了教学软件。该项目的建成使加纳国家教育的信息化水平提高到一个新的高度,缩短了硬件设施与发达国家的距离。"②

科特迪瓦达乌克罗市远程培训中心举行启用仪式。"该项目是中国—教科文组织援非信托基金框架下开展的,旨在利用现代化远程教育手段加强对非洲8个国家教师的培训,以弥补教育质量的差距。该项目在科共设有9个培训中心。"③

马达加斯加华人水产协会通过友好团体中国之友俱乐部向塔那那利佛市马哈沃基社区遭遇飓风灾害的民众捐赠了大米、食油等救灾物资。

2月1日,埃塞俄比亚首都亚的斯亚贝巴城市轻轨举行试运行仪式。"亚的斯亚贝巴城市轻轨全长34公里,是埃塞乃至东非地区的第一条轻轨,对完善埃塞首都城市路网功能、缓解城市交通压力、拓展城市发展空间、促进区域经济发展等具有重要意义。亚的斯城市轻轨项目是非洲运行线路最长的现代化城市轻轨,建设期间共雇用当地员工约1.3万人

---

① 《中国援助加纳防控埃博拉第三批培训班在海岸角市举行》,2015年1月30日,http://gh.mofcom.gov.cn/article/jmxw/201501/20150100882928.shtml
② 《中国政府优惠买方信贷项目加纳大学远程教育二期竣工》,2015年2月2日,http://gh.mofcom.gov.cn/article/jmxw/201502/20150200885898.shtml
③ 《张国庆大使出席科特迪瓦远程培训中心启用仪式》,2015年2月4日,http://ci.chineseembassy.org/chn/zxyw/t1234138.htm

次，并为埃塞培养了一大批铁路建设和运营技术人才。"①

2月2日，中国援马达加斯加中非友好小学校举行建成启用仪式。中马两国在教育领域的友好合作历久弥新，中国政府目前已为马无偿援建了4所小学校，为马基础教育领域人才培养做出了积极贡献。中国援马中非友好小学校位于马首都塔那那利佛市郊，共有包括课桌椅等教学配套设施在内的13间教室、5间教师和行政人员办公室、1个运动场地和一个篮球场等。该项目于2014年5月1日开工，2015年1月13日竣工。1月14日，中马双方签署该项目竣工验收纪要，1月16日，中马双方签署该项目交接证书。②

2月3日，中国和多哥签署援多哥洛美道观中学扩建和太阳能示范项目交接证书。

2月5日，中国援塞内加尔济金绍尔体育场维修项目举行交接证书签字仪式。"济金绍尔体育场交接证书的签署标志着援塞11座地区体育场维修项目圆满完成。该项目是继上世纪80年代援建友谊体育场后，中国政府在塞援助实施的又一大型体育基建项目。"③

2月5日，世界粮食计划署（WFP）举行物资转交仪式，向利比里亚政府转交中国出资200万美元采购的粮食物资。"WFP此次行动的目的是针对埃博拉疫情严重的利比里亚，WFP的首要任务是为疫区人民提供足够的食物，协助控制疫情蔓延，并向疫情解除地区的经济社会重建提供支持。在包括中国等国家的援助下，WFP向利方转赠了近1900吨的粮食，包括大米、谷物和豆类，在最困难的时刻缓解了利人民的食物短缺问题。此次中方借助WFP的平台与资源向利捐赠200万美元粮食和食品，帮助利比里亚早日消除埃博拉疫情。"④

2月6日，中国医疗队为7个月前在朱巴教学医院诞下的三胞胎进行复查，孩子健康状况良好。2014年5月，中国医疗队在南苏丹朱巴教学

---

① 《解晓岩大使出席亚的斯亚贝巴城市轻轨试运行仪式》，2015年2月3日，http://et.china-embassy.org/chn/zagx/t1234037.htm
② 《中国援马达加斯加中非友好小学校举行建成启用仪式》，2015年2月5日，http://mg.mofcom.gov.cn/article/jmxw/201502/20150200887282.shtml
③ 《驻塞内加尔大使夏煌出席援塞济金绍尔体育场维修项目交接证书签字仪式》，2015年2月6日，http://sn.chineseembassy.org/chn/sgdt/t1234882.htm
④ 《驻利比里亚大使张越出席世界粮食计划署物资转交仪式》http://lr.china-embassy.org/chn/sghdhzxxx/t1235184.htm

医院帮助当地一名孕妇顺利产下三胞胎，由于孩子们先天较弱，医疗队采取了很多保全措施。三胞胎的父亲是这个家庭唯一的收入来源，但因持续的内乱，他的工作受到很大影响。因此，孩子们赖以生存的奶粉也无力解决。中国医疗队的周玲和何金根两位医生不仅在孩子们出生时给予了无微不至的照顾，还自发捐助了奶粉，缓解这个家庭的困难。①

2月6日，中国政府提供无息贷款援建的津巴布韦超级计算机中心交接仪式在津巴布韦大学举行。津成为第四个拥有超算中心的非洲国家，这是中国对津援助从传统领域向高新技术领域发展的开端。超算中心的落成将为津科技进步搭建优秀平台，对津经济与社会发展产生积极影响。该项目是中津经济合作的成功典范之一。②

2月9日，哈尔滨师范大学和安哥拉内图大学合作成立孔子学院举行挂牌仪式。

中国援助布隆迪职业技术学校揭牌，布隆迪总统恩库伦齐扎出席揭牌仪式。新建的学校拥有12幢崭新、高大的建筑，承载了教学、办公、实训、大型集会等诸多功能，可供机械自动化、旅游和酒店管理、农产品及食品加工、信息技术、电气工程等多个专业近五百名学生同时上课。该校是中国政府在中非合作论坛"新八项"项下援建的，由北京城建集团公司承建，总规划用地1.44公顷，建筑面积5736平方米。该校已被布政府定位为布示范性职教中心和实训基地。③

2月12日，中国驻南苏丹大使馆向南苏丹妇女总会捐赠了一批办公桌椅。

2月13日，中加（蓬）林业合作物资交接仪式在加蓬森林、环境和自然资源保护部举行。

2月17日，中国政府援助加纳大客车举办交接仪式。中国政府为帮助加纳改善公共交通状况，无偿援助加纳17辆35座的中通客车，总价值约1000万人民币。④

---

① 《我省援外医疗队救活早产三胞胎》，《安徽日报》，2014年6月27日。
② 《林琳大使出席津巴布韦超算中心交接仪式》，2015年2月10日，http://www.chinaembassy.org.zw/chn/xwdt/t1236295.htm
③ 《祝布隆迪大使郁序忠出息援布职业技术学校揭牌仪式》，2015年2月10日，http://bi.chineseembassy.org/chn/sgxw/t1236146.htm
④ 《驻加纳大使孙保红出席中国政府援助加纳大客车交接仪式》，2015年2月18日，http://www.fmprc.gov.cn/ce/cegh/chn/xwdt/t1239221.htm

2月23日，中国和赞比亚签署中国援赞201口井打井项目交接证书。

2月23日，中国与贝宁就中国向贝宁实施国家宽带网项目提供优惠贷款框架协议，此次优贷项目将由中国企业负责实施并将在贝全国实施宽带网工程。

2月24日，中国政府援布隆迪大选物资举办交接仪式。

3月，安徽省向南苏丹派出第三批医疗队，全队10人。

3月2日，使用中国进出口银行贷款、由中国公司承建的科特迪瓦阿比让供水项目一期工程正式启用。"阿比让供水项目一期工程是科重大民生工程，由18眼大口径水井、93公里球磨铸铁管道及诸多相关附属设施和自动控制系统等组成，日供饮用水能力80000立方，大大缓解阿比让南部地区目前的缺水状况。阿比让供水一期项目启用仪式结束后，瓦塔拉总统为有同样供水能力的供水二期项目工程奠基。"①

3月5日，中国驻马达加斯加使馆向马总理府捐赠救灾物资仪式在马总理府举行。强降雨导致马首都塔那那利佛及周边地区数万人受灾，灾民人数达到7.1万余人，3万多人无家可归，马政府已两次紧急呼吁国际社会提供帮助。中方紧急向灾民捐赠1万公斤大米和1200多升食油，帮助马方克服暂时的困难，尽快恢复正常生产生活。②

利比里亚埃博拉患者亚杜罗康复出院。她是中国埃博拉治疗中心最后一名治愈的埃博拉患者，也是利比里亚全国17家埃博拉治疗中心中最后一个确诊病例。利比里亚国家埃博拉指挥中心通报，利全国已经连续两周没有新增确诊病例。亚杜罗的出院标志着自去年3月利比里亚埃博拉疫情爆发后，患者数首次降为零。利比里亚国家埃博拉指挥中心主席恩耶斯瓦在出院仪式上说："中国一起见证了这一激动人心的时刻，从今天起将没有噩耗只有喜讯，埃博拉的离开已经进入倒计时，再次感谢中国政府！"联合国埃博拉应急特派团基础服务部主任芭布托说："很高兴能亲历这一伟大时刻。我曾有幸参观中国埃博拉治疗中心，其布局合理、设备完备，医护人员工作井井有条、严谨细致，既救治埃博拉病人，还对利比里亚员工、教师等进行培训。这些工作将长远帮助利人民。"世卫

---

① 《科特迪瓦阿比让供水一期项目竣工仪式暨二期项目开工典礼在博努阿举行》，2015年3月4日，http://ci.mofcom.gov.cn/article/jmxw/201503/20150300911116.shtml

② 《驻马达加斯加大使杨民夫妇出席使馆向马总理府捐赠救灾物资仪式》，2015年3月5日，http://mg.chineseembassy.org/chn/sbyw/t1242983.htm

组织代表芭蕾尔女士说:"我代表世卫组织感谢为抗击埃博拉而不懈奋斗的各位。这是特别的一刻,利比里亚会记住这一刻,世界会记住这一刻,所有埃博拉治疗中心特别是中国埃博拉治疗中心的医务人员用行动证明,我们可以战胜埃博拉病毒!""中国援利医疗队队长、成都军区总医院副院长杨海伟介绍,截至3月5日,中国埃博拉治疗中心共接诊161人,收治100人,其中疑似病例90个,确诊患者10名,亚杜罗是中国埃博拉治疗中心成功治愈的第六名埃博拉患者。"①

3月10日,中国政府向乍得政府捐赠一批体育物资。

中国驻塞拉利昂大使赵彦博陪同科罗马总统参观中国援塞固定生物安全实验室。埃博拉疫情爆发以来,中方率先向塞提供了大量无私的人力、物资和资金等援助。经过近三个月的紧张施工和设备安装调试,实验室已完全准备就绪,即将接手中国援塞移动实验室检测工作。实验室为安全生物三级实验室,不仅可检测埃博拉病毒,也可检测其他任何热带病毒。实验室的建成使用无疑将加强塞公共卫生体系建设,增强塞自身应对传染病的能力。这是中塞在医疗卫生领域合作的又一杰作、两国友好关系史上的又一里程碑。②

3月13日,中国和塞拉利昂在弗里敦签署向塞提供第二批紧急人道主义医疗物资(抗击埃博拉)的交接证书。

中国援塞拉利昂举办抗疫物资的交接仪式。

中国政府援助刚果(金)政府抗疟疾药品交接仪式在金沙萨举行。"本批抗疟药价值200万人民币。疟疾是刚最致命的疾病之一,中国每年向刚无私援助抗疟药品,挽救了众多刚患者的生命。去年8月刚赤道省爆发埃博拉疫情后,中国政府第一时间向刚派遣医疗专家、提供防护救助物资,为刚战胜疫情、构建防护机制提供了重要支持与帮助。"③

3月14日,中国人民解放军第三批援利比里亚医疗队第一梯队共42人乘专机抵达蒙罗维亚罗伯茨机场,开展为期两个月的抗击埃博拉任务。

3月16日,津巴布韦公职人员、劳工与社会福利部在粮食销售委员

---

① 《利比里亚最后一名埃博拉患者康复出院》,http://lr.china-embassy.org/chn/sgh-dhzxxx/t1245466.htm
② 《驻塞拉利昂大使赵彦博陪同科罗马总统参观中国援塞固定生物安全实验室》,2015年3月12日,http://sl.china-embassy.org/chn/sgxxs/dssghd/t1244881.htm
③ 《中国援助刚果(金)抗疟药品交接仪式在金沙萨举行》,2015年3月17日,http://cd.mofcom.gov.cn/article/jmxw/201503/20150300912569.shtml

会哈拉雷粮仓举行中国政府5400吨援粮交接仪式。与会者现场向孤儿、残疾人等受益者代表发放援粮。此笔援粮是穆加贝总统去年8月访华的成果之一，展现了中津两国的深厚友情，特别是在粮食安全和农业领域的密切合作。①

3月17日，中国华为技术有限公司承建的南苏丹国家宽带网络项目开工。

3月22日，吉布提—埃塞俄比亚跨境引水项目奠基仪式在吉埃边境阿里萨比地区举行，该项目由中地海外公司承建。

3月24日，中国和加蓬在利伯维尔签署关于中方向加方提供一笔无息贷款的经济技术合作协定。

3月25日，中国援乍得抗疟药项目交接仪式在乍首都恩贾梅纳举行。

中国政府援乍得抗疟药品交接仪式在乍公共卫生部药品采购中心举行。

3月26日，中国和厄立特里亚在厄首都阿斯马拉签署2015年度援厄药品及医疗器械交接证书。

中国、多哥和贝宁合作建设的索科代变电站和输电线路项目竣工。"索科代变电站和输电线路项目包括新建161/66/20kV变电站1座，161kV、66kV、20kV配套输电线路。该项目与多哥现有的阿塔帕梅-卡拉161kV线路、卡拉-索科代66kV线路以及20kV输电线路连接，为多哥中部地区提供电力。索科代项目作为多哥—贝宁电网联接的枢纽工程，将进一步完善贝宁电力共同体所属161kV骨干电网架构，有效解决多哥北部长期电力供应不足、工业和居民用电难题，增强多哥电力输送的稳定性，提高输电效率。"②

中国全国人民代表大会向马达加斯加国民议会赠送办公用品举行交接仪式。

3月28日，国家发展改革委、外交部、商务部联合发布了《推动共建丝绸之路经济带和21世纪海上丝绸之路的愿景与行动》，非洲成为这

---

① 《驻津巴布韦使馆崔春临时代办出席援粮交接仪式》，2015年3月17日，http://www.chinaembassy.org.zw/chn/xwdt/t1246572.htm

② 《刘豫锡大使出席索科代变电站项目竣工仪式》，2015年3月26日，http://tg.chineseembassy.org/chn/xwdt/t1249485.htm

一战略的重要对象。

4月,湖南省向塞拉利昂派出第十七批医疗队,全队10人。

4月1日,中国全国人民代表大会常务委员会向加蓬国民议会捐赠办公物品交接仪式在利伯维尔举行。

4月2日,中国政府向加蓬政府援赠一批抗疟药品交接仪式在利伯维尔中加合作医院内举行。

驻厄立特里亚大使邱学军考察位于阿斯马拉的由中国政府援建的中非友好小学项目,向学校赠送了太阳能灯具和部分书籍。"援厄中非友好小学项目由南昌对外工程总公司承建,2013年6月开工建设,2014年6月移交厄方。总建筑面积3226平米,占地面积约4543平米。目前在校学生1800多人,教师和工作人员约100人。"①

4月3日,中国援乍得化肥农用物资项目交接仪式在乍第二大城市蒙杜举行。

中国和毛里塔尼亚政府签署中国政府向毛塔提供用于支持毛政府采取措施预防和抗击埃博拉病毒的现汇援助交接证书。

中国政府援助乍得政府化肥交接仪式在位于蒙杜市的乍得棉花公司总部举行。"棉花是乍得的'白金',对乍农业发展起着举足轻重的作用。该批化肥是继2014年3月15日以来提供的第二批化肥援助,物资共1206吨,包括尿素、复合肥等,是世界贸易组织框架下中国政府支持非洲棉花四国产业发展计划的落实行动之一。"②

4月8日,中国和莱索托就中国向莱派遣第十批援莱医疗队事宜签署议定书。按照议定书,中国将于2015年9月向莱派遣由9名队员组成的第十批援莱医疗队,在莱工作一年。

中国援科特迪瓦抗疟中心恢复重建项目顺利通过中、科双方联合验收,并正式移交科特迪瓦卫生部使用。"科特迪瓦是疟疾重灾区,疟疾患病率达16%,病患死亡率高达18%。中国援科特迪瓦抗疟中心项目于2009年4月正式挂牌运营,在科疟疾研究与防治、人员培训与教学等方面发挥了积极作用。2011年科选后危机爆发,该中心在危机中遭到洗

---

① 《邱学军大使考察中国政府援厄中非友好小学项目》,2015年4月3日,http://er.mofcom.gov.cn/article/jmxw/201504/20150400932936.shtml
② 《胡志强大使出席中国援乍得化肥交接仪式》,2015年4月7日,http://td.chineseembassy.org/chn/news/t1252737.htm

劫，设施、设备损毁严重。通过此次恢复重建工程，该中心将重新发挥其应有作用，继续造福科特迪瓦人民。"①

4月10日，保利公司援建加纳军方车辆维修中心举办移交仪式。

4月13日，加纳东部省伊非杜阿斯社区信息中心举办移交典礼。"伊非杜阿斯社区信息中心是加纳综合电子政务平台项目中的一个站点。该项目由中国进出口银行提供优惠买方信贷，华为加纳技术有限公司承建，共包括21个站点，主要分布在位置偏远、网络基础设施落后的地方。"②

利比里亚政府在首都蒙罗维亚的SKD体育场举行中国援利抗击埃博拉物资交接仪式。"在此次仪式上交接的主要是中国政府对利第4轮抗击埃博拉援助物资，是去年10月份习近平主席宣布的中国第4轮援助非洲抗击埃博拉举措的一部分，包括救护车、皮卡车、叉车、摩托车、焚烧炉、病床、个人防护设备以及医疗物资等。"③

4月15日，驻莱索托大使胡定贤出席中国通过联合国世界粮食计划署（WFP）向莱提供粮食援助交接仪式。

中国和莱索托在莱首都马塞卢签署《中国政府和莱索托政府经济技术合作协定》。根据协定，中国政府将向莱索托政府提供一笔人民币无偿援助，用于实施中莱两国政府商定的项目。④

4月20日，由北京汽车工业进出口公司派出的援加林业设备技术服务小组抵达加蓬首都利伯维尔，对中国援加相关设备开展使用培训、检修和保养等一系列工作。

中国援马里物资交接仪式在总统府举行。

中国援塞舌尔英国河区游乐场项目举办交接仪式。

4月22日，中国—纳米比亚—联合国粮农组织（FAO）南南合作农业项目启动仪式在纳农业部举行。"该项目由中国、纳米比亚和FAO三方在2014年6月达成协议，近日中方派遣种植、畜牧等15位专家赴纳

---

① 《中国援科特迪瓦抗疟中心恢复重建项目正式移交》，2015年4月16日，http：//ci. mofcom. gov. cn/article/jmxw/201504/20150400944906. shtml
② 《驻加纳大使孙保红出席东部省社区信息中心移交典礼》，2015年4月14日，http：//gh. china-embassy. org/chn/xwdt/t1254678. htm
③ 《利比里亚政府举行中国援利抗疫物资交接仪式》，http：//lr. china-embassy. org/chn/sghdhzxxx/t1254337. htm
④ 《中国和莱索托两国政府签署经济技术合作协定》，2015年5月28日，http：//ls. mofcom. gov. cn/article/jmxw/201505/20150500989967. shtml

开展为期两年的技术合作,中国专家近期将分组赴纳有关地区实施项目。"①

由联合国教科文组织—中国信托基金资助的"加强教师培训,缩小非洲教育质量差距"的利比里亚项目启动仪式在利比里亚教育部举行。联合国教科文组织中国信托基金(CFIT)项目"加强教师培训,缩小非洲教育质量差距",于 2012 年 11 月 22 日在"全民教育全球会议"闭幕之际发起。"项目旨在利用现代信息通信技术,通过远程教育方式提高非洲有关国家在岗前教师培训和教师继续教育领域的能力,中国政府为此出资 800 万美元。埃塞俄比亚、纳米比亚、科特迪瓦、刚果(金)、刚果(布)、利比里亚、乌干达和坦桑尼亚等八个非洲国家入选该项目。利比里亚项目将持续 18 个月,计划对利 4 所教育机构的 1454 名教育工作者进行信息通讯技术培训,并为利方提供电子教学设备,项目耗资约 70 万美元。"②

4 月 23 日,中国援助毛里求斯第十七期农业技术合作物资移交仪式在毛里求斯农业部实验中心举行。

中国在加纳援建的杜恩中学中加友好多媒体教室举办交接仪式。杜恩中学多媒体教室是中方积极落实"中非民间友好行动",继霍城菲利普·阿科博纪念中学多媒体教室之后在加纳开展的第二个友好行动项目,也是中方与加纳中国友好协会首次合作在加纳开展的小微民生项目。中方重视两国民间友好交往和对加纳的教育支持与投入,未来将向加方援建更多多媒体教室,让中非民间友好行动项目造福更多加纳百姓。③

毛里求斯农业部实验中心举行中国援毛第十七期农业技术合作物资移交仪式。

4 月 24 日,林治勇商务代表赴坦桑尼亚内政部,参加援坦桑尼亚摩西警校扩建项目设计合同签署仪式。

4 月 27 日,中国红十字会与布隆迪红十字会签订向布隆迪红十字会援助一批非紧急人道主义援助物资项目的交接证书。"此批物资包括制氧

---

① 《驻纳米比亚大使忻顺康出席中纳南南合作农业项目启动仪式》,2015 年 4 月 24 日,http://na.chineseembassy.org/chn/sgxw/t1257586.htm

② 《联合国教科文组织—中国信托基金非洲教师培训项目在利比里亚启动》,http://lr.china-embassy.org/chn/sghdhzxxx/t1257336.htm

③ 《驻加纳大使孙保红出席中国援建上西部省杜恩中学中加友好多媒体教室移交仪式》,2015 年 4 月 28 日,http://gh.china-embassy.org/chn/xwdt/t1258375.htm

机、超声诊断仪、帐篷、电脑等一批医疗及办公设备,将有力支持布隆迪红十字会加强能力建设。"①

4月28日,在赤道几内亚总统奥比昂访华期间,中赤几两国在北京签署《中华人民共和国政府与赤道几内亚共和国政府贸易、经济和技术合作协定》,发表《中华人民共和国和赤道几内亚共和国关于建立全面合作伙伴关系的联合声明》。

4月29日,李克强总理与访华的阿尔及利亚总理萨拉勒在人民大会堂会谈。"李克强在会谈中指出,新中国成立特别是改革开放三十多年来,中国不仅建立了独立完整的工业体系,而且在工业装备、农业机械化等方面拥有丰富产能、性价比优、建设速度快,能够适合阿发展需求。中方愿在钢铁、水泥、平板玻璃、建材等领域同阿方开展产能合作,同时积极参与阿公路、铁路、港口、机场等基础设施建设。中方鼓励有实力的中国企业赴阿投资兴业,开展能矿、农业等领域合作,将装备、产品、服务、人员培训等相结合,帮助阿提高产品配套能力。在核能、航天等高科技领域打造双方合作新亮点。两国政府要为中阿人员往来提供更多便利,为双方企业合作清障搭台,创造更好条件。萨拉勒表示,当前阿正在推动经济转型,欢迎中国企业积极参与阿经济建设,在互利共赢基础上建立合作伙伴关系,落实好两国合作规划,提高经贸合作水平,开展产能合作,加强在农业、能矿、石化、基础设施建设、高科技、可再生能源、旅游等领域合作,帮助阿提升工业生产和自主发展能力,共同开发非洲乃至国际市场。"②

4月,湖南省向津巴布韦派出第十四批医疗队,全队10人。

4月2日,中国向加蓬提供抗疟药品援助在中加合作医院举行交接仪式。

4月9日,中国驻喀麦隆大使馆向喀麦隆国民议会援助小额物资举办交接仪式。

5月,中国政府发布《2015年后发展议程中方文件》的最新版本。

5月7日,中国向塞拉利昂事故伤残者协会捐赠物资举办移交仪式。

---

① 《援布隆迪红十字会非紧急人道主义援助物资项目签订交接证书》,2015年5月8日,http://bi.mofcom.gov.cn/article/jmxw/201505/20150500966690.shtml

② 《李克强总理同阿尔及利亚总理萨拉勒会谈》,2015年4月29日,http://dz.china-embassy.org/chn/xw/t1259627.htm

中国援马拉维水灾 60 万美元现汇援助交接仪式在马外交部举行。

由联合国教科文组织—中国信托基金资助的"加强教师培训，缩小非洲教育质量差距"坦桑尼亚项目启动仪式在坦教育部举行。联合国教科文组织—中国信托基金项目"加强教师培训，缩小非洲教育质量差距"，旨在利用现代信息通信技术，通过远程教育方式提高非洲国家在岗前教师培训和教师继续教育领域的能力。已有埃塞俄比亚、坦桑尼亚、纳米比亚、科特迪瓦、刚果（金）、刚果（布）、利比里亚、乌干达等八个非洲国家入选该项目。①

5 月 8 日，中国援几内亚外交部一批办公设备交接仪式在几外交部会议中心举行。

5 月 10—13 日，中国援几内亚比绍农业专家组举办了本年度"第三期水稻生产技术培训班"，来自全国水稻产区的 33 位水稻生产管理干部和技术骨干参加了培训班学习。每年 5 月是几比旱季水稻成熟的季节，专家组考虑到农田管理相对较少，当地学员有充足时间参与学习。其次，水稻接近成熟时期，在生产中暴露的问题在这个阶段全部显现，教学实践效果最好。

几比总统瓦斯非常重视农村和农业发展，把 2015 年定为几比的水稻生产年。几比各农场和稻区积极响应，在孔图博埃尔农场、格兰大坝农场、冈坡撒高产示范田区的水稻种植面积都突破了历史。授课专家从世界水稻生产的历史和现状、中国水稻生产的成功经验、几比水稻生产的特点和存在的问题、几比水稻生产薄弱环节、水稻高产的关键技术、病虫发生及防治等方面进行了深入浅出的详细讲解。培训班学习结束时，学员都表示，回去后一定将这次所学迅速应用到生产实践中去，扩大种植面积，生产更多的稻谷。②

5 月 11 日，中国和马达加斯加签署中国政府向马提供 30 万美元紧急现汇援助的交接证书。2015 年以来，马接连遭遇飓风和暴雨灾害，首都塔那那利佛等地十余万人受灾。为帮助马政府组织救灾和重建工作，中国政府向马政府提供一笔现汇援助，用于支持马开展抗洪救灾工作，提

---

① 《驻坦桑尼亚大使吕友清出席联合国教科文组织"非洲教师培训项目"启动仪式》，2015 年 5 月 7 日，http：//tz.china-embassy.org/chn/sgdt/t1261618.htm
② 《中国援几比农业专家组成功举办第三期水稻生产技术培训班》，2015 年 5 月 14 日，http：//gw.mofcom.gov.cn/article/jmxw/201506/20150601020301.shtml

高马灾害管理的能力。①

5月12日，中国援助利比里亚埃博拉诊疗中心移交仪式暨SKD体育场翻修工程动工仪式在利首都蒙罗维亚的SKD体育场隆重举行。"中国援利埃博拉诊疗中心由中方建设并由三批中国人民解放军援利医疗队运行。在过去的近6个月时间里，诊疗中心累计接诊患者177例，其中埃博拉确诊病例10例，确诊病例治愈出院6例。医疗队还多次派出防疫车深入利社区和学校等开展喷洒消毒作业，并与中国政府公共卫生专家组一道，为利方培训了近6000名医务人员和社区骨干。

在利埃博拉疫情最严峻的时刻，中国在一个月之内即完成援利埃博拉诊疗中心建设任务，随即投入使用，全力救治埃博拉病患。诊疗中心在胜利完成任务后移交给利方，将在利重建公共卫生体系的进程中起到积极作用。

中国不但帮助利抗疫取得胜利，还积极参与利'后埃博拉时期'经济社会恢复重建。参与翻修SKD体育场及其他援利项目的中国企业已经来到，中国对利疫后重建的大力帮助将使利民众尽快回归正常的生活。"②

5月13日，中国援塞拉利昂抗击埃博拉重点培训项目圆满结束，援塞抗埃培训队在首都弗里敦召开项目总结大会。"首席医务官卡尔格博重申中国是第一个来塞帮助抗击埃博拉疫情的国家，中国培训队在社会动员、病例跟踪、防疫技能方面做了大量工作，有效地改变了人们的行为方式，切断了病毒传播链，为塞方能控制住疫情做出巨大贡献。

卫生部副部长拉海表示中国援塞抗埃培训项目取得了圆满成功。现在塞民众不光具备了应对埃博拉的能力，也具备了应对伤寒、霍乱等常见传染病的能力。他表示衷心感谢中国政府对塞的帮助，塞政府和人民会把中塞友谊发扬光大。

邹小明参赞向参会人员介绍中国政府在塞疫情爆发前就开始了第一轮物资援助，随后的多轮物资、粮食、移动和固定实验室、医疗队等全方位援助极大地提高了塞应对疫情的能力。援塞培训队在半年内培训了

---

① 《中国向马达加斯加提供救灾现汇援助交接证书在塔那那利佛签署》，2015年5月12日，http://mg.chineseembassy.org/chn/sbyw/t1263317.htm

② 《利比里亚总统瑟利夫出席中国援利埃博拉诊疗中心移交仪式暨SKD体育场翻修工程动工仪式》，http://lr.china-embassy.org/chn/sghdhzxxx/t1263768.htm

6000多名医务和社会工作者、395名教师和8000多名学生,建立了传染病监控报告样板机制,使塞政府和人民具备一定的疾病防控能力,必将促使塞拉利昂社会经济发展更加顺利,前途更加光明。"①

中国驻塞内加尔使馆向塞波多尔省姆博洛比拉内村卫生所捐赠医疗物资。

中国政府在"中非民间友好行动"框架下援助几内亚FITIMA儿童基金会物资交接仪式在该基金会儿童康复中心举行。

5月15日,中国援乍得打井项目开工仪式在乍首都恩贾梅纳举行。

中国政府发布最新的《后2015年发展议程中方立场文件》。

中国援乍得打井项目举办开工仪式。

5月16日,中国援苏丹恩图曼职业培训中心改扩建项目竣工验收组召开首次会议。

5月18日,中国驻埃塞俄比亚大使腊翊凡与埃塞俄比亚总理海尔马里亚姆赴阿达玛市共同出席亚的斯亚贝巴—吉布提铁路SEBETA-MIESO段铺轨贯通、阿达玛风电二期项目竣工。

中国政府援助几内亚政府抗击埃博拉疫情医疗物资和办公设备交接仪式在几国际合作部举行。

5月20日,中国援埃塞俄比亚中非友好小学举行交接仪式。

5月21日,中国援助赞比亚红十字会物资项目交接仪式在赞首都卢萨卡举行。

5月22日,中国驻摩洛哥使馆向肯尼特拉地区捐赠水泵举办启用仪式。

中国援刚果(金)农业示范中心项目首期当地学员培训班开班仪式在金沙萨举行。"本次培训班由农业示范中心与刚国家师范大学(UPN)农艺科技学院合作开设,旨在通过为刚方学生及教员提供现场实习和培训,提高刚方农业技术和管理水平。刚是世界上淡水资源较为丰富的国家之一,拥有8000多万公顷可耕地,农业发展潜力巨大。中国援刚农业示范中心的主要任务是加强科研、良种培育、技术培训和成果推广。根据该中心管理委员会规划,该中心每年将实施4期技术培训,每期招收12名学员(主要由农产区农业管理干部、种植示范户、当地农业院校实

---

① 《中国援塞抗埃培训项目总结大会在弗里敦召开》,2015年5月14日,http://sl.mofcom.gov.cn/article/jmxw/201505/20150500972180.shtml

习生等组成），培训期一周左右，培训将采用理论培训和田间操作相结合的模式进行。

上述农业示范中心位于金沙萨郊区约 30 公里处的恩塞莱总统农庄内，项目占地面积 60 公顷，由加工车间、农机车间、培训教室、试验室、中刚专家宿舍等建筑物以及蓄水灌溉系统，水稻、蔬菜和旱作物种植示范区等功能区组成。项目于 2012 年 9 月开工，2014 年 8 月竣工移交。根据两国政府换文规定，中方将派遣 12 名专家进行为期 3 年的技术合作。"①

5 月 26 日，亚的斯亚贝巴市明尼克小学举行"微笑儿童"慈善项目启动仪式。"微笑儿童"项目系中国扶贫基金会等机构在埃塞第一夫人协调下，与埃塞"母性之本"慈善协会共同实施的慈善项目，主要为亚的斯市部分小学孤儿、残障儿童、单亲家庭儿童提供简便午餐。②

坦桑尼亚《公民报》报道，近日，驻坦桑尼亚中国使馆捐资约一万美元，为坦桑国父尼雷尔就读过的穆索马市姆温森格小学建设了实验室。

5 月 28 日，由天津理工大学和科特迪瓦博瓦尼大学合作建立的孔子学院在博大举行揭牌仪式。博大孔院是科第一个中文教育和文化交流基地，天理工有信心凭借自身优越的办学条件，为博大孔院的发展提供支持保障。③

中国驻加纳使馆在东部省举办女童助学捐赠仪式。"此次捐赠为 10 名失学女童颁发了奖学金，资助她们重返校园；向 100 名女学生捐赠了装有各种学习和生活用品的书包；向东部省上曼亚科布区和毕瑞北区教育局各捐赠了一台电脑。"④

5 月 29 日，中国"中非民间友好行动"资助布韦港市青年创办养鸡场协议签字仪式在阿比让大区布韦港市（PORT-BOUET）举行。该项目是中国"中非民间友好行动"继科霍戈辅助营养中心、阿加美卫生站和儿童中心学校、阿波波市出生证项目后，在科实施的第五个项目。"布韦

---

① 《中国援刚果（金）农业示范中心举行首期培训班开班仪式》，2015 年 5 月 22 日，http://cd.mofcom.gov.cn/article/jmxw/201505/20150500982234.shtml

② 《中方资助的埃塞"微笑儿童"慈善项目启动》，2015 年 5 月 26 日，http://et.china-embassy.org/chn/zagx/t1267115.htm

③ 《驻科特迪瓦大使张国庆出席科特迪瓦博瓦尼大学孔子学院揭牌仪式》，2015 年 6 月 2 日，http://ci.mofcom.gov.cn/article/jmxw/201506/20150601011569.shtml

④ 《驻加纳大使孙保红出席东部省女童助学捐赠仪式》，2015 年 5 月 29 日，http://gh.china-embassy.org/chn/xwdt/t1267993.htm

港市地处阿比让郊区，面临着巨大的减少贫困及促进青年自主创业压力。适逢当地政府资助非政府组织 FAMOP 创办养鸡场，中国驻科特迪瓦大使馆积极予以支持，以带动青年自主创业。"①

驻马达加斯加的中国企业举行迎"六一"国际儿童节、向当地政府捐赠物资仪式。本次活动捐赠对象为伊万多公立小学全体学生，捐赠物资包括电脑、书包、笔记本等学习用品。

5月30日，毛里塔尼亚总统阿齐兹到中国援毛农业示范中心为该中心竣工剪彩。农业示范中心旨在帮助毛塔加强粮食安全，改善当地人民生活水平。"该项目地处塞内加尔河沿岸，由位于中国粮仓的黑龙江省牡丹江市燕林农庄科技有限公司承担实施，占地50公顷，包括办公生活、禽类一体化养殖屠宰中心、农作物试验田和生产示范田、农机具和土地整治设备等。项目于2013年8月开工，2015年2月竣工移交，移交后将很快进入三年试运营期，中方政府将继续提供无偿援助，用于保证中心的维修和正常运营，派遣技术专家，采购农用物资，实验研究，培训毛方技术人员。合作期开始后，计划逐步开展水稻、玉米、蔬菜、菇类的引种及实验，示范肉鸡、蛋鸡规模化养殖技术，推广沼气利用、农业肥料再利用、立体化养殖等生态农业和循环经济理念。"②

6月1日和8日，中国和乍得签署中国向乍得赠送教育物资的换文。

6月3日，中国和加蓬签署中国政府援助加蓬医疗物资的交接证书。

6月4日，为确保中国援博茨瓦纳"光明行"项目顺利实施，驻博茨瓦纳使馆李智商务参赞等一行3人赴该项目实施地——距哈博罗内市约50余公里的利文斯顿医院进行实地考察，详细了解了开展白内障手术所需场地和医疗设备等情况，要求博方给予必要协助，并与博卫生部官员、利文斯顿医院负责人现场召开了"光明行"项目的第二次协调会。

6月4日和5日，中国和塞拉利昂在塞首都弗里敦签署中国向塞拉利昂无偿提供一套集装箱检测设备和配套远程监控系统的换文。

6月5日，中国全国人民代表大会常务委员会向加蓬参议院捐赠一批办公用品交接仪式在利伯维尔举行。

---

① 《张国庆大使出息资助布韦港市青年创办养鸡场 签字仪式》，2015年6月1日，http://ci.chineseembassy.org/chn/zxyw/t1269201.htm

② 《中国驻毛塔武东大使在与阿齐兹总统共同为中国援毛农业技术示范中心竣工剪彩仪式上的讲话》，2015年5月30日，http://mr.china-embassy.org/chn/sgzyhd/t1269447.htm

6月6日，福建省向博茨瓦纳派出第十四批医疗队，全队46人，为期2年。

6月8日，中国援助加纳霍城医科大学竣工验收末次会议在项目现场召开。

中国政府援建安哥拉罗安达总医院正式投入使用，安哥拉卫生部长范杜嫩、罗安达省省长多明戈斯受多斯桑托斯总统委托出席中国援安罗安达省总医院正式投入使用剪彩仪式。"罗安达总医院为中国政府援建项目，于今年2月正式移交安方，投入使用后，整体规模扩大3倍，科室齐全，功能齐全，采用中国最先进的医疗设备，可容纳800人同时就医，是安哥拉最大的省级综合性医院，是安哥拉全国具有示范性的公立医院。新的罗安达省总医院建成移交，为中安医疗卫生合作增添了新内容。医院移交后，中国政府将派技术合作组常驻医院现场，负责医院和医疗设备的维修保养，中国医疗队也将长期在医院工作，继续为安哥拉人民提供医疗服务。中国还计划派遣专家来安或邀请安医护人员赴华，加强对安哥拉医务人员的培训，进一步提高安哥拉的医疗卫生水平。中国政府把医院建好了，还会协助安哥拉政府把医院管好、用好，长久地发挥医院的作用。"①

中国驻塞内加尔大使夏煌出席中塞捷斯—图巴高速公路项目贷款协议签字仪式。

6月9日，中国驻加纳使馆向加纳司法部捐赠办公用品交接仪式。

6月10日，由华山国际工程公司李军生高级工程师率领的7位技术人员抵达佛得角，开始执行为期两年的援佛国家体育场项目技术合作。

6月11日，中国驻喀麦隆使馆向由喀总统夫人创建的"尚塔尔·比亚基金会"捐赠一批食品类慈善物资。

由中国土木工程集团有限公司承建的吉埃铁路吉布提境内段主线铺轨完工仪式在吉布提举行。

6月15日，中国政府援助几内亚政府抗疟药品交接仪式在几中央药房举行。

中国驻塞舌尔大使馆向塞庆典筹备委员会捐赠相关物资仪式，用于塞即将到来的国庆庆典大型团体操表演等活动。

---

① 《高克祥大使在中国政府援建安哥拉罗安达省总医院扩建项目落成移交仪式上的讲话》，2015年2月28日，http://ao.chineseembassy.org/chn/sghd/t1241426.htm

6月16日，中国驻索马里使馆向索马里全国妇女组织（SNWO）捐赠物资交接仪式在摩加迪沙SNWO总部举行。

6月20日，中国援科特迪瓦文化宫维修改造项目交接仪式在文化宫礼堂举行。阿比让文化宫升级改造项目2013年6月开工。改建后的文化宫有4个优质剧场，可更好地满足科特迪瓦人民文化生活的需求。①

6月21日，中国和马拉维在奇拉祖鲁选区的蒙杰佳和玛艾拉两个社区水井援助项目的交接仪式。"2014年中国政府曾经帮助马拉维政府在全境打钻600口水井，中国政府也将继续帮助马拉维村民和学生打钻更多水井，解决清洁用水问题，同时通过贸易提高马拉维人民的生活质量。该地区饮水困难问题十分严重，人畜共用同一水源现象十分普遍，新水井能够帮助村民提高生活质量。当地因缺乏洁净饮用水，疾病流行，当地妇女不得不每天早出晚归，耗费大量时间去远处取水。"②

6月22日，中国援助赞比亚国民议会办公设备物资项目交接仪式在赞举行。

6月24日，中国驻塞内加尔使馆向塞妇女、儿童、移民和社区发展协会捐赠缝纫机等物资。

中国援马达加斯加综合医院举行落成启用仪式。

营养早餐计划在毛里求斯的马赛卡彭小学正式启动。"营养早餐计划由毛中资企业协会出资，路易港扶轮社实施，惠及当地3所贫困小学270名学生。此次活动是中资企业协会首次以集体身份亮相当地公益活动。"③

6月27日，由中国建筑集团公司承建的埃塞商业银行（CBE）新总部大楼开工典礼仪式在亚的斯亚贝巴举行。

中国华文教育基金会"完美中国"海外华文教师远程培训课首次落地非洲，在毛里求斯举行开课仪式。

6月30日，中国驻马达加斯加大使杨民向马过渡期国家独立选举委员会（CENIT-T）捐赠市镇选举所需文具。

---

① 《我援科特迪瓦文化宫维修改造项目交接仪式在阿比让举行》，2015年6月22日，http://ci.mofcom.gov.cn/article/jmxw/201506/20150601023549.shtml

② 《中国援助马拉维南部选区2口水井》，2015年6月23日，http://malawi.mofcom.gov.cn/article/jmxw/201506/20150601020575.shtml

③ 《驻毛里求斯大使李立出席"完美中国"海外华文教师远程培训开课仪式》，2015年7月2日，http://www.fmprc.gov.cn/web/zwbd_673032/jghd_673046/t1278062.shtml

7月3日，在加纳西部省阿亚社区中心的启动仪式上，中国驻加纳大使馆向其捐赠两台电视机。

7月13日，中方向马达加斯加萨卡伊基层卫生站援建的太阳能供电系统竣工，马总统埃里夫妇出席庆典。

7月14日，安罗安达兰热尔区妇女职业培训中心举行2015年第一学期结业仪式暨"中非民间友好行动"捐助物资的交接仪式。"中国总商会向培训中心捐赠了钢琴等各类乐器及家政、装潢、按摩培训书籍等物资。兰热尔妇女职业培训中心隶属安公共管理、就业和社会保障部，是公共投资的公益性培训机构，也是安首家妇女职业培训中心。现主要设有家政服务、室内装潢、缝纫、按摩、烹饪、餐饮服务、信息技术、美容美发等课程。目前有400余名学员就学。"①

7月16日，利比里亚在蒙罗维亚市政厅举行2015年"金形象"奖颁奖仪式，以表彰过去一年中为利抗击埃博拉疫情做出杰出贡献的国家、机构和个人。中国获利方颁发的国际组"金形象"奖。"近年来，中国积极协助利维护社会稳定，有力促进了利在基础设施、卫生、农业等领域的发展。特别是在埃博拉疫情爆发后，中国率先驰援，及时向利方提供了大规模的人道主义援助，并为利建造了一所功能先进、设备齐全的埃博拉诊疗中心，派遣解放军医疗队赴利救治病人、培训当地医护人员，帮助利方控制住疫情。此次授予中国际组'金形象'奖，既是感谢中国为利经济社会发展所做的贡献，也证明了中利两国人民间的友谊牢不可破。希望两国能进一步加强在各领域的务实合作，推动双边关系发展，实现互利共赢。"

"'金形象'奖始于2011年，每年一届，分州、国家、国际三个组别，表彰在各领域对利做出杰出贡献的国家、机构和个人。此活动自开办以来，受到利政府高层和各界人士的认可和好评，在利具有较高知名度和影响力。每届颁奖典礼上都能看见中国人的身影。2011年中国公民余彭年被授予国际组慈善家金像奖；2012年中国被授予国际组最佳合作伙伴金像奖，是亚洲第一个获此殊荣的国家；2013年中国民营企业沃而丰公司被授予国际组发展金像奖。2014年中资企业中利联被授予杰出贡

---

① 《驻安哥拉大使高克祥出席安妇女职业培训中心结业仪式暨"中非民间友好行动"捐助物资交接仪式》，2015年7月15日，http://ao.chineseembassy.org/chn/sghd/t1281376.htm

献奖。"①

7月20日，马里政府在巴马科为即将离任的中国第二十三批援马医疗队集体授勋，以表彰医疗队在马工作期间为马里医疗事业以及促进两国友谊做出的贡献。马里国家勋位管理委员会主席宣读马总统签署的授勋令，授予郭良队长国家骑士勋章，授予30名队员"小蜜蜂"勋章。第二十三批援马医疗队于2013年7月21日抵马。②

7月21日，中兴乌干达分公司向乌卡佩卡地区捐赠一台大型玉米加工机举办交接仪式，中兴公司捐赠的玉米加工机设计能力每小时生产1吨玉米粉。

7月24日，中国援建的中国—加蓬友谊小学建成移交。

7月25日，由津巴布韦中资企业商会和中国驻津巴布韦医疗队共同组织筹办的"中国医疗队全国义诊活动"第七站在哈拉雷中国城龙城广场举行。"此次义诊活动由中资企业商会会员单位安徽外经公司具体承办。义诊活动从上午8点半开始，一直持续到下午4点左右结束，共接待了近200名患者。迄今，已在奎鲁、宾杜拉、穆塔雷、奇诺依等地举行六次大型义诊，就诊范围超过三千人次。"③

7月29日，在津巴布韦国家检控署办公室启用仪式上，中国驻津使馆向津方捐赠了台式电脑、笔记本电脑、打印机等办公用品。

佛得角政府举行国家数据中心（利用中国政府优惠贷款项目）启用仪式。

7月30日，中国援毛里塔尼亚"光明行"活动闭幕，"中毛眼科合作中心"揭牌。

7月31日，中国援助科特迪瓦翻修的文化宫重新开放。

中国向几内亚外交部再援赠一批办公物资交接仪式在几外交部会议中心隆重举行。

8月9日，佛得角政府举行中国援佛农产品加工中心奠基仪式。中国援佛农产品加工中心是中葡论坛第四届部长级会议中方承诺的具体举

---

① 《利比里亚授予中国2015年"金形象"奖》，http：//lr.china-embassy.org/chn/sgh-dhzxxx/t1282618.htm

② 《马里政府为中国第23批援马医疗队集体授勋》，2015年7月24日，http：//www.fmprc.gov.cn/zflt/chn/zfgx/zfgxrwjl/t1283691.htm

③ 《中国援津巴布韦医疗队举行第七次全国义诊活动》，2015年7月30日，http：//www.chinaembassy.org.zw/chn/xwdt/t1285205.htm

措之一。"项目占地 2400 平方米，建筑面积 1120 平方米，包括瓜果清洗包装车间与冷藏库房，并配备加工机械与发电设备。产品主要供应当地旅游市场，替代进口产品。"①

8月11日，中国援贝宁阿卡萨多—博依贡公路一标段项目举行竣工移交仪式，援贝宁科托努立交桥桥下河道整治及绿化工程举行竣工仪式。

8月14日，华为公司向津巴布韦西马省萨比纳·穆加贝中学捐赠25台电脑举行仪式，同时，中国驻津使馆向该校捐赠了足球等体育用品。

南京市政府援助纳米比亚温得和克市政府110台太阳能照明设备举办交接仪式。

8月19日，中国驻纳米比亚大使忻顺康应邀出席使用中国优惠贷款、由中国机械设备工程股份有限公司（CMEC）联合青建国际公司承建的纳北方公路 MR67 路段升级改造项目竣工通车仪式。"该公路全长86公里，连接纳北部 Omakange 及 Ruacana 两镇，项目于 2013 年 7 月 25 日开工，较合同工期提前 99 天完工，是使用中国优惠贷款在纳建设的第一条公路项目，总造价约 4500 万美元。CMEC 在施工过程中妥善处理了与当地政府、酋长和社区百姓的关系，为当地居民创造了高峰期约 400 人的就业机会，也吸纳当地 30 多个中小企业参与建设，分包额超过 25%。"②

8月20日，中国和贝宁签署"中非民间友好行动"框架下援贝宁家庭部"打击家庭暴力、保障妇女权益"项目协议。

8月20日—28日，中国援厄特的医生在贝尔汉眼科医院开始执行"光明行"手术。"从 8 月 20 日开始，眼科专家医疗组经过持续的工作，从中国捐献的 34 个集装箱中，安装成功了 28 台仪器，分批调配了近 230 个耗材箱。专家医疗组成员每天都工作 7 个小时左右，截至 8 月 28 日 13 点，专家医疗组已实施手术 111 台，术后检查效果普遍良好，达到了预期目标。术后患者表示，手术非常成功，非常感谢中国医生。"③

8月25日，由中国香港钟瀚德基金会捐赠的南非马卡托·勒瓦尼

---

① 《驻佛得角大使杜小丛出席中国援建佛农产品加工中心奠基仪式》，2015 年 8 月 10 日，http://cv.chineseembassy.org/chn/sghd/t1287789.htm

② 《中国驻纳米比亚大使忻顺康出席纳北方公路项目 MR67 路段通车仪式》，2015 年 8 月 20 日，http://na.chineseembassy.org/chn/sgxw/t1290111.htm

③ 《中国驻厄特使馆临时代办和志耕考察"光明行"活动执行情况》，2015 年 8 月 28 日，http://er.china-embassy.org/chn/sghd/t1292107.htm

卡·曼德拉小学建成移交。①

8月28日，中国援刚果（金）政府综合办公楼项目奠基仪式在金沙萨举行。"该项目占地4公顷，建筑面积20600平方米，为五层建筑，单体包括办公楼、门卫房及设备用房等，功能以办公、会议、接待为主。项目对外工期26个月，由江苏南通三建集团有限公司负责施工。"②

中国援助几内亚国家独立选举委员会一批摩托车、电脑等物资交接仪式在该委员会办公大楼举行。

8月29日，乌干达恩德培国际机场扩建项目举办启动仪式。"恩德培机场扩建项目是继卡鲁玛、伊辛巴及恩德培—坎帕拉机场高速路项目之后又一个由中国政府提供融资、中国公司承建的项目，相信该项目一定能成为中乌在基础设施建设领域合作的一个新的里程碑。乌干达作为一个内陆国家，航空运输业对其与世界联系意义重大，随着乌经济和旅游业发展，越来越多的人选择到乌投资、旅游，原机场已无法满足日益增长的航空运输需求。通过扩建，恩德培国际机场每年旅客的吞吐量将从原来的130万增长到300万。恩德培机场扩建项目包括新建客运楼、货运仓库、加宽跑道等，工程分两期，约需要5年时间。中国进出口银行将为一期工程提供2亿美元的优惠贷款。"③

9月，福建省向塞内加尔派出第十六批医疗队，全队13人。

9月1日，中国驻塞内加尔使馆向塞智障儿童保护协会捐赠物资仪式在塞智障儿童教育中心举行。

中津野生动物基金会在津巴布韦首都哈拉雷举行成立仪式。"基金会成立的宗旨是保护津野生动物，将支持津公园与野生动物管理局及有关野生动物保护机构开展相关活动。中国政府向津政府捐赠价值230万美元的野生动物保护设备，中国民间力量亦积极在津开展野生动物保护活动。基金会的基金主要来自于中国政府和相关企业的捐赠，基金会成立时已收到来自中国企业的价值21万美元的物资和现金捐赠，年内还将再

---

① 《祖马总统出席华人捐赠小学启用仪式》2015年8月31日，http://www.chinese-embassy.org.za/chn/sgxw/t1292546.htm
② 《中国援刚果（金）政府综合办公楼项目举行奠基仪式》，2015年8月29日，http://cd.chineseembassy.org/chn/xwdt/t1292214.htm
③ 《乌干达恩德培国际机场改扩建项目举行开工仪式》，2015年9月2日，http://intl.ce.cn/sjjj/qy/201509/02/t20150902_6387852.shtml

收到来自中国野生动物园的 30 万美元捐赠。"①

9 月 3 日，在"中非民间友好行动"框架下，驻喀麦隆使馆向尚塔尔·比亚基金会捐赠了一批包括轮椅、食品和书包在内的慈善物资。

9 月 4 日，驻津巴布韦大使林琳在考察津东马绍纳兰省时，向该省捐赠水泵、课桌椅、电脑、自行车和足球等物资。

9 月 7 日，中国援助卢旺达北方省 58 口饮用水打井项目竣工。

9 月 10 日，中国和科特迪瓦举行捐赠科独立选举委员会物资的交接仪式。

9 月 15 日，中国援科特迪瓦阿尼亚马学校维修扩建项目举行交接仪式。"该项目总投资约 3600 万元人民币，由江苏省建筑工程集团有限公司负责实施。项目扩建部分占地面积约为 8500 平米，总建筑面积约 3900 平米，包括新建 23 间教室、11 间教师办公室、1 间会议室、1 间图书阅览室、1 间教师食堂及 1 个运动场。项目投入使用后可同时容纳约 900 名学生上课。扩建后的阿尼亚马中学将正式升级为高级中学，并将以瓦塔拉总统的名字命名。"②

9 月 16 日，金沙萨市政府在金刚布瓦区举行由中国驻刚果（金）使馆资助修缮的 Waya Waya 社区足球场启用仪式。

加纳政府在加西部省举行阿图阿博天然气处理厂投产仪式。"阿图阿博天然气处理厂是中国国开行融资、中石化承建的加油气领域大型基础设施项目，对加纳提升利用资源能力、实现将资源优势转化为发展动力具有重要意义。"③

9 月 17 日，苏丹候希班卡学校举行中国教学用品捐赠仪式。候希班卡学校在苏丹是一所具有历史和影响的学校，位于尼罗河州，距喀土穆约 200 公里。

9 月 18 日，中国政府援建加纳医科大学项目交接证书签字仪式在加纳教育部举行。"医科大学项目位于加纳沃尔特省首府霍城，总建筑面积 10386.25 平方米。该项目于 2013 年 8 月 7 日开工，2015 年 4 月 6 日竣

---

① 《林琳大使出席中津野生动物基金会成立仪式》，2015 年 9 月 9 日，http://www.chinaembassy.org.zw/chn/xwdt/t1295104.htm。

② 《援科特迪瓦阿尼亚马中学维修与扩建项目正式移交科方》，2015 年 9 月 17 日，http://www.llqgo.com/n2/20150917/46865.html。

③ 《驻加纳大使孙保红出席阿图阿博天然气处理厂投产仪式》，2015 年 9 月 18 日，http://gh.china-embassy.org/chn/xwdt/t1297958.htm。

工。项目分为教学区、学生宿舍区和高级职员住宅区，包括教学楼、图书馆、行政管理楼、实验楼等单体工程及停车场、篮球场、室外道路等配套设施。"①

9月23日，阿尔及利亚宰牲节前夕，中国驻阿尔及利亚使馆与阿红新月会联合在蒂齐乌祖省举办慈善捐赠活动。此次活动由使馆出资购买牛羊等节日物资，并捐助给当地贫困家庭。

津巴布韦前教育部长、就业部长、知名华裔教育家费琼（朱慧琼）博士向中国驻津使馆捐赠了一批其撰写的新书《津巴布韦向东看》。费琼女士认为，津发展的关键不是依靠外来援助，而是转变思维方式，寻找适合本国的发展道路。津可学习中国等亚洲国家的发展经验，引进其先进技术，大力发展本国制造业和工业，实现可持续发展。②

9月29日，中国驻阿尔及利亚大使杨广玉会见阿新任农业部长法鲁基时，法鲁基希望中方在盐碱地治理、淡水养殖等方面给予支持。

9月30日，中国驻索马里大使馆向索交通与民航部移交使馆捐赠的一批电脑、打印机、复印机等办公设备。

10月5日，中国和科特迪瓦的阿比让PK24工业园区项目一期框架合作协议签字仪式在科工矿部举行。

10月6日，中国援科特迪瓦阿比让港口扩建项目开工仪式在阿比让港举行。该项目合同金额9.334亿美元，85%由中国进出口银行提供优惠买方信贷，是目前中国政府向科提供的单笔金额最大的政府框架项目。项目预计将于2019年7月完工。该项目是时任总统瓦塔拉第一任期内最大的工程项目。国务部长多索及交通部长图雷等表示，阿比让港口扩建完成后，吞吐量将从2014年的612万TEU提高到1333万TEU，成为西非乃至撒哈拉以南非洲最大港口。③

10月7日，中非希望工程第二批希望小学启动仪式在赞比亚首都卢萨卡洲际酒店举行。

10月8日，中国驻几内亚大使馆援几内政部一批物资。

---

① 《驻加纳大使孙保红出席中国援建加纳医科大学项目交接证书签字仪式》，2015年9月20日，http：//gh.china-embassy.org/chn/xwdt/t1298355.htm

② 《费琼博士向中国驻津巴布韦使馆捐赠新书》，2015年9月28日，http：//www.fmprc.gov.cn/web/zwbd_673032/gzhd_673042/t1301194.shtml

③ 《唐卫斌大使出席阿比让港口扩建项目开工仪式》，2015年10月6日，http：//ci.chineseembassy.org/chn/zxyw/t1304010.htm

10月9日，加纳高等法院大楼举办交工启动仪式。"加高法办公大楼由中资公司华陇（加纳）集团总公司承建，为5层多功能综合办公大楼，建筑总面积约3万平方米，包括法庭、办公室、多媒体厅、图书馆、总检察长和检察官办公室、信息发布中心、媒体发布会厅等设施。"①

尼日利亚首都阿布贾郊区一个尼国内流离失所者（IDPs）营地举行了技能培训中心项目启动仪式。

10月10日，中国政府第九批援厄立特里亚医疗队在奥洛特医院举办"急救白金十分钟，创造生命奇迹"活动。

中国驻坦桑尼亚大使吕友清出席天然气管道启用仪式。

10月16日，博茨瓦纳华为公司向当地教堂捐赠了一批建筑材料，用于教堂扩建，总价值约10万普拉。

中国驻坦桑尼亚大使吕友清出席巴加莫约港口项目奠基仪式。

10月22日，中国驻喀麦隆使馆通过喀麦隆海关妇女工作者协会向喀海关工作人员遗孤及其他一些社会弱势群体捐赠包括食品、药品、文具等在内的一批慈善物资。

中国援助的中国—加蓬示范小学的操场改建项目竣工。

10月23日，中国驻博茨瓦纳使馆向博首都哈博罗内高中捐赠5台电脑。

中国驻毛里塔尼亚使馆向毛社会事务、儿童与家庭部赠送一批包括电脑在内的办公物资。

10月26日，中国水产总公司向几内亚比绍手工渔业协会提供渔业技术培训用劳保用品举行捐赠仪式。

10月30日，中国驻利比里亚使馆向利青年联合会捐赠一批办公物资。利青年联合会创建于1974年，是利全国性青年和学生组织，在利全国十五个州设有分支机构，是利最有影响力的青年组织。中国使馆捐赠的办公设备将大大提高利青联办公和动员能力。

11月，中国向坦赞铁路提供设备援助，改善铁路的运行质量。"此次中国援助的设备包括4台柴油电传机车和18辆客车，这批设备总价值2240万美元，11月运抵坦桑尼亚。这批设备的提供，将使铁路局每日机车可用台数从12台增加至16台，无故障运行距离从6015公里提升至

---

① 《驻加纳大使孙保红出席加纳高等法院大楼交工启动仪式》，2015年10月12日，http://gh.china-embassy.org/chn/xwdt/t1305145.htm

7098公里。中国经济商务代表林治勇表示,为了解决设备运行中的技术问题,中方还配合派遣技术合作组抵达坦,就项目有关问题举行会谈。由于经营模式等问题,坦赞铁路的运营已经陷入亏损状态。由于多年来再投资不足,坦赞铁路运力严重受限。尽管每年有大量的进出口货物等运输货源,坦赞铁路的运营仍难以为继。"①

11月1日,中国政府援助刚果(布)应对埃博拉疫情医疗物资运抵刚果(布)首都布拉柴维尔玛雅·玛雅国际机场。

11月5日,中国驻加纳使馆通过加纳地方政府与农村发展部向加纳贫困社区捐赠20台缝纫机。

11月6日,中国驻加纳大使孙保红应邀出席加纳议会大厦改扩建工程竣工典礼。"议会大厦改扩建项目总建筑面积约57968平方米,包括办公室、秘书处、健身房、室外草坪等。"②

11月12日,马达加斯加外交部办公楼部分办公室修缮工程竣工。

"中非民间友好行动"框架下,中国援助几内亚乒乓球联合会一批乒乓球器材举行交接仪式。

11月13日,中国驻马里使馆举行中国向马媒体捐赠物资仪式。

11月16日,中国援乍得首都恩贾梅纳机场新扩建项目举办启用仪式。

中国政府援建加纳1000口供水井项目换文签字仪式在加纳财政部举行。"中国政府将援建加纳1000口供水井,旨在向农村和偏远地区提供安全可靠的水源,惠及六省三十万余居民,项目的实施将显著提高加纳人民生活质量。援建加纳供水井项目拟在加纳布朗阿哈福省、东部省、西部省、北部省、上东部省以及沃尔特省等建设1000口手压井,改善上述地区饮水条件,降低因饮用不清洁水导致的痢疾、伤寒、血吸虫病等的发病率。2014年,中加两国地质专家对项目进行了细致的前期考察,双方在施工场地、水井类型、双方责任等方面达成一致。"③

11月17日,由中国政府援建的喀麦隆杜阿拉妇儿医院正式落成。

---

① 《中国援助的坦赞铁路机车和客车隆重交接》,2015年12月3日,http://china.huanqiu.com/News/mofcom/2015-12/8099952.html

② 《驻加纳大使孙保红出席加议会大厦改扩建工程》,2015年11月8日,http://gh.china-embassy.org/chn/xwdt/t1312988.htm

③ 《驻加纳大使孙保红与加纳财政部长签署援建1000口供水井项目换文》,2015年11月19日,http://gh.china-embassy.org/chn/xwdt/t1316201.htm

"援喀杜阿拉妇儿医院拥有300张床位。作为中非合作论坛框架下的八项举措之一,由中国山西建筑工程(集团)总公司承建,2010年12月开工建设,2015年2月竣工。"①

中国向加纳援助抗疟药品移交仪式在加纳卫生部举行。"中国自2006年起向加纳提供抗疟药物,本次援助的60万支青蒿琥酯针剂主要应用于重症疟疾的治疗。她希望这些药物能够帮助加纳人民抗击疟疾、挽救生命。中加双方在医疗卫生领域的合作取得了丰硕成果,2015年中方为加纳医疗卫生领域提供了100多个培训机会。目前,22名助产士正在中国学习。青蒿琥酯适用于脑疟及各种重症疟疾的治疗,本次援助的注射针剂已通过世界卫生组织相关质量认证,并在加纳药监局注册。"②

11月18日至27日,中国驻加纳大使孙保红分别为加纳大学、恩克鲁玛科技大学、威斯康辛大学和海岸角大学4所大学的58名加纳学子颁发中国大使奖学金,并向学校赠送了办公用品和书籍。

11月24日,中国援助安哥拉警用物资交接仪式在安哥拉内政部举行。

中国和塞内加尔政府签署框架协议,中方将为塞国家宽带网项目提供优惠贷款。

中国向加蓬手工艺学院捐赠物资。

中国向加蓬法美管理学院捐赠中文教材。

11月25日,中国援塞内加尔达喀尔市梅迪纳区小学修缮工程竣工。

11月26日,中国驻贝宁大使刁鸣生在科托努与贝宁总统亚伊共同主持贝宁国家宽带项目奠基暨电信4G业务启动仪式。"贝宁国家数字宽带项目由中国进出口银行提供优惠贷款,中国华为公司承建,是贝宁国家级重点项目,符合贝宁政府大力发展数字经济的需求,将使贝宁通信资源得到显著改善,促进经济发展,改善人民生活,增加就业,尤其为年轻人提供更多发展机会。刁大使指出,华为公司是世界知名大公司,在信息科技方面拥有雄厚实力,华为与贝宁电信开展了良好合作,促成贝宁在较短时间内实现了电信服务从3G到4G的跨越,大大改善了贝宁

---

① 《喀麦隆举办中国援建医院落成剪彩仪式》,2015年11月18日,http://world.people.com.cn/n/2015/1118/c157278-27829199.html。

② 《驻加纳大使孙保红与加纳卫生部长签署中国援加抗疟药品交接证书》,2015年11月20日,http://gh.china-embassy.org/chn/xwdt/t1316860.htm。

的通信现状,带动许多相关行业的发展,为商务和人们日常生活提供诸多便利。"①

11月27日,肯尼亚国际和平支援训练中心举行中国向该中心捐赠办公设备的交接仪式。

11月28日,中水电集团赞比亚公司承建的下凯富峡750兆瓦水电站项目开工仪式。"此次将建的下凯富峡水电站是赞比亚40年来投资开发的第一个水电站。该水电站装机容量75万千瓦,将使赞比亚现有电力提高38%,满足该国未来5到10年的电力需求,为其矿业、农业发展提供稳定的电力保障。赞比亚水利资源丰富,蕴含发电量6000兆瓦,2014年装机容量仅为2203兆瓦,开拓潜力大。目前赞电力覆盖率不到30%,赞政府计划到2030年前将电力覆盖率提升至51%。下凯富峡750兆瓦水电站项目总造价20亿美元,计划在5年内建成。"②

中国驻利比亚大使馆通过利中友好协会向利首都的黎波里部分贫困中小学生捐赠书包、电子词典、篮球等文体用品。

12月2日,中国在乌干达建设的辽沈工业园举办奠基仪式。"乌辽沈工业园距首都坎帕拉45公里,占地面积2.6平方公里,建设初期中资企业将投入2.2亿人民币。整个工业园区建成后,最多可容纳50家工厂并创造数千个就业机会。"③

12月4日,中非合作论坛第六届会议在南非首都比勒陀利亚举行。中国外交部长王毅、商务部长高虎城以及50个中非合作论坛非方成员国外交部长和主管对外经贸事务的部长、非盟委员会高级代表出席会议。本次会议通过了《约翰内斯堡行动计划》和《约翰内斯堡宣言》两个文件。④

12月5日,中非合作论坛第六届会议约堡峰会在南非约翰内斯堡举行。习近平出席中非合作论坛约翰内斯堡峰会开幕式并发表题为《开启

---

① 《刁鸣生大使与亚伊总统共同主持贝宁国家宽带项目奠基暨电信4G启动仪式》,2015年11月28日,http://bj.china-embassy.org/chn/zxxx/t1319321.htm

② 《中国企业100亿元签下赞比亚最大水电站合同》,2015年11月24日,http://mil.news.sina.com.cn/2015-11-24/1426844696.html

③ 《驻乌干达大使赵亚力陪同乌总统穆塞韦尼出席辽沈工业园奠基仪式》,2015年12月3日,http://www.fmprc.gov.cn/web/zwbd_673032/gzhd_673042/t1320759.shtml

④ 参见http://www.focac.org/chn/ltda/dwjbzzjh_1/t1321173.htm

中非合作共赢、共同发展的新时代》的致辞。①

中国政府在约翰内斯堡发布《中国对非洲政策文件》,这是暨2006年首份政策文件后的第二份政策文件。②

12月9日,突尼斯总统埃塞卜西赴比塞大省出席由中国水利电力对外公司承建的莫拉水坝竣工仪式。"莫拉水坝位于突北部比塞大省境内,由中水电对外公司承建,蓄水能力4100万立方米,年供水能力1550万立方米,受益灌溉区200公顷。"③

华为(加纳)公司翻新加图书馆二期工程完工交付仪式在阿克拉图书管理局举行。

中南双方在南非德班港集装箱码头举行模块化箱房诊所交接仪式,中国政府委托中国科技部、中国科学院向南非夸祖鲁—纳塔尔省捐赠总价值达40万美元的四套箱房诊所正式移交南方。"箱房诊所研制项目系中非科技伙伴计划支持的项目之一,箱房诊所将可移动集装箱打造成移动式基层全科诊所,以为居民提供日常健康筛查、基本治疗和公共卫生服务。自2011年起,中国科技部委托中国科学院根据非洲国家医疗卫生状况和特点启动研制工作,此次系箱房诊所研制成功后第一批运抵非洲大陆。"④

中国驻塞内加尔大使馆向"服务塞内加尔"基金会捐赠毛毯、枕套、床单等医用物资。

12月10日,津巴布韦万吉国家公园举行中国政府向津巴布韦政府捐赠野生动物保护设备交接仪式。"华为出资50万塞地对阿克拉主图书馆儿童图书馆、地板等进行了翻新和装修,并安装了防盗门,捐赠了书架等家具。这是华为第二次对加纳图书馆进行翻新捐赠。"⑤

苏丹喀土穆州巴哈里区玛纳拉小学举行中国驻苏丹使馆"中国的书

---

① 《开启中非合作共赢、共同发展的新时代》,2015年12月5日,http://www.focac.org/chn/ltda/dwjbzzjh_1/t1321569.htm

② 具体内容参见:http://www.focac.org/chn/ltda/dwjbzzjh_1/hywj/t1321590.htm

③ 《边燕花大使陪同突尼斯总统埃塞卜西出席莫拉水坝竣工仪式》,2015年12月10日,http://www.fmprc.gov.cn/ce/cetn/chn/dtxws/t1323175.htm

④ 《中国政府向南非捐赠模块化箱房诊所》,2015年12月16日,http://www.chinese-embassy.org.za/chn/sgxw/t1325001.htm

⑤ 《驻津巴布韦大使黄屏出席中国政府向津巴布韦政府捐赠野生动物保护设备交接仪式》,2015年12月15日,http://www.fmprc.gov.cn/web/zwbd_673032/gzhd_673042/t1324566.shtml

包"项目交接仪式。

中国和尼日利亚信息通讯技术（ICT）培训项目在尼日利亚启动。

12月11日，中国援助多哥议会大楼建设协议签字。

12月12日，十八届五中全会精神对外宣讲团访问阿尔及利亚。应阿尔及利亚民族解放阵线党邀请，国务院发展研究中心副主任王一鸣率十八届五中全会精神对外宣讲团于2015年12月12至15日访阿。王一鸣副主任全面解读了"十三五"时期中国经济社会发展的指导思想、基本原则、目标要求、基本理念和重大举措，重点介绍了创新、协调、绿色、开放、共享五大发展理念，并结合习近平主席在中非合作论坛约堡峰会的讲话精神和"一带一路"倡议，引导阿方积极推动与中国在基础设施、产能、农业、通讯、新能源等领域开展合作，实现互利共赢。①

中国驻厄立特里亚大使馆向阿斯马拉图书馆赠送一批图书和音像资料。"厄特没有国家图书馆，作为厄特最大的图书馆，阿斯马拉图书馆在一定程度上承担着厄特国家图书馆的职能，读者群庞大，每年有30多万读者前来借阅图书。中国大使馆此次赠送的各类图书和音像资料共260余种（其中音像资料60种）470余册。"②

12月13日，华为赞比亚公司向赞西北省MUSHINDAMO技术高中捐赠电脑举办交接仪式。

12月15日，马里"中非民间友好行动"项下援助马首都巴马科二区政府3辆垃圾车举行交接仪式。

12月16日，中国和科特迪瓦在阿比让签署有关中资企业承建科特迪瓦电网建设和改造项目贷款协议。科特迪瓦电网发展和改造项目由中国进出口银行提供大部分资金的融资支持。项目由中国机械工业集团和中国电力工程有限公司联合体负责实施，主要建设内容包括："新建变电站14座，扩建变电站13座，新建输电线路22条、约2000公里，并为沿线500个村庄提供中压供电设备。"对科特迪瓦电网的全面升级改造，有望进一步促进当地农产品加工、采矿、制造等产业发展，助力科实现"2016—2020年国家发展计划"，进而促进当地经济、社会发展，实现减

---

① 《十八届五中全会精神对外宣讲团访问阿尔及利亚》，2015年12月15日，http://dz.china-embassy.org/chn/xw/t1326399.htm

② 《中国驻厄立特里亚大使馆向阿斯马拉图书馆赠书》，2015年12月12日，http://er.china-embassy.org/chn/sghd/t1323843.htm

贫目标。①

埃塞俄比亚中国商会举行公益捐赠活动仪式,向中国政府在埃塞首都亚的斯亚贝巴援建的两所小学校捐赠文体用品。

塞拉利昂大学举行首届"中国大使奖学金"颁发仪式,大使赵彦博出席并向首批获奖学生颁发奖状奖金。人力资源匮乏是制约塞国家发展的主要瓶颈之一,特别是埃博拉疫情爆发导致学校停课,大量学生失学在家。通过奖学金的方式,中国使馆表达了积极帮助部分家境贫寒、品学兼优的学生继续完成学业的愿望。"塞拉利昂大学'中国大使奖学金'由中国驻塞拉利昂使馆于2015年设立,每年向15名品学兼优的塞拉利昂大学生提供资助。此外,根据下一学年学习表现,中国大使馆还将在15名学生中挑选一人获得中国政府奖学金赴华深造。"②

12月17日,中国驻利比亚大使馆向利红新月会捐赠价值55000利第的义肢、毛毯、医疗箱等物品,用于在利"2·17革命"中致残人员和流离失所者,并帮助他们度过即将到来的冬天。

中国驻阿尔及利亚大使杨广玉会见阿青年和体育部长艾尔哈迪,洽谈双方在论坛框架下展开体育合作事宜。在中非合作论坛约堡峰会上,中方提出将在今后三年为非洲提供2000个学历学位教育名额和3万个政府奖学金名额,并提供4万个来华职业培训名额,以上举措有助于为密切双方青年交流、提升阿青年能力提供更加广阔的舞台和新的机遇。阿在足球方面独具优势,中国正致力于提高足球水平,中国愿加强与阿在足球等体育运动方面的交流合作,共同推动两国在青年和体育领域的合作跃上新的台阶。③

12月19日,中国驻索马里使馆向由联合国索马里援助团(UNSOM,联索团)管理的"索马里和平与和解"信托基金捐款2万美元,用于支持联索团在索马里实施的和平与和解、国家机构重建、儿童保护及妇女赋权等项目。

12月22日,"中非民间友好行动"农业项目交接仪式在卡德维尔市

---

① 《中资企业助力科特迪瓦电网改造升级》,2015年12月17日,http://news.xinhuanet.com/2015-12/17/c_1117491425.htm

② 《塞拉利昂大学举行首届"中国大使奖学金"颁发仪式》,2015年12月17日,http://sl.china-embassy.org/chn/sgxxs/dssghd/t1325103.htm

③ 《驻阿尔及利亚大使杨广玉会见阿青年和体育部长艾尔哈迪》,2015年12月21日,http://dz.china-embassy.org/chn/xw/t1326450.htm

政厅举行。受"中非民间友好行动"资助,由在利比里亚中资企业重庆对外建设集团公司和河南国际合作集团公司实施,"旨在通过向卡德维尔、卡卡塔、路易斯安那和金格雷镇村民捐助农用物资和农耕器具,提高当地农民生产能力,助力当地村民实现粮食自给和可持续发展"①。

中国驻苏丹大使李连和赴苏丹加达里夫州考察中国援苏农业技术示范中心和山东新纪元农业发展有限公司。

12月23日,中国政府援助布隆迪总统府项目开工仪式在首都布琼布拉市项目工地举行,布总统恩库伦齐扎出席。"总统府项目是迄今规模最大的中方援布项目,位于布琼布拉市东北郊,距市中心约9公里,由湖南建工集团承建。项目建筑面积约1万平米,可容纳总统、两位副总统及其工作团队办公用房,并配备了功能齐全的配套设施,工期26个月,建成后将成为布首都新的地标性建筑,为改善布国家领导人办公条件,并带动周边区域发展发挥积极作用。"②

中国政府援助加纳的阿武图·森雅中学扩建工程举行交接仪式。

中国驻乌干达使馆与中国水利电力对外公司(CWE)乌干达分公司为乌Kayunga大区捐赠拖拉机、三轮摩托车、锄头和床垫等物资举行交接仪式。

12月26日,位于贝宁西部库福省的阿贾哈拉水电站举行奠基仪式。"阿贾哈拉项目是中国政府向贝宁和多哥政府提供两优贷款建设的大型水电站项目,位于贝多两国的界河莫诺河上,建成后总装机容量为147MW,对于改善两国电力、能源匮乏的现状意义重大。"③

12月30日,中国驻赞比亚使馆向赞国家体育理事会捐赠办公设备举办交接仪式。

12月31日,中国驻乌干达使馆为麦克雷雷大学农业研究中心捐赠两台手扶拖拉机。

赞比亚"中非民间友好行动"资助的社区儿童早期发展中心和初级卫生保健中心项目举办交接仪式。

---

① 《驻利比里亚使馆代办庞含兆出席"中非民间友好行动"农业项目交接仪式》,http://lr.china-embassy.org/chn/sghdhzxxx/t1327442.htm

② 《中国政府援助布隆迪总统府项目举行开工仪式》,2015年12月23日,http://bi.chineseembassy.org/chn/sgxw/t1327132.htm

③ 《刁鸣生大使出席阿贾哈拉水电站项目奠基仪式》,2016年1月1日,http://bj.china-embassy.org/chn/zxxx/t1329177.htm

参考文献

1. 英文文献

Peter Andrews Poole, "Communist China's Aid Diplomacy", *Asian Survey*, Vol. 6, No. 11, Nov., 1966.

Bruce D. Larkin, *China and Africa, 1949 – 1970*, University of California Press, 1971.

Wolfgang Bartke, *China's Economic Aid*, New York, Holmes & Meler Publishers, 1975.

Warren Weinstein, *Chinese and Soviet Aid to Africa*, New York: Praeger, 1975.

Martin Bailey, *Freedom Railway: China and the Tanzania-Zambia Link*, Rex Collins, London, 1976.

Riehard Hall and Hugh Peyman, *the Great Uhuru Railway: China's Showpiece in Africa*, Victor Gollance Ltd., London, 1976.

Kasuka Mutukwa, *Politics of Tanzania-Zambia Railway*, University Press of America, Washington, 1977.

Denis M. Tull, "China's Engagement in Africa: Scope, Significance and Consequences", *The Journal of Modern African Studies*, Vol. 44, No. 3, Sep., 2006.

Richard Manning, "Will 'Emerging Donors' Change the Face of International Cooperation?" *Development Policy Review*, Vol. 24, No. 4, 2006.

C. Alden, *China in Africa*, London: Zed Books, 2007.

Vivien Foster, William Butterfield, Chuan Chen, Nataliya Pushak, *Building Bridges: China's Growing Role as Infrastructure Financier for Sub-*

Saharan Africa, World Bank 2007.

Ngaire Woods, "Whose aid? Whose Influence? China, Emerging Donors and the Silent Revolution in Developemtn Assistance", *International Affairs*, Vol. 84, No. 6, 2008.

Carin Smaller and Howard Mann, "A thirst for distant lands: foreign investments in agricultural land and water", International Institute for Sustainable Development (IISD) report, 2009.

MatthiasGörgen et al., "Foreign direct investment (FDI) in land in developing countries", *GTZ report*, 2009.

JamieMinson, *Tanzania: Africa's Freedom Railway-How a Chinese Developemnt Project Changed Lives and Livelihoods in Tanzania*, Indiana University Press, 2009.

Deborah Brautigam and Tang Xiaoyang, "China's Engagement in African Agriculture: 'Down to the Countryside'", *The China Quarterly*, 2009.

Deborah Bräutigam. "China's Challenge to the International Aid Architecture", *World Politics Review*, v. 1, n. 4 July/August 2009.

Giles Mohan and Marcus Power, "Africa, China and the 'new' economic geography of development", *Singapore Journal of Tropical Geography*, 30 (1), 2009.

Dambisa Moyo, *Dead Aid: Why Aid Is not Working and How There Is a Better Way for Africa*, Farrar, Straus and Giroux, 2010.

CCS, *Evaluating China's FOCAC commitments to Africa and mapping the way ahead*, The Rockefeller Foundation, 2010.

Deborah Brautigam. "China, Africa and the International Aid Architecture", African Development Bank Working paper, 2010.

Deborah Bräutigam, Tang Xiaoyang, "African Shenzhen: China's Special Economic Zones in Africa", *The Journal of Modern African Studies*, Vol. 49, No. 1 (MARCH 2011).

Deborha Brautigam, Assessing China's Growing Role, Realism, Information and Engagement, 1 November, 2011, http://allafrica.com/stories/201111021389.html? page = 4

Deborah Bräutigam and Sigrid-Marianella Stensrud Ekman, "Rumours and Realities of Chinese Agricultural Engagement in Mozambique", *African Affairs*, *v.* 111, n. 444（July 2012）

Kenneth King, *China Aid and the Soft Power in Africa*, Boydell & Brewer, 2013.

2．中文文献

《中华人民共和国对外关系文件集》（第 1、2、3、4、5、6、7、8、9、10 集），世界知识出版社 1960、1961、1962、1964、1965 年。

钱穆：《四部概论》，《中国学术通义》，台湾学生书局 1976 年。

对外经济贸易部《中国对外经济贸易年鉴》编辑部：《中国对外经济贸易年鉴 1983》，中国社会出版社 1983 年。

刘朝缙：《对外经济关系与务实》，对外贸易教育出版社 1985 年。

对外经济贸易部《中国对外经济贸易年鉴》编辑部：《中国对外经济贸易年鉴 1987》，中国社会出版社 1987 年。

对外经济贸易部《中国对外经济贸易年鉴》编辑部：《中国对外经济贸易年鉴 1989》，中国社会出版社 1989 年。

石林：《当代中国的对外经济合作》，中国社会科学出版社 1989 年。

《王稼祥选集》，人民出版社 1989 年。

安徽省地方志编撰委员会：《安徽省志·体育志》，安徽人民出版社 1990 年。

湖南省地方志编撰委员会：《湖南省志·农林水利志》第 8 卷，中国文史出版社 1990 年。

对外经济贸易部《中国对外经济贸易年鉴》编辑部：《中国对外经济贸易年鉴 1990》，中国社会出版社 1990 年。

〔法〕戈登：《现代化和发展的神话》，《国外社会科学》1990 年第 5 期。

对外经济贸易部《中国对外经济贸易年鉴》编辑部：《中国对外经济贸易年鉴 1991》，中国社会出版社 1991 年。

对外经济贸易部《中国对外经济贸易年鉴》编辑部：《中国对外经济贸易年鉴 1992》，中国社会出版社 1992 年。

湖北卫生厅：《名医风流在北非》，新华出版社 1993 年。

陕西省志纺织工业志编纂委员会编：《陕西省志·纺织工业志》，三秦出版社 1993 年。

湖南省志编撰委员会：《湖南省志·体育志》，湖南人民出版社 1994 年。

湖北省志编撰委员会：《湖北省志·农业》下，湖北人民出版社 1994 年。

王泰平：《当代中国使节外交生涯》（第 1—6 辑），世界知识出版社 1995、1996、1996、1996、1997、2006 年。

江苏省地方志编撰委员会：《江苏省志·卫生志》，江苏古籍出版社 1999 年。

对外经济贸易部《中国对外经济贸易年鉴》编辑部：《中国对外经济贸易年鉴 1994》，中国社会出版社 1994 年。

裴坚章：《研究周恩来》，世界知识出版社 1995 年。

中共中央文献研究室编：《毛泽东外交文选》，中央文献出版社、世界知识出版社 1995 年。

河南省志编撰委员会：《河南省志·对外贸易经济合作志》，河南人民出版社 1995 年。

新疆通志编撰委员会：《新疆通志·外事志》，新疆人民出版社 1995 年。

广东省志编撰委员会：《广东省志·水利志》，广东人民出版社 1995 年。

山东省地方志编撰委员会：《山东省志·对外经济贸易志》，山东人民出版社 1995 年。

《十四大以来重要文献选编》，人民出版社 1995 年。

艾周昌、沐涛：《中非关系史》，华东师范大学出版社 1996 年。

江苏省地方志编撰委员会：《江苏省志·轻工业志》，江苏人民出版社 1996 年。

江苏省地方志编撰委员会：《江苏省志·水利志》，江苏人民出版社 1996 年。

湖北省地方志编纂委员会：《湖北省志·外事侨务》，湖北人民出版社 1996 年。

陕西省志编撰委员会：《陕西省志·卫生志》，陕西人民出版社 1996 年。

中共中央文献研究室编：《周恩来年谱（1949—1976）》，中央文献出版社1997年。

江苏省地方志编撰委员会：《江苏省志·对外经济贸易志》，江苏古籍出版社1997年。

江苏省地方志编撰委员会：《江苏省志·纺织工业志》，江苏古籍出版社1997年。

江西省地方志编撰委员会：《江西省对外经济贸易志》，黄山出版社1997年。

河北省地方志编撰委员会：《河北省志·外事志》第69卷，河北人民出版社1997年。

中国对外经济贸易年鉴编辑委员会：《中国对外经济贸易年鉴1997—98》，中国经济出版社、经济导报社1997年。

四川省地方志编撰委员会：《四川省志·对外经济贸易志》，四川科学技术出版社1998年。

山东省地方志编撰委员会：《山东省志·外事志》，山东人民出版社1998年。

〔美〕亨利·基辛格：《大外交》，顾舒馨、林添贵译，海南出版社1998年。

安徽省地方志编撰委员会：《安徽省志·对外经济贸易志》，方志出版社1998年。

安徽省地方志编撰委员会：《安徽省志·农业志》，安徽人民出版社1998年。

浙江省水利志编撰委员会：《浙江省水利志》，中华书局1998年。

中国对外经济贸易年鉴编辑委员会：《中国对外经济贸易年鉴1998—99》，中国经济出版社、经济导报社1998年。

王泰平：《中华人民共和国史》，世界知识出版社1999年。

王泰平主编：《新中国外交50年》（上、中、下册），北京出版社1999年。

陈敦德：《探路之行——周恩来飞往非洲》，世界知识出版社1999年。

浙江省水产志编撰委员会：《浙江省水产志》，中华书局1999年。

《十五大以来重要文献选编》，人民出版社2000年。

陈章瀚：《福建建工集团总公司志（1950—2000）》中卷·卷四，中国建筑工业出版社2000年。

中国对外经济贸易年鉴编辑委员会：《中国对外经济贸易年鉴2000》，中国对外经济贸易出版社2000年。

徐则浩：《王稼祥年谱：1906—1974》，中央文献出版社2001年。

〔美〕迪特·海因茨希：《中苏走向联盟的艰难历程》，新华出版社2001年。

浙江省外经贸志编撰委员会：《浙江省外经贸志》，中华书局2001年。

浙江省农业志编撰委员会：《浙江省农业志》（上、下），中华书局2001年。

四川省地方志编撰委员会：《四川省志·外事志》，巴蜀书社2001年。

《中国对外经济贸易年鉴》编辑委员会：《中国对外经济贸易年鉴2001》，中国对外经济贸易出版社2001年。

〔美〕阿玛蒂亚·森：《以自由看待发展》，中国人民大学出版社2002年。

〔俄〕别尔嘉耶夫：《历史的意义》，张雅平译，学林出版社2002年。

广东省志编撰委员会：《广东省志·农业志》，广东人民出版社2002年。

钱其琛：《外交十记》，世界知识出版社2003年。

李同成：《中外建交秘闻》，山西人民出版社2003年。

李同成：《中国外交官亲历重大历史事件》，山西人民出版社2003年。

浙江省体育志编撰委员会：《浙江省体育志》，方志出版社2003年。

辽宁省地方志编撰委员会：《辽宁省志·对外经济贸易志》，辽宁民族出版社2003年。

周伯萍：《非洲时期的外交生涯》，世界知识出版社2004年。

高晋元：《列国志：肯尼亚》，社会科学文献出版社2004年。

安春英：《列国志：加蓬》，社会科学文献出版社2005年。

李同成：《中国外交官在联合国》，山西人民出版社2005年。

李同成：《中国外交官笔下的中外政要》，山西人民出版社 2005 年。

刘海方：《列国志：安哥拉》，社会科学文献出版社 2006 年。

张忠祥：《列国志：马里》，社会科学文献出版社 2006 年。

顾章义、付吉军、周海泓：《列国志：索马里 吉布提》，社会科学文献出版社 2006 年。

夏新华、顾荣新：《列国志：马拉维》，社会科学文献出版社 2006 年。

陈晓红：《列国志：莱索托 斯威士兰》，社会科学文献出版社 2006 年。

钟伟云：《列国志：埃塞俄比亚 厄立特里亚》，社会科学文献出版社 2006 年。

广东省志编撰委员会：《广东省志·一轻工业志》，广东人民出版社 2006 年。

〔美〕霍华德·威亚尔达：《非西方发展理论——地区模式与全球趋势》，董正华等译，北京大学出版社 2006 年。

周溢横：《惊心动魄的外交岁月：中国外交官手记》，湖南人民出版社 2006 年。

安惠侯等：《丝路新韵：新中国和阿拉伯国家 50 年外交历程》，世界知识出版社 2006 年。

高翔：《我在非洲十七年》，上海辞书出版社 2007 年。

〔美〕杰弗里·萨克斯：《贫穷的陷阱：我们时代的经济可能》，邹光译，世纪出版集团、上海人民出版社 2007 年。

潘蓓英：《列国志：利比亚》，社会科学文献出版社 2007 年。

张象、贾锡萍、邢富华：《列国志：塞内加尔 冈比亚》，社会科学文献出版社 2007 年。

李广一：《列国志：赤道几内亚 几内亚比绍 圣多美和普林西比 佛得角》，社会科学文献出版社 2007 年。

〔美〕威廉·伊斯特利：《白人的负担：为什么西方的援助收效甚微》，中信出版社 2008 年。

张象、车效梅：《列国志：刚果》，社会科学文献出版社 2008 年。

肖克：《列国志：摩洛哥》，社会科学文献出版社 2008 年版。

《方毅传》编写组：《方毅传》，人民出版社 2008 年。

裴善勤：《列国志：坦桑尼亚》，社会科学文献出版社 2008 年。

周弘：《中国对外援助与改革开放 30 年》，《世界经济与政治》2008 年第 12 期。

李安山：《中国援外医疗队的历史、规模及其影响》，《外交评论》2009 年第 1 期。

唐家璇：《劲风煦雨》，世界知识出版社 2009 年。

汪勤梅：《列国志：中非 乍得》，社会科学文献出版社 2009 年。

〔日〕速水佑次郎、神门善久：《发展经济学——从贫困到富裕》第三版，社会科学文献出版社 2009 年。

胡美、刘鸿武：《意识形态优先还是民生改善先行？》，《世界经济与政治》2009 年第 10 期。

李安山：《中国援外医疗队的历史、规模及其影响》，《外交评论》2009 年第 1 期。

黄梅波等：《中国对外援助管理体系的形成和发展》，《国际经济合作》2009 年第 5 期。

李小云、武晋：《中国对非援助的实践经验与面临的挑战》，《中国农业大学学报（社会科学版）》2009 年第 12 期。

杨立华：《列国志：南非》，社会科学文献出版社 2010 年。

任泉、顾章义：《列国志：加纳》，社会科学文献出版社 2010 年。

〔英〕马丁·雅克：《当中国统治世界》，张莉、刘曲译，中信出版社 2010 年。

丁韶彬：《大国对外援助》，社会科学文献出版社 2010 年。

钟日胜：《非洲小城的中国医生》，世界知识出版社 2010 年。

〔赞比亚〕丹比萨·莫约：《援助的死亡》，王涛、杨惠译，世界知识出版社 2010 年。

〔法〕让-雅克·加巴：《南北合作困局》，李洪峰译，社会科学文献出版社 2010 年。

周弘：《中国援外六十年回顾与展望》，《外交评论》2010 年第 5 期。

刘鸿武、罗建波：《中非发展合作：理论、战略与政策》，中国社会科学文献出版社 2011 年。

胡美：《中国援非五十年与国际援助理论创新》，《社会主义研究》2011 年第 1 期。

严海荣、沙伯力：《农业资本主义，疑惑新殖民主义？——中国对赞比亚的农业投资》，《文化纵横》2011 年 8 月。

周德翼、常瑞甫、肖运来编著：《中非农业合作模式创新研究》，中国农业科学技术出版社 2011 年。

中华人民共和国国务院新闻办公室：《中国的对外援助》（白皮书），人民出版社 2011 年。

魏建国：《此生难忘是非洲》，中国商务出版社 2011 年。

于红、吴增田：《列国志：卢旺达 布隆迪》，社会科学文献出版社 2011 年。

魏翠萍：《列国志：乌干达》，社会科学文献出版社 2012 年。

王建：《列国志：马达加斯加》，社会科学文献出版社 2011 年。

张宝增：《列国志：马拉维》，社会科学文献出版社 2011 年。

沐涛、杜英：《列国志：布基纳法索 多哥》，社会科学文献出版社 2011 年。

李安山：《论中非合作论坛的起源——兼谈对中国非洲战略的思考》，《外交评论》2012 年第 3 期。

〔美〕黛博拉·布罗蒂加姆：《龙的礼物：中国在非洲的真实故事》，社会科学文献出版社 2012 年。

张忠祥：《中非合作论坛研究》，世界知识出版社 2012 年。

张永蓬：《国际发展合作与非洲：中国与西方援助非洲比较研究》，社会科学文献出版社 2012 年。

黄梅波等：《中国对外援助管理体系的现状和改革》《国际经济合作》2012 年第 10 期。

黄梅波等：《中国对外援助项目的组织与管理》，《国际经济合作》2013 年第 1 期。

黄梅波等：《中国对外援助中的经济动机与经济利益》，《国际经济合作》2013 年第 4 期。

黄梅波等：《南南合作与中国对外援助》，《国际经济合作》2013 年第 5 期。

刘鸿武、黄梅波：《中国对外援助与国际责任的战略研究》，中国社会科学文献出版社 2013 年。

李小云、徐秀丽、王伊欢：《国际发展援助：非发达国家的对外援助》，世界知识出版社 2013 年。

谢庆奎：《中国援外培训》，北京大学出版社 2013 年。

周弘、熊厚：《中国援外 60 年》，社会科学文献出版社 2013 年。

广东省地方志编撰委员会：《广东省农业志》，广东人民出版社 2013 年。

〔美〕沙伦·T. 弗里曼：《中国、非洲和离散非洲人》，社会科学文献出版社 2013 年。

瞿东滨：《心儿向着远方：中国在加纳的援非经历》，广东花城出版社 2013 年。

周洪立：《外援手记：中国在索马里的日子》，东方出版中心 2013 年。

杨新建：《栉风沐雨：河北援外医疗队 40 周年纪念文集》，学苑出版社 2013 年。

蒋华杰：《农技援非（1971—1983）：中国援非模式与成效的个案研究》，《外交评论》2013 年第 1 期。

张春：《新型大国与非洲关系的理论意义》，《阿拉伯世界研究》2013 年第 2 期。

方志辉：《十年马义奇》，湖南人民出版社 2014 年。

中华人民共和国国务院新闻办公室：《中国的对外援助（2014）》，人民出版社 2014 年。

李肇星：《说不尽的外交》，中信出版社 2014 年。

〔英〕乔纳森·格伦尼：《良药还是砒霜？援助并非多多益善：非洲援助之惑》，周玉峰译，民主与建设出版社 2014 年。

湖南省农业志编撰委员会：《湖南农业志》第四分册，湖南省农业厅征求意见稿。

后 记

作为中非关系中最重要的主题之一,中国对非援助在过去的60年时间里走过了波澜壮阔的辉煌。60年的援非岁月里,中国援非人用自己的言行举动表达着来自遥远中国的真诚与善意,中非人民在日积月累的并肩工作中培育起日益深厚的情感,在成年累月的共同劳作中结下了深厚的情谊。可以说,中国对非援助的历史是在中非密切的政治互动中谱绘的,也是一代代中国援非人在平凡的日常工作中书写的。

长期以来,中国的对非援助可谓"行动的巨人",却"只事耕耘不问收获"。60年的对非援助历史至今没有得到完整的书面呈现,对于今天的中国和非洲来说,中国对非援助的历史耳熟却未必能详。以至于我们有时候不得不面对这样的尴尬:在中国,援非历史上的大项目为民众所津津乐道,却未闻其详,甚至产生了对中国对非援助的曲解。在非洲这片"充满援助文化"的土壤上,中国的援助只是众多外来援助中的一个片段,而历史教科书对此也言之甚少、语焉不详。对于一代代参与援非的人来说,"援非"意味着热血的青春和激情的记忆,他们参与了这段历史的创造,却由于各方面的原因,很多精彩经历没能以文字的形式记录和流传下来,历史随着时间的无情流逝而逐渐被淡忘。然而,当今的中国研究者在中国对外援助的研究中因"没有系统的对外援助的资料数据",导致"明显缺乏整体性和系统性",资料的匮乏也使得研究在进一步深化、细化和理论化方面受到制约。

作为一个从事中国对非援助的研究人员,上述苦恼时常困扰着我,也驱动我不断去探索和思考。2011年,我有幸获得国家社科基金青年项目《中国对非援助五十年与中国特色国际援助理论总结与实践创新》。在完成这一项目时,历史学出身的我热衷于搜罗和查找各类历史资料,经过几年的搜集和整理,我的电脑里记录了各种中国对非援助的数据和案例。而搜罗这些资料的初衷并非出版著作，除了个人癖好之外，只为建立个人研究中国对非援助的素材库。当这个项目结题后，我翻开这些已经完成使命的资料时常常若有所思；在与援非人员的工作接触中，我常常身临其境感受到他们对于非洲的真挚情感和对于援非岁月的无限留恋。每当此时，作为一个历史学人所应承担的责任开始鼓动我，必须为此做更多的工作。拙著的目的就是要留下中国援非人在非洲大地上演绎的精彩故事，留下他们在援非中的感动瞬间，以此抛砖引玉，为中国对非援助领域的研究留下可供借鉴和参考的历史资料，以期开启更多新的研究。

与无数高校的"青椒"一样，我的学术研究和人生成长离不开前辈学人的栽培与提携。感谢我的博士导师任东来老师，带我进入对外援助史研究的大门。当我从南京大学历史系毕业时，正是他的鼓励和支持让我有勇气选择来到浙江金华这座小城，从事中国援非史方面的研究。感谢北京大学国际关系学院的李安山老师，一直关心和支持我的研究，与我讨论新的研究选题，并不遗余力地为我介绍新的研究信息和推荐新的研究资料。感谢上海师范大学非洲研究中心的舒运国老师，长期关心我的学术成长，并不吝为本书写序。感谢从事中国对非援助事业的外交家和一线援非人，你们的记忆和文字帮助我逐渐清晰地勾勒出中国对非援助历史画面和发展线索，你们参与书写了中国对非援助的历史，也帮助我构筑了中国对非援助的学术画卷。感谢浙江师范大学非洲研究院的领导和同事们，在本书成形的过程中，学院浓厚的学术氛围和丰赡的学术见地屡屡给我学习的灵感与激励。

感谢无条件支持我全身心投入学术研究的亲人和家人们。感谢我的先生翔宇，在繁重的科研教学工作之余，在无数个无眠的夜晚陪伴我鼓励我，他的开阔思路和跨学科视域给予我重新阅读和审视已有研究的诸多启示，常常让我在研究中有豁然开朗的感觉。为了陪伴我度过漫漫长夜，他鼓励我在无眠的黑夜里打开电脑，将波动的思绪转移到资料的搜集和整理上来，并坚持在黑暗中陪我讨论帮助我确立和完善本书的研究设想。在他的建议与激励下，我开始将搜集的大量中国对非援助方面的案例和事迹以文档的方式归类，最终以编年体的形式呈现出来。同时，我要充满愧疚地感谢4岁的儿子蕴曦，因为工作和身体的原因，我错过了与他共同成长的无数个精彩的瞬间，感谢他小小年纪就明白"妈妈累了""妈妈要工作，别去打扰"。感谢我的公公和婆婆，默默地为我承担了繁重的家务和养育幼子的责任，毫无怨言地为我创造更好的学习和工作环境，并鼓励病中的我坚持生活的勇气、坚守学术的舞台。感谢我的堂妹倩婷，在本研究没有获得资助之时，她把在北京外国语大学的研究生宿舍腾出一床来供我在北京查找资料时小住，在紧张的学习之余，她也常常为我义务做资料搜集和誊抄的工作。感谢我的硕士研究生宋坤在资料搜集整理中的大力协助，感谢汪洋梅、戴圣云、王思敏、倪扬洋、刘冰霞和徐静静等同学在资料整理过程中付出的辛勤劳动。

本书成书后有幸得到国家社科基金后期资助的项目支持，为本书的后续修改和完善提供了充足的经费，感谢各位匿名评审专家的认同和修改意见。在本书成书的过程中，浙江省教育厅人文社科重大攻关项目也曾为本书的资料搜集提供了经费支持，在此一并致谢。

书稿虽已完成，但我心中始终忐忑难平。比起60年中国对非援助的厚重历史来，一本薄薄的书稿实难承载其繁杂庞大的内涵体系，也很难展示出中非人民在非洲大地上所演绎的故事和留下的感动全貌。书中各类数据资料多而杂，内容涉及政治学、经济学、社会学、法学、医学、建筑学、农学和国际关系等多个学科，援非项目的名称和译名不一，各类项目的推进进展资料零散分布在不同的资料之中，错漏、重复甚至张冠李戴的情况在所难免。因本人学识浅薄、功底不深、视野不阔，内容错漏在所难免，敬请各位援非人士原谅，同时恳请方家批评指正。

胡美 2017 年 5 月记于柳湖花园

图书在版编目(CIP)数据

中国对非援助编年研究(1956—2015)/胡美著.—北京：中央编译出版社，2017.8
ISBN 978-7-5117-3341-2

Ⅰ.①中…
Ⅱ.①胡…
Ⅲ.①中外关系-对外援助-研究-非洲-1956-2015
Ⅳ.①D822.24

中国版本图书馆 CIP 数据核字(2017)第 139167 号

中国对非援助编年研究(1956—2015)

出 版 人：	葛海彦
出版统筹：	贾宇琰
责任编辑：	曲建文
责任印制：	刘 慧
出版发行：	中央编译出版社
地 址：	北京西城区车公庄大街乙 5 号鸿儒大厦 B 座(100044)
电 话：	(010)52612345(总编室)　(010)52612370(编辑室) (010)52612316(发行部)　(010)52612346(馆配部)
传 真：	(010)66515838
经 销：	全国新华书店
印 刷：	北京紫瑞利印刷有限公司
开 本：	787 毫米×1092 毫米　1/16
字 数：	674 千字
印 张：	42.5
版 次：	2017 年 8 月第 1 版
印 次：	2017 年 8 月第 1 次印刷
定 价：	135.00 元

网 址：	www.cctphome.com	邮 箱：	cctp@cctphome.com
新浪微博：	@中央编译出版社	微 信：	中央编译出版社(ID: cctphome)
淘宝店铺：	中央编译出版社直销店(http://shop108367160.taobao.com)		(010)55626985

本社常年法律顾问：北京市吴栾赵阎律师事务所律师　闫军　梁勤
凡有印装质量问题，本社负责调换，电话：(010)55626985